〈朝鮮關係代議士〉연구서

식민지 로비스트, 조선관계대의사

朝鮮關係代議士

전성현

책머리에

　20세기 한국의 역사적 상황은 식민지 경험과 그로부터의 해방, 남북으로 분리된 국가 수립과 한국전쟁, 그리고 남북한 체제 안정화와 경쟁이라는 말 그대로 '소용돌이 속의 한국'이었다. 그래서인지 해방 이후 한국에서 전개된 한국 근대사 연구는 새로운 독립 국가의 건설과 좌절, 그리고 미래에 구성될 통일국가와 잇닿아 있었다. 이 때문에 그 역사 인식의 흐름이 통일한국을 지향(민족사)하든 분단된 국가(국가사)를 지향하든 미래에 대한 역사의식이 고스란히 과거에 투영되지 않을 수 없었다. 근대 국민국가의 역사라는 근대 역사학의 태생적-근대적 한계 때문에 한국사는 '한국인'의 역사여야만 했으며, 일제강점기 식민지 조선의 역사도 독립 국가 수립을 위한 저항(투쟁)의 역사였지 그 이외의 역사는 아니었다.

　억압과 폭력에 대한 저항의 역사는 자유와 독립이라는 의미에서 소중한 역사의 자양분이며 보존해야 할 유산이다. 그럼에도 역사는 그것만으로 형상화될 수 없다. 저항의 다양한 결은 물론이고 저항의 이면과 저항으로 묶을 수 없는 수많은 인간의 행동까지 포함되어야 한다. 그래야만 역사상을 제대로 입체화할 수 있을 것이다.

　식민 권력은 기본적으로 폭력적이었고 표면적 '동화'와 이면적 '이화'라는 이중의 모습으로 한국인 대다수를 '예속적 주체'로 만들었다. 하지만 이것도 이분법적으로 구분할 수는 없다. 어쩌면 근대적 주체는, 정도의 차이는 있지만, 저항적이면서 예속적인 성향을 모두 지니고 있었으나 그 표출이 권력과의 관계 속에서 제한적으로 드러났던 것은 아닐까. 그렇다면 한국인으로서 근대적 주체는 권력에 의해, 권력과 함께 구성되었다고 할 수 있다. 그것이 큰타자이든 대타자이든 권력 즉, 우월한 타자와의 관계성 속에서 어떤 위치를 장악하게 될 것이다.

　식민지 조선에서 우월한 타자인 식민 권력은 유일하지도 추상적이지도 않았다. 수많은 권력적 대상(표상)으로 현실 속에 등장했고, 이들과의 관계는 상황에 따라서는 단순히 적대적이지만은 않았다. 오히려 갈등, 불화, 저항, 타협, 협력, 교류, 연대 등 수많은 관계 속에서 우월한 타자와 직면했고 이들과의 관계 속에서 근대 한국인이 탄생했다고 할 수 있다.

　식민 권력은 누구인가. 지금까지의 연구는 우월한 타자인 식민 권력을 '일제'라는 획일적이고 추상적인 표상으로 등치시켜 버렸다. 이렇게 해서는 제국과 제국주의의 본질도, 식민지와 식민지주의의 내용도 단순한 파악 이상으로 나아갈 수 없다. 식민지배자는 다양했다. 조선 총독을 비롯한 관료와 그들의 공권력인 경찰과 군인만이 아니라 그들의 지배를 현실과 지역에서 대리한 '식민지 조선의 일본인'들도 중요한 지배자였고 권력이었다. 따라서 저항적 주체와 함께 예속된 주체의 형성을 입체적으로 파악하기 위해서는 식민 권력과 식민정책의 다양성 또한 확인하지 않으면 안 된다.

　식민지 조선의 지배를 둘러싼 식민 권력과 식민정책의 다양성을 파악하기 위해서는 '현장의 식민자'이면서 제국 일본과 식민지 조선의 통로로써 '제국의 브로커'와 '식민지의 로비스트'로 활동한 '식민지 조선의 일본인' 중 '朝鮮關係代議士' 즉, '朝鮮通' 제국의회 의원에 대한 연구는 무엇보다 필수적이라고 할 수 있다.

　지금까지 이른바 '식민지 조선의 일본인' 연구는 조선 거주 일본인 2·3세의 식민지 지배에 대한 반성과 성찰에서 출발하였다. 이후 일본학계에서는 제국사의 차원에서 '이주 식민'과 관련한 연구로까지 확대되었고, 한국학계에서는 단순히 '일제의 침략성'을 강조하는 수준에서 언급되던 것에서 정치사와 경제사, 그리고 지역사 영역에서 보다 구체적이고 상세하게 '식민지 조선의 일본인' 연구로 확장되었다. 미국학계에서도 포스트 식민주의에 기초하여 '식민지 조선의 일본인' 연구를 진행하였다.

　식민지 조선에 거주한 일본인 연구는 여전히 많은 쟁점이 있다. 특히 이들 일본인의 범주를 단순히 조선에 거주한 일본인 전체로 봐야 할지, 아니면 정주를 토대로 제국 의식으로써 '제국주의'와 '식민주의'는 물론 지역 의식으로써 '지역주의'와 '조선주의'을 지닌 일본인들로 제한해야 할지에 대해서는 더 많은 연구와 토론이 필요하다.

　이들 연구에서 많은 관심이 집중되고 있는 정치사 영역은 조선에 거주하는 일본인들의 존재 형태를 어떻게 볼 것인가에 따라 첨예하게 나뉘어져 있다. 즉, 이들 일본인을 식민 권력의 한 축인 '식민자'로 볼 수 있는 근거를 충분히 가지고 있었다고 보는 연구와 그렇지 않고 기껏해야 '껄끄러운 존재' 정도에 지나지 않았고 오히려 지배와 통치의 대상인 '식민지민'으로 봐야 한다는 연구로 대별되어 있다. 전자의 연구가 정주를 토대로 한 경제인 또는 경제단체를 기초로 한 연구라면, 후자의 연구는 제한된 식민지 조선의 '정치 공간'과 부임 및 주둔을 토대로 한 조선총독부 관료와 군 등에 국한된 연구라고 할 수 있다.

　이들 연구에서 아직까지 제대로 연구되지 못한 부분이 식민지 조선과 직·간접적으로 관련된 일본인 정치가들에 대한 연구이다. 이들 정치가는 식민지 조선에 거주하거나 거주한 경험이 있거나 이해관계가 있는 정치가들로 제국의회에서 활동했다. 이들 가운데 일찍이 제국의회에 진출한 일부 정치가들은 조선의 식민지화를 위해 노력했다. 그럼에도 당시 식민지 조선의 일본인들은 자신들의 이해관계와 관련해 정치세력화가 필요했다. 이를 위한 식민지의 제도적인 기구나 조직은 제한적일 수밖에 없었다. 기껏해야 '지방정치의 장'으로서 '지방의회' 정도만이 설치되었다. 따라서 이들은 본국 일본의 제국의회에 진출해 식민자로서 자신들의 이해를 대변하기 위한 세력화가 필요함을 느꼈고 적극적으로 제국의회 출마를 강행했다. 이른바 '조선관계대의사' 또는 '조선통' 제국의회 의원은 이런 가운데 탄생했다.

　본 저서는 이들 '조선관계대의사'를 본격적으로 연구한 최초의 책이다. 개별 연구는 간혹 있어 왔지만, 이들 식민지 조선과 관련 있는 제국의회 의원을 세 부류로 나누어 조선과의 관계는 물론 식민지에 대한 제국의회 활동을 집중적으로 연구 종합한 저서는 이 책이 처음이다. 물론 세 분류로 범주화해 그 활동을 다양한 차원에서 살펴보긴 했지만, 여전히 범주의 확대와 연구해야 할 대상은 많다. 그럼에도 이 저서는 식민 권력과 정책, 그리고 식민자 연구의 심화를 통해 일본제국주의와 식민주의의 특이성을 여러 방향에서 구체적으로 드러낸 의미있는 연구서라고 할 수 있다.

이 저서의 토대는 2020년 대한민국 교육부와 한국연구재단의 일반공동연구지원사업의 지원을 받아 3년간 수행된 연구(NRF-2020S1A5A2A03046017)에 기반을 두었다. 처음 책임 연구자 포함 4명의 공동 연구진으로 시작해 2년 차부터 5명의 공동 연구진으로 3년간 13편의 연구를 진행했다. 여기에 연구책임자가 이전에 연구한 1편을 추가해 총 14편의 논문을 세 개의 범주로 묶어 구성했다.

연구 기간 3년과 그 이후 2년을 함께 공부하며 연구에 참여해 의미 있는 연구 성과를 논문으로 제출해 준 이동훈, 이가연, 하지영, 배병욱 선생님과 또 일본 제국의회 중의원 회의록 중 조선 관련 청원안 및 회의록을 번역 해제한 김혜주, 김현정, 김다훈, 김수빈에게 깊은 감사의 마음을 전한다. 더불어 본 연구가 한계는 있지만, 의미 있고 가치 있는 심화된 연구로 이어질 수 있도록 학술회의에서 좌장을 맡으며 매번 격려해 주신 홍순권선생님과 토론 및 사회로 연구자들에게 애정 어린 비판과 따뜻한 공감을 베풀어 주신 한종민, 정계향, 김민화, 이준영, 김윤미, 고나은, 지영임, 최민경, 선우성혜, 이창영, 서만일선생님께 감사드린다. '조선관계대의사' 연구는 이제 시작이라고 생각한다. 이 저서가 일제강점기 연구는 물론 식민 권력과 식민정책, 그리고 식민자와 관련한 새로운 연구에 마중물이 되었으면 좋겠다.

002 책머리에

008 서문

018 **제1부**
식민지 조선 거주 일본 제국의회
'조선관계대의사'

022 1장
식민지와 조선
- 오이케 츄스케(大池忠助)의 지역성과 식민자로서의 위상

054 2장
식민지 언론인 마키야마 고조(牧山耕藏)의
제국의회 활동과 다이쇼 데모크라시

078 3장
다키 구메지로(多木久米次郎)의 조선 관계 사업과
제국의회에서의 의정활동

98 4장
1920년대 전반기 군산의 일본인 사카가미 사다노부(坂上貞信)의
제국의회 진출과 활동

132 5장
밀양의 대지주 유아사 본페이(湯淺凡平)의
제국의회 중의원 의정 활동

162 **제2부**
식민지 조선 거주 경험이 있는
일본 제국의회 '조선관계대의사'

166 6장
'조선관계대의사' 사토 준조(佐藤潤象)와
식민지 조선의 개발사업

190 7장
'아시아주의자' 나카노 세이고(中野正剛)의
조선 체류 경험과 식민 통치관

212 8장
이노우에 가쿠고로(井上角五郎)의 『한성순보』 발간과
'조선통' 대의사로서의 의정 활동

232 9장
1910년대 '조선 관계 대의사' 오우치 죠조(大內暢三)의
제국의회 활동과 한국 식민지화

266 10장
아다치 겐조(安達謙藏)는 어떻게 '조선 관계 대의사'의 원조가 되었나
?-조선과의 인연과 제국의회 중의원 의정 활동-

296 **제3부**
식민지 조선과 이해관계가 있는
일본 제국의회 '조선관계대의사'

300 11장
서일본 및 조선 관계 대의사 아키타 도라노스케(秋田寅之介)의
식민지 경제 침탈과 제국의회 활동

328 12장
중의원 출신 실업가 구메 다미노스케(久米民之助)와
금강산전기철도

354 13장
야마모토 조타로(山本条太郎)의
식민지 조선 개발 사업과 '정치의 경제화'

370 14장
한말~일제초기 조선문제와 오가와
헤이키치(小川平吉)의 정치활동

396 참고문헌

412 출처

414 저자 소개

서문

조선의 식민지화에 '일등공신'임을 자임하고 있던 식민지 조선의 일본인들은 당연히 자신들의 이해관계에 맞게 식민지가 경영되고 식민정책이 운용되기를 바랐다. 하지만 이와 같은 그들의 욕망은 일차적으로 제국의 욕망과 부합할 때에만 유효하게 실현될 수 있는 것이었다. 그들은 욕망의 어긋남을 다시 연결시킬 정치체조차 가지지 못했다. 관동주의 대련과 달리 특별시구제조차 가질 수 없는 상황이었는데, 기껏해야 지방 문제에 부분적으로 관여할 수 있는 상업(공)회의소, 학교조합, 읍·면·부·도(협의)회 정도의 '공직'을 가졌지만, 이것으로는 만족할 수 없었다. 따라서 이들 일본인들은 지방정치의 의결화는 물론 중앙정치의 참여를 위해 노력했다. 특히 일본인 중심의 참정권 주장과 제국의회 의원으로의 출마는 정치적으로 최대의 관심사였다. 물론 참정권 논의는 말 그대로 논의로 끝났지만, 중앙정치와의 통로를 만들기 위한 노력은 지속되었다. 그러한 과정에 부상한 것이 이른바 '조선관계대의사', 즉 식민지 조선과 직·간접적으로 관련을 맺고 있는 '조선통' 제국의회 의원이었다.

1914년 거류민단의 폐지로 인해 자신들의 이해를 대변할 구심점을 잃어버린 식민지 조선 거주 일본인들은 계속해서 정치세력화를 모색하였고, 그 방법으로서 '조선관계대의사' 배출에 힘을 기울였다. 예를 들어 당시 조선에 거주하던 일본인 가운데서는 오이케 츄스케(大池忠助)가 1915년 3월 25일에 실시된 제12회 총선거에서 나가사키 쓰시마에서 출마하여 당선되었고, 고노 도라노스케(木尾虎之助, 憲政会)도 가고시마에서 출마하여 당선되었다. 13회 총선거에서는 《조선공론》 사장을 역임한 1910년대 대표적인 '재조일본인' 정치가인 마키야마 고조(牧山耕藏)가 나가사키에서 출마하여 당선되었으며, 후카미 키요시(深水清) 또한 16회 총선거부터 연속 3회에 걸쳐 구마모토에서 당선되었다.

이 외에도 다양한 '조선관계대의사'들이 선출되었다. 대표적으로 미우라 가쿠이치(三浦覺一, 立憲政友會)은 오이타현에서 10대, 11대에 걸쳐 당선된 중의원으로, 조선 근해에서 어업에 종사하였다. 가미야 타쿠오(神谷卓男, 立憲国民党)은 식민지 관료 경험자로서 조선총독부 도사무관, 평안남북도 내무부장을 역임했다. 오카다 사카에(岡田榮, 立憲政友會)은 전 한국정부법무보좌관이었으며, 야마지 죠이치(山道襄一, 憲政会)은 《경성일보》 기자이자 《대한일보》 사장이었다. 조선에 집단 이주촌을 만들었던 유아사 본페이(湯淺凡平, 立憲国民党)은 경남 밀양의 대지주로서 1920년대의 대표적 '조선통'이었다.

제국 일본과 식민지 조선의 정치적 통로, '조선관계대의사'

식민지 조선에 거주하는 일본인들을 대변하는 제국의회 의원인 '조선관계대의사'는 '재조일본인'이지만, 다른 한편으로 식민지 조선과 직·간접적으로 연관되어 있었기 때문에 식민지 일본인들의 의견을 제국 일본의 정계에 대신 전달하는 통로로서 활동했다. 이는 식민지의 로비스트적인 역할이었다고 할 수 있다. 원래 로비스트(lobbyist)는 특정 압력 단체의 이익을 위해 입법에 영향을 끼칠 목적으로 의회 내의 로비 및 기타 장소에서 정당이나 의원을 상대로 활동을 벌이는 교섭자 또는 운동원을 말한다. 그렇다면 제국의회 의원은 로비스트라기보다는 로비(청원)를 받는 자들이었다.

'대일본제국헌법'은 청원에 대해 신민의 의사를 정부에 전달하는 수단이라고 규정하고 있었다. 의원들의 청원 수리는 내각에 의견을 전달하는 역할이었다. 그렇기에 조선에 대한 이해가 낮은 제국의회에서 식민지 조선의 이해관계를 대변하기 위해서는 단순히 청원 받은 내용을 소개하는데 그쳐서는 청원이 수리될 수 없었다. 따라서 이들 조선관계대의사들은 식민지로부터 온 청원을 의회에서 수리하고 내각에 제출하기 위해 회의 석상에서 소개 발의하는 한편, 사전에 같은 정당의 다른 동료의원을 물론 다른 정당의 의원들, 그리고 일본 정계의 중심적인 인물들과 조선에서 건너온 청원운동그룹들과 만남을 주선하거나 직접 설득하는 등 의원이면서 로비스트로서의 활동을 적극적으로 수행했다.

〈표 1〉 조선 관련 청원안을 발의한 의원과 그 내용

회기	청원인	소개의원	내용
27회	원산상업회의소 회두 龜谷愛介	三浦覚一	日本海横断航海事業補助
	太田儀一 외 8명	三浦覚一	日露戦役城津被害民救済
	岩田逡	三浦覚一	日本海横断航海事業補助
	中島安次郎 외 17인	松田源治 小川平吉	조선소송대리업자에 관한 건
	岩田逡 외 3명	三浦覚一	청진-회령 간 철도 급설에 관한 건
	佐久間清	高木正年	조선에 官弊大社창건의 건

28회	상업회의소 조선연합회 대표자 奧田貞次郎 외 3명	岡崎邦輔 외 3명	조선 곡물 이입세 철폐의 건
	張箕洽 외 1명	古賀庸藏	손해배상 하부의 건
30회	大阪朝鮮貿易商同業組合 대표자 岩本六兵衛	石橋爲之助	朝鮮米移入稅 철폐
	대구과수재배조합장 歌原恒 외 4명	大内暢三	生果移入稅廢止
31회	전북지주동지회위원 宮崎佳太郎 외 7명	米田穰	조선지조 증징 철폐
	戸部巌 외 43명	星野錫 외 3명	조선총독부 인쇄소 축소의 건
	경성일본인상업회의소 회두 原勝二 외 7,473명	岡田栄	조선에 사단 증설의 건
	大庭貫一 외 431명	山道襄一	조선에 사단 증설
37회	頭山満	犬養毅 외 10명	고 김옥균 표창의 건
	米村ツチ 외 1명	上坐安太郎	구 한국의 신체 및 재산의 침해에 대한 청원
39회	海老原新太郎 외 14명	小大保喜七郎	조선에 官弊大神社봉사의 건
40회	원산상업회의소 회두 亀谷愛介 외 2명	神谷卓男	平元鉄道속성 청원에 관한 건
41회	평양상업회의소 회두 大橋恆藏 외 2명	神谷卓男	平元鉄道 급설의 건
	海老原新太郎 외 14명	小久保喜七	조선에 官弊大神社봉사의 건
	인천상업회의소 회두 奧田貞次郎 외 3명	牧山耕蔵	조선 서해안 각 항구 대 요코하마 및 한신 간 명령 정기항로 개시의 건
42회	민원식	斎藤珪次 외 2명	중의원 선거법을 조선에 시행하는 건
	伊藤重次	岡田栄	조선 치과의 자격을 인정하는 건
	桜井小三郎	岡田栄	조선에 변호사 자격을 부여하는 건
	趙彛均	大口喜六	조선 아편배상가격 인상의 건
43회	민원식	牧山耕蔵 외 1명	조선에 중의원 선거법을 시행하는 건
	外山喜右衛門(공주)	牧山耕蔵	조선에 변호사 자격을 부여하는 건

	이완용	波多野承五郎	조선 농사개량주식회사 보조예산에 관한 건
44회	今井銀一(의주)	松山常次郎	조선 평안북도 도청 이전 중지의 건
	민원식	大岡育造 외 16명	조선에 중의원 선거법을 시행하는 건
	荒春幹治	牧山耕蔵	조선 충청남도 강경 수도 부설의 건
	外山喜右衛門(공주)	牧山耕蔵	조선에 변호사 자격을 부여하는 건
	石田新吉(부산)	湯浅凡平	조선의 담배제조업자 구제의 건
	土生(福井)외5명	野村勘衛門	조선에 중의원 선거법을 시행하는 건
	木村粂丸(동경)	土屋興	조선산 소(牛)개량의건

* 표는 1910년대~1920년대 초 조선 관계 청원의 내용임.
** 출처: 이형식, 「1910년대 일본제국의회 중의원과 조선통치」, 『사총』 82, 2014.5, 228~229 참고.

〈표 1〉은 이들 '조선관계대의사'들이 조선에 거주하는 일본인 또는 조선과 관련 있는 인물들에게 받은 청원을 제국의회에서 소개한 내용의 일부이다. 〈표 1〉에서 볼 수 있듯이 조선 거주 일본인들의 최대의 관심사는 '참정권 문제'와 '식민지 개발'이었다. 이미 앞에서도 언급한 것처럼 이들 일본인들은 제국 내 정치력이 부재한 상황에서는 식민지 경영과 식민지 지배·통치정책에서 자신들이 소외될 수밖에 없다고 생각했는데, 이를 해소하기 위한 방법은 자신들을 대변할 제국의회 의원이 선출될 수 있도록 '중의원 선거법'을 조선에 시행하는 것이었다. 또한 자신들의 직접적인 이해관계라고 할 수 있는 조선의 개발은 조선인을 위한 개발이 아니라 '현장의 식민자'인 자신들의 이해관계를 확장시킬 수 있는 개발이었으므로 이에 앞장섰다. 이와 같은 청원 운동의 제국 정계 통로는 역시 스스로 조선 거주 일본인이거나 조선과 직·간접적으로 관계를 맺고 있던 '조선관계대의사'인 제국의회 의원이었다. 이들은 조선으로부터 온 청원자들과 함께 같은 정당의 다른 동료의원은 물론 다른 정당의 관계의원들을 만나도록 주선하고 함께 설득하기도 했다. 나아가 내각을 비롯한 제국 정계의 중요한 정치가들과의 만남을 주도하거나 이들과 함께 만나 설득하는 활동도 전개했다. 그야말로 '식민지의 로비스트'로 활약했던 것이다.

다른 한편, '조선관계대의사'는 제국의회에서 '조선통'으로써 제국의 식민지 지배와 통치정책에 부합하는 법안도 스스로 발의하여 제출하는 '제국의 브로커' 역할도 수행했다. 일반적으로 브로커(broker)는 다른 사람의 의뢰를 받아 그를 대신하여 상행위 등 어떠한 행위를 하고 쌍방으로부터 이익을 얻는 대행자를 의미한다. '조선관계대의사'는 다른 사람의 의뢰를 직접 받은 것은 아니지만 이른바 제국의회 의원이기 때문에 제국 일본의 이익을 대변해야 했다. 따라서 스스로 제국 일본을 대신해 식민지 정책을 입안하여 제국과 식민지를 잇는 대행자로서의 이익을 획득하는 브로커적 역할도 수행했다. 물론 이와 같은 브로커적 역할은 제국의 이익을 좇되 조선과 관계된 자신의 이익도 좇는 정치적 활동이었다.

〈표2〉 조선 관련 건의안을 직접 발의한 의원과 그 내용

회기(연도)	발의 의원	건의안 등 내용
26(1910)	三浦覺一 외 1명	北韓철도개축 및 항해개시에 관한 건의안
27(1911)	大內暢三	조선곡물 및 穀粉 수입세에 관한 건의안
28(1912)	三浦覺一	조선척식은행설립에 관한 건의안
30(1913)	岡田榮	조선총독부 재판소령 개정에 관한 건의안
41(1919)	牧山耕藏 외 10명	조선 및 대만 산미증식에 관한 건의안
43(1920)	阪上貞信 외 1명	조선의 석탄수급에 관한 건의안
44(1921)	中野正剛	결의안(조선통치에 관한 조사위원회 설치의 건)
44(1921)	松山常次郎 외 2명	조선에서의 식림사업보호에 관한 건의안
45(1922)	牧山耕藏 외 4명	군산항 수축 國營에 관한 건의안
45(1922)	牧山耕藏	진남포 축항 완성에 관한 건의안
45(1922)	多木久米次郎 외 4명	조선에서의 참정권에 관한 건의안

46(1923)	牧山耕藏 외 14명	일본과 조선, 대만, 화태, 남양군도, 관동주 및 만철부속지 간의 우편 전신요금 통일에 관한 건의안
	松山常次郎 외 1명	조선에서의 수리사업자금 충실에 관한 건의안
	阪上貞信 외 4명	식민지 정책 확립에 관한 건의안
	阪上貞信 외 2명	군산항 확장에 관한 건의안
	牧山耕藏 외 4명	인천 축항 확장에 관한 건의안
	牧山耕藏 외 10명	척식성 설치에 관한 건의안
50(1925)	松山常次郎	함경선 속성에 관한 건의안

*표는 1910년~1925년까지 조선과 관련된 대의사가 조선 관계 건의안을 발의한 내용.
**출처 : 일본국립국회도서관제국의회회의록검색시스템(http://teikokugikai-i.ndl.go.jp/)1910~1925년

〈표 2〉는 '조선관계대의사' 스스로 발의한 조선 관련 건의안의 일부이다. 이들 건의안은 제국의 입장에서 식민지를 어떻게 경영하고 통치할 것인가에 기반을 둔 정치, 경제 관련 건의안이었다. 정치적 건의안은 조선통치와 척식에 관한 행정 기관과 제도에 관련된 사항들이 대부분을 이루고 있다. 또한 경제적 건의안은 당시 최대의 관심사인 식량 및 원료 공급지로서의 식민지화에 따라 산미증식과 일본으로의 이출에 필요한 항만, 철도 개발 등이 집중적으로 발의되고 있어 제국의 이익을 대변하고 있음을 확인할 수 있다. 물론 이와 같은 이익은 식민지 일본인들의 이익과도 직결되는 것이고 따라서 본인의 이익이기도 한 것이었다.

'조선관계대의사'의 구분과 범주 설정

본 저서는 식민지 조선과 관련 있는 '조선관계대의사', 즉 '조선통' 제국의회 의원의 식민지 조선에서의 경험과 제국의회 진출 과정, 그리고 제국 정계에서의 활동을 토대로 이들의 실체는 물론 식민 권력과 식민정책, 식민 지배와 식민 통치의 다양성을 토대로 한국의 근대성과

식민성을 확인하고자 했다. 그러기 위해 이들 '조선관계대의사'를 세분화하여 구분하고, 그 구분에 따라 연구를 진행했다.

이들 '조선관계대의사'는 식민지 조선에 거주하는 일본인, 즉 '재조일본인'을 토대로 하고 있다. '재조일본인'의 범주를 식민지 조선에 거주한 경험이 있는 모든 일본인으로 넓혀 볼 수 있겠지만 그렇게 되면 그 특징과 의미는 흐릿해져 명확하게 확인하기가 어렵게 된다. 적어도 본 저서에서는 식민지 조선을 정주의 장소 또는 이해관계가 밀접한 장소로 규정하는 '재조일본인'으로 제한하여 살펴보았다. 실제 식민지 조선과 직접적으로 관련을 가질 뿐만 아니라 '식민지의 이익'과 '제국의 이익'이 곧 '자신의 이익'이 되는 '조선관계대의사'의 활동을 규명할 수 있기 때문이었다. 따라서 당시 '재조일본인'의 이해의 기반이 어디에 근거를 두고 있는지를 확인하기 위해서는 그들의 계급, 계층이 어떠했는지 확인하는 것이 중요했다.

'재조일본인'의 직업구성과 관련된 통계는 《조선총독부통계연보》와 《조선국세조사보고》가 있다. 통계 연보는 간접조사 방식인 데다가 호수로 파악하다 보니 직업을 가지지 않은 여성과 아동까지 포함한 불명확한 통계라고 할 수 있다. 그렇다면 전수조사라는 직접조사를 통해 사실에 좀 더 구체적으로 근접한 국세 조사 보고를 통해 이를 살펴볼 필요가 있다. 국세 조사 보고에 따르면, 개항 이후 패전에 이르기까지 '재조일본인'의 직업구성은 상업·교통업이 항상 수위를 차지했다. 1940년 마지막 통계에서도 상업·교통업은 1/3 이상의 중심적인 위치를 차지했고, 이를 이어 광공업 종사자들이 20% 후반까지 증가하는 한편, 공무·자유업은 20% 전반으로 떨어졌다. 이를 통해 볼 때 '재조일본인'은 식민지 조선에 거주하며 상업, 교통업, 광공업 등 경제 활동에 주력하는 일본인들로 좁혀 볼 수 있을 것이다. 이에 따라 '조선관계대의사'도 이상의 내용을 토대로 확인할 필요가 있었다.

본 저서에서는 '조선관계대의사'를 다음과 같이 세 그룹으로 분류하고 이를 토대로 집단 연구를 진행했다. 첫 번째는 식민지 조선에 거주 중에 제국의회 의원으로 출마하여 당선된 사람들이다. 두 번째는 식민지 거주 경험이 있는 의원들로서 관료를 제외한 사람들이다. 관료는 재조일본인은 누구인가, 재조일본인의 범주를 어디까지 할 것인가를 논의할 때 가장 논란이 되는 집단이다. 그러나 관료들은 대부분 자신의 의지로 왔든, 의지와 상관없이 왔든, 조선에 남아 있지 않은 이상 잠시 머물다가 떠나는 부임지로 인식한 자들이 많았기 때문에 조선에 직접 이해관계를 가지는 집단이라 보기 힘들다. 따라서 본 저서에서 조선에서 근무한 경험이 있는 관료들은 제외했다. 세 번째는 식민지 조선에 직접적인 이해관계를 가지고 있는 자들이다. 이들은 거주한 경험은 있고 현재 거주하지 않지만 대체적으로 사업장이나 활동의 영역이 조선에 걸쳐 있는 자들이다. 따라서 본 저서는 이 분류에 따라 각각 14명의 중요한 '조선관계 대의사'를 선별하여 각각 조선과의 관계, 제국의회 진출 과정, 그리고 일본 정계에서의 활동에 대해 분석했다.

제1부

식민지 조선 거주 일본 제국의회 '조선관계대의사'

식민지 조선 거주 중 제국의회 의원으로 선출되어 정치 활동을 전개한 자들은 지금까지 파악한 바로는 아래 〈표〉와 같다. 강제 병합 이후 처음으로 실시한 1912년 제국의회 제11회 총선거부터 '재조일본인'들과 이들 사회는 이들 출신 인사의 제국의회 의원 당선을 위해 관심과 지원을 아끼지 않았다.

통감부 시기인 1908년 한성재판소 보좌관으로 임명되어 관료로 조선에 건너온 오카다 사카에(岡田榮)는 사법제도가 변경되자 사직하고 경성에서 변호사로 개업했다. 그러던 차 고치현(高知縣) 군부(郡部)의 추천과 경성 거주 일본인들의 원조로 제11회 총선거에서 당선되었다.[1] 군산에 거주하면서 거류민회장과 거류민단장을 역임한 사카가미 사다노부(阪上貞信)도 야마구치현에서 선출되었다.[2] 1914년 부제의 실시에 따른 거류민단의 철폐와 특별시구제의 거부는 더욱 조선 거주 일본인들의 이해를 대변해 줄 제국의회 의원의 필요성을 대두시켰다.

이에 1915년 제12회 총선거에서 수많은 조선 거주 일본인들의 출마가 이루어졌다. 그 가운데 부산의 대표적인 일본인 오이케 츄스케(大池忠助)와 경성 변호사계의 중진인 고노도라노스케(木尾虎之助)가 각각 나가사키와 가고시마현에서 당선되었다. 이어서 치러진 1917년 제13회 총선거에서는 제12회에 낙선한 경성의 오카다가 다시 출마하여 선거소송으로 당선되는 한편, 당시 조선 거주 일본인의 대표적인 대변자였던 조선공론사 사장 마키야마 고조(牧山耕藏) 등이 당선되어 줄곧 제국의회에서 '조선통'으로 활약했다. 이후에도 이와 같은 조선 거주 일본인의 제국의회 의원 당선이 〈표〉와 같이 지속되었다.

〈표〉 식민지 조선 거주 제국의회 의원

	이름	지역구	조선과의 관계
1	大池忠助	나가사키현	부산에서 여관업, 회조업에 종사
2	岡田榮	고치현	조선에서 변호사 개업

---

[1] 『조선재주내지인실업가인명사전 제1편』, 71쪽 ; 『재조선내지인신사명감』 132쪽.
[2] 『재조선내지인신사명감』 470쪽.

3	木尾虎之助	가고시마현	경성에서 변호사 개업, 금광 소유, 북선산업주식회사 감사
4	牧山耕藏	나가사키현	언론인, 조선공론 사장
5	多木久米次郎	효고현	多木農場 및 산림 경영
6	阪上貞信	야마구치현	남선권업주식회사 대주주, 충남경편철도주식회사 발기인, 호남상회 경영, 군산상업회의소 평의원
7	川崎克	미에현	원산민단의원, 元山時事新報 주간
8	松山常次郎	효고현	황해사 사장
9	影山秀樹	시즈오카현	대구민단장
10	湯浅凡平	히로시마현	경남 밀양의 대지주

    제1부에서는 이들 중 식민지 거주 일본 제국의회 '조선관계대의사'로 부산의 3대 거두 오이케 츄스케(大池忠助), 조선공론 사장 마키야마 고조(牧山耕藏), '비료왕' 다키 구메지로(多木久米次郎), 군산상업회의소 평의원 사카가미 사다노부(坂上貞信), 밀양 대지주 유아사 본페이(湯淺凡平)에 대해 살펴본다.

1장
식민자와 조선
-오이케 츄스케 大池忠助 의 지역성과
식민자로서의 위상

1. 부산 정착과 자본의 축적

    오이케 츄스케(大池忠助)는 1856년 쓰시마 이즈하라쵸(嚴原町)에서 오이케 쇼베(大池庄兵衛)의 2남으로 태어났다. 13세 때 숙부인 고오리 이베(郡伊兵衛)의 천금단(千金丹)본포에 견습 점원으로 들어가 일하면서 사숙(私塾)에 통학하였다. 나이 스물이 되던 1875년 2월 28일 그 당시 시가 250엔 정도의 상품을 가지고 부산에 들어왔다.[1] 아주 적은 상품만을 가지고 부산에 도항한 초기 이주민들을 일반적으로 '모험상인'이라고 칭하지만 그 이면을 살펴보면 꼭 그렇지만은 않았다. 특히 오이케의 경우도 알려져 있듯이 '적수공권'으로 부산에 들어온 것처럼 묘사되거나 알려져 있지만, 어린 시절부터 상업에 종사하였으며 이 과정에서 부산과의 왕래가 잦았던 것으로 보인다. 더군다나 오이케의 도항과 부산에서의 성장에는 부산과의 무역을 통해 어느 정도 기반을 가지고 있었던 친형인 고오리 긴사부로(郡金三郞)의 영향이 컸다.

    고오리는 일찍부터 숙부의 양자로 들어가 숙부의 상점을 경영하고 있었다. 이 때문에 초량왜관과의 무역을 위해 부산으로의 왕래도 잦았고 이로 말미암아 오이케의 부산 도항은 자연스럽게 이루어졌다. 또한 1875년 부산감리관 야마시로(山城)라는 자가 '보천사(普天社)'라

---

[1] 葛生能久,『東亞先覺志士傳』下卷, 黑龍會, 1933, 138쪽.

오이케 츄스케

고 하는 조선어공부를 목적으로 하는 야학교를 설립하자 고오리는 동생 오이케에게 들어가 수학할 것을 권유하였다. 이때 오이케는 당시 부산에 들어온 21명의 일본인 청년과 함께 조선어를 배웠다고 한다. 한편 오이케는 부산 도항시 가져온 상품을 근간으로 조선의 해초를 모아 일본으로 보내는 사업을 시작하였다. 더불어 친형이 1877년 부산으로 도항하여 상점을 열고 무역과 수화물 도매를 시작하였고 업무가 번성하자 1880년 이를 동생 오이케에게 물려주고 당시 개항되지 않았던 인천으로 진출하였다.[2] 오이케는 형이 물려준 상점을 오이케상점(大池商店)으로 고치고 본격적으로 영업을 시작하면서 부산의 중심적인 인물로 성장해 갔다. 부산의 개항과 함께 1878년부터 미쓰이 기선이 일본과 조선 간의 항해를 시작하자, 오이케는 부산대리점을 인수하여 무역업에 뛰어들었고 이로 말미암아 오이케상점은 고베, 시모노세키, 나가사키 등 일본 본국에도 이름을 날리게 되었다.[3] 오이케는 친형의 상점을 인수하면서 본격적으로 자본을 축적하기 시작하였다. 그의 이러한 자본 축적 과정은 다른 일본인들과 그다지 달라 보이지는 않았다. 하지만 개항 전부터 조일 무역에 종사하며 여러 차례 부산을 드나들었으며 개항 이후 부산으로 건너와 조선어를 배우는 등 조선과 부산의 사정에 누구보다 정통했다는 점과 일본의 입장에서 조선으로 들어가는 입구인 '부산'이라는 지역적 특성을 최대한 장점으로 삼아 성장할 수 있었다고 할 수 있다. 먼저 그의 자본 축적과정을 살펴보자.

　오이케는 조선이 개항되자 본격적으로 상업과 무역에 투신하여 부산에서 기반을 마련해 갔다. 이와 같은 활동은 개항 전후 조선에 들어온 일본인들의 전형적인 기반 마련 과정으로 보인다.[4] 부산에 들어온 그 이듬해인 1875년, 그는 공무역 상인의 허가를 받았지만, 공무역

---

[2] 高橋刀川, 『在韓成功之九州人』, 虎餘號書店, 1907, 101~102쪽.
[3] 葛生能久, 앞의 책, 138쪽.
[4] 한우근, 『한국개항기의 상업연구』, 일지사, 1970.

보다는 사무역에 종사하였다. 당시 공무역은 기간과 품목, 그리고 수량이 제한되었기 때문에 야간에만 하는 등 위험하지만 사무역이 더 이윤이 남는 장사였다. 회고에서 그는 "나도 1876년부터 공무역 상인의 허가를 얻었으나 돈벌이는 낮에 하지 않고 전부 밤에 했다. 이것을 사무역이라 하여 거류지 관리들은 모른 체 하였지만 공공연한 비밀이었다. 조선 관헌들도 별로 이를 취체하지 않았으나 숨어서 하지 않을 수 없었다. 그래서 공무역에 종사하지 않고 위험을 무릅쓰고 사무역에 종사하여 부를 축적하였다. 나는 이러한 사무역이 상품 판매에 20할 내지 30할의 이익이 있었음으로 고되고 잠 오는 것을 참고서 사무역에 종사했다"고 한다. 그리고 조선인들도 이익을 위해 사무역으로 일본인 상인들과 교섭하는 실정이었다.[5] 그러나 개항과 더불어 조선에 흉작이 들자, 금지되던 수입무역은 곧 해제되었다. 오이케는 이 기회를 적극적으로 이용하여 본격적으로 일본 미곡과 잡화의 직수입 및 위탁매매를 개시하였다. 1886년에는 일본 식염을 수입하는 등 수입품의 확대에도 노력했다.[6] 또한 조선 정부가 직영하던 포해태조합(布海苔組合)에 투자하여 수출 해조(海藻)의 품질 개량에도 힘쓰는 등 수입무역의 투자처를 점차 확대해 나갔다.[7]

한편, 일본으로부터의 미곡과 잡화의 직수입을 통한 위탁매매와 함께 자신과 거래하는 조선인 상인 및 관공리에 대한 자금 대부를 통해서도 자본을 축적하기 시작했다. 처음에는 "거래하는 조선인들과 항시 손을 잡아둘 상업상의 필요"에 의해 때때로 돈을 빌려주지 않으면 안 되었다고 한다.[8] 개항 당시 일본인 상인은 반드시 조선인 상인과의 상거래를 통해 상품을 사고 팔 수밖에 없었기 때문에 안정적으로 상품을 매매하기 위해서는 미리 대금을 지불하기도 했다. 더욱이 일본인 상인 간의 경쟁이 심화되면서 이러한 구조는 더욱 심화되었고 이 때문에 선대의 형식으로 자금을 대부하는 것이 상거래상의 관행이 되었다.[9] 따라서 개항 초기에는 오이케도 이러한 상거래상의 관행으로 자금을 조선인 상인에게 대부하고 안정적으로 곡물 등 상품을 매집할 수 있었던 것이다. 하지만 자금 대부는 상업상의 필요만이 아니라

---

[5] 吉用正廣, 『釜山開港五十年記念號』, 釜山府, 1926, 30쪽.
[6] 吉田敬市, 『朝鮮水産開發史』, 朝水會, 1955, 159쪽
[7] 朝鮮總督府 總督官房總務課, 『光榮錄』, 1928, 1쪽.
[8] 吉用正廣, 앞의 책, 30쪽.
[9] 하지영, 「개항기 조선상인과 일본상인 간의 자금거래와 곡물유통 - 부산·경상지역 '兩民交涉債案'의 분석을 중심으로」, 『지역과 역사』 20, 2007, 160~161쪽.

이자 수입 등 고리대업으로써 조선에 건너온 일본인 상인들의 중요한 자본축적방법이었다.[10]

오이케도 고리대업에 적극 나선 것으로 보인다. 1893년 김해군이 탁지부에 보고한 내용에 의하면, 관찰사 민영은이 1893년 흉년으로 공전(公錢)의 징수가 어려워지자 오이케에게 매달 4푼의 이자로 31,500냥을 빌려 공전을 상납했다. 이후 1893년에는 이자만 14,322냥 9푼, 1894년에는 3개월 이자 3,754냥 9전 6푼, 1895년에는 이자 594냥 1전 4푼을 갚아 전후 모두 27,132냥 6전 1푼이 되었다. 그런데 오이케는 "年邊만 推尋하고 본전은 경영도 못한다"고 차인 3~5명을 읍에 머물게 하며 압박하자, 김해군에서는 오이케를 불러 "邊利는 일단 두고 差人 日費만 徵給하며 그해 내로 出梢"하기로 약속했으나 여전히 지급치 못함을 탁지부에 보고했다.[11] 이는 오이케의 자금 대부가 단순한 상업상의 필요가 아니라 명백히 이자 수입 등 고리대의 모습을 띠고 있음을 보여준다. 오이케의 예는 관용이며 장기 대부이기에 가장 낮은 1달에 4푼의 이율이었지만, 사용이며 급전일 경우 일본인 고리대업의 일반적 이자 수취인 10일에 1할 또는 1개월 1할 2푼의 고율이었다.[12] 또한 밀린 돈을 받기 위해 差人까지 군에 파견하고 그 비용까지 받고 있는 등 자신에게는 손해가 전혀 없는 일반적인 고리대금업자의 면모를 드러내고 있다.

또한 이러한 자금 대부는 채무 변제가 제대로 이루어지지 않을 때는 협박은 물론 저당물에 대한 차압으로까지 이어져 자연스럽게 상품 또는 토지의 탈점도 가능했다. 1902년 김해군수의 보고에 의하면 "日公館 債案으로 인하여 경성 사는 徐相世를 捉致督刷하였더니, 該人은 金海鳴湖에 사는 黃允贊이 日商 大池忠助에게 錢 4,666兩을 빌릴 때 保證을 서기만 하였다 하는 바 황윤찬을 押上하여 同錢을 推給하게 하는 것이 마땅하다"는 훈령이 있었다고 한다.[13] 보고에는 차압에 대한 얘기는 없지만 보증인에 대한 '착치독쇄(捉致督刷)'까지 이루어진 것으로 보면 충분히 보증에 대한 탈점도 가능한 것으로 보인다. 따라서 자금 대부는 한편으로는 상품의 구매를 원활하게 하는 장치였고, 다른 한편으로는 고리대적인 성격을 띠며 이자 수입과 함께 조선인들의 상품과 토지를 탈점하는 중요한 수단으로도 이용되었다.[14] 한

---

[10] 朴憲哲, 「開港期 釜山港을 中心으로 본 日本人의 商業活動」, 부산대 석사학위논문, 1985, 43~44쪽.
[11] 『公文編案』, 1896.7.30.
[12] 박헌철, 앞의 논문, 46~49쪽.
[13] 『東萊監理各面署報告書』, 1902.12.24.
[14] 하지영, 앞의 논문, 169~173쪽.

발 더 나아가, 오이케는 미곡과 같은 대일 수출 상품의 안정적인 확보는 물론 자본 축적의 투자처로써 토지와 건물에 관심을 기울이며 적극적인 매수에도 힘을 썼다. 그 과정에서도 잠매와 명의이전이라는 편법을 이용한 탈점을 일삼으며 사회적 문제까지 야기하기도 했다.[15] 이때문에 오이케를 '성공자'로 소개한 글에서 토지 및 건물 매수가 그 성공의 직접적 이유라고까지 강조했다.[16]

그런데, 오이케의 자본 축적에 가장 큰 영향을 미친 것은 다름 아닌 일본 군부와의 만남이었고 해도 과언이 아니다. '적수공권'이지만 시대적 변화에 기민하게 편승하는 능력을 지니고 있었다고 해도 이를 뒷받침해 줄 이른바 권력을 가진 후원자가 없었다면 식민지에서의 '성공'이란 것도 제한적일 수밖에 없었을 것이다.[17] 그런 의미에서 조선으로 들어오는 입구인 부산은 오이케에게 정말로 중요한 공간이었으며 이와 같은 지역적 특성을 그는 잘 파악하고 적극적으로 활용했다. 즉, 일본에서 조선으로 들어오는 입구에 여관업을 개시한 것은 한미한 가문과 빈약한 자본력을 극복하고 성장할 수 있도록 해줄 든든한 뒷배를 만드는 과정이라고 할 수 있다. 그렇기에 오이케를 '성공자'로 묘사하는 글에서 조선에서의 사업은 '여관에서 비롯'되었다거나 여관의 개시를 '성공의 간접적인 요인'이라고 하며[18] 그 예로 일본군의 실세였던 참모차장 가와카미 소로쿠(川上操六)의 대지여관 투숙과 이후 지속된 만남을 그 특별한 사건으로 언급했다.[19]

조선으로의 침략을 착착 준비하고 있던 일제는 군사적 목적 아래 지속적인 조선 정탐을 시도했고,[20] 청일전쟁을 앞둔 1892년 일본군 참모차장 가와카미가 직접 군사상의 비밀 첩보 업무를 띠고 부산에 왔다.[21] 이때 오이케의 여관에 투숙했고 그 인연으로 부산에서 대구에 이

---

[15] 최원규, 「19세기후반·20세기초 경남지역 일본인 지주의 형성과정과 투자사례」, 『한국민족문화』 14, 1999 ; 최원규, 「일제의 토지조사사업에서 경남 창원지역의 토지소유권 분쟁 - 自如驛 倉屯 사례」, 『지역과 역사』 21, 2007.

[16] 高橋刀川, 앞의 책, 70~71쪽.

[17] 이는 부산의 '3원로' 또는 '3거두'라 칭해지던 迫間芳太郎과 香椎源太郎과 비교되는 지점이다. 오이케보다 십수년 늦게 건너온 하자마의 경우 미쓰이 계열 상점의 부산 지점장으로 파견된 점을 미루어 그 시작은 오이케와 상당히 달랐다고 할 수 있다.
또 가장 늦게 조선으로 건너왔지만 짧은 시간에 부산과 조선에 그 명성을 구가한 가시이와도 비교된다. 가시이는 후쿠오카지방의 상당한 유력 가문 출신이었으며 이 때문에 처음부터 상당한 이권을 확보하며 유력자로 일찍이 모습을 드러냈다(배석만, 앞의 논문, 2009, 116~121쪽).

[18] 대지여관과 인적망의 형성에 대해서는 다음 절에서 자세히 살펴볼 것이다.

[19] 高橋刀川, 앞의 책, 70~71쪽 ; 柄澤四郎, 『朝鮮人間記』, 大陸研究社, 1928, 104쪽.

[20] 남영우, 『일제의 한반도 측량침략사』, 법문사, 2011.

[21] 德富猪一郎, 『陸軍大將 川上操六』, 第一公論社, 1942.

르는 낙동강의 수리 및 연안의 지리를 탐사하는데 오이케는 적극적으로 조력했다. 즉, 낙동강의 수리(水利) 및 연안의 지리(地理)를 탐사하는 가와카미의 자문에 응하는 한편, 직접 가와카미의 수행원으로 동참하며 의견을 개진하는 등 일제의 조선 침탈에 필요한 정보를 제공하는 일에 앞장섰다. 이를 계기로 오이케는 일본 육군과 더욱 밀접한 관계를 맺게 되었다. 우선 청일전쟁 기간 동안 일본군의 군수물자를 보급하는 육군 병참부가 부산항에 설치되자, 용달인으로서 군인과 군마의 먹이인 양말(糧秣)의 납입은 물론 군용물자 수송에 필요한 인부의 공급 및 군수품의 수송에도 큰 공을 세웠다.[22] 게다가 직접 일본군의 부산진 및 낙동강 진주와 이동에 중요한 정보를 제공하는 등 침략전쟁에도 적극 가담했다.[23] 그리고 이후 줄곧 조선에 주둔하는 일본군의 군수물자를 보급하는 용달인의 신분을 유지했다. 뿐만 아니라 이렇게 맺어진 인연을 기반으로 아직 식민지가 아닌 조선의 토지를 육군성이 직접 매입할 수 없게 되자, 오이케의 이름으로 조선내 토지를 매입하여 일제의 조선 침탈에 이용될 수 있도록 힘썼다.[24] 일본 군부와의 긴밀한 관계는 조선에서의 각종 이권 획득과 밀접히 연관된 것으로 오이케의 자본 축적에 많은 영향을 주었음은 두말할 필요가 없을 것이다.

이상의 과정들을 통해 볼 때 오이케는 개항 전후 조선에 들어온 일본인들의 보편적 성장 과정인 조일 무역(사무역)과 고리대업을 통하는 한편, 일제의 조선 침략이라는 시대적 상황과 조선 진출의 입구라고 하는 부산의 지리적 요건을 잘 이용한 여관업과 군용달업을 통해 자본을 축적하여 일약 부산의 중심적인 인물로 부상했고 1900년대 부산은 물론 조선에서 크게 성공한 일본인으로 소개되기 시작했다. 결국, 그의 성장 기반은 철저하게 침탈당하는 조선과 침탈의 출입구인 부산이라는 시대적, 지리적 요건 아래 놓여있었다고 해도 과언이 아니다. 아래는 이러한 자본 축적 과정을 거쳐 구축된 오이케의 개인사업과 구체적인 영업 내용을 표로 정리한 것이다.[25]

---

[22] 조선총독부 총독관방총무과, 앞의 책, 1928, 3쪽.
[23] 『朝鮮時報』 1923.6.17.(1-5), 「朝鮮の代表的事業と人物」
[24] 최원규, 앞의 논문, 1999, 104~111쪽.
[25] ① 미곡부는 종래 무역부로 칭했던 것으로 1916년 중 미곡 및 잡곡 수출 취급고가 300만원에 달하며 수출지역은 주로 노령 블라디보스토크이며 런던, 천진, 여순, 대만, 일본 등 사방에 걸쳐 있었다. ② 수출입부는 기계, 금물, 자동차, 도료, 기타 일반 수출입을 취급하였고 특별히 수출입품의 소매판매를 위해 소매부를 설치하였다. 그리고 에이전트로서 각종 유명 상회 또는 회사의 상품, 예를 들어 전기모터, 석유발동기, 자동차, 페인트, 고무, 베니아판 등의 판매점 또는 대리점 역할도 했다. 그 외 수출품으로는 경상북도 영양군 수비면에 소유한 광산에서 생산한 정제 아비산을 1개월 약 1천 상자정도 미국에 수출했다. ③ 1892년 설치된 정미부는 1906년 부평정에 900평 규모의 제1정미소를 설립하고 1일 400석의 정미를 생산했으며, 1908년 영도에 1,500평 규모의 제2정미소를 설립하고

〈표 1〉 오이케의 개인사업과 내용(1923년)

업종	영업개시	내용	기타
米穀部	1876년	일본미곡, 잡곡, 잡화의 직수입과 위탁판매	
輸出入部		기계, 금물, 자동차, 도료, 기타 일반 수출입	소매부 부설
精米部	1892년	수출미의 개량과 제1, 2정미소 경영	
回漕部	1878년	汽船의 하물취급	조선우선주식회사
陸送部	1912년	회조부 취급기선의 중계운반	회조부의 연장, 艀船業 경영
石炭部	1909년	龜山炭坑의 독점판매 등 기타 석탄판매	
製鹽業		염전 7개 소유	
旅館業	1877년	부지평수 198평, 1887년 여관부 개설	
貸家業		가옥 247호 직영	
農業		水田 약 1,000정보 소유, 그 외 田地는 임대 경작	
保險代理業		일본의 유명한 보험회사 대리점 영업	
倉庫業		부산부내에 27개소의 창고 소유	

출전: 『朝鮮時報』1923.6.17.(1-5), 「朝鮮の代表的事業と人物」

오이케의 개인사업은 〈표 1〉처럼 다종다양해서 같은 지위에 있었던 하자마 하사타로(迫間芳太郎)가 '토지왕', 가시이 겐타로(香椎源太郎)가 '수산왕'이라고 불렸던 것과 달리 독점적인 영업종목을 지니지 않은 것처럼 보인다. 하지만 자세히 살펴보면 미곡수출과 관련된 업종(미곡부, 정미부, 해운부, 육송부, 농업, 창고업)이 중심으로, 이는 본인이 끝까지 미곡만은 직접 관리했다는 점에서도 확인된다. 따라서 자본 축적은 초기 미곡부, 해운부, 그리고 여관업을 중심으로 시작되었고, 그 도약은 여관업을 통해 일본 군부와 관계 맺었던 1892년 정미부의 설치와 1894년 군용달업에 의해 이루어졌다고 할 수 있다. 이처럼 오이케는 1890년대까지 자본 축적을 통해 부산의 중심적인 인물이 되었으며 부산과 여관부를 통한 인적 교류망을 구축하

1일 1,000석 규모의 정미를 생산했다. 종사원은 사무원이 60명, 돌 고르는 여공이 각각 260명과 400명, 총 720명이 정미소에 근무하는 대단위 공장이었다. ④ 회조업은 1923년 현재 일본우선주식회사소속기선 2척, 조선우선주식회사소속기선 20척 등 각종 선박회사의 배는 물론 임시용선을 취급했다. ⑤ 회조부의 연장사업이었던 육송부는 1912년 철도성이 공인하고 만철이 승인한 운송점으로 주로 회조부가 취급한 기선의 중계운반은 물론 부산항내 출입화물에 대한 부선업까지 경영했다. ⑥ 석탄부는 구산탄갱(龜山炭坑)의 독점판매와 古河광업주식회사 및 山下광업주식회사의 出炭을 조선에 판매했다. ⑦ 제염업으로 소유한 염전 7개소를 제염업자에 임대했다. ⑧ 여관업으로 건평 198평의 여관을 개업하여 장수통의 한 위관을 뽐냈다. 가와카미 소로쿠(川上操六)에 알려진 이래 육군을 비롯하여 지명인사가 부산에 오면 반드시 대지여관에 숙박했다. ⑨ 대가업으로 직영하는 부산, 마산, 진해방면의 가옥은 총 247호였다. ⑩ 농업경영에는 1923년 소유한 水田 약 1천 정보를 제1농장, 제2농장, 제3농장으로 구분하여 각 농장에 출장소를 설치하고 농사의 개량발달을 도모했다. 그 외 田地는 임대경작했고 목포부근 해남군의 200만평은 그 중 가장 큰 것이었다. ⑪ 보험대리점으로 각종 해상, 화재, 생명보험회사의 대리점을 경영했다. ⑫ 창고업으로 부산부내에 27개의 창고를 소유 경영했다. (『朝鮮時報』1923.6.17.(1-5), 「朝鮮の代表的事業と人物」)

면서 자본의 확대를 통한 조선의 성공한 일본인으로서 자리매김하기 시작했다.

2. 영송과 여관업을 통한 인적 교류망의 형성과 확대

본국에서의 자산과 후원자를 가지지 못한 오이케는 조선에서 기반과 세력의 확대에 도움이 될 인적 교류망을 부산이라는 땅에서 새롭게 형성함으로써 이를 통해 자신의 기반을 확대하고 자신의 위치를 더욱 공고히 해 나갔다. 이는 개인적으로는 자본 축적을 통한 기반 마련의 과정이면서 일본의 조선 침탈 과정이기도 했다. 그리고 자본 축적 과정에 직간접적으로 영향을 준 인적 교류망의 형성은 이후 자본 및 기반 확대에도 영향을 미쳤다. 뿐만 아니라 조선 안팎에서 자신의 위상을 강화시켰으며 역으로 자신의 영향력이 확대될 수 있는 방향으로도 전개되었다. 이른바 부산의 일본인사회에서 '오이케파(大池派)'가 형성되는 중요한 배경이 되었으며[26] 조선은 물론 일본에까지도 자신의 이름을 날리는 데 중요한 역할을 했던 것이다.

오이케가 맺은 인적 교류망은 두 가지 측면에서 확인할 수 있다. 먼저 조선 최초의 개항장인 부산이라고 하는 지리적 공간이다. 그야말로 개항장과 식민도시 부산이라고 하는 지역적 특징은 일본의 입장에서 볼 때 침략을 위해서도 통치를 위해서도 조선 및 대륙으로 진출하기 위한 '교두보'이며 '관문'이었다. 이 점은 부산의 일본인들도 매우 중요하게 생각하며 부산의 발전을 위해 누차 강조하는 '수사'였다.[27] 따라서 일본의 수많은 인사들이 개항 초기부터 시작해 식민지시기 내내 부산을 거치지 않으면 안 되었다. 특별한 후원자가 없는 일본인들에게 새로운 인적 교류망을 쌓을 수 있는 이만큼 좋은 조건은 없다고 해도 과언이 아닐 것이다. 오이케는 이를 적극 활용했다. 먼저 부산을 통과하는 일본의 1급 정치, 군사, 경제인들과의 교류 관계를 위해 이른바 그들이 오고 가는 길목인 '잔교'에 가능한 한 빠지지 않고 나가 영접하거나 배웅했다. 〈표 2〉는 자료의 한계는 있지만 식민지 조선과 관련된 일본의 1급 정치, 군사,

---

[26] 부산의 일본인사회가 중심이 되어 전개한 각종 정치, 경제, 사회단체의 선거 특히 수장을 뽑는 선거(예를 들어, 상업회의소 회두 선출 등) 및 중요한 사안(예를 들어, 부산진매축 인가문제)에 대한 논의에서 '大池派'와 '迫間派', 또는 '大池派'와 '香椎派'가 이따금 대립했다. 하지만 대립만 했던 것이 아니라 조선와사전기주식회사의 부영화에 대해서는 대자본가로서 연합도 했다. 대체적으로 부산 내부적 사안에 대해서는 경쟁 또는 대립도 했지만 부산의 발전을 위해서는 연합도 하는 등 철저하게 자신들의 이해기반과 관계 속에서 대립도 하고 연합도 했다고 할 수 있다.

[27] 부산의 일본인들은 부산을 조선 및 대륙진출의 '進出入口', '關門', '咽喉'라는 표현을 지속적으로 사용하며 그 중요성을 강조했다.

경제인들이 부산을 통과할 때 오이케가 영송한 것만을 정리한 것이다.[28]

〈표 2〉 조선 관련 일본 정재계 인사의 부산 통과와 오이케 영송의 예

연도	성명	당시 직책 및 약력	구분	목적
1914.11	寺內正義	조선총독	관료	경남물산공진회 참석 및 일본 육군대연습 배관/ 귀임
1916.10	閑院宮		왕족	조선시찰
1916.12	長谷川好道	조선총독, 육군원수	관료	조선부임
1916.12	美濃部俊吉	조선은행신임총재	경제인	조선부임
1917.2	小原新三	총독부농상공부장관	관료	중국시찰
1917.8	長谷川好道	조선총독	관료	경성귀임
1917.8	秋山好古/ 白水淡	육군대장/ 육군중장	군인	조선퇴관
1917.9	山縣伊三郎	총독부정무총감	관료	경성귀임
1917.9	安藤又三郎	만철경성관리국직원	경제인	본년도철도운송계획발표
1917.11	長谷川好道	조선총독, 육군원수	관료	대연습배관차 동경행
1917.11	大倉喜八郎	남작	경제인	만주업무
1917.11	有吉明	상해총영사, 元부산주재영사	관료	상해귀임
1917.12	大倉喜八郎	남작	경제인	동경귀임
1918.3	矢野久三郎	신의주영림창장	관료	영전
1918.5	牧山耕造, 奧田龜藏	대의사	정치인	통과
1918.10	生尾久治	전 일본우선회사 부산지점장, 1904년 부산상업회의소회두	경제인	조선시찰
1918.11	栗生武左衛文	동경굴지의 실업가	경제인	조선시찰
1918.12	林駒生	조선해수산조합장	경제인	부임
1918.12	長谷川好道	조선총독	관료	귀임
1920.4	齋藤實	조선총독, 해군대장	관료	귀임 후 남선시찰/ 이왕세자 결혼식 참례
1921.6	齋藤實	조선총독, 해군대장	관료	귀임, 부산시찰

[28] 제한적인 자료이지만 『부산일보』와 『조선시보』에는 일본의 정재계 인사 및 유명 인사들의 부산 통과가 기사화되었고 그런 기사들 속에 특별히 오이케가 영접과 배웅을 위해 잔교 또는 부산역에 나간 것만 정리했다. 이러한 예는 이보다 훨씬 많았을 것이다.

1921.6	水野鍊太郎	정무총감	관료	귀임, 부산 및 마산시찰
1921.9	原田金之祐	조선우선회사사장	경제인	동경귀임
1921.9	早川千吉郎	만철사장	경제인	동경행, 부산 관민을 초대한 신임피로연
1921.9	石塚峻	조선총독부기사	관료	경남미곡검사원 협의회 참석
1923.1	川村竹治	만철사장	경제인	귀임
1923.6	齋藤實	조선총독	관료	귀임
1923.10	有吉忠一	정무총감	관료	조선수산공진회 개회식 임석, 해운대온천 등 시찰
1923.10	齋藤實	조선총독	관료	조선수산공진회포상수여식 臨場
1924.6	有吉忠一	정무총감	관료	임시의회 참석차 통과하는 과정에 신축의 부산부립병원과 하단도로 시찰

출전: 『부산일보』, 『조선시보』 각 시기별 기사

〈표2〉를 통해 보면, 오이케가 직접 잔교 또는 철도역에 나가 환영과 송영을 한 경우는 대부분 조선총독, 정무총감, 조선군사령관 등 중심적인 조선의 통치자뿐만 아니라 조선 및 만주의 식민회사, 예를 들어 조선은행, 남만주철도주식회사, 조선우선주식회사 등의 수뇌부로 이루어져 있다. 이러한 인물들은 부산을 기반으로 조선에서 자본을 축적하고 나아가 확대하는 데 영향을 미칠 중요한 인물들이었다. 그리고 이러한 환영과 송영 행사는 단순한 행사에 그친 것이 아니라 열차의 출발과 연락선의 출항 시간을 이용한 연회, 접견, 시내 시찰 등이 이루어지면서 더욱 친밀한 교류가 가능했다. 이 때문에 오이케는 줄곧 이러한 인사들의 부산 통과를 기회로 인적 교류망을 축적하고 확대해 나갔다. 1914년 데라우치 총독의 물산공진회 시찰 때에는 오이케가 직접 안내를 맡는 등 조선 최고의 통치자와의 관계는 돈독했다.[29] 이는 일본군부와의 관계에서 뿐만 아니라 부산이라는 지리적 공간적 특성도 상당한 이점이었다. 특히 조선총독의 부임은 다른 인사들의 통과와는 크게 달랐다. 오이케가 살아생전에 부임한 조선총독은 총 4명인데 모두 부산을 통과했기 때문에 비슷한 과정을 거쳤을 것으로 보이는데, 2대 조선총독인 하세가와 요세미치(長谷川好道)의 부임 과정을 통해 보다 자세히 살펴보자.

---

[29] 『朝鮮時報』 1914.11.13.(4-3), 「總督の晚餐會」

1916년 12월 조선으로 부임하는 하세가와는 도쿄로부터 철도를 이용해 모지(門司)까지 이동해 관부연락선을 타고 조선으로 부임할 예정이었다. 이 소식을 전해 들은 당시 부산상업회의소회두였던 오이케를 필두로 하자마, 가시이, 후쿠다 소베(福田增兵衛) 4명은 부산부윤과 함께 미리 모지까지 직접 나서 하세가와 총독을 맞이하고 함께 관부연락선 이키마루(壹岐丸)을 타고 부산으로 들어왔다. 부산항 입항과 동시에 총독 일행은 부산역장과 부산경찰서장의 선도 아래 잔교에서 매점 앞을 통과하여 부산 관민의 성의로 건설된 대환영문을 거쳐 철도호텔로 들어가는 환영 행사를 진행했다. 이때 환영 행사를 위한 행렬은 매점 앞에는 정무총감을 비롯한 문무고등관, 군대, 재향군인, 부협의회원, 학교조합회의원, 상업회의소의원, 판임관, 적십자 및 애국부인회원이 먼저 나열했고, 철도역 우측에는 중학교, 공립상업학교, 제5심상소학교, 고등보통학교의 직원 및 생도가, 좌측에는 상업전수학교, 제1심상소학교, 제2심상소학교, 제3심상소학교의 직원 및 생도가 나열해 총독을 환영했다. 그 외 환영 인파는 세관 앞 광장과 철도역 앞 가도에 가득했다. 이 환영 행사가 끝난 후 하세가와는 철도호텔에서 1박을 하며 조선 및 부산의 관민들과 만나는 접견과 부산 관민이 준비한 환영회를 마친 후 다음날 아침 특별열차로 경성에 부임했다.[30] 이처럼 부산은 식민지의 관문이라는 특수한 지리적 특성 때문에 조선총독부가 있는 경성과 함께 총독을 맞이하는 대대적인 행사는 물론 관민의 접견과 환영회라는 형식을 통해 조선의 다른 지역과 다른 위치에 있었다. 이를 오이케는 적극 활용하여 자신의 인적 교류망을 확대하는 한편, 자신의 위상을 끌어올리며 자본을 확대해 나갔던 것이다.

	뿐만 아니라 부산이라고 하는 지리적 특징이 단순히 '교두보'이고 '관문'에만 그친다면 그 또한 문제라고 할 수 있다. 그냥 지나가는 경유지가 아니라 잠시라도 쉬어가고 머무르는 공간이어야만 인적 교류의 질을 보장할 수 있는 것이다. 그렇기에 오이케는 일찍부터 이에 착안하여 개항 전부터 해오던 무역업에 이어 개항과 더불어 곧바로 시작한 것이 여관업이었다. 1877년 "쓰시마로부터 일본 가옥 1동을 부산에 이송하여 이를 辨天町에 건축했는데, 부산의 민간에서 일본식 건물의 효시"였다고 하는 건평 189평의 오이케여관을 설치했다.[31] 그리고 여관업에 남다른 애정을 쏟았으며 1887년 여관부를 설치하여 본국도 알아주는 숙박시설로

---

[30] 『釜山日報』1916.12.9.(2-3), 「長谷川總督の着釜」; 1916.12.10.(2-3) 「新總督愈々着釜」; 1916.12.11.(2-3), 「長谷川總督の着發」; 1916.12.11.(2-4), 「總督と歡迎會」.
[31] 葛生能久, 앞의 책, 138쪽.

성장했다. 특히 이미 언급한 것처럼 일본군의 숨은 실세였던 참모차장 이와카미의 1892년 여관 투숙은 이후 수많은 일본군 및 조선군 실세들의 '양산박'으로 만들었고 이를 통해 오이케여관은 조선에 들어가면 반드시 거쳐야 되는 명소가 되었다.

오이케여관의 영업과 관련된 자료가 전혀 남아있지 않은 상태에서 어떤 사람들이 여관에 투숙했는지를 알기는 상당히 어렵다. 하지만 당시의 일본인신문인 『부산일보』와 『조선시보』는 조선으로 드나드는 사람들의 동향을 비교적 상세히 기사화하고 있고 그 가운데 부산에 머무는 인사들의 숙박지도 함께 기술하는 경우도 있었다. 이를 토대로 제한된 자료지만 오이케여관에 투숙하는 인사들의 면면을 모두 정리한 〈별표〉를 통해 살펴보도록 하자. 일단 〈별표〉에서 투숙한 시기가 대체적으로 1914년부터 1925년 정도로 한정되어 있다. 이는 1차적으로 자료의 부재 때문이며 2차적으로는 1920년대 이후부터 오이케여관 투숙 인사들의 기사가 점차 줄어들어 거의 보이지 않기 때문이다. 물론 1920년대는 비교적 기사 내용이 풍부한 부산일보가 1920년부터 1924년까지 없기 때문이기도 하지만 철도호텔 등 다른 숙박시설의 발전과 함께 오이케의 위상 변화도 영향을 미쳤다고 생각된다.

오이케의 위상은 조선인과 통합한 부산상업회의소 초대 회두를 비롯하여 제국의회 의원에 당선되는 1910년대를 정점으로 하여 1920년부터는 '하락세'에 있었다고 할 수 있다. 특히 식민지 조선의 지방 3대 공직이라고 할 수 있는 상업회의소, 부협의회·도평의회, 그리고 학교조합 중 유일하게 민간 대표를 배출하는 상업회의소 회두자리는 그만큼 명실공히 부산을 대표하는 자리였다. 그런데 1920년부터는 부산상업회의소 회두가 가시이로 바뀌게 된다.[32] 물론 부협의회와 도평의회의 의원으로 활동하지만 1920년대까지는 자문기관의 위치였기 때문에 명예직으로 이해할 수 있을 것이다.

이처럼 오이케의 위상 변화는 부산을 출입하거나 오이케 여관을 투숙하는 인사들과 관련에도 영향을 미쳤다. 우선, 진주의 경남도청이 1925년 부산으로 넘어오기 전까지 도장관(도

---

[32] 1920년 부산상업회의소 의원의 개선기를 맞이하여 여론은 회두를 오이케와 하자마의 경쟁구도 또는 오이케의 우세로 점쳤지만 평의원 선거부터 오이케 거의 턱걸이 수준으로 당선되는 치욕을 맛봤다. 그러자 오이케는 회두 출마를 포기했고, 그 다음 선거부터는 상업회의소 평의원 선거에도 참여하지 않는다(『朝鮮時報』 1920.3.26.(2-4), 「會頭問題に就いて」; 『朝鮮時報』 1920.4.2.(2-4), 「評議員選擧結果」; 『朝鮮時報』 1920.4.2.(3-4), 「大池氏の會頭辭退」). 기존 연구에 의하면 식민지 조선에서의 여러 공직, 즉 상업회의소, 부협의회, 학교조합 중 1930년대를 기준으로 전기는 상업회의소가 후기는 부회가 더 중요한 위치였다는 한다.(홍순권, 『근대도시와 지방권력』, 선인, 2010, 제3부 제2장 참조). 이를 통해 볼 때 상업회의소 회두의 세대교체가 1920년을 기준으로 일어났다고 볼 수 있다.

지사)은 부산에 업무차 올 경우 1920년 이전까지는 오이케여관에 주로 묵었다. 그런데 1920년대부터는 숙박지가 철도여관으로 바뀌게 된다. 다른 한편, 1920년대 부산을 통과하는 일본의 주요한 정재계 인사의 영송과 관련해 오이케의 이름보다 가시이의 이름이 선두에 나올 뿐만 아니라 오이케의 이름이 아예 보이지 않는 경우가 점차 늘어났다. 이 때문인지 1930년 오이케의 죽음과 화재 등과 관련이 있겠지만 여관업은 오이케가(家)의 중심 사업에서 멀어져 결국 다른 사람에게 넘어갔다. 따라서 여기서는 여관을 통한 오이케의 인적 교류망의 단편을 부족하나마 살펴보도록 하자.

먼저, 오이케여관에 투숙한 인사 중 가장 많은 부류는 관료임을 알 수 있다. 그것도 대부분 식민지 조선의 관료로 부산을 중심으로 하는 경상남도청의 관료가 주축이었다. 특히 도장관(도지사) 또는 도경무부장은 부산부 또는 부산경찰서 등 관공서가 있음에도 불구하고 오이케여관에 줄곧 투숙했다. 더군다나 시설면에서 최신식의 철도호텔이 존재함에도 오이케여관에 투숙하는 것으로 보아 오이케와 친분은 물론 부산 및 경남과 관련된 종종의 사안을 자주 논의한 것을 알 수 있다.[33] 나아가 조선총독부의 관료 중에는 특히 토지, 미곡, 수산 등 농상공부 관료들이 공무 관계로 오면 오이케여관에 자주 묵었던 것을 알 수 있다.[34] 이 또한 오이케의 개인사업 및 관련 회사조합과도 중요한 관련이 있는 것으로 이와 같은 인적 교류는 중요

---

[33] 『朝鮮時報』1914.11.25.(3-7),「佐佐木道長官歸任」;『釜山日報』1915.9.27.(2-6),「長官と甲寅會」;『釜山日報』1915.12.26.(2-6),「前田警務部長來釜」;『釜山日報』1916.1.10.(2-7),「忙裡閑」;『釜山日報』1916.1.29.(2-8),「道長官部長來釜」;『釜山日報』1916.10.14.(2-8),「佐佐木道長官動靜」;『釜山日報』1916.10.14.(2-9),「前田警務部長滯釜」;『釜山日報』1916.12.9.(2-7),「長官警務部長來釜」;『釜山日報』1917.2.3.(2-8),「前田警務部長去來」;『釜山日報』1917.2.13.(2-6),「前田警務部長檢閱」;『釜山日報』1917.2.21.(2-8),「佐佐木道長官來釜」;『釜山日報』1917.4.2.(2-6),「佐佐木道長官去來」;『釜山日報』1917.4.12.(2-6),「前田警察課長來釜」;『釜山日報』1917.4.29.(2-8),「水間警務部長來釜」;『朝鮮時報』1917.8.1.(2-3),「佐佐木長官來釜」;『朝鮮時報』1917.8.10.(3-8),「佐佐木長官來釜」;『朝鮮時報』1917.8.10.(3-8),「水間部長の來釜」;『朝鮮時報』1917.8.16.(2-8),「水間部長の來釜」;『釜山日報』1917.9.24.(2-6),「佐佐木道長官去來」;『釜山日報』1917.11.18.(2-8),「水間警務部長巡閱」;『釜山日報』1918.1.9.(2-8),「中村警務茂部長着」;『釜山日報』1918.1.29.(2-9),「中村警務部長來釜」;『釜山日報』1918.4.20.(2-9),「佐佐木長官來釜」;『朝鮮時報』1918.8.7.(5-7),「中村警務部長」;『釜山日報』1918.9.15.(2-9),「佐佐木長官來釜」;『釜山日報』1918.9.17.(석2-9),「佐佐木部長來釜」;『釜山日報』1918.12.25.(석2-8),「佐佐木長官湯話」;『朝鮮時報』1921.3.27.(2-8),「知事警察部長來」;『朝鮮時報』1921.5.11.(2-8),「人事消息」;『朝鮮時報』1921.6.5.(2-8),「人事消息」;『朝鮮時報』1921.9.8.(2-7),「佐佐木知事 代議士歡迎」;『朝鮮時報』1922.11.28.(2-7),「人事消息」;『朝鮮時報』1923.3.2.(2-7),「人事消息」;『朝鮮時報』1923.10.19.(2-9),「人事」;『朝鮮時報』1923.10.25.(2-8),「人事」;『朝鮮時報』1924.1.19.(2-9),「人事」;『朝鮮時報』1924.5.14.(2-9),「人事」;『朝鮮時報』1924.9.10.(2-8),「人事」

[34] 『釜山日報』1915.5.13.(2-5),「中村農務技師來釜」;『釜山日報』1916.1.25.(2-8),「藤川稅務課長去來」;『釜山日報』1916.2.15.(2-6),「生田水産課長來釜」;『釜山日報』1917.2.4.(2-8),「生田水産課長來釜」;『朝鮮時報』1918.3.31.(3-8),「岡課長の視察」;『朝鮮時報』1921.9.19.(2-7),「人事往來」;『朝鮮時報』1921.9.28.(2-7),「人事往來」;『朝鮮時報』1923.3.2.(2-7),「人事消息」;『朝鮮時報』1923.3.2.(2-7),「人事消息」;『朝鮮時報』1923.8.19.(2-9),「人事消息」;『朝鮮時報』1924.5.13.(2-9),「人事」;『朝鮮時報』1924.9.12.(2-9),「人事」

오이케여관

한 자산이었다. 물론 이미 앞에서 부산의 지리적 특성을 강조할 때 이미 언급했지만, 조선과 만주를 시찰하기 위해 단순히 부산을 통과하는 경우도 많았는데 특별히 오이케여관에서 투숙하는 일본의 지방관 및 지방 관료와 兩院 의원들도 존재한 것으로 보면[35] 오이케의 인적 망이 어느 정도까지 미쳤는지도 알 수 있다. 더 나아가 조선총독 및 정무총감의 부임 및 통과는 부산의 일본인들에게 중요한 의미를 지니는데 사이토 총독의 경우 1919년 9월 1일 첫 부임 때 오이케여관에서 숙박까지 한 것으로 보면[36] 오이케와 총독과의 관계가 단순히 관민 간의 관계를 넘어섰던 것으로 이해해도 문제는 없을 것이다.

관료 다음으로 많은 부류가 군인이었다. 이미 언급한 것처럼 1892년 일본군 참모차장 가와카미의 여관 투숙 이후 조선과 만주에 주둔하는 주차군사령관을 비롯하여 조선과 만주를 시찰하는 수많은 일본군 관계자들이 오이케여관에 투숙했다. 1910년대만 해도 오이케여관에

---

[35] 특히 양원 의원과 지방관 일부는 오이케 자신의 제국의회 진출과 밀접한 관련을 지닌다(『釜山日報』1915.9.12.(2-4),「兵庫視察團一行來釜」;『釜山日報』1915.10.7.(2-3),「無所屬團來釜」;『釜山日報』1915.10.22.(2-6),「木內重四郞氏通過」;『釜山日報』1917.9.24.(2-1),「古川對議士談」;『釜山日報』1917.10.11.(2-8),「山本對議士一行」;『釜山日報』1917.11.19.(2-6),「有吉上海總領士着發」;『釜山日報』1918.5.28.(2-8),「愛媛縣視察團來鮮」;『朝鮮時報』1921.3.10.(2-8),「人事往來」;『朝鮮時報』1921.4.26.(2-6),「湯池福井縣知事」).

[36]『三千里』제8권 제11호, 1936.11.1「南大門驛」

조선주차군사령관 및 참모장을 비롯하여 주차헌병대사령관(경무총감 겸임) 등 조선군 고위 장성들이 부임 또는 퇴관할 때 투숙하는 한편,[37] 교육총감, 육군대학교장, 군사참의관 등 군인 관료는 물론 강산 제17사단장, 만주 주차 제17사단장 등 일본 및 만주의 고위 군관들도 조선을 거쳐갈 때 부산의 오이케여관에 투숙했다.[38] 이는 오이케의 청일전쟁 및 러일전쟁 때 일본군의 조선 침략을 물심양면으로 도운 공로는 물론 이후 군대에 군인과 군마의 식량을 공급하는 등 군용달업을 경영하고 있던 것과도 관련된다고 할 수 있다. 그런데 별표에서도 보이듯이 조선주차군을 비롯한 군인들은 1920년에는 오이케여관에 투숙하지 않는 것으로 보아 군 내부의 계통 차이 또는 철도호텔을 비롯한 부산항 숙박시설 및 동래온천장의 발전과도 연관 있는 것으로 보인다.

군인 다음으로 많은 부류가 경제인이었다. 당연히 오이케도 공직에도 나갔지만 그 성장의 배경은 앞에서 봤듯이 무역업을 중심으로 성장한 경제인이기에 수많은 경제적 인사들과 교류관계를 맺었다. 특히 자본 축적과 관련해 개항 초기부터 스미모토재벌과 오쿠라 기하치로(大倉喜八郞) 등 정상(政商)들이 부산에 오면 오이케여관에 머무르며 교류관계를 맺었다.[39] 조선이 완전한 식민지가 되면서는 자본 확대를 위해 중요 식민경제기구의 중역들과도 교류관계를 맺었다.[40] 따라서 그러한 인사들이 부산항을 드나들 때 매번 환영회를 연다든지 영송에 만전을 기했다. 뿐만 아니라 오이케여관의 투숙 또는 휴게를 통한 좀 더 내밀한 관계를 유지했다. 대표적인 인물이 조선은행 초대 총재였던 이시하라 모리히로(市原盛宏)인데, 이시하라는 오이케의 별장에서 한 달 반가량 정양하면서 오이케의 제국의회 진출에 대한 충고도 하는 등 각별했다.[41] 그리고 더 활발해진 조선 개발의 분위기에 편승하여 일본 본국의 자본을 유치하기 위해 힘썼으며 그 결과 조선에 들어오는 일본인 자본가들은 여관에 투숙하며

---

[37] 『釜山日報』1915.2.18.(2-7),「井口軍司令官着發」;『釜山日報』1917.11.8.(2-8),「松川中將來釜」;『釜山日報』918.4.1.(2-10),「市川參謀長視察」;『朝鮮時報』1918.8.10.(2-7),「宇都宮司令官」;『朝鮮時報』1918.8.10.(2-8),「兩將軍の通過」;『釜山日報』1918.9.20.(석2-9),「廣瀨主計監來釜」

[38] 『釜山日報』1915.3.2.(2-5),「上原敎育總監來釜」;『釜山日報』1915.3.25.(2-3),「本鄕中將を訪ふ」;『釜山日報』915.9.26.(2-4),「淺田大將來釜」;『釜山日報』1917.4.28.(2-5),「藤田師團長動靜」;『釜山日報』1917.9.30.(2-6),「長岡中長動靜」;『釜山日報』1918.5.25.(2-8),「陸軍大學生着發」

[39] 조선총독부 총독관방총무과, 앞의 책, 1928, 120쪽.

[40] 『釜山日報』1915.5.22.(2-7),「佐佐木第一取締」;『釜山日報』1917.11.18.(2-8),「吉田朝郵事務來釜」;『釜山日報』1917.12.25.(2-8),「原田朝郵社長歸任」

[41] 『釜山日報』1915.1.1.(2-4),「市原鮮銀總裁滯釜」

오이케와 조선 투자에 대한 상담이나 권유를 받기도 했다.[42] 특히 새롭게 이 시기 부산에 투자하기 위해 들어온 조선경질도기주식회사와 조선선거주식회사의 대표들은 모두 오이케여관에 투숙하고 있고 오이케와도 직접 관계된 조선선거주식회사는 오이케여관이 임시 총회장이었다.[43]

그 외 언론인과 구한국 관료 또는 조선인 관료가 간간이 눈에 띈다. 언론인들은 대체로 시정 5주년 조선물산공진회 대회장에서 열린 조선신문협회주최의 전국기자대회 참석차 조선으로 건너와 오이케여관에 투숙했다.[44] 오이케도 부산일보의 주주일 뿐만 아니라 조선에 대한 투자가 원활하게 되려면 조선의 상황을 일본의 언론이 상세히 알려주기를 바라고 있었다. 따라서 조선 및 부산의 상황과 관련해 많은 대화가 오고 갔을 것으로 보이며 이러한 언론인들과의 교류도 여러모로 필요했을 것이다. 한편, 구한국 또는 조선인 관료의 숙박은 한말 순종의 순행 때 총리대신 이완용의 투숙이 주목된다.[45] 국왕의 순행이 가진 의미는 근대국가 건설의 구심점으로 표상되는 근대적 의례였고, 일본도 메이지유신 이후 초기에 이와 같은 의례를 기획하고 전개했다.[46] 그런데 순종의 순행은 한국정부의 기획이 아니라 통감부의 기획임으로 이러한 근대국가 건설의 기획이 아니라 오히려 순종의 앞뒤에 있는 일본의 존재를 한국인들에게 각인시키는 식민주의적 기획이었다. 그 의례 기간 중 순종은 부산을 방문해 이사청 관사를,[47] 수행한 총리대신은 오이케여관을 공식 숙소를 삼았다. 이는 이완용 등 구한국 관료와의 인적 교류라는 면도 있겠지만 오이케여관이 지닌 부산에서의 위치를 가늠할 수 있는 순간이었다고 할 수 있다. 이상의 내용을 통해 볼 때 오이케는 여관의 건설과 여관부의 설치를 통해 주로 조선과 부산관련 관료 및 군인, 그리고 경제인들과 주로 인적 교류망을 형성했음을 알 수 있다.

---

[42] 『釜山日報』1915.3.4.(2-7), 「大橋新太郎氏來釜」;『釜山日報』1915.9.29.(2-5), 「藤山雷太氏一行」;『釜山日報』915.10.1.(2-5), 「細川候爵一行着釜」

[43] 『釜山日報』1917.9.28.(2-3), 「朝鮮製陶會社進捗」;『釜山日報』1918.5.19.(2-10), 「松風嘉定氏來釜」;『朝鮮時報』1921.6.14.(2-8), 「人事消息」;『朝鮮時報』1923.2.13.(2-7), 「人事消息」;『釜山日報』1925.5.30.(2-6), 「朝鮮船渠增資問題」

[44] 『釜山日報』1915.9.12.(2-6), 「記者團の宿割」;『釜山日報』1915.9.30.(2-6), 「本山彦一の來鮮」;『釜山日報』1915.10.9.(2-5), 「山本東毎社長視察」;『朝鮮時報』1921.5.10.(2-8), 「人事消息」

[45] 『奎17746 起案』1909.1.8, 「부산 내각배종소의 황제 어가 부산 도착 통보」

[46] 다카시 후지타니 지음, 한석정 옮김, 『화려한 군주』, 이산, 2003

[47] 『釜山日報』1926.11.4.(1-4), 「明治四十二年一月韓國皇帝行幸の際の玉座」

3. 기업 설립과 경영

　오이케는 조선에 건너온 일본인들의 기본적인 성장배경인 무역업과 고리대업에 더해 조선 진출의 관문 또는 교두보라는 부산의 지리적 공간적 이점 및 오이케여관을 통한 인적 교류망을 통해 자본을 축적하고 다시 이를 토대로 자본과 기반을 확대하기 시작했다. 오이케라는 이름을 본국에도 알리기 시작한 1890년대를 거쳐 자본과 지역적 기반을 확대하기 시작한 1900년 전후부터 1910년대는 본격적인 회사설립 및 투자가 활발하게 이루어졌다. 다음 〈표 3〉은 그가 설립하거나 대주주로 참여한 회사 현황이다.

〈표 3〉 부산지역 회사 및 조합 설립현황(일제시기 이전)

회사/조합명	설립시기	참여 형태	직책	비고
부산수산주식회사	1889.4. 설립	공동발기인 / 대주주	1889~ : 취체역 1912~1929 : 사장	
부산창고주식회사	1893. 창립 1911. 해산	공동발기인 / 대주주		
부산전등주식회사	1899. 설립 1910. 매각	공동발기인 / 대주주	1899~1900 : 취체역 1901~1910 : 사장	＊京都電燈株式會社에서 반액 출자 ＊朝鮮瓦斯電氣株式會社에 매수
부산잔교주식회사	1901. 설립 1916. 해산	공동발기인 / 대주주	1901~1916 : 취체역	
한국창고주식회사	1907.4. 설립 1922. 해산?	대주주	1921 : 감사역	
대지회조합자회사	1907.9. 설립	설립자	1907 : 사장	
부산궤도주식회사	1909. 설립 1910. 매각	공동발기인 / 대주주		＊朝鮮瓦斯電氣株式會社에 매수
부산기선주식회사	1909. 설립 1912. 양도	공동발기인 / 대주주	1909~1912 : 사장	＊朝鮮郵船株式會社에 양도
조선가스전기주식회사	1910.5. 설립	대주주	1921~1929 : 취체역	
부산곡물수출상조합	1901. 설립 1909. 해산	설립 주도	조합장	
부산곡물시장	1906. 창립 1922. 변경	발기	시장취체역	＊1909년 農商工部次官 木內重四郞은 이 시장의 실적이 양호한 것을 간취하여 매월 賣買出來高 및 그 매매상황 등의 보고를 받음
부산곡물상조합	1901. 설립 1909. 해산	설립 주도	조합장	＊한일인 연합조직
부산해산물조합	1903. 설립 1914. 해산	설립 주도	조합장	＊경남해조수산조합의 설치로 해산

주로 1900년을 전후한 시기부터 시작된 회사설립과 투자는 부산이라는 공간과 여관이라는 장소를 통해 형성된 인적 교류망을 기반으로 일본영사 및 부산이사관과 같은 지역 관료와 협의를 거쳐 부산의 일본인 자본가들과 일본의 투자 자본가들을 한데 묶어 공동으로 회사들을 다수 설립하거나 그런 회사에 투자했다. 이른 시기 설립된 부산창고주식회사의 경우 당시 영사 무로다 요시아야(室田義文)에 의해 하자마, 사카다 요사쿠(坂田與作), 오이케 등이 협력하여 설립되었다. 그 이후 회사설립은 부산이사관의 협조를 거쳐 일본인사회가 중심이 되어 설립하였는데 부산궤도주식회사는 그 예 중 하나였다. 부산궤도주식회사와 이를 인수하는 조선가스전기주식회사는 당시 부산이사관이었던 가메야마 리헤이타(龜山理平太)와 의논하여 설립되었다.[48] 그리고 초기 회사의 기술력의 부족이나 자본의 부족으로 말미암아 일본현지의 기업가와 상담하여 공동투자하는 경우도 있었다. 부산전등주식회사의 경우 설립 당시 교토전등주식회사장 오사와 젠스케(大澤善助)와 상담하여 공동경영을 논의하고 교토측으로부터 소요액의 반액을 출자받아 15만원의 자금을 조달받는 등 일본 본국의 경제인들과도 밀접한 관계를 유지하였다.[49] 조선와사전기주식회사의 경우도 부산이사관의 협조를 얻어 부산지역 일본인들의 주주참여를 보장하며 일본 전국의 자본가들을 끌어들여 회사를 설립하고 부산의 기간산업의 완성을 추구했다.[50] 또한 이러한 회사조직 뿐만 아니라 곡물상조합과 함께 장래 미곡취인소의 설치를 위한 곡물시장 등 경제조직도 설립을 주도하여 자신이 앞장서서 부산의 경제 및 일본인의 권익을 보호하고 조선에서의 경제력 확대에 노력했다.

〈표 4〉 부산 및 조선 내 회사설립 및 참여현황(일제시기)

회사명	설립시기	참여 형태	직책	비고
조선우선주식회사	1912. 설립	공동발기인 / 대주주	1912~1915 : 취체역 1916~1922 : 상담역 1923~1929 : 취체역	*데라우치 총독의 취지에 따라 목포항운주식회사, 원산길전상선주식회사, 부산기선주식회사의 합동 및 일본우선사, 대판상선회사의 출자를 통해 설립
주식회사구포은행(경남은행)	1912. 설립 1928. 합병	공동발기인 / 대주주	1912~1928 : 취체역	*데라우치 총독의 권유로 설립에 참여 *경상합동은행으로 합병

---

[48] 전성현, 「일제시기 동래선 건설과 근대 식민도시 부산의 형성」, 『지방사와 지방문화』 12권 2호, 2009, 234~241쪽.
[49] 조선총독부 총독관방총무과, 앞의 책, 6~7쪽.
[50] 전성현, 앞의 논문, 241~249쪽.

부산상업은행	1913. 설립	대주주	1921~1929: 취체역	
부산공동창고주식회사	1913. 설립	공동발기인 / 대주주	1913~1929: 취체역	
주식회사 부산일보사	1919.1. 설립	대주주		*소액투자
이등창고주식회사(→부산창고신탁주식회사→부산신탁주식회사)	1920.2 설립	대주주		*소액투자
부산흥산주식회사	1921.12. 설립	대주주	1921~1929: 사장	
부산증권주식회사	1922.7. 설립	대주주	1922~1929: 취체역	*소액투자
부산미곡증권신탁주식회사	1922.3. 설립	공동발기인 / 대주주	1922~1929: 사장	
조선선거공업주식회사	1922.3. 설립	공동발기인 / 대주주	1922: 사장 1923~1928: 취체역	
주식회사송도유원	1922.11. 설립	대주주		
주식회사 대지회조점	1923.11. 설립 (회사조직)	대주주		
합명회사 대지정미소	1924.6. 설립 (회사조직)	대주주		
부산회조주식회사	1925.2. 설립	대주주		
조선기선주식회사	1925.2. 설립		1925~1929: 상담역	
경남승입주식회사	1927.9. 설립	공동발기인 / 대주주	1927~1929: 사장	
경성현물취인시장	1919. 설립	발기인	1919~1920: 감사역	*조선내 각지의 상업회의소회두 등이 경성에 현물취인시장설치의 필요를 唱道하여 성립
주식회사 인천미두취인소	1899. 설립 1920. 자본확대	발기인/ 대주주	1920~1922: 중역	
삼천포수산주식회사	1907. 설립	대주주		*1914년 삼천포 유력자의 교섭에 따라 1만 여원을 투자하여 회사를 인수
원산수산주식회사	1921. 설립 1923. 자본확대	발기인/ 대주주	1923~1929: 사장	*회사의 원만한 운영을 위한 원산 유지들의 간청에 따라 출자

조선이 완전한 식민지가 되자 오이케는 데라우치 총독의 식민기업 정리 작업의 일환으로 이루어진 조선우선주식회사의 설립과 구포은행 설립에 참여하면서 부산을 넘어서는 조선 재계의 원로로 부상했다. 조선우선주식회사는 재조일본인 중 각 지역의 유지들이 중심이 되

어 조직한 식민회사였다. 애초 데라우치는 오이케를 사장으로 추천하였지만 일본우선과의 관계를 염두에 둔 오이케는 일본우선주식회사에서 사장이 나올 수 있도록 양보했다고 한다. 이러한 회사설립 및 투자를 통해 자본과 조선에서의 위상을 기반으로 1910년대는 식민지와 본국에서 공직 활동 등 대외 활동에 많은 시간을 할애했기 때문에 새로운 기업의 설립이나 참여가 저조한 것으로 보인다. 하지만 공직 활동도 1920년을 기점으로 명예직인 부협의회와 도평의회 및 부산번영회장 등을 제외하면 거의 일선에서 물러나게 됨으로써 다시 기업 활동에 매진했다. 〈표 4〉에서도 보듯이 새로운 회사설립에 관여하거나 주주로 참여한 기업들은 대체로 1920년대이며 조선 재계원로라는 위상에 걸맞게 부산을 넘어서 경성, 인천, 삼천포, 원산 등 다른 지역의 중심적인 기업에도 참여하였다. 또한 자신이 개인적으로 경영하던 사업장 중 회조부와 정미부 등 일부 회사형태로 전환할 수 있는 부문은 회사형식을 전환했다. 또한 자신과 아들 오이케 겐지(大池原二)를 중심으로 오이케본점과 오이케상점으로 나누고 미곡만큼은 스스로 경영하는 등 1930년 1월 대구에서 불의의 병으로 죽을 때까지 경영 일선에서 물러나지 않았다.

4. 제국의회 입후보와 사회·정치 활동

한편, 오이케는 1880년 친형의 상점을 인수하여 자신의 상점으로 이름을 변경하면서부터 부산에 그의 이름을 점차 드러내기 시작했다. 그 단적인 증거가 1881년부터 부산 일본인사회의 중진이라고 할 수 있는 부산거류지회(민단)와 부산상업회의소의 의원으로의 선출이었다. 이후 줄곧 거류지회(민단)와 상업회의소의 의원으로 활동했으며 1910년 강제 병합 이후 민단제가 해체되는 1914년에는 민단장으로 부산 일본인사회의 민간 대표의 위치에 자리매김하였다. 또한 기존의 자치 기구인 민단이 없어지고 대신 1915년 조선상업회의소령의 발포에 따라 조선인과 일본인 간의 합동 상업회의소의 설립이 조선총독부에 의해 주도되어 1916년 조선인과 통합된 부산상업회의소가 수립되자 초대 회두로 선출되어 이후 1920년까지 회두로 부산 경제계의 거두로 자리 잡았다.

그런데 오이케의 공직 활동은 부산에만 그친 것이 아니었다. 즉, 민단제의 해체 이후 조선에 건너와 일본인들의 권익을 보호하고 조선에서의 기득권을 지속적으로 개발 유지하기 위한 자치 조직이 사라지자 정치조직 또는 식민정책에 관여할 수 있는 정치가의 출현을 조선의 일본인사회는 바라고 있었다. 그 첫 바람이 부산에서는 오이케에 의해 이루어졌다. 오이케의 일본 제국의회의 진출이 그것인데, 이를 통해 오이케는 '부산의 오이케'가 아니라 '조선의 오이케'로 표상되며 조선에서 성공한 대표적인 민간 식민자로 자리매김했다. 어쩌면 제국과 식민지의 관계 자체가 제국에서 식민지로의 일방적인 흐름만 아니라 식민지로부터 제국으로의 역류를 내재하고 있었다고 할 수 있다. 다만 그 역류의 주체가 식민지민이 아니라 식민지에서 성공한 식민자임은 두말할 필요가 없다. 그런데 이러한 식민지에서 성공한 식민자의 역류 자체에도 분명한 한계가 있었음을 오이케를 통해 알 수 있다. 어쨌든 이러한 관점에서 오이케의 제국의회 진출을 확인해보자.

민단제라는 이른바 조선에 거주하는 일본인들의 자치기구가 폐지되고 난 다음해인 1915년 벽두부터 일본에서 치러지는 총선거에 대해 부산의 한 일본인 언론은 조선의 경영을 위해서는 조선을 제대로 아는 '대의사(代議士)'의 출현이 필요하다고 강조했다. 그리고 조선에서 성공한 자 중 향토에서도 명망을 가지고 있는 사람이 정계에 진출한다면 조선의 식민 경영은 물론 1차 대전에 따른 일본의 대외 세력 팽창에도 도움을 줄 수 있을 것이라고 출마를 종용하기 시작했다.[51] 때마침 쓰시마에서는 이전에도 입후보를 권유한 바 있던 오이케를 향리의 후보자로 다시 추천하며 선거에 출마할 것을 상담했다. 오이케는 조선의 식민지 경영을 위해서는 조선을 잘 아는 성공자가 대의사가 되어야 하지만 자신은 상인이기에 대의사의 직무를 완수할 수 있을지 의문이라고 회피하는 듯 했다. 하지만 쓰시마 쪽의 지속적인 입후보 권유와 본국 정치에서 소외받았다고 생각하는 부산 일본인사회의 전폭적인 지지에 의해 제국의회 의원에 입후보하기로 결정했다.[52] 따라서 오이케는 쓰시마를 대표하는 제국의회 의원 입후보자이지만 부산을 기반으로 하는 일본인사회의 열망 또는 짊어져야만 했다. 양쪽의 요구는 각각 달랐다. 쓰시마의 경우 쓰시마의 정당적 분리를 타파하고 쓰시마 출신자의 의회 진출을 통해 쓰시마의 발전을 바랐다면, 부산의 경우 대표를 선출할 수 없는 식민지이지만 식민지에서 성공한 자, 특히 쓰시마 출신의 인사가 나서서 쓰시마는 물론 부산과 조선을 대표하여 식민지 경영에 매진해야한다는 것이었다.[53]

---

[51] 『釜山日報』1915.1.8.(1-1), 「進んで逐鹿界に奮闘せよ, 在鮮成功者に望む」.
[52] 『釜山日報』1915.1.8.(2-3), 「大池氏と立候補, 多くは承諾するに至らん」; 『釜山日報』1915.1.16.(2-4), 「大池氏と立候補」; 『釜山日報』1915.2.6.(2-4), 「大池氏愈愈起つ」.
[53] 『釜山日報』1915.2.11.(1-1), 「大池忠助氏の出馬を送る」.

그럼 오이케는 어떤 입장이었을까. 오이케는 향리 나가사키현 쓰시마의 중의원 의원입후보로 공식 선언하면서 3가지 신념과 함께 지역적 바람에 대한 의견을 밝혔다. 신념으로 먼저, 당폐쇄신을 강조했다. 두 번째, 실업가에 의한 정치를 주장했다. 마지막으로 엄정중립을 결의했다. 3가지 신념과 함께 지역문제에 대한 인식도 드러내었다. 먼저, 쓰시마의 경우 항로가 불편하고 교통이 불비하여 산업이 유치하니 자치완성문제, 항해도로문제, 고구마소주(甘藷燒酒)문제와 같은 중요한 문제를 연구해야 한다고 언급했다. 나아가 쓰시마의 발전과 관련하여 조선과의 관계를 중요시함으로써 간접적으로 '조선의 개발과 산업의 조장'이 쓰시마의 발전과도 연결되어 있음을 강조했다.[54] 오이케의 입후보선언서는 표면적으로 정당정치의 문제를 지적하고 당폐를 쇄신할 엄정 중립을 강조했다. 하지만 실업가의 정치 참여야말로 정당정치의 폐해를 해결하는 지름길임을 강조하는 한편, 이를 통해 산업을 개발하고 조장하여 국운과 국정을 제대로 할 수 있다고 주장했다. 물론 이러한 산업의 개발과 조장은 다름 아닌 조선임은 스스로 이미 언급했던 것이었다. 하지만 입후보한 지역이 자신의 향리인 쓰시마였기에 조선과 부산을 노골적으로 드러낼 수 없었다. 따라서 쓰시마의 현안 문제에 깊은 관심을 나타내며 그 발전을 조선(부산)과의 관계에서 찾는 우회적인 방식으로 자신의 생각을 표현했다고 할 수 있다.

출마 선언과 함께 오이케는 본격적으로 선거 운동에 들어갔다. 쓰시마의 거주자들이 추천한 후보였지만 막상 선거가 시작되자 우후죽순 다시 정당정치의 폐해가 드러났다. 총 4명의 후보가 난립한 것이다. 애초 연합 공인 후보라고 생각했던 오이케 측은 바빠졌다. 선거 운동은 그의 독특한 위치로 말미암아 쓰시마 측만이 아니라 부산 측으로부터의 적극적인 응원도 전개되었다. 주로 부산갑인회가 주축이 되어 쓰시마로 응원군을 파견했는데, 쓰시마 출신의 후쿠다 소베(福田增兵衛)가 선두에 섰다.[55] 그렇게 선거 운동은 오이케를 추천한 쓰시마 인사들과 부산의 인사들, 그리고 오이케에 의해 전 섬을 돌며 진행되었다.[56] 그 결과 2표차의 근소한 표차로 당선되었다.[57] 이에 부산의 일본인사회는 대대적인 환영회와 연회를 열고자

---

[54] 『釜山日報』1915.3.4.(1-1),「大池氏立候補宣言書」
[55] 『釜山日報』1915.3.10.(2-5),「大池氏後援會, 應援的大運動 福田翁出發」
[56] 『釜山日報』1915.3.25.(2-2),「對州嚴原特電」後援演說會の盛況」;『釜山日報』1915.3.25.(2-4),「嚴原より, 大池候補後援軍 津原順吉」;『釜山日報』1915.3.26.(2-3),「嚴原より, (二十四日夜) 津原順吉」
[57] 득표수는 大池忠助 185표, 浦瀨濟之 183표, 早川鐵冶 121표, 安增寶次郞 54표였다(『釜山日報』1915.3.28.(2-1),

신들의 일처럼 기뻐했다. 그리고 "우리 신영토 조선의 재주민이 배출한 유일의 대의사를 가짐은 우리 부산이 크게 자랑해야만 하는 것이며 그만큼 당신의 책임은 극히 중차대하다는 것임을 잊지 말았으면 한다. 이런 의미에서 당신은 나가사키현 선출 대의사가 아니라 조선 선출의 대의사이며 전체 30여만의 모국인을 대표하는 사자"라고 하며 일본과 조선, 그리고 조선의 일본인을 위해 힘써 줄 것을 당부했다.[58] 말 그대로 오이케는 '부산의 오이케'가 아니라 '조선의 오이케'가 된 것이다.[59] 이후 오이케는 조선 문제에 미력을 보태는 한편, 개인적으로 미곡 조절 문제의 계책을 얻고자 하는 포부를 가지고 의회 활동을 시작했다.[60] 다음 〈표 5〉는 오이케가 제국의회에서 참여한 분과위원회 활동이다.

〈표 5〉 오이케의 제국의회에서의 활동

의회	원명	회의명	회	개회시기
36	중의원	식민성설치에 관한 건의안위원회	1	1915.6.9
36	중의원	제국철도회계법중개정법율안외 1건위원회	1	1915.5.24
36	중의원	제국철도회계법중개정법율안외 1건위원회	2	1915.5.27
36	중의원	제국철도회계법중개정법율안외 1건위원회	3	1915.5.28
37	중의원	청원위원회	1	1915.12.6
37	중의원	청원위원회	2	1915.12.7
37	중의원	청원위원회	3	1915.12.17
37	중의원	청원위원회	4	1915.12.26
37	중의원	청원위원회2분과(외무성, 내무성 및 농상무성소관)	1	1916.1.24
37	중의원	군인은급법중개정법률안(高木正年君외 10명제출)외 2건위원회	1	1915.12.9
37	중의원	군인은급법중개정법률안(高木正年君외 10명제출)외 2건위원회	2	1915.12.24
37	중의원	군인은급법중개정법률안(高木正年君외 10명제출)외 2건위원회	3	1916.1.24
37	중의원	조선삼림특별회계법폐지법률안위원회	1	1915.12.24

출전 : 帝國議員衆議員事務局, 『제36·37회 帝國議會會議錄』, 1916.

「[對州嚴原特電]大池忠助氏當選す」).
[58] 『釜山日報』 1915.4.1.(1-1), 「[釜山日報]新代議士と新會頭に告ぐ」
[59] 『釜山日報』 1915.4.21.(1-5), 「會議所議員の面影(九), 釜山商業會議所議員 前會頭 大池忠助君」
[60] 『釜山日報』 1915.4.13.(2-3), 「釜山繁榮會春季大晦, 十日夜東萊溫泉に開く大池迫間兩氏當選祝賀」; 『釜山日報』 915.4.22.(2-2), 「新舊會頭迎送懇親會, 二十日夜鳴戶樓に於て」

오이케의 제국의회 활동에 대한 자세한 기록은 남아 있지 않다. 스스로 부산의 일본인사회에 보고한 내용과 〈표 5〉를 토대로 제국의회 내외의 단편적인 활동을 살펴보면, 먼저 정치활동으로는 입후보 때의 신념과 포부처럼 정당에 가입하지 않고 실업가들로 구성된 무소속단에 속하며 짧은 제국의회 활동을 전개했다. 그리고 원외에서는 조선에 연고가 있는 제국의회 의원들의 모임인 '조선회'를 개최하고자 했으나 유회되었다. 그러자 대신 조선, 만주, 대만, 화태 등 각 식민지에 관계가 있는 사람들이 모여 '식민지회'를 열고 견해를 주고받는 등 '식민자'로서의 정치활동을 위한 기회들을 만들고자 했다. 한편, 의회 활동으로는 먼저 제35회 제국의회의 해산을 초래했던 조선에 2개 사단을 증설하는 안건과 관련해 이를 통과시키는데 힘을 보탰다. 조선의 일본인에게는 식민지 개발과 정주를 위해서는 안전 보장이 최우선이었다. 그렇기에 조선의 일본인사회는 대부분 조선에 2개 사단 증설을 희망했다. 또한 일본인사회가 강고하거나 어느 정도 형성된 도시들은 군부대 유치운동에 나서는 등 조선의 일본인사회에서는 중요한 사안이었다. 오이케는 이 증설안을 제36회 제국의회에서 통과될 수 있도록 힘을 보탰을 뿐만 아니라 부산 일본인사회의 요구사항이었던 연대 유치를 위해 육군차관과 참모차장을 만나 의견을 피력하는 개인적인 활동을 전개했다. 다음으로, 일본정부 예산 통과와 관련하여 조선총독부의 부산부 예산 중 보조를 신청한 교육비가 하부될 것이라는 전보를 보낸 것을 보면 정부 예산 중 조선 및 부산에 필요한 예산이 통과될 수 있도록 힘썼음을 알 수 있다.[61] 게다가 〈표 5〉와 같이 조선 문제에 대해서는 항상 조사위원에 기용되었고, 군인은사법안과 철도개정법안 등의 분과회에서는 좌장으로 회의를 주도했다. 안건 청원위원에도 기용되었는데, 제2분과인 외무성과 내무성 및 농상무성 소관의 청원안건 800여 건을 처리했다.[62] 처리한 800여 건의 안건은 확인할 수 없지만 제37회 청원위원회에서 오이케가 속한 2분과의 처리 안건[63] 중 경제 관련 안건이 상당히 비중 있게 다뤄져 있음을 볼 때 최초의 신념과 포부

---

[61] 『釜山日報』 1915.6.3.(2-3), 「本港敎育費の通過, 大池代議士より飛電」; 『釜山日報』 1915.6.22.(2-3), 「大池代議士土産談, 政治界初舞臺の感想」; 『釜山日報』 1915.6.23.(2-3), 「大池代議士土産談(續), 政治界初舞臺の感想」; 『釜山日報』 1915.6.27.(2-3), 「釜山繁榮會六月例會, 大池會長の議會土産談」; 『釜山日報』 1915.6.29.(2-2), 「釜山繁榮會六月例會, 大池會長の議會土産談」

[62] 『釜山日報』 1916.1.16.(2-4), 「大池氏慰籍会, 甲寅會の新年宴」

[63] 러일전쟁에서 격침선손해구휼의 건, 재외국매음부취체법제정의 건, 유도골절술공인의 건, 주류제조판매금지의 건, 의사법중개정의 건, 和賀川河身改修공사의 건, 신문잡지에 御眞影奉揭에 관한 건, 어진영봉게 및 拜觀에 관한 건, 어존영의 봉게에 관한 취체법제정의 건, 태양력보급 및 遵奉의 건, 廣島縣豊田郡분리의 건, 청년회개량에 관한 건, 사진용수차 도량형법적용제외의 건, 질옥취체법개정의 건, 三法신사승격의 건, 三法신사확장 및 유지의 건, 八幡신사승격의 건, 잠업검사수수료폐지의 건, 농업자금융통의

인 실업가로서 엄정중립의 정치활동을 전개하는 한편, 조선의 개발과 산업 조장에 힘쓰는 조선의 식민자로서 스스로 위치 지우고 있음을 알 수 있다.

하지만 오이케의 의회 활동은 길지 않았다. 1915년 3월 27일 개표와 함께 당선된 오이케는 채 1년도 되지 않은 그해 12월 28일 의원 자격을 상실했다. 그 이유는 2표차로 진 입헌동지회 소속의 우라세(浦瀬濟之)가 오이케의 정부 청부업자라는 이력서의 내용을 문제 삼아 당선무효소송을 제기했고 이것이 나가사키 공소원을 거쳐 도쿄 대심원에서 최종적으로 받아들여졌기 때문이었다.[64] 1889년 제정되어 1900년 한 차례 대폭 개정된 당시「중의원의원선거법」제2장에는 선거권 및 피선거권이 규정되어 있었다. 그중 제13조 제2항에 "정부를 위해 청부를 하는 자 또는 정부를 위해 청부를 하는 법인의 역원은 피선거권을 가질 수 없다"라는 조항에 오이케가 저촉된 것이었다.[65] 구체적으로 선거 당시 오이케의 이력서에 '정부 어용달'이라고 기재하고 선거운동을 했을 뿐만 아니라 "수년전부터 나남수비대에 糧秣을 납입하고 또한 지금도 계속하는데다가 용산 육군창고 釜山支庫에 현미 850석 납입의 청부계약을 하여 본년 3월1, 15, 30일에 그 납입을 완료하였으며 또 부산감옥의 미맥청부, 동 헌병분대의 용도용달, 진해방비대, 마산중포병대에 식량품 기타의 용도용달을 하고 있다"는 사실이 밝혀졌다.[66] 이에 대해 오이케 측은 정부 용달이 아니라 단순한 매매계약이며 상행위라고 주장하였지만[67] 1심의 나가사키 공소원과 최종심의 도쿄 대심원에서 오이케의 정부 용달을 인정하고 당선무효를 선언했던 것이다. 이상과 같이 오이케의 제국의회 진출은 식민지에서 성공한 식민자의 본국으로의 역류라고도 할 수 있지만 그 성공의 배경이었던 조선 침략의 공로자, 즉 '조선의 오이케'라는 위상은 도리어 제국 '일본의 오이케'라는 위상으로 전환할 수 없는 한계를 명확하게 지니고 있었던 것이다. 일본의 오이케로 전환하기 위해서는 조선에서의 성장 및 기반 확장의 배경이었던 정부 어용달이라는 중요한 토대를 버려야 하지만 오이케는 '일

건, 농업창고법제정의 건, 미가조절의 건, 공장법제외의 건, 보안림해제의 건, 山野火入의 건, 삼림법개정의 건, 실용신안기간연장의 건, 小坂광산광독에 관한 건 등이었다(帝國議會衆議員事務局,「請願委員第二分科 (外務省·內務省及農商務省所管)」,『제37회 제국의회회의록』, 1916).

[64]『釜山日報』1915.5.18.(1-3),「當選訴訟中의 議員數」;『釜山日報』1915.7.16.(2-3),「大池代議士의 當選無效理由, 長崎控訴院의 判決要領」;『釜山日報』1915.12.30.(2-5),「大池代議士失格, 上告는 棄却さる」

[65] 長谷川喜一郎,『改正衆議員議員選擧提要』全, 大久保翠琴堂, 1902년, 4쪽.

[66]『釜山日報』1915.6.20.(2-2),「當選無效訴訟, 浦瀬濟之氏對大池忠助氏」;『釜山日報』1915.7.11.(2-3),「當選無效訴訟, 十日判決言渡ありし筈」;『釜山日報』1915.7.16.(2-3),「大池代議士의 當選無效理由, 長崎控訴院의 判決要領」

[67]『釜山日報』1915.8.9.(2-5),「大池代議士의 當選訴訟報告書(上), 判決에 不服되는 理由」;『釜山日報』1915.8.10.(2-3),「大池代議士의 當選訴訟報告書(下), 判決에 不服되는 理由(續)」

본의 오이케'는 되지 않을지언정 '조선의 오이케'라는 위상은 버리지 않았다.[68] 이러한 오이케의 예는 재조일본인의 성장배경인 식민지와 부산이라는 지리적 이점이 결국 식민지-제국 체제가 균열될 때 언제든 사라질 수 있는 모래 위에 지은 성과 같은 것이었음을 알 수 있다. 이런 측면에서 식민지 조선의 일본인에 대한 연구는 해당 시대를 보다 심층적으로 이해하는 데 중요한 의미가 있을 것이다.

'식민자' 또는 '풀뿌리 식민자'로 평가되는 재조일본인 오이케 츄스케는 1856년 쓰시마에서 태어나 20세가 되던 해인 1875년 부산으로 건너와 대일무역에 종사하면서 친형의 도움으로 부산에서 기반을 잡기 시작했다. 그리고 조선으로 건너와 성장한 대부분의 일본인들과 유사한 사무역 및 고리대업은 물론이고 일제의 조선 침탈이라는 시대적 상황에 부합하며 조선의 출입구인 부산과 오이케여관을 통해 일본 군부와 관계를 맺고 토지 구매, 군수물자 조달을 통해 자본을 확장했다. 이와 같은 개인사업과 지리적 이점을 토대로 오이케는 강고한 인적 네트워크도 형성함으로써 이를 통해 자신의 기반과 위치를 더욱 공고히 하는 한편 확대해 나갔다. 그가 맺은 인적 네트워크는 제국주의 일본의 핵심적인 인사인 관료와 군인은 물론, 일본 본국의 재벌 및 경제인, 그리고 조선 또는 부산 거주 일본인과 조선인 등에 걸쳐 이루어졌다.

이러한 인적·물적 토대를 기반으로 오이케는 경제 활동과 공직 활동을 통해 '부산의 오이케'에서 '조선의 오이케'로 나아갔다. 우선 그는 개인 경영의 11개 부문을 토대로 경제 활동을 영위하는 동시에 1900년대를 전후 시기부터 부산 및 조선의 각종 회사와 조합의 설립과 경영에 뛰어들어 1929년 사망 때까지 부산 및 조선 재계의 원로로서 활동하였다. 더불어 개항 이후 일본인사회는 물론 일제시기 지역사회의 '공직'이라고 할 수 있는 상업회의소, 부협의회(도평의회), 학교조합 3단체의 중심인물로서 활약하였다. 오이케의 '공직' 활동은 부산에만 그친 것이라 아니라 일본 본국으로까지 확대되었다. 이른바 식민지에서 성공한 일본인의 역류라고 할 수 있다. 그는 향리인 쓰시마에 입후보하여 당당히 대의사(代議士)로 당

---

[68] 『釜山日報』 1917.2.4.(2-7), 「大池迫間兩氏議員候補者」

선되어 제국의회에 진출했다. 이 때문에 오이케는 '부산의 오이케'를 넘어 '조선의 오이케'로 표상되며 조선의 대표적인 성공한 식민자로 위치 지워졌다.

하지만 식민지에서의 성장과 제국주의 내의 위상은 식민지 조선이라고 하는 공간, 특히 부산이라는 공간이 있어야만 가능했다. 여기서 본국 일본인과 식민지 일본인 간의 차이가 명확하게 드러나며 그 독특한 위치도 드러난다. 식민자이면서 식민지 지역민이라고 하는 모순적 위치는 식민지기 내내 현실에서 서로 부딪쳤다. 이 때문에 제국주의의 모순이 내부에서도 발생할 수 있는 위험을 내포했다고 할 수 있다.

〈별표〉 오이케여관에서 휴식 및 투숙한 정재계 인사

연도(기간)	성명	당시 직책 및 약력	구분	목적
1907.6.	朴泳孝		구한국관료	귀국차
1907.7.	李埈鎔		구한국관료	귀국차
1909.1.	이완용	총리대신	구한국관료	순종순행
1909.2.	ビリコフ	元山駐在露國領事	외교관	원산귀임
1914.11.4~5	中山勝之助	대구복심법원장	관료	부산법원관내 사법관회의 참례
1914.11.23~25	佐佐木藤太郎	경상남도장관	관료	공진회 사무 완료와 寺內총독 견송
1915.1.2~2.15	市原盛宏	조선은행총재	경제인	靜養
1915.2.17~18	井口省吾	조선주차군사령관 육군중장	군인	부임
1915.2.28~3.1	上原勇作	교육총감 육군대장	군인	동경귀임
1915.3.3~4	大橋新太郎	동경상업회의소부회두, 일한와전회사장, 조선흥업회사취체역	경제인	동경귀임
1915.3.24	本鄕房太郎	岡山제17사단장, 육군중장	군인	만주시찰
1915.5.13~14	中村彦	조선총독부상공부농무과기사	관료	경남미곡개량조합총회 임석
1915.5.21~22	佐佐木勇之助	제일은행전무취체역	경제인	경성업무
1915.9.10~11	服部一三	兵庫縣지사	일본관료	만주조선시찰

날짜	이름	직책	분류	비고
1915.9.21~22	池田哲夫	廣島신문사장	언론인	시정5주년기념조산물산공진회을 기회로 조선신문협회주최의 전국기자대회 참석차
1915.9.25~27	淺田信興	군사참의관 육군대장	군인	조선주차군군사시찰 및 공진회 개회의 육군측대표
1915.9.25	佐佐木藤太郞	경상남도장관	관료	갑인회와의 면회
1915.9.28	藤山雷太	대일본제당회사장, 동경상업회의소부회두	경제인	철도축하회 임석상 만주,북청시찰, 북경에서 원세개와 회견
1915.9.29	本山彦一	大阪매일신문사장	언론인	진영촌井농장방문
1915.10.1	細川護立	후작, 前熊本藩主, 현細川농장주	경제인	군산농장방문
1915.10.1	田村新吉	중의원의원무소속단장,神戶市선출대의사	정치인	조선시찰(공진회)
1915.10.6~7	山本實彦(龜城)	동경매일신문사장	언론인	만선시찰
1915.10.14~15	北里木三郞	의학박사	의사	전선의학대회참석
1915.10.21	木內重四郞	귀족원의원	정치인	조선시찰후 귀경
1915.12.24	前田昻	경상남도경무부장, 헌병대좌	관료	관내순찰 및 귀선하는 寺內총독의 出迎
1916.1.9	前田昻	경상남도경무부장, 헌병대좌	관료	러시아 太公의 출영
1916.1.23~24	藤川利三郞	총독부경지부세무과장	관료	세무시찰
1916.1.27	佐佐木藤太郞	경상남도장관	관료	러시아 太公의 출영
1916.2.14~28	生田淸太郞	총독부농상공부수산과장	관료	조선수산조합총대회 임석 및 남연안 각지 시찰
1916.8.13~	松村乾堂	書家	문화인	중국 및 내지 漫遊
1916.10.13~14	佐佐木藤太郞	경상남도장관	관료	閑院宮봉영
1916.10.13~14	前田昻	경상남도경무부장	관료	閑院宮봉영
1916.12.9~10	佐佐木藤太郞	경상남도장관	관료	신총독출영
1917.2.2~3	前田昻	경상남도경무부장	관료	경무부장회의 후 호남선지방 시찰
1917.2.3~9	生田淸太郞	총독부농상공부수산과장	관료	조선수산조합총대회 임석총독부 농상공부수산과장
1917.2.11~15	前田昻	경상남도경무부장	관료	헌병분대 및 경찰서 검열

1917.2.21~24	佐佐木藤太郎	경상남도장관	관료	부산부청사무시찰
1917.3.31~4.1	佐佐木藤太郎	경상남도장관	관료	총독 청도견송
1917.4.11~12	前田昴	경무총감부 고등경찰과장, 헌병대좌	군인	영전 송별회 참석
1917.4.25~27	藤田幸槌	만주주차제17사단장, 육군중장	군인	사단교대
1917.4.29~30	水間春明	경상남도경무부장, 헌병중좌	관료	신임인사
1917.7.30~8.1	佐佐木藤太郎	경상남도장관	관료	김해대저수리조합낙성식 출석
1917.8.9~11	佐佐木藤太郎	경상남도장관	관료	長谷川총독 송영
1917.8.9~11	水間春明	경상남도경무부장	관료	총독 송영
1917.8.15~17	水間春明	경상남도경무부장	관료	秋山대장 및 白水중장 송영
1917.8.29	丹羽正長	書家	문화인	부산체류
1917.8.29~30	高辻良太郎	久原광업주식회사 掛長	경제인	북선에서 오사카로 부임
1917.9.22~23	古川淸	島根縣선출 維新會소속 대의사	정치인	중국여행
1917.9.22~23	佐佐木藤太郎	경상남도장관	관료	관내순시 및 산현총감출영
1917.9.26~28	松風嘉定	조선경질도기회사발기인	경제인	조선경질도기회사설립업무
1917.9.28~10.2	長岡外史	국민비행회장, 예비육군중장	군인	조선시찰 및 강연
1917.10.10	山本達雄	現정우회소속 대의사, 前일본은행총재, 前장상, 前농상	정치인	만선시찰
1917.11.8~9	松川敏胤	조선주차군사령관 육군중장	군인	대연습배관차 동경행
1917.11.17~18	吉田秀次郎	조선우선주식회사전무취체역	경제인	경성귀임
1917.11.19~20	水間春明	경상남도경무부장, 헌병중좌	관료	관내순열
1917.12.24	原田金之祐	조선우선주식회사장	경제인	회사귀임
1918.1.9	中村孝三	경상남도경무부장, 헌병소좌, 전 豊橋헌병대장	관료	전임
1918.1.12~13	趙命九	이왕직사무관	관료	이왕세자 내선 接伴위원
1918.1.28~31	中村孝三	경상남도경무부장	관료	관내순시

날짜	이름	직책	구분	목적
1918.3.30	岡今朝雄	조선총독부 총무국 토목과장, 사무관	관료	시찰
1918.3.30~31	市川堅太郎	주차관참모장, 육군소장	군인	동래 기타 상황시찰
1918.4.19~20	佐佐木藤太郎	경상남도장관	관료	경성의 각 도장관 회의 참석차 방문하여 목도에서 공사 중인 조선경질도기회사 및 船渠공사와 수출식품주식회사의 통조림공장 시찰, 대지충조의 병상 위문
1918.5.18~23	松風嘉定	조선경질도기회사장	경제인	목도 부지시찰
1918.5.24	大山栢	공작	귀족, 군인	만선 전적시찰
1918.5.24~25	淨法寺五郎	육군대학교장, 육군중장	군인	만선 전적시찰
1918.5.27~28	淸水則備	愛媛縣교육협회주최 만선시찰단장		만선시찰, 부산시내교육상황 시찰愛媛縣교육협회주최 만선시찰단장
1918.8.5~7	中村孝三	경상남도경무부장	관료	松川대장 수행(견송) 및 신임 총장 출영
1918.8.9	宇都宮	신임 조선군사령관, 육군중장	군인	부임
1918.8.9	古海厳潮/ 立花小一郎	조선주차헌병사령관, 육군중장	군인	동래 휴양 후 歸東
1918.9.13~16	佐佐木藤太郎	경상남도장관	관료	경성 출장 귀임
1918.9.15~21	佐佐木正太	경상남도제1부장	관료	시베리아출정 軍隊迎送
1918.9.18~	廣瀬正徳	조선주차군 경리부장 육군주계감	군인	시베리아출정 수송에 관한 부산의 상황시찰
1918.11.5~6	兒島惣次郎	신임 경무총장, 육군중장	관료	남선부대순열, 부산헌병분대 및 경찰서순열
1918.12.24~25	佐佐木藤太郎	경상남도장관	관료	長谷川총독 출영
1919.9.1~2	齋藤實	조선총독, 해군대장	관료	귀임
1921.3.9~10	島山一夫	大分공진회이사		오지시찰 중 체재
1921.3.26~27	佐佐木藤太郎	경상남도지사	관료	水野정무총감 출영
1921.4.16	大久保雅彦	경성변호사		소송용
1921.4.24	前田善次	평북도경무과장	관료	제1경비환 수취
1921.4.25~26	湯池幸平	福井縣지사	관료	만주로부터 돌아가는 길

1921.5.10~11	衣笠壽	자유평론사주간	언론인	彼滯在
1921.5.11~14	佐佐木藤太郎	경상남도지사	관료	총독 송영
1921.6.3~6	佐佐木藤太郎/ 馬野精一	경상남도지사/ 경남경찰부장	관료	총독 출영, 부산시찰 동행
1921.6.13~	松風嘉定	목도경질도기회사사장	경제인	
1921.9.6~7	佐佐木藤太郎	경상남도지사	관료	대의사 15명 환영 및 동행 부산시찰
1921.9.17	大久保利政	조선총독부屬	관료	귀임
1921.9.23	有賀光豊	조선식산은행두취	경제인	귀임
1921.9.27~28	石塚峻	조선총독부기사	관료	경남미곡검사원 협의회 참석
1922.11.26~28	平山沼一郎	경상남도경찰부장	관료	
1923.2.12	松風嘉定	일본경질도기회사사장	경제인	
1923.2.28	池田四郎/ 高橋原六	경상남도수산과장/ 경상남도수산기수	관료	수산총대회 출석
1923.2.28	大木	조선총독부기사	관료	수산총대회 출석
1923.4.3~4	桑原一郎	조선총독부수산과장	관료	
1923.4.3~5	川野邊四郎	광주지방법원부장	관료	
1923.4.4~5	金廉培	양산군수	관료	
1923.8.19	機谷政鶴	전 총독부수산기사		조선수산공진회
1923.10.17~19	和田純	경상남도지사	관료	조선수산공진회
1923.10.24~25	村上沼一郎	경상남도 경찰부장	관료	조선수산공진회
1924.1.17~19	村上沼一郎	경상남도 경찰부장	관료	
1925.5.12~13	西龜三圭	총독부 경무국기사	관료	
1925.5.12~14	和田純	경상남도지사	관료	암남 우역혈청제조소, 적기 우역검사소 시찰
1924.9.10~12	村上沼一郎	경상남도 경찰부장	관료	병으로 요양중

1924.9.11~12	井上一夫/桑名才藏/佐佐木貞	회계검사원 사무관	관료	
1925.5.30	大友賴幸	조선선거주식회사장	경제인	조선선거주식회사 임시총회

2장
식민지 언론인 마키야마 고조 牧山耕藏 의 제국의회 활동과 다이쇼 데모크라시

1. '식민문제의 일인자' 마키야마 고조

마키야마 고조(牧山耕藏)는 나가사키현 이키(壱岐)섬에서 출생한 인물로 1906년 와세다대학 정치경제과를 졸업한 후 오쿠마 시게노부(大隈重信)와 이누카이 쓰요시(犬養毅)의 권유로 조선으로 이주한 인물이다. 핫토리 노보루(服部暢), 마루야마 간지(丸山幹治)와 함께 경성일보 창간에 관여했으며 1909년에 경성일보를 퇴사한 후에는 일본전보통신사 경성지국을 설립했다. 민간 일본인 사회에서는 경성거류민단 의원에 이어 경성학교조합 의원으로 활동하는 등 경성의 유력 인물로 성장했다.

1913년 마키야마는 무단통치 시기의 언론 탄압을 피해 도쿄에서 종합잡지인 『조선공론(朝鮮公論)』을 창간했다. 『조선공론』은 주된 기사가 조선 관련 내용을 다루고 있었으며 실질적으로 편집 또한 경성에서 이루어졌기 때문에 조선에서 발행하는 잡지와 다름없었다.[1] 1916년에는 짧은 기간이기는 하지만 『대륙부인계(大陸婦人界)』라는 여성잡지를 병행해서 발행하기도 했다. 도쿄제국대학 출신자가 문관고등시험에 합격 후 관료로 식민지에서 근무하던 것에 비해, 와세다대 출신자들의 상당수는 언론계에 종사했는데 마키야마도 이러한 부류에 속했다.[2]

---

[1] 윤소영, 「해제」, 『조선공론 총목차·인명색인』, 어문학사, 2007.
[2] 아울러 마키야마는 이토 히로부미 동상 건립을 주장한 인물로도 알려져 있다. 1906년 경성일보 창간 업무를 위해 한국에 오게 된 마키야마는 이토 통감으로부터 가르침(啓導)을 받았으며 그를 존경하는 마음에서 동상 건립 운동을 추진하게 되었다고 밝히고 있다. 『朝鮮公論』 통권제70호, 1919년 1월, 「再び伊藤博文公銅像建立の議を提唱す」.

또한 마키야마는 충청남도 청양군에 위치한 텅스텐 광산을 공동 경영하는 등 실업가의 수완도 발휘했다. 제1차세계대전의 발발과 경기 호황으로 상당한 재산을 축적했고 이를 바탕으로 마키야마는 1920년에 조선신문사를 매수했다.[3] 하기타니 가즈오(萩谷籌夫)가 인천에서 경영하던 조선신문사는 경성일보와 견주어질 정도로 영향력을 지닌 민간 신문사였다.[4] 조선신문사는 1919년 말 발행지를 인천에서 경성으로 옮겼고 1920년 8월에는 경성에 신축사옥을 완공하게 된다.[5] 또한 마키야마는 무단통치에서 문화정치로 총독부의 통치 기조가 변화하자 1920년 도쿄에서 발행하던 조선공론을 폐간하고 경성에서 발행을 이어갔다. 이렇듯 마키야마는 조선공론사, 조선신문사, 일본전보통신사 등을 동시에 경영하면서 언론인으로 왕성하게 활동하던 인물로 만주와 조선에서 그를 모르는 사람이 없을 정도라는 평을 들었다.[6] 당시 시대상에 비춰보면 마키야마는 메이지와 다이쇼 시기 일본 젊은이들의 화두였던 입신출세에 성공한 인물이었다.[7]

이에 머무르지 않고 마키야마는 식민지 조선을 대변하는 정치인으로 성장했다. 그는 1917년 고향인 나가사키현(長崎縣)에서 입헌정우회[8](立憲政友會, 이하 정우회로 줄여서 표기) 소속으로 중의원 선거에 출마하여 당선되었다. 마키야마가 정우회 소속으로 출마를 결심하게 된 계기는 식민지 통치 문제를 본국 정부에 인식시키는 것이 시급하다고 판단했기 때문이다.[9] 특히 조선의 정치·경제적 상황을 본국에 알리고 식민지 조선에 대한 '개발과 자본 유입

---

[3] 1890년 인천에서 창간한 『仁川京城隔週商報』는 『朝鮮旬報』를 거쳐 1892년 『朝鮮新報』로 개칭된다. 1908년 조선신보는 조선타임즈와 합병하면서 『朝鮮新聞』으로 거듭난다. 조선신문은 한국강점 후 총독부의 신문 통합 방침에도 간행을 계속하다가 1919년 12월 발행지를 인천에서 경성으로 옮기게 된다.

[4] 하기타니 가즈오는 1908년부터 조선신문사를 경영해온 인물이었다. 인수 이후에도 편집국장이었던 가와시마(川島喜彙)는 그대로 국장 자리를 맡았다. 1920년 당시 조선신문사, 조선공론사, 일본전보통신사가 하나의 사옥에서 근무했던 것으로 보이는데 인원은 마키야마를 포함하여 47명이었다. 『每日申報』1920년 1월 8일, 「朝鮮新聞社變更」. 『每日申報』1920년 1월 17일, 「牧山社長披露」. 朝鮮公論社編, 『在朝鮮內地人紳士名鑑』1917. 『朝鮮公論』통권제83호, 1920년 2월, 74쪽.

[5] 신축사옥은 태평통 2정목 115번지에 위치했다. 『朝鮮新聞』 1920년 8월 24일, 「本社移轉」.

[6] 『朝鮮公論』통권제104호, 1921년 11월, 60쪽, 「新聞界人物總まくり」.

[7] 柄沢四郎, 『朝鮮人間記』, 大陸研究社, 1928, 271~273쪽.

[8] 정우회는 1900년 이토 히로부미(伊藤博文)가 창설한 것으로 정우당(黨)이 아닌 정우회(會)라는 명칭에서 알 수 있듯이 정당에 반대하는 성격의 단체로 출발했다. 자유민권운동의 계보를 잇는 정당을 탐탁치 않게 여기던 이토는 정우회 운영을 통해 정당보다 국가가 우위에 있는 점을 보여주려 했다. 창설 이후 정우회는 당 총재 이토와 사이온지 긴모치(西園寺公望)를 거쳐 하라 다카시(原敬)의 지도 하에 제1차세계대전 후의 국제적 흐름을 적절히 활용하면서 당 세력을 확대해갔다. 井上壽一, 『政友会と民政党―戰前の二大政党制に何を学ぶか』, 中央公論新社, 2012.

[9] 『朝鮮公論』통권제60호, 1918년 3월, p.3, 「帝国議会と植民地」. 아울러 마키야마는 이토 히로부미 동상 건립을 주장한 인물로도 알려져 있다. 1906년 경성일보 창간 업무를 위해 한국에 오게 된 마키야마는 이토 통감으로부터 가르침(啓導)을 받았으며 그를 존

을 이끌어내는 것이 중요하다고 보았다. 조선 관계 중의원 의원은 1924년 총선거에서 약 20명이 당선되는데,[10] 마키야마는 그 중에서도 조선 체류 경험이 비교적 길었으며 대내외적으로 명성이 있었다. 조선과 일본 본토를 오가는 활동을 통해 마키야마는 '식민문제의 일인자'라는 평가를 얻었으며 조선총독도 그의 의견이라면 귀담아듣는다는 평판이 있을 정도였다.[11]

이러한 마키야마의 조선 내 영향력은 몇 가지 사례를 통해 엿볼 수 있다. 조선신문사 인수 후 마키야마는 조선호텔에 관민 유력 인사 3백여 명을 초대한 자리에서 신문사를 인수하게 된 배경과 운영 방침에 대한 포부를 밝힌 바 있었다.[12] 이 자리에 조선총독부 재판소 고등법원 검사장과 사법부장관을 역임한 고쿠부 산가이(國分三亥)와 조선은행 총재였던 미노베 슌키치(美濃部俊吉)가 일본인 사회를 대표해서 축사를 했다. 또한 1920년 9월 초에는 마키야마가 초대연을 열었는데 총독부 관료를 비롯 대부분의 도지사가 참석했다.[13] 또한 총독부 식산국장 니시무라 야스키치(西村保吉), 내무국장 오쓰카 쓰네사부로(大塚常三郎), 법무국장 요코타 고로(橫田五郎), 학무국장 시바타 젠자부로(柴田善三郎) 등의 관료와 헌병대 사령관 마에다 노보루(前田昇)가 참석했다. 여기에 경기도 지사 고토 에이치(工藤英一), 경상북도 지사 후지카와 도시사부로(藤川利三郎) 등 일본인 도지사를 비롯 전라북도 지사 이진호와 함경남도 지사 이규완, 황해도 지사 신응희 등 조선인도 포함되어 있었다. 이 자리에서 경기도 지사 고토는 조선신문사를 '조선 언론계의 중진'으로 칭하면서 조선신문사가 조선 통치와 개발 특히 내선인 융화 측면에서 공헌했다는 취지의 답사를 했다. 이를 통해서는 언론인과 중의원 의원을 겸하는 마키야마의 정치적 영향력을 충분히 짐작할 수 있다.

정치계와 언론계를 넘나들며 활동을 펼친 마키야마는 자신의 장점을 살려 조선신문사를 홍보 매체로 활용했다. 마키야마의 제국의회 활동을 보도하는 기사는 물론 그의 세세한 동정과 일정을 전하는 기사가 조선신문에 심심치 않게 게재되었다.[14] 특히 선거철이 되면 마키야

경하는 마음에서 동상 건립 운동을 추진하게 되었다고 한다. 『朝鮮公論』 통권제70호, 1919년 1월, 「再び伊藤博文公銅像建立の議を提唱す」.

[10] 『京城日報』 1924년 5월 14일, 「幸運の人, 落ちた人, 朝鮮關係の新代議士：すでに判明した當選者二十名」.
[11] 角屋謹一, 『普選議会の重なる人々—政界人物評伝 野党の巻』, 文王社, 1928, 28쪽.
[12] 『每日申報』 1920년 1월 17일, 「牧山社長披露」.
[13] 『朝鮮新聞』 1920년 9월 7일, 「風涼し初秋の一日, 半島の大官一堂に会す」.
[14] 하나의 예를 들면, 1927년 5월 기사에서 "본사 사장 마키야마 대의사는 본당(本黨) 나가사키현 지부 총회 참석을 위해 22일 오전 9시 반 도쿄에서 출발하는 특급열차로 약 1주일간의 예정으로 서쪽으로 이동했다. 도중에 조선에 들를 예정이었으나 새로운 정당 창립 준비위원으로 용무가 다망하여 6월 1일 결당식을 마치고 조선으로 돌아올 예정"이란 기사를 찾아볼 수 있다. 『朝鮮新聞』 1927년 5월 22일, 「牧山代議士, 西下」.

마는 조선관련 주요 대의사로 거론되었으며, 선거구인 나가사키현에서의 활동이 비교적 상세히 보도되었다.

이러한 마키야마의 언론인과 정치인으로서의 활동은 당시 '다이쇼 데모크라시'(이하, 인용부호 생략)라는 시대적 흐름 속에서 전개되었다. 다이쇼 데모크라시는 다이쇼(大正) 연간을 전후하여 일본 사회 전반에 나타난 민주주의와 자유주의 풍조를 일컫는다. 다이쇼 데모크라시는 좁게는 집회・결사의 자유나 보통선거 실시를 요구한 정치운동을 지칭하지만 넓게는 남녀평등과 부락해방 운동 등을 포함한다.[15] 일반적으로 히비야방화사건이 일어난 1905년부터 만주사변이 일어난 1931년까지가 이 시기에 해당된다.

당시 서양의 데모크라시가 일본에 수용되는 단계에 중요한 역할을 한 인물인 요시노 사쿠조(吉野作造)는 민주주의(民主主義)라는 표현이 천황을 주권으로 하는 대일본제국헌법에 저촉되므로 '민본주의(民本主義)'라는 논의를 통해 이를 발전시켰다. 민중을 정치 주체로 인정하고 민중을 위한 정치를 이론화시키고자 한 것이다. 여기에는 다이쇼 시기까지 이어지던 번벌정치의 타파와 정당 정치를 요구하는 일본 민중들의 목소리가 반영되었다. 천황을 하나의 국가 기관으로 보는 미노베 다쓰키치(美濃部達吉)의 천황기관설 역시 민중들의 정치적 권리를 고려한 산물이었다. 미노베는 요시노처럼 대일본제국헌법이란 법률적 틀 속에서 최대한의 일본적 데모크라시를 생각한 것이다.

하지만 요시노와 미노베 역시 일본의 제국주의 흐름에서 자유로울 수 없었으며 대륙침략 정책을 제대로 인식하지 못했다. 이처럼 일본 본토에서는 입헌주의가 주창되었지만 외부적으로는 대륙침략이 이루어진 점, 즉 데모크라시와 제국주의가 공존한 측면에서 이 시기를 '데모크라시'라고 칭할 수 있는지에 대한 논의는 지금도 이어지고 있다. 당시 대부분의 일본 지식인들은 민주주의와 입헌주의를 지향했지만 외부적으로는 대륙침략과 식민지 획득이 이루어진 점을 직시하지 못했다. '밖으로는 제국주의, 안으로는 입헌주의(外には帝國主義, 內には立憲主義)'라는 문구는 당시의 시대적 양면성을 잘 드러내는 표현이다.[16]

---

[15] 다이쇼 데모크라시에 대해서는 松尾尊兌, 오석철 옮김, 『다이쇼 데모크라시』, 소명, 2012. 成田龍一, 이규수 옮김, 『다이쇼 데모크라시 – 데모크라시가 제국 일본을 동요시켰다』, 어문학사, 2012. 岩波新書編集部, 서민교 옮김, 『일본 근현대사를 어떻게 볼 것인가』, 어문학사, 2013. 今井 清一, 『日本の歴史23 – 大正デモクラシー』, 中央公論新社, 2006(초판은 1974년) 등을 참조.

[16] 제국주의와 입헌주의가 결합된 다이쇼 데모크라시의 사상을 잘 보여주는 이 구절은 와세다대학 초대학장이자 정치가였던 다카타 사나에(高田早苗)의 기고문이 유명하다. 高田早苗, 「帝国主義を採用するの得失如何」, 『太陽』, 제8권 제7호, 30~31쪽.

다이쇼 데모크라시 시기 언론인과 제국의회 의원을 넘나들었던 마키야마 고조에 관한 연구로는 식민지 조선이라는 현실 하에서 일본의 정치변화에 대응하면서 재조일본인 정치가로서 아이덴티티 형성이 주목받았다.[17] 조선총독부의 식민지 정책에 관한 마키야마의 주장과 의식을 살펴보면 그가 입헌정치를 주장하면서도 데라우치 마사타케(寺內正毅) 조선총독의 무단통치에 대해서는 치안유지와 식민지 통치라는 측면에서 평가하는 점을 찾아볼 수 있다. 아울러 마키야마와 같이 중위원 내 조선관계 대의사(代議士) 혹은 '조선통'이라고 불린 의원들에 관한 연구를 통해서는 그들의 등장 배경, 인적 구성, 조선통치에 미친 역할을 엿볼 수 있다.[18] 제국의회 중의원 속기록을 활용해 중의원과 조선통치의 상관관계가 분석되었다. 아울러 재조선 일본인 출신 중의원에 관한 사례 연구로는, 부산의 유력 인물로 성장하여 고향인 쓰시마에서 입후보하여 제국의회 의원이 된 오이케 주스케(大池忠助)에 관한 연구가 있다.[19] 초기 부산으로 건너온 오이케는 여관업을 비롯 부동산과 군수물자조달을 통해 자본을 축적한 인물이었다. 부산 및 조선재계의 원로로서 활동한 그는 각종 회사와 조합 설립에 관여했으며 상업회의소, 부협의회(도평의회), 학교조합의 중심인물로 활약했다. 조선에서 부를 축적하여 일본 '내지(內地)'[20]와 식민지 조선에서 영향력을 행사한 인물로 성장한 인물의 사례이다.

한편, 식민지 조선에서 행한 마키야마의 활동은 와세다대학 인맥이란 관점에서 포착되는 사실들이 적지 않다. 『조선공론』에 게재된 논설과 기사의 상당수가 와세다대학 인맥을 활용했다는 점을 통해서도 언론인으로 마키야마의 활동영역을 확인할 수 있다. 이러한 측면에서 와세다대학 출신 인맥과 그들의 식민통치론을 분석한 연구가 있다.[21] 대학 재학 시절부터 대륙과 식민지에 관심이 많아 학생들이 중심이 되어 조직된 동아협회에서 활동했다.[22]

덧붙여 '헌정의 신'으로 불렸던 정치가 오자키 유키오(尾崎行雄)나 와세다대학 교수 우키타 가즈타미(浮田和民) 등의 글에서도 비슷한 구절을 찾아볼 수 있다.

[17] 김종식, 「1910년대 재조일본인 정치가의 정체성 형성과정- 마키야마 고조(牧山耕藏)를 중심으로 -」, 『사림』, 56, 수선사학회, 2016.
[18] 이형식, 「1920년대 일본제국의회 중의원과 조선통치」, 『史叢』, 82, 2014.
[19] 전성현, 「식민자와 조선 - 일제시기 大池忠助의 지역성과 '식민자'로서의 위상」, 『한국민족문화』49호, 2013.
[20] 당시 일본 제국 내의 판도 내에서 일본 본국은 '내지(內地)'로, 그 외 식민지는 '외지(外地)'로 지칭되었다. 일본 제국주의의 지역적 구분과 차별을 내포하는 역사적 용어로서 '내지(內地)'를 사용한다.
[21] 박양신, 「사학 와세다 인맥을 통해 본 일본·식민지 조선에서의 식민정책론」, 『아시아문화연구』, 39, 가천대학교 아시아문화연구소, 2015.
[22] 동아협회는 와세다대학 설립자인 오쿠마 시게노부와 정치가 이누카이 쓰요시를 회장으로 하여 아시아에 대한 계몽운동을 주로 행한 단체였다.

1906년 대학 졸업 후 조선으로 건너오게 된 경위도 오쿠마와 이누카이를 비롯 와세다대학 관련 인물들의 추천이 있었기 때문이었다.

이 글에서는 식민지 조선에서 언론인으로 거주하면서 중의원 의원으로도 활동한 마키야마라는 인물을 사례로 그의 식민 통치론과 인식을 살펴보고자 한다. 마키야마는 조선으로 이주한 후 잡지사와 신문사를 경영하는 식민지 언론인으로 활동하였고 이를 발판으로 삼아 조선 관계 대의사로 성장했다. 그는 제국의회에서 식민지 정책과 대륙정책에 대한 자신의 의견을 피력하였고 조선총독부의 정책을 비판하고 개선을 요구했다. 식민지 조선에 거주하는 중의원으로 현지 식민지의 구체적인 현황을 파악하고 있는 마키야마의 발언은 영향력이 있었다. 여기에 마키야마는 자신이 경영하는 언론사의 사설 등을 통해서 식민 통치에 대한 의견을 표출하면서 정치적 영향력을 확대해갔다. 이렇듯 일본 '내지'와 식민지 조선을 오가며 정치인이자 언론인으로 활동한 복합적인 인물을 통해 다이쇼 데모크라시라는 시대 흐름과 제국 일본의 식민지 지배를 조망하는 것이 이 글의 목표이다.

2. 제국의회 진출과 정계 활동

1917년 1월 25일 당시 데라우치 내각에 대한 불신임안이 제출되면서 제38회 중의원은 해산되었다. 이어 4월 20일 실시된 중의원 총선거에서 마키야마는 자신의 고향인 나가사키현 의원으로 선출되었다. 당시 35세인 마키야마는 중의원 의원으로서는 젊은 나이였다. 마키야마가 정계에 입문하게 된 계기는 몇 년 전으로 거슬러 올라가는데, 입헌정우회 총재인 하라 다카시를 비롯 같은 나가사키 출신인 나카쿠라 만지로(中倉万次郎), 요코야마 도라이치로(横山寅一郎)의 소개로 그의 정치 인생은 시작되었다.[23] 지난 1915년 오쿠마 내각이 해산하자 마키야마는 출마를 고려했으나 정당 공인후보로 추천을 받지 못하게 되자 이를 단념했다.[24] 그 후 1917년 1월 대학 선배로부터 연락을 받고 도쿄에서 입헌정우회 영수들과 만나게 되면서 출마를 결심하게 된다. 당시는 대선거구제가 시행되던 시기로 나가사키현의 중의원 의원 정원은 8명이었다. 나가사키시(市) 지역 1명, 쓰시마(對馬)를 제외한 군(郡) 지역 6명, 쓰시마

---

[23] 『朝鮮公論』 통권제51호, 1917년 6월, 48쪽, 「政戰の跡を顧みて: 牧山社長政戰随伴記 京城より平戸まで」
[24] 橋川佐一郎編, 『壹岐政情史』, 1932, 508쪽.

1명 구성이었다. 마키야마의 선거기반은 입헌정우회 나가사키현 지부의 협정에 의해 히라도(平戶)섬과 고토(五島) 그리고 그의 고향인 이키 섬으로 정해졌다. 이키와 히라도 지역에서 마키야마 집안은 이름 있는 가문이었고 이러한 배경은 선거에 유리하게 작용했다. 마키야마의 조부는 히라도 번주(藩主)의 가신으로 포술(砲術)과 해안 경비를 담당한 인물이었고 아버지는 군회(郡會) 의원 및 의장을 지낸 인물이었다.

마키야마는 히라도에서 개최된 후보연설회에서 오쿠마 내각의 실패와 헌정회의 횡포를 비판하고 현 시국에 맞춘 거국일치의 필요성을 역설했다.[25] 이는 헌정회 지지율이 높은 히라도 지역 유권자들에게 정치적 소신을 피력한 것이었는데 이는 마키야마의 지명도를 높이는 계기가 되었다. 나가사키현 군 지역 전체 출마자 9명 중 6명이 당선되는 선거에서 마키야마는 두 번째로 많은 득표를 얻으면서 당선되었다. 고향인 이키에서는 압도적인 득표율을 보였다. 당선자 6명 중 4명이 정우회 소속이었고 2명이 헌정회(憲政會)였다.[26] 마키야마의 소속인 입헌정우회는 중의원 정원 381석 중 165석을 차지해 다수 의석을 차지했다.

마키야마가 속한 정우회는 재정 지출을 늘려 철도, 항만, 도로를 정비하고 교육 환경을 개선하는 등 적극적인 식산흥업을 추구하는 성향을 보였으며 이러한 당 성격의 영향으로 도시보다는 농촌 지역에서 강한 면모를 보였다.[27] 농촌 지역에서는 공동체 구성원이 고정적이며 사회 인프라 개발의 결과가 시각적으로 나타나기 쉽기 때문이다. 당시 하라 내각은 선거제도를 소선거구제로 바꾸고 1920년 5월 총선거에서 큰 승리를 거두게 된다. 마키야마는 나가사키현 제6구에 출마하여 헌정회 소속 후보를 상대로 압승하게 된다. 당시 소선거구제로 바뀌면서 그의 고향인 이키군과 미나미쓰우라군이 선거지역이 된 영향이 컸다.

의정 활동 중 이키 쓰시마 간 항로 국고보조금 지급, 등대 건설, 재판소 설치, 신사 승격 등 지역 현안을 해결하는 등의 성과를 내면서 압도적인 표차로 당선되었다.[28] 1924년 5월에 시행된 총선거에서도 마키야마는 같은 지역에 출마하여 6,449표를 얻었는데 다음 차점자가 획득한 표는 822표에 불과했다.[29] 마키야마는 보통선거제가 시행된 이후에도 연속으로 8

---

[25] 『朝鮮公論』 통권제52호, 1917년 7월, 40~41쪽, 「政戦の跡を顧みて: 牧山社長政戦随伴記 雨の平戸島」.
[26] 橋川佐一郎編, 『壹岐政情史』, 1932, 521쪽. 『釜山日報』1917년 4월 24일, 「衆議院議員郡部當選者」.
[27] 村瀬信一, 『帝国議会─〈戦前民主主義〉の五七年』, 講談社, 2015, 88~89쪽.
[28] 『朝鮮新聞』 1920년 5월 9일, 「選挙区の声望を一身に集めて大磐石の観ある牧山氏」.
[29] 『朝鮮新聞』 1924년 5월 14일, 「牧山氏當選」.

회 당선되어 약 25년간 중의원 의원으로 활동하면서 정치적인 영향력을 확대해갔다.

당선 후 첫 제국의회 회기에서 마키야마는 식민지 통치가 제국의 중요한 정무 중 하나인 점을 상기시키고 식민지 실정을 의회에 알리는 작업에 주력했다. 그는 제국 국정을 심의하는 제국의회에서조차도 식민지 문제가 간과되고 경시되는 풍조가 있다고 비판하면서 정부위원으로 참석한 총독부 관계

〈그림2〉 마키야마의 당선을 알리는 신문 기사 / 『朝鮮新聞』 1924년 5월 13일

자에 대해 날카로운 질문을 던졌다. 마키야마는 중의원에서 식민지 통치 문제를 중심으로 다양한 건의와 청원 활동을 전개했다. 그는 중의원으로 활동하면서 1년의 1/3은 도쿄에 체류했지만 의회 개회 기간에도 잠시 경성을 방문하여 조선 현지의 여론을 살피기도 했다. 이를 통해 그는 조선에 거주하는 일본인 사회의 의견을 반영하고 이들의 집단이익을 대변해줄 인물로 부상했다.

이러한 의정활동을 통해 마키야마에게는 식민지 전문 중위원 의원이라는 이미지가 따라다니게 된다. 제40회 제국의회 당시 대장대신 쇼다 가즈에(勝田主計)의 "마키야마 의원처럼 식민지에 정통한 분"이라는 발언을 통해서도 이러한 점을 엿볼 수 있다.[30] 마키야마는 식민지에 거주하는 의원으로 총독부 정책에 직·간접적으로 영향력을 행사하여 중요 정책이 실현되는 과정도 경험했다.[31] 다음은 마키야마의 중의원 의정 활동의 일면을 엿볼 수 있는 신문 사설이다.

---

[30] 제40회 제국의희 중의원 예산위원회 제3분과 회의(1918년 2월 1일) 속기록.
[31] 『朝鮮公論』 통권제60호, 1918년 3월, 4~5쪽, 「帝國議會と植民地」.

특히 정우회의 마키야마 의원은 마치 조선에서 선출된 의원이기라도 한 것처럼 분투하는 모습을 보여주었다. 대개 식민지에는 선거법이 시행되지 않으므로 제국의회에서는 전혀 발언권이 없고 자치제 조차 허용되지 않는 상태이므로 식민지 거주자들의 이익을 주장하기란 매우 힘들다. 겨우 건의나 청원의 형식을 이용할 수 밖에 없는데 근래 들어 다롄(大連)시장이었던 이시모토 간타로(石本鑽太郞) 씨가 고치(高知)에서 선출되었고 오이케 주스케 씨가 후쿠오카에서 그리고 마키야마씨가 나가사키에서 선출되어 이제 식민지 냄새를 풍기는 의원이 생겨나, 조선과 만주 거주자들이 다소나마 숨통을 트게 되었다. 특히 이번 마키야마 씨의 분투는 우리가 바래왔던 것으로 장래 이와 같은 의원의 선출은 식민지 거주자들이 기뻐할 일이다.[32]

이처럼 활발한 의정 활동으로 식민지 전문가로 부상한 마키야마이지만, 일본 제국의 팽창과 식민지 획득에 대한 인식은 당시의 일반 일본인들과 크게 다를 바 없었다. 그는 한 나라가 식민지를 획득하고 경영하는 것은 "세계 근세사의 하나의 특징"이라면서 일본 제국이 대만, 관동주, 조선에 이어 가라후토(사할린), 칭다오, 남양(南洋) 지역으로 세력권을 확대한 것은 "세계의 대세 흐름에 순응하고 국가 존립의 기초를 확립"하는 일이라고 보았다.[33] 현재 제국 일본이 직면한 임무는 "팽창하는 야마토 민족의 사명을 수행"하는 것이고 식민지 경영이 모국인들에게 지대한 영향을 미친다고 보았기에 적극적으로 의정활동에 참여했다.[34]

〈표10〉 마키야마 고조의 주요 중의원 활동

제국의회 회기	내용	비고
제39회	동양척식주식회사법 개정법률안 외 1건 위원회	
	동방조사국 설치에 관한 건의안 위원회	건의
	러일전쟁 시 격침 선박에 대한 구휼 건	청원안 채택
제40회 (1917.12~1918.3)	구한국화폐 처분에 관한 법률안 위원회	
	공통법안 위원회	

---

[32] 『釜山日報』 1918년 4월 2일, 「四十議會と朝鮮」.
[33] 『朝鮮公論』 통권제60호, 1918년 3월, 4쪽, 「帝國議會と植民地」.
[34] 『朝鮮公論』 통권제48호, 1917년 3월, 1~10쪽, 「意義ある総選擧に当り吾人の抱負を披瀝す」.

회차	안건	결과
	조선사업공채법 개정법률안 위원회	
	대만은행법 개정법률안 외 1건 위원회	
	이키 쓰시마 간 교통운수 설비에 관한 건의안 위원회	건의
	식민지통치에 관한 질문	질의연설
	이키군 츠무쇼즈(武生水)구 재판소 부활의 건	청원안 채택
	예산위원회 제3분과회 (조선 지가 사정, 이왕가 기밀비, 조선신사 제신 등)	
41회 (1918.12~1919.3)	개간조성법안 위원회	
	조선 경편철도 보조법안 위원회	
	제국대학 특별회계법 개정법률안 외 2건 위원회	
	조선 서해안 항구와 요코하마 및 오사카·고베 간 정기항로 개시의 건 청원안	청원(인천상업회의소 역원)
	조선 및 대만의 산미증식에 관한 건의안 외 1건 위원회	건의
	조선 평원철도 급설에 관한 건의안 위원회	건의
	조선신사 스사노오(素盞男尊) 봉제에 관한 건의안 위원회	건의
	이마리-사세보 간 철도 건설에 관한 건의안 위원회	건의
	조선 서해안 항구와 오사카 간, 인천과 청도·상해 간 정기항로 개시에 관한 건의안 위원회	건의
	나가사키현 시라토리(白鳥)신사 승격에 관한 건	청원안 채택
	러일전쟁 시 러시아함대로 인해 격침 혹은 파손된 증기선 소유자에 대한 손해 배상의 건	채택 연기
42회 (1919.12~1920.2)	조선 의원 및 재생원 특별회계법 개정법률안 위원회	
43회 (1920.7)	조선에 중의원 선거법을 시행하는 건	청원안 불채택
	소득세법 개정 법률안 외 5건 위원회	
43회 (1920.7)	조선에 변호사자격을 부여하는 건	청원안 채택
	배상금 특별회계법안 위원회	
	남만주철도주식회사 주식 인수에 관한 법률안 위원회	
	불구 병약 아동 교육 진흥에 관한 건의안 외 1건 위원회	
44회 (1920.12~1921.3)	수산회 법안 위원회	
	다이쇼9년 법률 제12호 개정 법률안 외 1건 위원회	
	조선 충청남도 강경 수도부설의 건	청원안 채택
	조선에 변호사자격을 부여하는 건	청원안 채택
	항해보조의 건	청원안 채택
	압록강변 도로 수축에 관한 건의안 위원회	건의

		메이지44년 법률 제61호 개정법률안 위원회	
		다이쇼9년도 예비금지출의 건 외 4건 위원회	
		조선 다사도(평안북도) 축항에 관한 건	청원안 채택
		오쿠우라무라(奧浦村)에 우체국 설치의 건	청원안 채택
		조선산업 진흥의 건	청원안 채택
45회 (1921.12~1922.3)		조선 경찰관 대우에 관한 건	채택 연기
		진남포 축항 속성의 건	청원안 채택
		야나기다무라(柳田村)아메노타나가오(天手長男)신사 승격의 건	청원안 참고 송부
		군비축소에 기인해 발생할 실업노동자 대책에 관한 건의안 위원회	건의
		미쓰하마(三津浜)항 축항 국고보조에 관한 건의안 위원회	건의
		군산항 수축 및 국영(國營)에 관한 건의안	건의
		행정 정리에 관한 건의안 위원회	건의
46회 (1922.12~1923.3)		조선사업공채법 개정법률안 위원회	
		조선 다사도 축항 속성에 관한 건의안	건의
		인천축항 확장에 관한 건의안	건의
		척식성(拓殖省) 설치에 관한 건의안	건의
		내지(內地)와 조선, 대만, 가라후토, 남양군도, 관동주 및 만철부속지 간 우편전신요금 통일에 관한 건의안	건의
		전주 대구 간 철도(全邱鐵道) 건설에 관한 건의안	건의
		진남포 축항 속성에 관한 건의안	건의
		나가사키현 미나미쓰우라군 오쿠우라무라(奧浦村)에 우편국을 설치하는 청원안	청원안 채택
49회 (1924.7)		조선은행법 개정법률안 위원회	
		청국 및 조선 재류 제국신민 취체법 폐지 법률안 위원회	
50회 (1925.1~1925.3)		신문지법(新聞紙法) 개정법률안 위원회	
		철도부설법 개정법률안 위원회	
		청국 및 조선 재류 제국신민 취체법 폐지 법률안 위원회	
		척식성(拓殖省) 설치에 관한 건의안	건의
		나가사키 고토(五島)와 사세보 간 명령항로 완비에 관한 건의안	건의

주 제국의회 중의원 의사록에서 제39회부터 제50회 제국의회까지 정리.

마키야마는 특히 1910년대 후반에서 1920년대 초에 걸쳐 식민지 정책과 관련한 의정활동을 벌였는데 주요활동을 정리하면 〈표 1〉과 같다. 그의 선거기반인 이키 및 히라도의 지역 현안을 비롯하여 조선 관련 건의와 청원이 다수를 차지한다. 그 중에서도 그의 식민지 통치관을 살펴볼 수 있는 몇 가지 사례를 소개하고자 한다.

1) 제39회 제국의회 동양척식주식회사법 개정안

　마키야마가 의원 활동을 시작한 제39회 제국의회에서 그는 동양척식주식회사법 개정법률안 위원회에 참석했다. 동양척식주식회사(이하 '동척'으로 줄여서 표기)는 1908년 일본인의 이민 사업을 위해 대한제국과 일본 정부가 합작으로 설립한 회사이다. 당시 러일전쟁 이후 서양에서 불거진 황화론과 미국 서부 지역에서의 배일 분위기가 확산이 되자 한국으로의 이민을 꾀하게 되면서 동척이 설립되었다. 미국에서 일어난 배일운동의 부산물이 동척이라고 해도 과언이 아니었다. 이에 마카야마는 동척이 단순히 영리를 목적으로 하는 회사가 아니라 중대한 국가적 사명을 띠고 설립된 특수회사라고 강조하기도 했다.[35]

　'동양척식주식회사법' 개정안 위원회에서는 동척의 성격과 사업 확대에 대한 논의 및 법률안 개정이 논의되었다. 동척은 일본 제국의 한국강점 이전 한국과 일본 양국의 법률 안에서 설립된 회사로 식민지화 이후 현황에 맞는 회사 업무의 확대가 필요하다는 이유에서였다. 동척의 영업 범위도 한국에 한정하지 않고 한반도와 연결되어 있는 만몽지역에 이르기까지 확대할 필요가 있으며 이민 사업도 한국뿐만 아니라 남양과 남미 이민도 포함시켜야 한다는 내용이 검토되었다. 회사의 성격과 관련해서는 이민 사업뿐만 아니라 금융을 포함시키는 점 또한 주요 의제로 논의되었다. 척식사업 관련 자금 지원 업무라는 금융업이 추가가 된 것이다. 영업 내용과 지역이 확대되면서 이에 발맞춰 본점을 한국이 아닌 도쿄에 두고 지점을 조선과 만몽지역에 두는 안건도 논의되었다.

　위원회 첫날 대장성 차관이 개정안의 개요에 대해 설명하고 이어서 처음 발언한 것은 마키야마였다. 그는 동척이 남만주철도와 더불어 "제국의 대륙정책을 실행하는 데 있어, 그 보조 기관으로 중대한 사명을 띠고 설립된 회사"라고 평가하면서도 지난 10년간 동척이 해온 이민 사업의 문제점을 지적했다. 일본정부는 당시까지 240만 엔(戶당 300엔씩 손실을 보전)을 보조금으로 지원했지만 동척은 설립 이후 지난 10년간 이민호수 3,074호라는 미미한 성과를 보이고 있었다. 지난 제국의회에서 동척은 매년 1만호 내지 2만호의 이민을 알선하여 10만명을 이주시킨다는 계획을 제시한 바 있었다. 마키야마는 보조금 지급요청이 나오게 된 배경과 현재의 회사 재정 상황에 대해 지적했다. 이에 대해 정부위원 총독부 사무관 아키야마는 조선의 현실에 맞지 않는 계획이었음을 인정하는 취지의 답변을 하면서도 쌀값 변동 등 예측하기 어

---

[35] 이하, 중의원의사록 및 『朝鮮公論』 통권제53호, 1917년 8월, 「東洋拓殖会社の新使命」을 참조.

려운 문제점들이 동반되었던 점을 요인으로 설명했다.

또한 마키야마는 동척의 인적 구성이 지닌 문제점도 지적했다. 그는 동척의 중역들 중에 중의원 의원을 겸직하다가 문제가 되어 그만둔 자가 있었다는 점을 들면서, 총재 및 이사 중에 귀족원 의원을 겸직하고 있는 현황을 지적했다. 의회 개회 기간 중 도쿄에 장기간 머무르게 되는 점이 동척 운영에 영향이 없는지를 따져 물은 것이다. 아울러 마키야마는 이들 중역진에 대한 보수와 처우에 대해서도 문제를 제기했다. 총재의 보수가 '조선의 부왕(副王)'으로 불리는 총독보다 많다는 점과 고급 관사와 본봉보다 많은 외지 수당 지급 등에 설명을 요구한 것이다. 데라우치 총독은 총독부 기풍과 풍기문란 행위를 강조하면서도 우사미와 요시하라 동척 총재의 행위에 대해서는 한 번도 제재를 가하지 않았다는 점도 덧붙였다.

그후 몇 차례의 위원회를 거쳐 '동양척식주식회사법' 개정안은 통과되었다. 주요한 개정 내용은 영업 지역을 조선 및 외국으로 확대한 점과 척식 업무를 확대하여 자금 공급, 즉 은행의 대출업무를 추가했다는 점에 있었다. 마키야마는 "현재 우리 제국은 안으로는 헌정주의의 계승을 꾀하면서 밖으로는 막대한 과잉인구를 이식하여 크게 국력을 발전 팽창"시켜야 한다는 점을 강조했다. 그는 개정 취지에 대해 동의하면서 지난 10년간의 실패를 발판으로 삼아 동척의 '새로운 사명' 다해줄 것을 기대했다.[36] 동척이 "국민의 기대에 부흥하여 분발 노력"해줄 것과 제국의회도 동척에 대한 감시를 게을리 해서는 안 된다는 점을 분명히 했다.

조선과 관련하여 '동양척식주식회사법' 개정안이 주요 의제였던 제39회 제국의회는 마키야마에게 있어 정치인으로서 성공적인 데뷔 무대였다.[37] 마키야마의 발언과 질의 내용으로 보아 동척 현황에 대한 상당한 사전 조사가 이루어졌던 것으로 보인다. 이를 바탕으로 동척법 개정안 위원회에서 마키야마는 조선에 거주하고 있는 대의사로서 이론과 이상에 치우치지 않으면서 조선의 현황에 기반한 질의를 했다. 답변에 임하는 총독부 관리들도 "마키야마 의원님은 조선에 거주하시기 때문에 잘 알고 계실 테지만"이라고 하며 마키야마의 근거있는 비판에 곤혹해 하기도 했다. 식민지에서 거주하고 있다는 점, 잡지사와 신문사 경영을 통해 정보력이 있다는 점을 살려 마키야마는 식민지 문제에 전문성을 발휘했던 것이다.

---

[36] 『朝鮮公論』 통권제53호, 1917년 8월, 「東洋拓殖会社の新使命」.
[37] 『朝鮮公論』 1917년 9월~12월호에는 동척법 개정안 위원회 의사록 전문이 게재되었다.

2) 제40회 제국의회 질의연설

두 번째 회기를 맞이한 1918년 3월 마키야마는 제40회 제국의회 본회의에서 정부의 식민지 통치에 대한 질의연설을 하게 된다.[38] 당시 내각은 조선총독을 역임한 데라우치를 시작으로 대만총독부 민정장관 및 남만주철도주식회사 초대 총재를 거친 고토 신페이(後藤新平)가 내무대신을 맡고 있었고, 단기간이지만 조선은행 총재를 역임했던 쇼다 가즈에 등이 내각에 포진해 있었다. 마키야마는 식민지를 경험한 내각 각료들 앞에서 식민지 정책에 대해 질의할 수 있는 것을 '절호의 기회'라고 인식하면서 질의연설에 나섰다.

마키야마는 연설 모두에서 제국의 국정을 심의하는 의회에서 식민지 문제는 등한시되고 있다고 비판했다. 식민지에 대한 지식이 없는 의원들이 대부분이며 식민지 예산도 본국 예산에 비해 방만하게 운영된다고 지적했다. 마키야마의 연설 내용의 요점을 정리하면 다음과 같다.

첫 번째는 식민지 정책에 대한 비판이었다. 마키야마는 '내지' 인구가 매년 80만 증가한다는 통계를 제시하면서 "제국이 대단한 민족적 팽창"을 보이고 있다는 점을 언급했다. 하지만 조선 30만 명, 대만 14만 명, 가라후토(현재의 사할린) 6만 명, 관동주 5만 명 총 55만의 통계를 제시하면서 일본 제국의 영향권 내로 이주한 일본인은 그리 많지 않다고 지적했다. 이를 근거로 제국이 팽창하기 위해서는 민간인의 자유에 맡기는 방임주의 형태의 이민정책에서 벗어나 이민을 집중시키는 정책이 필요하다고 주장했다.[39] 전 외무대신 고무라 주타로(小村壽太郎)가 미국에서 배일(排日)분위기가 확산되면서 '만한이민집중론'을 주창한 적은 있지만 그 이후 일본 정부는 이민에 대해서 무정책에 가까웠다고 비판한 것이다. 그는 서양열강의 식민지 현황, 이를테면 영국, 프랑스, 독일과 같은 기존의 식민지 국가에서 시행중인 이민 정책을 예로 들면서 적극적이고 집중적인 이민정책의 시행을 주장했다.

두 번째는 척식국 폐지와 척식무성의 설치 주장이다. 마키야마는 식민지 정책이 "제국의 중요한 국무(國務)중 하나"임에도 척식성이 아닌 그 하위 조직에 해당하는 척식국에서 이를 담당하고 있다고 비판했다.

---

[38] 『官報』 1918년 3월 13일자, 제40회 제국의회 중의원 의사록 기록 및 『朝鮮公論』 통권제61호, 1918년 8월, 「東洋拓殖会社の新使命」.

[39] 이러한 현황에 대해 마키야마는 '散布主義'라는 표현을 사용하고 있다.

일본 정부는 대만을 영유할 당시 식민지 업무를 담당할 척식무성을 설치한 바 있었다. 하지만 이를 폐지한 후 내각 아래에 대만사무국을 만들어 업무를 담당케 했다. 대만사무국은 이후 폐지되었고 관련 업무는 내무성으로 관할 이전되었다. 이후 제2차 가쓰라 내각에서 척식국이 신설되었다가 그 후 사이온지 내각에서 다시 폐지되었고 내무성 소관으로 변경되었다. 조선총독을 역임한 데라우치가 내각을 구성하면서 척식국이 다시 설치되는 등 여러 차례에 걸쳐 관할 부서의 변화가 있었다. 이에 대해 마키야마는 '조삼모사'이며 무정책이라고 비판한 것이다.

1918년 데라우치 내각이 발족하면서 척식국이 부활했지만 당시 법제국장을 맡고 있던 아리마츠 히데요시(有松英義)가 척식국장을 중임하는 형태였다. 아리마츠는 사법부 관련 이력을 지닌 인물로 관련 경력이 없었으며, 특별위원회에서 본인 스스로가 식민지 사정에 정통하지 않다고 토로할 정도였다. 이러한 척식국 조직과 인사 문제를 거론하며 마키야마는 식민지 정책의 안일함을 거침없이 비판했다. 척식무성의 설치와 관련해서도 마키야마는 영국, 프랑스, 독일, 이탈리아의 사례를 들었다. 이들 나라에서 식민지 관련 업무는 식민성(省)이 담당하고 내각에 참여하는 대신(大臣)급의 인물이 업무를 관할하는 점을 들면서 척식무성의 설치를 주창했다.

세 번째는 식민지 총독의 임용자격을 문관으로 확대하라는 의견이었다. 마키야마는 군인으로 한정되어 있는 조선총독, 대만총독, 관동도독의 임용 자격을 문관에게도 확대할 것을 주장했다. 당시 조선총독의 임용자격은 육해군 대장에게 있었고 그것도 예비역을 포함하지 않는 현역으로 제한되어 있었다. 대만의 경우에는 육해군 대장이나 중장이었고, 관동도독의 경우 육군 대장이나 중장으로 한정되었다. 현역 군인으로 임용 자격을 제한한 점과 관련해서는, 비상시 군대를 통솔할 수 있는 자가 적절하다는 이유가 지배적이었다.

마키야마는 통감부 시기에 이토 히로부미와 소네 아라스케(曾禰荒助)가 문관이면서 군대 통솔권을 지니고 있었던 점, 관동도독 후임으로 현역 군인을 물색했으나 해당하는 자가 없어 퇴직 군인을 현역으로 복귀시킨 사례[40]를 들면서 임용 제한의 재검토를 주장했다. 마키야마는 단순히 군인이라서 반대하는 것이 아니라는 점을 분명히 하면서 식민지 통치에 대한 지식

---

[40] 1914년 관동도독으로 임명된 나카무라 가쿠(中村覺)의 후임을 찾는 과정에서 1902년 육군중장에서 퇴역한 나카무라 유지로(中村雄次郎)를 1917년 현역으로 복귀시킨 후 관동도독에 임명한 사례를 말한다.

과 경험을 지닌 군인이라면 임용을 반대할 이유가 없다는 점도 덧붙였다.[41]

마키야마는 문관으로의 확대 주장에도 식민지에서 문관을 총독으로 임명한 서구 열강의 식민지 사례를 들었다. '세계 문명국'인 서양 식민지에서 문화정치를 펴고 있는 점을 거론하면서 문관의 등용과 문화정책의 시행을 주장한 것이다. 이에 대해 정부위원으로 참석한 고토 심페이는 식민지에서 세대가 3번 경과하지 않는 이상 식민지 통치의 효과는 볼 수 없다는 취지의 답변을 하면서 당분간 해당 조문을 개정할 의사가 없음을 밝혔다.[42]

마키야마의 문관 임명 주장은 3·1운동 이전 식민지 조선에서 '문화정치' 시행을 요구한 것으로 다이쇼 데모크라시의 조류 속에서 행해진 발언으로 평가할 수 있는데, 이러한 주장의 연장선상에서 마키야마는 조선총독이 정부위원으로 제국의회에 참석할 것을 주장한 바 있었다.[43]

네 번째는 척식조사위원회 조직 구성에 관한 내용이다. 척식조사위원회는 내각 총리의 감독을 받으면서 척식(拓植)에 관한 사항을 조사 심의하는 자문조직이었다. 척식조사위원회 관제에 따르면 위원장 및 부위원장 각 1명과 의원 20명 이내로 구성되었고 이들은 내각 총리의 소청으로 임명하는 칙임관이었다. 설치 당시 인적 구성은 관료와 학자를 중심으로 구성되었는데 이에 대해 마키야마가 비판한 것이다.

마키야마는 식민지에서 근무한 적이 있는 인물이거나 식민지 체류 경험이 있어 현지 현황에 대해 지식이 있는 인물을 척식조사위원회에 참여시킬 것을 주장했다. 동척과 조선은행 그리고 남만주철도 총재 등을 역임한 인물을 두고도 이들이 조사회에 포함되지 않은 점을 지적한 것이다. 마키야마는 식민지 상업회의소 회두, 척식회사 임원, 식민지 기업가를 위원회에 참여하게 한 프랑스 식민지의 예를 언급하면서 척식조사위원회 조직 구성의 개편을 주장했다.

다섯 번째는 조선총독부의 재정독립 계획과 조선사회에 미칠 영향에 대한 의견이었다. 1914년 조선총독부는 향후 5년간 재정독립을 목표로 설정하고 1919년에 이를 완료할 계획을 세웠다. 이 목표를 달성하기 위해 조선총독부는 토지세(地租)를 약 40% 증세했으며 시가지

---

[41] 아울러 무관을 임명하는 독일 식민지 사례와 관련해서는 현지 특수성을 언급하면서 군대 통수권 행사 관련한 문제가 없음을 언급했다.

[42] 제40회 제국의회 중의원 예산위원회의록 제6회(1918년 1월 29일).

[43] 해당 기사에 검열 삭제된 페이지가 있는 것으로 보아 민감한 내용을 담고 있었던 것으로 보인다. 『朝鮮公論』 통권제47호, 917년 2월, 1~13쪽, 「総督都督を政府委員として帝国議会に列せしむべし」.

세(시가의 0.7% 부과) 항목을 신설했다. 이러한 조치에 대해 마키야마는 재정독립을 위한 증세는 조선에서 시기상조라고 보았다. 그는 조선인들이 통감부 이래 식민 정책에 대해 계속해서 의구심을 보여 왔다면서 증세 조치가 조선인 민심에 악영향을 미칠 것으로 예상했다. 전매수입이나 간접세를 통해 재정독립을 이룬 대만에 비해 조선인들이 직접적으로 세금 부담을 느낄 수 있다는 것이 이유였다.

마키야마는 식민지 조선이 이것저것 쥐어짜야 할 대상은 아니라면서 조선총독부의 재정독립 계획에 대해 재검토를 주장했다. 국방을 위해서 한반도를 식민지로 삼은 점을 강조하면서 통치 실적을 통해 조선인들로 하여금 '한국병합'이 지닌 본연의 취지를 깨닫게 하고 일본 제국의 신민이 된 것이 감사하게 느껴지도록 하는 것이 중요하다고 피력했다.[44] 조선인 사회의 부력(富力)이 증진되었다는 총독부의 설명과 실제 조선의 현황은 다르며 증세에 동요하는 조선인 사회의 민심을 보더라도 총독부 관리의 인식은 현실과는 괴리가 있다고 지적했다.

이 외에 마키야마는 식민지 정책에서 허위 형식을 버리고 실질적으로 도움이 되는 시설을 구축할 것을 언급했다. 용산에 건립된 군사령관 저택과 조선호텔의 예로 들면서 외면적으로 보기 좋은 것보다 실제로 식민지 사회에 도움이 되는 사회 인프라를 구축하는 것이 중요하다고 언급했다.

제40회 제국의회 본회의에서 마키야마가 행한 질의연설은 조선에 거주하는 '조선통'의 대의사로서 이름을 알리는 계기가 되었다. 마키야마 스스로도 제40회 제국의회를 총평하면서 등한시되었던 식민지 통치 문제가 활발하게 논의된 의회였다고 평가기도 했다.[45] 마키야마는 조선에서 거주하는 의원으로서의 이점(利點)을 살려, 조선의 현황을 알고 있는 입장에서 식민지 현실에 입각한 정책을 제시하고자 했다. 마키야마가 주장의 근거로 제시한 것은 다름 아닌 서양 제국 식민지의 사례였다. 제40회 중의원 예산위원회에서 마키야마는 조선총독과 관동도독의 겸임을 주장하면서 프랑스령 인도차이나와 대영제국의 말레이반도 지배를 언급하고 있는데, 서양 제국의 식민지 현황에 대해 상당한 조사과정을 거친 것을 알 수 있다. 이들 '선진국' '문명국'의 예에 따라 식민지 정책의 개선이 필요하다는 것이 마키야마가 주로 사용하는 논리였다.

---

[44] 제40회 제국의회 중의원 예산위원회 제3분과 제4회 회의(1918년 2월 6일) 속기록.
[45] 『朝鮮公論』 통권제63호, 1918년 6월, 「滯京半年」.

3) 제40회 제국의회 '공통법' 제정 심의

　제40회 제국의회에서는 '공통법'안이 제출되어 10회에 걸쳐 위원회가 열리는 등 열띤 토론이 이루어졌다. 공통법은 일본 본토인 '내지'와 식민지 조선 및 대만 그리고 관동주(關東州) 간의 공통적인 법률 적용을 목적으로 한 법률이었다. 공통법은 전체 19조와 부칙 3항으로 구성되었으며 제1조에서는 법률 적용 지역, 제2조부터 제12조까지는 민사에 관한 내용, 제13조 이후는 형사에 관한 내용을 규정하고 있다.

　공통법에는 조선 거주 일본인의 일상생활에도 영향을 미치는 내용이 포함되어 있었다. 예로, 공통법 제정 이전에는 '내지'와 식민지 사이에 호적법이 공통적으로 적용되지 않았던 탓에 '내지'의 일본인과 조선 거주 일본인 사이의 결혼은 법률상 복잡한 문제를 야기시켰다. 실제로 동거하고 사실상 부부관계라도 법적으로 인정받기 어려웠으며 그 사이에 태어난 아이에 대한 호적상 문제도 발생했다.[46] 그 외 개인의 경제적 파산문제, 공증 문서의 효력 등 '내지'와 식민지 지역 간에 상호적용이 이루어지지 않아 별도로 처리해야 하는 번거로움이 있었다.

　아울러 민사뿐만이 아니라 형사, 즉 범죄 처벌에 관한 내용도 지역 상호간에 적용이 되지 않는 문제가 있었다. 식민지에서 범죄를 저지른 후 '내지'에서 다시 동일한 범죄를 저지르더라도 가중 처벌되는 길이 없어 초범 취급을 받았다. 또한 일정 범죄를 저지는 자는 공직 취업이 금지되었으나 식민지에서 범죄를 저지른 자가 '내지'로 이주하면 취업 제한에서 자유로웠다. 또한 회사 운영이란 측면에서도 '내지'와 식민지 사이에 법률 적용 문제가 있었다. '내지'에서 설립된 회사는 식민지에서 회사로 인정받지 못했으며 조선에서 회사령에 의해 설립된 회사는 '내지'에서 같은 취급을 받았다. 이러한 일본 제국 내 지역 간 법률 적용 문제를 해결하기 위해서 제정된 것이 공통법이었다.

　중의원 위원회에서는 여러 각도에서 공통법 조문이 논의되었다.[47] 첫 번째로 위원들은 공통법이란 것이 임시적인 법률에 지나지 않는다고 지적했다. 실제 식민지 조선과 대만에는 일

---

[46] 일본은 법적 구조를 안정화시키기 위해 공통법을 제정했고 본적으로 민족을 구별하되 家를 통한 본적 이동만 허용해 復本籍 문제를 해소한다는 방침을 취했다. 3·1운동 이후 내선결혼에 대한 공인을 민족융화의 방책으로 주목한 조선총독부는 내선결혼에만 호적법을 규정을 차용했고 일본 정부도 공통법 제3조를 시행했다. 결국 1923년에 식민지 조선에도 호적제도가 시행되었고 내지인과 구별되는 법적 조선인이 확정되었다. 이정선, 「1910~23년 內鮮結婚 법제의 성립 과정과 그 의미」, 『법사학연구』, 44, 2011.

[47] 이하, 공통법 관련 내용은 제40회 제국의회 중의원 속기록, 『朝鮮公論』 통권제62호, 1918년 5월, 「母国及植民間に於ける共通法の制定と其効果」를 참조.

본의 민법과 형법이 그대로 적용되고 있는 상태이며, 조선에서는 '제령'이 그리고 대만에서는 '율령' 제도가 시행중인 상황에서 공통법의 제정은 근본적인 해결이 아니라 임시방편에 지나지 않는다는 의견이었다. 두 번째로 위원들은 '내지'와 식민지의 사법기관 통일에 관해 지적했다. 식민지에 별도로 사법기관을 설치할 것이 아니라 식민지에도 사법성 관할 아래에 '내지'의 사법 체계에 맞는 기관, 즉 대심원 아래에 사법기관을 설립하는 것이 필요하다는 주장이었다. 세 번째 질의는 공통법을 해석하는 기관에 대한 것이었다. 공통법을 제정하더라도 조문을 해석하는 공통적인 사법기관이 없다면 유명무실한 법률이 되는 것이 아니냐는 의견이었다.

이러한 질문에 대해 정부위원은 다음과 같이 답변했다. 첫 번째 질의에 대해 '내지'의 법률을 그대로 식민지에 적용하는 것은 어려우며 각 지역의 사정에 따라 조문의 삭제 혹은 수정이 필요하다고 답변했다. 두 번째 질의에 대해서는 정부도 사법기관의 통일을 희망하지만 아직 논의가 충분치 않고 시기상조라는 답변이었다. 세 번째 질의에 대해서는 법제국 장관, 법제국 참사관, 사법성 법무국장의 답변이 제각각이어서 혼란을 초래했다. 이에 중의원 위원회에서는 공통법을 해석할 기관의 설치와 사법 및 입법제도의 신속한 통일을 주문하며 법률 심의가 종료되었다.

공통법 제정에 대해 마키야마는 지금까지의 혼란과 복잡한 상황을 해결해 주는 점에 대해 평가하면서도 영구적이고 완전한 해결이 되지는 못하는 점을 지적했다. 과도기적이고 임시적인 법률 제정에 불과하다는 것이었다. 마키야마는 보다 근본적인 문제 해결을 위해서는 '내지'와 식민지 간의 사법제도 통일과 사법기관의 체계 통일이 필요하다는 의견을 제시했다.

3. 마키야마와 다이쇼 데모크라시의 시대

마키야마가 언론인과 정치인으로서 일본 본토와 식민지를 오가던 시기는 데모크라시의 시대였다. 특히 제국의회에 처음으로 진출한 시기는 오자키 유키오(尾崎行雄) 의원을 중심으로 데라우치 내각에 대한 정치적 공세가 이어지던 때였다. 1918년의 쌀소동 후 평민 출신의 하라 다카시 내각이 성립하면서 본격적인 정당정치가 이루어졌고 이후 보통선거라는 다이쇼 데모크라시의 산물로 이어지게 된다. 식민지 조선도 이러한 다이쇼 데모크라시라는 시대 조류 속에 놓여 있었다. 3.1운동이 일어나기 전 마키야마는 자신을 찾아온 조선인 유학생의 얘기를 언급하며 그들 사이에 배일(排日) 사상이 만연한 점과 그들의 독립 의지에 대해 우려를 표명했다. 그는 민족별 봉급 차별이 배일감정을 일으키는 중요 사안이라고 지적했으며 배일감정의 격화를 예견하기도 했다.[48]

   3·1운동 후 총독부의 통치방침은 '무단통치'에서 문화정치로 이행되었고, 이러한 데모크라시적 시대 흐름 속에서 하라 내각은 식민지에 대해 내선연장주의를 주창했다. 언론 통제가 완화되면서 언론 및 집회 자유가 허용되었으며, 이는 조선일보와 동아일보의 한글 신문 창간으로 이어졌다. 1920년대 초반 재조선 일본인 사회에서도 데모크라시는 주된 화두였다. 어느 경기도청 관리가 "현재 유행하는 보통선거, 노동, 민본"이라고 언급하는 것처럼 데모크라시, 민본주의, 언론의 자유, 보통선거가 회자되던 시기였다.[49] 서선일보(西鮮日報) 사장인 하세가와 요시오(長谷川義雄)의 글을 통해서는 당시의 시대 인식을 엿볼 수 있다.

   맹렬하게 전세계를 가로지르는 거대한 물결, 그것은 민주화 사조이다. 그 조류의 기원은 데모크라시에서 발하고 있다. 독일, 오스트리아, 러시아 3대 제국이 해체된 것도 이 때문이다. 군국주의 철폐를 주창하는 것도 이 때문이다. 노동문제가 세상을 풍미하게 된 것도 이 때문이다.…… 우리 일본에서 보통선거 시행을 주창하는 것도 이 때문이다. 화족, 사족, 평민 사이의 차별 철폐를 주창하는 것도 이 때문이다. 노동조합에 대한 공인 및 치안경찰법 개정을 주창하는 것도 이 때문이다. 기존 정당의 개조를 주창하는 것도 이 때문이다. 아울러 신영토인 우리 조선 통치의 쇄신을 주창하는 것도 바로 이 때문이다. 게다가 이러한 주장은 어느 것이든 세계적인 민주화 사조로부터 자극을 받은 결과이다. 말하자면 대세인 것이다. 누구나 대세에 반항하는 것은 불가능하다. 이는 시대에 순응하는 대책을 세우는 것이 급무라는 것을 떠올리게한다.[50]

---

[48] '조선인 관리 중에도 대학을 나온 사람이 있고, 그 외에도 상당한 학력을 지닌 자가 있다. 하지만 조선인이라는 이유로 봉급의 반을 받고 일본인이라는 이유로 봉급을 배로 받는 것이 되면 조선인들은 매우 이해하기 힘들 것이다. 일본인이라면 일본 내지에 있는 것보다 50% 80%의 많은 봉급을 받게 된다. 자신의 봉급과 비교해 매우 차이나고 세금 부담에 있어서도 조선인이 무겁다. 이후 그들 사이에 자각이 생겨나면 왜 우리들은 냉혹한 대우를 받아야 하는지 의문을 가지게 된다. 이러한 모순이 일어나는 점은 단지 소수의 관리들 머리뿐만 아니라 1500만의 사람들이, 일본정부는 일시동인, 일본인과 조선인은 구별하지 않는다면서 이러한 냉혹한 대우를 하는 것인가 하는 생각이 현재에도 있지만 장래에 점점 이러한 생각이 많아지지 않을까. 이는 조선인의 사상 속에 배일감정을 일으키는 중대한 문제라고 생각하고 있으므로……'. 제40회 제국의회 중의원 예산위원회 제3분과 제5회 회의(1918년 2월 7일) 속기록.
[49] 『朝鮮公論』 통권제88호, 1920년 7월, 39쪽, 「言論の自由と取締」.
[50] 『朝鮮公論』 통권제83호, 1920년 2월, 31쪽, 「民主化的思潮」.

이처럼 하세가와는 일본 내의 민주화 사조를 제1차세계대전 이후의 세계적인 흐름으로 보았고 일본의 식민지 통치에도 영향을 미칠 것으로 보았다. 식민지에 거주하는 언론인으로서 식민통치의 쇄신에 대한 기대감을 엿볼 수 있다. 그러나 한켠에서는 3·1운동을 "이러한 조류에 휩쓸려 이번 봄 이래 일어난 불온 사건"으로 평가하거나 민주주의적 흐름을 오해한 결과로 보는 관점에서는 당시 지식인들의 이중성. 조선인들이 세계적인 데모크라시의 흐름을 오해하고 이러한 조류에 대한 지식과 이해가 부족한 결과로 발생한 것이 3·1운동이라고 본 것이다.

  이 시기 제국의회에 진출하여 '내지'와 식민지를 오가던 마키야마는 이러한 시기야말로 사상 연구가 중요하며 일본의 정치 혁신이 필요한 시기라고 보았다.[51] 마키야마는 식민지에 생활터전을 두고 있는 중의원 의원이자 언론인으로서 시대적 흐름을 사명감으로 받아들였다. 조선신문 경영권 인수 후 마키야마는 일본의 국운(國運)과 국체(國體)의 융성을 언급하면서 "번벌 관료 정치를 배격하고 국민을 기초로 하는 정당정치를 주창하고 조성하여 입헌사상을 보급할 것"이란 목표를 내걸었다.[52] 마키야마는 데모크라시 흐름 속에서 국민을 중심으로 한 정치 개혁과 입헌사상의 보급을 정치적 사명으로 삼았던 것이다.

  아울러 마키야마는 식민지 정책과 관련해서 "총독 정치에 대해 엄정한 비판을 가하고 대륙 일본의 건설을 완성할 것"이라는 방향성을 제시했다. 식민지에서 언론의 자유를 보장받고 정론(正論)을 주창하는 일은 그가 언론인으로서 추구하던 목표이기도 했다. 이처럼 입헌주의와 언론의 자유를 중요시하는 마키야마지만 결국 양면적이고 이중적인 다이쇼 데모크라시의 한계에서 자유롭지는 못했다. 이는 다이쇼 데모크라시 시기에 '한국병합', 시베리아출병, 중국에 대한 21개조 요구와 산동출병 등의 대륙침략 행위가 이루어진 것과 같은 맥락에서 해석할 수 있다.

  식민 통치와 피지배민에 대한 인식에서도 한계를 보였다. 앞서 언급한 공통법과 관련해서 그는 해당 법 조항이 내포하고 있는 문제점, 특히 조선인이 일본인의 이에(家)에 들어가 일본

---

[51] 『朝鮮公論』 통권제63호, 1918년 6월, 2쪽, 「滯京半年」.
[52] 『朝鮮公論』 통권제83호, 1920년 2월, 2쪽, 「新たなる使命を帶びて」.

인과 동일한 취급을 받게 되는 점에 우려를 나타냈다.[53] 마키야마는 조선인에 대한 참정권 부여 문제와 함께 일본인 관리와 차별없는 동일한 대우 등을 언급하며 정부위원들에게 질의했다. 그는 수원의 권업모범장에 근무하는 조선인이 '내지'의 호적에 들어가 일본인과 동일한 대우를 받고 있는 사례를 들면서, 공통법이 제정될 경우 같은 조선인이면서도 대우에 차이가 생기는 일이 계속해서 일어날 것이라고 지적했다. 이는 공통법이 야기할 수 있는, 즉 일본인과 조선인의 구별이 어려워지는 상황에 대해 마키야마가 거부감을 드러낸 것이었다.

피지배민족을 바라보는 마키야마의 관점은 3·1운동에 대한 인식에도 드러나 있다. 3·1운동 발생 당시 일본인 사회는 '폭도'가 일으킨 '만세소동'으로 폄하하면서 조소 섞인 시선으로 독립만세운동을 바라보았다. 국제 정세에 아무런 지식이 없는 조선인들이 이상주의에 가까운 민족자결주의를 맹신하여 일어난 해프닝에 불과하다는 것이 대다수의 시각이었다. 같은 언론인이었던 서선일보의 하세가와 역시 3·1운동에 대해서 지식이 부족한 조선인들이 세계적인 데모크라시의 흐름을 오해한 결과라고 보았다.[54] 3·1운동에 대한 마키야마의 인식 역시 크게 다르지 않았다. 마키야마는 조선인들의 독립운동을 '군중심리' 혹은 '부화뇌동'에 의한 것으로 치부했다. 그는 "예부터 조선인은 부화뇌동을 즐기는 성질"이 있다면서 조선의 "무지한 사람들이 이유도 없이 (분위기에) 휩쓸려 달려드는 것일 뿐 반드시 밑바탕에 깊은 생각이 있는 것은 아니다"고 평했다. 독립운동이 조선인들의 자각과 자발적인 참여에 의한 것이 아닌 것으로 단정 지은 것이다.[55] 억압적이고 차별적인 총독부의 무단통치에 근본 원인을 찾기보다는 미국인 선교사와 천도교 지도자들이 배후에서 무지한 조선인들을 선동했을 것이라는 배후설을 마키야마 역시 신뢰했다. 다이쇼 데모크라시의 시대 흐름 속에서 정치적 주체로 민중의 역할을 중요시하는 민본주의를 주창하면서도 마키야마는 조선인들의 독립운동에 대해서는 이중적인 잣대를 견지했던 것이다.

---

[53] 제40회 제국의회 중의원 본회의 속기록(1918년 2월 28일자 마키야마의 질의연설). 『朝鮮公論』 통권제62호, 1918년 5월, 「母國及植民地間に於ける共通法の制定と其效果」.
[54] 『朝鮮公論』 통권제83호, 1920년 2월, 31쪽, 「民主化的思潮」.
[55] 『朝鮮公論』 통권제74호, 1919년 5월, 2쪽, 「朝鮮の騷擾と総督政治の改善」.

마키야마 고조는 나가사키현 이키섬에서 출생한 인물로 조선으로 건너와 언론인으로 활동하면서 중의원 의원으로 성장한 인물이다. 재조선 일본인 인물군에서도 복합적인 성격의 인물이며 조선 관계 대의사 중에서 핵심적인 인물로 분류할 수 있다. 그는 다이쇼 시기 조선 관련 종합잡지를 창간하고 유력 민간 신문사를 경영했다. 중의원 의원으로 당선된 후에는 일본 '내지'와 식민지 조선을 오가면서 정치적인 영향력을 확대해갔다.

　마키야마는 식민지 조선의 실정에 대한 이해와 정보력을 바탕으로 중의원 의정활동을 수행했다. 식민지 문제를 본국 정부에 알리고자 했으며 나아가서는 이를 개선 및 해결하고자 했다. 마키야마는 중의원 내 관련 위원회에 참석하여 조선총독부의 식민지 정책에 대해 의견을 피력하고 개선책을 제시했다. 이러한 활동을 통해 마키야마는 조선총독부에 대해 영향력을 행사하는 인물로 성장했으며 '식민문제의 일인자'라는 평판을 얻었다.

　중의원 의원 마키야마는 확산되는 데모크라시 흐름 속에서 입헌주의를 표방했으며, 동시에 언론인 마키야마는 직업적 사명감에서 언론의 자유를 추구했다. 하지만 식민 통치와 관련해서, 특히 피지배민족인 조선인 사회에 대한 인식에서는 한계를 보였다. 3·1운동을 조선인들의 무지에서 기인한 폭동으로 인식했으며, 일본인 식민자와 피지배 민족인 조선인과의 차등적 구별에 대해서는 이를 정당화했다. 마키야마는 정치인과 언론인을 넘나들며 입헌정치와 언론의 자유를 주창했으나 당시 일본의 다이쇼 데모크라시가 지닌 양면성, 즉 '안으로는 입헌주의, 밖으로는 제국주의'라는 한계를 그대로 보여주는 인물이었다.

3장
다키 구메지로多木久米次郎의
조선 관계 사업과
제국의회에서의 의정활동

1. '비료왕' 다키 구메지로

　다키 구메지로(多木久米次郎, 1859-1942)는 1859년 효고현(兵庫縣) 하리마노쿠니(播磨国) 벳부항(別府港, 현 효고현)의 어비상(魚肥商)을 가업으로 하는 집안에서 3남으로 출생하였다. 20살에 어비상을 이어받아 경영하였고, 1885년 다키제비소(多木製肥所)를 창업하여 자본가로 성장하였다. 그가 대자본을 축적한 계기는 1890년 인조비료인 과인산비료 제조에 성공했기 때문이었다. 이후 다키제비소는 제1차 세계대전 전쟁특수에 편승하여 1918년 주식회사로 발전하였으며 10년대 중반부터 조선에도 진출하였다. 전라북도의 넓은 곡창지대에 근거지를 두고 농장경영에 주력했으며, 산림경영으로도 진출하였다. 투자자본의 토대가 된 비료 제조 및 유통업은 조선에서의 사업과 유기적으로 연결되었다.
　그는 정계에도 일찍부터 진출하였는데, 1908년 처음으로 중의원에 당선된 후 6선에 성공했고, 1939년에는 귀족원의원이 되었다. 제국의회에서 다키는 자신의 이익과 연관된 〈농회법〉, 〈농사장려법안〉, 〈미곡법안〉 등을 건의 또는 발의하였고, 조선과 관련해서는 식민지 참정권 문제와 산업통제 문제 등 식민지 통치 정책과 관계된 건의서를 제출하기도 했다.[1] 이 글에서는 이러한 다키의 조선 관계 사업과 제국의회에서의 의정활동에 관련하여 자세히 살펴볼 것이다. 즉 식민지 조선과 다키의 관계, 제국의회 진출 및 활동을 토대로 다키와 같은 '조

---

[1] 다키 구메지로와 관련된 직접적 연구 성과는 농장경영에 관한 연구(이규수, 「다키 구메지로(多木久米次郎)의 조선 진출과 농장경영」, 『일제의 식민지배와 재조일본인 엘리트』, 어문학사, 2018)와 조선 참정권 문제를 다룬 연구(金玄, 「植民地朝鮮と多木久米次郎 : 朝鮮における事業基盤と參政權問題」, 『海港都市硏究』, 2009)가 있다.

선통' 제국의회 대의사의 실체를 밝힘으로써 식민권력과 식민정책, 식민지배와 식민통치의 다양성을 파악할 것이다. 사료로는 1958년에 간행된 다키의 전기『多木久米次郎』와 제국의회 회의록을 주로 사용할 것이다. '전기'는 지극히 주관적인 관점에서 쓰여진 것이기 때문에 그 부분을 고려하여 사실관계 위주로 사용하였고, 당시 신문, 제국의회 속기록 등과 비교 검토하였다.

2. 식민지 조선에서의 대농장 경영

1) 농장경영 규모

다키는 1908년 유라시아 여행에서 귀국하는 길에 조선을 첫 방문 하였다. 귀국 후 집필한 『구아유기(歐亞遊記)』에서 조선이 토지, 산림, 광물 등 풍부한 자원을 가지고 있고, 각종 산업은 장래성이 있음에도 개발이 되지 않고 방치되어 있다고 기록하였다. 예컨대 북쪽의 산림자원은 무진장 많고, 벌채만 해도 800만 엔의 거액에 달하며 비료 제조에 필요한 아세트산 제조는 300만 엔이 넘는다고 감탄하였다. 그뿐만 아니라 비료를 주지 않아도 곳곳에 오곡이 무르익고 과일 또한 양질인데, 자신의 공장에서 생산하고 있는 비료만 사용한다면 배 이상의 수확을 거둘 수 있을 것이라 장담하였다.[2] 즉 이 여행에서 다키는 조선의 땅이 농사경영에 호적지이며 비료판매를 위해서도 좋은 시장이 될 것임을 실감했던 것이다. 또한 1909년 미국 여행 중 텍사스의 대농장을 시찰한 후 일본의 소규모 농업경영의 장래를 고심한 것도 조선에서의 농장 개설을 촉진한 계기가 되었다.

조선에 대한 관심을 더욱 심화시킨 결정적 경험은 1915년 9~10월 개최된 시정5년기념 조선물산공진회 때 효고현 지역 유지 수십 명이 조직한 만한관광여행단에 참가한 것이었다. 이때 조선 곳곳을 시찰한 후 다키는 조선 진출의 의지를 굳혔다. 그러나 이보다 앞선 1911년, 다키는 제비소 직원 히라노 후사타로(平野房太郎)를 조선으로 파견하여 각지를 돌아보고 농지와 택지 매물을 조사하도록 하였으며, 1913년에는 직원 우에노 모토히코(上野元彦)를 전라북도로 보내어 그곳의 토지사정을 조사 보고하도록 하였다. 즉 다키는 병합 직후부터 전북 지방의 토지 매입에 관심을 가지고 있었던 것으로 보인다.

---

[2] 多木久米次郎傳記編纂會,『多木久米次郎』, 細川活版所, 1958, 226쪽.

1916년 효고현 농회가 주최한 제2회 조선시찰단에 직원 히라노를 다시 보내어 농지매입을 하도록 했다. 그 결과 1917년 1월 전북 김제군 진봉면, 성덕면, 만경면에 있는 이명구(李明九) 소유 토지 570정 2만 3무 25보(수전 외 잡종지, 임야, 畑, 池, 沼, 택지 포함)를 10만 5천 엔에 구입할 수 있었다. 이어서 1918년 6월, 전북 김제군 내의 죽산면 대창리 소재 이완용 소유지 71정 2반 12보를 1만 8천 엔에 구입하였다. 또 같은 해 7월 30일, 김제군 진봉면, 성덕면, 만경면의 야마모토 타다사부로(山本唯三郎)가 경영하고 있던 야마모토 농장 540정보의 토지·건물 기타 일체의 물건 및 권리를 17만 엔에 구입하였다. 그는 이것들을 '다키김제농장'으로 이름 붙인 뒤 김제읍에 농장사무소를 설치하고 본격적으로 농장경영에 나섰다.

　제일 먼저 소유 구역 내의 수전 면적을 정확하게 파악하기 위해 농지면적을 계산하였다. 당시 조선의 면적 단위는 '두락'이었는데, 대략 일본의 150평 정도에 해당하였다. 그는 제일 먼저 1두락을 정확하게 150평으로 계산하여 새로운 토지대장을 만들었다. 토지의 구획정리도 진행하여 농장 내 도로와 수로를 만드는 등 토지개량을 진행하였다. 소작료 결정도 새로 작성된 토지대장에 따라 규정되었다.[3] 다키는 이후 조선에 장시간 체재하며 본격적으로 농장을 경영을 진두지휘하였으며 일본에 있을 때에도 항상 농장 상황을 보고 받고 지시 명령하였다.

　수년 후 농장사무소를 김제읍에서 진봉면 고사리(통칭 多木村)로 옮기고 농장이름을 '다키만경농장'으로 개칭하였다(〈그림 1〉 참고). 1925년 당시 '다키만경농장'의 규모는 투자금 40만 엔, 소유토지면적 1,669정보, 소작인수 1,173명, 이민호수 132호였으며, 1927년에는 1,270정보의 수전에서 쌀 8,401석을 수확하였다. 한편 1920년에는 전북 익산군 함열면 와리의 미츠오카(光岡)농장을 구입하여 '다키함열농장'으로 하였다. 이 농장은 함열역을 중심으로 주위 2~3리에 산재해 있었다. 대체로 숙전(熟田)이 많았고 품종도 개량종을 재배하고 있어서 경영은 그런대로 되던 곳이었다. 총면적 441정보 정도를 평당 61전, 총 가격 약 81만 엔으로 구입하고 사무소를 익산군 함열면 와리(호남선 함열역 앞)에 두었다. 이 농장 개설과 함께 다키는 농장경영의 본거지를 김제에서 함열로 옮겼다. 그리고 여기에 저택을 짓고 1931년까지 대부분을 함열에서 보냈다. 자신의 주소도 일시 함열로 옮겼으며 4, 5년간은 부인도 함께 이곳에서 생활했다.[4]

---

[3] 多木久米次郎傳記編纂會, 『多木久米次郎』, 細川活版所, 1958, 228~230쪽.

[4] 多木久米次郎傳記編纂會, 『多木久米次郎』, 細川活版所, 1958, 231~233쪽.

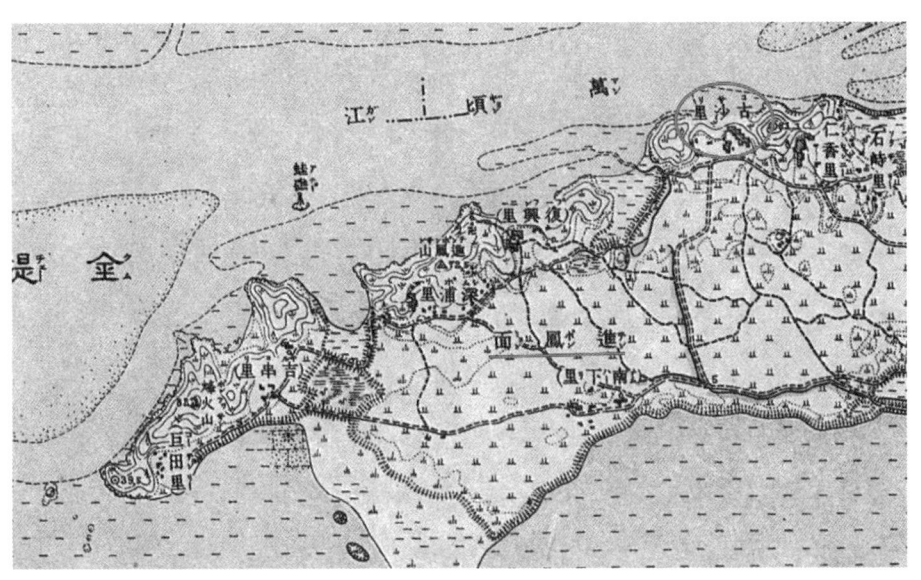

朝鮮五萬分之一地形圖 群山五號(1925) 진봉면 고사리(원) / 국사편찬위원회

    함열농장 경영에 앞서 1919년 무라오카(村岡角輔)로부터 익산군 망성면 화산리, 용안면 구산리에 있는 토지 약 184정보를 14만 1400엔에 매입하여 '강경농장'을 개설했으며, 같은 해 정읍군 고부면, 소청면, 영원면 소재의 토지 73정 7반 정도를 기타오
    에이타로(北尾榮太郎), 기타오 다카노부(北尾孝信)로부터 구입하고 '고부농장'이라 하였다. 이 농장은 후년 약 107정보로 확대되었는데, 정읍군과 고창군과의 경계에 있는 줄포만 근처로 토지가 비옥하였다. 이 농장 부근에 줄포 간석지가 있었다. 다키는 이곳을 간척하기 위해 대부를 신청했으나 허가를 받지 못하였다. 1931년에는 충남 부여군 규암면과 기타 수 개의 면의 김현갑 외 4명의 토지 약 506정보를 경매로 구입하였다.[5]
    이곳에서 수확한 것은 처음에는 다키의 향리에서 판매했지만, 20년대 중반부터는 대부분 오사카, 고베로 운반하여 매각하였고, 30년대 들어서는 도쿄에서도 판매하였다. 조선산 쌀은 보통 현미로 일본으로 운반되었으나, 그는 군산과 목포에서 백미로 정미하여 2두 혹은 4두씩 포장해서 일본의 소비 도시로 운반하였다. 농장은 점차 발전하여 다키가 사망하던 1942년에

---

[5] 多木久米次郎傳記編纂會, 『多木久米次郎』, 細川活版所, 1958, 232~234쪽.

는 엄격한 전시 통제에도 불구하고 농장 개설 이래 최고의 수확량을 올릴 수 있었다. 농장경영은 패전을 맞이할 때까지 계속되었고, 패전 후 아들 다키 모리조(多木衛三)를 비롯한 일본인농장 관계자들이 전부 인양된 후 다키농장은 역사의 페이지를 닫았다.[6]

2) 농장경영 방식과 소작쟁의

다키는 농장 수익을 극대화하기 위해 여러 방식을 시도하였다. 우선 종래 관행적으로 구두로 진행되던 소작계약을 서면 계약으로 바꾸고 3년마다 갱신하였다. 또 마름을 두고 소작인을 관리했으며 소작인이 부족한 곳에는 다른 지방에서 이주를 유도하였다. 초봄이 되면 볍씨, 소, 비료, 수차 등의 물자나 자금을 소작농에게 대부하였다. 특히 볍씨는 품종 통일을 위해 '은방주(銀坊主)'[7]를 장려품종으로 결정하고 그 이외는 불허하였다. 비료 대부는 이러한 것들 중 가장 비쌌는데, 거의 대부분 다키제비소에서 생산된 ル印 구중비료(九重肥料)였다. 비료대는 대부분 나락으로 징수하였다. 경작 방법도 일본식으로 못자리를 개량하고 구획을 정하였으며 '박파(薄播, 파종 때 종자를 성기게 뿌림)'를 장려하였다. 개량 농구인 심경리(深耕犁)의[8] 사용법을 가르치고, 대회를 열어 상품을 수여하면서 소작인들의 경쟁을 이끌어냈다.[9]

농사경영을 위해 매년 상당한 경비를 투자하여 수리 관개 시설도 정비하였다. 농장 가운데 수로를 파고 배수를 원활하게 했으며, 표토 아래에 고여 있는 물을 제거하고 옛 관개시설을 복구하거나, 해안이나 하천 부근 농장에 제방을 쌓아 해수의 침입을 방지하였다. 또 경지 정리, 도로 공사 등을 통해 작물의 운반을 원활하게 하였다. 공사는 주로 농한기 소작인을 동원하여 시행하였다. 지방 행정부와 좋은 관계를 유지하기 위해 지방도로 토목비를 헌금하고 도로 부지를 기부하기도 했다. 게다가 1920년 3월에는 만경농장이 있던 김제군 진봉면, 만경면 근처 282정 9반 2무의 국유 간석지를 대부받아 간척사업을 진행하여 농장을 넓혔다. 당시 다키농장의 수확고는 다음과 같다. 만경농장은 1918년 사업을 시작할 무렵에는 나락 4, 5천석

---

[6] 多木久米次郎傳記編纂會, 『多木久米次郎』, 細川活版所, 1958, 241쪽.

[7] 1922년 전북 익산 등지에서 처음 재배를 시작하였다. 비바람에 잘 쓰러지지 않았고, 병충해에 강했으나 다른 품종에 비해 맛이 떨어졌다. 그러나 낱알이 중소립형으로 당시 선호하던 것이었기에 많은 농가에서 재배되었다(소순열, 「식민지기 전북에서의 수도품종의 변천」, 『농업생명과학연구』23, 전북대 농업과학기술연구소, 1992, 128~130쪽).

[8] 깊이 갈 수 있는 쟁기의 일종

[9] 多木久米次郎傳記編纂會, 『多木久米次郎』, 細川活版所, 1958, 235쪽.

정도였는데 1926년 무렵에는 8천여 석으로 증가하였다. 1940년 무렵 다키농장 전체의 수확고는 나락 926만 8740근(5만 1,493석), 금납 167만 8,730엔이었다.[10] 다키는 기설한 농장 주변의 토지를 계속해서 매수하여 농장규모를 확대해갔다.

  가을에 소작료를 징수할 때는 원칙적으로 현물 벼 5두입의 가마니를 지정된 장소에 수납하도록 하였다. 다키는 토지에 따른 정조와 검견(檢見)의[11] 두 가지 방법으로 소작료를 징수하였다. 농장경영 초기에는 대부분의 농장에서 검견 방식을 채용하였고 나중에는 전체적으로 정조법이 실시되었다. 정조법은 일제시기 본격적으로 시행되었는데, 초기에는 평년 생산량의 40-50% 선에서 소작가가 결정되었으나, 1920년대 이후에는 55-60%가 보통이었고, 다른 소작료 징수 방법에 비해 고액화 경향이 있었다. 게다가 종자, 비료, 농기구 등의 대부료도 소작인들이 부담해야 했기 때문에 소작인들의 부담은 점점 늘어갔다. 예컨대 다키농장에서는 비가 많이 와서 흉년이 든 해에도 도조, 비료대, 종자대를 한꺼번에 징수하여 소작인들은 소출 곡식을 전부 다 수납하여도 부족한 현상이 나타나 원망을 사기도 했다.[12] 뿐만 아니라 정읍 고부면에 농장사무소를 신축하면서 그 비용을 소작인들 몰래 소작료에 더하여 징수함으로써 비난을 불러일으켰다.[13]

  다키농장측의 계속되는 착취에 소작인들은 결국 1931년 말 대규모 소작쟁의를 일으켰다.[14] 12월 19일 김제군 진봉면 고사리에 거주하는 다키농장 소작인 70여 명이 쟁의를 시작하였다. 소작인 측의 주장은, 비료대금의 경우 곡가 시세가 3전 할 때 벼 71근씩, 3전 이상 4전일 때는 63근씩 하기로 한 것을 1931년에는 75-76근을 받아 갔다는 것과 도조 또한 1929년부터 1931년까지 일정한 정세임에도 불구하고 매년 2-3두씩을 인상하였다는 것이다.[15] 소작인들은 가징한 것을 되돌려 달라고 농장 측에 요구하였다. 김제 다키농장 소작쟁의는 점점 확대되어 수천 명의 소작인이 전부 참가하여 가징한 비료대와 도조 외 기타 수 건의 불평을 농장에 제출하고 강경한 태도를 취하였다. 이어 전북도 당국과 김제군 경량청에 만 장의 탄원서를 제출

---

[10] 多木久米次郎傳記編纂會,『多木久米次郎』, 細川活版所, 1958, 126~239쪽.
[11] 농작물을 수확하기 전에 미리 작황을 조사하여 소작료율을 결정하는 방법
[12] 『조선일보』, 1926.12.11. 2면, 「多木農場의 搾取」
[13] 『조선일보』, 1923.12.2. 3면, 「小作人에게 農場新築費」
[14] 『동아일보』, 1932.1.1. 3면, 「數千作人은 總結束, 道郡警力調停」
[15] 『동아일보』, 1931.12.27. 3면, 「肥料代와 賭租에 不平, 七十餘作人殺到」

하였다. 도당국에서는 내무부장과 농무과장을 이곳에 보내어 군경량청과 함께 농장 측과 직접 교섭을 하며 원만하게 해결을 하고자 했다. 소작인 측 또한 마름 대표 3명, 소작인 대표 3명을 뽑아 농장과 교섭에 나섰다.[16] 결국 농장 주임이 일본 효고현 본가에 머물고 있던 지주 다키를 방문하고 돌아온 즉시 소작인 각 호에 조 한 포대씩, 즉 1천 800여 호에 1천 800여 포대를 주기로 하고 도조 미납자에게는 차차 지불하라고 하였으며 소작권은 절대 변동 없을 것이라고 하면서 문제를 일단락 지었다.[17]

그러나 농장 측에서 약속을 어기고 소작인을 갑을병 등급을 매겨 갑은 7두, 을은 6두, 병은 5두씩 정하여 조를 나눠 주려고 하였다.[18] 이에 다시 소작인들이 쟁의를 일으켰고, 농장 주임이 주재소로 피신하자 소작인 일부가 주재소로 밀어닥쳐 주재소 유리창이 파손되는 등 사건이 확대되었다. 만일을 경계하던 경관들은 소작인에게 붉은 잉크를 뿌리고 현장에서 40여 명을 검거하여 김제경찰서로 압송하였다.[19] 이 중 11명이 소요 및 가택침입, 공무집행방해 등으로 군산지청 공판에 회부되었고[20] 1명에게 징역 8개월, 그 외 10명에게 징역 8개월 집행유예 3년을 선고받고 사건은 마무리되었다.[21] 이 사건은 높은 소작료와 잡다한 부담으로 고역을 겪고 있던 일본인 농장의 조선인 소작농들의 일반적 처지를 잘 보여주는 것이며, 시위 농성에서 시작하여 결국에는 농장사무소, 주재소 습격 등 점점 투쟁 양상이 격화되는 소작쟁의의 전형을 보여준다고 할 수 있겠다.

3. 광업·임업으로의 진출

1) 광업 진출

다키는 조선에서 농업경영 이외에도 각종 이권 사업에 관여하였다. 다키가 조선의 광산업에 진출하게 된 계기는 함경남도 단천군에서 마그네사이트 광상이 발견되면서부터이다. 마

---

[16] 『동아일보』, 1932.1.1. 3면, 「數千作人은 總結束」
[17] 『동아일보』, 1932.1.5. 3면, 「多木農場爭議 雙方讓步解決」
[18] 『동아일보』, 1932.1.17. 3면, 「多木農場에 作人 또 不平」
[19] 『동아일보』, 1932.1.20. 3면, 「八白餘名小作人 駐在所包圍코 騷動」
[20] 『동아일보』, 1932.2.1. 3면, 「多木農場小作爭議 十一名起訴」
[21] 『조선일보』, 1932.2.28. 7면, 「金堤小作爭議 被告等判決言渡」

그네사이트는 주로 시멘트제조, 안료 등의 공업 원료로 사용되지만, 농업의 가축 사료나 비료 등으로도 활용이 가능하였다. 그러므로 비료 사업을 하던 다키에게 마그네사이트 광상은 장래성이 있는 것이었다. 다키는 1932년 6월 사원 시라카와(白川隆彦)를 현지로 파견하여 광상 지대를 조사하도록 하고 7월 토사 채취 선원권(先願權) 확보를 목적으로 서둘러 총독부에 출원서를 제출하였다. 그러나 출원 구역에 총독부 보유 광구인 국유림 및 민유지의 일부가 포함되어 있다는 것과 기타 이유로 각하되었다. 이에 다키는 다른 국유림 지구를 선정하여 11월 14일 다키제비소 사장의 명의로 다시 출원하였고 바로 총독부에 수리되었으나 다음해 1월 10일부로 다시 반송되었다. 반송 이유는 그 사이 제령으로 조선광업령이 개정되면서 마그네사이트를 법령 적용 품목으로 추가했기 때문이었다. 광업령 개정 전 마그네사이트는 광업법 중 광물의 적용을 받지 않았기 때문에 토사채취원만으로도 채취권을 취득할 수 있었다. 다키는 1933년 4월에 다시 조선광업령에 기반한 채굴권을 제출했으나, 이미 조선총독부가 특수회사를 설립하여 광구를 개발하기 위해 출원 신청을 한 상태였다. 1여 년에 걸친 다키의 노력이 무의미하게 끝난 순간이었다. 총독부는 1939년 조선마그네사이트개발회사를 설립하고 조선 내 우량광상개발에 착수하였다.[22]

그러나 1934년 7월, 다키는 평안남도 순천군 순천면 원별리 외 3개소에 있는 철광을 손에 넣었다. 진남포의 히다카 료마(日高龍馬)로부터 매수한 것으로,[23] 면적은 900,500평이고 매수가격은 밝혀지지 않았다. 만포선 순천역에서 북쪽으로 5km 지점에 있었기 때문에 철도 이용이 편리하였다. 이 광구는 1912년경부터 채굴하였는데, 1920년 철 가격이 폭락하면서 방치되어 있었다. 다키는 조선 다키농장의 도이(土井)주임에게 명하여 실지조사를 하도록 하고 수천 엔을 투자하여 광구를 탐색하였다.

순천광산의 광업권을 획득할 무렵 강원도 금화군 기오면의 '금화광산' 매수에도 착수했다. 이 광산은 금, 은, 유화(硫化)철광을 매장하고 있었으며 광구 면적 57만 평, 추정 광량 100만 톤의 우량 광산이었다. 이 광산은 '일본광업주식회사'와의 경쟁에서 다키가 차지한 것이었다. 이 광산이 필요했던 일본광업 측에서는 다키에게 공동경영안을 제안했지만 이에 응하지 않다가 결국 140만 엔으로 일광에게 소유권을 넘기면서 이익을 남겼다. 한편 다키는 과인산비

---

[22] 多木久米次郎傳記編纂會,『多木久米次郎』, 細川活版所, 1958, 221~223쪽.
[23] 진남포의 소화자동차상회 중역이던 日高龍馬는 1932년 9월 이곳의 광업권을 설정하였다(『朝鮮總督府官報』, 1932. 9. 19).

료의 원료를 직접 구하기 위해 일본뿐만 아니라 조선에서도 여러 광산을 찾아다녔는데, 1938년 함경남도 단천군 남두일면 신풍리에서 양질의 인광석 산이 발견되었다는 소식이 전해졌다. 바로 1940년 '조선인광주식회사'가 설립되었고 화학비료제조업자 41개사의 주주 중 한사람이 되었다.[24]

2) 산림경영

조선에서의 산림경영은 농장경영과 거의 같은 무렵에 시작되었다. 1916년 국유림 대부원을 총독부에게 제출하고 1918년 다키산림부를 설치하여 경상북도 영덕군, 충청북도 영동군, 경기도 포천군 등지에 합계 약 13,600정보의 산림의 대부를 받아 경영하였다.

1908년 유라시아 여행에서 돌아오던 길에 조선을 시찰한 그는 장래 식림 사업이 유망함을 통감하였다. 1915년 가을 만한관광단의 일원으로 다시 조선 시찰하면서 한 번 더 조림의 필요성을 확인하였다. 이미 조선총독부에서는 1911년 6월 〈삼림령〉을 시행하여 국유임야를 민간에게 대부하고 사업이 성공하면 대부 기한이 만료되지 않아도 무상으로 대부인에게 부여할 수 있게 하였다.[25] 게다가 1916년 데라우치 총독이 수원(水源) 함양림의 육성, 산림사업 경영을 장려하는 유고를 발표하였다. 이 발표가 다키가 조선의 산림경영에 나서는 결정적 계기가 되었다.

〈표 1〉 다키 소유의 산림

연도	지역	면적(단위 : 정보)
1916.11	충북 영동군 상촌, 매곡, 심천, 영동면(국유림)	2,080
1916.12 1917.12	경북 영덕군(국유림)	10,136
1917	경기도 포천군(민유림, 국유림)	1,398
합계		13,614

〈표 1〉에서 볼 수 있듯이, 1916년 11월 13일 충북 영동군, 황간군의 관유림 약 4,175정보의 대부원을 제출했고, 영동군 상촌면, 매곡면, 심천면, 영동면에 걸친 약 2,080정보의 산림을 대

---

[24] 多木久米次郎傳記編纂會, 『多木久米次郎』, 細川活版所, 1958, 224~225쪽.
[25] 『朝鮮總督府官報』 제령 제10호 삼림령, 1911.6.20.

부를 받았다. 이어 1916년 12월과 1917년 12월 두 번에 걸쳐 경북 영덕군의 국유림 1만 8,114정 9반의 대부원을 제출하여 그 가운데 1만 136정보를 허가받았으며, 경기 포천군의 산림 대부를 출원하여 개인소유지 매수를 포함하여 1,398정보를 손에 넣어 총 면적 약 13,600정보의 임야경영을 하게 되었다. 그 후 1918년 2월, 경영사무소를 영덕군 영덕면에 설치하였다. 그런데 산림경영이 효과를 거두려면 꽤 오랜 시간이 걸린다. 다키의 산림에서는 1943년 이후 벌채에 착수할 수 있었고 수만 개의 목탄을 생산 출하하였다. 다키 사후의 일이었다.[26]

4. 제국의회 대의사 선출과 정우회 입당

다키는 1908년 유라시아 시찰 여행 중 제10회 중의원 의원 총선거에 효고현 농회 및 지역 유지의 추천을 받아 무소속으로 입후보하여 첫 당선되었다.[27] 이후 1932년 2월 제18회 총선거까지 6회 출마, 매번 당선되어 총 30회의 의회를 경험하였다. 1939년 8월에는 귀족원의원으로도 당선, 재임 중 생애를 마쳤다.[28] 그는 비료제조업을 주로 하던 실업가였지만, 일찍부터 농업경영, 농촌진흥, 향토 복지 증진 등에 관심을 가지고 있었기 때문에 지역구에서 신뢰를 받고 있었고, 비교적 쉽게 당선될 수 있었던 것으로 생각된다. 그의 의정활동을 간략하게 살펴보면 다음과 같다.

첫 당선 후 제26회 의회에서 그는 〈농회법 중 개정법률안〉 특별위원으로 활동하였으며, 1910년 제27회 의회에서는 한일병합조약 조인에 동반한 몇몇 칙령을 승인하였다. 1911년에 치러진 제11회 총선에는 불출마하였다. 1915년 3월 25일, 제12회 총선거에 '우국지정(憂國之情)'의 뜻으로 '국가에 봉사하는 것이 지당'함을 느껴 입후보하여 두 번째 중의원으로 당선되었다. 그리고 그해 열린 제36의회에서 예산위원으로 선임되었다. 예산위원으로서 의회에서

---

[26] 多木久米次郎傳記編纂會, 『多木久米次郎』, 細川活版所, 1958, 246~248쪽.
[27] 당선 후 '우신회(又新會)'라는 신당에서 잠시 활동한다. '우신회'는 1908년 12월 혁신파 정당으로 출발하였으나, 2년만인 1910년 12월 해당되었고, 소속 의원들은 나중에 입헌국민당과 입헌정우회 등으로 흡수되었다. 다키는 해당 이후 다시 무소속으로 출마하였으며 1920년에 가서야 정우회에 입당하게 된다.
[28] 다키는 다음과 같이 중의원 의원으로 6차례 당선되었다. 제10회 중의원 선거(1908, 초선), 제12회(1915, 재선), 제14회(1920, 3선), 제15회(1924, 4선), 제17회(1930, 5선), 제18회(1932, 6선). 11회, 13회 총선에 출마하지 않은 것은 동향의 지인 이토 에이이치(伊藤英一) 후보를 출마시키고, 효고현 농회장으로서의 임무에 충실하기 위해서라고 생각된다. 15회 총선에서는 조선으로 도항하여 함열농장 일에 열중하던 차였는데, 지역구 유지들이 찾아와 출마를 권유하여 당선이 되었다. 그러므로 16회 총선에 출마하지 않은 것은 조선에서의 농장 일에 집중하기 위한 것이라 추측된다.

의 첫 연설은 일본 정부의 산업정책 전반을 논한 것으로서, 농상무성을 중심으로 각 성의 시책을 비판한 것이었다. 이 과정에서 29명의 찬성을 얻어 〈농사개량에 관한 질문주의서〉를 제출하였다. 그 내용은 미맥의 증산, 가축사료의 연구, 농사시험장의 활용, 농사에 관한 발명 장려 등에 관한 정부의 소견을 묻는 것이었다. 11월에 열린 제37의회에서는 청원위원으로 선임되어 〈지조경감의 건〉, 〈엽연초 배상금 할증제도 제정의 건〉, 〈영업세 폐지의 건〉, 〈병역자 우대방법제정의 건〉에 관해 발언했다. 또 지역 현안인 〈카고가와(加古川) 하천개수의 건〉 〈阿閇村의 內本莊村에 우편전신국 설치의 건〉 2개의 청원을 제출하여 채택되었다. 〈카고가와(加古川) 하천개수의 건〉은 전 의회에서 제출한 것이었지만, 현지의 상황이 급박했으므로 재제출한 것이었다. 다키는 자신의 지역구 민들의 요구사항이 의회에 관철될 때까지 끊임없이 건의서를 제출하였는데, 이러한 적극적 의정활동이 지역민들의 신뢰를 얻었음은 당연한 결과라 하겠다. 제37의회에서는 〈농회법 중 개정법률안〉 특별위원으로도 선정되어 〈농사장려에 관한 건의안〉을 제출했다.[29]

제14회 총선거는 1920년 5월 10일 집행되었다. 소선구제로 바뀐 후 처음 시행된 선거로, 다키는 효고현 제8구 카고(加古), 인나미(印南) 두 군을 기반으로 입후보하여 세 번째 의석에 앉았다. 이번 선거에서는 종래의 무소속주의를 버리고 정우회에 입당하였는데. 다키 스스로 밝힌 정우회에 입당한 이유는 다음과 같다.

1. 종래의 수상은 대개 작위를 가진 원로급이었지만, 하라 정우회 총재는 작위가 없고 관료의 색채가 없는 평민 재상이다.
2. 하라는 소신을 처단해가는 실행력이 풍부하다. 즉 1918년 9월 대명을 받들면서 선거권의 확장, 고교·전문학교의 증설, 전국 철도망의 완성 등 계속해서 소신을 실현 시킨 수완을 높이 평가한다.
3. 개인적으로 주의·정견이 대개 상통하는 바가 있고, 불세출의 위인으로서 평소 경외하고 있었다.[30]

---

[29] 帝国議会会議録検索システム(https://teikokugikai-i.ndl.go.jp/#/)
[30] 多木久米次郎傳記編纂會,『多木久米次郎』, 細川活版所, 1958, 327쪽.

지금까지 중립을 표방하며 무소속으로 출마했던 다키로서는 하라의 '지역 이익 유도형 정치'에 이끌렸고, '농사의 진흥', '지방문화 개발' 등 목적을 달성하기 위해 강력한 당의 후원이 필요하였다. 한편 재조선 일본인 사회가 본국 정부에 요망하던 '조선철도망', '교육기관확충' 등의 정책과 하라의 정책이 일치한 것이 다키가 정우회에 입당한 이유라 할 수 있다.[31]

12월에 열린 제44회 의회에서 예산위원으로 선정된 다키는 정부 제출 법안 가운데〈미곡법안〉에 특별히 관심을 가졌다. 1918년의 쌀소동과 1920년 미가의 하락으로 미곡 수급조절, 미가의 유지 등이 정부의 난제였던 때였다.[32] 다키에게 있어 미곡 관련 법안은 비료 제조 사업의 원활한 운영과 조선에서의 대농장경영의 성패가 걸려있는 중차대한 문제였다. 이 무렵 다키는 김제 만경농장에 이어 '다키 함열농장'을 열고 1년 중 대부분을 조선에 거주하며 농사 경영에 몰두하고 있었고, 의회가 해산한 뒤에는 바로 조선으로 건너와 함열 다키농장 일에 전념하던 때였다.

5. 조선 관련 법안의 제출

1930년 실시된 제17회 중의원선거에서 다키는 중립을 표방하며 무소속으로 입후보하여 다섯 번째로 의석에 앉았다. 이 입후보 선언에서 밝힌 시국 구제 방안은 다음과 같다.

1. 피폐하고 곤궁한 농촌의 부흥을 기한다.
2. 악세 전전조(田畑租)를 전폐하여 제한 있는 소작 정책의 수행을 기한다.
3. 농산물에 대한 관세를 종가세(從價稅) 3할 5분으로 할 것을 기한다.
4. 시세에 순응하는 노동법안의 수행을 기한다.
5. 군제를 부활하고 군청을 두며 군장 및 지사의 공선(公選)을 기한다.
6. 교육을 개선하여 실사회에 순응하고 생산적으로 하여 활동력 있는 인사의 양성을 기한다.
7. 적극 정책으로 금해금의 목적을 수행하도록 함으로써 불경기가 만회되기를 기한다.

---

[31] 金玄,「植民地朝鮮と多木久米次郎:朝鮮における事業基盤と参政權問題」,『海港都市研究』4, 2009, 83~84쪽.
[32] 多木久米次郎傳記編纂會,『多木久米次郎』, 細川活版所, 1958, 328쪽.

8. 조선에 점차 참정권을 인정하고 아울러 징병제를 실시하도록 기한다.[33]

위 내용 중 조선에 참정권 부여와 징병제 실시는 당시 재조선 일본인들이 가장 관심을 가지던 사안이었다. 다키는 이와 관련하여 〈조선에 참정권 실시에 관한 건〉을 청원하였고, 이노우에 코사이(井上孝哉)가 1930년 3월 11일 제국의회 청원위원회에 그 내용을 소개하였다. 이노우에가 제출한 청원의 취지는 다음과 같다.

(청원의 취지는) 조선에 참정권을 주었으면 하는 것으로, 이것은 잘 아시다시피 다키 구메지로씨가 열심히 주장하고 있는 것입니다. 다키씨가 희망을 이룰 수 있도록 저도 이것을 소개하려 합니다. 현재 조선은 이미 일본과 크게 동화되어 두드러진 진보를 이루고 있습니다. 문화의 정도에서 실로 현저한 진보를 이루고 있으므로 조선인과 조선에 거주하는 일본인 모두에게 선거권과 피선거권을 주었으면 합니다. 다만 급속한 변화가 괜찮은가 하는 걱정도 있을 것입니다. 때문에 우선 큰 도읍을 형성하고 있는 시가지에 거주하는 자에게 참정권을 주는 것이 마땅할 것입니다.

일본인이 조선에 거주하면 참정권을 상실해 버리고 마는 것도 상당히 심각한 것이지만, 그보다도 심각한 것은 조선인이 일본에 와서 1년이 지나면 그 사람이 어떤 인간이든 참정권을 획득하게 됩니다. 1년 동안 일본에서 빈둥거리고 있으면 참정권을 얻게 된다는 것입니다. 그러므로 직접 조선에 살면서 조선의 교육뿐만 아니라 일본의 교육까지 현장에서 받고 있는 내지인, 혹은 조선인에게 참정권을 주는 것은 지당할 것입니다. 이에 대해 종종 아직 자치제도 시행되지 않는 곳에서는 안 된다는 이야기도 있지만, 일본에서도 자치제가 시행되기 전에 참정권 문제가 떠들썩했던 적이 있습니다. 그러므로 조선에서도 어떻게든 촉진되었으면 합니다. (하략)[34]

이어 다키는 4월 25일 의회에 등단하여 하마구치(濱口) 수상의 시정방침 연설에 대해 다음과 같이 질의하였다. 그 내용은 과거 의회에서 그가 계속 주창한 지론과 위의 청원을 기초로

---

[33] 多木久米次郎傳記編纂會,『多木久米次郎』, 細川活版所, 1958, 361~362쪽.
[34] 帝國議會會議録検索システム(https://teikokugikai-i.ndl.go.jp/#/)

한 것이었다.

조선인에게 참정권을 부여해야 하지 않을까. 조선 통치의 여하는 일본의 운명에 크게 관계된다. 조선은 병합과 함께 일시동인의 광대무변한 조직이 발포되었다. 일본 내지는 300만의 선거권을 1,300만으로 증가시켰음에도 불구하고, 조선 재주자에게는 선거권이 없다. 귀족원이 개혁을 부르짖고 있지만, 작위를 받고 조선에 거주 중인 자에게는 하나의 의석도 주어지지 않았다. 장래 조선인의 불평이 어떠한 형태가 되어 통치상에 나타날지, 상상하기 어렵지 않다. 더불어 내각 관제 제10조에 의해 조선총독을 내각의 일원으로 세우는 것은 조선의 인심 안정을 도모하는 데에 효과가 있을 것이라 생각된다.

다키의 이러한 질문에 대하여 마츠다 겐지(松田源治) 척상(拓相)이 다음과 같이 답변하였다.

조선의 참정권, 이것은 가장 중대한 문제라고 생각한다. 이 문제는 자치제도 개선의 모양을 보고 신중히 고려하고 싶다. 조선총독을 각의에 참석하도록 하는 건에 관해서는 척무대신이 조선의 이해를 대표하고 있기 때문에 그 필요가 있다고 생각한다.[35]

다음해인 1931년 3월 17일 중의원에 다키는 〈조선통치의 경륜에 관한 건의안〉을 한 번 더 제출하면서 한 번 더 참정권 문제를 언급하였다. 그 내용은 다음과 같다.

정부는 조선의 실정에 비추어 점차 참정권을 부여하고 상호의 관세를 철폐하며 비보급(費補給)을 증액하고 지방의회 제도를 창설하는 동시에 총독을 내각의 일원으로 세우는 등 그 정치 경륜을 일신하여 일본 영토의 연장으로서 실적을 올려 속히 일시동인의 범위에 이르게 하도록 바람

이유

조선은 단지 식민지가 아니라 일본 영토의 일부로서 그 문화, 인물은 일본의 지방에 비하여

---

[35] 多木久米次郎傳記編纂會,『多木久米次郎』, 細川活版所, 1958, 363쪽.

절대 열등하지 아니한 상태이다. 그런데 현재의 통치 방식과 그 실질은 계속해서 식민지로 취급하여 헌법에 의한 신민의 권리를 부여하지 않고 의무도 부담케 하지 않으니 이는 일시동인의 범위에 미치는 바가 아니다. 조선 인사로서 일본에 거주하면서, 참정권을 행사할 수 있는 자가 40만에 달함에 불구하고 조선에 있는 55만의 일본인들의 참정권을 빼앗는 것과 같은 일은 모순도 또한 심하다 할 것이다. 이것이 본안을 제출하는 까닭이다. [36]

그러면 왜 다키는 참정권 문제를 계속해서 강조했던 것일까. 당시 재조선 일본인들은 본국 거주 일본인과 동등한 자치적 권리를 획득하기 위해 참정권 청원 운동에 적극 나서고 있었다. 식민지 조선의 일본인들은 이익을 극대화하기 위해서 그들이 필요로 하는 여러 정책을 본국 정부·정당에 관철시켜야만 했다. 그러나 정부 당국자와의 접촉이 쉽지 않거니와 당리당략에 따라 움직이는 정당정치의 구조에서 이들의 이익 옹호를 위해 힘써주는 유력 정치인은 존재하지 않았다. 따라서 재조선 일본인들 사이에서는 참정권 획득의 필요성을 주장하는 목소리가 날이 갈수록 높아져 갔다. 그러나 이들의 요구는 조선총독부와 일본 정부에 쉽게 받아들여지지 않았다. 만약 재조선 일본인들이 참정권을 얻는다면, '내선일체' 논리에 따라 조선인에게도 참정권이 부여되어야 하기에 이들에게 무작정 참정권을 부여할 수 없는 노릇이었다. 실제 재조선 일본인들은 참정권을 비롯한 '내지연장주의'가 조선에 적용될 때, 조선인과 일본인의 시민권적 권리가 얼마나 동등하게 연장되어야 할 것인가를 둘러싸고 논쟁을 거듭하였다. 당시 민원식 등이 중심이 되어 조직한 친일단체 국민협회에서도 조선인 참정권 문제에 적극적으로 나서서 도쿄로 대표단을 파견해 청원활동을 하고 있던 터였다. 즉 재조선 일본인에게 참정권을 부여하는 문제는, 조선이라는 '외지'에 존재하는 민족적 차이를 어떻게 해결할 것인가가 관건이었다.[37] 이러한 문제를 해결하지 못한 채 일제강점기 동안 재조선 일본인들에게 참정권을 부여하는 계획은 실시되지 않았다. 1945년 4월 〈귀족원령 중 개정〉, 〈중의원의원선거법 중 개정법률〉을 공포하여 제한된 형태로 조선 재주 일본인에게 참정권이 부여되었지만, 8월 패전으로 시행되지 못하였다.[38] 조선에서 다방면으로 사업을 확장하고 있던 다키

---

[36] 帝国議会会議録検索システム(https://teikokugikai-i.ndl.go.jp/#/) ; 『동아일보』, 1931.3.19. 1면, 「朝鮮統治經綸 關係建議案 : 多木代議士提出」.
[37] 전성현 외, 『일본인 이주정책과 재조선 일본인 사회』, 동북아역사재단, 2021, 259~260쪽.
[38] 『매일신보』, 1945.4.2. 「열리다 參政의 大道」.

에게 있어, 참정권 문제는 사활이 걸린 문제이기도 했다. 따라서 그는 재조선 일본인이자 대표적인 '조선통' 제국의회 의원으로서 참정권과 관련된 청원활동의 대상자가 되었고 동시에 직접 참정권 관련 청원을 건의하기도 했던 것이다.

한편 1939년 9월에 다키는 귀족원 다액납세의원 66명 개선이 진행될 때 입후보하여 귀족원으로 당선되었다. 그의 나이 81세 때였다. 회기 중 다키가 관심을 가진 것은 〈농회법 중 개정법률안〉이었다. 다키는 이 법안과 관련하여 조선의 농사에 관해 다음과 같이 척무성 당국에게 질의하였다.

1. 조선은 우리나라 농업의 보고임에도 불구하고 현재에 이르렀어도 정촌(町村)농회가 성립되어있지 않다.
2. 조선의 산림은 국방상에도 주택건설 자재로도 중요한데, 도벌, 남벌을 방임하고 해마다 수만 정보나 화재가 발생하는 것은 유감이다. 이대로는 수만 년이 걸려도 삼림 경영은 불가하다.
3. 조선의 양잠 장려는 어중간하며 내지처럼 판매하려면 관심을 가질 필요가 있다.
4. 조선은 가을에 호우가 적기 때문에 면화 재배의 적지이다. 정부는 재배를 장려해야 할 것인데, 1반보에 13관 내지 15관의 수확으로는 도저히 채산성이 없다. 그 이유는 종자의 선정과 싹이 트는 시기를 잘못하고 있기 때문이다. 이것을 개선 지도하려면 1반보에 30관 50관의 수확은 거뜬하니 정부는 더욱더 부지런히 지도해야 할 것이다.

정리하면, 조선 농촌 말단까지 농회를 설립하도록 하는 한편 삼림 육성 방안, 양잠 장려, 면화 재배 방안 등을 질의·건의하였다. 이는 거의 다 다키가 조선에서 관여하고 있는 사업과 관련된 사항이다. 척무 당국은 이 질문의 취지를 이해하고 각 문제점에 관해 충분히 연구하여 개선 방침을 세울 것을 공약했다. 그러나 비상시국에 접어들면서 이 문제 또한 참정권 문제와 마찬가지로 제대로 논의되지 못하였다.[39]

---

[39] 多木久米次郞傳記編纂會,『多木久米次郞』, 細川活版所, 1958, 390쪽.

이상에서 다키 구메지로의 자본축적 과정과 조선으로의 경제적 진출, 대농장 경영, 그 속에서 드러나는 식민자 의식, 그리고 자신의 이익을 관철하기 위해 전개한 식민정책에의 참여 방식과 정치활동에 대해 살펴보았다. 다키 구메지로는 어비상을 가업으로 하는 집안에서 태어나 그것을 이어받아 경영하였고, 1885년 다키제비소를 창업하여 일본 내에서 굴지의 자본가로 성장하였다. 그는 이를 바탕으로 1910년대 중반부터 본격적으로 조선에 진출하였다. 전북 김제, 만경의 곡창지대를 중심으로 '다키김제농장', '다키만경농장'을 경영하였다. 게다가 1920년대에 들어서는 전북 익산군 함열에 '다키함열농장'을 건설하고 여기에 거주할 저택을 지어 1930년대 초반까지 대부분 이곳에서 생활하면서 농장경영에 집중하였다. 그의 농장은 전북 강경, 고부, 줄포에도 분포하였다. 대부분의 일본인 지주들이 그러했듯이 다키 또한 농장 수익을 극대화하기 위해 여러 방식을 시도하면서 소작인들을 가혹하게 착취하였다. 결국 높은 소작료와 잡다한 부담으로 고역을 겪고 있던 조선인 소작인들이 농장사무소와 주재소를 습격하는 등 소작쟁의를 일으키기도 했다.

다키는 농장경영뿐만 아니라 조선 내 산림경영과 광업에까지 관심을 가지고 진출하였다. 1910년대 중반부터 조선총독부로부터 국유림을 대부받아 경영하였는데, 그의 산림은 충북 영동군, 경기도 포천군, 경북 영덕군 등 전국 각지에 분포되어 있었다. 다키가 광산업에 관심을 가지게 된 것은 함남 단천군에서 마그네사이트 광상이 발견되면서부터였다. 마그네사이트는 주로 시멘트 제조, 안료 등의 공업 원료로 사용되었지만, 가공만 잘하면 가축 사료나 비료 등으로도 활용 가능했다. 비료제조업이 그의 자본 축적이 기반이 되었기에, 마그네사이트 광상은 장래성이 충분한 것이었다. 농사경영이 어느 정도 안정된 1930년대부터 광산개발권을 손에 놓기 위해 총독부를 상대로 협상을 벌였다. 광업권 획득은 쉽지 않았으나, 일단 획득한 다음에는 직접 개발하기보다, 소유권 이전을 통해 이익을 남기곤 했다. 예컨대 금, 은, 유화(硫化)철광을 매장하고 있던 강원도 금화군 '금화광산'은 일본광업주식회사에 거액을 받고 소유권을 넘겼다. 조선에서의 다키의 활동을 종합해 보면, 자본 축적의 토대인 비료 제조와 긴밀하게 연결되어 있음을 알 수 있다.

다키는 향리에서의 명성과 자본을 바탕으로 1908년 제10회 중의원 선거에 첫 출마하여 당선된 뒤 1932년 제18회 총선까지 총 6번 출마, 6번 다 대의사로 선출되었다. 1939년에는 귀족원 의원으로 선출되었고, 임기 중인 1942년 사망하였다. 그는 제국의회에서 지역구의 현안을 건의하기도 했지만, 주로 농사경영, 비료 제조와 긴밀하게 관련된 〈농회법〉, 〈농사장려〉, 〈미곡법안〉 등을 건의 또는 발의하였다. 재조선 일본인 및 조선인의 참정권 문제, 산업개발 문제 등 식민지 통치 정책과 관계된 건의서를 정부에 제출하기도 했다. 특히 참정권 문제를 거듭 언급했는데, 이는 당시 재조선 일본인들이 강력하게 요구하던 것이기도 했다. 1920년대, 이른바 '다이쇼 데모크라시'의 바람을 타고 재조선 일본인들은 본국 거주 일본인들과 동등한 자치적 권리를 획득하기 위해 참정권 청원 운동에 적극 나섰다. 식민지 조선에서 거주 중인 일본인들의 이익을 극대화하기 위해서는 그들이 필요로 하는 여러 식민정책을 본국 정부와 정당에 관철시켜야만 했다. 그러나 당리당략에 따라 움직이는 정당정치의 구조에서 이들의 이익 옹호를 위해 힘써주는 정치인은 존재하지 않았다. 따라서 재조선 일본인들 사이에서는 참정권 획득의 필요성이 계속해서 제기되었던 것이다. 그러나 이 참정권 문제는 패전을 맞이할 때까지 제대로 논의조차 되지 못했다. 조선관계대의사들을 제국의 이익을 좇는 한편 조선과 관련된 자신의 이익도 좇는 집단이었다. 그렇기에 때로는 일본 정부의 식민지 정책을 비판하고 대립하기도 했으며 협력을 도모하기도 했다. 자신의 이익을 관철하기 위해 일본 본국의 식민지 방침과 무관하게 철저한 '조선주의'로 무장하기도 했던 집단이라고도 할 수 있다. 다키 구메지로의 사례에서도 확인할 수 있듯이, '조선통'이라 불리던 이러한 대의사들은 '식민지의 로비스트', '제국의 브로커'라는 자신의 역할을 충실히 이행해갔다.

〈부표〉 다키 구메지로의 주요 의정 활동

회기	연도	제출 안건 및 주요 활동
제25회	1909.2.-3.	• 사설철도법 중 개정법률안 위원 • 청원위원회 위원 • 역법에 관한 건의안 제출
제26회	1910.2.-3.	• 농회법 중 개정 법률안 위원회 위원 • 국고금 취급에 관한 건의안 위원회 위원 • 국세징수법개정에 관한 건의안 위원회 위원
제28회	1911.12.	• 청원위원회 위원
제36회	1915.5.	• 예산위원회 위원

제37회	1915.12- 1916.2.	• 청원위원회 위원 • 농회법 중 개정법률안 위원회 위원 • 농사장려에 관한 건의안 제출
제38회	1916.12.	• 청원위원회 위원
제44회	1921.3.	• 예산위원회 위원 • 미맥 다수확 장려에 관한 건의안 • 黄燐 燐寸 제조금지 법안위원회 위원장
제45회	1922.3.	• 청원위원회 위원 • 식량충실의 장려에 관한 건의안 제출 • 조선에서의 참정권에 관한 건의안 제출
제46회	1923.3.	• 예산위원회 위원 • 조선 사무대신 설치에 관한 질문서 제출
제47회	1924.12	• 帝都 부흥 계획 법안 외 2건 위원회 위원
제50회	1925.2	• 청원위원회 위원 • 二見港-三田 간 철도부설에 관한 건의안 제출
제51회	1926.3.	• 청원위원회 위원 • 노동쟁의 조정 법안 외 1건 위원회 위원 • 건강보험법 중 개정법률안 외 1건 위원회 위원 • 二見港-三田 간 철도부설에 관한 건의안 제출 • 加古川 개수 공사 완성에 관한 건의안 제출 • 高砂港 수축에 관한 건의안 제출
제52회	1927.3.	• 加古川 개수 공사에 관한 건의안 제출 • 高砂港 수축에 관한 건의안 제출
제58회	1930.5.	• 청원위원회 위원 • 大阪-神戶간 국도 개수 속성에 관한 질문 주의서 제출 • 농업구제에 관한 질문 제출 • 선박조합법안 외 1건 위원회 위원
제59회	1931.3.	• 미곡법 중 개정법률안 외 1건 위원회 위원 • 청원위원회 위원 • 조선통치의 경륜에 관한 건의안 제출 • 징병 우대에 관한 건의안 제출 • 고 石黑옹 농사 공적 표창 방법에 관한 건의안 제출 • 二見港-三田驛간 철도부설에 관한 건의안 제출 • 高砂 항만 개축에 관한 건의안 제출 • 明石港 개축에 관한 건의안 제출 • 직물수출장려를 위한 해외사정 조사 시찰에 관한 건의안 제출 • 징병 우대에 관한 건의안 제출 • 兵庫縣 三木町에 국립이화학연구소 설치에 관한 건의안 제출
제63회	1932.8	• 미곡수급조절 특별회계법 중 개정법률안 위원회 위원 • 청원위원회 위원

제64회	1933.3.		• 미곡통제법안 외 1건 위원회 위원 • 건의위원회 위원 • 농구 개량 장려에 관한 건의안 제출 • 中國또는 四國에 국립 이화학대학설치에 관한 건의안 제출 • 米籾 저장 장려에 관한 건의안 제출 • 二見-三田 간 철도부설 속성에 관한 건의안 제출
제65회	1934.3.		• 예산위원회 위원 • 二見港-三田驛 간 철도부설 속성에 관한 건의안 제출 • 高砂港 개수에 관한 건의안 제출 • 明石港 개수에 관한 건의안 제출
제75회 (귀족원)	1940.3.		• 예산위원회 위원 • 청원위원회 위원 • 일본비료주식회사 법안 특별위원회 위원
제76회 (귀족원)	1941.2.		• 청원위원회 위원

출처 : 帝国議会会議録検索システム(https://teikokugikai-i.ndl.go.jp/#/), 제75회, 제76회는 귀족원, 나머지는 중의원 활동

4장
1920년대 전반기 군산의 일본인 사카가미 사다노부 阪上貞信의 제국의회 진출과 활동

1. 阪上貞信의 군산 정착과 '유력자'로서의 정치활동

1) 조선으로의 이주와 정착

사카가미 사다노부(阪上貞信, 1875~1932)는 1875년 5월 6일 야마구치현(山口縣) 사와군(佐波郡) 호후쵸(防府町) 미타지리(三田尻)에서 태어났다. 야마구치현 중학교를 졸업한 후 메이지대학(明治大學)과 츄오대학(中央大學)에 입학해 법 관련 학업을 마쳤고, 이후 중국 각지를 시찰하고 돌아와 간사이일일신문사(關西日日新聞社) 기자로 활동하였다. 1903년 조선으로 건너와 강경에 정착하였다. 강경은 조선시대 주요한 항구로, 쌀과 같은 물산의 집산지였는데, 일찍부터 일본인들이 들어와 농장을 경영한 곳이기도 하였다. 사카가미는 1896년 강경에 정착한 동생 사카가미 도미죠(阪上富藏)의 영향을 받아 이주한 것으로 보이는데, 사카가미 도미죠는 강경거류민일본민역소 민장을 역임하는 등 강경지역 유력자였다. 사카가미가

사카가미 사다노부/群山日報,『全北忠南之主腦地』, 1913

군산으로 옮긴 것은 1906년으로, 군산일본인회 초대 회장이었던 치바 타네노리(千葉胤矩)[1]의 요청 때문이었다.[2]

부산이나 인천보다는 상대적으로 늦은 1899년 개항한 군산은 개항과 동시에 많은 일본인들이 이주해 왔다. 군산은 광활한 전북의 옥야를 배후에 두고 있었던 데다가 아직 개간되지 않은 황무지와 갯벌이 널려 있었고, 금강과 만경강 수운 입구에 위치하고 있어 조선의 농산물과 일본의 공산품 사이의 부등가 교역을 추진하기에 유리한 곳이었다. 적은 자본을 투자하고도 넓은 농토를 소유할 수 있다 보니 개항 직후부터 많은 일본인들의 주목을 받았다. 1899년 12월 거류지 내에 외국인 조직체인 '각국거류지회'가 설치되었고, 1901년에는 군산 일본인들의 자치기관인 '군산일본인회'가 설치되었다.[3]

개항장 도시 군산의 일본인들은 이 각국거류지회와 일본인회를 중심으로 세력화되었다. 당시 각국거류지회 회두는 목포영사관 군산분관 주임이었던 아사야마 겐조(淺山顯藏)였다.[4] 군산의 일본인사회는 아사야마 영사의 비호를 받는 쓰시마(對馬) 출신의 일본인들을 중심으로 경영되었는데, 아사야마는 자신과 동향인 일본인에게 상업활동과 자치활동에서 많은 특혜를 부여했다. 초대 일본인회 의장에 오사카(大阪) 출신의 상인 치바가 당선되면서 오사카 등 간사이(關西) 지역 출신, 야마구치현 등 규슈(九州) 지역 출신의 일본인들이 세력화되기는 했으나 그 영향력은 미미하였다. 갈등은 1900년 아사야마 영사가 사망한 이후 본격화되었다. 쓰시마 이외 지역 출신의 일본인들이 연합해 각국거류지회 중심으로 결집한 쓰시마 출신자들에게 대항하면서 권력다툼이 일어났다.[5]

1906년 치바 후임 민장으로 재임한 고야마 미츠토시(小山光利)가 갑자기 사직하면서 일본인회 민장 자리가 공석으로 되었다. 치바는 당시 강경에 있던 사카가미를 민장 후보로 추천하였다. 이 결정에 나카니시(中西讓一) 등 쓰시마 출신의 일본인들이 강하게 반대하였다. 이

---

[1] 치바 타네노리의 구체적인 이력은 확인되지 않으나 군산에서 『한남일보』를 간행한 것으로 보아 사카가미와는 언론계라는 동종업계에 종사한 인연이 있었던 것이 아닌가 추측된다.

[2] 群山南韓鐵道期成同盟會, 『湖南鐵道と群山』, 1910, 106쪽 ; 『最近江景事情』, 1911, 29쪽 ; 군산일보편집국, 『全北忠南之主腦地』, 1913, 157~158·281쪽 ; 『부산일보』 1917.2.14, 「群山の名士」 ; 조선공론사, 『(在朝鮮內地人)紳士名鑑』, 1917, 470~471쪽.

[3] 군산부, 『群山府史』, 1935, 10~16쪽.

[4] 군산에는 각국거류지가 설치되었으나 거주한 외국인은 소수의 중국인을 제외하면 대다수가 일본인이었으므로 실질적으로는 전관거류지와 다를 바 없었다. 각국거류지회 회두는 일본영사가 겸임하였다(保高正記, 『群山開港史』, 1925, 61~62쪽).

[5] 保高正記, 앞의 책, 1925, 63~70쪽.

군산일본인회 시절의 사카가미 사다노부 / 保高正記, 『群山開港史』, 1925

사청에서도 이들을 의식하며 사카가미의 민장 취임을 허가하지 않았다. 하지만 민단립 병원의 개설, 소학교 개축 등 긴급을 다투는 거류지 내 현안 사업이 산재한 상황에서 사카가미를 대신할 적임자를 찾지 못한 이사청은 일본인회의 결정을 수용할 수밖에 없었다. 이렇게 일단락되는 듯했던 갈등은 1907년 군산거류민단 민장 선거를 앞두고 다시 재현되었다. 선거는 사카가미 옹호파와 배척파로 나뉘어 치루어졌다. 여기에 치바가 경영한 『한남일보(韓南日報)』와 나카니시의 후원을 받던 『군산신보(群山申報)』의 여론전까지 더해지면서 더욱 치열해졌다. 결과는 사카가미 옹호파의 대승이었다. 사카가미는 1907년 4월 군산거류민단 초대 민장의 자리에 올랐다.

사카사미는 기존 군산일본인회 인사를 중심으로 거류민단의 진용을 정비하였다. 이후 규칙을 정비하고 재원 마련을 위한 다양한 사업을 기획하는 등 민장으로서의 왕성한 활동을 전개하였다. 어시장 공설(公設), 도수장(屠獸場) 정리, 묘지·화장장 변경, 공립병원 설립, 특별요리점(야마테 유곽) 신설 등 사카가미 치세 하에서 추진된 민단 사업은 지역사회 내에서 두고두고 회자될 정도로 성공적인 것이었다.[6] 뿐만 아니라 군산항 축항, 호남철도 부설 등 당

---

[6] 三輪規·松岡塚磨, 『富之群山』, 群山新報社, 1907, 21쪽 ; 『부산일보』 1917.2.14, 「群山の名士」

국의 정책적 결정과 재정적 지원을 이끌어내는 사업들도 적극적으로 추진하였다.

하지만 이러한 활동 과정에서 사카가미는 나카니시 등 반대파의 강한 저항에 부딪혔다. 특히 사카가미가 군산거류민단의 민장으로 선출된 이후 강경의 일본인들이 군산으로 대거 옮겨 왔는데, 이들에 대한 군산지역 일본인들의 경계가 심했다. 군산 동쪽 해안 매축 사업을 둘러싸고 전개되었던 갈등은 그 대표적인 사례이다. 강경의 후지자키 슈지(藤崎秀治)가 군산 상인 마츠에이 마사지로(松永政次郎)와 함께 군산 동쪽 해안 일대 간석지 매축을 추진하자 나카니시는 각국거류지회 의원, 군산지주회 등을 동원해 대대적인 반대운동을 전개하였다.[7] 이 사건은 사카가미가 주도권을 장악한 채 해결해 가지만 그 과정에서 군산 내 유력자 간의 분열이 야기되었던 것은 사실이다. 사카가미는 1912년 '일신상의 이유'로 민장의 자리에서 물러났다. 정확한 사유는 알 수 없으나, 이후 군산상업회의소 외에는 이름이 확인되지 않는 것으로 보아 지역사회 내의 이상과 같은 갈등이 그의 거취에 영향을 미친 것이 아닌가 추측된다.[8]

이후 사카가미는 군산을 근거지로 여러 사업을 일으키며 각종 경제활동에 전념하였다. 1913년에는 사토 마사지로(佐藤政次郎), 오카베 구로코스케(岡部恒祐) 등 33명의 발기인과 함께 자본금 5,000만엔의 선남권업주식회사(鮮南勸業株式會社)를 설립했다. 회사는 식림 및 묘포(苗圃) 경영, 미간지 개간, 비료 및 농·공구 판매, 권업자금 대부, 권업상에 관한 위탁조사 등을 목표로 한 농업회사로, 강경에 지점을 두고 있었다. 아래 〈표 1〉은 선남권업주식회사의 주주와 중역을 정리한 것이다. 사토, 아카마츠 시게오(赤松繁夫), 이소베 겐야(磯部謙哉) 등 군산지역 유력자뿐만 아니라 일본 야마구치현 인사들의 참여가 눈에 띄는데, 회사를 매개로 한 사카가미의 인적 네트워크를 잘 보여준다. 군산지역 인사들은 지주보다는 양조업, 연초업, 장유업 같은 제조업에 종사한 자들이 많았다. 묘포 경영, 미간지 이용, 권업자금 대부, 양잠 등의 사업을 통해 창출된 수익은 경영에 참여한 군산과 야마구치현 인사들과 공유되었다.[9]

---

[7] 保高正記, 앞의 책, 1925, 160쪽.

[8] 『조선시보』 1916.7.4, 「群山商議評議員, 一日選擧結果」; 保高正記, 앞의 책, 1925, 165쪽. 사카가미가 제국의회 중의원 선거에서 야마구치현 선거전에 처음 뛰어든 것이 1912년이다. 때문에 선거에 출마할 목적으로 공직에서 사퇴하였을 가능성도 배제할 수 없다.

[9] 『매일신보』 1913.5.15, 「群山鮮南勸業會社」

<표 1> 선남권업주식회사 중역 및 대주주

(1921년 현재)

성명	주소	출신	이력	중역 1917	중역 1918	중역 1921	대주주 (주식 수)
赤松繁夫	전북 군산	愛媛縣	1904년 군산으로 도항 장유양조업 경영 군산부협의원/ 전북도회 의원/ 학교조합 의원/ 군산상업회의소 회두·부회두·의원/ 군산부 町友會長(신흥동)			사장	
阪上貞信	전북 군산	山口縣	군산상업회의소 의원	취체역	취체역		849
德永音助	전북 군산	山口縣	1890년 인천 도항/ 1899년 군산 이주 군산상업회의소 의원 군산부 町友會長(日乃出町)	취체역	취체역	취체역	
岡田今太郎	山口縣 佐波郡	山口縣			취체역		
古屋新吉	山口縣 吉敷郡	山口縣			취체역		185
作間政態	山口縣 吉敷郡	山口縣			취체역	취체역	300
貞弘正興	山口縣 佐波郡	山口縣			취체역	취체역	210
神林松吉	전북 군산	茨城縣	1906년 도항 약종상 경영 군산상업회의소 의원 군산금융조합장/ 군산상공조합장 군산무진회사 사장		취체역	취체역	
楠田義達	전북 군산	京都府	농업회사 경영 군산상업회의소 부회두·상의원		취체역		
磯部謙哉	전북 군산	三重縣	연초회사 경영 군산상업회의소 초대 회두·의원			취체역	125
井上清治	山口縣 佐波郡	山口縣			감사역	감사역	
矢野三郎	전북 군산				감사역	감사역	
岡田彌七							530
波邊輝一							300
井エサキ							240
貞弘節							240
平春富藏	전북 군산	大分縣	강경에서 간장제조업과 금융업 종사 삼남식산회사, 조선산흥주식회사 경영 군산상업회의소 부회두				215
佐藤政次郎	전북 군산	愛媛縣	1904년 조선으로 도항 전북수산주식회사, 호남농구주식회사, 조선기계제작소 등 중역 및 대주주				170

출전: 조선총독부, 『朝鮮總督府官報』, 각 년도 ; 군산일보편집국, 『全北忠南之主腦地』, 1913 ; 田中市之助, 「群山」, 『全鮮商工會議所發達史』, 부산일보사, 1936 ; 『조선시보』, 『경성일보』 등 관련 기사

1910년대 중반 이후 사카가미는 농업회사를 경영하면서 국유 미간지를 대부받아 농토로 조성하는 사업을 진행하였다. 조선에서의 미간지 개간은 개항 이래 일본인의 이주와 함께 조금씩 진전되었다. 일본인들은 1907년 공포된 「국유미간지이용법」에 따라 국유 미간지에 포함된 원야(原野), 황무지, 초생지(草生地), 소택지(沼澤地), 간석지 등을 대부해 개간할 경우 소유권을 인정받을 수 있었다. 1923년에는 「조선공유수면매립령」이 제정되어 연안 곳곳의 매립한 토지를 무상으로 부여받는 특권도 가졌다. 조선으로 이주한 일본인들의 국유 미간지 개간은 이러한 제도적 지원 속에서 점진적으로 확대되었다.

　아래 〈표 2〉는 사카가미가 대부받은 국유 미간지 분포이다. 1910년대 중반부터 경원선 연변의 강원도 평강군 일대 국유 미간지를 대부받아 초생지, 밭, 조림지 등으로 조성하였다. 군산에 거주한 사카가미가 다소 거리가 있는 강원도 평강군의 미간지를 불하받아 직접 농업에 종사했는지 여부는 명확하지 않다. 평강군은 분화작용으로 형성된 용암지대로, 언뜻 보기에는 악토(惡土)인 것 같지만 실제 지질은 점토로 되어 있어 수리(水利)만 해결하면 농사짓기에 아주 좋은 토질이었다. 당시 일본인들은 국유 미간지를 대부받아 개답(開畓)한 후 직접 농사를 짓기도 했지만 전매하는 경우가 많았는데, 전매했을 때의 이윤이 적지 않았던 만큼 사카가미 역시 그 대열에 합류했을 가능성이 크다. 군산의 유력자였던 후지이 간타로(藤井寛太郎)는 철원, 평강지역 미간지를 개간해 철원농장으로 경영하였다.[10]

〈표 2〉 阪上貞信의 국유 미간지 대부 신청

허가번호	허가일	소재지	지목	면적	비고
강원 제3호	1915.6.28	강원도 평강군 고삽면 토성리	초생지	10.0000정	국유 미간지
제147호	1918.3.14	강원도 평강군 고삽면 세포리	田	10.0000정	국유 미간지
산 제1396호	1919.4.30	강원도 평강군 현내면 장기산	造林	273.0400정	조림 대부
강원 제5호	1922.2.20	강원도 평강군 고삽면 세포리	田 및 植樹	111.2318정	국유 미간지 1926.12.까지
강원 제50호	1926.1.30	강원도 평강군 고삽면 세포리	초생지	115.2318정	이용권 양도

출전: 조선총독부, 『朝鮮總督府官報』, 각 년도.

---

[10] 『조선신문』 1924.3.16, 「見よ同社關係の事業と優秀なる其成績を」

이 외에 1910년대 후반 사카가미는 전라도 일대 광산에도 투자하였다. 광산은 철도나 군함의 연료로 사용되는 자원으로, 광산채굴권은 청일전쟁 이후 러시아, 독일, 영국, 일본 등 열강들이 침탈한 조선의 중요한 이권 중 하나였다. 사카가미는 '호남상회(湖南商會)'라는 합자회사를 설립해 경영하면서 광산의 채굴과 매매를 체계적으로 관리하고자 하였다.[11]

〈표 3〉阪上貞信의 광산 경영

등록번호	설정일	광종	소재지	면적
3282	1917.4.23	金, 鉛, 亞鉛	옥구군 미면	244,025평
3731	1917.8.6	金鑛	정읍군 고부면, 영원면, 덕천면	851,500평
4071	1917.10.16	金銅鑛	담양군 대덕면, 무면	458,500평
5125	1918.11.11	金鑛	정읍군 덕천면, 고부면, 소성면	495,000평

출전: 조선총독부, 『朝鮮總督府官報』, 1917~1918.

이상과 같이 사카가미는 1910년대 중반 이래 농업회사를 경영하면서 국유 미간지 대부를 신청하고 광산채굴권을 획득하는 등 조선에서 자신의 경제적 이윤을 획득할 수 있는 기반을 구축해 나갔다. 이러한 경제적 토대 위에서 군산거류민단 민장의 자리에서 물러난 이후에도 지역 유력자로서의 활동을 이어갔는데, 심상고등소학교 개선, 화장장 개선, 도로수선비 등의 명목으로 적지 않은 기부금을 기부하기도 하였다.[12] 다이쇼 천황(大正天皇) 즉위 당시 군산지역 민간인 중에서 기념장과 향찬(饗饌)을 수여받은 사람은 사카가미와 이소베 겐야 두 사람이었다고 하는데, 지역사회에서의 그의 영향력을 짐작할 수 있다. 1914년부터는 전라북도 지방토지조사위원회 위원으로 선임되어 활동하였다.[13] 1917년 제13회 제국의회 중의원 총선거를 앞두고 대의사 출마를 선언하며 고향인 야마구치현으로 돌아갔다.

---

[11] 『朝鮮總督府官報』 제1664호, 1918.2.25, 「會社設立許可」. 호남상회는 1915년 '물품판매 및 대리업'을 영위하는 회사로 설립 허가를 받은 후, 1918년 2월 '광산채굴 및 매매, 토지경영 및 관리신탁, 창고·운송 대리업' 등의 영업 항목을 추가하며 재인가받았다. 그러나 1919년 5월 회사령 제4조 '제1조 또는 제2조의 규정에 의해 허가를 받은 후 1년 내에 회사가 성립되지 않거나 또는 본점 혹은 지점을 설치하지 않을 경우 허가는 그 효력을 잃는다'는 조항에 따라 설립 허가가 취소되었다(『朝鮮總督府官報』 813, 1915.4.22, 「商業登記」; 제2034호, 1919.5.23, 「會社設立許可失效」).
[12] 『朝鮮總督府官報』 제354호, 1911.10.31, 「木杯下賜」; 제591호, 1914.7.21, 「金銀木杯下賜」.
[13] 「全羅北道地方土地調査委員會」, 『朝鮮總督府職員錄』, 1914, 26쪽.

2) 지역개발사업의 추진과 '정치활동'

군산거류민단 민장에 당선된 사카가미는 군산의 개발에 필요한 현안 사업에 적극적으로 임했는데, 군산항 해안 매축을 비롯해서 호남철도 유치, 충남경편철도 부설 등 군산을 중심으로 한 교통망 구축에 매진하였다. 그 과정에서 사카가미는 지역 유력자들과 협력 내지 반목하였고, 당국의 소극적인 대처에 항의하면서 상경투쟁, 동상운동과 같은 적극적인 로비활동을 전개하기도 하였다. 이러한 활동은 직접적으로는 군산에 경제적 기반을 두고 있던 자신과 일본인들의 이익을 향상시키기 위한 것이었지만, 결과적으로는 1930년대 조선 최대의 쌀 수출항으로 성장한 군산항의 기반을 다져 나가는 과정이기도 했다.

(1) 군산거류지 동쪽 해안의 매축

일제강점기 '쌀의 군산'으로 불리며 조선 최대의 쌀 수출항으로 성장한 군산항의 항만 수축은 3단계에 걸쳐 진행되었다. 1905~1913년의 해벽(海壁) 축조, 1907년부터 시작된 항로표식 및 항내 준설공사, 1926년의 군산항 축항이 그것이다. 그 첫 단계인 해벽 축조는 1899년 개항 직후부터 추진된 사업으로, 목포영사관 군산분관에서는 군산항 해벽의 축조를 〈각국거류지 조약〉에 근거해 한국 정부로 요청하였다. 그러나 한국 정부는 당시 군산항을 경유하는 무역액이 많지 않았던 만큼 그것을 정비할 필요성을 크게 느끼지 못했다. 러일전쟁 중 인천세관장의 요구로 세관 부지 바깥쪽 해면과 잔교 1기를 축성하고 육상의 소규모 설비를 갖춘 정도였다. 군산의 일본인들에게 군산항 축항 문제는 서둘러 해결해야 할 중요한 현안 중의 하나였다.[14]

사카가미가 민장의 자리에 오른 직후인 1906년 강경에서 대금업을 경영하던 후지자키가 군산과 강경을 오가며 상점을 운영하고 있던 마츠나가와 함께 거류지 동쪽 해안 일대의 간석지 매축을 제안해 왔다. 사카가미는 중요한 사업인 만큼 개인의 사업으로 할 것이 아니라 민단 차원에서 진행하는 것이 좋을 것 같다며 적극적으로 수용하였.

> 동해안 매축은 군산항만을 정비하는 차원에서 반드시 시행해야 할 사업으로, 서두를 것인가 늦출 것인가 시기의 문제일 뿐이다. 이는 한 개인의 독점사업으로 허가할 성질의 것이

---

[14] 保高正記, 앞의 책, 1925, 170~175쪽 ; 群山府, 『群山府史』, 1935, 133쪽.

아니다. 매축권은 거류민단이 가지고 있다가 일정한 대가를 치른 매축회사에 권리를 양도하는 방식으로 사업을 성사시켰으면 한다. 매축회사의 주식은 군산 거류민에게 선취권(先取權)을 주고, 남는 것은 다른 곳에서 모집했으면 한다.[15]

사카가미의 제안에 따라 민단에서는 매축을 위한 〈각국거류지 지선매축설계(地先埋築設計) 목록견서(目論見書)〉를 제작해 조선총독부로 제출하려 하였다. 그런데 나카니시 등이 이에 반대하고 나섰다. 이유는 메가다 다네타로(目賀田種太郎)가 한국 정부의 재정고문으로 재임할 당시 나카모리 도키치로(長森藤吉郎)라는 사람이 조선 모든 연안 간석지 매축에 대한 특허권을 받았는데, 나카니시 측근 중 한 사람인 오가와 유조(小川雄三)라는 인물이 군산 방면에 대한 특허권 실행자로 지정되었다는 것이다. 이후 나카모리의 특허권은 규정을 지키지 못해 소멸한 것으로 확인되면서 민단이 이 사업을 추진해 가는 데에 절차상 특별한 문제는 없었다. 하지만 논란이 이어지면서 동쪽 해안 매축 사업에 대한 군산 내 여론은 상당히 나빠졌다.

여기에는 사카가미로 대표되는 강경 출신 일본인들이 사업을 주관한 것에 대한 반감이 컸다. 각국거류지회와 군산지주회가 나카니시의 입장을 적극적으로 지지하였고,[16] 나카바야시(中林) 세관장까지 반대 입장을 표명하였다.[17] 민단의 매축 계획은 사면초가의 상황으로 되었다. 사카가미로서는 군산의 여론을 대표하는 군산거류민단 의원들이 이 사업을 지지한다는 것을 보여줄 수 있는 어떤 계기를 만들어야 했다. 사카가미는 군산상업회의소의 설립을 계기로 상황을 타개해 보고자 하였다.

러일전쟁이 끝난 직후인 1905년 군산의 유력자 사이에서 상업회의소 설치의 필요성이 제기되기는 했으나 논의에 그쳤을 뿐 설립으로 이어지지는 못했다. 그러다가 1907년 8월 군산 상업회의소가 만들어지는데, 제1기 평의원 선거가 진행될 때 민단 측에서 다수의 후보자를 내었다. 선거 결과 이들 대부분이 당선되자 민단 측에서는 거류민 다수의 신임이 거류민단에

---

[15] 保高正記, 앞의 책, 1925, 150쪽.
[16] 군산지주회는 각국거류지회 의원을 선거하는 모체로, 각국거류지회 경영을 감시한다는 취지 하에 결성된 단체이다. 동쪽 해안 매축 계획이 발표되자 군산지주회는 이는 각국거류지에 대한 당초 설계를 파괴한 것이자, 기존 지주의 지선권(地先權)을 침해하는 일이라며 '절대 반대'의 입장을 표명하였다(保高正記, 앞의 책, 1925, 151쪽).
[17] 나카바야시 세관장이 반대한 이유는 ①나카니시와의 관계, ②논의 과정에서 소외된 것에 대한 불만, ③강경 세력에 대한 견제 때문이었다고 한다(保高正記, 앞의 책, 1925, 151~152쪽).

있다는 것을 대내·외에 과시하였다. 그해 겨울 군산상업회의소와 제휴해 경성으로 진정위원을 파견하는 등 동쪽 해안 매축 문제를 새로운 국면으로 전환시켰다. 진정운동이 효력을 발휘한 것인지 얼마 뒤 미야기 마타시치(宮木又七) 인천세관장이 이를 조건부로 허가한다는 연락을 해 왔다. 세관장이 제시한 조건을 그대로 수용하기에는 현실적인 어려움이 있어 고민하던 중 사업의 중심인물인 후지자키가 사망하였고, 사업은 더 이상 진전되지 않았다.[18]

동쪽 해안 매축 문제는 비록 성공하지는 못했지만 사카가미가 군산거류민단 의원을 동원해 군산상업회의소의 설립까지 추동하면서 추진한 사업으로, 군산항 개발을 위한 사카가미의 의지와 지역사회 내에서의 그의 영향력을 보여준 중요한 사건이었다고 할 수 있겠다.

(2) 호남철도 부설 운동

호남철도는 경부선 대전에서 분기해 이리를 거쳐 목포에 이르는 철도로, 충남 일부와 전라남·북도 옥야를 관통해 호남지역 개발의 근간이 되는 노선이다. 호남철도는 1897년 무렵 서오순(徐午淳), 민병석(閔丙奭) 등 조선인들이 특허를 받아 부설을 추진하기는 했으나 자본의 부족과 일제의 방해로 원만하게 진행하지 못했다.[19] 러일전쟁이 끝난 직후인 1906년 일본 미쓰비시(三菱) 계통의 이와사키가(岩崎家)에서 호남철도 부설 예정선에 대한 실지 측량을 시작했는데, 반년 동안 군산-목포 간 노선, 군산-조치원 간 노선의 측량을 완료했다.

호남철도 예정선에 대한 측량이 진행되자 군산에서는 노선이 군산항에 유리하게 선정되어야 한다는 여론이 조성되었다. 사카가미 등 군산거류민단 의원을 중심으로 '호남철도기성동맹회'를 조직해 호남철도 부설 운동을 전개했는데, 조선인까지 참여한 만인계(萬人契)를 조직해 운동비를 조달하였다. 그러나 러일전쟁 이후의 불황 국면 속에서 미쓰비시씨가 이를 단독으로 추진하는 것에 대한 일본 내 견제가 심했고, 더 이상의 큰 진전을 보지 못했다.

지지부진 정체되어 있던 호남철도 문제가 다시 논의된 것은 통감부 철도국이 적극적으로 개입하면서부터였다. 1909년 소네 아라스케(曾禰荒助) 통감은 조선에 3개 노선의 철도를 부설한다는 방침을 세운 후 호남철도를 그 최우선 노선으로 결정하였다.[20] 이 소식이 전해지

---

[18] 保高正記, 앞의 책, 1925, 148~154쪽.
[19] 조선인들의 호남철도 부설운동에 대해서는 이병천, 「구한말 호남철도부설운동(1904~1908)에 대하여」, 『경제사학』 5, 1981 참고.
[20] 『대한매일신보』 1909.7.28, 「先敷湖鐵」

자 군산에서는 호남철도기성동맹회를 중심으로 군산유치운동을 재개하였다. 기성동맹회는 다음과 같이 3개의 요구사항을 제시하였다.

1. 호남선은 온전한 경제철도인 즉, 군산항을 중요역으로 하면서 해륙연락 설비에 신중을 기할 것.
2. 군산역을 호남철도 본선 중간역으로 할 것.
3. 기술상 군산역을 중간역으로 할 수 없는 경우에는 가능한 군산에 편리한 지점을 선택해 접속역을 설치하며, 그 접속역 구내에서는 교차식 연락법(junction, JCT)을 채용할 것.[21]

당시 통감부 논의선상에 오른 호남철도 노선은 3개안이었다. 첫째는 이미 실측을 마친 이와사키가 제안한 것으로, 전주 매암리(梅岩里) 경유하는 매암리선이었다.[22] 다른 2개 안은 통감부의 부설 결정과 함께 이 문제에 뛰어든 오쿠라 기하치로(大倉喜八郞)가 제안한 것인데, 군산 인근에서 대규모 농장을 경영하고 있던 오쿠라는 군산을 중간역으로 하는 군산선과 옥구 지경리(地境里)를 경유하는 지경리선을 제시하였다. 당국은 군산을 중간역으로 하는 노선은 기술상 불가능하다는 판단 하에 가장 먼저 제외시켰고, 매암리선과 지경리선을 놓고 검토하였다. 사카가미 등 군산의 유력자들은 군산을 경유하는 오쿠라안을 지지하였다. 군산을 중간역으로 하지 않는다 하더라도 지경리를 접속역으로 하면 군산항과의 접근성이 좋을 뿐만 아니라 이후 지경리를 군산의 행정구역 내로 포함시킬 수도 있었기 때문이다. 두 안을 놓고 고민하던 통감부는 군산과 전주 중간에 있는 이리를 접속역으로 하는 절충안인 '이리선'으로 결정했다.

노선을 확정한 통감부는 호남철도 부설을 위한 예산안을 본국으로 제출하였다. 그러나 일본 정부에서는 1910년도 조선 관련 예산안 중 신규 사업은 수용하지 않는다는 방침 하에 호남·경원선의 부설을 허락하지 않았다.[23] 경성과 인천, 용산, 군산, 목포 등 관계 지역 일본인

---

[21] 保高正記, 앞의 책, 1925, 189쪽.
[22] 매암리는 이와사키가에서 경영하는 동산농장(東山農場)과 반월리(半月里) 중간에 있는 곡간(谷間)으로, 매암리선은 참례(參禮)로부터 강을 건너 이 곡간을 통과해 김제까지 일직선으로 나가는 노선이었다. 선로 자체는 나쁘지 않았지만 동산농장과 인접해 있다 보니 오쿠라 등으로부터 비판을 받았다(保高正記, 앞의 책, 1925, 190쪽).
[23] 『대한매일신보』 1909.9.2, 「한국철도계획」; 1909.9.14, 「한국철도부설」

들은 철도 부설을 촉구하는 운동을 대대적으로 전개하였다. 사카가미 역시 직접 도쿄로 가 의회 등을 대상으로 한 동상운동을 전개하였다. 이때 같이 움직인 것은 군산거류민단 민장 선출 과정에서 극도로 갈등하였던 가네모리 겐조(金森玄三)였다. 지역 내에서는 갈등했지만 지역문제를 지역밖으로 확대해해결해 가는 과정에서는 협업할 수밖에 없었던 것이다.[24]

관민이 일치되어 그 필요성을 피력했던 경원·호남철도 부설 건은 1910년 제27회 제국의회에 상정되었고, 이듬해 본회의를 통과하였다.[25] 1911년에는 이리에서 분기해 군산항으로 이어지는 호남철도 군산지선의 부설이 결정되었다. 1912년 3월 호남선 군산지선 개통식이 성대하게 열렸다. 사카가미는 아마노 기노스케(天野喜之助) 군산부윤, 군산거류민단 의원들과 함께 참석하였다.[26]

3) 경남철도주식회사의 설립

1910년대 전반 사카가미는 충청도 일대의 물산을 군산항으로 수송한다는 목적 하에 경편철도의 부설을 계획하였다. 주식회사 조직의 철도회사를 설립해 군산 맞은편 항구인 용당과 경부 본선의 천안 혹은 평택을 철도로 연결한다는 계획이었는데, 충남경철기성동맹회(忠南輕鐵期成同盟會)가 조직되고 아마노 기노스케 군사부윤이 알선하는 등 지역사회의 기대가 컸다. 사카가미는 발기인 대표로 상경해 회사 설립에 필요한 절차를 밟았다.[27] 당시 사설철도를 부설하려면 대장성의 승인과 제국의회의 의결을 통과해야 했다. 조선총독부가 교부하는 보조금 역시 대장성의 허가를 전제로 했다.[28] 충남경편철도는 노선이 길어 250만엔 이상의 많은 비용이 소요되는 사업이었던 만큼 조선총독부는 신중하게 검토하였다. 당시 충청도 관내에는 몇 개의 경편철도 개설 움직임이 있었는데,[29] 경편철도회사 투자자본의 연 6%의

---

[24] 『대한매일신보』 1909.10.26, 「재촉하다」; 保高正記, 앞의 책, 1925, 192쪽.
[25] 『대한매일신보』 1911.3.12, 「철로 놓기로 결정했다」.
[26] 『매일신보』 1912.3.23, 「開通式祝賀宴」; 『매일신보』 1912.3.26, 「湖南線 개통식의 성황: 총독 축사, 小城씨의 보고」
[27] 『매일신보』 1915.3.11, 「忠南輕鐵의 好況」; 1915.5.20, 「忠南에 輕便鐵道」
[28] 『부산일보』 1917.2.20, 「速かに忠南輕鐵の實現を望む」; 정태헌, 「사설철도, 일본 정부, 조선총독부의 트라이앵글」, 『한반도 철도의 정치경제학』, 선인, 2017, 185~201쪽.
[29] 『부산일보』 1916.7.4, 「忠北輕鐵計劃」; 1916.7.26, 「再び輕便鐵道の統一を論ず」; 『조선시보』 1916.8.8, 「具體的の 運動, 忠州輕鐵敷般に就て大邱某有力家の手を經て要求書愈愈提出」; 『매일신보』 1916.8.12, 「충주에서: 忠州 輕鐵 問題」

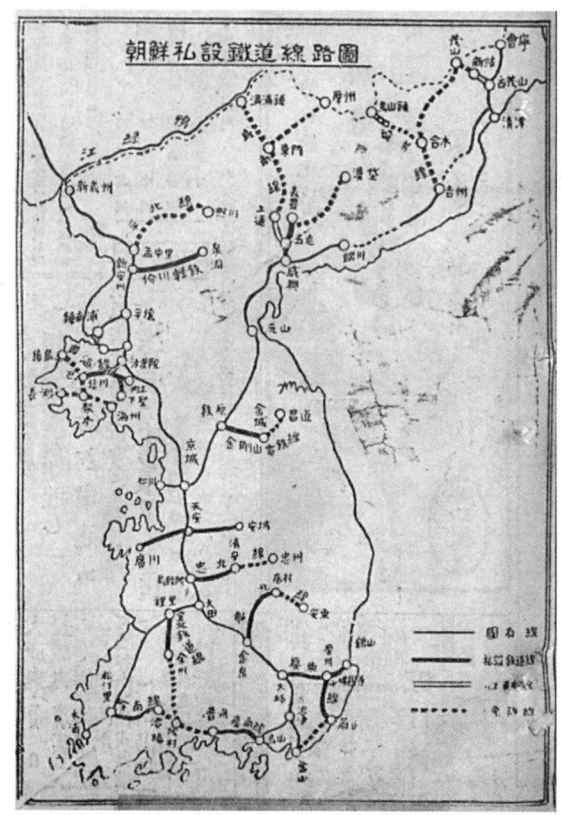

조선 사설철도 노선도 /『조선신문』 1926.5.30

수익을 보장해 주어야 했던 조선총독부는 노선중복, 우선순위 등을 잘 고려해서 판단해야 했다.[30]

조선경편철도주식회사(朝鮮輕便鐵道株式會社)에서 동일한 노선의 부설을 출원한 가운데 사카가미는 오사와 도쥬로(大澤藤十郞), 나카시바 만키치(中柴萬吉), 요코야마 요이치(橫山興市), 이와다 우노스케(岩田宇之助), 오다이라 도쿠사부로(大平德三郞) 등 군산의 유력자들과 함께 사업을 성공시키기 위해 노력했다. 여기에는 충남의 유력인사와 신석우(申錫雨), 권태일(權泰日) 등 조선인도 참여하였다. 사카가미는 경성뿐만 아니라 도쿄를 방문해 자본 조달에 힘썼는데, 도쿄의 재력가인 시부자와 에이이치(澁澤榮一)를 통해 투자자를 소개받기도 했다.[31] 우여곡절 끝에 1918년 7월 33명의 발기인 명의로 충남경편철도 부설을 출원한 사카가미는 그해 11월 자본금 400만엔의 충남경편철도주식회사의 설립을 신청했다. 발기인 중에는 대의사 오우치 죠조(大內暢三) 등 도쿄와 간사이 지역 유력자도 포함되어 있었다.[32] 이듬해 9월 회사의

---

[30] 조선총독부는 1914년 〈조선경편철도보조내규〉를 마련해 사설철도의 이익이 투자자본의 연 6%가 될 때까지 보조금 지급을 보장하도록 했는데, 그 보장율은 1919년 8%까지 인상되었다(정태헌, 앞의 책, 2017, 189쪽).

[31] 『매일신보』 1916.8.25, 「忠南輕便鐵道」; 『부산일보』 1917.11.11, 「忠南輕鐵進陟」; 『매일신보』 1918.2.28, 「朝鮮輕鐵新線」; 1918.3.2, 「朝鮮輕鐵新線」; 『조선시보』 1918.4.10, 「忠南輕鐵好況」

[32] 『조선시보』 1918.8.6, 「忠南輕鐵の追願, 天安延長と渡船事業」; 1918.8.8, 「忠南輕鐵許可近し」; 『부산일보』 1918.11.26, 「忠南輕鐵敷設出願」

설립이 인가되었다.[33]

그런데 그 인가 과정에서 다소 간의 변경이 있었다. 자본금은 400만엔에서 1,000만엔으로 증액되었고, 회사 이름은 조선경남철도주식회사(朝鮮慶南鐵道株式會社)로 변경되었다. 노선은 군산 대안인 용당을 출발해 경부선 평택 혹은 성환에 접속할 예정이었으나 경부선 천안역을 경유해 안성까지 이르는 노선으로 확장되었다. 공사 역시 처음에는 군산 방면에서 시작할 계획이었지만 천안에서 기공하는 것으로 변경되었고, 궤간은 2간 6척에서 국유선 궤간과 같은 4척 8촌 반으로 변경되었다.[34] 그 정확한 내막은 알 수 없으나 초기 임원진 중에 사업의 추진 과정에서는 보이지 않던 조선총독부 철도국장 오야 곤페이(大屋權平) 등 조선총독부 관련 인사가 중역으로 선임된 것으로 보아 '국철'에서 활용 가능하도록 철도 부설 계획을 변경한 것이 회사의 설립 허가에 영향을 미친 것이 아닌가 추측된다.[35] 그 결과 애초 군산 중심의 '지역철도'로 부설하려 했던 충남경편철도의 기능은 다소 약화되었는데, 철도 부설 이후 군산 지역민들은 이에 대한 불만을 노골적으로 드러냈다.[36]

1920년 2월 8일 창립총회를 개최하면서 영업을 시작한 조선경남철도주식회사는 1931년 천안-장항 간 노선을 완공하였다. 군산의 대안인 장항을 기점으로 해서(군산항에서 장항까지는 도선에 의거함) 서천, 대천, 홍성, 예산, 온양 등 충남의 주요 도시를 경유해 경부선 천안역과 연결되며, 다시 북쪽으로 올라가 장호원까지 가는 노선이었다. 사카가미는 회사 설립 직후 전무취체역의 자리에 올랐으나 그해 4월 출마한 제14회 중의원 총선거에서 당선되면서 중역의 자리에서 물러났다.[37]

---

[33] 『朝鮮總督府官報』 제2146호, 1919.10.6, 「會社設立許可」

[34] 『매일신보』 1918.2.14, 「忠南輕鐵問題」; 『朝鮮總督府官報』 제2160호, 1919.10.23, 「輕便鐵道起業目論見變更」

[35] 『매일신보』 1919.10.24., 「忠南輕鐵變更」; 이용상 외, 「일제강점기 사설철도 경남철도주식회사의 특징에 관한 연구」, 『한국철도학회논문집』 21-2, 2018, 213쪽.

[36] 『경성일보』 1925.8.16., 「その巨腕に三南の富は開發されつつある」; 1926.7.2., 「三南經濟管見(三)」. 사카가미는 군산을 종점항으로 한 철도를 부설하려 했으나 철도가 부설되는 과정에서 종점항은 장항으로 변경되었다. 장항-천안 간 철도가 부설된 이후 장항은 충남 물자의 '탄토항'으로서 크게 발달하였다. 충청남도 관민은 '自道の産米は自道の港口にて'라는 모토 하에 충남미의 장항 이출과 일본과의 직거래를 시도하기도 했는데, 1935년에 장항제련소가 건설되면서 장항항 발달은 더욱 가속화되었다. 이에 따라 군산항으로의 물자 집산을 목적으로 철도를 부설하려 했던 사카가미의 애초 의도는 크게 퇴색되었다. 일제강점기 장항항 개발과 관련해서는 배석만, 「일제시기 장항항 개발과 그 귀결」, 『역사와 현실』 117, 2020 참고.

[37] 『조선시보』 1920.3.10, 「京南鐵重役來群」

2. 제국의회 중의원 선거 출마와 대의사로서의 활동

1) 제14회 제국의회 중의원 선거 출마

　1905년 〈거류민단법〉이 시행된 이후 조선에 거주한 일본인들은 일본 국내의 지방자치단체와 같이 공법인으로 인정받은 거류민단을 통해 자치권을 행사하며 자신들의 이해를 실현시킬 수 있었다. 그러나 1914년 지방제도가 개편되고 거류민단제가 폐지되면서 일본인들은 자신의 이해를 대변해 줄 기관을 상실하였다. 언론이나 상업회의소 등을 동원해 여론을 움직여 보기도 하고 청원이나 동상운동을 통해 조선의 현안 문제를 본국 정치무대에 올려 보기도 했으나 한계가 있기는 마찬가지였다. 조선의 실정을 일본 정부로 전달하고 조선 개발의 필요성을 설득하기 위해서는 그 일차적 수혜자인 조선의 일본인들이 직접 중앙정치에 참여하면서 전달하는 것이 가장 빠르고 용이한 방법이었다.

　1914년 거류민단이 폐지된 이듬해 치러진 제12회 중의원 총선거에는 조선의 일본인들이 앞다투어 출마했는데, 경성거류민단의 나카무라 사이죠(中村再造), 경성의 변호사 고노오 도라노스케(木尾虎之助), 부산의 유력자 오이케 츄스케 등이 그들이다.[38] 1917년의 제13회 총선거에는 마키야마 고조(牧山耕藏)가 출마하였다. 이렇게 해서 1910년대 후반 제국의회 중의원에는 조선과 관계된 의원들, 소위 '조선통'으로 불리는 인사들이 다수 포진하게 되었다. 1918년경에는 귀족원과 중의원 의원 중 조선과 관계있는 의원들이 모여 '조선회(朝鮮會)'라는 친목회를 만들 정도로 제국의회 내에서 정치세력화되었다.[39]

　군산거류민단 민장의 자리에 있던 사카가미는 자신의 이해뿐만 아니라 군산의 발전에 부합하는 방향으로 식민정책이 입안되고 운용되기를 기대하였다. 이는 그가 군산항 수축에서부터 호남철도 부설, 충남경편철도 부설 등 지역개발 사업에 적극적이었던 이유였다. 조선총독부나 일본 정부의 적극적인 지원이 필요한 사업이었던 만큼 상경운동과 동상운동을 맹렬하게 전개했지만 과정은 용이하지 않았고 결과는 만족스럽지 못했다. 한정된 예산 내에서 '경

---

[38] 1915년 제12회 총선거 전후 일본과 조선의 정치 정세와 조선 거주 일본인들의 중의원 선거 출마 추이와 관련해서는 이승엽, 「재조일본인 중의원 의원 오이케 주스케(大池忠助)」, 『일제의 식민지배와 재조일본인 엘리트』, 어문학사, 2018, 147~153쪽 참고.

[39] 고다마 히데오(兒玉秀雄) 백작과 사타케 요시노리(佐竹義準) 남작, 즈모토 모토사다(頭本元貞) 대의사, 마키야마 고죠 대의사 등이 발기해 만든 것으로, 조선과 관계있는 귀족원·중의원 의원들의 친목회였다(「貴衆兩院議員の朝鮮會」, 『조선공론』 62, 1918.5, 78쪽).

쟁자'를 물리치고 당국의 허가와 지원을 받아내는 과정이 쉽지는 않았다. 사카가미는 본국의 정·재계로 자신의 사업과 조선 개발의 필요성을 설명해 줄 대변자가 있어야 한다는 것을 몸소 느꼈을 것이다. 이는 사카가미가 제국의회로 직접 뛰어들게 된 내적 동기가 되었다.

1917년 제38회 제국의회 해산으로 시행된 제13회 총선거를 앞두고 사카가미는 고향인 야마구치현의 입헌정우회 공인 후보로 선출되었다. 1912년 제11회 중의원 총선거 당시 야마구치현 선거전에 뛰어든 이후 3번의 시도 끝에 획득한 후보 자리였다. 사카가미가 대의사 선거에 출마한 이유는 아래의 기사를 통해 짐작해 볼 수 있다.

> '엄정중립(嚴正中立)'은 우리 당이 표방하는 바이지만, 나는 왜 우리 당이 현 내각을 적극적으로 원조하겠다며 솔직하게 밝히지 않는지 의아스럽습니다. 정당에 기초한 내각이라 하더라도 오쿠마 내각과 같이 웅대한 경륜·포부도 없이 방종하면서 책임의 중요성을 모르는 비입헌적(非立憲的) 내각보다는 오히려 정당에 기초하지 않더라도 성심성의껏 군국(君國)을 위해 최선을 다하는 데라우치(寺內) 내각의 존립에 찬성하는 바입니다. [40]

이 기사는 1917년 3월 『오사카마이니치신보(大阪每日申報)』에 실린 기사로, 기자의 질문에 대해 사카가미가 답변한 내용 중 일부이다. 사카가미는 헌정회의 폭정으로 의회가 해산된 현 상황에서 정우회가 '엄정중립'을 표방하면서 데라우치 내각을 적극 원조하지 않는 점에 대한 불만을 드러냈는데, 본인은 데라우치 내각을 보좌하겠다는 의지로 출마했음을 밝히고 있다.[41] 여기에는 데라우치 현 수상이 야마구치 출신이라는 점이 크게 작용한 것으로 생각되지만, 조선총독을 역임한 데라우치 수상에 대한 특별한 기대도 있었던 것 같다. 일본에서의 유세 과정에서 나온 발언인 만큼 조선에 관한 부분을 적극적으로 부각시킬 수는 없었겠지만, 데라우치 조선총독이 내각의 수상으로 임명될 무렵 조선의 일본인들이 그에게 가졌던 기대와도 같은 맥락에서 이해된다.[42] 이는 사카가미의 대의사 출마를 지원하는 후원회 문건을 통해 보다 명확히 확인할 수 있다.

---

[40] 『부산일보』 1917.4.8, 「坂上候補後援會」
[41] 『부산일보』 1917.2.4, 「現政府と政友會」
[42] 『부산일보』 1916.10.3, 「寺內伯に協議會出席を望む」; 1916.10.12, 「朝鮮總督更任」

사카가미가 중의원 선거 출마를 결정하자 군산과 강경의 일본인 사회에서 이를 적극적으로 지지하였다. 당시 조선에 거주한 일본인들은 출신 지역별로 정서적 유대감을 유지한 이주자들끼리 현인회(縣人會), 동국인회(同國人會)와 같은 조직들을 만들었는데, 이는 정착민 사회에서 상당한 영향력을 발휘했다. 군산과 강경의 야마구치현 출신자들은 사카가미 후원회를 조직한 후 사카가미의 출마를 지지해 달라는 내용의 〈응원의뢰장〉을 조선 각지의 야마구치현 인사들 앞으로 발송하였다.[43] 내용은 다음과 같다.

잘 알고 계시겠지만 조선 각 부의 예산은 일일이 제국의회의 협찬을 거쳐야 합니다. 총독부의 시정 여하는 곧바로 지방의 성쇠에 영향을 미치는데, 지금 조선 전체의 시무(時務)를 잘 아는 적절한 인사를 의회로 보내기를 조선 거주민은 한결같이 열망하고 있습니다. 특히 현재 조선에 있는 야마구치 출신의 일본인 수는 5만에 달하는데, 그 행복과 불행이 걸려 있는 만큼 간단한 문제가 아닙니다. 이러한 때에 고향이 같은 방장인(防長人)[44]이 현 내각의 수상인 데라우치 백작의 대정(大政)을 보필하는 중임을 완수할 수 있도록 조선통인 사카가미 사다노부군의 당선을 기원하며 널리 동정해주시기 바랍니다.[45]

조선에 거주한 일본인 1명이라도 더 제국의회 단상에 세우는 것이 조선의 개발상 매우 중요한 일이라고 밝힌 협찬회는 그 이유로 다음의 두 가지를 제시하였다. 첫 번째는 조선에 거주한 일본인들의 이해와 직접적으로 부합된다는 점을 강조한 것이다. 조선에서 조선총독부 지원 하에 개발 사업을 진행하려면 제국의회의 협조와 지원을 필요로 하나, 지금의 의회 상황은 조선에 대한 정보가 많지 않으니 사카가미와 같은 조선통 인사가 필요하다는 점을 든 것이다.

두 번째는 이러한 조선의 개발은 고향 야마구치현과도 전혀 무관하지 않다는 점이다. 현재 조선에는 약 5만명에 달하는 야마구치현 출신의 인사들이 거주하고 있는데, 그들의 성공 여

---

[43] 군산에 거주한 일본인들의 출신지를 살펴보면, 1916년 당시 야마구치현 출신의 일본인이 978명으로 전체 5,387명 중 약 18%를 차지하며 가장 많았고, 그 다음이 오이타현(大分縣) 471명(9%), 나가사키현(長崎縣) 450명(8%), 히로시마현(廣島縣) 401명(7%), 후쿠오카현(福岡縣) 393명(7%) 순이었다. 야마구치현 출신의 일본인들이 다른 출신 지역에 비해 월등히 많았던 것을 알 수 있는데, 군산 개항 직후 이주해 온 도쿠나가 오코스케(德永音助), 나카시바 만키치(中柴萬吉), 하나오카 츠루마츠(花岡鶴松) 등을 중심으로 현인회를 조직하는 등 크게 세력화되어 있었다(군산부, 『群山府勢要覽』, 1917, 7~9쪽 ; 『조선신문』 1926.7.14, 「群山山口縣人會」 ; 이준식, 「일제강점기 군산에서의 유력자집단의 추이와 활동」, 『동방학지』 131, 2005, 186쪽).

[44] 보우쵸(防長)는 일본의 옛지명으로 스오우(周防)와 나가토(長門)를 함께 일컫는데, 지금의 야마구치현이다.

[45] 『부산일보』 1917.4.8, 「坂上候補後援會」

부는 조선의 개발에 달려 있으며, 야마구치현 출신의 데라우치 수상이 이를 지원해 줄 것인 만큼 의회 쪽에서 그를 보좌해 줄 야마구치현 출신의 의원이 필요하다는 것이다.[46] 후원회는 이 〈응원의뢰장〉을 발송하면서 본 내용을 조선에 거주한 야마구치현 인사들, 그리고 고향의 친척, 지인들에게도 전달해 달라며 〈추천장〉까지 첨부하였다.[47] 사카가미는 선남권업주식회사를 매개로 야마구치현 인사들과 경제공동체를 형성하고 있었던 만큼 이들 역시 선거운동에 동원되었을 것으로 보인다.

선거는 4월 20일 시행되었다. 이 선거에서 사카가미는 낙선하였다. 하지만 포기하지 않고 1920년 제14회 총선거에 재도전하였다. 야마구치현 제3구 미타지리를 지역구로 해서 출마한 사카가미는 아우 사카가미 도미죠와 함께 선거운동을 전개했는데, 본 선거구에는 도쿠토미 타로(得富太郎), 가마토쿠 히토리(神德一人) 등 3명의 후보가 출마해 사카가미와 경쟁하였다. 정견발표 연설회를 개최하는 등 열띤 유세전을 펼쳤으나 도쿠토미가 이미 지역사회 내에서 상당한 지반을 구축하고 있었던 만큼 쉽지 않은 선거였다. 자료의 한계로 그 상세한 내용은 확인할 수 없지만 사카가미는 이전 선거와 유사한 과정으로 선거에 임했을 것이다. 다만 사카가미의 이력에 경남철도주식회사 전무취체역이라는 새로운 직함이 추가된 점은 지적해 둘 만하다. 회사가 당시 전도 유망시 되던 식민지 조선의 유력한 사설철도회사였던 만큼 경제적 이해를 공유한 일본 내 유력자들의 응원과 지원을 받을 수 있었을 것이다. 뿐만 아니라 고향 야마구치에서도 '성공한 식민자'로서의 위상을 높이는 데 긍정적 영향을 미쳤을 것이다.[48]

1920년 5월 10일 시행된 제14회 중의원 총선거에 출마한 조선 관계 인사는 모두 34명이었다. 이들 가운데에 마키야마, 마츠야마 츠네지로(松山常次郎) 등 총 21명이 당선되었는데, 중의원 의석 464석 중 약 5%에 해당하는 비율이었다. 사카가미는 2,547표를 획득해 1,250표를 받은 도쿠토미를 누르고 당선되었다. 이 선거에서 당선된 조선 관계 대의사 중 조선에 거주 중인 사람은 사카가미를 포함해 5명이었고, 나머지는 조선에서 관료로 근무한 적이 있거

---

[46] 사카가미가 야마구치현에서 발표한 공약의 내용은 자료의 한계로 정확하게 확인되지 않는다. 하지만 야마구치현이 메이지 시대 이래 조선과의 무역을 활발하게 전개하면서 조선으로 이주하는 사람도 많았던 만큼 사카가미는 식민지 조선의 개발이 야마구치현의 발전과 무관하지 않다는 점을 강조하는 공약을 내세웠을 것으로 생각된다. 일제강점기 조선 거주 일본인의 출신지별 통계를 살펴보면 전 시기 동안 야마구치현 출신의 인사가 가장 많았던 것을 확인할 수 있다(이규수, 「통계를 통해 본 재조일본인의 추이」, 『개항장 인천과 재조일본인』, 보고사, 2015, 71~73쪽).

[47] 『부산일보』 1917.4.8, 「坂上候補後援會」.

[48] 『조선시보』 1920.3.21, 「坂上氏の出馬」; 『조선신문』 1920.4.22, 「阪上氏出馬, 山口縣第三區」; 1920.5.1, 「阪上氏の消息」.

나 조선에 사업체를 둔 사람들이었다.[49] 대다수가 입헌정우회 후보로 출마해 당선되었는데, 1918년 입헌정우회 수장이던 하라 다카시(原敬)가 내각총리대신으로 임명된 이후 입헌정우회가 여당으로 된 영향이 컸을 것이다. 1920년 7월 1일 개회한 제43회 제국의회(특별회)를 통해 의정활동을 시작한 사카가미는 1923년 겨울 제48회 제국의회(통상회)까지 활동하였다. 1924년 의회 해산으로 치러진 제15회 중의원 총선거 때도 야마구치현에서 출마할 예정이었으나 1917년 총선거에서 한 번 당선된 이력이 있는 고다마 유지(兒玉右二)가 입헌정우회 후보로 선출되면서 재선은좌절되었다.[50]

〈표 4〉 1920년 제14회 제국의회 중의원 총선거 조선 관계 의원 당선자

정당	성명	직업	지역구	정당	성명	직업	지역구
정우	牧山耕藏	조선신문 사장	長崎縣	정우	西村正則	호쿠리쿠토목회사 상당역	石川縣
정우	松山常次郎	황해사 사장	兵庫縣	중립	中野正剛	전 오사카마이니치 경성특파원	福岡縣
정우	阪上貞信	경남철도 전무	山口縣	정우	山本条太郎	조선방직 중역	福井縣
정우	佐佐木志賀二	경기도 제2부장	岡山縣	무소속	湯淺凡平	밀양 유아사농장 주인	廣島縣
정우	國重政亮	조선권농주식회사 사장	山口縣	정우	井上角五郎	전 한국정부 고문	廣島縣
정우	井上孝哉	전 동척 이사	岐阜縣	정우	野田卯太郎	전 동척 부총재	福岡縣
중립	萩田悅造	전 총독부 총무국장	三重縣	정우	陣軍吉	전 통감부 경무부장	宮崎縣
헌정	山道襄一	전 대한일보 사주	廣島縣	정우	鈴木銓藏	전 한국정부 촉탁	茨城縣
정우	高山長幸	조선산업철도 중역	愛媛縣	정우	福井三郎	전 한국시대 거주자	岡山縣
정우	加藤久米四郎	水野 정무총감 內相 시대 비서	三重縣	정우	山本悌二郎	서선식산은행 사장	新潟縣
정우	山崎猛	전 경성일보 사장	埼玉縣				

＊출전:「鮮滿關係者當落」,『조선공론』87, 1920.6, 62쪽.

---

[49] 『매일신보』 1920.5.9,「朝鮮關係者와 逐鹿戰」;『대판매일신문』 1920.5.14,「衆議院議員一覽」;「鮮滿關係者當落」,『조선공론』87, 1920.6, 62쪽 ; 選擧ドットコム(https://go2senkyo.com).
[50] 『조선신문』 1924.5.1,「朝鮮關係の鹿を逐ふ人」; 選擧ドットコム(https://go2senkyo.com)

2) 중의원 '조선 관계 대의사'로서의 활동

사카가미가 제국의회 중의원 대의사로 재임한 1920년대 전반기 식민지 조선의 상황은 3.1운동으로 인한 혼란을 수습하고 통치체제의 안정화를 달성해야 하는 과제를 안고 있었다. 새로 부임한 사이토 마코토(齋藤實) 총독은 이른바 '문화정치'를 시행하며 조선의 통치 안정화에 매진하였고, '산업조사위원회'를 설치하며 새로운 산업정책을 입안하고자 하였다. 이러한 분위기 속에서 조선의 일본인들은 참정권이나 치안과 같은 정치·군사적 문제에 대한 자신들의 목소리를 높이는 한편 경제 분야로 관심을 확대하면서 조선 산업개발을 위한 새로운 정책 수립을 요구하였다. 이를 실현시키기 위해서는 본국과 조선총독부의 지원과 투자가 적극적으로 이루어져야 했다. 1923년 간토대지진 이후 일본 정부가 모든 사업에 대한 예산을 동결 내지는 보류, 감축하는 '긴축재정'을 기조로 채택하면서 조선총독부 예산 또한 대거 삭감되었는데, 한정된 예산에서 사업비를 확보하려는 일본인들의 움직임은 더욱더 치열해졌다.[51]

이 무렵 일본 정계는 다이쇼 데모크라시에 의해 번벌정치(藩閥政治) 대신 정당정치(政黨政治)가 행해지면서 중의원의 영향력이 크게 강화되고 있었다. 일본의 제국 통치와 관련된 다양한 논의들이 제국의회 내에서 이루어졌는데, 조선 관련 문제에 관한 논의도 두드러지게 증대되었다. 여기에는 3.1운동의 여파도 컸지만 다이쇼 데모크라시를 배경으로 집권당인 정우회와 반대당인 헌정회의 갈등이 조선통치 문제를 논쟁점으로 격화된 측면도 있었다.[52] 이러한 분위기 속에서 조선의 사정에 정통한 조선 관계 대의사들의 역할도 증대되었다. 이들은 조선과 관련된 각종 법안과 예·결산 심의에 참여하고 청원·건의안을 제출하면서 조선 문제를 공론화시켰고, 조선산업개발의 필요성을 역설하면서 예산의 배정을 촉구하였다.[53]

대표적인 '조선당' 의원 중 한 사람이었던 사카가미의 의정활동은 제국의회 회의록을 통해 확인할 수 있다.[54] 사카가미는 제국의회에 입성한 이래 1920년 겨울 정기의회에서부터 본격적인 활동을 시작하였다. 본회의에 참석하는 외에 예·결산위원회 상임위원으로 선임되어

---

[51] 전성현, 『일제시기 조선 상업회의소 연구』, 선인, 2011 ; 우치다 준·한승동 역, 『제국의 브로커들』, 도서출판 길, 2020, 315~360쪽.

[52] 『동아일보』 1921.2.28, 「橫說竪說」 ; 1921.3.6, 「齋藤總督彈劾戰」 ; 1921.12.30, 「朝鮮政治에 對한 質問書提出」

[53] 『매일신보』 1922.2.9, 「社說: 議會에 現한 朝鮮統治問題」 ; 「第四十六議會と朝鮮問題」, 『조선공론』 120, 1923.3, 2~5쪽.

[54] 『경성일보』 1924.2.2, 「解散風を喰つた朝鮮關係の『前代議士』, ザツと數へただけで十六名」

예·결산안을 심의하였고, 각종 위원회에 심의위원으로 참석해 발언하였다. 본고 말미에 첨부된 [부표]는 대의사 재임 당시 사카가미의 의정활동을 정리한 것이다.

[부표]에 따르면, 사카가미는 대의사로 당선된 이후 약 110여 차례의 중의원 회의에 참석하였다. 1921년 제44회 정기의회 때부터 적극적으로 발언하고 있는데, 본국의 정치·행정에 관한 안건을 비롯해서 지역구인 야마구치 관련 안건, 조선과 사할린(樺太) 등 식민지 경영과 관련된 안건 등 다양한 안건의 심의에 참여하였다. 사카가미의 발언 내용을 분석해 보면, 전체 44건의 발언 중 본국의 정치·행정과 관련된 발언이 23건(약 52.2%)으로 가장 많았으며, 조선과 관계된 발언이 18건(약 40.9%)으로 그 뒤를 잇고 있다. 이 가운데 조선을 포함해서 타이완이나 사할린, 관동주 등 식민지 및 점령지 경영에 관한 발언만 뽑아보면 모두 26건(약 59%)이다. 사카가미가 제국의 식민지 경영, 특히 조선 문제에 특별한 관심을 가지고 있었음을 짐작해 볼 수 있다. 지역구인 야마구치현 관련 발언이 4건(약 9%)에 그친 것은 이와 상당히 대조적인데, 지역구가 야마구치가 아닌 조선이라는 인상마저 준다.[55]

일본 제국의 식민지 내지는 조선의 경영에 관한 사카가미의 기본적인 인식은 아래에 인용한 그의 발언을 통해 확인할 수 있는데, 식민정책 확립을 촉구하며 제출한 건의안(제46회)과 조선 병합의 의의와 조선총독의 권한을 설명한 발언(제45회)이다.

> 인구의 증가를 완화하고 국민생활의 안정을 도모하며 사회문제 발생의 화근을 절멸(絶滅)하고 해결하는 유일한 방법은 새로운 식민정책을 확립하는 데에 있다. 정부는 속히 이민법(移民法)에 관한 국책을 수립해 민족의 평화적 발전·향상을 도모하기 바란다.[56]

> 조선과 일본의 관계는 영국이 대의식민지(代議植民地) 혹은 자치식민지(自治植民地)로써 호주와 캐나다 혹은 뉴질랜드, 남아프리카 식민지를 통치하는 것과는 다릅니다. 또한 영국과 인도의 관계와 같이 영국 황제가 곧 인도의 황제로 되는 관계와도 다릅니다. 환언하면 '내지의 연장'이라 불리는 관계로, 하나의 자치식민지도, 대의식민지도 아닌 완전한 '내지의 연장'이어야 한다고 생각합니다. (중략) 재작년 이래 조선에서 소동이 발생한 이후 조선

---

[55] 중의원에서의 사카가미의 발언 횟수는 참석한 회의를 기준으로 산출하였다.
[56] JACAR, Ref. A14080248000 「植民政策確立ニ關スル建議」

의 치안은 현재 표면적으로는 평온합니다만, 아직은 완전한 평온으로 귀결되었다 할 수 없다고 생각합니다. 게다가 산업의 측면, 교통의 측면, 기타 여러 가지 점에서 보더라도 아직 유치한 영역을 벗어나지 못했습니다. (중략) 조선 통치에 대해 적어도 조선 병합 당시의 정신으로 돌아가지 않으면 안됩니다. 조선의 치안, 동양의 영원한 평화를 도모해 내지의 사람들을 이식함으로써 이 증가하는 인구를 안배하는 것이 가장 필요하지 않을까 생각합니다. 이러한 의미에서 저는 총리대신의 의견을 듣고 싶습니다. 이후 우리 제국 정부는 지금과 같은 방침으로 조선에 대해 1년에 불과 9백만엔이나 1천만엔의 보조를 주면서 조선을 통치해 나가려 합니까. 아니면 모국의 재정이 허락하는 한 통치의 근본정신으로 돌아가 끝까지 조선의 개발을 위해 힘을 다할 생각입니까.[57]

사카가미는 본국의 인구문제나 식량문제를 해결할 유일한 방법으로 식민지를 확보해 이민을 적극적으로 장려할 필요가 있다고 주장하였다. 특히 미국과 유럽에서 일본을 견제하는 배일(排日) 분위기가 고조되고 있는 현 상황에서 일본의 선택지는 일본의 영향력 하에 있는 조선과 만몽밖에 없는데, 식민지 조선의 경우 서구 열강의 대의식민지나 자치식민지와는 성격을 달리하는 곳으로, '내지의 연장'으로 간주해야 함을 강조하였다. 이러한 조선으로의 일본인 이민을 유도하기 위해서는 치안이 확보되고 산업이 발달하는 등 이들을 끌어들일 만한 요인이 있어야 하는데, 이를 위해서는 본국과 동일한 법률을 적용한다든가 보급금 교부와 같은 적극적인 재정지원이 있어야 하며, 본토 자본가들이 공격적으로 투자할 수 있는 제도적 장치가 마련되어야 한다는 것이다.[58]

사카가미는 제국의 식민지 경영에 대한 이상과 같은 생각을 중의원에 상정된 개별 안건을 심의하는 과정에서 현실화시켜 나갔다. 아래 〈표 5〉는 [부표]에 제시된 사카가미의 의정활동 중 조선 문제에 관한 발언을 발췌한 것이다.

---

[57] 「第四十五回帝國議會衆議院豫算委員第三分科會議錄」(제3회), 1922.2.6, 13~14쪽.
[58] 「第46回帝国議会衆議院本会議」(제18호), 1923.2.22, 20~24쪽 ; 『매일신보』 1922.2.8, 「朝鮮統治問答」 ; 『大阪朝日新聞』 1923.3.26, 「植民関係 : 衆議院委員会」

〈표 5〉阪上貞信의 조선 관련 발언

	회의명	활동	주요 발언	비고
제43회	본회의	〈조선 석탄수급에 관한 건의안〉 (阪上貞信 제출) 설명	석탄 채굴의 장려와 보류한 鑛區의 개방을 요구	본인 철회
제44회	지방철도법 중 개정법률안 외 1건 위원회	〈조선사설철도보조법〉 심의	이익금 투자자본의 연 8% 보조, 보조총액 250만엔 이상을 주장	통과
	본회의	〈조선에서의 식림사업 보호에 관한 건의〉(松山常次郞 외 2명) 제출	조선에서의 식림사업 대해 보호·장려하는 제도의 수립을 요구	중의원 통과
제45회	예산위원회	조선 관련 예산안 심의	조선사설철도 보조, 경편철도 부설, 항로보조비, 조선총독의 권한, 조선 2개 사단과 북부지역 경비, 보급금 교부 필요성 등에 관한 질의	
	大正 9년도 예비금 지출의 건 외 4건(승낙을 구하는 건) 위원회(제3호)	조선총독부 기밀비 지출에 관한 질의	기밀비 집행과 관련해서 기밀회 내용을 질의	
	본회의 및 三津濱港 축항 국고보조에 관한 건의안위원회	〈군산항 수축 국영에 관한 건의안〉 (阪上貞信 외) 상정	전북 군산항의 수축을 촉구	중의원 통과
제46회	본회의 및 조선사업공채법 중 개정법률안 외 2건 위원회	〈식민정책 확립에 관한 건의안〉 (阪上貞信 외 4명) 제출	본국의 인구문제 해결을 위한 식민정책 확립을 건의	중의원 통과
	청원위원회	〈군산 축항에 관한 청원안〉 (阪上貞信) 제출	전북 군산항 축항을 청원	중의원 통과
	본회의	〈군산항 국영 수축에 관한 건의안〉 (阪上貞信 외 2명) 제출	조선 제일의 미곡 수이출항인 군산항의 수축을 건의	중의원 통과
	본회의	〈조선 다사도 축항 속성에 관한 건의안〉(牧山耕藏 외 7명) 제출	평북 용천군 다사도의 축항을 건의	중의원 통과
	조선사업공채법 중 개정법률안 외 2건 위원회	〈內地와 朝鮮, 臺灣, 樺太, 南洋群島, 關東州 및 滿鐵附屬地 간의 우편 전신요금 통일에 관한 건의안〉(牧山耕藏 외 14명) 제출	본국과 식민지 간의 원활한 연락을 위해 우편, 전신, 소포료를 통일시켜 줄 것을 건의	중의원 통과
	조선사업공채법 중 개정법률안 외 2건 위원회	〈인천 축항 확장에 관한 건의안〉 (牧山耕藏 외 4명) 제출	중국과의 무역 확장을 위해 인천의 항만시설을 확장해 줄 것을 건의	중의원 통과
	조선사업공채법 중 개정법률안 외 2건 위원회	조선은행 구제 방침에 관한 질의	만주에서 고정대부로 인하여 경영난을 겪고 있는 조선은행에 대한 구제책 촉구	
	조선사업공채법 중 개정법률안 외 2건 위원회	거래소, 현물시장 설치 등에 관한 질의	거래소 제도의 확립과 현물시장에 대한 감독 강화의 필요성, 항만정책 등을 언급	
	결산위원회	조선 관련 결산안 질의	세입, 세출 항목에 관한 질의	

출전: 帝国議会会議録検索システム(https://teikokugikai-i.ndl.go.jp/#/)

1920년대 전반기 중의원에서는 조선과 관련된 다수의 안건들을 논의하였다. 〈표 5〉를 통해서 보면, 사카가미는 당시 조선에 거주한 일본인들의 가장 큰 관심사였을 뿐만 아니라 본인이 직접 사업에 참여하기도 했던 철도망 건설에 대한 지원 확대를 요구하였다. 또한 항로의 확대 및 군산, 인천, 다사도 등지의 항만 수축과 같은 인프라 확충, 조선의 안정적 통치와 산업개발을 위한 '보급금' 확대 등을 강력하게 주장했다. 이 외에도 식민지 우편·전신요금의 통일, 국경지역 경비, 조선은행에 대한 지원책, 산미증식계획을 수행할 농업회사의 설립, 석탄 등 자원개발, 거래소 제도 확립 등 다양한 정치·경제적 사안들을 심의했다. 청원·건의안의 경우, 조선 내 일본인들의 제안·의견을 토대로 마키야마, 마츠야마 등 조선 관계 대의사들과 공동 명의로 제출하고 있는데, 조선과 인연이 있는 대의사들이 조선 문제를 공유하면서 공동 대응한 것으로 생각된다. 이들 안건 중 사카가미가 중심적 역할을 담당한 것은 군산항 수축에 관한 건의안이었다. 본 안건은 1920년대 산미증식계획과 함께 기획된 항만수축 건 중의 하나로, 그 심의 과정은 군산에 거주한 경험이 있는 사카가미의 대의사로서의 역할을 확인시켜 준다.

　군산항 수축 건은 앞에서 살펴본 것처럼 개항 이래 군산지역 최대의 현안 사업으로, 그것을 실현시키기 위한 지역사회의 노력이 이어졌다. 1911년 사토 마사지로를 회장으로 한 '군산수도축항기성동맹회(群山水道築港期成同盟會)'를 조직해 당국을 향한 청원운동을 시작하였고, 그 이듬해에는 이를 '군산축항기성동맹회'로 개칭하며 본격적인 축항운동을 전개하였다. 이에 대해 조선총독부는 군산항을 조선에 있는 여러 항구 중 하나로 치부하면서 큰 관심을 두지 않았다.[59] 그러나 시간이 갈수록 군산항을 통한 쌀 이출량이 증대되어간 반면 대형 선박의 입항은 점점 더 어려운 상황으로 되었는데, 금강 하류에 위치한 지형적 특성상 토사의 유입이 많았기 때문이다. 더이상 지켜보고만 있을 수 없었던 군산의 유력자들은 1920년 축항기성동맹회를 재조직하며 군산항에 대한 근본적 개선을 요구하기 시작하였다. 회장에는 오사와 도쥬로, 부회장에는 아카마츠 시게오가 선임되었다. 동맹회는 부민대회를 개최해 지역의 여론을 모으는 한편 조선총독부와 전선상업회의소연합회, 전국항만협회총회 등 당국과 관계 기관으로 진정운동을 전개하였다. 이에 대해 총독부는 군산항 수축의 필요성은 인정되나 한정된 예산관계상 우선순위에 둘 수는 없다고 했다.[60]

---

[59] 『동아일보』 1920.5.1, 「郡山港改築 群山商業會議所에서 出願」; 『조선신문』 1920.5.4, 「群山有志陳情」; 『매일신보』 1922.12.24, 「群山港修築에 就하여」; 군산부, 『群山府史』, 1935, 133~134쪽.

[60] 『매일신보』 1922.8.10, 「群山築港委員 築港國營陳情」; 1922.12.24, 「群山港修築에 就하여」; 1923.2.6, 「群山築港修築

1922년도 조선총독부 예산안에서 군산항 수축 건이 누락되자 동맹회는 도쿄로 가 직접 정·재계 인사들을 접촉하는 동상운동을 전개하였다. 강제병합 이전부터 군산에 거주했던 사카가미는 군산거류민단의 민장 재임 당시 군산항 수축을 위해 많은 노력을 기울였는데, 동맹회의 오사와 도쥬로, 아카마츠 시게오와는 사업을 함께 하면서 경제적 이해를 공유한 관계이기도 했다. 사카가미는 1922년 제45회 제국의회 중의원에 〈군산항 국영 수축에 관한 건의안〉을 상정하였다. 전·현직 의원 96명의 찬성을 받아 제출했는데, 이것으로 군산항 수축 건이 제국의회에서 처음으로 공론화되었다. 건의안 제출자로 이름을 올린 의원은 사카가미 외에 마키야마와 하스이 도키치(蓮井藤吉), 진 군키치(陣軍吉), 다키 구메지로(多木久米次郎) 등 5명이었는데, 모두 조선과 인연을 가진 이른바 '조선 관계 대의사'였다.[61] 3월 23일 본 안건의 제출자로 본회의 단상에 오른 사카가미는 건의안의 제출 이유를 다음과 같이 밝히고 있다.

　군산항은 조선의 남쪽에 위치한 要港입니다. 최근 산업의 개발, 운수교통기관의 정비와 함께 군산항 무역은 현저하게 증진되고 있습니다. 작년 1921년 통계에 따르면, 무역액은 2,600여만엔을 보이고 있습니다. 이 군산항에서 특별히 강조할 점은 단지 조선뿐만 아니라 우리 내지를 통틀어 미곡의 이출액에서는 거의 비교할 곳이 없다는 점입니다. (중략) 무역항으로써 조선에서 가장 유수한 항구임에도 불구하고 항만의 상태는 1899년 이후 20여 년 동안 여전히 구태의연한 상태입니다. 기껏해야 항만 전면의 외벽과 세관 구역 내의 설비 혹은 항구 내의 준설을 한 정도로, 이를 제외하면 군산항에 대한 수축이라는 것은 하등 볼 만한 것이 없습니다. 이 군산항은 머지않아 남조선철도와 조선경남철도가 개통되면 수출항으로서 더욱더 큰 성과를 낼 것입니다. 이러한 때에 항만은 지금 말씀드린 것처럼 실로 불충분한 상태로, 대규모 선박의 자유로운 정박과 하역 등을 온전히 할 수 없는 상황입니다. 정부는 하루라도 빨리 이 군산항 수축에 대한 조사를 개시하고, 나아가 군산항의 수축을 완성하기를 간절히 바라 마지 않습니다.[62]

請願」.
[61] 『조선신문』 1926.6.25, 「群山港修築國營が始めて帝國議會に建議案として提出された」. 하스이 도키치는 가가와현 출신의 사족으로 조선 여수에서 전기회사, 회조회사 등의 사업체를 경영하였던 인물이고, 진 군키치는 한일합병 이전 황해도와 함경도 등지에서 경찰로 근무하면서 의병을 진압한 이력을 가지고 있었다. 한편 다키는 1910년대 후반 조선으로 진출해 전북을 거점으로 농장을 경영하였으며, 광산업과 산림업에도 진출하였던 인물이다.
[62] 「第45回帝国議会衆議院本会議」(제33호), 1922.3.22, 829쪽.

본 건의안은 〈미츠하마코우(三津濱港) 축항 국고보조에 관한 건의안〉 등 건의안위원회에서 재논의되었다. 건의안위원회 위원으로 참석한 사카가미는 군산항의 수축 필요성에 대해 다음의 4가지 이유를 제시하며 정부위원과 의원들을 설득하였다. 첫째, 군산항이 무역항으로써 크게 성장하고 있는 만큼 수이출입 무역의 증진을 위해 필요하다는 것이다. 둘째, 군산은 전라북도와 충청남도의 곡창지대를 배후에 두고 있으므로 쌀 수출항으로써의 역할이 크다는 점이다. 셋째, 호남철도가 경유할 뿐만 아니라 남조선철도, 경남철도가 개통되면 군산의 상권은 더욱 확대될 것이라는 점이다. 넷째는 군산항의 발전은 농업을 주산업으로 하는 조선의 민중을 위해서도 필요한데, 조선 생산액의 약 80%, 수이출액의 약 70%를 점하는 농산물의 수이출 비용을 절감함으로써 조선 농민과 상인의 이윤을 증대시킬 수 있다는 점을 지적하였다. [63] 요컨대, 조선미의 안정적 생산과 이출에 필요한 인프라를 구축함으로써 산미증식계획의 원만한 진행을 도모할 수 있으며, 이는 본국의 식량문제를 해결해 가는 방편이기도 하다는 점을 강조한 것이다.

　조선산미증수(朝鮮産米增收) 계획과 함께 이것이 필요하다는 사실은 이전에 이미 말씀드린 대로입니다. 조선총독부는 1920년도부터 토지의 개량과 수리·관개사업을 위한 상당한 보조금을 교부하며 농사의 개선·개량을 도모해 오고 있습니다. 1922년에도 이미 토지개량계획을 세워 놓았다는 것은 앞서 말씀드린 대로입니다. 이렇게 조선의 토지개량, 수리사업, 혹은 미간지 이용 등의 개간 계획이 완성되는 날 조선의 산미(産米)는 더욱 급격하게 증가할 것입니다. 이것으로 우리 내지의 식량부족을 보충할 수 있습니다. 현재는 300만석 정도이지만, 장래 부족한 미곡은 반드시 조선에서 보충할 시기가 도래할 것이라 생각하고 있습니다. (중략) 총독부의 소위 산미증식계획에 수반된 것이기는 하지만, 이 항구가 장래에 더욱더 많은 쌀을 이출하게 될 것임은 의심할 여지가 없습니다.[64]

　이에 대해 와다 이치로(和田一郎) 조선총독부 참사관은 군산항 수축의 필요성은 인정하지만 현재의 재정 상태로는 여러 사업의 '완급'이 필요한 상황인 만큼 전면적 수축보다는 항구에

---

[63] 「三津浜港築港国庫補助に関する建議案委員会」(제2호), 1922.3.24, 1~2쪽.
[64] 「三津浜港築港国庫補助に関する建議案委員会」(제2호), 1922.3.24, 2쪽.

쌓인 토사 제거나 철도와의 연락시설 구축 등 긴급을 요하는 처치를 하는 수준으로 조치할 것이라 답변하였다.[65] 정부위원의 부정적 답변에도 불구하고 건의안은 중의원을 통과하였다. 하지만 정부의 동의를 얻지 못해 1922년도 예산 편성으로 이어지지는 못했다.

이듬해인 1923년 사카가미는 본 안건을 다시 의회에 상정하였다. 제46회 제국의회에는 군산뿐만 아니라 인천, 진남포, 다사도 축항 건도 청원·건의안으로 상정되어 있어 군산항 축항의 선행 필요성을 더욱 강하게 납득시켜야 했다. 사카가미는 청원위원회에 군산상업회의소 회두 오사와 도쥬로의 의견서를 첨부한 〈군산항 축항의 건〉을 제출하였고, 본회의에 〈군산항 수축 국영에 관한 건의안〉도 상정했다.[66] 〈조선사업공채법 중 개정법률안〉 심의 위원회에서는 축항에 대한 조선총독부의 기존 계획이 인천, 진남포에 비해 군산과 다사도 축항을 소규모로 기획하고 있다는 점을 지적하면서 조선사업공채를 통해 재정 문제를 해결할 것을 제안하였다.[67] 사카가미의 적극적인 의정활동으로 군산항 수축 청원·건의안이 중의원을 통과했으나, 정부는 긴축재정을 이유로 조선의 모든 축항 사업을 이월시켰다.[68] 군산항 축항 건 역시 미루어졌는데, 그나마 1924년도 예산안에 6년 사업으로 포함시킨다는 확답을 받은 것은 큰 성과였다 할 수 있겠다. 하지만 9월 간토대지진으로 본국 재정 상황이 악화되면서 다시 좌절되고 말았다.

1924년 7월 신임 시모오카 주지(下岡忠治) 정무총감이 부임한 가운데 조선총독부는 '산업제일주의'를 표방하며 조선의 개발에 매진하였다. 산미증식계획을 역점사업으로 추진하면서 그 부대사업으로 항만의 개량, 철도의 부설, 치산치수의 시설 등을 계획했는데, 이 과정에서 군산항 수축 건도 비로소 실현되었다.[69] 아래 〈표 6〉은 1926년 입안된 군산항 수축 계획

---

[65] 「三津浜港築港国庫補助に関する建議案委員会」(제2호), 1922.3.24, 2쪽.

[66] 제국의회 개회 중 군산항 축항에 대한 예산 편성을 2~3년 미루는 것으로 결정되자 군산상업회의소 회두 오사와 도쥬로와 부회두 아카마츠 시게오는 '축항의 急設 진정'을 위해 바로 도쿄로 입성했다(『동아일보』 1923.2.15, 「群山府民大會 築港問題로」;「衆議院請願委員第一分科」(제6호), 1923.3.5, 3쪽 ; 「衆議院本會議」(제29호), 1923.3.10, 20쪽 ; JACAR, Ref. A14080864000 「群山築港ノ件」).

[67] 「朝鮮事業公債法中改正法律案外二件委員会」(제13호), 1923.3.24, 17~18쪽.

[68] 『조선일보』 1923.3.26, 「朝鮮事業公債法 改正案委員會」;『매일신보』 1923.4.2, 「朝鮮築港問題」;『조선시보』 1923.8.17, 「群山築港設計の內容」; 김승, 「일제시기 다사도항(多獅島港) 개발과 신의주·다사도간의 철도부설」, 『해양도시문화교섭학』 18, 2018.

[69] 『군산부사』는 군산항 축항 건과 관련해서 시모오카 정무총감의 역할이 특히 컸던 것으로 기록하고 있다. "재정긴축의 시기임에도 불구하고 정부는 시모오카 총감의 산미증식계획을 채용해 2억 2천만엔의 거액으로 1926년부터 시행하기로 결정하였다. 특히 정부는 제국의 식량문제를 해결하기 위해 동 안건과는 불가분의 관계에 있는 군산항만의 수축을 6개년 계속사업으로 285만엔을

을 1910년대 초반 지역사회에서 작성한 항만조사서와 비교한 것이다. 그간 군산항을 관리해 왔다는 조선총독부의 해명과는 달리 애초 지역사회에서 요구했던 항만설비 대부분은 1926년 수축 계획안에 포함되었다는 것을 알 수 있다. 항만 개발을 위한 첫 단계인 항만부지조차 조성하지 않아 그동안 거의 방치하다시피 했다는 것을 보여 준다. 때문에 이 축항 사업이 훗날 '쌀의 군산'으로 불리며 조선 최고의 쌀 이출항으로 성장하는 첫걸음을 내딛는 것이었다 해도 과언이 아니다.[70] 그것이 비록 산미증식계획이라는 국책의 추진 과정에서 부수된 결정이었다 하더라도 오랜 기간 쌀 이출항으로서의 군산항의 가치를 피력해 온 지역민들의 항만수축 운동과 그것을 제국의회로 전달한 조선 관계 대의사의 활동이 선행되지 않았다면 기대하기 어려운 성과였을 것이다.

〈표 6〉 군산축항기성동맹회의 항만조사서와 조선총독부의 군산항 수축 계획

		1912년 항만조사서	1926년 군산항 수축 계획
총 공사비			2,850,000엔(6개년 계속사업)
준설		강구-항내 구간 준설	
매축		간석지 매축 방파제 축조와 해벽의 설치	세관지서 부근 12,600평 매축 護岸의 연장, 物揚場 축조
항만설비	해륙연락설비	잔교 3기 설치	부잔교 3개 설치, 陸岸과의 사이에 연락교 가설
	육상설비	세관 구내-서해안 간 연락도로 개착 어선 계류장 설치	매축지와 착평지에 도로 축조 도로 및 창고부지에 경편궤도 부설 철도 본선에서 3線 引込線 설치 상가, 창고 등을 설비
	기타설비		항내 錨의 수심유지를 위한 制水堤 축조

출처: 保高正記 編, 『群山開港史』, 1925, 178~179쪽 ; 『조선신문』 1926.6.25, 「群山港修築國營が始めて帝國議會に建議案として提出された」

배정해 1926년도부터 시공하기로 하였다. 이로써 군산의 오랜 현안으로, 부민이 꿈에서도 열망하였던 군산항만 수축 문제가 순조롭게 해결되었다. 부민의 다년간의 숙망이 겨우 이루어진 것이다. 마치 10년 동안의 운무를 밀어내고 작열하는 태양을 우러러보는 것 같은 느낌을 품게 되었다."(군산부, 『群山府史』, 1935, 135쪽)

[70] '쌀의 군산'이라는 칭호는 데라우치 총독이 1913년 3월 군산을 시찰하던 중 쌓여 있는 20만 가마니의 쌀을 보고 "굉장하다, 군산의 쌀"이라고 한 것에서 유래했다고 한다. 당시 군산부 내에서 생산된 쌀뿐만 아니라 김제, 익산, 옥구 등 배후지에서 생산되어 군산항으로 집결된 쌀을 모두 '군산미'라 불렀는데, 이 칭호는 1930년대 중반경 조선미의 대일 수출에서 군산미가 최우위를 차지하면서 굳어졌다. 여기에는 1933년 3월말에 완공된 군산 축항의 영향이 컸다고 한다(군산부, 『群山府史』, 1935, 198쪽 ; 최은진, 「群山米의 대일 수출구조」, 한양대 석사학위논문, 2010, 2쪽).

이상에서 사카가미의 의정활동을 중의원에서의 그의 발언을 중심으로 살펴보았다. 그의 활동은 조선과 관련된 문제에 특히 집중되었는데, 조선 관련 법안과 예·결산 심의, 청원·건의안 제출을 통해 조선 산업개발을 요구하는 조선 거주 일본인들의 목소리를 본국 정계에 전달하면서 식민정책의 수립 방향을 제시하였다. 군산항 수축 건의 경우, 군산이라는 한 지역의 문제가 아닌 식민지-본국의 문제로 확장하면서 의회를 설득해 나갔다. 곧 전북과 충청의 넓은 곡창지대를 철도와 항만이라는 일원적 체계 속에 연결해 곡물의 본국 수송을 원활하게 함으로써 산미증식계획의 실효를 높일 수 있는 방책을 제시하였던 것이다. 여기에는 군산항 수축을 오랫동안 요망해 왔던 군산 지역사회뿐만 아니라 무역상, 기선회사, 철도회사 등 '군산미' 이출과 관련된 자본가들, 그리고 군산 일대에 경제적 기반을 구축하고 있던 사카가미 본인의 경제적 이해도 반영되어 있었다.

사카가미 사다노부는 야마구치현 출신으로, 1903년 강경으로 이주했다가 1906년 군산에 정착하였다. 군산일본인회 민장, 군산거류민단 초대 민장 등을 역임하면서 어시장 설치, 도수장·묘지·화장장 정리, 공립병원 설립, 유곽의 신설 등 군산 내 각종 현안 사업과 군산항 축항, 호남철도 부설 등 지역개발 사업을 적극적으로 추진하였다. 군산거류민단 민장에서 물러난 후에는 선남권업주식회사라는 농업회사를 설립해 경영하였고, 국유 미간지와 광산에도 투자하였다. 1910년대 중반부터는 군산과 경부선을 잇는 경편철도의 부설도 계획하였다.

1914년 거류민단이 폐지된 이후 조선의 일본인들은 자신의 정치·경제적 요구를 표출하기 위해 직접 본국의 정계로 뛰어들었다. 일찍부터 정치에 뜻을 두었던 사카가미는 조선의 개발과 이에 대한 의회의 협조를 끌어내겠다는 목표 하에 출사표를 던졌다. 사카가미는 4번의 시도 끝에 1920년 중의원 총선거에서 당선되었는데, 이후 지역구인 야마구치현의 현안보다는 식민지 문제, 특히 조선의 문제에 더 깊이 관여하는 의정활동을 하였다. 본국의 인구·식량 문제를 해결하기 위한 식민정책의 수립과 조선개발의 필요성을 강조하면서 보급금의 확대, 철도·항만 등 기간시설에 대한 투자, 광산 개발 등을 언급하였다. 특히 군산의 오랜 현안인 군산항 수축 문제에 열의를 보였다. 군산항은 조선의 대표적 쌀 이출항으로, 일찍부터 야마구치 등으로부터 많은 일본인들이 이주해 왔는데, 군산항 수축은 상업·무역업을 근간으로 한 지역사회의 오랜 요망이었을 뿐만 아니라 본국의 식량문제를 해결할 산미증식계획을 위해서도 필요하다는 점을 강조하였다.

이처럼 조선 문제를 중심으로 의정활동을 펼쳤던 사카가미는 중의원 내에서는 대표적인 '조선통' 의원으로 분류되었다. 1920년대 전반기 정우회와 헌정회 등 정당 세력의 대립이 격화된 가운데 조선 문제는 주요 논쟁점으로 부각되었다. 1910년 중반 이래 조선의 일본인 '대변자'로써 하나 둘 의회로 진출하기 시작한 조선 관계 대의사는 1920년대 들어 일정한 정치력을 행사할 정도로 세력화되었다. 그들은 조선에 거주하면서 체득한 경험과 지식, 인적 네트워크 등을 기반으로 조선 문제를 의회 내에 공론화시켰다. 사카가미는 마키야마나 마츠야마 등의 다선 의원과 같이 큰 정치력을 행사한 유력인사는 아니었지만, 1920년대 전반기 일단의 '정치세력'으로 성장한 조선 관계 대의사의 일원으로써 의정활동을 전개하였다. 군산거류민회 민장 재임 당시 지역 내 여러 현안 사업을 추진하고 경편철도 회사를 설립하는 과정에서 겪었던 '경험'을 바탕으로 제국의회에서 조선의 일본인들이 요구하는 개발 사업의 필요성을 역설하였고, 조선의 실정에 기반한 식민정책의 수립 방향을 제시했다.

제15회 중의원 총선거에서 재선에 실패한 사카가미의 의정활동은 1924년으로 끝이 났다. 재임 기간이 짧았던 만큼 그의 의정활동이 즉각적인 성과를 냈다고 보기는 어렵다. 하지만 1920년대 초 조선의 일본인들이 제안한 '조선 산업개발 4대 요항(要項)'이 차례로 실행되고, 특히 1927년 3월에는 철도건설 지원안이 의회를 통과하는 등 조선 산업개발 사업들은 조금씩 성과를 내기 시작했다. 1926년 예산안이 통과되어 착공하게 된 군산항 축항 역시 그 가운데 하나이다. 이것은 1920년대 중반 이후 일본 제국 내 상황 변화와 본국의 대식민지 정책 변화에 기인한 부분이 크지만, 그 과정에서는 조선의 일본인과 본국 정부 사이에서 정치력을 행사한 사카가미 등 조선 관계 대의사들의 역할도 적지 않았다.

1920년대 전반기 군산의 일본인 사카가미의 대의사로서의 활동은 제국의 식민지 경영을 둘러싸고 경합하였던 본국 정부와 조선총독부, 재조일본인 등 각 식민세력의 이해가 식민정책으로 구현되는 과정에서 조선 관계 대의사들이 어떠한 역할을 담당하였는지 잘 보여주는 사례였다. 그는 조선에 거주한 일본인의 목소리를 제국의회로 전달하면서 그들의 이해가 식민정책에 반영될 수 있도록 대변한 '로비스트'이자 조선 실정을 근거한 식민정책의 수립 방향을 제시한 제국의 '브로커'였다. 여기에 사카가미 자신의 정치·경제적 이해가 포함되어 있었음은 물론이다.

[부표] 阪上貞信의 제국의회 의정활동

회차	날짜	회의명	阪上貞信의 의정활동		비고
제43회	1920.7.	은행조례 중 개정법률안 외 5건 위원회(제1호~제3호)	위원으로 선임되어 참석	위원 출석	일본 제국
	1920.7.24	본회의(제17호)	〈조선 석탄수급에 관한 건의안〉(阪上貞信 외 1명) 제출	의안 제출	조선
	1920.7.28	본회의(제20호)	〈조선 석탄수급에 관한 건의안〉 제출의원으로 참석해 안건의 제출을 철회함	출석 발언	조선
제44회	1921.1.	결산위원회(제1호, 제2호~제5호)	위원으로 선임되어 참석	위원 출석	일본 제국
	1921.2.~	소학교 교원 국고부담액 증가에 관한 건의안 외 1건 위원회(제1호~제2호, 제4호~제9호)	위원으로 선임되어 참석, 발언	출석 발언	일본 제국
	1921.3.4	결산위원회 제1분과(제1호)	1918년도 외무성·내무성 결산에 대해 질의	위원 발언	일본 제국
	1921.3.7	청원위원회 제2분과(제6호)	〈離野夫 國有林 無償拂下의 건〉 소개의원으로 발언	출석 발언	야마구치
	1921.3.7	결산위원회 제1분과(제2호)	1918년도 세입·세출 중 사법성 관원의 급여·상여, 정부위원의 상여 등에 대해 질의	위원 발언	일본 제국
	1921.3.9	결산위원회 제1분과(제3호)	1918년도 세입·세출 중 문부성·사법성 소관 내역에 대한 회계검사원 평가 등 진술	위원 발언	일본 제국
	1921.3.11	결산위원회(제6호)	1918년도 세입·세출 중 철도성 소관 항목에 대한 질의	위원 발언	일본 제국
	1921.3.12	지방철도법 중 개정 법률안 외 1건 위원회(제6호)	〈조선사설철도보조법〉에 관한 질의	위원 발언	조선
제44회	1921.3.14	청원위원회 제2분과(제7호)	〈離野夫 國有林 無償拂下의 건〉 소개의원으로 발언	출석 발언	야마구치
	1921.3.	마적법안위원회(제1호~제3호)	위원으로 선임되어 참석, 발언	위원 발언	일본 제국
	1921.3.19	본회의(제31호)	〈조선에서의 식림사업 보호에 관한 건의안〉(松山常次郎 외 2명) 제출	의안 찬성	조선
	1921.3.19	간이생명보험특별회계법 중 개정법률안 위원회(제1호)	위원으로 선임되어 참석	위원출석	일본 제국
	1921.3.26	본회의(제36호)	〈사립중학교, 사립고등여학교 보조금 하부에 관한 건의안〉 등에 대한 심의 경과를 위원장으로써 보고함	출석 발언	일본 제국

	1922.11	예산위원회(제1호~제22호)	위원으로 선임되어 참석	위원 출석	일본 제국
제45회	1922.2.3	예산위원회 제3분과(제1호)	대장성 소관 예산안 심의 중 〈조선사설철도보조법〉, 〈경편철도부설법안〉 등에 관한 질의	위원 발언	조선
	1922.2.4	예산위원회 제3분과(제2호)	대장성 소관 예산안 심의 중 토지개량사업회사 설립과 조선총독의 권한에 관한 질의	위원 발언	조선
	1922.2.4	예산위원회 제4분과(제2호)	육군성, 해군성 소관 예산안 심의 중 조선 2개사단과 북부지역 경비에 관한 질의	위원 발언	조선
	1922.2.6	예산위원회 제3분과(제3호)	대장성 소관 예산안 심의 중 조선병합의 의의와 보급금 교부의 필요성에 관한 발언	위원 발언	조선
	1922.2.7	예산위원회 제3분과(제4호)	대장성 소관 예산안 심의 중 항로보조비, 사설철도보조비 항목에 관한 질의	위원 발언	조선
	1922.2.20	청원위원회 제1분과(제4호)	〈文官恩給에 관한 건〉 소개의원으로 발언	출석 발언	일본 제국
	1922.2.22	6대 도시 행정감독에 관한 법률안위원회(제5호~제8호)	위원으로 임명되어 참석	위원 출석	일본 제국
	1922.3.3	大正 9년도 예비비 지출의 건 외 4건(승인을 구하는 건) 위원회(제1호~제2호, 제4호)	위원으로 임명되어 참석	위원 출석	일본 제국
	1922.3.4	본회의(제22호)	〈水先洗 중 개정법률안〉(阪上貞信) 제출	의안 제출	일본 제국
	1922.3.7	본회의(제24호)	〈府縣制 개정안〉에 관한 발언	출석 발언	일본 제국
	1922.3.8	大正 9년도 예비금 지출의 건 외 4건(승낙을 구하는 건) 위원회(제3호)	1920년 조선총독부 기밀비 지출에 관한 질의	위원 발언	조선
	1922.3.8	신원보증에 관한 법률안 외 3건 위원회(제3호)	〈水先洗 중 개정법률안〉 제출 이유 설명	출석 발언	일본 제국
	1922.3.9	총포 화약류 취체법 중 개정 법률안 외 1건 위원회(제2호)	위원회 선임되어 출석	위원 출석	일본 제국
	1922.3.14	예산위원회(제19호)	도쿄외국어학교에 관한 질의	위원 발언	일본 제국
제45회	1922.3.14	예산위원회(제20호)	도쿄외국어학교에 관한 질의	위원 발언	일본 제국
	1922.3.18	본회의(제32호)	〈군산항 수축 국영에 관한 건의안〉(牧山耕藏 외 4명) 제출	의안 제출	조선
	1922.3.22	본회의(제33호)	〈군산항 수축 국영에 관한 건의안〉(牧山耕藏 외 4명) 제출 이유 설명	출석 발언	조선
	1922.3.23	6대 도시 행정감독에 관한 법률안위원회(제9호)	지방청년단 보조에 관한 질의	위원 발언	일본 제국
	1922.3.24	삼진빈항(三津濱港) 축항 국고 보조에 관한 건의안위원회(제2호)	〈군산항 수축 국영에 관한 건의안〉(牧山耕藏 외 4명) 제출 이유 설명	위원 발언	조선

제46회	1923.1.	결산위원회(제1~9호)	위원으로 선임되어 출석	위원 출석	일본 제국
	1923.2.	市町村 의무교육비 국고부담법 개정법률안 위원회(제1호, 제3호~제4호)	위원으로 선임되어 출석	위원 출석	일본 제국
	1923.2.7	市町村 의무교육비 국고부담법 개정법률안 위원회(제2호)	의무교육기한 연장에 관한 질의	위원 발언	일본 제국
	1923.2.8	본회의(제10호)	〈水先洗 중 개정법률안〉(阪上貞信) 제출 이유 설명	의안 제출	일본 제국
	1923.2.22	본회의(제18호)	〈식민정책 확립에 관한 건의안〉(阪上貞信 외 4명) 제출 이유 설명	출석 발언	일본 제국
	1923.2.28	청원위원회 제3분과(제5호)	〈彌富郵便局 전신사무 개시의 건〉 제출 이유 설명	출석 발언	야마구치
	1923.2.28	청원위원회 제4분과(제4호)	〈正明市驛-仙崎港 간 철도부설의 건〉 및 〈小串-正明市 간 철도부설의 건〉 제출 이유 설명	출석 발언	야마구치
	1923.3.5	청원위원회 제1분과(제6호)	〈군산항 축항의 건〉(阪上貞信) 제출 이유 설명	출석 발언	조선
	1923.3.6	조선사업공채법 중 개정법률안 외 2건 위원회(제7호)	위원으로 선임되어 출석	출석	조선
	1923.3.8	본회의(제27호)	〈樺太 자원개발에 관한 건의안〉(阪上貞信) 제출	의안 제출	일본 제국
	1923.3.8	전신선 전화선 건설조례 제6조에 의한 수당금 증액에 관한 건의안 위원회(제3호)	〈水先洗 중 개정법률안〉 제출 이유 설명	출석 발언	일본 제국
	1923.3.9	본회의(제28호)	〈樺太 자원개발에 관한 건의안〉(阪上貞信) 제출 이유 설명	출석 발언	일본 제국
	1923.3.10	본회의(제29호)	〈조선 다사도 축항 속성에 관한 건의안〉(牧山耕藏 외 7명) 및 〈군산항 국영 수축에 관한 건의안〉(阪上貞信 외 2명) 제출 이유 설명	출석 발언	조선
	1923.3.10	조선사업공채법 중 개정법률안 외 2건 위원회(제8호)	〈식민정책 확립에 관한 건의안〉(阪上貞信 외 4명), 〈内地와 朝鮮, 臺灣, 樺太, 南洋群島, 關東州 및 滿鐵附屬地 간 우편전신요금 통일에 관한 건의안〉(牧山耕藏 외 14명), 〈인천 축항 확장에 관한 건의안〉(牧山耕藏 외 4명) 및 〈樺太 자원개발에 관한 건의안〉(阪上貞信) 제출 이유 설명	위원 발언	조선

	1923.3.13	결산위원 제5분과(제2호)	대만총독부 결산에 관한 질의	위원 발언	일본 제국
	1923.3.13	결산위원 제5분과(제3호)	대만총독부 결산에 관한 질의	위원 발언	일본 제국
	1923.3.15	조선사업공채법 중 개정법률안 외 2건 위원회(제9호)	〈樺太 자원개발에 관한 건의안〉에 관한 발언	위원 발언	일본 제국
	1923.3.17	조선사업공채법 중 개정법률안 외 2건 위원회(제10호)	〈樺太 자원개발에 관한 건의안〉에 관한 발언	위원 발언	일본 제국
	1923.3.19	결산위원회(제10호)	조선총독부 세입·세출 결산에 관한 질의	위원 발언	조선
	1923.3.19	결산위원 제5분과(제4호)	조선총독부 세입·세출 결산에 관한 질의	위원 발언	조선
	1923.3.21	조선사업공채법 중 개정법률안 외 2건 위원회(제11호)	인천축항 확장 문제에 관한 발언	위원 발언	조선
	1923.3.23	조선사업공채법 중 개정법률안 외 2건 위원회(제12호)	조선은행 구제 방침에 관한 질의	위원 발언	조선
	1923.3.24	조선사업공채법 중 개정법률안 외 2건 위원회(제13호)	관동주 등 식민지에서의 법률 적용, 아편문제, 조선에서의 거래소 문제 등을 질의	위원 발언	조선
	1923.3.25	조선사업공채법 중 개정법률안 외 2건 위원회(제14호)	이민문제에 관한 질의	위원 발언	일본 제국
	1923.3.26	조선사업공채법 중 개정법률안 외 2건 위원회(제15호)	만주중앙은행 설치에 관한 질의	위원 발언	일본 제국
제47회	1923.12.12	징벌위원회(제1호)	위원으로 선임되어 출석	출석	일본 제국
제48회	1923.12.28	청원위원회(제1호)	위원으로 선임되어 출석	출석	일본 제국

출전: 帝国議会会議録検索システム(https://teikokugikai-i.ndl.go.jp/#/)
＊ 비고란은 본국의 정치·행정 혹은 식민정책 등 일본 제국의 경영과 관련된 활동(일본제국)과 지역구인 야마구치현과 관련된 활동(야마구치), 그리고 조선과 관계된 활동(조선)으로 구분함.

5장
밀양의 대지주 유아사 본페이 湯淺凡平 의 제국의회 중의원 의정 활동

1. 조선 이주

　유아사 본페이(湯淺凡平, 1868~1943)는 1868년 11월 빈고국(備後國) 미타니군(三谿郡)[1]에서 평민 湯淺政常의 장남으로 태어났다.[2] "어려서부터 俊敏하고 배움을 좋아했던" 그는 향리에서 "보통학 및 和漢學"을 수료하고, "雄心의 발발을 금할 수 없어" 단신으로 도쿄(東京)로 유학을 떠나 후쿠자와 유기치(福澤諭吉)의 게이오기주쿠(慶應義塾)에 입학하였다.[3] 1891년 별과 졸업과 함께 日本郵船株式會社에 입사하여 근무하면서 "정계에 뜻이 있어" 메이지대학(明治大学)에서 법률학을 배웠다. 1903년 퇴사하고 "눈을 해외로 돌려 장래 일대 비약의 제일보로써" 조선으로 건너왔다. 이상의 이력 외에 집안 내력이나 경제적 배경 등은 상세하지 않다.

　유아사의 고향 미타니군은 히로시마번(廣島藩)의 영향 하에 있던 곳으로, 1871년 廢藩置縣 후 히로시마현(廣島縣)에 속했고, 현재 미요시시(三次市)에 해당한다. 세토내해(瀨戶內

---

[1] 衆議院事務局,『衆議院要覽 下卷』, 1915, 280쪽. "빈고국 후타미군(雙三郡) 가와니시촌(川西村)"이라 하였으나, 당시에는 미타니군이었다. 1898년 히로시마현(廣島縣) 후타미군이 되었고, 1958년 이래 현재 미요시시(三次市)에 속한다. 한편, 同縣의 히바군(比婆郡) 야마노우치히가시촌(山內東村) 출신이라는 기록도 있다. (衆議院事務局,『衆議院要覽 下卷』, 1917, 298쪽) 히바군은 1954년 쇼바라시(庄原市)가 되었다. 서쪽으로 미요시시를 접한다.

[2] 출생연도에 관하여 1867년 11월 4일(內尾直二,『人事興信錄 第5版』, 人事興信所, 1918, ゆ4쪽), 혹은 1868년 11월(衆議院事務局, 앞의 책, 1915, 280쪽)이라는 상이한 기록이 있다. 전자의 기록이 상세하지만, 이 글에서는 중의원 사무국이 조사한 후자를 신뢰하기로 한다.

[3] 細井肇,『現代日本の政治家』, 國光社, 1916, 無所屬 28쪽. 이하 직접인용을 포함하여 출처를 명기하지 않은 이력 사항은 이를 참조함.

海)를 접한 히로시마 지역은 예로부터 한반도와 인연이 많은 곳이다. 조선통신사 행로의 길목이었던 까닭에 히로시마번의 가마가리(蒲刈)와 후쿠야마번(福山藩)의 토모(鞆) 2개소가 海驛으로 지정되어 이들을 응접해야 했다. 이는 막대한 인원과 비용이 동원되는 國役이자 문화적 교류의 장이었다.[4] 근대에는 '軍事縣과 移民縣'이라는 별칭답게 히로시마시에 근거를 둔 제5사단이 청일전쟁·러일전쟁 등 대륙침략의 선봉에 섰고,[5] 재조일본인 수에 있어서도 조선과 인접한 지역들과 함께 대략 3~5위를 점하였다.[6] 특히 후자의 경우, 서일본 지역 연안 어장의 고갈로 러일전쟁 이전부터 통영과 여수 등 남해안 일대 곳곳에 이주 어민들에 의해 히로시마촌이 건설되고 있었다.[7] 다만, 주고쿠(中國)의 중앙에 위치한 내륙 분지 지형인 미요시 지역의 이민율은 縣內 타 지역에 비해 상대적으로 높지는 않았으나,[8] 강과 육로로 산요(山陽)와 산인(山陰)을 잇는 교통의 요지인 특성상 인근의 동향을 쉽게 접할 수 있었을 것이라 짐작된다.[9] 그러나 이상과 같은 향리의 지역성이 유아사가 "장래 일대 비약의 제일보"로 조선으로의 이주를 결행하는데 영향을 미쳤다 해도, 그 시점인 1903년은 기존 북미 지역 중심에서 만주와 조선으로, 이른바 '만한이민집중론'이 한창 주창되기 시작하던 시기였기에, '붐'이 일기 직전의 기민한 행동으로 보인다.[10]

조선에 도착한 유아사가 처음 정착한 곳은 경상남도 밀양군 하동면의 삼랑진이었다. 근처를 시찰하던 그는 상남면의 토지가 비옥하여 장차 전망이 있을 것으로 보고, 1905년 토지 구입과 함께 다수의 일본인 이주 농민을 불러들여 '유아사촌(湯淺村)'을 조성한다. 상남면

---

[4] 岸田裕之, 『広島県の歴史』, 山川出版社, 2013(2판 2쇄), 227~236쪽.

[5] 岸田裕之, 위의 책, 248~255쪽.

[6] 배병욱, 「한말·일제하 熊本 國權黨의 '조선어학생 파견사업' 연구」, 동아대학교(박사), 2019, 147쪽. 야마구치현(山口縣), 후쿠오카현(福岡縣)에 이어 구마모토현(熊本縣)·나가사키현(長崎縣) 등과 3~5위를 다투었는데, 구체적 인원을 제시하자면, 1910년 10,838명(4위)에서 1942년 40,303명(5위)으로 식민 통치 기간 약 3.7배 증가하였다.

[7] 히로시마현은 경지 면적이 작고 인구가 많아 이미 에도시대부터 일본 국내 각지로의 이주율이 높았고, 메이지기에는 해외 이민 송출지로 유명했다. 대체로 1900년까지는 하와이, 1908년까지는 미국 본토에의 이민이 주류였으나, 미국에서의 배일운동 격화로 러일전쟁 이후에는 한국·대만·관동주 등 일본 식민지권으로의 이민이 증가했다.

[8] 岸田裕之, 앞의 책, 259쪽. 1907년 당시 히로시마현의 도시별 이민율을 보면, 현재 미요시시에 일부 병합된 고누군(甲奴郡)의 수치가 높을 뿐 후타미군은 평균 이하이다.

[9] 미요시시 공식 홈페이지(https://www.city.miyoshi.hiroshima.jp)

[10] 전성현 외, 『일본인 이주정책과 재조선 일본인사회』, 동북아역사재단, 2021, 44~46쪽. 러일전쟁이 시작되던 1904년(31,093명)과 일본의 승리 후 통감부가 설치된 1906년(83,315명) 사이 재조일본인의 수는 약 3배에 이르는 비약적 증가세를 보였다. 그 이전 1900년(15,829명)의 수치와 비교하면 격세의 감이 있다.

에 일본인이 들어온 것은 유아사가 효시로,[11] 불과 2년 후인 1907년 10월경에는 아래 〈표1〉과 같이 삼랑진뿐 아니라 상남면에도 다수의 일본인 농장이 들어섰다.[12] 당시 밀양군 부내면에 거주하고 있던 유아사는 상남면을 핵심으로 하여 하동면 송지리 삼랑진역 인근에도 얼마간의 토지를 소유하였고, 이웃한 창원과 김해에도 투자하였다. 한국흥업주식회사나 도요타 후쿠타로(豐田福太郞)처럼 500정보 이상의 토지를 가진 거대지주는 아니었지만, 부산의 오이케 주스케, 하자마 후사타로(迫間房太郞)를 비롯하여 삼랑진의 오타 가쓰사부로(太田勝三郞), 후지타 도미타로(藤田富太郞), 밀양의 마쓰시타 데이지로(松下定次郞) 등과 함께 50정보 이상의 대지주라 볼 수 있다.[13]

〈표1〉 1907년 밀양군 내 일본인 농업 경영자 (단위 : 圓, 町步)

거주지	지주명	출신	자본금	경영 종별	면적	농장 소재지
삼랑진	萩野米吉	岡山	200	지주	1.2(朝)	밀양군 삼랑진
	大村新次郞	福島	500	자작	1.8	밀양군 삼랑진
	土屋瀧平	岡山	500	지주	2.6(朝)	밀양군 삼랑진
	山田信助	山口	600	지주	5(朝)	밀양군 삼랑진
	久保田秀吉	千葉	700	자작	4.6	밀양군 삼랑진
	朝香熊太郞	香川	900	자작	8	밀양군 삼랑진
	大崎命太郞	高知	1,200	자작	2.6	밀양군 삼랑진
	太田勝三郞	大分	1,300	지주	101(朝)	밀양군 삼랑진
	多賀茂	岡山	1,700	과수 재배	1.8(自), 5(日)	밀양군 삼랑진
	寺晉祐	東京	3,000	지주	10(朝)	밀양군 삼랑진
	伊藤彌八	福岡	3,000	과수 자작	12	밀양군 삼랑진

---

[11] 大橋淸三郞 편, 『朝鮮産業指針』, 開發社, 1915, 854쪽.

[12] 1913년 말 밀양군의 일본인 농업 경영자 수는 312명으로, 근소한 차로 창원군(317명)에 이어 도내 2위를 차지하였다. 다음 순위인 사천군(218명)이나 진주군(212명)과는 큰 폭의 차가 있어서 초기 일본인들의 농업 경영이 부산과 가까운 이들 지역을 중심으로 진행되었음을 알 수 있다. 특히 밀양의 경우 1905년 경부선이나 마산선이 개통하면서 교통의 요지로 부각된 삼랑진에서부터 밀양 내타 지역으로 일본인들의 투자처가 확산되었다. 밀양 재주 일본인들의 농장은 마쓰시타 데이지로 등 일부를 제외하고 대체로 906년부터 1910년 사이 설립되고 있어, 유아사가 다른 이들보다 빠른 편이었다. 朝鮮總督府慶尙南道, 『慶尙南道道勢要覽(大正二年)』, 1914, 275~279쪽.

[13] 낙동강과 밀양강이 교차하는 밀양 지역은 예로부터 수운 교통의 요충지였지만, 농업 환경이 좋은 편은 아니었다. 남쪽 삼랑진 면은 저습지가 대부분이었고, 밀양읍 방면에는 평야가 있었지만 황무지도 적지 않았다. 또 한발과 수해가 심했고, 산지가 70% 이상이며 수전은 거의 없었다. 일본인들은 이러한 자연환경을 활용하여 이른 시기부터 저습지와 황무지 개간, 수리 사업 등으로 농업경영에 착수하였고, 벼농사 못지않게 밭농사, 특히 대두와 연초, 사과와 뽕(桑) 등 과수와 특용작물 재배로 수익을 올렸다. 경영형태도 지주뿐 아니라 자작의 비중도 높았다. 최원규, 『일제시기 한국의 일본인 사회』, 혜안, 2021, 74~138쪽.

삼랑진	林田藤吉	福岡	3,000	과수 재배	15	밀양군 삼랑진
	眞川小平	東京	3,000	농림 경영	115	밀양군 삼랑진
	神保嚴之助	福島	4,300	지주 겸 자작	1(自), 28(朝)	밀양군 삼랑진
	藤田富太郎	奈良	6,000	지주 겸 자작	5(自), 50(朝)	밀양군 삼랑진
	韓國興業	東京	100,000	대지주	50(自), 800(朝)	밀양군 삼랑진
밀양	安永運平	福岡	500	자작	3.1	밀양군 상남면
	大矢久間三	新潟	570	자작	1.2	밀양군 상남면
	野瀨廣吉	福岡	680	자작	2	밀양군 상남면
	秋吉吉太郎	福岡	700	자작	3	밀양군 상남면
	井上竹藏	奈良	800	자작		밀양군 상남면
	秋吉十吉	福岡	900	자작	4.3	밀양군 상남면
	花田虎吉	福岡	1,000	자작	4.8	밀양군 상남면
	小山仙吉	岡山	1,660	자작	8.3	밀양군 상남면
	鈴木修	福島	2,500	지주	13	밀양군 상남면
	千葉之胤	東京	3,000	자작(개간)	20	밀양군 수산리
	松下定次郎	岡山	50,000	지주	7(日), 60(朝)	밀양군 상남면
	湯淺凡平	廣島	55,200	지주	80(朝)	밀양, 창원, 김해
부산	小倉貞八	佐賀	8,500	지주 겸 자작	20(自), 6.2(朝)	동래, 김해, 밀양
	竹下佳隆	長崎	50,000	지주	33(自), 10(日), 17(朝)	동래, 밀양
	豊田福太郎	長崎	79,650	지주	22.5(自), 804.7(朝)	동래, 양산, 밀양, 대구, 경산
	大池忠助	長崎	330,000	지주	266(朝)	동래, 김해, 창원, 밀양 외 8군
	迫間房太郎	和歌山	400,000	지주	100(日), 242.8(朝)	동래, 김해, 양산, 밀양, 대구 외 7군

비고: 1. 1907년 10월 1일 현재 부산이사청 관내 자본금 500엔 이상, 면적 1정보 이상을 가진 일본인 농사경영자 조사 결과임
2. '지주'의 경영형태는 소작제임. 自는 자작, 朝는 조선인 소작인, 日은 일본인 소작인임
출전: 靑戶藤吉, 『韓國中央農報』2-4, 韓國中央農會, 1908, 18~22쪽; 최원규, 앞의 책, 119쪽.

이상과 같은 정착 과정에서 조선 농민들과의 마찰도 피할 수 없었다. 1909년 초 유아사 등이 농상공부의 인가를 얻었다는 구실로 밀양군 부내면 사문동 남림의 공동묘지에 강제 식림하여 조선인들과 충돌한 일이 있었다. [14] 후속보도에 의하면 파헤쳐진 분묘가 89기이고,

---

[14] 『大韓每日申報』, 1910.03.22. (2), 「怨入骨髓」. "慶南 密陽郡 府內面 沙門洞에 在한 南林은 元來 附近洞 人民의 共同營葬ㅎ는 地段으로 塚主가 一百八十三人이오 千餘年 傳來 守護ㅎ던터인디 上年 四月分에 日人 湯淺凡平 等이 農商工部 認可가 有ㅎ다 稱ㅎ고 該地 墳墓 數百餘封을 掘破ㅎ고 植林地를 作ㅎ는 故로 各 塚主 諸氏가 該郡 及 農商工部에 累度 呼訴ㅎ되 如何한 歸決이 無ㅎ는지라 其 祖先의 白骨이 暴露됨을 見ㅎ고 骨怨을 不勝ㅎ야 該 日人을 衆起 打殺코져 ㅎ다가 姑且 官署에 出頭ㅎ야 措處를 待홈이 可ㅎ다 ㅎ야 各 塚主의 代表人 金鶴圭氏가 第四次 農商工部에 呼訴홀 次로 日昨 入京ㅎ엿다더라."

그중 9기는 유골을 분실하였으며, 나머지는 모두 평토화되었다.[15] 분노한 농민들이 농상공부 등에 호소하였으나 해결되지 않았다. 이에 원한을 품고 봉기한 농민들에 대해 유아사가 방포하자, 조선인들도 그를 구타하여 중상을 입혔다.[16] 유아사는 '말오들(末吾貝)'이라고도 불리던 38町 남짓의 이 땅을 당초 植樹와 桑田, 목초지 조성을 목적으로 대부받았으나, 밭으로 그 용도를 변경하였다.[17]

이후 그는 상남수리조합 설립을 주도하여 조합장이 되었고,[18] 경성 남대문통에 귀금속과 미술품 등을 취급하는 明時堂(1921)을 설립하여 경영하는 등 조선에서의 사업을 이어갔다. 그사이 오랜 꿈이었던 정계 진출에 성공하여 1912년부터 1928년까지 고향 히로시마에서만 총 5회 중의원 의원에 당선되었다. 당시 그의 직업은 은행원(밀양은행 업무집행사원)으로 되어 있다.[19] 정계 진출과 함께 거점은 도쿄로 옮겼지만, 일제 말까지 조선에서 대지주의지위를 유지하였다.[20]

2. 주요 사업과 인맥

1) 밀양군 상남면의 유아사촌

유아사의 조선에서의 경제적 기반이라 할 수 있는 유아사촌은 경상남도 밀양군 상남면 예림동에서 기산동에 걸친 일본인 이주농촌이다.[21] 한말 밀양군 상남면은 낙동강과 그 지류인 밀양강의 우안에 위치한 30리에 달하는 충적토로, 토지가 비옥하여 농업경영에 적합한 곳이었지만, 수리관개 시설이 갖추어지지 않아 미간지가 대부분이었고, 그 일부만 밭으로 경작하고 있을 따름이었다. 따라서 투자 비용이 크더라도 기존 경작자들의 저항이 상대

---

[15] 『大韓每日申報』, 1910.03.25.(2),「南林續報」
[16] 『皇城新聞』, 1910.04.01.(2),「蠻行被打」
[17] 『朝鮮總督府官報』제842호(6), 1915.05.26. ;『朝鮮總督府官報』제1282호(6), 1916.11.11.
[18] 『朝鮮總督府官報』제2471호(8), 1920.11.05.
[19] 衆議院事務局(1915), 앞의 책, 280쪽.
[20] 1938년 말 현재 유아사는 창원에서 논 17.8정보, 밭 135.2정보로, 총 153정보를 소유하고 있었다. 50정보 이상의 지주를 조사한 것이기에, 밀양 등 여타 토지 현황은 알 수 없다. 「50町步以上地主調」, 慶尙南道, 1938, 13쪽.
[21] 大橋淸三郎 편, 앞의 책, 854~865쪽. 이하 유아사촌에 관한 내용은 특별한 언급이 없는 한 이 책을 인용함.

적으로 적고 대단위 경지를 단번에 마련할 수 있다는 이점 때문에 일찍부터 일본인 자본가들이나 농업조사자들로부터 관심을 받았다.[22] 유아사 역시 이를 간파하고 1905년 밀양강 둑에 연한 30여 정보의 숙전을 구입한 후 이미 이 지방에 들어와 있던 구마모토현(熊本縣) 출신자 호리모토 호리마쓰(堀本堀松) 외 3~4명을 소작인으로 하여 경작에 종사하였다.[23] 1906년에는 고향의 집안 傭人들을 이주시키고 자신의 이름을 따 '유아사촌'이라 하였고, 수해 방비를 위해 밀양강을 따라 제방을 쌓았다.[24] 같은 해 오카야마현(岡山縣) 출신 마쓰시타 데이지로[25]는 600여 정보를 관개할 수 있는 개인 수리시설을 마련하였고, 노세 히로요시(野瀨廣吉)는 출신 향리 후쿠오카현(福岡縣) 사람들을 대거 이주시켰다. 이상의 과정을 통해 대농장의 면모를 갖춘 유아사촌은 회사나 조합의 주도가 아니라 개인별 이주로 '성공적' 일본인촌을 건설한 대표적 사례이다.[26]

〈표2〉 湯淺村의 호수 변동

연도	1905	1906	1907	1908	1909	1910	1911	1913	1915	1930
호수(호)	4	13	20여	45여	50여	70여	90여	100여	97	73
인구(명) (남/여)	4 (4/0)	30 (19/11)							471 (240/231)	358

출전: 大橋淸三郞 편, 『朝鮮産業指針』, 開發社, 1915, 854~858쪽 ; 善生永助, 『朝鮮の聚落』(中篇), 朝鮮總督府, 1933, 111쪽.

---

[22] 상남면 평야의 농업 환경과 개간 이력에 관해서는 다음을 참조할 것. 홍금수, 「밀양강 하류의 저습지 개간」, 『대한지리학회지』 52(6), 대한지리학회, 2017.

[23] 善生永助, 『朝鮮の聚落』(中篇), 朝鮮總督府, 1933, 109쪽. 젠쇼 에이스케(善生永助)는 大橋淸三郞의 책을 참조하면서 일부 잘못된 기술을 바로잡았다.

[24] 제방의 규모는 연장 600間(약 1km 90m), 높이 3척 5촌(약 105cm)이라 한다. 大橋淸三郞 편, 앞의 책, 855쪽.

[25] 『釜山日報』, 1917.07.15.(6), 「密陽의 實業家」. 오카야마현 출신의 토목청부업자. 1904년 경부선 철도 속성공사 소식을 듣고 향리를 떠나 "빈손으로 밀양에 와서" 이에 참가하였으며, 마산선과 밀양 철교 등의 건설에도 관계함으로써 경제적 성공과 함께 '철도부자(鐵道成金)'라는 별명도 얻게 되었다. "나는 새도 떨어뜨린다는 세"로 "밀양의 마쓰시타인가, 마쓰시타의 밀양인가"라는 말이 인구에 회자될 정도였다. 일본인회장, 학교조합 평의원을 역임하였고, 1909년 밀양수리조합장이 되었다.

[26] 개인별 이주는 농업이민의 가장 보편적 형태였으나 조합이나 회사에 의한 이주보다 불리하여 실패하는 경우도 많았다. 자금이 적을 뿐만 아니라 한국의 자연적 조건과 정치·사회적 문제에 능동적으로 대처하기에 개인으로는 한계가 있었기 때문이다. 그러나 유아사촌은 개인별 이주이면서도 지주의 지도 아래 이러한 한계를 극복하였다는 점에서 성공의 사례가 되었다. 최원규, 앞의 책, 57쪽.

〈표 2〉에서 보듯 1910년대 초반까지 유아사촌의 인구는 증가 일로의 추세였다. 강점 이후 조선의 정치적 상황이 안정되면서 일본인들의 이주 형태도 남성의 임시·단독이주에서 가족을 동반한 영주이주로 전환되었다. 이에 따라 거주지역도 4개 마을로 나뉘어 인근 2km 지역까지 확대되었으며, 당초 소작을 목적으로 이주했다가 토지를 구매하여 지주가 되는 사례도 많았다.[27] 특히 일반적인 도작만이 아니라 1906년부터 연초 재배를 통해 수익성을 높였으며,[28] 밀양수리조합을 설립하여 1910년 750여 정보에 관개할 수 있도록 수리시설을 크게 보강하면서 일본인촌으로서의 지속적 유지·발전이 가능하게 되었다. 여타 이주민촌과 달리 한일 혼재형 촌락이 아닌 순수 일본인촌으로,[29] 조선인들의 저항 등 여러 위협 요소들과 경제적 변동에 효과적으로 대응할 수 있는 자치조직, 방화조직, 청년단 등과 함께 밀양연초경작조합, 禮林後樂貯金組合 등 수익조직을 갖춤으로써 이주사업의 모범적 모델을 창출하였다. 즉, 지역사회에서 '한국의 일본화'라는 통치 거점 확보에는 어느 정도 성공할 수 있었다.[30]

---

[27] 1915년도의 농가 구성을 보면, 대지주(ⓐ)는 극소수이며, 수 정보 내지 10여 정보의 토지를 소유하고 자작하거나 일부를 소작케 하는 지주 겸 자작(ⓑ)이 전 호수의 1/3이라 한다. 나머지 거의 2/3는 자작 겸 소작(ⓒ)과 소작전업자(ⓓ)로, ⓓ는 ⓐ보다 많고 ⓑ보다 적다. 1930년에는 총 73호 중 지주와 자작이 7호, 자작 겸 소작이 53호, 소작이 13호로 조사되었다. 둘을 비교해 보면, 유아사촌의 일본인 이주자들은 소작전업자는 소수이고 자작 겸 소작이 대세였음을 알 수 있다. 다만, 초기에 비해 자작하면서 일부 소작을 주는 중소 지주의 수가 줄어, 수익성에 있어 수년간 답보 상태였거나 퇴보한 것으로 판단된다. 大橋淸三郞 편, 앞의 책, 863~864쪽; 善生永助, 앞의 책, 111쪽.

[28] 밀양지역은 1907년 전국의 연초 생산자 120명 가운데 29명, 1908년 282명 가운데 45명을 점하였다. 山口精,『朝鮮産業誌』, 寶文館, 1910, 688~693쪽.

[29] 조선으로의 초기 농업이민은 대체로 일본인촌이 아닌 조선인과의 혼재형 농촌을 계획하였다. 농사 경험과 일정한 자산이 있는 '선량한' 농민을 이주시켜 각 마을에 분산·배치하고 조선인들과 함께 농장을 경영케 함으로써 일본식 농법의 모범을 보이고 조선인 농민을 지도·감독하도록 할 목적이었다. 즉, 자국의 영세한 농민을 자작농으로 육성하는 한편, 농사 개량과 농민 통제를 꾀하였던 것으로, 이는 곧 동화주의의 실천이기도 했다. 그러나 조선인들의 거센 저항과 이주 농민의 지주화 경향으로 큰 어려움을 겪었다. 전성현 외, 앞의 책, 75~76쪽.

[30] 그러나 1930년대의 현황으로는 초기의 전성기에 비해 약 30% 정도 호수가 줄어, 농업경영 문제에서까지 그 목표를 달성하였다고 보기는 어렵다. 또 일본인들의 관변 기록은 이 농장이 조선인과의 동화에 있어서도 '모범적사례'라고 추켜세우고 있으나, 이 역시 그대로 신뢰할 수 있을지 의문이다. 즉, 관변 기록에 따르면, 유아사촌 인근의 조선인들은 농장 일본인들의 연고 소작인이 되거나 일고로 품을 팔아 생계를 유지하였는데, 이를 위해 먼 곳에서 찾아오는 자도 많았다고 한다. 이는 조선인들의 생활 수준을 높였고, 일본어와 일본식 생활관습을 체득케 하여 동화의 진전에 도움이 되었다는 것이다. (大橋淸三郞 편, 앞의 책, 862~864쪽). 또 밀양수리조합 몽리구역 내에 조선인 2,000호, 일본인 120호가 거주하며, 토지의 약 8할이 일본인 소유임에도, 조합원 간 사이가 지극히 원만하여 일찍이 분요가 생긴 예가 없다고 강조한다. 그러나 다음과 같은 미묘한 언급으로 보아 지주와 소작인 간의 갈등 양상은 타 수리조합에서와 크게 다르지 않았을 것으로 추측된다. "少數의 惡地主가 잇서서 組合費 負擔을 口實로 하야 小作人에게 過高한 小作料를 徵收하야 彼等을 搾取하는 事實이 잇는 모양이나 이는 本組合이 直接으로 聞知할 바가 아니요 早晚間 地主의 反省 或은 그보다도 더 小作人의 覺醒으로 因하야 解決될 줄로 밋는다."『東亞日報』, 1927.08.30.~31(5), 「全朝鮮水利組合實況踏査記」.

〈표 3〉 1915년 湯淺村의 출신 지역별 호수 및 인구 현황

지역	福岡	大分	廣島	岡山	鳥取	島根	愛媛	奈良	합계
호수(호)	82	3	3	2	3	2	1	1	97
인구(명)	404	15	12	10	10	10	5	5	471

출전: 大橋淸三郞 편, 앞의 책, 859쪽.

그러나 전술했듯이 유아사촌의 이상과 같은 성과는 유아사 혼자의 노력으로 이룬 것은 아니었다. 〈표 3〉을 보면, 주민 8할은 후쿠오카현 출신자였고, 촌명에도 불구하고 유아사의 향리인 히로시마 출신자는 타 현과 비슷한 수준으로 미미했다. 따라서 그 인적 기반은 노세에게, 경제적 기반은 마쓰시타에게 각각 힘입은 바 컸다. 그러나 초기 이주자들 중 소작을 목적으로 한 자는 물론, 자작을 위해 토지를 구입한 자 역시 일단 유아사의 농지를 소작하며 이 지역에 자리잡기 시작하였다는 사실은 촌락의 형성에 있어 유아사의 역할이 일차적이고 결정적이었음을 말해준다.[31] 그 대표적 사례가 1912년 밀양심상소학교 설립 과정이다.[32] 종래 유아사촌의 일본인 자녀들은 이웃한 부내면의 밀양고등심상소학교에 통학하였으나, 밀양강을 도강해야 하는 문제로 장마철 등에 큰 어려움을 겪었다. 호수의 증가와 함께 취학아동도 늘자, 유아사가 부지 674평 전체를 제공하고 촌민 유지의 기부로 설비를 갖추어 개교할 수 있게 되었다. 또 비록 유명무실해져 밀양수리조합에 통합되고 말았지만, 유아사가 건설을 주도하여 조합장을 맡았던 상남수리조합 역시 촌내 그의 주도적 위치를 잘 보여주는 사례이다.[33] 이처럼 비록 유아사가 이민사업의 현장에 있었던 시기는 초기의 단기간에 불과했지만, 이 체험은 중의원 의정 활동에서 식민사업 관련 의안을 다룰 때 큰 영향을 끼쳤을 것으로 짐작된다.

2) 기타 사업들

그 밖에 유아사가 조선에서 관여했던 주요 사업으로는 아래 〈표 4〉의 密陽銀行과 明時堂(株)이 있다. "밀양 강둑 綠樹 鬱然한 땅을 마주하고" 자리한 밀양은행은 유아사촌을 넘어

---

[31] 大橋淸三郞 편, 앞의 책, 855쪽.

[32] 大橋淸三郞 편, 앞의 책, 859쪽.

[33] 『東亞日報』, 1927.08.30.(5), 「全朝鮮水利組合實況踏査記」. 밀양수리조합의 동부 제방에 인접하였고, 몽리구역은 상남면 예림리·기산리·연금리·평재리 등의 261정보 규모였다. 1916년 9월 공사를 시작하여 1917년 4월 완공하였다. 원래 유지가 곤란한 상태였다가, 1925년 대수해로 인해 단독으로는 재기할 수 없는 상태가 되어, 1927년 밀양수리조합에 합병되었다.

군내 일원에 걸친 '농사경제의 주요 금융기관'을 목표로 1907년 3월 설립되었다.[34] 유아사 본페이, 나카무라 다카시(中村孝志), 모리후지 유키마쓰(森藤幸松) 3명이 자본금 5만 원을 출자하여 만든 합자회사로 해산 시까지 그 조직을 대체로 유지하였으나, 1921년에는 합명회사, 1929년과 1937년에는 주식회사로 각각 조사된 기록이 있다. 1929년까지는 소재지가 유아사 소유의 밀양읍 내일동 87번지였고, 1931년부터는 모리후지 소유의 84번지로 변경되었다. 유아사와 모리후지의 공동대표 체제도 비슷한 시기 모리후지의 단독 대표로 바뀐 것으로 보아, 1930년대 이후에는 경영에서 모리후지의 위상이 상대적으로 높아진 것 같다. 1935년 密陽殖産合資會社로 개칭하였으며, 그 목적을 "金穀 대부, 농산물 매매, 토지의 소유 매매 및 관리, 곡물 및 상품의 보관, 농사 경영, 이상과 관련된 사항"이라 하였다. 1939년 2월 28일 해산하였다.[35]

〈표 4〉 湯淺凡平가 관여한 주요 사업들

업체명 (주소)	(직책) 역원	내용
密陽銀行(合資) (밀양군 밀양면 내일동)	(대표) 湯淺凡平·森藤幸松 (사원) 中村孝志(중역·이사), 齊藤尙(감사, 1929), 原田宗介(1935. 이후)	• 1907. 설립 • 금융업 • 자본금: 5만 원 • 1935. 밀양식산합자회사 개칭
明時堂(株) (경성부 남대문통 3정목 12)	(대표) 湯淺凡平 (이사) 三好實三郎, 森藤幸松 (이사지배인) 長屋元五 (감사) 藤田熊吉·宮崎篤實(1923) 齊藤尙(1925)	• 1921. 설립 • 시계, 귀금속, 미술류의 제작·매매, 가공·수선. 자전거, 吳服 의류, 축음기의 매매. 기타 부대하는 일체 업무 • 자본금: 10만 원 • 1931. 長屋元五로 대표 교체

출전: 中村資郞, 『朝鮮銀行會社(組合)要錄』(1921~1942), 東亞經濟時報社 ; 국사편찬위원회 한국사데이터베이스(https://db.history.go.kr)

명시당은 유아사가 역시 모리후지와 함께 1921년 경성 남대문통에 설립한 잡화점이다. 시계와 귀금속, 미술품 등과 함께 자전거, 의류, 축음기, 금고까지 다양한 물품을 취급하였다. 자본금 10만 원의 주식회사로 시작하였고, 두 사람 외 밀양은행에도 참여하였던 사이토 쇼(齋藤尙)의 이름이 보인다. 1931년 조사 시점부터는 유아사와 모리후지가 대표와 중역, 대주주에서 모두 퇴진하였으며, 지배인이던 長屋元五 중심으로 경영해 간 것으로 생

---

[34] 『釜山日報』, 1917.07.15.(6), 「合資會社密陽銀行」
[35] 『朝鮮總督府官報』 제3667호, 1939.04.13.(5).

각된다.

〈표 5〉는 유아사가 관여한 조선 내 사업체에서 거론된 인명들의 이력을 조사해 본 것이다. 우선 나카무라와 모리후지는 밀양 거주자로 유아사의 측근이라 할 수 있는데, 특히 모리후지의 경우 그의 매제인 까닭에 최측근이라 할 만하다. 대의사가 되어 본국으로 돌아간 유아사가 밀양을 방문할 때마다 그의 집을 숙소로 사용한 것을 볼 때 농장과 기타 사업의 경영을 밀양 현지에서 대행했던 것 같다.[36] 나카무라는 일본우선회사에의 입사 시점이나 부산 도항 시기, 밀양 정착과 밀양은행 참여 등의 이력을 볼 때 유아사 생애의 전환점이 되는 거의 모든 순간에 함께 하면서 그 선택에 큰 영향을 주고받은 것으로 생각된다. '통영의 개척자' 후지다 구마기치(藤田熊吉)와의 관계는 구체적으로 파악되지는 않지만, 그가 히로시마현 출신임을 주목한다.

〈표 5〉湯淺凡平의 재조선 실업계 인맥

성명	주요 이력
中村孝志	1866. 東京 출생 1889. 海軍主計學校 졸업, 海軍少主計 후보생 임명 1890. 발병으로 퇴관, 일본우선주식회사 입사 1904.2. 일본우선주식회사 釜山支店詰로 조선에 건너옴 1907. 일본우선회사를 사직하고 합자회사 밀양은행 창립, 대표사원이 됨 1908. 밀양일본인회장에 선출됨 1917. 현재 밀양학교조합 관리자, 밀양체육회 회장 재직 주소: 밀양군 밀양성내(1917. 현재)
森藤幸松	湯淺凡平의 매제. 廣島縣 雙三郡 三次町 출생 1920. 밀양학교조합 의원, 大山水利組合 평의원, 밀양면협의회원 1921. 밀양소방대장. 합자회사 밀양은행 대표 1922·1928·1931. 밀양학교조합 관리자가 됨 1928. 大禮記念章 수여 받음 주소: 밀양읍 內一洞(1935. 현재)

[36] 『朝鮮時報』, 1924.06.18.(2), 「湯淺代議士動靜」. "임시의회를 목전에 두고 제2의 고향을 방문한 대의사 湯淺凡平 씨는 14일 정오 밀양에 와서 성내 森藤幸松 씨 집에 체재 중인데…" 유아사는 대의사가 된 이후에도 밀양을 자주 찾았다. 공무를 띠기도 했지만, 중의원 회기를 마친 이후이거나 총선거 직후일 때도 있었고, 유아사촌 수해지 시찰, 추수 등 개인적 일정도 많았다. 이는 낙선 이후에도 한동안 이어졌다. 밀양이 '제2의 고향'이라는 표현이 그에게는 빈말이 아니었던 셈이다.

藤田熊吉	1875. 廣島縣 安藝郡 坂村 출생 1906. 조선에 건너와 미곡상, 海産業 시작 海産會社의 중역, 統營土地會社 사장, 統營精米會社 사장, 統營劇場株式會社長('統營의 개척자') 경상남도 道會 의원 주소 : 통영 敷島町(1935. 현재)

출전: 『釜山日報』, 1917.07.15.(6), 「合資會社密陽銀行」; 국사편찬위원회 한국사데이터베이스(https://db.history.go.kr)

즉, 유아사의 재조선 실업계 인맥이란 대체로 친인척과 知己라 할만한 지인, 동향인으로, 당시 조선에서 정력적으로 활동하던 명망가 경제인이 아니다. 또한 유아사는 조선에 이주하여 대지주가 되었지만, 이른 시기부터 본국으로 돌아가 '오랜 꿈'인 정치에 도전하였다. 일본이나 조선에서 언론 사업에 관여하지 않았기 때문에 재조일본인 사회의 여론을 이끌거나 그 집단적 이익을 실현하는데 투신한 일도 없었다. 그럼에도 어떻게 '조선 관계 대의사'의 대표적 인물로 거론될 수 있었는가?

3. 제국의회 진출

유아사는 1912년 고향 히로시마에서 중의원 의원 선거에 출마하여 초선한 이래 5회 연속 당선되었고, 立憲政友會에서 시작하여 立憲國民黨·革新俱樂部로 소속을 옮겼다. 그러나 제16회와 제17회[1930.2.20, 가나가와현(神奈川縣) 제1구] 총선은 革新黨 소속으로,[37] 제19회(1936.2.20) 역시 가나가와현 제1구에서 國民同盟으로부터 공인받아 출마하였으나 낙선하였다.[38] 요코하마시의원(橫濱市議員), 동 참사회원을 역임하기도 했으며, 1943년 5월 17일 사망하였다.[39] 아래는 그가 히로시마현에서 출마한 선거의 상세 내역이다.

〈표 6〉 湯淺凡平의 중의원 의원 총선거 이력(1912~1928, 히로시마현)

회차(일자)	선거구	소속 정당	내용	결과
제11회 (1912.05.15)	郡部	立憲政友會	•3,433표 득표(정원 10명 중 4위)	당선

---

[37] 『京城日報』, 1930.01.30.(2), 「選擧餘談」
[38] 『每日申報』, 1936.01.30.(석1), 「國民同盟 公認候補」
[39] 衆議院·參議院, 『議会制度七十年史 衆議院議員名鑑』, 大蔵省印刷局, 1962, 544쪽.

제12회 (1915.03.25)	郡部	立憲政友會	• 2,283표 득표(정원 10명 중 10위)	당선
제13회 (1917.04.20)	郡部	立憲國民黨	• 1,859표 득표(정원 10명 중 9위)	당선
제14회 (1920.05.10)	제11구	무소속	• 소선거구제(히로시마현 총 13구, 정원 14명) • 제11구는 雙三·比婆. 4,309표 득표(50.8%)	당선
제15회 (1924.05.10)	제11구	革新俱樂部	• 4,371표 득표(50.3%)	당선
제16회 (1928.02.20)	제3구	革新黨	• 중선거구제(제3구 備後 지역 2시 9군, 정원 5명) • 첫 보선 실시로 유권자 3배 이상 증가 • 5,917표 득표(입후보자 14명 중 10위)	낙선

출전: 『中國新聞』(1912.05.18, 1915.03.28), 『大阪每日新聞』(1924.05.13) : 衆議院事務局, 『衆議院議員總選擧一覽』, 1926.; 広島県, 『広島県史 近代2 - 通史Ⅵ』, 1981.

    그렇다면 유아사를 5선 의원으로 만든 정치적 자산은 무엇이었을까? 정치에 입문한 1912년 5월 제11회 총선거 결과를 보면, 그의 핵심적 지반이 고향 후타미군과 히바군에 있었음을 알 수 있다.[40] 소속 정당으로 입헌정우회를 택한 것도 안전한 선택이 되었을 것이다.[41] 熊己良太郎 외 90여 명의 사람들이 연서로 유아사에 대한 추천장을 작성하여 각 유권자에게 배부하였다고 하는데,[42] 어떤 인물들인지 상세히 알 수 없다.

    선거가 있던 1912년 무렵 히로시마현에는 '조선 붐'이 거세게 불고 있었다. 그해 1월 히로시마조선협회(廣島朝鮮協會)가 조직되어 조선총독부 각 부서 및 거류민단·상업회의소, 조선 각지의 출향인들과 연락함으로써 상호 편익을 도모하고자 하였다. 또 회원들에게 참고

---

[40] 아래는 제11회 총선거의 히로시마현 郡部 선거구 유권자 수와 유아사의 득표수를 정리한 것이다. 이 선거에서 유아사는 후타미·히바군 2개 지역에서 자신이 얻은 전체 표의 85.93%를 모았다. 이외 지지세가 확인되는 다카다군(高田郡)과 고누군은 후타미군의 서쪽과 동남쪽에 각각 접해 있다. 『中國新聞』, 1912.05.18.(2), 「選擧得點郡別表」; 『中國新聞』, 1915.01.20.(1), 「縣下選擧有權者」

지역	유권자(명)	득표수	지역	유권자(명)	득표수	지역	유권자(명)	득표수
吳	1,613	4	賀茂	5,194	1	蘆品	1,848	24
安藝	2,483	0	豊田	4,209	2	神石	1,089	30
佐伯	2,831	0	御調	3,108	17	甲奴	796	114
安佐	3,119	5	世羅	2,340	32	雙三	2,544	1,569
山縣	2,224	11	沼隈	2,089	14	比婆	2,258	1,381
高田	3,087	229	深安	2,653	0	합계	43,485	3,433

[41] 히로시마현은 대체로 '非政友' 성향의 지역으로 분류되지만, 히로시마시 등 도시와는 달리 郡部에서는 정우회에 대한 일정한 지지세가 있었다. 특히 유아사의 고향이 속한 빈고 지역은 정우회의 거점이었다. 広島県, 『広島県史 近代2 - 通史Ⅵ』, 1981, 32쪽.

[42] 『中國新聞』, 1912.05.08.(1), 「縣下逐鹿界」

가 될 만한 조선 담화회를 수시로 개최하고 히로시마와 조선 간 기차 및 화물 운임의 저감 방법을 강구하며 조선관광단과 시찰단 파견을 급속히 실행할 것 등을 결의하였다.[43] 그 결과 선거 약 한 달 전인 4월 12일 히로시마상업회의소 서기장을 단장으로 한 20여 명의 조선시찰단 일행이 조선을 향하여 출발하였다. 이들은 부산과 대구, 경성, 인천, 진해, 마산 등을 둘러보았는데, 방문지마다 상업회의소와 거류민단, 히로시마현인회(廣島縣人會)가 성대한 연회로 맞이하였다. 연회에서는 현지의 경제적 전망과 함께 히로시마현 출신 교장과 기관장, 실업인 등 성공자에 대한 소개도 빼놓지 않았다.[44] 비록 밀양을 방문하지는 않았지만, 경부선을 따라 오르내린 여정에 유아사도 거론되었을 것이고, 지역사회의 여론 주도층인 이들을 통해 유권자들에게 그의 이름이 각인되었을 수도 있다.

한편, 유아사의 정치적 자산이 조선에서의 성공에 있다고 보다 직접적으로 언급한 글도 있다. 조선에 초점을 맞추어 생각할 수밖에 없는 재조일본인 신문의 견해이고 사실 여부를 검증할 수 없는 추정에 불과하지만, '밀양의 개척자'라는 이미지가 어떻게든 선거에 영향을 미쳤을 것이라는 인식이 당대에 존재했음을 알 수 있다.

> (밀양은행) 대표사원 유아사 본페이씨는 히로시마현 선출 국민당 대의사로서 의정의 府에서 제국 국정에 분주한 시간을 보내고 있다. 최근 데라우치(寺內) 내각이 의회해산 후 재차 총선거에 나선 결과, 능히 당선의 영예를 안을 수 있었던 일면에는 밀양군 城南(상남 ※필자 註)수리조합장을 겸하며 밀양 개척에 공헌한 바 많았기 때문이다. 이에 현재 이미 '유아사촌'이라는 명칭을 붙인 농촌이 출현하는 성운을 만나게 된 것이다.[45]

---

[43] 木村健二, 「広島と朝鮮移民」, 『梶山季之を偲んで』(梶山季之記念講座報告書), 広島朝鮮史セミナー事務局, 2007, 46~47쪽. 기무라 겐지(木村健二)는 이 시기 '조선 붐'의 배경으로 이웃한 오카야마현(岡山縣)과 여러 면에서 경합하고 있었던 당시 히로시마현의 경제 상황을 지목하였다. 특히 청일·러일전쟁을 거치면서 팽대해진 군사 관련 경제의 활로가 필요했고, 그 시장으로 조선이 중시되었다는 것이다. 과연 제11회 총선거에서는 유아사를 비롯하여 이노우에 가쿠고로(井上角五郎, 당선), 야마지 조이치(山道襄一, 보결 당선) 등 조선에서 거주한 경험이 있는 이른바 '조선 관계 대의사'들이 다수 활약하였다.
[44] 『中國新聞』, 1912.04.13.~26.(1), 「朝鮮視察團」
[45] 『釜山日報』, 1917.07.15.(6), 「合資會社密陽銀行」

4. 중의원 의정 활동

유아사가 중의원 의원으로 활동했던 시기는 제국 일본에서 정치, 사회, 문화 각 방면에 걸쳐 자유주의적이고 민주주의적인 경향이 두드러졌던, 이른바 '다이쇼 데모크라시'의 시대였다. 이 기간 헌정 옹호를 내걸고 두 차례 호헌운동이 전개되었고, 2대 정당(입헌정우회와 立憲民政黨)이 교대로 내각을 조직하는 정당정치가 자리 잡았다. 그 결과, 1925년 보통선거법이 채택되었으나, 노동자·농민 등 무산대중의 세력화를 견제하고 사회주의 확산을 막기 위한 치안유지법 또한 제정되었다.[46]

앞서 보았듯 1912년 정우회로 정계에 입문한 유아사는 그해 말 선거법 위반으로 중의원 의원에서 사퇴하였다.[47] 1915년 재선 후 국민당으로 당적을 옮겼으나 제41회 제국의회에서 보통선거법안에 서명하여 당에서 제명되었고, 제14회 총선거에서 당선 후 복당하였다. 1922년 6월에는 국민당을 해당하고, 11월 혁신구락부를 결성하였다. 그러나 1925년 5월 정우회에의 합류설이 가시화되자 유아사를 비롯한 일부는 혁신구락부 잔류를 선언하였고, 1927년 6월 '자유주의 무산정당'을 표방한 新正俱樂部를 창립하게 된다. 이즘 언론과의 인터뷰는 유아사의 정치관을 명확히 보여준다.

> 현재의 정당은 어느 정당이라도 정당의 배후에 재벌이 둘러싸고 있기 때문에 모두 재벌의 정당이다. 따라서 진정한 신당을 수립하려 함에 있어서는 역시 기성정당의 타파에 노력하지 않으면 안 된다. 만약 그렇지 않으면 우리 국체에 부합하지 않는다. 따라서 현재 우리들은 신흥정당의 수립에 큰 힘을 들이고 있는데, 2, 3정당이 표방하는 주의·주장을 감작하여 자본가를 어느 정도까지 제한하는 정당을 조직하지 않으면 아직 진정한 정당이라고는 할 수 없다. 또 우리 단체에 부합하는 바도 아니다.[48]

즉, 재벌과 결탁한 기성 2대 정당을 타파하고, 보통선거 실시 결과 확대된 노동자들의 참

---

[46] 나리타 류이치 저, 이규수 역, 『다이쇼 데모크라시』, 어문학사, 2012.
[47] 『官報』 제105호, 1912.12.05. ; 加藤紫泉, 『新代議士名鑑』, 國民教育会, 1924, 373쪽.
[48] 『朝鮮時報』, 1927.05.15.(2), 「旣成政黨의 離合集散定位ひ, 笑止千萬な事はない, 於釜山湯淺凡平氏談」

정 의지를 흡수할 수 있는 '자유주의 무산정당'이 필요하다고 본 것이다. 정치에 참여한 이래 보통선거 실시, 치안유지법 반대운동에 앞장서 왔던 그가 자본주의의 위기(1927년 초 쇼와금융공황) 앞에 파시즘적 성향을 드러낸 것으로, 그 결과가 혁신당의 창당이었다. 그리고 1932년 7월 다시 이를 해당하고 아다치 겐죠(安達謙蔵)가 이끄는 國策研究俱樂部로 합류하였으며, 그해 8월 국민동맹 조직에 참여하여 세화위원을 역임하였다. 이것이 마지막으로 확인되는 그의 정당 활동이다.

5회 연속 당선되어 약 15년 남짓 대의사로 활동한 그의 의정 활동 전반을 정리한 것이 〈부표〉이다. 이를 보면, 가장 적극적 의정 활동이라 생각되는 법률안·건의안·청원안(소개) 제출은 대체로 자신의 지역구에 관한 것이고, 제44회 제국의회에 제출된 청원안을 제외하고는 특별히 조선에 관련된 사항은 보이지 않는다. 다만 상임위원회나 특별위원회에서는 조선 관련 법안을 심사하거나 발언이 많았는데, 이를 간추려 보면 〈표 7〉과 같다. 의정 활동이 장기간에 걸쳐 있기에 조선에 관한 사항일지라도 단편적 내용인 경우는 생략하였다.

〈표 7〉 湯淺凡平의 조선 관련 주요 발언(중의원)

회기	일자	회의(소관)·안건(직책)	내용(주요 발언·활동)
39	1917.06-07.	동양척식주식회사법 중 개정법률안(이사)	토지경영이 아닌 금융에 중점을 둔 동척 개정안에 경고를 붙여 찬성.
40	1918.02.09.	조선사업공채법 중 개정법률안(위원)	찬성. 정부·총독부·철도원 간 협의로 부산-일본 간 화물 연락의 편의를 도모할 것.
41	1919.01.27.	예산위원회	식량문제 대책으로 조선 등 식민지 농업에 주목할 것. 조선미 이출 등 본국·식민지 간 행정통일 문제, 문관총독제 개정 의도 질의. 독립회계 실현을 위해 수리사업 등 반드시 필요한 세출도 줄이며 세입의 증가에만 몰두하는 총독부 재정정책 질타.
41	1919.02.05.	예산위원회 제3분과(대장성)	조선방직(주)에 보조금 줄 필요성에 의문. 회사 위치 질의. 조선 치수사업 보조, 소금·술·연초 전매 계획 질의.
44	1921.01.25.	중의원 본회의	정부위원으로 中橋德五郎(문부), 原敬(총리) 출석. 밀양폭탄사건 등 조선의 치안 질타. 조선에의 자치 허용과 헌정 실시, 산업 쇄신, 치수, 地租, 국방 문제 등 질의.
44	1921.02.22.	朝鮮醫院 및 濟生院 특별회계법 중 개정법률안(이사)	안건에 찬성. 사회정책에 있어 본국에서도 긴급한 문제가 많지만, 조선(인)도 대단히 시급을 요함. 제생원과 같이 조선 빈민에 대해 시료의 문호를 충분히 개방하기 바람. 공의의 수당 인상 등 적절한 방법 강구할 필요.
44	1921.03.12.	지방철도법 중 개정법률안, 지방철도 보조법 중 개정법률안(위원)	조선 사설철도 부설을 위해 도로 정비와 제방 등 치수 사업 시급.

45	1922.02.03.	예산위원회 제3분과(대장성)	조선 잠사업 장려 방안. 병합 은사금 이자로 양잠업 장려하고 있는 현실. 도장관 등의 잠종 검사 방법이 심히 부당함
	1922.02.07.	상동	정부위원으로 齋藤實(조선총독) 출석. 해군 군축 실현에 동의. 삼랑진-마산포 간 지선으로 진해만에 이르는 철도는 오로지 국방상의 목적밖에 없고, 인근에 부산·마산 등 양항이 있기에 그 건설을 연기해야 함. 경남 도청 이전 촉구. 조선 토지개량을 위한 특수회사는 이미 동척이 있으므로 불필요.
	1922.02.10.	상동	이입세 철폐로 조선총독부의 재정 궁박. 조선 토지개량사업 회사 보조 불필요.

출전: 帝国議会会議録検索システム(https://teikokugikai-i.ndl.go.jp)

이상을 보면, 주로 1917년부터 1922년 초까지 국민당 소속으로 예산위원회에서 활동하였을 때 정부위원을 상대로 질문권을 활용하여 조선 통치에 적극 개입하였음을 알 수 있다.[49] 이 시기 조선에서는 3.1운동의 결과로 이른바 '무단통치'에서 '문화정치'로 식민지 통치정책의 전환이 시도되고 있었기에 제국의회에서 '조선 관계 대의사'들의 역할이 어느 때보다 기대되었다.[50] 유아사의 관심사는 조선 재주 경험이 강하게 반영되었을 것으로 생각되는 이민정책과 토지경영을 비롯하여 조선 통치와 산업 및 사회정책, 본국과의 연락, 그리고 경남지역의 현안에 이르기까지 넓고 구체적이다. 뿐만 아니라, 〈표 7〉에 수록되지 않은 본국이나 지역구 관련 사안이라도 조선을 염두에 두고 발언하는 경우가 많았다.[51]

그렇다면 앞서 언급한 것처럼 유아사를 '조선 관계 대의사'의 대표적 인물이라 할 수 있을까? 일단 유아사 자신은 함께 당선된 부산의 오이케 주스케에게 동지적 친밀감을 느낄 만큼 조선 출신으로서 조선을 대변한다는 의식이 확고했던 것 같다.[52] 그러나 이는 본격적인 의

---

[49] 정부위원을 상대로 한 질문은 의원 30명 이상 찬성자의 연서를 얻어 질문주의서를 의장에게 제출해야 가능했다. 따라서 해당 사안에 대한 사전 지식이 없거나 동료 의원들로부터 정치적 역량을 인정받지 못하면 질문 기회 자체를 얻기 어려웠다. 村瀨信一, 『帝國議會』, 講談社, 2015, 178~179쪽.

[50] 특히 유아사가 소속된 예산위원회는 조선총독부의 예산을 사정하는 곳이었기에 그 중요도가 컸다. 1910년대 데라우치 마사타케(寺內正毅) 총독은 자신이나 정무총감 대신에 탁지부장관 등을 정부위원으로 파견하였기에 의원들로부터 반발을 샀다. 그러나 사이토 마코토(齋藤實) 총독은 '문화정치' 초기 직접 예산위원회에 출석하여 조선통치 전반에 대해 설명하면서 의원들의 질의와 정치공세에 시달리게 되었다. 이형식, 「1910년대 일본제국의회 중의원과 조선통치」, 『史叢』 82, 고려대학교 역사연구소, 2014, 217~219쪽.

[51] 「第43回帝國議會衆議院 鐵道敷設法中改正法律案委員會」(第4号), 1920.07.09, 1쪽. 이 회의에서 유아사는 본토와 대륙의 연결 문제에 대해 논의하면서, 기존의 시모노세키(下關)와 모지(門司)는 연락 항구로 규모가 너무 작다고 아쉬워한다. 대신 간몬해협(關門海峽)까지 내려가지 않는 바다와 가장 가까운 역인 산요선(山陽線) 하타부역(幡生驛)을 제시하고, 그 근처 치쿠부만(竹生灣)을 개발하여 6~7시간에 조선과 연결할 수 있는 '대발전'을 계획할 생각은 없는지 정부위원에게 묻는다.

[52] 『朝鮮時報』, 1915.09.21.(2), 「朝鮮米輸入稅問題, 代議士湯淺凡平氏談」. "현재 중의원 의원 중 조선에 직접 관계있는 자는 이곳(부산)의 오이케 주스케 씨와 나뿐이다. 오이케 씨와는 의장에서도 자리를 나란히 하고 있지만…"

정 활동을 시작하던 재선 때의 일로, 10년 후인 1924년 중의원 해산과 제15회 총선거를 앞둔 시점의 언론 보도는 사뭇 분위기가 다르다. 경성일보는 '조선 관계 대의사' 16명을 선정하면서 유아사를 거론하지만, 오래전 조선에 거주하였던 적이 있는 실업가 정도로 소개하며 조선과의 연고도 그다지 강조하지 않는다.[53]

이처럼 '조선 관계 대의사'나 그 후보를 선정할 때 대부분 유아사를 언급하였지만, 간혹 누락한 경우도 있다.[54] 특히, 1918년 2월 도쿄에서 조선과 관련이 있는 귀족원·중의원 의원들의 간친회인 '조선회'가 개최되었을 때 참석자 중 유아사의 이름은 없어,[55] 대표적 사례로 그를 거론할 수 있을지 망설이게 만든다. 그렇다면 이러한 당대의 판단에 근거할 것이 아니라, 실제 유아사가 중의원에서 조선과 관련하여 구체적으로 어떤 의정 활동을 했는지, 또 이는 조선에서의 사업과 어떠한 연관성이 있는지 살펴볼 필요가 있다.

5. '조선 관계 대의사'로서 동양척식주식회사법 개정(제39회)

동양척식주식회사(이하 동척)는 1908년 '富源' 개발을 명목으로 한국으로의 이민사업을 촉진하기 위해 일본 정부가 대한제국과 합작하여 설립한 국책회사이다. 서두에서 언급한 것처럼 러일전쟁 이후 서양에서 불거진 황화론과 미국 서부 지역에서의 배일 분위기 확산으로 일본 정부는 폭증하는 국내 인구를 적절히 분배할 새로운 이민처가 필요했고, 보호국이 된 한국이 가장 좋은 대상이었던 것이다. 즉, 동척은 단순히 영리를 목적으로 한 회사가 아니라 중대한 국가적 사명을 띠고 설립된 특수회사였다. 그러나 당초의 설립 목적에 따라 한국(이하 조선)과 이민에 맞추어졌던 동양척식주식회사법(이하 동척법)은 강제 병합으로 이제 불필요하게 되었으며, 그 성격도 달라져야 했다. 1917년의 제39회 제국의회가 바로 그 장이 되었고, 유아사도 이사로서 개정법률안(이하 개정안) 논의에 일원이 되었다.

---

[53] 『京城日報』, 1924.02.02.(2),「解散風を喰つた朝鮮關係の'前代議士', ザツと數へただけで十六名」. "오래전 사람으로는 … 이 외 조선의 사업에 관계된 자는 많이 있는데, 그중에서도 … 湯淺凡平 군(혁신구락부)은 경남 밀양에서 농장을 경영하였다."

[54] 『釜山日報』, 1928.01.25.(2),「普選最初の陣頭に馬首を進めて中原に鹿を逐ふ朝鮮關係の新人舊人 ; 前代議士組と新顏ザツト廿人」. 한 달 뒤 제16회 총선거에서 비록 낙선했지만, 당시 유아사는 혁신당의 현역의원이었고, 당선 유력하다는 예측도 있었다.

[55]「貴衆兩院の朝鮮會」, 『朝鮮公論』 6-5, 1918, 78쪽.

개정안의 핵심은 식민지화 이후 현황에 맞는 회사 업무의 확대가 필요하다는 것으로, 그 영업 범위에 있어 조선에 한정하지 않고 만몽을 비롯하여 남양과 남미 이민까지 확장하였다. 또 회사의 성격에서도 이민사업뿐만 아니라 척식사업 관련 자금 지원 업무라는 금융업이 추가되었다. 영업 내용과 지역이 확대되면서 이에 발맞춰 본점을 조선이 아닌 도쿄에 두고 지점을 조선과 만몽 지역에 두는 안건도 논의되었다. 이에 대해 유아사는 유아사촌과 밀양은행 등 조선 재주 경험에 바탕한 질문을 하여 동척과 동척법의 이상과 현실을 날카롭게 비판하였다.

> 방금 아키야마(秋山) 정부위원은 금후 가능한 한 약간 비옥하지 않고 기후가 따뜻하지 않은 북방 쪽으로 이민시키는 것을 말하였습니다. … 총독부에서는 방침으로써 재래의 선인을 보호한다, 특히 중농 계급을 보호한다는 취지에서 (조선인) 중농으로 하여금 그곳에 안주케 하고 내지인에 토지를 팔지 않도록 하였습니다. 그 토지를 얻지 못하도록 하는 방침을 집하고 있는 것으로 알고 있습니다. 그러나 자유 이주민은 이러한 것에 구애받지 않기 때문에 그 경작권을 취하여 내지인에게 경작케 하여 상당한 성공을 거두고 있지 않습니까? 동양척식처럼 총독부의 견제를 받는 곳은 제1류 토지를 이주민에게 주지 않습니다. 제2류 이하의 토지를 주고 있기 때문에 앞서 마키야마 군이 말한 것과 같이 동척 이민은 대체로 비참한 경우에 빠져 있습니다. 귀환자가 많은 것은 그 결과입니다. 더욱이 북방의 돌이 많고 메마른 땅으로 이들을 쫓는다면, 대체로 이민의 목적을 달성하지 못할 것이라고 생각합니다.[56]

유아사는 시세가 변한 만큼 이민지역 확대와 금융업무의 병행이라는 동척법 개정의 취지에는 동의하였다. 그러나 같은 '조선 관계 대의사' 마키야마 고조와 보조를 맞추어 조선에서의 동척 사업이 실패임을 지적하며, 이를 북방의 寒地 만몽에서 그대로 실현하고자 하는 것에는 명백히 반대했다. 자신의 '자유이민' 경험에 미루어 볼 때, '선량한 자작농'을 육성하려는 목적으로 황무지 등 '제2류' 이하의 토지를 나누어 준 것이 이민사업을 실패로 몰았고, 귀환자가 속출했다는 것이다.

---

[56] 「第39回帝国議会衆議院 東洋拓殖株式会社法中改正法律案外一件委員会」(第4号), 1917.06.30, 5쪽.

정부위원인 조선총독부 참사관 아키야마 마사노스케(秋山雅之介)는 이에 대해 "지금도 1등지나 2등지를 (이주민에게) 주고 있다."고 답변하였다가, 유아사가 사실 여부를 따져 묻자, "유아사 군은 상세히 알고 계시겠지만 … 그것은 조사해서 말씀드리겠습니다."라며 급히 얼버무릴 수밖에 없었다.[57]

또 동척에서 부동산을 저당으로 하여 높은 금액의 이자를 물게 하기 때문에 수리사업을 목적으로 돈을 빌릴 때 가급적 동척을 이용하지 않으며, 어쩔 수 없을 때 찾는 것이 동척 금융이라는 평판도 전한다. 이는 밀양은행 설립의 경험과도 일치하는 부분이다.

유아사는 동척의 향후 경영 방향에 대해서도 제언한다. 일본인을 조선에 이주시키는 회사의 설립 목적은 이제 필요가 없어졌기 때문에 향후 조선인을 만몽으로 이주시키는 것으로 사명을 삼는 것이 어떠하냐는 것이다. 남양 지역으로 일본인을 이주시키는 것도 현재 민간에 상당한 기관이 갖추어져 있기 때문에 동척이 나설 필요가 없고, 사실상 유일한 이민처인 남미 지역의 경우에도 배일 분위기가 언제든 일어나지 않는다는 보장이 없다. 결국 해결책은 조선과 만몽 뿐인데, 이미 현지에 많은 이민자가 있는 조선인이 만주로, 이로 인해 발생한 조선의 공터에 일본인을 이민시키는 방식이 현실적이라는 것이다.

이상과 같이 일견 동척에 대한 성토대회가 된 개정안 위원회는 몇 차례의 회의를 거쳐 개정안을 통과시켰다. 시급한 사안이 아니기 때문에 다음 의회까지 연기하자는 의견도 있었지만, 유아사는 "우리나라에서 이민 문제라는 것은, 또 만몽 경영이라고 하는 것은 이 이상 긴급한 것이 없을 것"이므로 찬성하여 통과시키되, "요즘 회사 경영 방법이 타당함을 잃고 있는 것은 사실"이라며 향후 정부가 더욱 엄중한 감독을 해야한다는 경고를 붙였다.[58]

6. 조선 관련 질문(조선통치론)

1921년 1월 25일 제44회 제국의회 중의원 본회의에서 정부위원으로 출석한 나카하시 도쿠고로(中橋德五郎) 문부대신의 연설 후 유아사의 질문이 있었다. 그 내용은 최근 조선총독부의 문화정치에 대한 비평에 해당하는 것이었는데, 조선 통치 전반에 걸쳐 그의 소견이

---

[57] 위의 글.
[58] 「第39回帝国議会衆議院 東洋拓殖株式会社法中改正法律案外一件委員会」(第8号), 1917.07.09, 3쪽.

잘 드러나 있어 한마디로 '유아사의 조선통치론'이라 할 만하다.

> 조선총독, 또는 그 속료 분들께서는 근래 빈번히 조선이 천하태평하다고 청취하여 마치 백성이 신정부에 열복하여 鼓腹擊壤의 모습인 것처럼 낙관적 선전에 노력하고 있는 것 같습니다. 그러나 우리와 같이 조선에 특별한 관계를 가진 사람이 관찰한다면, 완전히 이와 반대인 것입니다. 반대라고 할 수 있는 일례를 들어 보자면, 현재 밀양경찰서의 폭탄사건이 일어난 것이 최근의 사실입니다. 범인이 백주에 공연히 경찰서 건물에 침입하여 근무 중인 경찰관을 향하여 폭탄을 던졌습니다. 그러나 그 행적을 조사해 보면 놀라운 면이 있습니다. 다만 한 가닥 충동심에 의해 이를 행한 것이 아니라 제1탄을 던져 폭발시키지 못하고 무효한 것을 인식하자 바로 또 제2의 폭탄을 던졌다는 것입니다. 이같이 대단히 대담하고 결사적인 것이 아니라면 이를 행할 수 없다는 것입니다. 이들을 보더라도 금일의 조선인이라는 자들의 불온한 행동에는 여하히 움직일 수 없는 바의 결심과 빼앗을 수 없는 바의 근본이 있다는 것을 통찰하기 어렵지 않습니다. (박수) 또 더욱이 금일 조선 각 지방에서 소위 부호라는 자들은 이 불안불온한 조선인의 협박으로 인해 소위 군용금이라는 것의 요구 때문에 하루라도 편히 잠을 잘 수 없는 상태에 빠졌습니다. 나아가 또 일반적으로 가장 현저한 예를 말씀드리자면, 일본의 대제 축일을 맞으면 예전에는 욱일기를 게양하던 이들이 근래는 거의 1인도 이 기를 거는 자가 없다고 합니다. … 이들 사실에서 살펴보더라도 결코 총독부 사람들이 선전하는 것과 같이 조선이 태평 무사하다고 말할 수 없는 것입니다.[59]

인용문에서 유아사는 1920년대 초 조선의 치안 불안의 한 사례로 의열단의 밀양폭탄사건을 들고 있다. 밀양은 유아사의 말대로 '제2의 고향'과 같은 곳이므로, 큰 충격과 함께 현지의 불안감에 대한 공감이 남달랐을 것이라 생각된다. 유아사는 이러한 급격히 악화된 민심의 근본적 원인을 10여 년 전 한국에 대한 강제병합에서 찾고 있는데, 물론 조선인들의 오해에서 비롯된 것이라는 인식은 명확하다. 그럼에도 병합 이후 철도부설과 도로 개선뿐 조선인들을 설복시킬 만한 근대적 시설의 성과가 별로 없었다고 하면서 헌병경찰제 폐지나 공무원 임용 범위 확대는 지엽적 조치일뿐 근본적 해결책은 다음과 같이 자치의 부여와 헌법

---

[59] 「第44回帝國議會衆議院 本會議」(第5号), 1921.01.25, 69~70쪽.

의 적용에 있다고 일갈하였다.

정부가 조선 통치 방침을 문화정책에서 찾게 된 것은 우리는 쌍수를 들어 찬성하는 바입니다. 그러나 이 문화정책을 철저히 실행하지 않으면 도리어 저들의 의혹 거리가 되기에 지나지 않는다고 나는 생각합니다. 문화정책을 실제로 실행하려고 한다면, 조선인에 대해 정신적으로도 물질적으로도 필요하다고 보기에 족할 만한, 저들이 승복할 만한 시설 경영을 행하지 않으면 안 됩니다. 물론 국비 관계도 있기 때문에 이를 현실의 문제로 실행시킨다고 하는 것은 상당한 시일을 요하는 것입니다. 그렇습니다만, 계획만이라도 발표할 필요가 있지 않은가? 정신적으로 저들이 희망을 향해 광명을 점하기 위해서는 저들이 가장 열망하고 있는 자치를 인정하는, 완전한 자치를 인정한다고 하는 것에 있어 어떠한 방법을 가지고 있습니까? 더욱이 나아가 소위 일시동인, 내선 차별 철폐의 정신으로 조선에서 제국 헌법의 실시를 단행하는 것은 당연한 귀결입니다. 완전한 자치를 허하고 헌법의 실시를 단행하는 것은 금년에서 몇 년 후입니까? 이를 성명으로 할 필요가 없을까? 알고 계신 대로 우리 제국의 헌법도 발포에 앞서 10년을 두고 조직이 내려졌습니다. 조선인에 대해서도 이와 같은 방법을 집행하는 것이 실로 필요하지 않겠습니까? (박수) [60]

단순히 동의 여부를 묻는 것이 아니라 정부의 의지가 있는지, 있다면 몇 년 후에 자치를 허용할 것인지 실시 계획을 따져 묻는 유아사에 대해 등단한 하라 다카시(原敬) 총리는 명확한 답변을 회피하였다. 조선 통치의 근본방침에 대해 누누이 언명한 대로 점차 자치를 허용할 생각이지만 장래의 일이며, 언제부터 실시할까를 언명키 어렵다는 것이다. 조선의 민도 발달과 자각을 그 조건으로 내세웠음도 물론이다.

정치적·정신적 방면에서는 자치 허용이라면, 물질적 방면에서는 조선인들의 생활 안정을 위한 장기적 계획이 필요하다며 조선산업의 쇄신을 유아사는 주장한다. 그 사례로 밀양에서도 성업 중인 양잠과 함께 역시 자신의 경험이 반영된 치수사업을 거론한다. 유아사는 치수사업이 당대 조선에서 가장 시급한 과제임을 다음과 같이 역설한다.

---

[60] 위의 글, 70~71쪽.

금일 조선의 산업 및 교통, 인문의 발달 등 모든 분야에서 치수사업이 일어나지 않았기 때문에 비상한 손해를 입고 있는 것은 말할 것도 없습니다. 현재 철도와 같은 것도 연연 수백만 원의 손해를 입고 있습니다. … 또 조선에는 다수의 황무지가 있습니다. 이 황무지의 개간도 치수사업이 일어나지 않았기 때문에 공허하게 황폐로 내버려 두고 있는 것입니다. 장래 우리 제국의 식량문제 해결에 있어서도 비상히 고려하지 않으면 안 되는 조선의 경지가 이와 같은 상태에 빠져 있는데, 치수사업이 일어나지 않은 결과입니다. 일찍부터 나는 치수라는 것이 조선총독부의 시정방침으로서 제1착에 들지 않으면 안 된다고 생각해 왔습니다. 이것이 한각되고 있는 것은 어떠한 이유입니까? 혹은 근본적으로 하천 정리를 하기에 앞서 일단 산림의 황폐를 방지하지 않으면 안 된다고 부르짖지만, 만약 산림 정리를 하고 그 후에 하천 개수를 한다면 그것이야말로 백년하청을 기다리는 것으로, 도저히 지금의 조선인은 그 은혜를 입는 것이 불가할 것입니다. 산림 정리는 마땅하지만 이와 동시에 치수에 대해서도 상당한 설비를 하지 않으면 안 된다고 나는 생각하는데, 그것도 가능하지 않습니다. 이와 같은 양상입니다.[61]

유아사의 질문은 조선 국경의 국방 문제로 마무리 된다. 유아사는 러시아와 중국의 '과격주의자'로부터 위협받고 있는 조선이 제국 일본에서 가장 보호받아야 할 곳이며, 조선의 내정이 불안정한 이유도 이 때문이라고 진단한다. 그런데 '문화정치'기 헌병경찰제가 폐지되면서 헌병을 인양하고 경찰로 조선의 국방을 맡게 하는 것이 옳은가 반문한다. 그는 군대를 늘이는 것에는 반대하지만 그 능률을 높여야 한다고 하면서, "한각된 내지에 21개 사단을 두지 않을 수 없는 필요"를 인정할 수 없고, 5, 6개 사단이라도 조선 국경에 주둔시켜 동양 평화를 위해 공헌해야 한다고 피력한다.[62]

1926년 새해를 맞아 경성일보에서는 '어떻게 조선을 개발해야 하는가?', '조선에서의 산미증식에 관한 貴見'이라는 2개의 주제에 대해 '내지 명사'의 소견을 들어 보는 코너를 마련했다. 이 설문에 유아사가 응하면서, ① 본국의 사단 반수를 조선으로 옮길 것 ② 치수사업의 방책을 철저히 확립할 것이라고 답변하였는데, 이는 제44회 제국의회 질문 내용에서 파악

---

[61] 위의 글, 71쪽.
[62] 위의 글, 72쪽.

한 조선통치론과 정확히 일치한다.[63]

1926년의 또 다른 기사를 보면, 본국의 일부 사단을 조선 국경으로 증파하는 것은 조선의 치안 불안에 대한 우려를 해소하고 본국의 재정도 절약하며, 군대를 유치한 조선 내 지역에 부원을 창출케 하는 일석삼조의 혜안이라 한다. 나아가 이렇게 적립한 재정은 다시 치수사업과 철도부설사업 등에 투입하여 조선의 산업개발과 궁민 구제를 이루고, '내선융화'에 기여한다는 전략이다. 또한 일본 도항 노동자를 조선에 묶어둘 수 있는 현실적 방안으로도 보았다.[64]

7. 지역사회와 본국, 조선총독부 간의 매개

앞서 본 2개 사례는 식민정책이 조선의 실정에 근거하여 수립될 수 있도록 유아사가 조력한 것이라 할 수 있다. 한편, '조선 관계 대의사'에게는 조선 거주자의 목소리를 대변하여 식민정책에 반영케 함으로써 그 지역적·집단적 이익을 실현하고자 한 면모도 있다. 특히 후자는 정치가 부재한 식민지에서 지역사회와 본국, 혹은 조선총독부를 제국의회를 통해 매개하는 일이기에 그 역할과 비중이 전자에 못지않다.

대표적 사례로 우선 '조선에서의 연초 제조업자 구제'에 관한 청원을 유아사가 제44회 제국의회 중의원에 소개한 일을 들 수 있다. 부산 부평정의 상인 石田新吉 외 4명이 제출한 이 청원은 1921년도부터 조선에서 연초전매령이 실시되면서 영업권을 잃어 경제적 타격을 받게 될 연초 제조업자들을 구제해 달라는 내용이다. 구체적으로 종전 1개년 수익의 4할을 교부하고 원료와 기구, 재료 등을 합당한 가격으로 매입해 줄 것을 요청한다.[65] 이 청원은 중의원에서 논의 결과 취지의 타당성을 인정받아 통과되었다. 앞서 밝힌 대로 밀양은 연초 경작지로도 명성이 높던 곳이므로, 부산의 연초 제조업자들과도 연결망이 있었던 것 같다.

또 자치제 실시를 주장하는 청원서를 제출한 조선인들을 돕고자 노력한 정황도 보이는데, 이는 유아사가 자신의 소신을 실천한 것이기도 하다. 1922년 3월 22일 鄭薰謨 외 42명이

---

[63] 『京城日報』, 1926.01.01, 「如何に朝鮮を開発するか; 内地名士の所見」
[64] 『京城日報』, 1926.04.29.(2), 「朝鮮の事業は窮民救助が第一, 鮮米の課税は問題でない, 湯淺凡平氏談」
[65] 「朝鮮ニ於ケル煙草製造業者救済ノ請願」, JACAR, Ref.A14080786000.

일본 헌법에 저촉되지 않는 범위 내에서 일본 '천황'의 '聖慮'에 따라 조선의 내정독립을 갈구한다는 내용의 청원서를 제출하였다.[66] 중의원에는 대의사 소에지마 기이치(副島義一) 등의 소개로 청원서를 제출했으며, 대의사 아라가와 고로(荒川五郞)와 함께 유아사 등이 이들 일행을 위해 금후 크게 진력할 예정이라는 것이다.[67]

1927년 밀양군청 이전 문제로 발발한 지역 갈등을 현지의 요청으로 유아사가 나서 봉합하려 했던 일은 보다 구체적이다.[68] 문제의 발단은 조선시대 관아 건물인 밀양군청사가 낡고 장소가 협애하여 밀양역 앞에 신축하기로 한 것이었다. 이 소식을 들은 성내 주민은 1927년 4월 30일 밤 군청이전반대 시민대회를 개최하는 등 크게 흥분했다. 이튿날 5월 1일 오전 시민 대표와 군수가 면담을 가졌으나, 군수는 이전 확정을 암시하였다. 이에 즉석에서 이전방지운동을 결의하여 모리후지 유키마쓰를 좌장으로 추대하는 한편, 공직자 중에서 경상남도와 총독부에의 진정위원을 정하고, 조선인과 일본인 3명씩을 관계된 각 면에 보내 반대 도장을 받아오기로 하였다.

5월 초 총독부와 경상남도를 상대로 진정운동을 벌인 결과, 결정 과정에 소홀했던 면은 있으나 이미 결재를 마친 사안으로, 역 앞으로 이전하는 것이 최종의견이라는 답변을 듣게 되었다. 이에 대한 성내 주민들의 반대 이유는 명확했다. 밀양(성내)은 신라 이래 2천년 간 군의 중심지이며 풍광이 明媚하고 "교통, 상업, 문교 등 대개 군의 문화는 모두 이 땅에 집중되어 호수 2천, 인구 1만의 도읍"이라는 것이다. 반면, 역 앞은 "겨우 호수 200의 소부락에 지나지 않는다. 이상과 같은 사정을 무시하고 13면 13만인 대다수의 반대를 배척하고 이전을 결행하려 하는 것은 무모함의 극치이다. 이전론자는 역전에 토지를 가지고 있고 이전에 의해 이익을 탐하려고 하는 소수 유산자이지만, 여기에는 꺼림칙한 이해관계가 伏在한 것이다."

---

[66] 강동진, 『일제하 한국침략정책사』, 한길사, 1980, 308~309쪽. 청원서의 상세한 내용은 다음과 같다. "천황폐하 통치 아래 조선의 내정독립을 청원하기에 이른 것은 결코 제국 헌법의 변경에 관한 사항에 저촉되는 범위 안에서 청원하려는 취지가 아니다. 즉 제국헌법에 저촉되지 않는 범위 안에서 이의 실행을 기대하는 데 있다. … 이 내정독립안은 천황폐하의 통치는 헌법의 조규에 따른 것인 만큼, 내정독립은 절대적인 뜻에서의 독립이 아니라는 것은 말할 나위 없고, 정녕 천황 폐하의 일시동인 성지에 용납되는 바일 것이며 또 결코 헌법에 위반되는 것이 아니라고 믿는다. 무릇 내정독립에 관한 구체적인 실행방법에 있어서는 오로지 성려의 결정을 바라는 것으로 족하므로 굳이 여러 말을 않겠다. 이상. 대정 11년 3월 23일 芝區 愛宕町 2정목 14번지 月見館에서 정훈모 외 42명 인"

[67] 『朝日新聞』, 1922.03.07, 「內政獨立請願に三鮮人の上京」

[68] 인용문 외 밀양군청 이전 문제의 전개 과정에 대해서는 다음을 참조할 것. 강만길 편, 『밀양의 독립운동사』, 선인, 2003, 383~391쪽.

라며 군청 이전계획에 의혹을 제기하였다.[69]

급기야 반대운동은 군수와 서무주임을 향한 투석전 양상으로 전개되었고, 시위 행렬과 철시가 연일 이어졌다. 결국, 유아사가 성내 측의 요청으로 이 문제에 참전하였다. 5월 14일 아침 부산에 상륙한 유아사는 우선 와다 준(和田純) 경남 도지사를 방문하여 회담 후 밀양으로 향하였는데, 열차에서 취재진을 만나 다음과 같이 발언하였다.

밀양군청 이전 문제로 인한 분규는 의회 열석 중 전보를 수취하였는데, 그 후 수일 招報를 접하고 실은 놀랐던 바이다. 금회 분규의 원인은 당국이 일반 여론을 무시하고 관청의 집무상 불편 때문에 관료식을 발휘하여 은폐책을 행하면서 동 지방의 역사를 존중하지 않았던 것에 발하고 있다. 오늘 아침 와다 지사를 만나 여러 가지 이야기를 들었는데, 지사는 한번 당국에서 결정한 것은 관청의 위신에 관한 것이기에 가볍게 변경할 수는 없다고 하였는데, 나는 그것이 이상하여 관청의 위신과 일반 민의 동요 중 통치상 무엇이 중요한가를 물어보았다. 목하 통영에도 좋지 못한 분요가 일어나고 있고, 일전에는 마산에 문제가 있었다. 사소한 일이라도 조선인에게는 비상한 반향이 있는 것이기에 금도의 밀양 문제에서도 당국으로서는 속히 금후의 태도를 선명히 할 필요가 있다고 지사에게 충고하였다.[70]

유아사는 역사와 일반 여론을 이유로 들었지만, 성내에 자신과 측근들의 기반이 있었기에 분규의 원인을 관청에 돌리고 그 관료주의를 질타하였을 것이다. 유아사의 참전이 효과를 발휘한 것일까? 6월 12일 와다 지사는 밀양군청 이전을 중지한다는 입장을 발표하였다. 와다 지사는 군청 이전도 신청사를 현 장소에 짓는 것도 모두 총독부가 결정하는 것으로 자신이 언명할 바가 아니라고 하면서, "이 문제에 한하지 않고 대개 장래에 걸친 일에 대해서는 앞서 언명하는 것이 불가하다는 것이기에 이 이상 나로서는 하등 언명할 일은 피한다."라고 하였다.[71] 즉, 이 문제뿐 아니라 장래의 일에 대해 성급하게 말하지 말라는 경고를 총독부로부터 받았음을 짐작케 하는 답변이다.

---

[69] 『京城日報』, 1927.05.08.(4), 「郡民大多數の反對, 密陽郡廳移轉問題, 代表者本府に陳情」
[70] 『京城日報』, 1927.05.15.(7), 「密陽の大地主湯淺(凡)氏乘出す, 民衆の聲を聞けと郡廳移轉問題で語る」
[71] 『釜山日報』, 1927.06.12.(夕1), 「密陽郡廳移轉は中止する; 和田知事語る」

한편, 군청을 옮겨오려다가 뜻을 이루지 못한 밀양역 앞의 유지들은 군청의 태도에 분개하였다. 군 내무부장이 먼저 정거장 앞 신축지 제공을 요청해 와 땅 고르기 공사까지 끝냈는데, 이제 와서 중지시키면 주민들은 어떻게 하느냐는 항변이다. 지사와 고등과장이 밀양까지 찾아와 원만히 단념할 것을 간청하였으나, 이들은 이에 응하지 않으면서 다음과 같이 말했다. "관청에서 한번 정한 일은 철저히 실행해야지, 그렇지 않으면 제국의회에까지라도 가서 문제를 일으키겠다." [72] 즉, 유아사의 개입이 총독부나 도청의 태도 변화를 가져왔고, 이전 계획이 중도에 좌절되는 결과를 맞이했다는 인식으로, 자신들도 같은 방식으로 맞대응하겠다는 것이다.

남은 불씨는 2년 후인 1929년 8월 양측의 중간 지대인 삼문리 관유지로 이전 장소가 최종 결정되면서 해결되었다. 이와 함께 2년 전 심각한 갈등을 빚었던 양측의 충돌이 급속히 동결된 사태의 전말도 공개되었는데, 역시 그 한가운데는 '조선 관계 대의사' 유아사가 있었다. 비록 유아사의 이권과도 연결되어 있었지만, 관권과 결탁한 일부 신시가지 주민들의 전횡을 막고자 하는 군내 압도적 여론이 유아사에 대한 청원으로 이어졌고, 이를 조선총독부에 전달하여 무효화시킨 '식민지 정치'의 한 과정이었다. 그 와중에 도지사가 사표를 제출한 것은 '조선 관계 대의사'와 유아사의 위상을 잘 보여주는 증거이다.

청사 腐朽하여 신축이전의 필요에 쫓기고 있던 밀양군청사는 1927년 5월 前前 和田 지사 시대 본부(총독부)의 양해를 얻어 국고에서 신축비의 지출을 받아 밀양역전으로 이전 신축하기로 결정하고 장차 결행하려 하였다. 이때 성내 측 주민이 알게 되어 맹렬한 반대운동을 일으켰으며, 유아사 대의사를 끼고 제국의회의 문제로 될 만큼 정치 문제화하는 형세가 되었다. 이 때문에 본부는 낭패하여 작은 위엄을 잃고 큰 위엄을 지키지 않으면 안 된다는 견지에서 갑자기 와다 지사에 대해 이전 중지를 명하였다. 이에 와다 지사는 마음을 정하고 사표를 제출하여 1928년 1월 결국 퇴관하기에 이르렀는데, 청사 신축 이전 문제는 여전히 현안으로 남아 금일에 이르고 있다. [73]

---

[72] 『每日申報』, 1927.06.20.(2), 「密陽驛前有志가 郡廳移轉中止를 反對」
[73] 『釜山日報』, 1929.08.23.(3), 「紛糾した密陽郡廳舍, 愈よ新築移轉斷行」

유아사 본페이는 1868년 빈고국 미타니군의 평민 집안에서 태어났다. 그의 고향이 속한 히로시마현은 한반도와 교류의 역사가 깊고, 근대에는 '군사현'과 '이민현'으로 이름이 높았다. 1903년 일본우선회사를 퇴사한 그는 장래를 위한 도전으로 조선에 건너왔다. 그리고 1905년 경상남도 밀양군 상남면에서 일본인 이주민을 모아 대규모 이주농촌을 건설하였는데, 그의 이름을 따 '유아사촌'이라 불리었다.

유아사촌은 회사나 조합이 아닌 개인별 이주('자유이민')로 '성공적' 일본인촌을 건설한 대표적 사례이다. 인근 조선인들의 위협으로부터 효과적으로 대응할 수 있도록 자치 조직을 마련하였으며, 수익성 작물을 경작하고 수리조합을 건설하는 한편, 자녀 교육을 위해 학교를 설립하는 등 마을 공동체로서 완결성을 갖추었다. 유아사의 노력만으로 이룬 성과는 아니었지만, 이를 선도하고 사재를 희사하는 등 헌신하였다. 또 이주민의 정착과 농업 경영에 필요한 자금을 융통하기 위해 측근과 함께 밀양은행을 설립·경영하였다.

이상과 같이 조선에서 이민·농업·금융 분야에의 도전과 성공에 힘입어, 그는 1912년 고향에서 중의원 의원 선거에 도전하여 당선되었다. 이후 1928년까지 내리 5선을 하며 식민지 지역사회와 본국, 그리고 조선총독부 간을 연결한 '조선 관계 대의사'의 대표적 인물로 손꼽힌다. 일제 말까지 조선에서 대지주의 지위를 유지하였으며, 스스로도 조선 출신 의원이라는 자의식이 있었다. 이에 필자는 유아사의 중의원 의정 활동에 있어 '조선 관계 대의사'로서의 특징과 위상을 다음 몇 가지로 강조하고자 한다.

첫째, 유아사는 제국의회 중의원의 상임위원회 중 예산·결산위원회 등에서 활동하면서 총리와 조선총독 등을 상대로 질문권을 이용하여 조선 통치 정책 전반을 감시하고 질타하였으며, 특별위원회에서 조선에 관련된 법안 심사에도 많이 관여하였다. 사실 유아사의 의정 활동에 있어 무게 중심은 확실히 자신의 지역구에 있었으나 조선을 염두에 둔 발언도 많았고, 질문과 법안 심사에 있어서는 그의 조선 재주 경험이 크게 빛을 발하였다. 그 대표적 사례가 제39회 제국의회의 동양척식주식회사법 개정건이다. 이때 유아사는 자신의 '자유이민' 경험에 빗대어 귀환자가 속출하는 동척의 이민사업은 실패이며, 이를 만주와 몽골에서 되풀이하면 안 된다고 충고하였다. 특히 같은 '조선 관계 대의사' 마키야마 고조의 주장에 찬성하며 힘을 실어주거나, 황무지 개간, 동척 금융 등 자신이 겪은 이민정책의 문제점을 구체적으로 지적함으로써 식민정책이 현지의 사정을 반영할 수 있도록 '제국의 브로커'로서의 역할에 충실하였다.

둘째, 자유주의적 정치관의 연장으로 조선에서 완전한 자치제와 헌정 실시를 주장하였다. 다년간의 의정 활동을 통해 그는 보통선거법 실시와 치안유지법 반대에 적극 앞장섰으며, 재벌과 결탁한 기성정당에 반대하고 '자유주의적 무산정당'을 추구하였다. 나아가 조선 문제와 관련해서도 자치제 실시와 산업개발이 내선융화를 이룰 수 있는 방안임을 중의원 안팎에서 역설하였다. 특히 후자와 관련해서는 치수사업, 철도부설사업 등이 선결 과제인데, 그 재정 확보를 위해 '본국 사단의 반수를 조선으로 옮기라'는 처방을 내놓기도 했다. 그가 생각하는 자치제의 실체는 불명확하나, 식민지 문제에 있어 자유주의적 성향을 보인 것은 분명하다. 그러나 한말 조선 진출 과정에서 조선 농민들과 충돌한 사례나 조선인을 만몽으로 보내고 그 빈자리에 일본인들을 이주시킨다는 발상은 극우적 대륙낭인과 큰 차이가 없다.

셋째, 지역사회의 여론을 무시한 밀양군청 이전 계획에 제동을 거는 등 '제국의 로비스트'의 역할에도 충실했다. 밀양군청 이전 문제는 이전 예정지였던 밀양역 앞의 지주들과 군청 측이 결탁하여 여론을 무시하고 졸속으로 추진하려 한데서 발생한 것이다. 군내 대다수의 주민들은 그 역사성을 들어 반대하였으나, 읍내에 기반을 둔 유아사와 그 측근들에게는 이권의 문제이기도 했다. 유아사를 통해 제국의회의 문제로 비화될 조짐을 보이자 조선총독부는 급히 이전 계획을 중단시켰고, 도지사가 사태에 대한 책임을 지고 물러나기도 했다. 이 사건은 '히로시마의 대의사' 유아사가 '조선의 대의사', '밀양의 대의사'가 되어 지역민의 민원을 제국의회라는 장을 통해 실현한 것으로, '조선 관계 대의사'의 위상을 여실히 보여주는 사례라 하겠다.

이상의 성과에도 불구하고 이 연구는 많은 약점도 안고 있다. 무엇보다 그가 중의원 의원이 되는데 조선에서의 성취가 어떻게 기여했는지 불명확하고, 그 결과 '제국의 로비스트'로서 자신과 지역의 어떠한 이권을 대변하고 실현하려 했는지 상세히 규명하지 못했다. 향후 보다 진전된 연구를 기대한다.

〈부표〉湯淺凡平의 제국의회 중의원 의정 활동 일람(1916~1927)

회차(회기)	상임위원회·특별위원회(직책)	법률안(수정안)·건의안·청원안 제출
38(1916.12~1917.01)	청원위원회(위원)	
39(1917.06~07)	**동양척식주식회사법 중 개정법률안,** **北海島척식철도 건설비 이자 지출에 관한 법률안(이사)**	
40(1917.12~1918.03)	결산위원회(위원) 전시선박관리령(위원) **조선사업공채법 중 개정법률안,** **樺太사업공채법안(위원)** 형법 중 개정법률안, 인권보호에 관한 법률안, 형사소송법 중 개정법률안(위원장) 대만은행법 중 개정법률안, 일본흥업은행법 중 개정법률안(이사) 新見-三次 간 철도건설에 관한 건의안(이사) 陰陽連絡廣江철도 속성에 관한 건의안(위원) 福井縣 三國港 축항에 관한 건의안(이사) 청원위원회(출석)	新見-三次 간 철도 건설에 관한 건의안
41(1918.12~1919.03)	**예산위원회(위원)** 지방철도법안 외 4건(위원) 新見-庄原 간 경편철도 건설에 관한 결의안(이사) 청원위원회(출석)	新見-庄原 간 경편철도 건설에 관한 건의안
43(1920.07)	철도부설법 중 개정법률안(위원) 島根縣 斐伊川 치수공사 속성에 관한 건의안(위원)	
44(1920.12~1921.03)	철도부설법 개정법률안(이사) **朝鮮醫院 및 濟生院 특별회계법 중 개정법률안(이사)** **지방철도법 중 개정법률안,** **지방철도보조법 중개정법률안(위원)** 발명 장려에 관한 건의안, 산업조합 보조에 관한 건의안(출석)	산업조합 보조에 관한 건의안 **조선에서의 연초제조업자 구제에** **관한 건(청원 소개)**
45(1921.12~1922.03)	**예산위원회(위원, 이사)**	
46(1922.12~1923.03)	官幣小社 竈門神社 경역 확장에 관한 건의안(위원)	
47(1923.12)	帝都復興計畵法案 외 2건(위원)	
49(1924.06~07)	진재 피해지의 地租 면제 등에 관한 법률안(위원) 소작조정법안(이사) 지진 연구의 특수기관 설립에 관한 건의안(위원) 청원위원회(출석)	江川難所發電所 堰堤에 관한 건

50(1924.12~1925.03)	결산위원회(위원장) 항공행정 중앙통일기관 설치에 관한 건의안, 국방회의 설치에 관한 건의안, 제국재향군인회 국고보조에 관한 건의안(위원) 預金部預金法案 외 1건 위원회 출석 **청국 및 조선국 재류 제국 신민 취체법 폐지법률안 (출석)(관련 발언 無)** 경찰비 국고하도금 연대지변 규정 개정에 관한 건의안(출석) 주류 전매에 관한 건의안 위원회(출석)	주류 전매에 관한 건의안 廣島縣에서의 3부제 철폐에 관한 건의안 (湯淺凡平 외 6명 제출)
51(1925.12~1926.03)	소득세법 중 개정법률안(이사) 의원 梅田寬一 군의 행동에 관한 조사 건(이사)	京濱運河 속성에 관한 건의안 청주 및 전매 맥주에 관한 건의안
52(1926.12~1927.03)	청원위원회(출석) 廣島縣에서의 3부제 철폐에 관한 건의안(출석) 架空索道의 저당에 관한 법률안(출석)	이민정책의 철저에 관한 건의안 지방상공회법 제정에 관한 건의안 영업수익세법 중 개정법률안 청량음료세법 중 개정법률안 시정촌 의무교육비 국고부담법 중 개정법률안 은급법 개정에 관한 건의안 廣島縣에서의 3부제 철폐에 관한 건의안 치과기공사 영업 공인의 건(청원 소개)
53(1927.05)	일본은행 특별융통 및 손실보상법안, 대만의 금융기관에 대한 자금융통에 관한 법률(이사)	일본은행 특별융통 및 손실보상법안 수정안
54(1927.12~1928.01)	결산위원회(위원장)	

비고: 굵은 글씨로 강조한 것은 조선에 관한 사항이거나 관련 발언을 한 경우임.
출전: 帝国議会会議録検索システム(https://teikokugikai-i.ndl.go.jp)

제2부

식민자 조선 거주 경험이 있는
일본 제국의회
'조선관계대의사'

식민지 조선에 거주한 경험이 있는 인사들은 개항 이후 조선 침략과 긴밀한 관계를 지니고 있는 사람들이 다수를 차지하고 있었다. 개항과 더불어 조선과 대륙으로의 침략적 진출을 열망하며 조선에서 활동했던 정치적 인물들로 대부분 언론계와 실업계에 종사했는데, 이들이 조선의 식민지화에 필요한 이데올로거로서 활동했고 그러한 공으로 인해 제국의회 의원으로 활동하고 있다.

대표적인 인물로 갑신정변에 관계하며 《한성순보》와 《한성주보》를 창간한 이노우에 가쿠고로(井上角五郎), 구마모토국권당원으로 부산의 일본인 신문 《조선시보》의 편집자이며 《한성신보》의 창간에도 간여한 아다치 겐죠(安達謙藏), 그리고 그의 직계로 분류되며 《대한일보》의 주필과 《한반도》를 경영한 야마지 죠이치(山道襄一)와 오사카아사히신문 조선특파원을 지낸 나카노 세이고(中野正剛), 이토 히로부미의 통감 취임과 함께 한성으로와 서울프레스의 사장 겸 주필이었던 즈모토 모토사다(頭本元貞), 구마모토국권당의 사사 도모후사(佐佐友房) 비서 출신으로 한성신문와 경성일보 주간으로 활약하며 경성에 거주했던 후카미 기요시(深水淸) 등이었다.

한편, 위 조선과 대륙 침략의 낭인 그룹과 함께 조선의 경제적 침탈에 일찍부터 활약했던 인물들이 '조선통' 제국의회 의원으로 당선되어 활약했다. 병합 이전부터 후쿠오카현 대의사였던 오우치 조조(大內暢三)의 경우 1897년 전라남도 自防浦 개간사업 등 조선에 토지를 소유하였고, 1907년 목포인쇄주식회사의 사장으로 취임하는 등 조선과 밀접한 관계를 지녔기 때문에 그 이전부터 제국 일본과 식민지 조선 사이에서 자신을 비롯한 조선 거주 일본인들의 이익을 위한 의정 활동에 주력하고 있었다. [1]부산의 항만 개발은 물론 일본인들을 위한 도시기반시설로써 필요했던 전기, 가스, 전차, 그리고 철도의 개발에 뛰어들었던 조선중앙철도주식회사 사장 사토 준조(佐藤潤象), 1910년 한국은행 근무로 조선에 건너와 동척 이사 등을 역임한 다카세 우메키치(高瀨梅吉) 등이었다.[2]

---

[1] 『木浦府史』(1930) 제3편 교육, 문예 제3장 定期刊行物 제1절 목포신보, pp.532~537 ; 조선총독부, 『조선공로자명감』, 1935, 116쪽.

[2] 『재조선내지인신사명감』 223쪽 ; 日外アソシエーツ, 『20세기일본인사전』, 2004.

⟨표⟩ 식민지 조선 거주 경험이 있는 제국의회 의원(민간)

	이름	지역구	조선과의 관계
1	井上角五郞	히로시마현	한성순보, 한성주보 발간
2	頭本元貞	돗토리현	서울프레스 사장
3	山道襄一	히로시마현	경성일보기자, 大韓日報사장
4	大内暢三	후쿠오카현	동아동문서원 이사, 조선경남철도 이사
5	安達謙藏	구마모토현	한성신보사 창립
6	戶叶薰雄	도치키현	대한일보 사장, 경성상업회의소 서기장
7	福井三郞	오카야마현	鷄林獎業団 조직
8	山崎猛	사이타마현	경성일보 이사
9	竹内友治郞	야마나시현	체신국장, 인천취인소, 경성취인소 중역
10	中野正剛	후쿠오카현	오사카아사히신문 조선특파원
11	佐藤潤象	구마모토현	조선중앙철도주식회사 사장
12	坂口拙三	기후현	경성공업주식회사 사장
13	高瀨梅吉	이바라키현	조선은행 경성본점 영업국장, 동척이사, 식산은행 설립위원, 금강산전기철도 감사, 북만전기취체역
14	高倉寬	후쿠오카현	조선신문사, 오사카아사히신문사 사원, 척식신보 조선지국장
15	深水淸	구마모토현	한성신문 주간, 일한식산주식회사 취체역, 경성일보 주간, 경성거류민단의원, 경성상업회의소 부회두

제2부에서는 이들 중 식민지 조선 거주 경험이 있는 일본 제국의회 '조선관계대의사'로 조선중앙철도주식회사 사장 사토 준조(佐藤潤象), '아시아주의자' 나카노 세이고(中野正剛), 『한성순보』발간 이노우에 가쿠고로(井上角五郞), 동아동문서원 이사 오우치 조조(大内暢三), 한성신보사 창립 아다치 겐조(安達謙藏)를 살펴본다.

6장
'조선관계대의사' 사토 준조 佐藤潤象 와 식민지 조선의 개발사업

1. 사토 준조의 제국의회 진출 과정

사토 준조는 1862년 9월 19일 구마모토현 사족인 사토 규고(佐藤求五)의 장남으로 태어나 니쇼가쿠샤(二松学舎)에서 한학을 배웠고 도준샤(同人社)에서 영어를 배워 관료로 진출했다. 관직은 사가현속을 거쳐 구마모토현 수세속(收稅屬), 구마모토현속, 농상무성 영림주사, 동 임무관보(林務官補), 동 임무관을 역임했다.[1] 그 사이 사토는 1894년 '히고(肥後)와 쓰시마(對州)가 연합하여' 조선 및 대륙 침략을 도모하던 '외우(畏友) 사사 도모후사(佐々友房)와 구니토모 시게아키(国友重章) 등과 협의'해 '한국에서 뭔가의 국가적 사업을 계획하기 위해' 도한했다.[2] 당시 같은 구마모토 출신의 주한일본공사 이노우에 시게루(井上馨)는 사토 일행의 포부는 시기상조라 하며 조선 정부의 관리 용빙을 권유했다.[3] 사토는 이노우에 공사의 권유에 따라 조선 정부에 용빙되어 농상공부에서 고문보좌관으로 활동했다.[4] 특히 제주도

---

[1] 衆議院, 『第四十九回帝国議会衆議院議員名簿』〈衆議院公報附録〉, 1924, 33쪽 ; 衆議院·参議院, 『議会制度百年史 - 衆議院議員名鑑』, 大蔵省印刷局, 1990, 275쪽.

[2] 사사의 구마모토국권당 계열의 인사들이 이 시기 대거 도한하고 있었기 때문에 그 일환이었던 것으로 보인다(나가시마 히로키, 「일본의 한국 통치와 구마모토(熊本) 출신자 인맥 –나카무라 겐타로(中村健太郎)를 중심으로-」, 『일제의 식민지배와 재조일본인 엘리트』, 어문학사, 2018, 20~24쪽). 이들은 정치부와 사업부로 나눠 활동했는데 정치부는 신문발행을 중심으로 움직였으며, 사토는 함께 간 3인과 함께 사업부에 포함되었던 것 같다(배병욱, 「아다치 겐조(安達謙藏)의 정치이력과 '조선 관계 대의사'로서의 면모」, 『식민지 조선 거주 경험의 '조선관계대의사(朝鮮關係代議士)' 연구」 학술회의 발표문, 2022, 31쪽).

[3] 佐藤潤象, 「釜山の埋築と朝鮮鐵道の創設」, 『朝鮮統治の回顧と批判』, 朝鮮新聞社, 1936, 298~299쪽.

[4] 『駐韓日本公使館記録』 5권, 1896, 62쪽

와 울릉도의 산림을 조사했다.[5]

그런데 당시 함께 했던 조선 침략을 획책하던 구마모토국권당 계열의 동료들이 '을미사변'에 관련되어 모두 퇴한 명령을 받았다. 사토는 제주도 산림조사로 출경 중이었기 때문에 이 사건에 연루되지는 않았다. 하지만 도한의 이유도 그렇고, 스스로 경성에 있었다면 '반드시' 이 사건에 연루되었을 것이라고 회고했다.[6] 이와 같은 점을 미루어 짐작하면, 사토는 처음부터 조선을 경략하기 위한 큰 포부 하에 도한해, 일본인고문 보좌관으로 활동했음을 알 수 있다.

'을미사변' 이후로도 용빙 계약기간(2년)이 남아 조선에 남았지만, 고종의 '아관파천'으로 더 이상 고문보좌관 활동은 할 수 없었다. 이후 일본과 조선을 왕래하는 가운데 조선의 '개발사업'에 본격적으로 뛰어들어 1923년까지 조선에 적을 두고 일본을 오가며 기업가로 활약했다. 1923년 말 조선에서 활동을 완전히 정리한 사토는 이듬해인 1924년 5월 고향인 구마모토현 구마모토시 제국의회 중의원 선거에 무소속으로 출마했다. 당시 이 지역의 대의사였던 헌정회 소속 고바시 이치타(小橋一太)를 근소한 차로 물리치고 당선되어 제15기 중의원 의원으로 활동했다.[7] 그런데 사토의 중의원 대의사 활동은 오래가지 않았다. 제15기 중의원 임기인 1924년부터 1927년까지, 회기는 제49회(1924.6.28.~7.18)부터 제53회(1927.5.4~8.)까지 단 1기, 5회에 그쳤다.

제국의회 중의원 의원으로서 사토의 활동이 1기, 3년, 5회의 단기에 그쳤던 것은 무엇보다 1928년 제16기 제국의회 중의원 선거에 불출마했기 때문이었다.[8] 불출마의 이유는 당선이 어렵다는 판단에서인지 자료 부족으로 알 수 없다. 다만, 스스로는 이후에 유유자적하는 삶을 살고 있다고 밝힌 것처럼 '더 이상' 정치가의 길에 관심이 없었던 것 같다.[9] 이처럼 정치가로서 야망도 그다지 없었던 사토가 왜 식민지 조선을 오가는 생활을 청산하고 일본으로 돌아온 1924년 곧바로 고향에서 대의사에 입후보했을까.

---

[5] 「鬱陵島 調査槪況 및 山林調査槪況 報告의 件(機密京第17號, 在釜山 領事官補 赤塚正助 -〉在京城 特命全權公使 林權助)」,『駐韓日本公使館記錄』14권, 1900.6.12, 53~65쪽.

[6]『朝鮮新聞』1936.4.16.「朝野名士의 朝鮮觀(83) 釜山의 埋築과 朝鮮鐵道의 創設(二) 元朝鮮鐵道重役 元衆議院議員 佐藤潤象」

[7] 衆議院事務局,『衆議院要覽』大正13年12月編乙, 1924.12, 85쪽 ; 衆議院事務局,『衆議院要覽』昭和12年11月(丙), 1937, 85쪽

[8] 日本国政調査会編,『衆議院名鑑 第1回・1890年〜第34回・1976年総選挙』, 国政出版室, 1977, 77쪽.

[9]『조선신문』1936.4.21.「朝野名士의 朝鮮觀(94) 釜山의 埋築과 朝鮮鐵道의 創設(四) 元朝鮮鐵道重役 元衆議院議員 佐藤潤象」

일반적으로는 고향인 구마모토의 발전을 위한 출마라고 생각할 수 있다. 그런데 그의 생활 근거지는 일찍이 관료로 있을 때부터 도쿄로 옮겨져 있었다. 또한 중의원 의원으로 활동하면서 고향 구마모토와 관련된 어떠한 법률안, 청원안, 건의안도 제출하지 않았다. 그렇다면 어떤 이유였을까. 그 일말의 단초는 그의 중의원 의정 활동을 통해서 확인할 수밖에 없을 것 같다. 당선된 이후 의정 활동을 본격적으로 전개하기 전까지의 상황을 먼저 살펴보자.

일본에서 관료로 시작한 사토는 식민지 조선에서 기업가로 변신했다. 그런 그가 일본으로 돌아와 정치가로 다시 변신했다. 그런데 그것도 일회적이었다. 사토는 1924년 5월 대의사로 당선된 이후 1925년까지 49회와 50회 중의원 회기에서는 거의 활약이 없었다. 개원식 등 본회의에 참석해 의장·부의장·전원위원장의 선출, 부속(部屬) 추첨과 부장 및 이사의 호선, 기타 회의의 필요한 가부 투표, 예를 들어 회의장에 총리대신의 출석을 요구하는 가부 투표와 같이 의사 진행 및 의안의 가부와 관련된 사항에 대해서만 참여했다. 그 외 어떠한 제안도 청원도 건의도 질문도 발언도 하지 않았다.[10] 그것도 그럴 것이 정치 신인인 데다 소속 정당이 없었기 때문이었다.

제국의회 의원 제도는 본회의 중심의 심의 방식인 '독회제'라는 독특한 시스템으로 운영되었다. 본회의에서 법안이 상정되고 정부든 의원이든 제출자의 취지설명에 이어 사전에 신고한 의원의 찬부 의견과 함께 질의응답이 법안 전체에 대해 진행되었다. 이 자체도 법안 전체에 대한 정확한 이해와 함께 자신의 의논을 전개하기 위해서는 경험과 능력이 출중해야 했다. 그래서 대체로 오랜 경험을 가진 '민권파' 명사가 중요한 역할을 담당하는 경우가 많았다. 정치 신인은 의안을 의장에서 처음 대면하기 때문에 의안 전체의 이해에 급급한 나머지 한 마디도 자신의 의견을 제시하지 못하는 구조였다.

또한 법안의 성격과 내용으로 보아 신중한 심사가 필요하다고 판단될 때 소수의 의원으로 구성된 특별위원회를 조직했다. 이 경우 본회의 의장이 특별위원을 지명하기 때문에 관련 법안과 관련한 경험과 능력이 있는 의원이거나 아니면 정당 간의 배분으로 무소속이거나 교섭단체가 아닐 경우 참여조차 쉽지 않았다.[11] 의원 제도상으로도 정치 신인과 교섭단체가 아닐

---

[10] 「第49回帝國議会 衆議院 衆議院 本会議 (議院成立に関する集会) 大正13年6月25日」;「第49回帝國議会 衆議院 本会議 (議院成立に関する集会) 大正13年6月27日」;「第49回帝國議会 衆議院 本会議 第2号 大正13年6月30日」;「第50回帝國議会 衆議院 本会議 (議院成立に関する集会) 大正13年12月24日」;「第50回帝國議会 衆議院 本会議 第2号 大正13年12月27日」

[11] 村瀬信一,『帝國議會』, 講談社, 2015, 47~50쪽.

경우 제대로 된 의정 활동이 불가능했던 것이다. 따라서 사토와 같이 기존 정당에 소속되지 않고 중립을 표방한 대의사들은 원내 교섭단체를 만들기 위한 세력화에 집중할 수밖에 없었다.

물론 사토는 처음부터 정당과 전혀 관련 없지는 않았다. 입후보자 추천은 식민지 조선과 긴밀한 관계를 가진 이토 히로부미와 하라 다카시를 잇는 마키야마 고조(牧山耕藏), 마츠야마 쓰네지로(松山常次郎), 다키 구메지로(多木久末次郎) 등 '조선관계대의사'가 포진한 정우회 계열로부터 받은 것으로 알려졌다.[12] 그러나 이 시기는 정권을 잡고 있던 정우회가 내분에 의해 기요우라내각의 정우본당이 분리되고, 도리어 보통선거를 위해 헌정회, 정우회, 혁신구락부가 합쳐 '호헌3파'를 형성함으로써 정우본당에 대결하던 형국이었다.[13] 따라서 실제 선거에서는 무소속으로 출마해 당선되었다.[14] 그렇기에 이후 원내 활동보다는 원외 활동에 집중했다.

사토는 바로 '불편부당' '엄정중립'을 표방하는 대의사들의 조직 결성에 적극적으로 참여해 '중정구락부'를 결정하고 그 회원이 되었다.[15] 하지만 1924년 6월 '호헌3파' 내각이 들어서고 보통선거법이 1925년 3월, 제50회 제국의회에서 가결됨으로써 '호헌3파'의 분화가 진행되기 시작했다.[16] 이에 따라 중립적인 '중정구락부'의 회원도 반으로 줄었고 새롭게 교섭단체를 만들고자 하는 '혁신구락부' 잔류파, 무소속 대의사들과 함께 다시 '신정구락부'를 결성했다.[17] 결국 사토도 애초 입후보 추천을 받았고 당선 직후 정무조정위원회 선거법개정특별위원회 이사로 결정되기도 했던 정우본당계 인사로 분류되었기 때문에 '신정구락부'의 다른 6명의 대의사와 함께 입당할 예정이었다.[18] 그로부터 제대로 된 의정 활동을 할 수 있었다. 15

---

[12] 『조선신문』 1924.5.13. 「總選擧의 結果, 十一日開票第三報」; 『朝鮮時報』 1924.5.15. 「朝鮮關係의 當選者今日까지十九名」

[13] 井上壽一, 『政友會と民政党』, 中公新書, 2012, 16~21·31~32쪽.

[14] 『京城日報』 1924.4.15. 「佐藤潤象氏 熊本市で立候補」; 『조선신문』 1924.5.4. 「朝鮮에 關係있는 鹿을 逐ふ人々」; 『조선시보』 1924.5.13. 「總選擧의 結果(第二報)」

[15] 『中外商業新報』 1924.5.24. 「長岡将軍等의 中立団体成立 旗揚げは三十日帝国ホテル 実業同志会は拒絶」; 『大阪朝日新聞』 1924.5.31. 「中立議員団成る 会名は中正俱楽部」

[16] 成田龍一, 『大正デモクラシー』, 岩波新書, 2007, 190~200쪽.

[17] 『조선신문』 1925.5.24. 「新交渉團體組織され三十日發會式」; 『경성일보』 1925.5.24. 「三十名となる新交渉團體革派殘留組と中正派等で發會式は卅日に行ふ」; 『大阪時事新報』 1925.5.31. 「愈よ発会式を挙げた革中残留組の新団体」; 『中外商業新報』 1925.6.1. 「新交渉団体新正俱楽部 三十日発会式を挙行 参加者合計三十名」

[18] 『조선신문』 1924.6.15. 「本黨 政調委員」; 『大阪朝日新聞』 1925.8.11. 「新政俱樂部의 四氏가 近く本党에 入る 他의 本党系 代議士도 入党せん」; 『경성일보』 1925.8.11. 「本黨へ六氏入る, 新政俱樂部より」; 그런데 이후에도 사토는 여전히 '신정구락부'

기 대의사의 첫 공식적인 활동이 거의 2년이나 지난 1925년 12월 26일 열린 제51회 회기부터 였다고 해도 과언이 아니었다.

2. 조선철도 관련 의안 중심의 의정 활동

사토가 대의사로서 본격적인 의정 활동에 나서 자신의 이름을 의안 제출자에 올린 것은 두 건이었다. 모두 식민지 조선과 관련되며, 특히 조선철도와 관련된 것이었다. 그 하나가 제51회의 '조선에서 철도의 보급 및 촉진에 관한 건의안'이었고, 다른 하나가 제52회의 '조선사설철도보조법중개정법률안'이었다. 또한 제52회 회기 동안 조선총독부가 제출한 '조선사업공채법중개정안'의 특별위원회에 위원으로 지명되어 질문권을 행사했는데, 이 또한 식민지 조선과 철도 건설 관련 법률안이었다.[19] 이때 특별위원회 의원으로 지명한 이가 정우본당의 대표적인 '조선관계대의사' 마키야마였다.[20]

이처럼 사토는 그 소속과 상관없이 중의원 출마 때부터 '조선 관계' 입후보자로 위치 지워져 당선되었고,[21] 실제 의정 활동도 철저하게 '조선통' 대의사로 활동했다고 할 수 있다.[22] 특히 그의 활동이 식민지 조선, 특히 조선 철도에만 국한된 것으로 볼 때, 자신의 식민지 경험과 밀접히 관련된 조선의 철도 개발사업을 위해, 소위 식민지 조선의 일본인을 대표해 중의원에 출마해 활동했다고 해도 과언이 아닐 정도였다.

우선, 자신을 주요 의안 제출자로 올린 제51회 '조선에서 철도의 보급 및 촉진에 관한 건의안'을 살펴보자. 이 건의안은 조선관계대의사의 핵심인물인 마키야마와 마츠야마를 비롯해 사토까지 15명의 명의로 제51회 제국의회 중의원(1925.12.26.~1926.3.25.) 회기인 3월 15일

에 소속되어 활동하고 있는 것으로 봐서 정우본당계이긴 하지만 당적을 가지지 않고 정우본당과 정책적 공조를 진행한 것으로 봐야 하지 않을까 한다.

[19] 佐藤潤象, 『第五十二回·第五十三回帝国議会報告書』, 1927, 44~47쪽. 의정 활동의 보고서를 제52회와 제53회만 남긴 것은 스스로도 이 회기에만 활동했다고 생각했던 것 같다. 제52회의 위 법안과 관련한 설명에서 제51회 제출한 건의안의 제출자였음도 밝히고 있다.

[20] 「第52回帝国議会 衆議院 朝鮮事業公債法改正法律案外二件委員會議錄(速記) 第4号 昭和2年2月15日」.

[21] 『조선신문』 1924.5.4. 「朝鮮に關係ある鹿を逐ふ人々」; 『조선시보』 1924.5.15. 「朝鮮關係の當選者今日まで十九名」.

[22] 물론 자신의 보고서에는 신정구락부가 제안한 것으로 법률안 14건과 건의안 15건을 제시하고 있지만 본인이 직접 관여하지 않았다(佐藤潤象, 『第五十二回·第五十三回帝国議会報告書』, 1927, 56~60쪽).

제출된 건의안(찬성자 146명)이었다.[23] 그런데 이와 함께 3월 23일 귀족원에도 제출된 동일한 제명의 건의안은[24] 제국철도협회가 한 달 앞선 2월 15일 일본 정부의 내각총리대신 등과 조선 총독에게 제출한 건의안을 모태로 했다.[25]

    제국철도협회는 제국 내 철도업 종사자들로 이루어진 조직으로서 식민지 철도 개발에도 밀접한 관계를 지니고 있었다.[26] 그런데 식민지 조선의 철도 개발과 관련해 조선 거주 일본인은 물론이고 이들 중심의 조선 상업회의소는 일찍부터 철도 개발에 매우 적극적이었다.[27] 3.1운동에 따른 정세 불안을 조선 '산업 개발'이라는 경제적 이익을 빌미로 이를 극복하려는 움직임이 일어나, 1921년 산업조사위원회를 거쳐 조선 상업회의소는 첫 번째가 철도 부설('10개년계획')인 산업 개발 '4대 요항'을 설정하고 그 실현을 위해 조선총독부는 물론 일본 정재계에 대한 지속적인 정치 활동을 전개했다.[28] 조선 상업회의소의 이와 같은 일본 정재계에 대한 정치 활동이 조선 철도의 개발이 필요하다는 공감대의 형성으로 이어져 결실을 맺은 것 중 하나가 제국철도협회의 조선철도망 조사였다.[29]

    제국철도협회는 조선철도망조사위원회를 설치하고 1924년부터 '조선에서 철도의 보급 및 발달 촉진에 관한 조사'를 시작했다. 1년간의 자체 조사와 참모본부를 비롯한 일본 정재계와의 회의를 거쳐 마련한 제국철도협회 초안이 '22개년계획'이었다. 철도망 조사에 경비를 제공하며 적극적으로 협력했던 조선 상업회의소는 제국철도협회와 협의를 거쳐 초안을 '18개년계획'으로 단축시키는 한편, 3년 뒤가 아니라 바로 실시하도록 수정했다. 더불어 동해선·경릉

---

[23] 大平鐵畊, 『朝鮮鐵道十二年計畫』, 鮮滿鐵道新聞社, 1927, 48~55쪽.

[24] 大平鐵畊, 『朝鮮鐵道十二年計畫』, 55~56쪽.

[25] 「JACAR(アジア歴史資料センター)Ref.B12081111400、20.朝鮮ニ於ケル鉄道普及促進ニ付建議(B-3-6-8-26)(外務省外交史料館)」; 帝国鉄道協会, 『帝国鉄道年鑑』 昭和3年版, 1928.

[26] 「JACAR(アジア歴史資料センター)Ref.B12080995000、22.帝国鉄道協会定款及役員表送付ノ件 同九月(B-3-6-8-5_003_001) (外務省外交史料館)」

[27] 전성현, 「일제하 조선 상업회의소의 철도부설운동(1910~1923)」, 『석당논총』 40, 2008 참조.

[28] 전성현, 「1920년 전후 조선 상업회의소와 조선 산업정책의 확립」, 『역사와 경계』 58, 2006 ; 「JACAR(アジア歴史資料センター)Ref.A14080808000、朝鮮産業振興ノ請願(国立公文書館)」; 전성현, 「1920년대 조선상업회의소연합회의 산업개발 '4大要項'과 정치활동」, 『한국민족운동사연구』 52, 2007 참조.

[29] 또 다른 결실로는 사설철도에 대한 보조금 증가, 사설철도회사의 통합, 그리고 조선총독부의 1922년부터 6개년 내 완료 예정으로 진행된 새로운 철도망 조사였다. 이 조사를 토대로 수립된 조선총독부의 철도망계획은 만철로 이관된 조선철도가 1925년 다시 환원되자 수립된 종합적인 산업개발계획인 10개년 계획에 포함되었다. 그런데 철도건설 및 개량의 내용은 조선 상업회의소와 논의를 통해 이루어진 것으로 바로 조선 상업회의소의 철도부설 10년계획이었다(전성현, 「일제하 조선 상업회의소와 '朝鮮鐵道十二年計劃'」, 『역사와 경계』 71, 2009, 283쪽).

선을 포함해 사설철도의 매수와 연장을 통해 북부 노선 중심을 중남부 노선까지 균형있게 포함하도록 전환했다. 나아가 경부경의선의 복선 추가와 사설철도 보조의 증액을 포함시켰다.[30] 이처럼 조선 상업회의소의 기존 계획이 제국철도협회 초안에 적극적으로 반영되고 수정되어 1925년 12월 완성되었다.[31]

한편, 조선 상업회의소에 의해 확대 개편된 조선철도협회는 1926년 1월, 제국철도협회의 건의안 완성을 기회로 조선철도망조사위원회를 설치하고 철도망 조사를 조선총독부 철도국과 협력해 함께 진행하기로 결의했다. 또한 제국철도협회의 건의안에 기초해 실현을 위한 합동 운동을 전개하기로 하고 도쿄에 위원을 파견하고 또 도쿄에 조선 대표위원을 선정했다. 그들 중 조선관계대의사인 마키야마, 마츠야마, 사토도 포함되었다. 그리고 제51회 제국의회가 개회 중임을 기회로 조선 상업회의소와 조선철도협회의 대표위원들은 도쿄로 건너가 제국철도협회와 함께 일본 정재계 인사들과 협력한 결과, 건의안 3종이 내각과 귀중 양원에 제출되었다. 그 가운데 중의원에 제출된 것이 사토가 포함된 마키야마 외 14인의 '조선에서 철도의 보급 및 촉진에 관한 건의안'이었다.

〈표 1〉 사토 준조가 관계한 조선관계대의사 활동

제국철도협회 건의안(1926.2)	조선관계대의사 건의안(1926.3)	조선사업공채중개정법률안 (정부)(1927)
1.조선에 주요한 철도는 국유를 근본으로 할 것 2.정부는 조속히 조선철도 부설에 관한 법률을 제정할 것 3.정부는 기정 계획 이외 전항 조선철도 부설법에 의해 2천여 마일의 철도를 금후 18년 이내에 부설할 것 4.정부는 1항의 방침에 기초해 점차 주요 사설철도를 매수할 것 5.정부는 현행 조선사설철도보조법의 8분 보급을 개정하여 1할로 하며 미성선의 속성을 도모할 것 부대결의. 정부는 제3항의 18년 부설 계획의 진척에 따라 수송량의 증가에 견주어 점차 경부, 경인, 경의 각선을 복선으로 할 것	1.조선에 주요한 철도는 국유로 하는 근본방침을 수립하고 주요 사설철도는 점차 이를 매수할 것 2.조선에 철도 부설에 관한 법률을 제정하고 예산이 확정되면 기정 계획 이외 대략 2천 마일의 철도 부설을 금후 18년 이내에 완성할 계획을 확립할 것 3.현행 조선사설철도보조법의 8분 보급을 개선하고 미성선의 속성을 도모할 것	제1조 조선에서 사업비를 지불하고 또 연초전매제도의 실시 또는 사설철도매수에 요하는 교부금으로 교부하기 위해 정부는 종전 모집한 것을 통해 6억 370만원을 한하여 공채를 발행하고 이것의 대체 지불을 위해 차입을 할 수 있도록 함 제2조 전조의 규정에 의한 공채의 발행가격 차감액을 보전하기 위해 필요한 경우에는 전조의 제한 이외에 공채를 발행하거나 차입할 수 있도록 함 이유 조선철도 선로부설 5개선(도문선, 혜산선, 만포선, 동해선, 경전선) 860만일 사설철도(조선, 전북, 도문) 매수 209마일

---

[30] 전성현, 「일제하 조선 상업회의소와 '朝鮮鐵道十二年計劃'」, 283~287쪽.
[31] 帝国鉄道協会, 『朝鮮に於ける鉄道普及促進に付建議 附 朝鮮と其の富源』, 1926.

〈표 1〉과 같이 사토 포함 '조선관계대의사'를 중심으로 제국의회 중의원에 제출된 '조선의 철도 보급 촉진에 관한 건의안'은 제국철도협회가 내각총리대신 등 대신과 조선 총독에게 이미 제출한 건의안의 5개 항 및 부대 결의안 중 부대 결의안을 제외하고 3개 안으로 합친 것이었다. 이에 따르면, 조선 철도의 국유화를 근본 방침으로 삼아 사철 철도를 매수하고 조선철도 부설 법령을 제정하여 향후 18년간 2천 마일의 철도를 부설하는 것이었다. 이 건의안은 3월 15일 제출되어 3월 24일 본회의의 일정 제243으로[32] 설정되었으나 논의되지 못했다. 다시 3월 25일 본회의의 일정 제102[33]로 설정되었으나 수많은 법률안, 건의안, 청원안 때문에 논의조차 못하고 회기 종료되었다.

사토는 회기가 끝나자 다시 원외 활동으로 조선 철도망 속성운동에 참여했다. 앞에서 언급한 조선철도협회 조선철도망조사위원회의 도쿄 측 조선 대표위원이 되는 한편, 철도 보급계획의 이행선전을 위해 귀중 양원 관계자 및 제국철도협회장 등과 함께 조선으로 건너왔다. 이들과 함께 1926년 4월 말부터 5월 초까지 조선 철도망 속성을 위한 강연회를 경성, 원산, 평양, 대구, 부산 등에서 개최했고, 총독 등과 조선 철도망 완성에 대한 회견 및 간담을 진행했다.[34] 또한 조선 측 조선철도망속성기성회 대표들이 도쿄에 와서 일본의 관계 관청, 각 정당, 그리고 정재계 인사에게 조선 철도망 보급 촉진의 필요성을 주장할 수 있도록 매번 후원했다.[35]

조선 측 대표들은 그 후원에도 불구하고 도쿄에 와서 조선 철도망 속성운동을 전개할 때마다 근거지를 가지지 못해 운동 및 연락 등에 불편함이 많았다. 그런 연유로 제국철도협회와 귀중 양원에 건의안을 제출하는 등 조선 철도망 보급 촉진 운동에 참여하거나 조선 관계의 일본 정재계 인사들과 연합한 조선철도촉진기성회가 새롭게 조직되었다. 조선철도촉진기성회는 본부를 도쿄에 지부를 경성에 두기로 했다. 이때 사토는 도쿄본부의 상임위원 겸 상담역으로 참여했다.[36]

조선 철도의 개발은 식민지 지배 정책으로만이 아니라 식민지 거주 일본인들의 이해와 밀

---

[32] 「第51回帝国議会 衆議院 本会議 第36号 大正15年3月24日」
[33] 「第51回帝国議会 衆議院 本会議 第37号 大正15年3月25日」
[34] 『경성일보』 1926.4.28. 「朝鮮鐵道網完成の爲め, 二十七日夜入城した鐵道界のお歴歷」 ; 『조선신문』 1926.4.28. 「鐵道網の完成は朝鮮自体の發奮, 今やその時機が到來, 帝國鐵道協會長國澤博士語る」 ; 『매일신보』 1926.4.29. 「鐵道協會長一行齋藤總督訪問」 ; 『조선신문』 1926.5.3. 「鐵協會員動靜」
[35] 『경성일보』 1926.5.20. 「何事にも必要な朝鮮鐵道の完成, 上京中の委員が發表した普及促進の聲明書」
[36] 大平鐵畊, 『朝鮮鐵道十二年計畫』, 59~64쪽.

접하게 관계되었다. 일찍부터 지역 상업회의소와 그 연합조직이 철도 개발을 요구했고 그 요구는 식민지를 넘어 일본 정재계로 확대되어 제국철도협회의 조사와 철도계획안 수립 및 귀중 양원 건의, 그리고 조선철도협회와의 결합을 통한 조선철도촉진기성회의 성립과 활동으로 이어져 조선->일본->조선을 넘나들며 현실화되었던 것이다. 이와 같은 과정은 결국 조선총독부의 '조선사업공채중개정법률안'(정부 제출)과 '조선사설철도보조법중개정법률안'(의원 제출)으로 제52회 제국의원에 제출되었다. 식민지와 본국의 파이프라인 역할을 사토와 같은 조선관계대의사가 도맡았다. 특히 철도사업과 관련해서 사토는 더욱 그랬다.

조선총독부에 의해 마련된 철도계획안은 예산확보를 위해 '조선사업공채중개정법률안'으로 일본 정부를 거쳐 제52회 제국의회에 제출되었다. 이 법률안은 기존의 공채액을 확대하고 또 필요에 따라 제한 이외 공채 발행을 할 수 있도록 개정한 것인데, 그 핵심은 "조선의 산업진흥에 이바지하기 위해 교통기관의 보급, 특히 철도의 보급을 촉진할 필요를 인정하여 새로 도문선 외 4선의 신선 건설 계획을 세우고, 또 그 신선의 건설에 따라 간선철도 사이에 개재된 사설철도를 매수하여 규격의 통일, 기타를 개량하는 계획"이었다.[37] 이 법률 개정안은 '대만사업공채법중개정법률안', '관동주사업공채법중개정법률안'과 함께 '위원 부탁'으로 특별위원회가 설치되었다.

특별위원회는 1월 31일을 시작으로 3월 10일까지 11회에 걸쳐 진행되었다.[38] 특별위원은 1월 29일 의장의 지명으로 18명이 선정되었다. '조선사업공채법개정법률안외2건위원회'는 1월 31일 첫 모임을 가졌다. 의장 지명 18명 중 10명이 참석한 1회에서 특별위원회 위원장과 이사를 선출했다. 위원장은 이미 전회에 조선철도 완성을 위한 건의안을 대표 의원으로 제출한 조선관계대의사 마키야마가 선출되었다.[39] 그리고 제4회인 2월 15일 사임한 특별위원의 보궐로 위원장 마키야마가 사토를 지명해 특별위원으로 선출했다. 따라서 이 특별위원회에 조선과 관련된 대표적인 인물이며 이전 건의안의 주요 제출자인 마키야마, 마츠야마를 비롯해 사토까지 포함되었다.[40]

---

[37]「第52回帝国議会 本会議 第9号 昭和2年1月29日」
[38]「第52回帝国議会 衆議院 朝鮮事業公債法改正法律案外二件委員会 第1~11号 昭和2年1月31日~昭和2年3月10日」
[39]「第52回帝国議会 衆議院 朝鮮事業公債法改正法律案外二件委員会 第1号 昭和2年1月31日」
[40]「第52回帝国議会 衆議院 朝鮮事業公債法改正法律案外二件委員会 第4号 昭和2年2月15日」

정부 제출 법률안에 대해 특별위원회의 분위기는 좋았다. 오히려 이전 제국철도협회의 조사와 귀중 양원에 제출한 건의안보다 신설할 철도 마일 수와 건설비가 반 이상 줄어들어 아쉬워했을 정도였다.[41] 특별위원회 기간 중 전반부는 관설철도 중 경부경의선의 복선화(부산 삼랑진만 추진)와 경인선 전철화(미포함)가 이루어지지 않은 점에 대한 지적과 길회선 등 만주와 연결되는 북부 철도, 특히 도문선에 대한 강조가 이루어졌다. 중·후반부는 사설철도, 즉 이전 건의안에서 사설철도 국유화와 사설 철도회사 보조에 대한 부분이 적극적으로 반영되지 않아 주로 이 부분에 대한 집중적인 질의응답이 전개되었다.[42] 사토도 기본적으로 사설철도 분야에 집중했다.

사토는 신설 노선에 연결되는 사설철도와의 관계를 사설철도의 관점에서 질문했다. 우선 혜산선과 연결되는 사설철도(산림, 척식)를 매수해 게이지 차이(2척6촌, 3척6촌, 4척8촌)를 동일한 것으로 바꿀 필요가 없는가 하는 점과 현재 이익을 내며 사설 철도회사도 매도할 의향이 없는 전남선의 경우 굳이 경전선에 포함해 매수할 필요가 있냐는 점을 지적했다. 이는 경영에 어려움이 있는 사설철도에 대해서는 적극적으로 매수하고 반대로 이익이 되는 사설철도는 그대로 회사가 운영하도록 하는 사설철도 중심의 사고였다.[43]

이 같은 생각은 한 걸음 더 나아가 현재의 계획이 사설철도 210마일 정도의 매수와 1700~1800만원 정도의 연장 건설비에 그쳐, 진행 중인 사설철도 미성선과 향후 사설철도 건설의 1/3 정도밖에 되지 않는다고 지적했다. 그렇기에 조선철도 개발을 위한 사설 철도회사의 효율적인 운영을 위해 보조금을 8분에서 1할로 증액한다든지 아니면 보조금 8분 중 2분 정도를 일부 배당에 사용해 주주에게 이익이 되도록 함으로써 주주 모집의 원활화를 꾀하는 것이 좋다고 주장했다.[44] 이른바 조선 철도의 개발은 국유화가 기본이지만 그렇지 못할 경우 관민 합동에 의해 추진되어야 하며 그런 의미에서 조선에 영업하고 있는 사설 철도회사의 경영에 도움을 줘야 한다는 취지였다.

결국 특별위원회는 정부 제출의 '조선사업공채중개정법률안'을 승인하며 두 가지 희망 사항을 첨부했다. 첫째, '도문철도의 매수에 대해서는 1930년에 행할 계획이지만 이를 변경해

---
[41] 제국철도협회 조사계획은 21개 노선 2,173마일 건설계획이었다.
[42] 大平鐵畊, 『朝鮮鐵道十二年計畫』, 129~155쪽.
[43] 「第52回帝国議会 衆議院 朝鮮事業公債法改正法律案外二件委員会 第7号 昭和2年2月21日」
[44] 「第52回帝国議会 衆議院 朝鮮事業公債法改正法律案外二件委員会 第8号 昭和2年2月23日」

1928년으로 앞당길 것'. 둘째, '금회 정책의 제안에 관계한 조선철도 신규 계획은 이미 51의회에서 귀중 양원의 요망 건의에 비하면 충분하지 않지만 일본 재정의 현상에 비춰 어쩔 수 없음으로 민간의 자력에 의한 사설철도의 촉진 발전을 기하지 않을 수 없다. 따라서 정부는 이것의 조장에 대해 다시 적절한 방법을 강구할 것을 희망함'. 두 가지 희망 사항 모두 사설철도에 관한 것이며, 두 번째 희망 사항은 사토가 제기했다.

사토의 희망 사항은 또한 스스로 제출자에 이름을 올린 '조선사설철도보조법중개정법률안'과도 밀접히 연결되었다. 이 법률안도 이전 제국의회 건의안 제출자인 마키야마, 마츠야마, 사토를 비롯해 유아사 본페이(湯淺凡平)까지 대표적인 조선관계대의사를 제출자로 했다. 내용은 기존 법률안의 제1조 1항에 "전항의 경우에 불입자본금에 대한 이익금의 100분의 2를 한도로 하여 회사의 매 영업연도에 이익금의 2분의 1은 이를 이익으로부터 공제"하는 내용의 2항을 추가 개정하는 것이었다.[45] 개정안은 사토가 특별위원회에서 주장한 것과 같이 공제된 이익금을 주주 배당에 활용할 수 있도록 함으로써 주주 모집의 원활화를 꾀한 것이었다. 결국 조선의 사설 철도회사가 제대로 경영할 수 있도록 보조해주는 것을 목적으로 한 개정안이었다.

사토는 자신도 제출자의 일원이었던 이 법률안을 논의하는 특별위원회에도 위원으로 지명되어 참여했다. 그렇기에 이 법률안의 가결에도 당연히 힘썼다. 한 걸음 더 나아가 사토는 이 보조법 제5조의 사설철도 보조 연액 상한인 450만 원까지 삭제할 것을 주장했다. 이번에도 마키야마의 동의를 얻어 만장일치로 개정법률안에 사토의 추가 사항까지 포함해 특별위원회에서 채택되었다. 사토는 자신의 역할은 이로써 끝났다고 생각했는지 특별위원회의 남은 임기에도, 바로 위원을 사임했다.

'조선사설철도보조법중개정법률안'은 198명의 찬성과[46] 특별위원회에서 채택되었지만, 다른 안건 논의로 인해 본회의에 상정되지 못해 자동 폐기되었다. 그래도 앞에서 언급한 '조선사업공채중개정법률안'이 통과되었기 때문에 조선 철도의 새로운 개발사업이 진행될 수 있었다. 사토는 사설철도 보조법의 불발로 아쉬움이 남긴 했지만, 조선관계대의사로서 역할은 다했다고 생각했는지 곧 이어진 제16기 중의원 선거는 불출마했다. 이처럼 사토는 조선관

---

[45] 「第52回帝国議会 衆議院 朝鮮事業公債法改正法律案外二件委員会 第11号 昭和2年3月10日」
[46] 大平鐵畊, 『朝鮮鐵道十二年計畫』, 163~164쪽.

계대의사로 조선 상업회의소와 조선철도협회 등 '조선의 요구'를 일본 정재계로 연결하는 파이프라인의 역할(로비스트)을 수행했다. 나아가 제국의회에서는 식민지를 대변하는 역할까지 도맡았다고 할 수 있다. 사토의 이 같은 역할은 당연하겠지만, 그의 식민지 경험으로부터 왔다고 해도 과언이 아니다. 오히려 조선의 주장을 일본 본국에 연결하고 제국의회에서 대변하는 역할은 자신의 주장을 스스로 대변한 것이라고 할 수 있다. 그렇다면 왜 그와 같은 역할에 충실했는지 다시 시간을 거슬러 올라가 사토의 식민지에서 활동을 통해 그 연결고리를 확인해 보자.

3. 조선 침략의 교두보를 위한 매축과 도시기반시설 확충사업

사토는 앞에서 이미 살펴본 것처럼 조선 및 대륙 침략을 획책하던 구마토모국권당 계열의 동료들과 협의한 후 한국으로 넘어와 조선 침략의 '국가적 사업'을 도모하고자 했다. 하지만 당시 정세상 일단 한국 정부의 일본인고문 보좌관이 되어 농상공부에서 활동했다. 그런데 같이 도한했던 동료들이 '을미사변'에 관계되어 퇴한 조치되었고, 고종의 '아관파천'으로 용빙계약 기관도 만료되어 다시 부산과 구마모토를 오가며 조선 경략의 기회를 엿보고 있었다. 그 사이 '을미사변'으로 일본에 망명 중인 박영효, 안경수 등 친일적 인사들의 구마모토 방문시 협조하는 한편, [47] 부산 일본영사관의 조사 활동에 참여하기도 했다.[48]

사토는 조선과 일본을 오가며 부산을 '일한 침략의 인후'로 인식하고 당시 일본거류지가 완전한 잔교, 선류, 창고 등을 건설할 여유지가 없는 점에 착안해 해륙 연락의 완성을 위한 매축사업을 추진했다. 마침 '국가적 사업'을 위해 도한을 협의했던 동향의 구니모토와 부산 매축에 대해 협의한 후 또 다른 동향의 모지(門司)축항회사를 창립한 다카시마 요시타카(髙島義恭)와[49] 협력해 부산 매축 사업에 뛰어들었다.[50] 사토 일행은 우선 회사 설립을 위해 일본

---

[47] 「朴泳孝의 福岡 宴會 報告」, 「安慶善·尹孝定·金鎭赫·孔服敬·李元吉 등의 熊本에서의 動靜 報告」, 「熊本에서의 安駒壽의 動靜 報告」, 「安駒壽·金鎭赫·尹孝定·孔敬服 등의 動靜 報告」, 「韓人來往 (安駒壽·李彰烈·李漢奎의 動靜)」, 『韓國近代史資料集成』 1권 要視察韓國人擧動 1, 1886~1899.

[48] 「鬱陵島 調査槪況 및 山林調査槪況 報告의 件」, 『駐韓日本公使館記錄』 14권, 53~65쪽.

[49] 다카시마는 후쿠오카현 출신으로 세이난전쟁에 참여해 패한 후, 삿사 도모후사와 시메이(紫溟)회를 조직해 정치운동을 전개했으며 이후 실업가로 전환해 모지축항회사를 창립하고 취체역에 있었다(日外アソシエーツ, 『20世紀日本人名事典』, 2004).

[50] 부산의 북항 매축권을 둘러싼 허가 과정과 1, 2차 매축을 완료하고 난 이후 매축지 처리와 관련해서는 일본 외무성외교사료

의 외무대신, 재무국장, 통상국장 등을 방문하고 부산매축회사 설립 의견을 제시해 동의를 얻었다.[51]

그런데 매축과 관련해 이미 부산의 거류지회가 매축권을 가지고 있었다. 또한 경부철도주식회사의 철도 공사가 예정되어 있었기 때문에 양쪽의 양해를 구해야 했다. 특히 경부철도의 노선과 역사가 거류지와 연결되기를 바라던 거류민단의 주장 때문에 경부철도의 양해를 먼저 얻어야 했다. 사토와 다카시마는 1900년 1월 도쿄의 경부철도창립위원장 시부사와 에이치(渋沢栄一)를 방문하는 한편, 동위원인 오쿠라 기하치로(大倉喜八郎), 오에 다쿠(大江卓), 다케우치 츠나(竹內綱)도 접촉해 부산 매축 계획을 설명하고 동의를 구했다.

하지만 경부철도 창립위원회는 매축할 장소는 경부선 부설에 필요한 장소이고, 매축 사업의 실현 가능성이 없다는 의미로 거절했다. 나아가 한국 정부도 경부철도 용지 이외의 매립은 외국인에게 허가하지 않는다고 부산 감리에 조회했다.[52] 사업이 사면초가에 빠지자, 사토는 매축 사업이 될 수 있도록 조력하고 있던 외무성(외무대신, 일본공사, 부산영사)을 통해 부산의 거류지회와 교섭하는 한편, 동료이며 겐요샤(玄洋社)원인 스기야마(杉山茂丸)의 노력으로 경부철도 창립위원장 시부사와 매축한 뒤 5천 평을 부산정차장 부지로 경부철도회사에 매도하는 계약을 체결했다.[53] 그리고 경부철도와의 계약을 체결했기 때문에 부산거류지회와도 평당 12원으로 매립지 6천 평을 거류지에 인도하는 계약을 맺었다.

남은 문제는 한국 정부의 매축권 허가였다. 한국 정부의 매축권 허가는 일본공사관과 총세무사 브라운의 원조에 의해 1900년 12월 8일 '韓政府隨時將實費買還之日'을 조건으로 결국 인허를 얻었다.[54] 그런데 문제는 다른 곳에서 터졌다. 애초 모지축항 등 규슈 자본과 결합한 이 매축 사업은 수십만 원이 소요되는 공사였기 때문에 일본으로부터 자본금을 모집해야 했

관 소장『釜山海岸埋築工事ノ一件』과 동경경제대학 소장『釜山埋築會社』자료로 확인가능하며(자료소개는 차철욱, 「대한제국기 부산 북항 매축관련 자료의 내용과 성격」,『항도부산』22, 2006 참조) 이를 토대로 한 연구로는 차철욱, 「부산 북항 매축과 시가지 형성」,『한국민족문화』28, 2007 참조. 여기서는 사토의 회고를 통해 부산매축주식회사의 설립과 북항 매축의 흐름을 정리하고, 그 개발사업의 의미를 제시하는 정도에 그친다(『朝鮮新聞』1936.4.15.~21.「朝野名士の朝鮮觀(78·83·93·94) 釜山の埋築と朝鮮鐵道の創設(一~四) 元朝鮮鐵道重役 元衆議院議員 佐藤潤象」; 佐藤潤象, 「釜山の埋築と朝鮮鐵道の創設」,『朝鮮統治の回顧と批判』, 朝鮮新聞社, 1936, 298~302쪽).

[51] 사토가 회사 설립과 관련해 외무성의 협조와 조력을 받으려고 한 것은 한국에서의 사업이기 때문에 한국 정부와 교섭이 필요했다. 그뿐만 아니라 이미 동향의 이노우에 일본공사를 통해 일본인고문 보좌관으로 활동했고, 그 이후에도 경성 일본공사관 및 부산 일본영사관과 긴밀한 관계를 맺고 있었기 때문으로 보인다.

[52]「京釜鐵道線路 및 停車場 豫定地問題에 관한 件」,『駐韓日本公使館記錄』13권, 1900.6.19.

[53] 竹內綱,「京釜鐵道經營回顧錄」, 61~62쪽, 1900.7.30(『渋沢栄一伝資料』제16권, 420~421쪽).

[54]『舊韓國外交文書』5, 日案 5, 光武 4년 12월 8일(문서번호 6063);「東萊港報牒」8,『各司謄錄』14, 272a~272d.

는데, 때마침 일본 재계의 불황은 자금의 조달을 어렵게 만들었다. 다행히 사업의 필요성은 인정했던 경부철도 창립위원인 오쿠라가 18만원의 자본을 원조하기로 하자, 인허 조건의 만기 5일을 남겨둔 1902년 25만원의 부산매축주식회사를 설립하고 이틀 전인 7월 29일 기공식을 거행할 수 있었다. 부산매축주식회사 발기인 및 주주는 아래와 같다.

〈표 2〉 부산매축주식회사 발기인 및 주주

주주	주수	출신/거주	직위	비고	주주	주수	출신/거주	직위	비고
大倉喜八郎	200	東京	회장		佐藤潤象	20	熊本	취체역	
牛島喜	80	東京			岸本順吉	20	東京	취체역	기사장
本多芳	30	東京	취체역		大野龜三郞	20	岐阜	감사역	중의원
大倉久米馬	20	東京	大倉組 점주	大倉 양자	佐々松賢識	20	東京		大倉 대리
渡邊和久太郞	20	東京	감사역	大倉 비서	古莊安	10	福岡		
高島義恭	20	熊本	취체역		中山希賢	10	東京	大倉組 주임	
佐々友房	20	熊本			山口豊吉	10	滋賀		

출전: 「株主姓名表」, 『釜山埋築會社』, 1904.6.20.(차철욱, 「부산 북항 매축과 시가지 형성」, 『한국민족문화』 28, 2007, 9쪽 재인용)

〈표 2〉를 통해 볼 때, 부산매축주식회사 자본은 전부 일본 자본이며, 주주는 크게 오쿠라 관련 인물(양자, 비서역, 대리, 오쿠라구미)과 사토 관련 인물로 구성되었다. 출신·거주지도 도쿄와 구마모토 등 규슈지역이 대부분을 차지했다. 조선 침략의 교두보 확보를 위한 부산매축주식회사는 사토 등을 통해 도쿄와 큐슈 등 일본 자본의 진출 통로 역할을 했다고 할 수 있다. 매축회사 공사도 1, 2기로 나눠 大倉組가 낙찰받아 시모노세키의 藤勝組가 하청으로 시공했다. 이 또한 도쿄와 규슈 지역 토목 자본의 진출이었다.

1기 공사는 1904년 12월 말 약 3만 3천 평의 매축을 완성했다. 2기 공사는 부산일본인상업회의소가 제2기 공사에 속하는 매축 예정지의 수면을 선류 및 공동 하양장으로 충당할 필요가 있다고 매축 중지를 이사청을 통해 탁지부에 요청하자, 한국 정부가 인허 조건으로 내건 '買還'을 근거로 공사 중지를 명령했다.[55] 이에 사토는 다시 스기야마의 원조를 받아 메가타

---

[55] 사토의 친우인 스기야마는 1900년 이토의 입헌정우회 결성에 창립자금 일부를 제공함으로써 이토와 긴밀한 관계를 맺었고 당시 통감으로 부임했기 때문에 이토를 통해 사토를 원조했다. 「一二. 農工商務部事務公債一·二」, 『統監府文書』 1권, 1998, 33~34쪽·55쪽, '(8) 韓國政府トノ交涉事項' 중 '商工ニ關シ韓國政府トノ交涉事項' 및 '(11) 請願建議事項' 중 '一. 商工ニ關スル請願建議事項' 참조.

(目賀田種太郎)고문의 수정안인 기존 약 1만 7천 평에서 7천5백 평으로 줄이는 것을 받아들여 허가를 받았다.[56] 1907년 4월 1일 기공에 들어가 1908년 8월 31일 준공했다. 1, 2기 합쳐 약 4만 1천3백 평의 북항 매축이 완성된 것이다.

사토의 애초 도한 이유인 '국가적 사업'은 부산 매축이라는 조선 침략의 교두보 확보와 긴밀하게 연결되어 있었다. 이를 위해 국권론자이며 침략주의자인 동향의 구니모토, 사사, 스기야마 등 동료들과 함께 그들의 도움을 받아 일본 자본의 조선 진출을 통해 조선 내 첫 개발사업을 완성했다. 이와 같은 활동은 강제 병합 전후 조선 식민지화의 토대를 위한 철도사업으로 점차 확장되었다.

4. 조선 식민지화를 위한 철도사업으로의 확장

사토는 부산 매축을 시작한 직후인 1903년 다시 구니모토와 상의한 뒤 동향의 육군 감독총감을 역임한 노다 히로미치(野田豁通)와 조선에서 경편철도 부설을 계획했다. 그 일을 당시 한국주차군사령관이었던 하세가와 요시미치(長谷川好道) 대장에게 요청했으나 제대로 진행되지 못했다. 1906년 다시 구니모토가 부산에 오자, 사토는 그와 함께 전차경영의 계획을 세우고 부산에서 전차경영 특허 원서를 제출하고자 했다. 이것도 당시 재계의 경기가 좋지 못해 자본 확보가 어려워 중지했다.[57]

경기가 회복된 1909년 다시 도쿄와 규슈의 자본을 모아 부산이사청에 전철 사업계획서를 제출했다. 그런데 부산의 일본인들로 구성된 부산궤도주식회사가 이미 설립되어 궤도철도 동래선을 건설할 예정이었기 때문에 이 또한 진행하지 못했다. 다행히 부산의 가메야마 리헤이타(龜山理平太) 이사관의 알선에 의해 전철, 전등, 가스의 3개 영업이 합동으로 특허가 추진되어 기존에 확보한 일본 자본에 부산의 일본인 자본을 연합해 조선가스전기주식회사를 설립하고 그 허가권을 얻을 수 있었다.[58]

---

[56]「一二. 農工商務部事務公債一·二」,『統監府文書』1권, 1998, 98~99쪽, '(15) 韓國政府トノ交涉事項' '一. 商工二關シ韓國政府トノ交涉事項' 중 '一 釜山港內埋築ノ件' 참조.

[57] 安藤保太郎編,『鷹村言行錄』下卷, 1923년, 4~15쪽(渋沢青淵記念財団竜門社編, 渋沢栄一伝記資料刊行会刊,『渋沢栄一伝記資料』第54卷, 1965, 397~401쪽).

[58] 조선가스전기주식회사의 설립과 전철 건설 및 운영에 대해서는 전성현,「일제시기 東萊線 건설과 근대 식민도시 부산의 형성」,『지방사와 지방문화』12권, 2호, 2009; 전성현,「일제시기 지역철도 연구-근대 식민도시 부산의 전철 건설을 둘러싼 지역사회의 역

곧바로 사토는 요시모토(吉本天祥)와 함께 허가권을 가지고 이미 친분이 있는 도쿄전철의 무다구치 겐가쿠(牟田口元學) 회장을 방문해 제휴했다.[59] 이후 무다구치 회장과 사토는 조선가스전기주식회사의 회장과 상무취체역으로 일본과 조선에서 각각 활동하면서 줄곧 조선의 철도사업을 함께 할 수 있었다. 다음은 조선가스전기주식회사의 발기인 및 중역 명단이다.

〈표 3〉 조선가스전기주식회사 발기인 및 중역(1910)

성명	지역	직위	비고	성명	지역	직위	비고
松平正直	東京(福井)		남작, 귀족원	牟田口元學	東京(佐賀)	회장	도쿄철도
井上敬次郎	東京(熊本)	취체역	도쿄시가철도, 시 전차부장	川田鷹	東京		京王전기궤도
西五辻文仲	東京(京都)		남작, 귀족원	斯皮厚	東京		
伊藤德三	大阪	감사역	大阪가스, 京津전기궤도, 大津전차궤도	野中万助	東京		도쿄시가철도
磯部保次	東京(茨城)		도쿄철도, 도쿄가스	南部助之丞	東京(富山)		도쿄철도
中澤安麓	東京			安藤儀太郎	東京		
林謙吉郎	東京(兵庫)		京阪전철, 도쿄가스	荒木英一	大阪		
吉本天祥		취체역	내국통운	野原勇助	北海道		北海道개척철도
高島義恭	熊本	감사역	부산매축	小松良	熊本		
小泉策太郎	東京(靜岡)	취체역	도쿄시가철도	神田靜治	山口		제국화재보험
可兒彌太郎	東京	감사역		志村作太郎	부산		
竹村卯三郎	東京			大池忠助	부산	취체역	
平山勝熊	熊本	취체역	을미사변, 일본어업	迫間房太郎	부산	취체역	
佐藤潤象	熊本	상무취체역		五島甚吉	부산	감사역	

출전: 『부산일보』 1910.5.20. 「瓦斯電氣事業の願書, 附其目論見書」

〈표 3〉을 보면, 발기인 및 중역은 대체로 사토의 동향인 구마모토 출신자들과 도쿄를 중심

학관계」, 『역사와 경계』 84, 2012 ; 전성현, 「일제시기 부산의 전차 운영을 둘러싼 지역 운동과 힘의 역학관계」, 『석당논총』 65, 2016 참조. 이 글은 사토가 주도한 식민지 조선의 개발사업과 관련하여 자본의 유입 등을 통해 그의 역할을 살펴보는 것에 그친다.

[59] 사토는 1881년 도쿄부청에 근무하고 있을 때 무다구치 회장의 동생과 동료였던 관계로 그 집에 놀러간 적이 있을 만큼 어느 정도 관계를 맺고 있었다.

으로 일본 내 전철 또는 철도, 전기, 가스업 관계자들, 그리고 부산의 대표적인 일본인들로 이루어졌다. 식민지 조선의 일본인 자본이 본격적으로 자신들의 정주 지역 개발사업에 투자하기 시작했음을 알 수 있다. 하지만, 여전히 식민지 개발사업에 필요한 자본의 과반은 일본으로부터 유입되었다. 대체로 사토의 동향인 규슈 지역 자본과 도쿄를 중심으로 하는 전철/철도, 전기, 가스업 관련자들의 자본이 조선가스전기주식회사의 설립을 통해 들어왔다. 사토는 이들 일본 내 관련 사업 자본을 식민지 개발을 위해 적극적으로 끌어들였다고 할 수 있다. 따라서 초기 조선가스전기주식회사의 주주는 도쿄 중심의 일본 본국 주식이 약 4만 주, 부산 및 규슈지역 주식이 약 2만 주로 도쿄 중심의 회사로 설립되었다.

회사의 설립과 함께 도쿄에 있는 무다구치 회장을 대신해 사토는 상무취체역을 맡아 부산의 사업지에서 실무를 담당했다. 사토는 먼저 부산의 일본인 자본이 설립한 부산궤도주식회사는 물론 부산전등주식회사까지 인수해 부산궤도의 동래선을 경편철도로 개선했다. 그리고 애초 목적인 부산시가 전철의 건설을 서두르지 않고 1911년 동래 경주 간, 경주 대구 간, 포항 경주 간, 1912년 울산 장생포 간의 경편철도 연장을 추구해 그 부설권을 획득했다. 하지만 경영 상태는 그다지 좋지 못했다. 부산의 일본인들이 요구하는 시가 전철도, 울산, 대구, 포항 등 일본인 중심의 지역민이 요구하는 경편철도 확장도 제대로 진행되지 못했다. 엎친 데 덮친 격으로 회사경영 문제로 주주들 사이에 분규가 일어났다.

결국 1915년 사토는 무다구치 회장과 함께 조선가스전기주식회사를 퇴직했다. 그 대신 1911년부터 추진하고 했던 사설철도 건설사업을 위해 1914년부터 일본과 조선을 오가며 준비 중이던 조선경편철도주식회사를 1916년 드디어 설립했다. 이 회사는 사설철도가 '조선 개발의 국가적 사업이기 때문에 조선총독부로부터 특별히 유익한 보호를 받을 것'으로 판단하고 대구 경주 간 42마일, 경주 포항 간 18마일, 동래 울산 간 27마일, 경주 울산 장생포 간 34마일, 총 121마일의 경편철도를 300만 원의 경비로 부설하고자 했다.[60] 다음은 조선경편철도주식회사 대주주와 주수이다.

---

[60] 「朝鮮軽便鉄道株式会社創立事務経過報告 刊」, 『渋沢栄一伝記資料』 第54卷, 386~390쪽(DK540079k), 創立事務経過概要, 朝鮮軽便鉄道株式会社定款, 起業目論見大要並定款 참조.

〈표 4〉 조선경편철도주식회사 주주와 주수(1916)

성명	주수	지역	비고(중역)	성명	주수	지역	비고
宮崎代七	2530	東京(佐賀)	삼십은행	吉村靜枝	600	福岡	
古川源太郎	2000	東京(佐賀)	삼십은행	山本源太	600	東京(福島)	동경시 전기국 운수과장
眞武敬三	1640	福岡		尾高次郎	500	東京	동양생명보험
高木又次郎	1250	大阪	有價證券仲買業	小原爲	500	조선	
野村德七	1250	大阪	野村商店	加藤房五郎	500	東京	
黑川幸七	1250	大阪	株式仲買業	中島トミ	500	東京	
佐藤潤象	1200	조선(熊本)	부산매축,조선와전	村上楯朝	500	東京	일본페인트제조
牟田口元學	1100	東京(佐賀)	동경철도,小倉철도	田中萬助	500	東京	도쿄시가철도
高成田榮	1080	東京		野澤源次郎	500	東京	長日은행
石橋重朝	1000	東京(佐賀)	전 내각서기관	木下元治郎	500	조선	
石丸龍太郎	1000	東京	小倉철도	永井幸太郎	400	조선	
野村助治	1000	조선		村地久治郎	400	大阪(兵庫)	大阪상사
宮崎政吉	1000	東京(佐賀)	삼십은행	중략			
閔丙奭	1000	조선	이왕직장관	渋沢栄一	200	東京	제일국립은행
大池忠助	600	조선		하략			

출전: 朝鮮輕便鐵道株式會社, 『第壹回營業報告書』, 1916, 株主氏名 참조.

〈표 4〉를 통해 볼 때, 발기인 등에는 이전과 마찬가지로 사토, 무다구치 등과 관련된 도쿄, 규슈 등 철도 관련 자본이 중심이었다. 또한 조선 측 발기인의 경우, 사토 등이 사설철도 건설지인 경상남북도 관계자와 특별히 조선 귀족을 초대해 경편철도 주식 권유와 건설 협찬을 구했기 때문에 이들 조선 귀족과 대구, 포항, 부산 등 철도 건설지의 일본인과 조선인이 다수 주주로 참여했다. 또한 도쿄 측의 주식 모집이 어려워지자, 오사카 등 주식 모집과 불입금 취급을 위해 교섭했던 주식계 및 은행 등에서도 다수 주주로 참여했다.

이와 같은 모습은 주주의 부현별 통계를 보면 명확해진다. 즉, 주주를 부현별로 보면 東京이 167명 29,755주로 가장 많았다. 이어서 조선 54명 11,895주, 大阪 26명 7,380주, 福岡 69명 6,415주 순이었다.[61] 이처럼 조선경편철도주식회사에는 사토와 무다구치의 노력으로 철도가 부설될 경상도 지역 자본은 물론이고 식민지 조선 개발로 이익을 얻게 되는 등 이해관계

---

[61] 朝鮮輕便鐵道株式會社, 『第壹回營業報告書』, 1916, 주주부현별표 참조.

가 있는 도쿄, 오사카, 후쿠오카의 일본 재계 및 주식 관련 일본 자본이 대대적으로 들어왔다.[62]

한편, 사토는 일본 및 조선의 자본뿐만 아니라 조선총독부의 보조금 지원에도 노력을 기울였다. 앞에서 언급한 것처럼 조선경편철도주식회사의 설립과 주식 모집 과정에 조선총독부와 보조 협정이 이루어질 것으로 제시되었다. 사토는 조선 개발을 위한 사설철도 부설의 급무를 주장하며, 이미 1914년 총독부와 6분 보조에 관한 협정을 맺었다. 회사 창립 이전이었기 때문에 실현될 수 없었지만, 창립을 위한 과정에서 지속적으로 조선총독부와 협의했다. 그뿐만 아니라 개인적으로는 1915년, 도쿄의 기차 안에서 데라우치 총독에게 조선 사설철도 부설의 급무를 역설했다. 따라서 회사 창립과 함께 1916년 데라우치 총독으로부터 6분의 보조 명령을 받았다. 이어서 1917년에는 7분, 1919년에는 8분, 그리고 1920년에는 법률 제34호로 조선사설철도보조법이 제정되면서 8분의 보조를 안정적으로 받을 수 있게 되었다.[63]

이렇게 사토 등이 설립을 주도한 조선경편철도주식회사는 일본 및 조선의 자본과 조선총독부의 보조를 통해 철도사업을 진행하기 시작했다. 이번에도 회장에는 무다구치, 상무취체역은 사토가 맡아 창립시 부산에 본사를 뒀다. 하지만 곧바로 또 다른 철도 건설지인 대구로 본사를 옮기고 철도 건설을 시작했다. 먼저 제1기 공사인 대구 경주 간 공사에 들어가 1917년 말, 일부 공사가 완공되어 1918년부터 부분 개통했다. 한편, 조치원에서 청주를 거쳐 충주에 이르는 충북선의 부설을 출원해 허가를 얻었다.

점차 사업에 속도가 나고 철도 건설에 더 많은 자본이 필요하게 되자, 사토 등은 조선경편철도주식회사를 자본금 300만 원에서 1,200만 원으로 증자하며 조선중앙철도주식회사로 개편했다. 특히 회사 체제의 변화가 안팎에서 진행되었다. 1918년 사설철도보조증액문제로 부산에 건너왔던 무다구치 회장이 병이 깊어지면서 요양에 들어가, 회사를 운영하기 어렵게 되었다. 1919년 8월 제7회 정기 주주총회에서 무다구치 회장을 비롯한 중역들의 사임이 결정되었다. 그리고 9월 도쿄시가전철의 小野金六을 취체역회장으로 하고 자본금 1,200만 원으로 증자하며 사명을 조선중앙철도주식회사로 변경했다. 사토는 여전히 전무취체역이었다. 이 증자로 인해 기존 주주 499명, 6만 주, 자본금 300만 원이었던 회사가 주주 2,826명, 24만 주,

---

[62] 「朝鮮軽便鉄道株式会社創立事務經過報告 刊」, 『渋沢栄一伝記資料』 第54巻, 392쪽(DK540079k), 谷口守雄談話筆記 참조.
[63] 「朝鮮軽便鉄道株式会社創立事務經過報告 刊」, 『渋沢栄一伝記資料』 第54巻, 396쪽(DK540079k), 朝鮮私鉄補助の経過 참조.

자본금 1,200만 원의 회사로 바뀌었다.[64] 다음은 조선중앙철도주식회사의 주주 부현별 통계표이다.

〈표 5〉 조선중앙철도주식회사 주주 부현별표(1919)

부현명	구주수	신주수	합계	인원	부현명	구주수	신주수	합계	인원
東京	27900	66605	94505	438	栃木	1000	2025	3025	14
朝鮮	8945	45315	54260	197	群馬	945	1895	2840	10
大阪	1725	15300	17025	729	山形	1150	1460	2610	27
福岡	4485	9670	14155	151	福島	910	1545	2455	17
兵庫	1230	4615	5845	192	岐阜	560	1505	2065	55
長崎	1740	3450	5190	31	京都	230	1800	2030	151
茨城	1460	2675	4135	23	滋賀	510	1305	1815	46
愛知	450	3270	3720	274	宮城	540	945	1485	13
神奈川	1060	2395	3455	26	佐賀	430	850	1280	25
支那	20	3060	3080	7	岩手	400	800	1200	6
三重	190	995	1185	68	富山	170	420	590	11
香川	430	755	1185	16	埼玉	180	355	535	12
長野	420	630	1050	16	德島	90	310	400	20
廣島	300	645	945	30	岡山	30	340	370	33
新潟	330	420	750	7	大分	110	210	320	7
靜岡	265	465	730	15	愛媛	100	200	300	1
山梨	370	310	680	7	千葉	100	170	270	8
熊本	220	455	675	6	秋田	80	160	240	2
山口	130	535	665	10	福井	50	135	185	8
北海道	250	405	655	4	島根	20	110	130	8
奈良	250	385	635	24	鳥取	0	75	75	8
石川	205	415	620	3	青森	10	20	30	1
和歌山	10	590	600	68	臺灣	0	5	5	1
					계	60000	180000	240000	2826

출전: 朝鮮中央鐵道株式會社, 『第八回營業報告書』, 1919, 81~82쪽, 주주부현별표

〈표 5〉와 같이 조선중앙철도주식회사의 주주를 부현별로 확인하면, 주주는 일본 전역은 물

[64] 朝鮮中央鐵道株式會社, 『第八回營業報告書』, 1919, 1~6쪽.

론이고 중국과 주주는 1명, 5주에 그쳤지만, 대만까지 포함되었다. 일본 제국 판도 내의 자본이 투자되고 있었다고 할 수 있다. 전체를 놓고 보면, 역시 도쿄가 주주 438명, 98,505주로 가장 많았다. 이어서 조선이 주주 197명, 54,260주, 오사카가 주주 729명 17,025주, 후쿠오카가 주주 151명, 14,155주 순이었다. 증자하기 전인 조선경편철도주식회사의 주주 부현별 현황과 대체로 비슷했다. 다만 조선의 주주와 주식 수가 비약적으로 확대되었다. 이는 조선의 일본인 자본이 확대되고 있음을 의미하며 점차 철도 건설이 조선 본위의 사업으로 진행되고 있음을 알 수 있다.

그런데 당시 조선의 사설철도는 지역에 기반을 둔 작은 회사들이 분립된 상태였다. 그래서 철도 건설의 확대나 신선의 연장 부설이나 모두 자금 문제로 어려움을 겪고 있었다. 물론 조선총독부는 앞에서 언급한 것처럼 1916년부터 6분 보조, 1917년 7분 보조, 1919년 8분 보조, 그리고 1920년 조선사설철도보조법을 통해 안정적으로 8분의 보조금을 주고 있었다. 하지만 여전히 철도 건설과 연장은 조선의 식민자들에게는 더뎠다. 이 때문에 조선 상업회의소를 비롯한 식민지 조선의 일본인들은 철도 건설이야말로 조선 개발의 토대라고 주장하며 보조금 증액은 물론이고 사설철도 합병을 주장했다. 따라서 이들 회사의 합동이 시대적인 과제로 떠올랐다. 1921년 조선산업조사회도 사설철도 합동을 중요한 결의안의 하나로 채택했다.

결국 조선총독부는 지령을 통해 사토의 조선중앙철도를 조선철도주식회사로 전환하고, 양강척림철도, 서선식산철도, 남조선철도, 조선산업철도 등 5개의 사설철도회사를 합병하도록 했다. 조선 내 영업하던 6개의 사설철도회사는 1923년 9월, 자본금 5,450만 원의 조선철도주식회사로 통합되었다.[65] 사토는 조선중앙철도의 인계 업무를 위해 전무취체역으로 본사의 업무를 잠깐 담당하다가 1923년 12월 새롭게 회사의 중역진이 선출 취임하자,[66] 일본으로 완전히 돌아왔다. 그리고 곧바로 1924년 자신의 고향 구마모토에서 중의원에 무소속으로 출마해 당선되었다.[67]

앞에서 이미 살펴본 것처럼 사토는 1924년부터 1927년까지 짧은 시기이지만 조선관계대의사로 식민지 조선의 철도사업과 관련된 일본 정계에서의 역할을 수행했다. 이는 철저하게

---

[65] 朝鮮鐵道株式會社,『合併ニ關スル報告書』, 1923.
[66] 朝鮮鐵道株式會社,『第十六回營業報告書』, 1923, 3쪽.
[67] 佐藤潤象,「釜山の埋築と朝鮮鐵道の創設」,『朝鮮統治の回顧と批判』, 朝鮮新聞社, 1936, 302쪽.

자신이 식민지 조선에서 추진한 개발사업에 기반을 두고 있었음을 알 수 있다. 즉, 사토는 조선으로 건너와 조선의 침략과 식민지화를 위한 개발사업을 일으키며 이를 위해 일본의 자본을 조선에 들어올 수 있도록 '제국의 브로커' 역할을 수행했다. 하지만 이는 스스로 식민지 경략이라는 식민자로서 역할을 다하기 위해서였다. 즉, 조선에서 스스로 식민지 개발사업을 추진하고 진행함으로써 식민지 지배가 안정화될 수 있도록 식민자로서 역할을 다했다. 다른 한편, 다시 조선관계대의사가 되어 식민지 조선의 요구가 일본에 전달될 수 있도록 파이프라인의 역할인 '식민지의 로비스트' 또는 말 그대로 '대의'의 역할을 동시에 수행했다고 할 수 있다.

    조선 침략과 식민지화의 첨병으로 활약한 식민지 거주 일본인들은 강제 병합 이후 자치권 확보는 물론이고 자신들의 이해관계와 직결되는 조선 개발을 치안(조선인의 저항 무마)과 '조선 본위'로 포장하며 대대적인 정치·경제 운동을 전개해 갔다. 경제적인 측면에서는 식민지 개발회사를 설립하거나 참여하기도 했고, 상업회의소와 같은 법인단체를 만들고 그 연합조직을 토대로 식민 당국의 식민정책에 철저히 협조하기도 하고 자신들의 요구를 관철시키기 위해 압력기구화 하기도 했다. 그러나 식민지 조선의 개발은 개인 또는 회사만으로 진행하기에는 자금이라든지 한계가 있었다. 가능한 한 식민정책의 일환으로 일본 정부의 법률적이고 경제적인 지원이 필요했다. 따라서 식민지 거주 일본인들은 일본 정재계에 조선 개발의 필요성을 선전하고 정책으로 실현되도록 운동을 전개할 필요가 있었다. 이와 같은 정치·경제 운동의 이른바 정치적 파이프라인의 한 축이 '조선관계대의사'였다.

    '조선관계대의사'는 말 그대로 식민지 조선과 관계가 깊은 '조선통' 의원으로 단순한 식민주의자를 넘어 식민지 조선에 대한 이해관계가 깊었다. 그것도 그럴 것이 이들은 대체로 식민지 조선에 거주하고 있거나 거주한 경험이 있는 사람들이었다. 정주가 아니라도 관료 또는 식민회사 등에 관여해 식민지 조선을 직간접적으로 경험한 자들이었다. 더불어 여전히 그 이해관계가 식민지 조선과 밀접한 자들이었다. 그 때문에 식민제국의 입장에 서더라도 자신 또는 식민자 일본인들의 이해를 일본의 정계에 직접 대변하거나 연결하는 파이프라인의 역할을 도맡았다. 본 연구도 그 가운데 한 사람인 사토 준조의 대의사 활동과 식민지 조선의 경험이 어떻게 연결되었는지를 살펴봤다. 이를 요약하면 다음과 같다.

사토 준조는 구마모토 출신으로 관직에 있다가 사사 도모후사를 중심으로 하는 구마모토 국권당의 조선 침략과 관련해 도한했다. 사토의 도한은 조선 침략을 위한 '국가적 사업'을 도모하는 것이었으나 시기가 무르익지 않아 먼저, 일본인고문 보좌관으로 활동했다. 다른 동료들이 '을미사변'으로 모두 퇴한된 후, '조선 침략의 인후'인 부산의 매축 사업에 뛰어들었다. 당시 이 매축 사업은 일본 정부 특히 외무성과 일본 재계의 경부철도주식회사, 그리고 부산 일본인거류지회가 관심을 가진 사업이었다. 사토는 조선 침략의 교두보 확보에 관심이 컸던 외무성과 겐요샤의 지원을 받는 한편, 사사를 포함한 구마모토의 지인과 도쿄의 오쿠라구미 자본을 끌어들여 첫 번째 조선 개발사업을 추진했다.

　매축 사업 완료 후 다시 부산의 전철, 전기, 가스, 철도사업에 뛰어들어 마찬가지로 구마모토를 비롯한 규슈 자본에 도쿄 중심의 일본 전철, 전기, 철도 자본을 끌어들여 조선가스전기주식회사를 설립했다. 뒤이어 조선 사설철도 사업을 추진하기 위해 다시 조선경편철도주식회사를 일본 자본과 조선 및 지역자본을 토대로 설립해 경동선의 건설에 뛰어들었고 충북선 등 철도 확장을 위해 자본금을 확대한 조선중앙철도주식회사로 개편했다. 그리고 당시 조선에서 영업하던 6개 사설 철도회사의 합동인 조선철도주식회사의 설립에 중심적인 역할을 맡는 등 조선 사설철도 사업을 적극적으로 추진했다.

　이와 같은 식민지 조선의 개발사업 참여 경험이 고스란히 제국의회 중의원 활동으로 이어졌다. 오히려 이를 위한 활동이라고 할 만큼 조선 철도 개발사업과 관련된 건의안, 법률안의 발의와 특별위원회 활동에만 집중되었다. 특히 당시 최대의 조선 철도 개발사업인 '조선철도12년계획'의 추진에 힘을 보태는 한편, 사설철도의 보급과 연장을 위한 사설 철도회사의 이해관계가 있는 법률안과 건의안, 희망 사항 등을 적극적으로 피력했다. 단 1기의 활동에 그쳤지만, 식민지 조선의 경험과 곧바로 이어지는 대의사 활동이었다. 종합하면, 사토 준조는 조선의 침략과 식민지화를 위한 조선 개발사업에 뛰어든 식민자였다. 또한 이를 위해 일본 자본이 들어올 수 있도록 한 '제국의 브로커'였을 뿐만 아니라 자신 또는 자신과 같이 식민지 개발사업에 참여하고 있는 또는 그 이해관계에 있는 식민자 일본인을 제국의회에서 대변하는 한편, 일본 정계와 연결하는 '식민지의 로비스트'였다고 할 수 있다.

7장
'아시아주의자' 나카노 세이고 中野正剛 의 조선 체류 경험과 식민 통치관

1. 다이쇼 데모크라시 시대의 '아시아주의자'

 나카노 세이고(中野正剛)는 근대 일본 정치사에서 나가이 류타로(永井柳太郎)와 함께 웅변이 뛰어난 정치가로 손꼽힌다.[1] 제국의회 명연설을 모은 자료집에 나카노가 행한 연설이 빠짐없이 수록되어 있는 것을 보아도 그가 지닌 영향력을 짐작할 수 있다.[2] 나카노는 와세다 대학 재학 시절부터 이누카이 쓰요시(犬養毅)를 존경했으며 그의 활동을 접하면서 정치인의 꿈을 키웠다.[3] 나카노를 다룬 전기(傳記)를 살펴보면 그는 타고난 웅변가라기 보다는 대학 시절 웅변회 활동을 통해 성장한 인물이었다. 대학 졸업 후 신문 기자를 거쳐 1920년 중의원 선거에 당선되어 정치계에 입문한 그는 번벌정치와 정우회를 비판했으며 의회 민주주의와 정당정치를 지향점으로 삼았다. 이누카이를 따라 헌정회(憲政会)와 입헌민정당(立憲民政党)에 입당했고, 이후 혁신구락부(革新俱楽部)와 국민동맹(国民同盟) 창립에 관여하는 등 정치인으로 활발하게 활동했다.

 메이지·다이쇼 시기를 중심으로 나카노의 활동을 살펴본다면 민주주의와 자유주의를 신봉한 리버럴한 정치인으로 보이지만, 그는 시대 조류에 따라 정치색을 달리한 인물이었다. 만주사변 이후 나카노는 급격하게 국가주의자로 변모했다. 1930년대 후반 유럽을 방문하여

---

[1] 村瀬信一, 『帝国議会―「戦前民主主義」の五七年』, 講談社, 2015, 제4장.
[2] 예를 들어 箕輪要編, 『明治大正昭和政界名士大雄弁集』, 雄弁研究会, 1928. 渡辺貴知郎編, 『議政壇上を直視して: 附第五十六帝国議会の演説集』, 普選徹底会出版部, 1929.
[3] 中野泰雄, 『アジア主義者中野正剛』, 亜紀書房, 1988, 59쪽.

나카노 세이고 / 『魂を吐く』, 金星堂, 1938.

히틀러 및 무솔리니와 회담을 가졌으며 독일 및 이탈리아와의 삼국동맹을 지지했다. 유럽의 파시즘 운동에 감명을 받은 나카노는 우익단체인 동방회(東方會)의 주요 인물로 활동하며 독일과 이탈리아의 파시즘을 모방하는 운동을 전개했다. 또한 동남아시아 방면으로 진출하려는 일본의 남진론에 적극 동조했다. 고노에 후미마로(近衛文麿) 수상의 신체제운동을 거쳐 일본에서 정당체제가 붕괴된 시기에는 대정익찬회에 가입하여 활발하게 활동했다.

1941년 미국과의 태평양전쟁 발발을 환영한 그였지만 1943년 1월 「전시재상론(戰時宰相論)」이란 제목의 논설을 신문에 게재하면서 당시 수상인 도조 히데키(東條英機)와 갈등을 빚었다. 과달카날 전투에서 일본이 패한 것을 입에 담았으며 일본이 곧 패전할 것이라고 주변 사람들에게 말하고 다녔다. 이 과정에서 도조의 노여움을 산 나카노는 검거되었고 일단 석방되었으나, 가택연금 상태 중 헌병들의 눈을 피해 할복자살로 생을 마감하게 된다. 평소 나카노는 무사 집안 출신인 점을 자랑스러워했으며 자결할 때에도 할복이라는 방식을 택한 것이다. 이처럼 도조 수상과의 갈등과 할복자살이라는 이미지가 따라다니는 나카노이지만 그의 인생 경로를 살펴보면 한마디로 평가하기 힘든 복합적인 인물이라는 것을 알 수 있다.

나카노의 다양한 면모를 보여주는 것 중 하나가 '아시아주의자'라는 평가이다.[4] 나카노는 대학 재학 시절부터 대륙 지역에 관심이 많았으며, 학생들이 중심이 되어 조직된 동아협회에

---

[4] 緒方竹虎, 『人間中野正剛』, 중앙공론사, 1988. 中野泰雄, 위의 책. 마쓰모토 겐이치, 「아시아주의자의 원상(原像): 나카노 세이고(中野正剛)의 경우」, 『일본비평』 10호, 2014 등.

서 활동했다.[5] 신문기자가 된 이후 신해혁명이 일어난 중국에서 혁명 지도자들과 교류한 경험은 나카노에게 적지 않은 영향을 미쳤다. 여기에 1910년대 중반 영국 유학길에 접한 (반)식민지 상태의 아시아 지역의 현실은 나카노에게 새로운 파장으로 다가왔다. 항해 중에 들른 홍콩, 싱가포르, 말라카, 페낭, 콜롬보 등의 지역은 모두 영국의 지배를 받는 곳이었다. 나카노는 이때 목도한 아시아 지역을 '망국(亡國)의 산하(山河)'로 칭하면서 "망국의 사람은 모두 우리와 생각·감정·문화가 비슷한 유색인종이고 이들을 정복 이용하는 승리자는 모두 우리와 조상이 다른 백인들"이라고 한탄했다.[6] 이러한 경험을 통해 나카노의 인식 속에는 백인 침략자 특히 영국인에 대한 증오심이 배양되었으며 아시아해방이라는 목표를 설정하게 되었다. 영국에서 서구의 근대 의회제도와 민주주의에 대해 공부하려고 했던 막연한 의도는 사라지고 도리어 대영제국의 아시아 침략에 눈뜨게 된 것이다. 이러한 경험을 통해 나카노는 아시아의 여러 민족이 연합하여 서구의 제국주의로부터 해방하는 것을 목표로 한 일본의 '아시아주의'에 공감하게 된다. 이러한 이력 탓에 전후에도 나카노는 "서구의 아시아에 대한 식민지주의에 반대하고 처음부터 끝까지 일관되게 아시아 해방을 위해 싸운" 인물로 평가되고 기억되어왔다.[7] 하지만 당시 대부분의 일본 지식인들이 그랬던 것처럼 나카노의 '아시아'라는 개념 속에 한반도는 제외되어 있었다는 점에 유의할 필요가 있다.

　나카노는 한국병합 직후의 1910년대 초반에 조선에 체류한 경험이 있었다. 나카노는 신문사 특파원으로 체류하면서 지역 시찰과 취재를 통해 조선총독부의 무단통치를 강하게 비판했다. 특히 데라우치 마사타케((寺内正毅) 총독에 대해서는 일개 무관(武官)에 지나지 않는다고 혹평했다. 하지만 당시 '다이쇼 데모크라시'(이하 인용부호 생략)라는 시대 흐름 속에서 나카노 역시 일본의 식민지 획득과 대륙침략이라는 현실을 직시하지는 못했다. 나카노 역시 다이쇼 데모크라시가 지니는 입헌주의와 제국주의라는 양면성에서 자유롭지 못했던 것이다.

　이처럼 나카노는 다이쇼 데모크라시 시기의 대표적인 언론인이자 정치인이며 당시 시대 인식을 보여주는 지식인이라고 볼 수 있다. 나카노의 주변 인물 등이 기록한 전기가 몇 편 출

---

[5] 동아협회는 와세다대학 설립자인 오쿠마 시게노부와 정치가 이누카이 쓰요시를 회장으로 하여 아시아에 대한 계몽운동을 주로 행한 단체였다. 잡지 조선공론을 창간한 마키야마 고조도 동아협회에서 활동했다.
[6] 中野正剛, 『世界政策と極東政策』, 至誠堂書店, 1917, 327쪽.
[7] 正剛会編, 『中野正剛は生きている』, あけぼの社, 1954, 23쪽.

판되었고, 앞서 언급한 도조와의 갈등과 그 결과로 나타난 할복이 나카노의 이미지를 형성해 왔다.[8] 그 중에는 '아시아주의자'로서 나카노가 지닌 혁신적 면모가 강조되기도 했다. 나카노가 신문사 특파원으로 조선에 체류한 경험은 이후 언론인과 제국의회 활동에 적지 않은 영향을 미쳤지만, 나카노의 조선체류와 식민지 통치 인식이 지니는 연관성이 상세히 검토되지는 못했다.[9] 장기간 조선에 체류하면서 식민지 문제를 본국에 알리고 청원 및 로비 활동을 했던 조선 관계 대의사들과는 다른 카테고리로 분류될 수 있을 것이다.

이 글에서 주로 다루는 다이쇼 데모크라시 시기는 세계대전 호경기와 쌀소동, 3.1운동과 시베리아출병 등의 사건이 있었고 국제적으로는 신해혁명과 제1차세계대전, 러시아혁명 등이 발생한 시기이다. 이 시기 나카노는 조선 특파원과 영국 유학을 경험했고 중의원 선거에 당선되면서 언론인에서 정치인으로 변신했다. 신해혁명 취재와 영국 유학을 통해 나카노의 시각은 일본 국내에 머무르지 않고 국제적으로 확장되었다. 그가 연재한 신문 기사와 간행 서적을 통해서는 당시 일본의 정치, 식민지 통치, 국제 정세에 관한 인식의 확장과 변화를 살펴볼 수 있다. 이 글에서는 언론인에서 정치인으로 성장한 나카노라는 인물의 식민지 통치 인식과 이에 기반한 제국의회 활동을 살펴보고 '아시아주의자'라는 수식어가 의미하는 바에 대해서도 검토하고자 한다.

2. 언론인으로의 성장

나카노는 후쿠오카에서 전당포를 운영하는 집안에서 태어났다. 거슬러 올라가면 그의 출신 가문은 지쿠젠번((筑前藩)의 하급무사 집안이었다.[10] 1899년 나카노는 지쿠젠번의 번교 슈유칸(修猷館)의 후신인 현립 슈유칸중학에 입학했다. 학창 시절의 나카노는 유도와 독서를 좋아하는 소년이었고 군인이 되는 꿈을 가지고 있었다. 유도 연습 중 입은 부상으로 왼쪽

---

[8] 正剛会編, 앞의 책. 中野泰雄,『政治家中野正剛』, 新光閣書店, 1971. 日下藤吾,『獅子の道中野正剛』, 叢文社, 1986. 緒方竹虎,『人間中野正剛』, 中央公論社, 1988. 中野泰雄,『アジア主義者中野正剛』, 亜紀書房, 1988.

[9] 나카노의 식민지 통치 인식은 단편적이나마 소개된 적이 있다. 강동진,『日本言論界와 朝鮮』, 지식산업사, 1987, 제2장. 다가사키 소지, 최혜주 역,『일본 망언의 계보』, 한울, 2010.

[10] 나카노의 어린 시절에 대해서는 中野泰雄,『アジア主義者中野正剛』, 亜紀書房, 1988, 3~15쪽. 猪俣敬太郎,『中野正剛』, 吉川弘文館, 1960, 1~27쪽. 猪俣敬太郎,『中野正剛の生涯』, 黎明書房, 1964, 10~42쪽. 日下藤吾,『獅子の道中野正剛』, 叢文社, 1986, 252~270쪽.

대퇴부 골수염을 앓게 되었고 여러 번 수술을 받게 되면서 군인의 꿈을 포기하게 되었다. 학창 시절 국제정치를 이해하기 위해 영어를 익혔으며 한학 및 양명학에 대해서도 관심이 컸다. 그가 집필한 문장을 보면 한학 소양이 깊이 묻어나는 것을 알 수 있는데, 동창회 잡지 발간에 참여하면서 교사로부터 문장력을 인정받은 나카노는 글쓰는 것을 장래 직업으로 꿈꾸게 된다.

또한 나카노는 사이고 다카모리(西鄕隆盛), 오시오 헤이하치로(大塩平八郎) 등 권력층의 불의(不義)에 대항하고 대의를 위해 죽음을 불사한 역사적 영웅을 존경했다.[11] 16세 때 자신의 이름을 진타로(甚太郎)에서 '바르고 굳세다'의 의미를 지닌 세이고(正剛)로 개명한 것을 통해서도 그의 인생관을 엿볼 수 있다. 이러한 나카노의 신념은 언론인과 정치인 인생에서 견지되었다.

1909년 나카노는 와세다대학 정치경제학과에 입학했다. 관료를 양산하는 제국대학의 학풍을 탐탁지 않게 여겼던 나카노는 비교적 좋은 성적에도 자유로운 학풍의 사립대학을 선택했다고 전해진다. 대학 졸업 후 그는 도쿄니치니치신문(東京日日新聞)사에 입사하여 기자 생활을 시작했다. 문관고등시험을 거쳐 관계에 진출하는 제국대학 출신자에 비해 와세다대학 출신들의 상당수는 언론계에 종사했는데 나카노도 이 길을 선택한 것이다.[12] 적은 월급으로 생활 형편이 곤궁해지자 나카노는 비교적 큰 신문사인 아사히신문사에 시험을 보고 수석으로 입사하게 된다.[13] 러일전쟁의 영향으로 도쿠도미 소호(德富蘇峰)가 경영하던 『國民新聞』이 30만부의 발행부수를 자랑하던 시기이지만 아사히신문은 아직 10만부에 미치지 못하는 시기였다.

입사 후 나카노는 정치부로 배치받았고 '수만마(戎蛮馬)'라는 펜네임으로 활동했다. 특히 1911년 5월부터 7월 사이에 「세상의 정치가(朝野の政治家)」라는 연재기사를 통해 가쓰라 다로(桂太郎)와 사이온지 긴모치(西園寺公望)를 비롯 이누카이 쓰요시, 고토 신페이(後藤

---

[11] 초기 메이지 신정부를 이끌었던 사이고 다카모리는 이와쿠라 사절단을 다녀온 정부 주요 인물들과 정한론을 둘러싸고 충돌하게 되면서 신정부에서 퇴진한다. 고향으로 돌아온 이후 사이고는 규슈 지역에서 사족반란인 세이난전쟁을 일으켜 신정부와 대립했다. 나카노는 자신의 뜻을 굽히지 않고 대의를 주장했던 사이고의 사무라이 정신을 숭상했다. 오시오 헤이하치로는 에도시대 오사카 부교(大坂町奉行所)의 관리였던 인물로 텐포(天保) 대기근에 대한 에도막부의 실정을 비판하며 1837년 반란을 일으켰다. 나카노는 에도막부의 부정부패와 실정에 눈을 감지 않고 민중들의 목소리에 공감한 오시오를 존경했다.

[12] 박양신, 「사학 와세다 인맥을 통해 본 일본·식민지 조선에서의 식민정책론」, 『아시아문화연구』, 39, 가천대학교 아시아문화연구소, 2015.

[13] 나카노는 입사 후 이전보다 3배의 월급인 60엔을 받게 되었다. 당시는 소설가 나쓰메 소세키가 월급 2백엔을 받을 때였다. 猪俣敬太郎, 「中野正剛」, 吉川弘文館, 1960, 28~30쪽. 中野泰雄, 「アジア主義者中野正剛」, 亜紀書房, 1988, 54쪽.

新平), 하라 다카시(原敬) 등 당대 정치인에 대한 인물평 기사를 연재했다.[14] 나카노는 번벌 세력의 전제정치에 대해 강하게 비판했는데 특히 데라우치 마사타케에 대한 인물평이 인상적이다. 나카노는 데라우치가 야마가타 아리토모(山縣有朋)와 고다마 겐타로(兒玉源太郎) 등 조슈(長州) 파벌을 배경으로 출세한 자로, 평범하기 짝이 없고 쓸모가 없는 일개 무관(武官)에 지나지 않는다고 평했다.[15] 게다가 나카노는 데라우치가 "총명하지도 않으며 도량도 좁아" 이런 인물이 정치가가 되면 실정(失政)이 속출할 것이라고 혹평했다.[16] 나카노는 '군인칙유(軍人勅諭)'를 들면서 군인의 정치참여를 좋게 보지 않는 메이지 천황의 의향을 언급했으며[17], 데라우치와 같은 인물을 주요 정치인으로 들 수 밖에 없는 일본의 정치 현실을 개탄했다. 일본의 정당 정치인들이 보다 분발하여 번벌세력의 전제정치에 제동을 걸어야 한다는 주장이었다. 나카노는 이후 특파원 자격으로 조선에 파견되어 총독부 통치를 경험한 이후에도 1910년대 초반 데라우치의 조선통치를 "바보 영주(殿樣)의 정치"라고 평하는 등 날 선 비판을 이어갔다.[18]

또한 나카노는 도쿠도미 소호의 신해혁명 인식에 대해서도 강한 어조로 비판했다. 도쿠도미는 본인이 운영하는 『고쿠민신문(國民新聞)』의 사설을 통해 중국 혁명이라는 무형의 전염병이 천황을 중심으로 한 일본의 국체에 위협이 될 수 있어 좌시할 수 없다는 논지의 논평을 게재한 바 있었다. 이른바 '중국혁명 페스트론'이었다. 당시 도쿠토미는 고쿠민신문사 사장과 경성일보 감독을 겸하며 언론계의 대부로서 상당한 영향력을 지니고 있었지만 나카노는 이에 굴하지 않았다. 과거 도쿠도미는 서구의 자유주의를 신봉하면서 자유민권 운동가들의 입장을 대변했지만, 청일전쟁 후 번벌세력의 비호를 받는 고쿠민신문 경영자로서 번벌세력을 지지하는 입장으로 선회한 것이다. 나카노는 도쿠도미의 변절을 꼬집으면서 중국의 민주적 혁명이 필연적인 역사적 흐름이라고 반박했다.[19]

---

[14] 이후 연재기사를 엮은 단행본이 출판되었다. 中野正剛, 『八面鋒: 朝野の政治家』, 博文館, 1911.
[15] 中野正剛, 『八面鋒: 朝野の政治家』, 217~265쪽.
[16] 中野正剛, 『八面鋒: 朝野の政治家』, 249쪽.
[17] 군인칙유는 1882년 메이지천황이 육해군 군인에게 하사한 것으로, 야마가타 아리토모의 지시 아래 니시 아마네(西周)와 이노우에 고와시(井上毅) 등이 작성에 관여한 것으로 알려져 있다. 군인이 지켜야 할 것으로 충절, 예의, 무용(武勇), 신의, 검소 의 다섯 가지 덕목을 들고 있으며, 충절 항목에서 정치에 개입하지 않을 것을 명시한 대목이 있다.
[18] 『朝鮮公論』 1915년 1월호, 「殿樣政治」, 30쪽.
[19] 『東京朝日新聞』, 1911년 12월 18-22일, 「対岸の火災」.

신해혁명은 나카노의 관심이 국제적으로 확장되는 계기가 되기도 했다. 나카노는 아사히신문 통신원 자격으로 이누카이 쓰요시, 도야마 미쓰루(遠山満) 등 겐요샤(玄洋社) 일행과 함께 혁명의 현장인 상하이와 난징을 취재할 기회를 얻었다. 겐요샤 일행과 함께 나카노는 신해혁명에 성공하여 중화민국을 수립한 쑨원(孫文)과 황싱(黃興)을 만났다.[20] 신해혁명을 현지에서 경험하면서 나카노는 국제정세와 국제정치를 논평하는 평론가로서 자신이 성장할 수 있는 가능성을 보았다.[21]

대륙의 혁명을 근거리에서 지켜보고 귀국한 나카노는 가쓰라 다로의 시종장 겸 궁내대신 임명과 사이온지 내각의 총사직을 지켜보면서 번벌정치에 휘둘리는 정치 현실을 마주하게 된다. 이러한 상황을 접하면서 나카노가 착수한 작업은 지난 메이지유신에 대한 재조명이었다. 그는 1912년 10월부터 이듬해 1월까지 '메이지민권사론(明治民權史論)'이란 제목의 기사를 101번에 걸쳐 연재했다. '메이지 5개조 서문'부터 시작하여 1898년 내각 총사직에 이르기까지 번벌관료에 대항해 온 자유민권운동의 흐름을 정리하는 작업이었다. 해당 기사에서 나카노는 이타가키 다이스케(板垣退助), 오쿠마 시게노부(大隈重信), 이누카이 쓰요시, 오자키 유키오(尾崎行雄) 등 자유민권 운동가에 대해서는 호의적으로 평가했으며, 야마가타 파벌을 중심으로 한 번벌세력에 대해서는 매섭게 비판했다. 특히 초대 내각총리대신이자 번벌세력의 거두였던 이토 히로부미(伊藤博文)에 대해서는 "비스마르크를 따라하는 유약한 철혈재상"이라며 신랄한 야유를 보냈다. 비판의 강도가 너무 셌던 탓인지 당시 신문사 주필이었던 이케베 산잔(池辺三山)[22]이 정치인 비판에 몰두하는 그에게 장래를 고려하여 적당히 하라고 충고할 정도였다.[23]

연재 기사를 통해 나카노는 번벌세력의 권력 독점에 의해 메이지 '혁명'이 결국에 '유신'으로 후퇴하고 말았다고 평했다. 에도막부를 무너뜨린 소수의 번벌세력에 의해 전제주의로 변질되면서 혁명이 좌절로 끝났다고 본 것이다. 사이고 다카모리가 메이지 신정부에서 배제되

---

[20] 『東京朝日新聞』, 1912년 1월 7일, 「孫黃両氏の風采」.
[21] 猪俣敬太郎, 『中野正剛』, 36~40쪽.
[22] 구가 가쓰난(陸羯南)과 도쿠토미 소호(德富蘇峰)와 함께 메이지 시기 3대 저널리스트로 손꼽히는 인물이다. 나쓰메 소세키(夏目漱石), 후타바테이 시메이(二葉亭四迷) 등을 신문사에 영입하고 장편소설 연재를 통해 아사히신문사의 영향력을 확대시킨 인물이다.
[23] 中野泰雄, 『アジア主義者中野正剛』, 68~69쪽.

는 과정은 신정부에 의해 날조된 허상이며 결국 '세이난(西南)혁명'의 시도가 좌절된 것이라고 보았다. 나카노가 메이지유신과 세이난전쟁을 평가하는 관점은 오자키 유키오의 주장과 일맥상통하는 면이 있었다.[24] 헌정옹호운동이 한창이던 시기에 쓰여진 나카노의 기사는 세간의 이목을 끌었고, 1913년에 단행본으로 출판되었다.[25]

다이쇼정변을 거치면서 번벌 정치인들에 대한 나카노의 비판은 한층 더 강화되었다. 육군 측은 2개 사단 증설 요구가 받아들여지지 않자 육군대신을 사직시키고 사이온지 내각을 총사직에 이르도록 했고 차기 육군대신을 추천하지 않는 것으로 응수했다. 이후 원로들은 차기 수상으로 궁중으로 들어가 있던 가쓰라를 추천했다. 이 과정에서 가쓰라가 천황에게 소칙(詔勅)을 받아 내각을 조직하는 방식을 취하자 국민들 사이에서는 번벌정치 타파와 헌정옹호를 요구하는 운동이 일어났다.[26] 이른바 헌정옹호운동이다. 1913년 1월 도쿄 교바시(京橋)의 가부키좌에서 열린 헌정옹호대회에는 정우회 대표 오자키와 국민당 대표 이누카이가 참석했다. '헌정의 신'으로 불리며 헌정옹호운동을 주도했던 두 사람이다.[27] 헌정옹호운동의 흐름 속에서 나카노는 영국의 의회정치를 이상으로 삼았으며, 영국의 정치가를 모델로 삼아 일본의 정치쇄신을 지향했다.[28] 나카노가 모델로 삼은 글래드스톤(William Gladstone)과 체임벌린(Joseph Chamberlain)은 제국주의에 대해서는 의견을 달리 했지만 대영제국의 국익에는 적극적으로 활동한 인물이라는 공통점이 있었다. 2월 10일 제국의회 재개 당일 헌정옹호를 외치는 수만의 군중이 모여들었고 이를 해산시키기 위해 동원된 경찰과 헌병 및 기마병대 사이에 충돌이 발생했다. 군중들은 이에 그치지 않고 어용신문 타도를 외치며 고쿠민신문

---

[24] 猪俣敬太郎, 『中野正剛』, 41쪽.

[25] 中野正剛, 『明治民權史論』, 有備堂, 1913.

[26] 헌정옹호운동의 핵심은 벌족타파(閥族打破)와 헌정옹호(憲政擁護)에 있었다.

[27] 어릴 적부터 죽마고우로 지닌 오가타에 의하면 전후 GHQ 민간정보국이 NHK에서 행한 방송에서 나카노는 두 사람의 뜻을 계승한 인물로 뽑혔으며 '근대 일본의 정치계가 낳은 훌륭한 개인주의 정치가'로 평가되었다고 한다. 猪俣敬太郎, 『中野正剛』, 47쪽.

[28] 나카노는 오자키와 이누카이에게 윌리엄 글래드스톤(William Gladstone)과 조지프 체임벌린(Joseph Chamberlain)의 역할을 기대했다. 영국의 정치가 글래드스톤은 4번에 걸쳐 수상을 역임하면서 자유주의적 신념 아래 개혁을 주도한 인물이다. 작은 영국을 표방하며 제국주의에 대해서는 소극적이었지만 이집트에서 혁명이 일어나자 군대를 파병하여 무력으로 진압하고 실질적으로 식민지로 삼는 등 국익에 대해서는 보수적으로 대응했다. 체임벌린은 글래스톤 내각에서 통상장관을 역임한 바 있으며 이후 식민지 장관으로 취임한 후에는 적극적으로 제국주의 정책을 시행했다. 특히 남아프리카 지역에서 대영제국의 영토 확대를 주도하다 보어전쟁을 일으킨 인물이기도 하다. 아울러 나카노는 로이드 조지(David Lloyd George)에 대해 '뜨거운 정신과 굳건한 신념'을 지닌 정치인으로 높게 평가했다. 그는 제1차세계대전에서 영국을 승리로 이끌었으며 베르사이유강화회의에서 전후유럽을 견인한 인물이다. 사회정책의 혁신을 주도하여 노령연금, 건강보험, 실업보험 등의 제도를 영국에 도입한 인물로도 알려져 있다. 中野泰雄, 『アジア主義者中野正剛』, 107쪽.

과 요미우리신문 등의 신문사를 습격했고 저녁이 되어서야 진압되었다. 다음날 가쓰라 수상은 총사직을 결정하였고 이후 야마모토 곤베에(山本權兵衛) 내각이 성립한다. 이러한 다이쇼정변의 흐름 속에서 나카노는 '가쓰라에게 보내는 글'을 비롯하여 이누카이 쓰요시, 오자키 유키오를 평하는 논설을 게재했다. 연재기사를 엮어 같은 해『칠금팔종(七擒八縱)』이라는 제목의 책을 출판했다.

3. 조선특파원 시기와 '무단통치' 비판

다이쇼정변을 거치면서 나카노는 오피니언 리더로서 점차 이름을 알리게 되었지만 신문사 내 동료 관계는 원만하지 않았던 것으로 보인다. 매사에 강직하고 비판적인 나카노의 성향은 동료 기자와 갈등을 낳았으며 이는 경성특파원 파견과 영국 유학 그리고 퇴사로 이어졌다.[29] 1913년 8월 나카노는 신바시역을 출발하여 오사카에서 신문사가 준비한 송별회에 출석한 뒤 조선에 부임하게 된다. 일본인들이 모여 사는 경성의 남산 아래 아사히마치(旭町)에서 1년 반 남짓 아내와 거주했다. 나카노는 조선 부임 직전에 결혼했는데 그 상대는 미야케 세쓰레이(三宅雪嶺)[30]의 딸이었다. 이 인연으로 나카노는 미야케가 주필로 있는 잡지『일본 및 일본인(日本及日本人)』을 비롯 1923년 두 사람이 창간한 잡지『가칸(我観)』을 중심으로 활동하게 된다.

경성에 도착한 다음 날 나카노는 경무총감과 헌병사령관을 겸직하고 있던 아카시 모토지로(明石元二郎)를 방문했으며 총무국장 고다마 히데오(兒玉秀雄) 등 총독부 요직의 관리들과 인사를 나누었다.[31] 또한 연회에 초대되어 경성의 유력 일본인들과 교류했다. 특파원으로 있는 동안 나카노는 지역 시찰과 취재를 통해 조선 통치의 현황을 파악해 나갔다.[32] 만선

---

[29] 猪俣敬太郎,『中野正剛』, 50~51쪽.

[30] 나카노의 장인인 미야케 세쓰레이는 이시카와현 출신으로 도쿄대학 철학과 졸업 후 철학자 및 언론가・평론가로 활동한 인물이다.『잡지『일본인(日本人)』』(후에『일본 및 일본인(日本及日本人)』으로 개칭)과『가칸(我観)』을 창간한 인물로 국수적인 성향의 인물이다.

[31] 10월에도 나카노는 아카시를 방문하는데 도쿠토미 로카(德富蘆花, 본명 도쿠토미 겐지로 德富健次郎)의 조선 기행문을 보면 나카노에 대한 묘사가 있다. 경성일보 사장이자 형인 도쿠토미 소호의 안내로 아카시를 방문한 로카는 손님으로 와 있던 나카노를 만나게 되는데, "아카시가 붉은 정열이라면 그는 푸른 정열"을 지닌 신사였다고 묘사하고 있다. 이는 얼굴이 희고 창백한 나카노의 외모를 묘사한 것이기도 하지만 군인과는 확연히 다른 지식인의 풍모라는 묘사이기도 하다. 德富健次郎,『死の蔭に』, 大江書房, 1917.

[32] 하나의 예로 대구를 방문하여 과수원을 운영하는 일본인을 취재한 내용이 흥미롭다.

상업회의소연합회 취재차 떠난 만주 시찰을 통해서는 러시아와 독일이 중국으로 진출하는 모습을 눈으로 확인했으며, 아시아에서 서양의 제국주의를 축출하는 것이야말로 일본의 역할이라고 생각하게 되었다.[33]

지역 시찰을 통해 식민지 조선의 현황을 파악한 나카노는 아사히신문에 「총독정치론」을 연재했다.[34] 아사히신문은 조선총독부의 언론 통제에 대항해 대립각을 세우던 언론사였다. 한국병합 초기에 파견된 오카노 요노스케(岡野養之助) 기자는 데라우치 총독이 '군인 기질'을 발현해 통치에는 관용이란 것이 전혀 보이지 않고 실정에 맞지 않는 정책을 편다고 비판하다 여러 차례 발행금지 처분을 받은 바 있었다.[35] 후임인 아라키(荒木) 역시 가감 없이 데라우치 총독을 비판하다 교대되기에 이르렀다.[36] 이에 굴하지 않고 아사히신문은 이름이 있는 나카노와 미야케 세쓰레이의 후광을 이용해 조선총독부의 언론통제에 대항하려 했다. 나카노는 과격한 비판에 치우치지 않도록 주의하면서 심혈을 기울여 기사를 작성했다.[37]

나카노는 「총독정치론」이란 연재 기사를 통해 조선총독부의 관료적 간섭주의, 언론통제, 헌병제도에 대해 신랄하게 비판했다. 나카노는 총독부의 방침이 관치에서 자치로, 감독에서 지도로, 간섭에서 자유로 전환해야 할 것을 주장했다. 1년 반 동안의 조선 특파원 생활을 마친 나카노는 신문에 연재한 기사를 엮어 단행본 『내가 본 만주와 조선(我が観たる満鮮)』을 간행했다.[38] 나카노는 영국 유학 길에 오르면서 나라 밖을 나가 보지 않은 자는 동아시아에서 일본제국의 지위를 제대로 이해하기 어렵다고 운을 띄우며 조선과 만주 경험을 기록했다.

이 책의 주요 내용은 크게 세 가지이다. 첫 번째는 1910년대 조선총독부의 무단통치에 대한 비판이다. 나카노는 데라우치 총독이 근명성실하고 금전적으로 청렴한 자세로 조선 통치에 임하고 있는 점은 인정하면서도 결과적으로 선의의 악정(惡政)을 낳고 있다고 평했다.[39] 총

---

[33] 『日本及日本人』 618, 1913년 11월호, 「大国大国民大人物」. 『日本及日本人』 619, 1913년 12월호, 「国家の発展と内訌」.
[34] 『東京朝日新聞』 1914년 4월 16일부터 5월 1일까지 연재.
[35] 猪俣敬太郎, 『中野正剛』, 98쪽. 아사히신문 사장 무라야마의 회고록에서도 같은 내용을 찾아볼 수 있다. 朝日新聞社大阪本社社史編集室編, 『村山竜平伝』, 朝日新聞社, 1953, 446~447쪽.
[36] 朝日新聞社大阪本社社史編集室編, 『村山竜平伝』, 448~450쪽. 猪俣敬太郎, 『中野正剛』, 98쪽.
[37] 中野泰雄, 『アジア主義者中野正剛』, 111~113쪽.
[38] 中野正剛, 『我が観たる満鮮』, 政教社, 1915.
[39] 中野正剛, 『我が観たる満鮮』, 5쪽.

독정치의 문제점으로 지나친 감독주의와 간섭주의 그리고 관헌(官憲)만능주의를 꼽았다.[40] 우선 헌병경찰제와 거류민단제 폐지를 예로 들면서 총독부의 지나친 간섭주의를 비판했다. 또한 충청남도 경무부장의 지시에 따라 불필요하게 건설된 대전 공주 간 도로 사례, 논산이 군청 소재지로 결정된 사례 등을 들면서 헌병경찰제는 반드시 개선되어야 한다고 주장했다.[41] 조선 각지에 세워진 '○○헌병불망비(不忘碑)'는 조선인들이 마음에서 우러난 세운 송덕비가 아니라, 헌병대의 압제를 피하기 위한 아첨에 불과하다고 보았다.[42] 일본인 거류민단 폐지와 관련해서는 조선인들과는 별도로 일본인들의 자치기관 설립을 허가해야 한다고 주장했다.[43]

나카노의 주장은 당시 개통된 호남선을 이용해 충남·전북·전남 지역을 시찰한 경험에서 나온 것이었다. 현지의 일본인들은 입을 모아 조선총독부 정책에 대해 강하게 비판했다. 지역의 실업가들은 한결같이 "(데라우치) 총독이 경질되지 않으면 조선의 발전을 기대할 수 없다"고 불평을 토로했다.[44] 주된 이유는 회사령으로 대표되는 총독부의 지나친 감독주의때문이었다. 조선에서 회사를 설립하기 위해서는 총독부의 심사를 거치는데 이는 식민지 개발을 늦추는 결과로 이어지고 있다는 것이었다. 회사령은 기업의 사기를 저해하고 조선으로의 자본 유입을 막고 있으며 그 피해는 실업가들에게 고스란히 전가되고 있다는 주장이었다. 산업·경제·이민 정책에 나타난 총독부의 관헌만능주의 정책을 비판한 것이다.

더불어 나카노는 언론인으로서 데라우치 총독의 언론 탄압과 언론사 통폐합 정책을 강하게 비판했다. 언론의 자유를 탄압하는 정책과 하나의 지역에 하나의 신문만 허용하는 정책의 시정을 요구했다. 나카노는 총독부의 모든 정책에서 개방주의를 시행해야 하며 그 중에서도 언론출판의 자유를 인정하는 것이 급선무라고 주장했다.

두 번째 내용은 동양척식주식회사에 대한 비판이다. 동양척식주식회사(이하 동척으로 줄여서 표기)는 1908년 일본인의 이민 사업을 위해 대한제국과 일본 정부가 합작으로 설립한 회사이다. 당시 러일전쟁 이후 서양에서 불거진 황화론과 미국 서부 지역에서의 배일 분위기가

---

[40] 中野正剛, 『我が観たる満鮮』, 52쪽·59쪽.
[41] 中野正剛, 『我が観たる満鮮』, 52~56쪽.
[42] 中野正剛, 『我が観たる満鮮』, 55쪽.
[43] 中野正剛, 『我が観たる満鮮』, 60~62쪽.
[44] 中野正剛, 『我が観たる満鮮』, 6쪽.

확산되자 일본정부는 한국 이민을 적극적으로 추진했다. 가쓰라 다로를 중심으로 한 야마가타 파벌이 중심이 되어 영국의 동인도회사와 같은 사업을 계획한 것으로 미국에서 일어난 배일운동의 부산물이었던 것이다.

동척에 대해 나카노는 그 설립부터가 '기형아'로 태어났다고 혹평했다.[45] 이민회사를 표방하여 만들어진 회사가 창립 후 5년 동안 2천호에 못 미치는 이민을 유치한 것은 실패라는 것이다. 나카노는 보다 근본적인 시각에서 대부분의 일본인들이 상상하는 것처럼 한반도는 유목민들이 사는 곳이 아니라고 꼬집었다. 대부분의 경지는 이미 조선인들에 의해 경작되고 있는 상태이며 이 토지를 동척에서 구매해서 일본인 이주민에게 분배하려는 과정에서 여러 폐해가 발생하고 있다고 비판했다. 그 이유로 기존의 경작지를 구매하는 동척의 방식이 부동산 가격의 급등을 불러온 점을 들었다. 또한 압록강 매축사업을 진행한 후지모토합자회사의 개간 사업을 예로 들면서 동척도 미간지에 대한 개간 사업을 검토해야 한다고 조언했다.[46]

여기에 나카노는 동척 임원진과 직원들의 부정부패에 대해서 지적했다. 부당한 봉급과 사택 지급, 출장소장과 토지 구매원의 부당행위, 이민 모집 관련 사기행위가 이루어졌다는 것이다. 이렇듯 "무능하고 욕심 많은" 동척에 대한 개혁이 필요하지만 데라우치 총독은 별다른 제재를 가하지 않았다고 비판했다.[47] 데라우치 총독은 총독부 기풍과 풍기문란 행위에 대해서는 단호하게 대처하면서도 우사가와 가스마사(宇佐川一正)나 요시하라 사부로(吉原三郎) 동척 총재에 대해서는 그렇지 못하다고 평했다. 여기에는 데라우치와 우사가와가 같은 고향 출신이라는 점을 비롯한 인간관계가 작용했다는 것이다. 나카노는 직접적인 이민 사업이 불가능하다면 간접적으로 이민을 보조하는 것에 힘을 쏟아야 한다고 주장했다. 이민사업이 아니라 금융사업을 활발히 시행하여 이민에 필요한 자금을 풍부하게 하는 방법을 강구해야 한다고 대안을 제시한 것이다.

동척 문제는 나카노 뿐만 아니라 마키야마 고조(牧山耕藏)를 비롯한 몇몇 조선관계 의원들이 지적하는 문제였다. 제39회 제국의회에서 의제로 제출된 동양척식주식회사법 개정안이 하나의 성과였다. 개정안위원회에서는 동척의 사업 확대가 논의되었고 이후 개정안이 통

---

[45] 中野正剛, 『我が觀たる滿鮮』, 85쪽.
[46] 中野正剛, 『我が觀たる滿鮮』, 76~77쪽.
[47] 中野正剛, 『我が觀たる滿鮮』, 75쪽.

과되었다. 주요한 개정 내용은 영업 지역을 조선 및 외국으로 확대한 점과 척식 업무를 확대하여 자금을 공급하는 방식, 즉 대출업무를 추가했다는 점에 있었다. 나카노의 주장대로 동척 사업이 금융 부문으로 확대된 것이다.

세 번째는 한반도의 식민지화에 대한 인식과 총독부의 동화정책에 대한 비판이다. 한반도의 식민지화에 대한 나카노의 인식이 극명하게 드러난 구절은 다음과 같다.[48]

> 제국은 자존을 위해 무기를 들고 일어나 러시아를 조선에서 쫓아낼 수 밖에 없었다. 국운을 걸고 이미 두 차례에 걸쳐 전쟁에 나선 바 있으며, 아직 조선은 자립하려는 힘이 부족하다. 우리가 조선에서 나간다면 분명히 다른 나라가 들어올 것임은 의심할 여지가 없다. 이러한 상황에서 제국은 자위를 위해 조선을 우리 영토에 포함시켰고 토지를 개척하고 이민을 보내 우리나라의 방어선을 쓰시마해협에서 만주로 이동시키게 되었다.

나카노는 '메이지 초기부터 조선은 우리 외교의 화근'이었으며 한반도의 식민지화는 화근을 제거한 것이라는 논리는 전개하고 있다.[49] 이는 한국을 동양평화의 '화근'으로 간주하면서 식민지화를 정당화하는 당대 일본 지식인의 평균적인 인식이기도 했다. 나카노는 서구 열강의 식민지 정책을 크게 압박주의와 동화주의로 분류하고 조선에서는 동화주의 정책을 적용할 것을 주장했다. 나카노는 새롭게 거느리게 된 신민을 무력으로 다스리는 것은 전제주의 정치가의 잘못된 생각이며, 병력을 이용해 무역을 활성화하겠다는 것은 무단 정치가의 망상이라고 지적했다. 유색인종을 동물시하는 압박주의가 아니라, 동화를 통해 유색인종을 교화하는 작업이 우선되어야 한다는 주장이었다.

조선에 대한 동화정책 시행의 근거로 나카노는 진구(神功)황후의 신라 정벌 설화를 들었다. 삼한정벌(三韓征伐)로 일컬어지는 고대 설화를 거론하면서 식민지 지배를 역사의 필연적 결과로 보는 논리를 펼친 것이다. 여기에는 당대 회자되던 일선동조론(日鮮同祖論)의 영향을 찾아볼 수 있다. 나카노는 과거의 조선왕조 시대와 비교하면 총독부 지배는 조선인들

---

[48] 中野正剛, 『我が観たる満鮮』, 103쪽.
[49] 中野正剛, 『我が観たる満鮮』, 102쪽.

의 행복증진으로 이어질 것이 분명하다고 보았다.[50] 생명과 재산의 안전이란 측면에서 이전과 비교가 안 될 정도로 보장을 받게 되었다는 것이다. 여기에 총독부의 식산흥업, 식림(植林) 정책, 경무기관 정비 등을 들면서 조선인들도 새로운 총독 정치의 혜택을 몸소 느꼈을 것이라고 보았다.

나카노는 총독부의 선정(善政)에도 불구하고 동화주의가 진전이 없고 제대로 시행되지 않는 배경에는 재조선 일본인들의 책임이 있다고 보았다. 그 예로 일본인들의 조선인에 대한 차별어의 사용과 멸시적인 태도를 들었다. 나카노는 조선에 체류하면서 일본인들이 일상적으로 조선인들을 요보(ヨボ), 이놈아(イヌマ), 바보자식(馬鹿野郎) 등으로 부르면서 차별적이고 멸시적인 태도로 접하는 것을 지켜보았다.[51] 나카노는 이에 대해 일본인들의 '식민능력'이 부족하다면서, 일상적으로 조선인을 무시하는 태도를 바로잡고 일본인들 스스로가 반성해야 한다고 조언했다. 나카노는 재조선 일본인들 그들 스스로가 발전할 능력이 없으며 총독부의 보호를 받거나 부정한 수단으로 이익을 보려한다고 강하게 비판했다.

나카노는 일본제국의 대륙 '침략'이 아닌 '진출'이라는 의식에 머물러 있었으며, 당시의 만몽포기론에 반대하면서 조선·만주·몽골 등에 대한 대륙 경영을 주장했다. 유럽에서 발발한 제1차세계대전을 지켜보면서 나카노는 '소국가주의'가 위험하다는 것이 사실상 증명되었다고 보았으며, 현재 세계가 직면한 문제는 식민문제와 사회정책이라고 주장했다. 이러한 관점에서 일본은 "안으로는 사회정책을 행하여 국민의 실력을 함양하고, 풍부한 민력을 이용하여 밖으로는 식민정책을 행하여 세력범위를 확장"하는 것이 필요하다고 보았다.[52] 최근 서구 열강들은 "안으로는 민주주의를 실현하고 밖으로는 민족주의를 실현"하려는 경향을 보이기에 이러한 국가간 경쟁에 살아남는 나라는 발전하고 패하는 나라는 도태된다고 보았다. 서문에서 제국 일본의 대륙 경영을 '국시(國是)'로 표현한 것처럼 나카노는 일본의 국익으로 이어지는 '대륙 진출'과 영토 확장에는 긍정적인 관점을 유지했다.

식민지 정책과 관련하여 나카노가 개진한 의견 중에서 특기할 만한 점은 그가 조선인에게 참정권을 부여하고 관리로 임용할 것을 주장했다는 점이다. 책의 출판 시점이 1915년이라는

---

[50] 中野正剛, 『我が観たる満鮮』, 106~107쪽.
[51] 中野正剛, 『我が観たる満鮮』, 125쪽.
[52] 中野正剛, 『我が観たる満鮮』, 324~342쪽.

점을 고려하면 3.1운동 후 문화정치로 전환하기 이전의 논의라는 점에서 주목할 수 있다. 나카노의 참정권 부여 논의는 그의 제국의회 활동과 함께 다음 절에서 살펴보고자 한다.

4. 파리강화회의 파견과 제국의회 활동

　영국 유학에서 돌아와 신문사를 그만둔 나카노는 잡지사인 『東方時論』의 주필로 있으면서 정계진출을 꾀했다.[53] 1917년 4월 나카노는 고향인 후쿠오카에서 중의원 선거에 입후보했다. 당시는 가쓰라 다로가 창립한 입헌동지회 그리고 헌정회가 제1당이었고, 정우회가 제2당, 그 외 공정회와 국민당이 있었으나 나카노는 중립적인 입장을 표방했다.[54] 선거 결과 나카노는 전기철도회사 경영자이면서 하카타상업회의소 회두를 역임한 마쓰나가 야스자에몬(松永安左ェ門)에게 패하면서 낙선한다.[55] 당시는 소선거구제로 후쿠오카시의 정원은 한 명이었고, 직접국세 10엔 이상 납부자에게 참정권이 주어지는 제한선거였던 까닭에 지역 실업가들의 지지를 받은 마쓰나가에게 유리했다.

　그 후 계속해서 잡지사 주필로 일하던 중 나카노는 1918년 12월 베르사이유 강화회의 취재를 위해 파리로 파견된다. 당시 일본에서는 신문사 및 통신사에서 20여명의 기자를 파견했으나 잡지사에서 파견한 경우는 나카노가 유일했다.[56] 일본 정부에서는 추밀원 고문관 마키노 노부아키(牧野伸顕)를 차석 전권대표로 파견했으며, 파견 여부가 모호했던 수석 전권 사이온지 긴모치(西園寺公望)는 뒤늦게 프랑스로 향했다. 나카노는 산둥반도에 대한 일본의 권익과 관련해 전권대표들의 미숙한 외교능력을 비판했다. 마키노는 산둥반도 조차권과 철도 등 독일이 지녔던 이권을 일본에게 무조건 양도할 것을 요구했으나, 중국 대표는 '21개조 요구'의 파기와 중국으로의 반환을 주장했다.[57] 나카노는 미국 유학경험이 있는 중국 대표

---

[53] 1916년 가을에 창간된 『東方時論』은 창간 이래 요시노 사쿠조가 권두 논문을 게재하는 등 리버럴한 성격의 잡지였다.
[54] 猪俣敬太郎, 『中野正剛』, 130~131쪽.
[55] 마쓰나가는 나가사키현 이키섬 출신으로 술 주조, 해산물 판매, 석탄 판매 등을 통해 부를 축적한 후 규슈 지역에 전기회사를 설립하고 경영한 인물로 전기사업의 귀재로 불리었다. 日本経済新聞社編, 『私の履歴書 経済人7』, 日本経済新聞社, 1980, 343~415쪽.
[56] 猪俣敬太郎, 『中野正剛』, 136쪽.
[57] 제1차세계대전이 발발하자 1914년 8월 일본은 독일에 선전포고를 하고 산둥성의 독일 조차지를 점령하게 된다. 이어 1915년 1월 일본은 중국에 대하여 산둥성의 독일 권익 양도 및 철도 부설권 등의 내용을 담은 21개조 항목을 요구했다. 이에 대해 중국을 비롯

들의 유창한 영어 구사력에 밀리며 일본 대표들이 외교적으로 고전하는 것을 지켜보았다.

파리 현지 취재를 통해 나카노는 제1차세계대전 후 국제정치의 현실을 인식하게 된다. 강화회의가 외면적으로 표방한 것은 정의와 인도(人道)였지만 실제로는 열강의 국력에 좌지우지되는 냉정한 현실을 실감했다.[58] 또한 미국과 영국이 연대하면서 영일동맹은 거의 무명무실해졌으며 파리강화회의는 세계 지배를 위한 두 나라의 새로운 프로그램이라고 보았다. 국제정치의 냉혹함을 몸소 경험한 나카노는 다른 기자들보다 일찍 귀국했으며 신문 연재를 통해 강화회의에 파견된 일본 전권대표들의 무능함을 비판했다.

귀국 후 나카노는 오사카마이니치신문사 초청으로 파리강화회의와 국제사회의 현실에 대해 강연하는 기회를 얻었다. 오사카공회당에 모인 5천명의 군중 앞에 선 나카노는 국가가 처한 위기와 진실을 보도하기 위해 파리에서 급거 귀국했음을 강조했다. 일본은 동아시아 문제와 관련해 유럽과 미국을 중심으로 한 서구열강에 굴복할 이유는 없으며, 미국의 먼로주의에 대항해 '극동의 먼로주의'를 펼칠 것을 주장했다.[59] 동아시아 지역에 대한 서구 열강의 불간섭을 표방한 먼로주의 주장은 식민지 조선에서 일어난 3.1운동이 미친 파장이기도 했다. 강화회의 취재를 마치고 돌아오는 귀국길에서 들른 싱가포르항에서 일본어 신문을 통해 3.1운동 소식을 접한 나카노는 다음과 같이 평했다.[60]

> 역대 총독들은 이를 훌륭한 정치[61]라고 했지만 재조선 일본인들조차도 구태의연한 총독정치에 대해서는 복종하지 않는다. 만약 총독정치를 배척하는 것을 배일(排日)이라고 부른다면 일본인들도 모두 배일이 될 것이다. 우리들 역시 배일의 최선봉에 있는 자들일 것이다. 이러한 시기에 조선 팔도에도 세계적 사조의 흐름이 흘러들지 않을 이유가 없다. 즉 조선인이 배일 소동을 일으킨 것은 이상할 것이 하나도 없다. 정부는 이래저래 변명할 것이다. 어용신문 역시 능숙능란하게 변호할 것이다. 하지만 먼 산의 경치를 보는 것처럼 조선을 바라보면 불온한 기운이 넘쳐나는 것은 부정할 수 없다. 이집트의 반란을 목격하고 가련

한 미국 영국 등의 열강이 비난하자 5월 일본은 강압적으로 산둥성 권익을 중심으로 한 일부 항목을 수락하도록 강요하였고 중국 측은 이를 수락했다. 이후 양국 간에 비준서가 교환되었다. 5.4운동 후 1922년 워싱턴회의에서 21개조요구는 결국 파기된다.

[58] 中野正剛,『講和会議を目撃して』, 東方時論社, 1919, 나카노의 서문 2~3쪽.

[59] 中野正剛,『講和会議を目撃して』, 81~86쪽.

[60] 中野正剛,『講和会議を目撃して』, 171~172쪽. 猪俣敬太郎,『中野正剛』, 147~148쪽.

[61] 원문에는 '善政'으로 표기.

한 혁명 청년을 위해 눈물을 훔쳤던 우리들은 조선의 상황에 대해 냉담할 수 있을 것인가. 만약 그러하다면 그는 정의와 인도(人道)를 입에 담으면서도 자국에서 전제정치를 펼치려는 서구 열강의 정치가와 다를 것이 없다.

조선특파원 시절 총독부의 언론통제와 헌병경찰제 등 식민지의 현실을 경험한 나카노에게 조선의 독립운동은 필연적인 결과로 비춰졌다. 조선 청년들이 국제정세에 눈을 뜬 것 역시 자연스러운 흐름으로 여겨졌다. 여기에 파리강화회의에서 귀국하던 중 만난 이집트 청년과의 만남도 마키노에게 적지 않은 잔영을 남겼다.[62] 영국의 식민 지배에 대항하여 독립운동을 일으킨 이집트 청년들에게 동정을 느꼈던 나카노는 여기에 일본의 식민지인 조선을 대입시켰고 가혹한 식민지배를 일삼는 서구 열강의 위선적인 태도를 비판하는 자신에게서 모순을 느낀 것이다. 이처럼 강화회의 파견 경험을 통해 식민지 문제를 바라보는 나카노의 인식은 국제적으로 확장되었다.

프랑스 현지를 취재한 기사를 엮어 출판한『강화회의를 목격하고(講和会議を目撃して)』는 베스트셀러로 등극했고 이를 통해 나카노의 이름은 대중들에게 각인되었다. 이 영향으로 잡지『東方時論』의 발매 부수는 2천부에서 7천부로 증가했다. 대중적인 인지도를 쌓은 나카노는 1920년 5월 중의원 총선거에서 마쓰나가와 다시 격돌했고 당선된다.[63] 국세 10엔의 참정권 부여 조건이 3엔 이상으로 완화되면서 선거층이 확대된 점이 나카노에게 유리하게 작용했다.

중의원 당선 후에도 나카노의 대륙에 대한 관심은 이어졌다. 그는 1920년 10월부터 12월까지 조선과 만주 시찰하였고『國民新聞』에 50회에 걸쳐 시찰기를 연재했다. 연재 기사는 다음 해 봄 동방시론사에서『조선과 만주의 거울에 비추어(満鮮の鏡に映して)』라는 책으로 간행되었다. 책 제목이 뜻하는 것은 만주와 조선이라는 거울에 일본의 미래를 살펴본다 의미였다.

대륙 시찰 중 나카노는 부산, 경성, 평양 등의 도시에서 강연회를 가졌는데, 조선인 교원과의 인상 깊은 만남을 소개하고 있다.[64] 나카노가 만난 조선인은 평소 아사히신문과『東方時

---

[62] 中野正剛,『講和会議を目撃して』, 171~172쪽.
[63] 나카노는 2,596표를 받아 1,717표를 얻은 마쓰나가를 누르고 당선되었다.
[64] 中野正剛,『満鮮の鏡に映して』, 東方時論社, 1921, 74~82쪽.

論』을 통해 나카노의 글을 접해 온 인물이었다. '불령선인(不逞鮮人)'[65]으로 비춰질 수도 있다는 점을 들어 이름을 밝히지 않은 조선인은 나카노가 주장해 온 식민지의 교육방침에 대해 확인했다. 나카노가 식민지 교육의 근본 방침으로 독립과 자치를 주장했는데 진심으로 그렇게 생각하냐는 질문이었다. 조선인 아동이 학교에 가서 배우는 것이 첫째는 일본은 위대하는 것이고 둘째 조선은 안된다이며 셋째 조선은 일본에 복종해야 한다는 것인데 이는 아동의 자긍심에 상처를 주는 행위라는 것이었다. 이에 대해 나카노는 보편적으로 교육의 근본 방침은 독립적이고 자주적인 인간을 만드는 것에 있다고 답했다. 그렇기 때문에 일본이 조선인을 교육하는 경우에 한정하여 "너는 독립 자주적인 사람이 되어서는 안된다. 너는 오늘도 내일도 영원히 나의 노예가 되어라"고 불합리한 방침을 펼쳐서는 안된다고 주장했다. 하지만 일본이 유색인종 중에서 국제적으로 위력을 행사하는 유일한 나라이며, 일본이 망하게 되면 유색인종의 장래는 절망적이고, 인류를 위해 일본인 무거운 사명을 지니고 있다고 언급한 점에서 나카노의 세계관은 분명히 한계점이 있었다.[66]

식민지 정책의 해결방안으로 나카노는 "간도에는 불령선인은 없다"면서 "도적은 산속에 있는 것이 아니라 피폐한 우리 동포들의 마음 속에 도사리고 있다"고 평했다.[67] 대륙정책에 있어 위험한 것은 불령선인의 위험사상이 아니라 일본인의 비열한 사상이라는 비판이었다. 또한 나카노는 윌슨 대통령이 주창한 민족자결주의가 아무리 위선적이었다고 해도, 일본이 아시아대륙에서 그와 같은 정의와 인도(人道)를 내걸었더라면 중국, 러시아, 조선 사람들의 호응을 얻었을 것이라는 주장을 덧붙였다.

이어서 나카노는 일본인 지역 유지와의 만남을 통해 그들의 "비열한 근성"을 느꼈다고 지적했다. 나카노가 만난 사람들 중에는 신문기자와 한학자도 있었지만 그들이 한결같이 주장한 것은 조선인에 대한 압박과 강경책이었다. '조선통'을 자부하는 그들은 조선통치에 이론은 필요없다면서 조선의 역사와 민심을 살펴보았을 때 결국 이것으로 귀결된다며 주먹을 두세 번 휘둘러 보였다. 무력을 통한 강압적인 지배가 필요하다는 주장이었다. 이에 대해 나카노는 메이지천황이 공포한 한국병합 칙서 속의 일시동인이란 문구와 조선인도 천황 폐하의 적

---

[65] '불령선인'은 불온하고 불량한 조선인이란 의미로 식민지 통치에 반대하는 조선인을 지칭한 차별어이다.
[66] 中野正剛, 『滿鮮の鏡に映して』, 91쪽.
[67] 中野正剛, 『滿鮮の鏡に映して』, 1~5쪽. 日下藤吾, 『獅子の道中野正剛』, 375~377쪽.

자(赤子)임을 들었다. 나카노는 "조선인의 독립운동은 일본에 대한 경멸감과 원한이 낳은 결정체이다. 조선 문제는 단순한 조선의 문제가 아니라 우리 야마토민족의 존망이 걸린 문제"라고 강조했다. 문화통치라고 입으로는 말해도 이는 "관료들의 장난(遊戱)"에 불과하며 조선 문제는 일본인의 사상을 바꿔야 해결할 수 있는 문제라는 것이었다.

대륙 시찰을 통해 느낀 바가 있었던 나카노는 1921년 제44회 제국의회 본회의에 타 의원들과 공동으로 조선통치에 관한 안을 제출했다. 주된 골자는 조선통치의 근본방침을 확립하고 일시동인(一視同仁)을 실현하기 위해 중의원에 특별조사위원회를 설치해야 한다는 내용이었다.[68] 이 안을 두고 이른바 '조선통(通)' 의원인 마키야마 고조와 야마지 조이치(山道襄一) 등이 등단하여 여러 의견들이 개진되었다.

연단에 오른 나카노는 "새롭게 거느리게 된[69] 1,700만 조선인 형제"의 장래를 결정하는 중요한 일이라며 연설을 시작했다. 조선 통치는 "제국의 존위와 동양의 미래"와 깊이 관련된 사안이며 일본 제국의 난제(難題)라고 언급했다. 이어 독립만세운동, 제암리사건, 간도문제를 들면서 조선통치 문제는 일본뿐만 아니라 주변 국가들과도 얽혀 있는 민감한 문제임을 강조했다. 그 사례로 1920년 일본군이 '불령선인의 박멸'을 목적으로 간도로 진입하여 학교와 교회에 불을 지르고 조선인과 중국인을 살상한 사건을 들었다. 이 사건은 훈춘(琿春)에서 마적의 공격을 받아 일본영사관 및 재류민이 피해를 입자 일본군이 보복을 감행한 사건으로 당시 중국과 일본 사이에 외교 문제로 부상한 상황이었다.

이어 나카노는 조선인 대부분이 배일(排日)사상을 지닌 현황을 지적했다. 총독이 지방순시를 하는 날에는 헌병과 순사들에게 철책을 만들게 하고 보안을 강화시키지 않으면 안 될 상황이라는 것이다. 또한 조선인 참정권 부여 문제를 주장해온 국민협회(國民協會) 회장이자 중추원 부참의가 도쿄에서 암살당한 사건을 언급하면서 조선 문제가 긴박하게 움직이고 있음을 강조했다. 이는 1921년 2월 중의원의원선거법 시행을 청원하기 위해 도쿄를 방문한 민원식이 같은 조선인 양근환에 의해 암살당한 사건을 말한다. 나카노의 발언에 대해 본회의 회장에서는 "무슨 소리냐", "너는 불령선인의 개냐", "사실은 사실대로 들어라"라는 고함이 오고 갔다. 나카노는 거짓으로 참정권 청원을 하는 조선인을 '일본의 개'로 평했으며, 이를 제국의

---
[68] 이하, 『官報號外』, 1921년 2월 26일자, 중의원의사속기록 제19호.
[69] 원문의 표현은 新附.

회에 소개한 정우회 의원들에 대해서도 강하게 비판했다.

　나카노는 조선통치를 근본적으로 변화시킬 방침으로 일시동인(一視同仁)을 철저히 시행할 것을 주장했다. 예전처럼 친일파 간판과 작위를 부여하는 방식으로 조선을 통치하는 것이 아닌 근본적인 방침의 수립을 주장했다. 나카노는 일시동인의 개념이 조선인을 대우함에 있어서 일본인과 하나도 차이가 없도록 하는 것이라고 설명하면서 이러한 점은 한국병합 조서(詔書)와 1919년 8월 관제개혁의 조서에도 분명히 담겨 있다고 지적했다. 지난 10년간 조선 통치가 평온했던 이유는 데라우치 총독이 시행한 헌병경찰 제도가 지역 구석까지 영향력을 미친 결과에 불과하다는 것이다. 헌병경찰제와 언론탄압으로 민심을 억누르고자 총독부의 정책은 실패했으며 이는 독립만세운동을 낳았다고 비판했다. 더 나아가 나카노는 일시동인이란 근본방침에 근거하여 메이지헌법을 조선에 연장시행할 것을 주장했다. 조선인에게도 참정권을 부여하고 제국의회 양원에 참여시키는 등 조선에 자치권을 허용할 것을 주장했다. 그 근거로 영국의 아일랜드 지배와 러시아의 폴란드 지배를 사례로 들면서 식민지에 참정권과 자치권을 부여하는 것이 세계적인 조류임을 덧붙였다.

　나카노의 제출안 취지 설명 후 사사키 야스고로(佐々木安五郎) 의원이 등단하여 질의했다. 사사키는 도쿄 지역구 의원으로 청일전쟁 후 대만총독부 관리로 근무한 이력이 있었으며 식민지 문제에 대해 일가견이 있었다. 사사키는 조선의 유교와 불교, 기독교 선교사, 한반도 북쪽의 상황에 대해 언급하면서 대체적으로 나카노의 제출안에 공감하는 의견을 개진했다. 하지만 이어서 등단한 정우회 소속 마키야마 고조는 이에 반대하는 입장을 분명히 했다. 우선 마키야마는 내각이 아닌 제국의회에 조사위원회를 설치하는 것에 의문을 제기했다. 입법부에서 행정부의 권한에 속하는 통치 정책을 확립하고 시행하게 할 권능이 없다는 것이다. 또한 조선 통치의 근본방침은 한국병합 시에 이미 확립되었다는 것이 두 번째 이유로 들었다. 병합조약 체결 당시 공포된 '한국을 제국에 병합하는 건(韓國ヲ帝國ニ併合ノ件)' 조서 및 1919년 9월에 시행된 관제개혁의 조서에도 이미 일시동인의 내용이 담겨 있다는 것이다. 따라서 한국병합 이후 10년이 지난 시점에서 이를 논하는 것은 의미가 없다(愚論)는 것이 마키야마의 의견이었다. 또한 나카노가 특파원으로 체류하던 시기와는 달리 지금의 조선 통치는 상당히 변화했다고 주장했다. 총독 임용 관련 법령을 개정되었고 조선총독이 정부의원으로 의회에 출석하게 된 점 그리고 조선 통치에 예산이 투입되는 점 등을 들면서 일본정부가 적극적으로 조선의 개발에 나서고 있다고 주장했다. 이는 당시 정부를 이끌고 있던 정우회 소속 의원의 발

언으로 일본 정부의 입장이 어느 정도 반영되어 있었다.

이어 연단에 오른 야마지 조이치는 마키노의 반대 의견을 비판하면서 결의안에 찬성을 표했다. 중의원 의원이 국민 다수의 의견을 대표하여 내각을 향해 정치 방침을 표하는 것은 당연한 것으로, 입법부가 행정부의 권한을 간섭하는 일은 아니라는 것이다. 그 외 나가이 류타로 등이 발언하면서 결의안에 대한 논의가 이어지는데 결과적으로 나카노가 제출한 조사위원회 결의안은 다수석을 차지한 정우회의 반대로 부결되었다.

나카노 세이고는 일본 근대 정치사에서 뛰어난 웅변가이자 리버럴한 정치인으로 알려진 인물이다. 대학 졸업 후 언론인을 거쳐 제국의회에 진출한 후 나카노는 식민지 문제에 관심을 지니고 활동했으며 제국의회 연설에서 조선인에게 참정권을 부여해야 한다는 이례적인 주장을 펼쳤다. 이 주장의 배경에는 언론·집회결사의 자유가 제한된 식민지 조선의 현실을 접한 경험이 있었으며 영국 유학길에서 접한 아시아 지역의 (반)식민지 상황이 영향을 미쳤다. 서구 열강의 식민지가 된 아시아의 '망국(亡國)'적 상황과 이집트 청년의 독립운동을 접한 경험은 식민지 조선에 대한 나카노의 인식에 잔영을 남겼다.

이러한 경험을 통해 나카노는 식민지에서 조선인에 대한 차별을 철폐하고 '일시동인'과 동화정책을 철저히 할 것을 주장했다. 그는 '문화정치' 시기 헌병제도가 일반 경찰제도로 변화한 것이 조선인의 '불령(不逞)화'를 초래한다는 일각의 주장에 대해서도 반박했으며, 더 나아가 대일본제국헌법의 식민지 적용과 자치권 부여를 주장하기도 했다. 식민지 체류 경험과 유럽 취재 등을 통해 나카노는 서구의 제국주의와 식민지로 전락한 아시아의 현황에 대한 이해를 넓혔고 서구 열강의 식민지 지배에 대항하여 아시아의 해방을 주창한 점에서 '아시아주의자'로 평가받아 왔다.

하지만 나카노의 '아시아주의'는 분명히 한계점을 내포하고 있었다. 나카노는 당대 일본의 지식인들이 그랬던 것처럼 일본 제국의 대륙 '진출'과 영토 확장을 긍정적인 시각에서 조망했다. 영국의 식민지 지배에 저항하는 이집트 청년의 독립 의지에 감명을 받은 나카노였지만 그의 '아시아주의'적 관점에서 식민지 조선은 결국 일본 제국에 동화되고 포섭되어야 할 존재였다. 신해혁명 취재와 조선 특파원 경험, 영국 유학과 파리강화회의 파견을 통해 나카노의 국제정세 인식은 확장되었지만, 그의 '아시아주의'는 일본 제국의 패러다임 안에서 이중적이고 모순적으로 작동했던 것이다.

8장
이노우에 가쿠고로 井上角五郎 의
『한성순보』 발간과
'조선통' 대의사로서의 의정 활동

1. 조선으로의 도항

    1860년 10월 18일 히고국(備後國) 후카야스군(深安郡) 노가미무라(野上村)(현 히로시마현 후쿠야마시(福山市) 후루노가미쵸(古野上町))의 농촌에서 5남 1녀의 막내로 태어났다. 부친 주고로(忠五郎)가 촌리(村吏)였기 때문에 부유하지는 않으나 부족함 없는 생활을 했지만 가쿠고로가 5세 때 부친이 사망한 이후 곤궁해졌다. 이러한 상황에서도 어머니는 그가 학업을 계속할 수 있도록 뒷바라지 해 주었다.[1]

    1868년 9세에 후쿠야마번(福山藩)의 세이시칸(誠之館)에 입학하였으나 학제 개혁으로 어쩔 수 없이 13세에 퇴학해야만 했다. 이후 유학자이자 세이시칸의 문학교수였던 몬덴 시게나가(門田重長)로부터 한학을 배우고 에마 헤이이치(江間平一)에게서 수학을 공부하였다. 1875년 히로시마현립심상사범학교 후쿠야마 분교에 입학했으며 1877년 졸업 후 소학교 교원으로 잠시 근무하였다.[2] 1879년 20세가 되던 해 도쿄로 상경한 그는 평소 동경하던 후쿠자와 유키치(福澤諭吉)를 찾아가서 면담을 요청했다. 후쿠자와는 가쿠고로의 학문적 재능을 단번에 알아보고 가정교사로 자신의 집에 기거하도록 하는 동시에 게이오기주쿠(慶應義塾)에 다니도록 하였다.[3] 게이오에 입학해서는 영학(英學)에 매진했다. 그 후 후쿠자와의 추천으로 고토 쇼지로(後藤象二郎)로부터 장학금을 받았고 1882년 7월 우수한 성적으로 게이오

---

[1] 井上角五郎先生伝記編纂会 編, 『井上角五郎先生伝』, 井上角五郎先生伝記編纂会, 1943, 1~5쪽.
[2] 井上角五郎先生伝記編纂会 編, 『井上角五郎先生伝』, 井上角五郎先生伝記編纂会, 1943, 9~12쪽.
[3] 井上角五郎先生伝記編纂会 編, 『井上角五郎先生伝』, 井上角五郎先生伝記編纂会, 1943, 17~18쪽.

를 졸업했다. 가쿠고로는 게이오에 재학 중일 때부터 연설회를 시작했는데, 1881년 10월 12일, 당시 정치를 비판하는 연설을 하여 집회조례 위반으로 금 50엔의 벌금 부과 및 연설 금지 2년을 선고받기도 하였다. 연설내용은 당시 세론을 비등하게 했던 홋카이도 관유물 부정 불하사건에 관한 것이었다.[4]

문명개화론자 후쿠자와의 영향을 받은 가쿠고로는 후쿠자와의 대 조선관에도 크게 찬동하였다. 당시 후쿠자와는 동아시아에서 일본, 중국, 조선이 함께 일치단결하여 서양 제국주의 국가들의 침략을 물리쳐야 한다고 하였다. 그러기 위해 적어도 조선을 일본의 세력 범위 하에 두고 긴밀하게 제휴하여 중국처럼 무력하게 서양 세력에 굴복하게 해서는 안 된다고 하였다. 이를 위해 가장 필요한 것은 군사력과 문력(文力)인데, 군사력은 정부의 몫으로 남겨두고 후쿠자와는 문력에 더 집중하였다. 즉 일반 조선인이 문명의 지식을 배양하고 생활의 안정을 얻지 못하면 완전한 제휴는 있을 수 없다고 하였다. 그리고 조선인의 문력을 향상시키는 주체는 일본이어야 한다고 주장했다. 후쿠자와는 이 무렵 『지지신보(時事新報)』를 창간하여 국민계몽 수단으로 삼고 있었다. 신문이야말로 문력 제고에 가장 효과적이라고 생각했던 것이다. 이러한 사상을 가지고 있던 후쿠자와는 조선으로 떠나는 가쿠고로에게 신문 발행을 부탁하는 것과 동시에 조선의 풍토, 인정, 경제, 정치 등 모든 것을 조사 연구하여 장래 한일 관계를 이끄는 인간이 되어야 한다고 강조하였다.[5] 가쿠고로는 이러한 후쿠자와의 견해를 신념으로 하였고, 평생 그 신념을 실행에 옮기려 애썼다. 그는 후쿠자와의 권유로 1882년 12월 게이오를 졸업하자마자 곧바로 조선으로 건너와서 이후 4년간 조선과 일본을 오가며 활동하였다.

2. 『한성순보』, 『한성주보』의 발간

1882년 수신사의 수장으로 방일한 박영효는 일본 재야의 거물이자 문명개화론자인 후쿠자와를 만났다. 박영효는 조선 개화의 방법을 후쿠자와에게 물었고, 후쿠자와는 신문을 발간해 인민을 계몽하는 것이 개화의 첫걸음이라고 하였다. 이에 박영효는 신문 발간에 관하여 도움을 청하였고, 가쿠고로를 포함한 몇몇을 소개받았다. 그러나 가쿠고로는 그보다 앞서서

---

[4] 井上角五郎先生伝記編纂会 編, 『井上角五郎先生伝』, 井上角五郎先生伝記編纂会, 1943, 28쪽.
[5] 井上角五郎先生伝記編纂会 編, 『井上角五郎先生伝』, 井上角五郎先生伝記編纂会, 1943, 35~37쪽.

후쿠자와와 관계를 맺고 있던 개화승 이동인을 통해 김옥균, 박영효 등을 어느 정도 파악하고 있었다. 『한성순보』 발간은 박영효가 한성부윤으로 임명되면서 본격적으로 준비가 시작되었다. 박영효는 당시 게이오에 유학 중이던 유길준에게 신문 발간에 필요한 것을 준비시켰다.[6] 유길준과 가쿠고로는 후쿠자와의 집을 자주 출입한 자들이었기 때문에 이미 알고 있던 사이였을 것으로 생각된다.

　1882년 12월 일본을 떠난 가쿠고로 일행은 다음해 1월 조선에 도착하여 곧바로 서울 남부 저동의 저택으로 갔다. 이때 함께 조선으로 건너온 자는 학술가(교육) 우시바 타쿠조(牛場卓藏)와 다카하시 마사노부(高橋正信), 활자 식자 사나다(眞田謙藏), 활자 주조 미와(三輪六藏), 군사 하라다(原田一), 마츠오(松尾三代太郎), 그리고 가쿠고로까지 총 7명이었다. 가쿠고로 일행이 여장을 푼 저동의 저택은 왕실의 어용 저택이었는데, 김옥균, 박영효의 노력으로 일행에게 제공된 것이었다. 이들은 조속히 그 일부를 나누어 사무소와 인쇄공장을 만들고 신문 발간을 준비하였다. 그러나 당시만 해도 박영효 등 이른바 '급진개화파'들에게 정치적 실권은 없었고, 여전히 친청적 성격의 민씨 세력이 요직을 차지하고 있는 상황이었다. 게다가 가쿠고로 일행이 저동에 자리를 잡은 후 며칠이 지났지만 누구도 방문하는 자가 없는 데다가, 신변에 위험까지 느끼게 되자 일행 중 우시바와 다카하시가 곧바로 귀국해 버렸다. 그러나 가쿠고로는 돌아가지 않고 한글을 배우고 풍속을 연구하였으며 은밀하게 정세를 파악하면서 신문 발간을 기다렸다.[7] 가쿠고로가 당시 조사한 조선의 정세는 다음과 같았다.

"임오군란을 일으킨 대원군 일파는 양이주의, 현재 세력을 점하고 있는 민씨 일족은 사대주의인데 '주의'는 다르지만 시정은 모두 구식으로, 이들 중에는 세계의 대세에 주의를 기울이는 자가 없다. 그런데 국왕은 '개화주의'이고, 조선도 일본과 같이 착착 신문명을 받아들여 개명으로 나가야 한다고 하였다. 따라서 국왕은 대원군이 정치를 집권하기를 바라지 않는다."[8]

---

[6] 李錬, 「韓国の新聞成立に果たした井上角五郎の役割」, 『新聞学評論』 37, 1988, 145쪽.
[7] 井上角五郎先生伝記編纂会 編, 『井上角五郎先生伝』, 井上角五郎先生伝記編纂会, 1943, 37~38쪽.
[8] 井上角五郎先生伝記編纂会 編, 『井上角五郎先生伝』, 井上角五郎先生伝記編纂会, 1943, 39~40쪽.

위의 인용문처럼 가쿠고로는 고종이 '개화주의자'이고 외국의 사정을 듣는 것을 굉장히 좋아하며 궁중에 출입하는 자 중에서도 해외 사정에 정통한 자를 마음에 들어 한다는 것을 알게 되었다. 이에 해외 서적을 구해 고종에게 헌상하거나, 해외 사정을 요약하여 몇 번이나 헌상했다. 그러는 사이에 겨우 알현이 허가되어 고종을 배알 하게 되었지만 신문 발간을 위해서는 정부 관계자 중에서 협력해줄 인물이 필요했다. 그러던 중 김윤식을 알게 되었다. 당시 김윤식은 외아문 협판으로서, 정치상으로 중립파로 분류되고 있었다. 김옥균, 박영효와 행동을 같이하지 않았지만 일찍부터 교제하던 사이였기에 가쿠고로는 비교적 쉽게 김윤식과 만날 수 있었다.[9] 곧 가쿠고로는 고종의 내명을 받아 조정에 드나들게 되었다. 그리고 조선으로 온 지 7개월 만인 1883년 6월에 외아문 고문으로 임명되었다. 그해 8월에는 한성판윤 박영효의 건의에 따라 신문 발간 업무를 담당하기 위해 박문국이 설치되었다. 9월, 김윤식으로부터 신문 발간 계획을 보여 달라는 요청을 받은 가쿠고로는 다음과 같이 발간 계획안을 작성하였다.

1. 신문은 순보로 하고, 매월 10일마다 1회 발간할 것
2. 관보를 제일로 하고, 내외의 시사를 병기할 것
3. 인지(人智)를 개발하고 식산을 장려하며 기타 풍교 상 필요한 논설을 기재할 것
4. 각 관아 고등관 및 중앙, 지방관 등은 의무 구독을 명할 것
5. 편집사무를 위한 인원은 모두 관원으로 하고, 내외의 사정에 정통한 자, 문학적 소양을 갖춘 자를 채용할 것
6. 표기는 한문만으로 할 것
7. 국원 일체의 봉급, 제 급여는 외아문에서 지출하고 기타 비용은 한성부에서 지변할 것[10]

대강 위와 같은 계획을 김윤식에게 제출했고 일은 순조롭게 진행되었다. 박문국에는 신문 편집, 사무, 인쇄 관계 직원이 임명되었고, 주사, 사사(司事)를 두었다. 이윽고 1883년 10월 30일,『한성순보』창간호를 발간하게 된다. 원래『한성순보』는 한성부에서 주관하기로 했

---

[9] 井上角五郎先生伝記編纂会 編,『井上角五郎先生伝』, 井上角五郎先生伝記編纂会, 1943, 40쪽.
[10] 李錬,「韓国の新聞成立に果たした井上角五郎の役割」,『新聞学評論』37, 1988, 146~147쪽.

으나 박영효가 갑자기 한성판윤에서 물러남에 따라 통리교섭통상사무아문 산하 동문학에서 발간하였다.

한편『한성순보』를 발간한 지 14개월이 지났을 때 갑신정변이 발생했고 이때 박문국의 시설이 파괴되어 순보 발행이 중단되었다. 정변 직후 김윤식이 총리아문독판에 임명되었는데, 김윤식은 순보의 창간에 관여하기도 했지만, 그동안 신문이 한국 사회에 끼친 영향이 지대함을 인식하고 있었기에 정변을 어느 정도 수습한 후 순보의 재발행을 시도하였다. 그 무렵 가쿠고로는 1884년 1월 30일자『한성순보』에 게재된 '화병(華兵)범죄'[11] 기사에 대한 책임을 지고 사직 후 5월에 일본으로 귀국했다가 8월에 후쿠자와가 설립한『지지신보』의 통신원으로 한성으로 돌아왔다. 그런데 이때 조선으로 돌아온 것은 이노우에 가오루(井上馨) 외무경의 권고에 따른 것으로 보인다. 당시 그는 이노우에로부터 활동비를 지급 받았다. 명목은『한성순보』발간을 지원하기 위한 것이었지만, 실제로는 조선 정세를 밀탐하기 위한 공작금이었다.[12]

그해 12월 갑신정변이 실패한 후 김옥균 등과 함께 일본으로 귀국한 그는 1885년 1월 다시 한성에 돌아왔다. 이때는 〈한성조약〉을 체결할 목적으로 한국에 파견된 외무경을 수행하기 위해서였으나, 실질적 임무는 조약을 조속히 체결하기 위해 김윤식 등과의 친분을 이용하여 비공식적 교섭을 진행하는 것이었다.[13] 가쿠고로는 조약 체결 후 조선에 잔류하면서 외아문 관직을 회복했다. 그러나 모친의 병환이 위중하여 3월에 귀국길에 올랐고 5월에 한성으로 돌아왔다. 도쿄에 머무는 동안 가쿠고로는 외무성에서 지급하는 공작금이 부족하다는 이유로 더 이상 일본공사관을 위해 일하지 않겠다는 서한을 보내게 된다.[14] 김윤식에 의해 박문국에 재고용된 가쿠고로는 김윤식의 요청에 따라 7월에는 국문 활자 구입을 목적으로 귀국, 11

---

[11] 1884년 1월 30일『한성순보』제10호에 실린 기사의 제목이다. 기사의 내용은 한성의 한 약방에서 약값 때문에 시비가 벌어져 청의 병사가 약방 주인의 아들을 살해했다는 것이었다. 이 기사를 본 이홍장은 진상조사를 지시했고, 항간에 떠도는 소문을 확증 없이 기사화한 것이라는 보고를 받았다. 이홍장은 조선 정부 및 박문국에 항의 서한을 보내 압박했다. 이 '필화사건'은 신문 발행 이래 최초의 오보 사건이었다. 사건의 진상은 알 수 없으나, 이 일로 가쿠고로가 사직하고 귀국했고, 청국과 일본의 대립은 점점 격화되었다.

[12] 慶應義塾編,『福澤諭吉全集』第20卷, 東京: 岩波書店, 1958, 286쪽.

[13] 김종학,「이노우에 가쿠고로(井上角五郞)와 갑신정변(甲申政變): 미간사료『井上角五郞自記年譜』에 기초하여」,『한국동양정치사상사연구』13-1, 2014, 161~162, 166~173쪽.

[14] 김종학,「이노우에 가쿠고로(井上角五郞)와 갑신정변(甲申政變): 미간사료『井上角五郞自記年譜』에 기초하여」,『한국동양정치사상사연구』13-1, 2014, 161쪽.

월에 활자를 들고 다시 한성으로 돌아왔다.[15]

　갑신정변 때 박문국이 불에 타면서 일시 정간된 『한성순보』는 김윤식의 지도에 의해 1886년 1월 25일 『한성주보』로 개칭, 발간되었다. 10일에 한 번 발간하던 순보에서 일주일에 한 번씩 발간하는 주보로 변경된 것이다. 또 『한성주보』는 국한문혼용문체를 채용하여 일반 대중이 읽기 쉽도록 하였다. 모든 문서와 서적이 한문으로 되어 있던 시기, 한글 신문이 발간된 것은 혁신적인 일이었다. 가쿠고로는 『한성주보』가 발행된 1886년 12월, 박문국을 사직하고 영구 귀국하였다. 귀국하기 전 10월~12월 그는 경기, 충청, 전라, 경상도를 여행하였다. 이 여행은 단순한 여행이 아니라 조선 각지 사정을 정탐하기 위한 여행이었을 것이라 추측된다. 조선에서 외아문 고문으로서의 생활, 신문 발간의 경험, 그리고 조선 각지 여행 등은 향후 그의 정치활동에서 조선 관련 사항, 나아가 일본제국의 확장에 관련한 사항을 처리하는데 큰 영향을 끼쳤다.

3. 일본제국의 확장을 위한 움직임

　조선을 떠난 가쿠고로는 후쿠자와에게 미국으로의 이주를 권유받고 1887년 6월, 30여 명의 히로시마현 사람들을 데리고 미국 캘리포니아로 건너갔다. 가쿠고로는 그곳에서 농업을 경영하면서 『지지신보』에 체험을 기고하였다.[16] 1888년 1월 초, 잠시 귀국한 그는 갑신정변과 관련한 사건으로 체포되었다. 이유는 갑신정변 때 일본 정부가 개화당들을 지원하기로 약속했으면서 형세가 나빠지자 무관심한 태도를 보인 것은 비겁한 짓이라며 정부를 비판하는 연설을 했기 때문이었다.[17] 즉 이토 히로부미(伊藤博文), 이노우에 가오루 두 원로원 의원을 모욕했다는 것인데, 1888년 8월 도쿄경죄재판소(東京輕罪裁判所)에서 관리모욕죄가 성립되어 유죄판결을 받고 복역하였다.[18] 다음해 2월 11일 특별사면으로 출옥한 다음날, 게이

---

[15] 이광린, 「漢城旬報와 漢城周報에 對한 一考察」, 『역사학보』 38, 역사학회, 1968, 19~25쪽. 최낙진, 「한성순보와 한성주보 관련 이노우에 가쿠고로(井上角五郎)의 저작물에 대한 비판적 접근」, 『커뮤니케이션학 연구』 32-3, 2024, 111~112쪽.

[16] 小田原市, 「第4章 アメリカへ」, 『移民の先駆者 星﨑定五郎』, 2011.4(小田原市電子圖書館 검색, https://www.city.odawara.kanagawa.jp/public-i/facilities/library/hoshizaki/chapter04.html, '井上角五郎', 검색일: 2025.2.13)

[17] 野村英一, 『三田の政官界人列伝』, 慶應義塾大学出版会, 2006, pp.46~49. 井上角五郎先生伝記編纂会, 「井上角五郎先生年譜」, 1943, 3쪽.

[18] 井上角五郎先生伝記編纂会, 「井上角五郎先生年譜」, 1943, 3쪽 ; 『読売新聞』, 1888.8.2. 「井上角五郎の官吏侮辱

오 재학 시절부터 알고 지냈던 고토 쇼지로의 대동단결 운동에 참여했다.[19] 이 운동은 자유민권운동의 한 부분으로서 메이지 유신을 이끈 삿쵸(薩摩藩·長州藩) 번벌 정치의 타파를 목표로 했다. 가쿠고로는 대동단결 운동을 하면서 정파 타파라는 목표를 실현하기 위해 정계 진출을 결의하였다.[20]

그는 1890년 7월 1일부터 3일간 진행된 제국의회 중의원 의원 제1회 총선거에 입후보하였다. 향리 후쿠야마(福山) 지방은 히로시마현 제8선거구에 속하였고, 후카츠(深津), 누마쿠마(沼隈), 야스나(安那) 3군에서 한 사람을 선출하는 것이었다. 그러나 뒤늦게 선거판에 뛰어든 그는 낙선하고 말았다. 이는 어느 정도 예견한 일이었기에 가쿠고로는 바로 제2회 총선거를 위해 지역적 기반을 다지기로 했다. 그런데 의외로 빨리 기회가 찾아왔다. 의회 개회에 앞서 히로시마현 제9선거구 보궐선거가 진행된 것이다. 1890년 9월 보궐선거 시행이 결정됨과 동시에 향리에서 추천을 받고 다시 출마했다. 이번에는「히로시마현 제9선거구 유지 제군에게 고함(敢て廣島縣第九選擧區有志諸君に告ぐ)」이라는 정견 요강을 인쇄하여 유권자에게 배포하고 이에 따라 각지에서 연설을 진행하였다. 내용은 다음과 같았다.

> 1. 독립된 대권을 공고히 하고 2. 책임 내각을 실현하며 3. 재정을 정리하여 민력의 휴양(休養)을 도모하고 4. 지방에 있어서 5. 언론에 있어서 각각 완전한 자치 자유를 희망한다. 간단히 말하면 내치는 민력을 안정시키고 외교는 국권을 확장하며 이로써 국가 및 지방의 안녕을 도모한다.[21]

그가 출마의 변으로 선언한 것은 국내로는 완전한 언론자유·지방자치, 국외로는 일본 제국주의의 확장이었다. 이윽고 1890년 11월 8일, 제1제국의회 중의원으로 당선되었는데 그의 나이 31세였다. 이때부터 1924년 3월 제48제국의회 해산까지 35년에 걸쳐 제국의회 의원으로 활동하게 된다.

야마가타 아리토모(山縣有朋) 내각 하에서 선출된 제1제국의회 의원들은 처음부터 강경

事件判決」(新聞集成明治編年史編纂会編, 『新聞集成明治編年史第7卷』, 林泉社, 1936, 120쪽, https://dl.ndl.go.jp/pid/1920380/1/88, 검색일: 2025.2.1.)

[19] 井上角五郞先生伝記編纂会,「井上角五郞先生年譜」, 1943, 3쪽.
[20] 野村英一,『三田の政官界人列伝』, 慶應義塾大学出版会, 2006, 46~49쪽.
[21] 井上角五郞先生伝記編纂会 編,『井上角五郞先生伝』, 井上角五郞先生伝記編纂会, 1943, 182~184쪽.

파와 온건파로 나뉘어 있었다. 일본에서 '헌정의 신'이라 불리는 오자키 유키오(尾崎行雄)는 가쿠고로와 대립각을 세웠지만, 그에 대해 다음과 같이 평가하였다.

"이노우에가 가장 눈에 띠는 임무를 수행한 것은 제1의회였다. 당시 의원은 처음부터 2파로 나뉘어 한쪽은 뭐든 정부에 반대하려고 했고 나도 거기에 속해 있었다. 다른 한쪽은 고토 쇼지로와 관계된 자들로, 정부의 정책을 옹호했기 때문에 이는 온건파라고 했는데, 이노우에는 온건파의 투장이었다. 강경파 중에는 긴 시간 자유주의 정치운동을 해온 자가 많았기에 논객이 많았다. 반면 온건파는 점잖은 의원이 많았는데, 이노우에는 달랐다. 이노우에가 우리와 같은 생각이라면, 온건파는 자연히 재기 불능 상태가 되리라 생각하여 이노우에 한 사람만 계속 공격했다.(중략) 온건파와 강경파가 정면충돌한 것은 세계(歲計)예산이었는데, 강경파에서는 이노우에가 낸 반론 연설을 보고 그의 적극적인 조사 행동에 놀라서 재조사를 했을 정도였다. 그 당시 이노우에는 우리가 보기에 꽤 까다로운 적이었다."[22]

오자키의 회고담을 보면, 가쿠고로는 의원들 사이에서 꽤 까다로운 존재로 인식되고 있었던 것 같다. 그는 당파보다 국력 증진을 위해 필요한 정책 및 사업이 순조롭게 실현되기를 바랐다. 적어도 이 시기 그는 정당에 구속되지 않았으며 철두철미한 국가주의로 무장하고 있었다. 그의 국가주의적인 면모는 조선 관련 대정부질문에서도 잘 드러난다.

〈표 1〉 제1제국의회에서 이노우에 가쿠고로가 소개한 재조일본인들의 청원서

연번	청원 내용
1	1882년 12월 일본 정부가 박영효에서 금 17만 엔을 대여한 일 및 조선의 이중 저당과 관련된 문제
2	부산과 규슈의 해저 전신 가설 문제
3	최혜국 조관의 성립 이후에도 조선 내에서 중국 상인들의 특권이 인정되는 문제
4	치외법권이 인정된 조선에서 일본어민이 조선 관원에게 체포·취조 당한 문제

제1제국의회 회기 중 가쿠고로는 재조선 일본인들의 청원을 의회에 소개하면서 일본 정부에 그 대책을 촉구하였는데, 내용은 위 표와 같다. 첫째, 1882년 12월 일본 정부가 수신사로 파

---

[22] 井上角五郎先生伝記編纂会 編, 『井上角五郎先生伝』, 井上角五郎先生伝記編纂会, 1943, 200~201쪽.

견된 김옥균, 박영효에게 요코하마쇼킨은행을 통해 17만 엔을 대출하면서 부산, 원산, 인천 세 곳의 해관을 저당으로 잡았는데, 이후 조선 정부가 또다시 이 세 곳의 해관을 저당으로 청 정부에게서 은 20만 냥을 빌렸다고 한다. 이와 관련해 일본 정부는 어디까지 알고 있는지, 어떤 대책이 있는지 질문하였다. 두 번째는 부산과 규슈의 해저 전신 가설과 관련해 이것이 일본에 어떤 이익이 있는지, 세 번째는 조선과 최혜국 조관을 체결했음에도 불구하고 중국 상인들의 특권이 계속 인정되어 일본 상인들이 손해를 보고 있으니, 최혜국 조관을 한 번 더 한국 정부에 상기시키는 문제, 마지막으로 제주도 통어가 인정된 후 조선 어민들과 일본 어민들 사이에 폭력·살인사건이 종종 발생하는데, 치외법권이 인정됨에도 불구하고 일본인들이 조선 관헌에 체포되어 조선법으로 취조를 받고 있는 문제를 외무성에서 해결해달라는 내용이었다.[23] 특히 첫 번째 문제는 가쿠고로가 직접 관련되어 있는 사건으로, 1884년 갑신정변 훨씬 이전부터 김옥균, 박영효가 이노우에 가오루와 관계가 있었다는 사실을 알고서 대정부 질문을 한 것이다. 이 내용은 1891년 2월 9일 가쿠고로 외 33명의 명의로 정부에 정식 제출되었고, 3월 5일 아오키 외무대신이 '이 대금 조약 당시 외무경인 이노우에 가오루가 증인'이었고, 해관 문제는 일본 정부는 물론 일본 영사가 그 감독을 철저하게 하겠다는 답신을 하였다.[24] 이 무렵 세간에 전해지고 있던 이야기는 '김옥균, 박영효 등이 쇼킨은행으로부터 17만 엔을 빌릴 수 있었던 것은 순전히 후쿠자와의 획책 운동 때문으로, 이노우에 가오루 외무대신은 관련없다.'는 것이었다.[25]

제1제국의회 종료 후 가쿠고로는 협화구락부라는 비정치 단체를 조직하고 매월 3회 기관지 『정의(政議)』 발행하여 활발하게 정견을 발표하는 한편, 지방을 돌아다니며 연설 활동을 했다. 그가 『정의』에 게재한 정책의 대강을 보면 제국의회에서의 의견과 행동을 이해할 수 있다.

"지조 경감은 지조 개정 당시에 정부가 나서서 공약한 것이었다. 조속히 실행할 것을 기대한다. 지가는 전국 각지에서 고저가 있는데, 그것을 균일하게 하지 못하는 것은 불공평하다

---

[23] 第1回帝国議会 衆議院 本会議 第16号 明治23年 12月 22日.
[24] 第1回帝国議会 衆議院 本会議 第60号 明治24年 3月 5日.
[25] 井上角五郎先生伝記編纂会 編, 『井上角五郎先生伝』, 井上角五郎先生伝記編纂会, 1943, 202쪽.

고 할 수 있다. 역시 조속히 수정할 것을 기대한다. (중략) 우리들은 군비의 충실을 기할 것이다. 경제 발달을 기할 것이다. 또 지방자치의 개량을 기할 것이다. 우리들은 이러한 것을 위해 지조의 경감, 지가의 수정에 노력하지 않으면 안 된다. 군비를 충실히 하는 것은 단순히 인근 국가와 만일의 갈등에 대비하는 것에만 그치는 것이 아니다. 우리들이 다년간 희망하던 조약 개정은 군비를 충실히 하지 않으면 성공할 수 없다. 지방자치 제도를 정비하고 시설을 완전히 하는 것 역시 급무인데 우리는 재정에 여유가 있으므로, 부현(府縣) 감옥비 국고 지변을 주장하는 것이다. 조세를 경감시키고, 지방 부담을 감소시키면 인민은 휴양할 수 있다. 경제에 이르러서는 우리들은 근본부터 이것을 개량하지 않으면 안 된다. 해륙 운수를 완비하기 위해 원양 항해의 장려와 철도 연장의 실행을 주장하며, 치수 사업을 속성하기 위해 하천의 개축을 주장하고 또 국내 공업의 독립과 그 발달을 위해 철강, 석탄을 자국이 생산할 방법을 조속히 경영하자고 주장하는 바이다. 이러한 것은 현재 국가 상태에서는, 가령 국비를 증가시킨다고 해도, 실행해야 하는 것으로서 민력 휴양과 이러한 사업의 착수는 절대 뗄 수 없음을 믿어 의심치 않는다."[26]

위의 내용은 가쿠고로가 정계에 입문할 때부터 이야기해왔던 것으로, 대내외적으로 '적극 방침'을 주장한 것이다. 초기 제국의회에서 그는 육군 군비, 해군 제함 등 군비확장과 관계된 예산 및 제강사업 착수, 치수사업 등 여러 경비를 계상하였다. 이는 정부의 방침과도 일맥상통하는 것이었다. 그러나 번번이 강경파들의 반대로 무산되기 일쑤였다.[27]

제4제국의회(1892.11.29~1893.2.28)에서 일본 정부는 국방 강화의 급무를 느끼고 7년간 군함 2척, 순양함·통보함 각 1척의 건조를 계상하였다. 더불어 치수사업비 및 지가 수정, 지조 경감을 도모했으며, 술 및 연초, 소득세 증징 안을 제출했다. 그 가운데 가쿠고로가 적극 추진해 온 해군개혁 및 확장에 관한 법안과[28] 출판조례개정안 및 판권법안이 성립되었다. 제4의회가 폐회한 후 이토 내각은 관제를 개혁하고 해군 내부의 혁신에 힘을 쓰는 등 의회에서의

---

[26] 井上角五郎先生伝記編纂会 編,『井上角五郎先生伝』, 井上角五郎先生伝記編纂会, 1943, 205쪽.
[27] 제2제국의회 초기 마쓰가타 마사요시(松方正義) 총리의 연설은 가쿠고로가 주장한 내용과 거의 동일했고, 제출한 예산안도 적극 방침을 채택하여 육군 군비, 해군제함, 제강 착수, 치수사업 등 여러 경비를 계상했다. 그러나 제국의회의 다수를 점하고 있던 강경파에 의해 예산은 삭감되었다. 井上角五郎先生伝記編纂会 編,『井上角五郎先生伝』, 井上角五郎先生伝記編纂会, 1943, 206쪽.
[28] 第4回帝国議会 衆議院 本会議 第17号 明治25年 12月 20日.

공약을 실행해 나갔다.[29] 제4제국의회 공약 가운데 눈에 띠는 것은 제철 사업과 관련된 것이었다.[30] 메이지 정부의 슬로건은 한 마디로 부국강병, 식산흥업으로 정리할 수 있는데, 그것을 실행하기 위해서 제철 사업은 반드시 필요했다. 이미 메이지 초기부터 중소 규모의 제철소를 설립하고 육해군 공창에 제강공장을 설치·운영하기도 했으나, 본격적인 관영 제철 사업의 시작은 1891년 제4제국의회에 관영제강소 설립안이 제출되면서부터라고 할 수 있다. 그러나 이때는 원료 조사의 미비를 이유로 부결되었고, 대신 다음해에 중의원의 건의에 의해 농상무성 산하 임시제철조사위원회가 성립되었다.[31] 위원이 된 가쿠고로는 아래의 의견을 위원회에 제출하여 설명하였다.

 1. 제철사업은 우리 국가 금후의 일대 부원이 될 것이므로 조속히 착수해야 할 것
 2. 관업(官業)은 전부 해륙군비에 필요한 것에만 한하고 나머지는 크게 민업을 장려할 것

가쿠고로는 제철산업은 민업의 발달을 도모하는 것이어야 한다고 주장했으나 의원 다수가 관립 제철소 설립안에 찬성하였기에 그의 안건은 불성립되었다.[32]

4. 조선농사개량주식회사 설립 운동

1910년 강제병합 후 조선 통치책과 관련하여 가쿠고로는 1911년 3월 18일 조선에 관개사업을 보급해야 한다는 취지의 의견서를 데라우치 조선총독에게 제출했다. 1886년 조선의 남부 4개의 도를 답사했을 때 그는 조선의 미작이 일본에 비해 부진한 상태에 있는 것은 관개 수리의 편리가 결핍되어 한해를 입기 때문이라고 생각했다. 조속히 관개의 대책을 세워 수리를

---

[29] 井上角五郎先生伝記編纂会 編, 『井上角五郎先生伝』, 井上角五郎先生伝記編纂会, 1943, 209쪽.
[30] 第5回帝国議会 衆議院 本会議 第10号 明治26年 12月 9日.
[31] 雀部晶, 「官営八幡製鉄所の設立と初期高炉操業の失敗について」, 『国立科学博物館研究報告 E類』 第3巻, 1980, 32쪽.
[32] 井上角五郎先生伝記編纂会 編, 『井上角五郎先生伝』, 井上角五郎先生伝記編纂会, 1943, 212쪽. 1894년 4월 임시제철조사위원회는 해산되었다. 그리고 1895년 12월 제9국의회가 개최되었을 때 다시 제철소 설립이 제안되었고 1896년 4월 1일 관영으로 결정되었다. 그때까지 이노우에, 고토 쇼지로 등은 민영제철소를 거듭 강조했지만, 청일전쟁으로 인해 군비의 정비·확장이 급박해진 상황 속에서 관영제철소 운영이 채택되었다(雀部晶, 「官営八幡製鉄所の設立と初期高炉操業の失敗について」, 『国立科学博物館研究報告 E類』 第3巻, 1980, 32쪽 참고).

원활하게 한다면, 농작 진흥과 동시에 조선인들의 생활을 향상시킬 수 있을 것이고, 이로써 병합의 명분도 쌓을 수 있을 터였다. 가쿠고로는 조선 개발에서 관개사업이 가장 급무라고 생각하여 통감부 시절 이토 히로부미 조선통감에게도 이 내용을 전달했으나 제대로 진행되지 못했다. 이와 관련하여 이토는 처음부터 관개사업을 장려했지만, 조선인들의 반발로 일이 제대로 진행되지 못했음을 유감으로 생각한다고 그에게 전한 적이 있었다. 가쿠고로는 관개사업의 실행 방법이 조선의 실정에 적합하지 않았기 때문에 실패한 것이라 판단했다. 즉 관개사업, 토지개량사업 등 장기간에 걸쳐 다수 인민의 협력을 얻어야 하는 사업은 조선인 본위의 회사를 조직하고 정부가 이를 보호하는 방침을 취하지 않는다면 성공은 어려울 것이라고 하였다. 데라우치 총독에게 보낸 상신서에는 위의 내용과 함께 이제 병합이 된 이상 조선총독부의 보호 하에 관개수리 회사 설립을 허가해 달라는 내용이 포함되어 있었다. 이와 관련하여 1911년 3월 20일 데라우치 총독을 방문하여 상신서의 취지를 상세하게 설명했다. 그리고 이토 스케유키(伊東祐亨), 마쓰가타 마사요시(松方正義), 고다마 히데오(兒玉秀雄) 등에게 의견을 개진하고 모두의 찬성을 얻었다. 28일에는 송병준과 회합하여 동의를 얻었다. 정우회 총재 하라 다케시(原敬)가 조선, 중국을 방문할 때에 중간에 합류하여 위 의견서에 관하여 숙의하였다.[33] 조선농사개량주식회사 설립 운동은 이렇게 시작되었다.

 1918년 말에 소집된 제41제국의회는 하라 내각 최초의 의회로, 가쿠고로가 다년간 조사하고 연구하고 주장해온 정책이 드디어 실현되는 회기였다. 즉 정우회는 일찍이 국방의 충실, 교육 진흥, 산업 장려, 교통운수기관의 정비를 4대 정강으로 정하고 그 실현에 노력하고 있었다. 하라 내각에서는 당연히 이것을 시정방침으로 정하였고, 여당의 후원 하에 적극 정책을 취하여 12억 엔의 예산을 통과시키고 60여의 중요 법안을 성립시킨 것이다.[34] 1919년 3월 21일 가쿠고로는 의회에서 '제국개간주식회사' 설립안에 관해 찬성 연설을 시도하였다. 이 안은 민간 실업가 유지가 자본금 3천만 엔으로 회사를 조직하고 정부로부터 매년 30만 엔의 보조를 받아 개간사업을 경영하며, 개간한 토지는 염가로 민간에 불하하는 것으로서, 10개년간 25만 정보를 개간하는 계획이었다. 정우회는 이에 찬성하였고 중의원, 귀족원에서 신중하게

---

[33] 井上角五郎先生伝編纂会 編, 『井上角五郎先生伝』, 井上角五郎先生伝記編纂会, 1943, 338~339쪽. 당시 가쿠고로는 정우회에 입당한 상태였다.

[34] 井上角五郎先生伝編纂会 編, 『井上角五郎先生伝』, 井上角五郎先生伝記編纂会, 1943, 359쪽.

논의되었으나[35] 최종 부결되었다.[36]

 1919년 6월 25일에는 조선농사개량주식회사를 설립하기 위한 제1회 발기인회의를 조선호텔에서 개최하였다. 조선농사개량주식회사 설립은 일찍부터 조선의 주요 인사들이 계속해서 발의를 청원했으며, 오래전부터 조선의 황무지 개간사업과 관개사업에 관심을 가져온 이른바 '조선통' 대의사 가쿠고로와 논의해 온 일이었다. 실제 행동에 나선 가쿠고로는 6월 초부터 하라 총리를 비롯하여 척식성, 대장성, 농상무성의 각 장을 방문하여 양해와 찬성을 얻었고, 동양척식회사 총재와도 만나 제휴를 협의하였다. 그리고 조선으로 건너와 조선총독 하세가와(長谷川好道) 및 정무총감 야마가타(山縣伊三郎)와 만나서 조력과 동의를 얻어냈다.[37] 제1회 발기인회 전날 열린 기자 회담에서 그는 주금 2천만 엔, 채권 1억 엔 합계 1억2천만 엔을 15개년에 걸쳐 지출할 예정이라고 하며 아래와 같이 목적을 밝혔다.[38]

 목적
 1. 관개배수사업을 경영하고 요금을 징수하는 일
 2. 개간사업을 경영하고 토지를 소유하는 일
 3. 앞 2항의 설계공사를 청부 또는 관개배수의 항목에 따라 지주의 의뢰가 있을 경우는
   기타 종(種)변경의 설계공사를 청부하는 일 [39]

 제1회 발기인회 참석자는 박영효, 윤택영, 이완용, 이하영, 이근택, 이근상, 이윤용, 한창수, 민영찬, 민영호, 백남신, 조진태, 조병택, 엄주익, 한상용, 윤치호, 이승용, 고윤묵, 백완혁, 조동윤, 구연수, 조민희, 윤덕영 등 20여 명이었고, 이들과 함께 가쿠고로는 일본 정부에 보낼 청원서에 연명 조인하였다. 이 자리에서 발기인 총대를 선출하였는데 이노우에는 주임으로서 정부와의 교섭, 정관작성, 기타 중요사항의 처리를 위임받았다. 총대 9명은 다음과 같다.[40]

---

[35] 第41回帝国議会 衆議院 本会議 第27号 大正8年 3月 21日.
[36] 第41回帝国議会 貴族院 本会議 第25号 大正8年 3月 26日.
[37] 井上角五郎先生伝記編纂会 編, 『井上角五郎先生伝』, 井上角五郎先生伝記編纂会, 1943, 360~361쪽.
[38] 『매일신보』, 1919.6.26, 「朝鮮農事改良會社計劃, 井上角五郎氏談」
[39] 『大阪朝日新聞』, 1919.10.9, 「朝鮮農事会社」
[40] 『매일신보』, 1919.6.27, 「朝鮮農事改良會社 第一回發起會」

이노우에 가쿠고로, 이하영, 이근상, 한창수, 한상룡, 조진태, 엄주익, 백완혁, 조병택

조선의 농사개량은 가쿠고로의 계속된 주장으로, 앞서 살펴본 것처럼 데라우치 총독에게 청원하여 계획을 한 적이 있었으나 그 후 8년이 지나도록 어떠한 것도 구체화하지 못했기에 다시 논의하게 된 것이다. 회사 계획의 대강은 다음과 같다.

1. 본점을 경성에 둘 것
2. 영업 항목은 토지개량사업의 청부. 단 청부에 대한 자금은 일시 융통하고 또는 장기 연부의 방법으로 융통할 것. 이와 동반하여 개간 간척사업을 경영. 전 각 항의 행위에 부대(附帶)하는 사업 경영 등이다.
3. 자본은 주금 2천만 엔으로 하고 채권은 그 불입에 대비 5배까지 하며 필요에 응하여 이를 발급한다.
4. 주식은 될 수 있는 한 조선인에게서 모집하며 부족은 내지에서 모집한다.
5. 조선 측에서 인수하는 주수가 가령 반수에 미치지 못하더라도 중역은 반드시 조선인이 반수 이하가 되지 않도록 할 것.
6. 정부의 보호는 (1) 채권의 발행을 허가할 것 (2) 불입주금에 대하여 연 8주까지 보급을 할 것 (3) 정부의 보호는 만 15개년으로 할 것

회사의 본점을 경성에 두고, 중역은 물론 사원과 종업원은 주로 조선인을 고용하여 조선인의 생활 개선 또한 목표로 하는 '조선인 본위'의 회사를 만들겠다고 선언한 것이다. 이 회사가 설립된다면 가쿠고로의 '37년간의 숙원 사업'이 이루어지는 것이었다. 가쿠고로는 회사 설립이 '조선인에게 조금이라도 도움을 준다면 다행'이라고 하며, 본인은 이 회사를 통해 어떠한 이익도 취할 생각이 없음을 밝혔고, 조선 측에서 먼저 솔선수범한다면 회사를 설립할 수 있을 것이라 했다.[41] 이러한 발언은 제국의회 내에서 조선 관계 의원들이 조선에서의 이익을 독점한다는 오해를 불식시키기 위한 의도적 발언이기도 했다.

1919년 6월 28일 가쿠고로는 청원서를 들고 도쿄로 돌아갔다. 8월 관제 개혁과 함께 사이

---

[41] 『京城日報』, 1919.6.25, 「朝鮮農事改良会社計画 : 井上角五郎氏談」

토 마코토(齋藤實)가 조선총독으로 부임하였고 미즈노 렌타로(水野鍊太郎)가 정무총감이 되었기에 9월 15일 다시 경성으로 가서 총독 및 정무총감, 각 국장 등과 논의하여 회사조직 등에 관해 협의하는 한편, 조선인 유지들에게 발기인에 가입할 것을 권유하여 40여 명을 추가했다. 그리고 회사 설립목적 상신서와 발기인 추가 상신서를 작성하여 총독부에 제출하고 24일 도쿄로 돌아갔다. 도쿄에서 같은 상신서를 하라 수상 등에게 제출하고 중의원, 귀족원 기타 관계 방면을 방문하였으며, 도쿄에 체재 중이던 송병준과 함께 각계각층을 만나 법안을 설명하고 설득했다.[42] 그 결과, 1919년 12월 25일 소집된 제42의회에서 정부는 특별회계예산 중에 조선농사개량주식회사 보조금 20만 엔을 계상하여 제출하게 되었다.[43] 중의원을 겨우 통과하여 귀족원에 회부되었으나 심의 중이던 1920년 2월 26일 보통선거법 개정과 관련하여 정우회와 헌정회의 격론으로 중의원이 해산되었기에 귀족원도 정회되어 다른 예산과 함께 불성립되었다.[44]

1920년 6월 29일 제43특별제국의회가 소집되었다. 정부는 특별회계예산 중에 조선농사개량회사 보조금 20만 엔을 계상하였고,[45] 중의원은 통과했지만,[46] 귀족원은 이 건에 관해 여전히 조사가 필요하다는 이유로 부결시켰다.[47] 당시 귀족원의 분위기는 일반적으로 조선의 시정에 관해 불만을 가지고 있었다. 즉 1919년 만세운동으로 드러난 불안정한 치안 상태에 불만을 가진 자, 정우회 내각의 조선 시정에 대해 불만을 가진 자도 있었고, 또 카쿠고로처럼 조선과 관계된 특정 정당인이 조선에서의 이권을 선점하려 한다는 설도 파다했다.[48] 그리고 동척과 식산은행이 있음에도 불구하고 또다시 상당한 국고 보조금이 들어가는 회사를 설립하는 것은 식민지 경영을 혼란스럽게 하는 것이라는 비판도 있었다.[49] 이러한 비판에도 불구하고 조선의 '개발', '내선융화'를 위해 '이해 관계 없이' 분주하였던 가쿠고로는 다음 의회 개

---

[42] 井上角五郎先生伝記編纂會 編,『井上角五郎先生伝』, 井上角五郎先生伝記編纂會, 1943, 360~362쪽.
[43] 第42回帝国議会 衆議院 予算委員第三分科(大蔵省所管) 第4号 大正9年 2月 5日.
[44] 第42回帝国議会 衆議院 本会議 第18号 大正9年 2月 26日.
[45] 第43回帝国議会 衆議院 予算委員会 第5号 大正9年 7月 14日.
[46] 第43回帝国議会 衆議院 本会議 第12号 大正9年 7月 15日.
[47] 第43回帝国議会 貴族院 本会議 第17号 大正9年 7月 28日.
[48] 第43回帝国議会 貴族院 予算委員第六分科会 第2号 大正9年 7月 24日.
[49]『国民新聞』, 1920.2.10,「奇怪なる農事会社補助:朝鮮の暗黒面＝南山樵客」

회를 전후하여 다시 송병준과 함께 관계 각 방면을 방문하고 설득하였다.[50] 가쿠고로는 무엇을 위해 이처럼 적극적으로 행동했을까. 그는 1919년 3.1 만세운동 이후 조선 본위의 정책이 필요하다는 것을 절감하였다. 만세운동은 파리강화회의에 경도된 일부 '불령선인'들이 일으킨 것이고 모든 조선인이 독립을 꿈꾸는 것은 아니므로, 이들을 달래기 위해서는 많은 돈이 필요하다고 했다. 그래야만 제2의 만세운동과 같은 '불상사'가 다시 일어나지 않을 것이라 하였다. 당시 사이토 총독이 부임한 후 무단정치가 변화될 조짐이 보이자 일부 조선인들 사이에서 '신일본주의'를 주장하는 자들이 생겨났는데, 위에서 언급한 송병준, 이완용 등 이른바 '친일파'로 분류되는 자들이었다. '신일본주의'란 한마디로 구시대의 역사를 버리고 일본과 조선이 '평등한' 대일본을 건설하자는 것인데, 가쿠고로는 이 신일본주의자들과 손을 잡고 조선을 통치해 나가야 한다고 했다.[51]

1921년 1월 5일 경성에 온 가쿠고로는 7일 농사개량주식회사 발기인 대표 회의를 조선호텔에서 열고 12일 발기인협의회를 개최하였다. 목적은 앞선 의회 당시 귀족원에서 보조금이 삭감되었기에 대책을 조선인 발기인들과 협의하고, 혹시 회사 설립이 완전히 폐지될 경우의 방책을 논의하기 위함이었다.[52] 사이토 총독, 미즈노 정무총감을 방문하여 협의하고 박영효, 이완용, 송병준 등과 논의한 후 17일 도쿄로 돌아갔다. 도쿄에서 하라 수상과 회의한 후 이완용 외 37명의 이름으로 '조선농사개량주식회사 보조예산에 관한 청원서'를 제44회 제국의회 중의원에 제출했고,[53] 청원서는 채택되었다.[54] 소개자는 이치노미야 후사지로(一宮房次郎), 하타노 쇼고로(波多野承五郎) 외 3인이었다.[55] 23일에는 청원서를 아오키 노부미츠(青木信光)의 소개로 귀족원에 제출했다. 그러나 3월 26일 종회하면서 흐지부지되고 말았다.[56]

1921년 6월 6일 조선총독부 훈령으로 산업조사위원회 규정이 발포되었다.[57] 8월 30일 조선총독부 산업조사회 위원으로 촉탁을 받은 가쿠고로는 9월 15일 경성에서 열린 개회식에 참

----

[50] 井上角五郎先生伝編纂会 編, 『井上角五郎先生伝』, 井上角五郎先生伝編纂会, 1943, 363쪽.
[51] 『大阪毎日新聞』, 1919.9.27, 「朝鮮産業談 : 井上角五郎氏談」
[52] 『매일신보』, 1921.1.8, 「朝鮮農事改良會社解散 : 井上氏來鮮의 用務」
[53] 第44回帝国議会 衆議院 請願委員第一分科 第1号 大正10年 1月 31日.
[54] 第44回帝国議会 衆議院 請願委員第一分科 第2号 大正10年 2月 7日.
[55] 第44回帝国議会 衆議院 本会議 第19号 大正10年 2月 25日.
[56] 井上角五郎先生伝編纂会 編, 『井上角五郎先生伝』, 井上角五郎先生伝編纂会, 1943, 364쪽.
[57] 『동아일보』, 1921.6.10, 「産業調査會의 設置」

석하여 농경, 산림, 수산 등 산업의 개발 개선에 관해 의견을 개진했다. 특히 '내선융화'의 촉진에 관해서 열심히 주장하였다. 산업조사회 개회 직전에 조선 유지들이 별도로 임시산업대회를 개최했다. 이 회의에서 '조선의 산업정책은 조선인을 본위로 하고, 특히 조선인이 경영하는 산업기관 중 자본이 결핍되어 영업난이 계속되는 곳에 특별보조를 하며, 조선인을 중심으로 한 농사회사 및 특수금융기관 설립하여 조선과 조선인의 발전을 기해야 한다'는 내용을 결의하고 이것을 산업조사회에 건의하였다.[58] 즉 당시 조선인 측은 산업의 이익 대부분을 일본인이 점유하고 있음에 분개한 것이다. 가쿠고로 또한 이 의견에 동감하여 조사회에서 특히 '내선융화'의 방법으로써 조선인들이 산업개발 개선으로 생기는 이익을 누릴 수 있도록 계획을 세워야 한다고 주장했다. 그리고 완전한 '내선융화'를 성립시키기 위해서는 산업에서만이 아니라 정치면에서도 조선 귀족에게 귀족원 의원의 자격을 부여하고 조선인 중에서 중의원을 선출하여야 한다고 주장하였다.[59]

한편 제45제국의회에서 조선농사개량주식회사 보조의 건이 예산에 계상되었는데,[60] 사이토 총독은 이 안건이 또다시 귀족원을 통과하기 어렵다고 생각하여, '다카하시(高橋是淸) 내각이 귀족원을 설득하여 이 예산에 찬성하도록 것은 매우 곤란할 것 같으므로 차라리 관영으로 실행하여 속히 관개·개간의 이익을 거두는 편이 좋을 것 같습니다'라는 의견을 전달하였다. 이에 대해 가쿠고로는 다음과 같이 의견을 말하였다.[61]

"고 하라 수상이 이 회사의 설립에 찬성을 표한 까닭을 당국자가 잘 이해했다면 관영도 괜찮을 것이다. 단, 지난번 소위 독립운동이 일어났을 때 조선의 유력자 계급은 심히 선후책에 고심했고 이완용, 송병준 두 사람이 대표로 도쿄로 와서 정부에게 건의한 적이 있었다. 첫 번째는 조속히 헌병제도를 폐지할 것, 두 번째는 관리를 등용할 때 내선인 간에 차별 대우를 철폐하고 조선의 인재들을 다수 등용할 것, 세 번째는 산업에 노력하여 조선인 본위의 조치를 강구할 것 등 3개의 조건이었다. 금일 헌병제도는 이미 폐지되었고, 조선인 중에서 관리가 되는 자도 점차 많아지는데도, 단 산업에 이르러서는 동양척식회사, 조선은행, 철도

---

[58] 『조선일보』, 1921.9.14, 「維民會建議書」.
[59] 井上角五郎先生伝記編纂会 編, 『井上角五郎先生伝』, 井上角五郎先生伝記編纂会, 1943, 365쪽.
[60] 第45回帝国議会 衆議院 予算委員会 第7号 大正11年 2月 1日.
[61] 井上角五郎先生伝記編纂会 編, 『井上角五郎先生伝』, 井上角五郎先生伝記編纂会, 1943, 367쪽.

사업 등을 여전히 일본인이 독점하고 있다. 하라 수상이 이 농사회사의 설립에 찬성한 것은 오래전부터 관개·개간으로 얻어지는 이익을 인식하고 있었기 때문이기도 하지만, 조선인에게 경영을 완전히 맡겨 조선인민의 사상을 완화시키기 위함이었다. 당국자는 이를 이해하고 만일이라도 하라 수상의 이러한 뜻을 몰각하는 자 없기를 바란다."

그리고 가쿠고로는 사이토 총독, 다카하시 총리와 회견하고 중의원 예산위원회에서 이 보조비목을 삭제, 후일 다시 고쳐 관영 예산으로 제출하기로 결심했다. 농사개량회사설립 운동은 이렇게 일단락되었다.

이상에서 이노우에 가쿠고로의 식민자 의식, 그리고 식민정책에의 참여 방식과 정치활동에 대해 살펴보았다. 히로시마현 출신인 가쿠고로는 20세가 되던 해 도쿄로 상경한다. 그리고 평소 동경하던 후쿠자와 유키치의 문하에서 공부를 하게 된다. 그렇기에 그는 후쿠자와의 문명개화론과 대조선관에 영향을 받을 수밖에 없었다. 가쿠고로가 처음 조선으로 건너왔을 때는 임오군란 직후로 친일파, 친청파의 대립이 격화되던 시기였다. 이러한 정세 속에서 가쿠고로는 외아문 고문으로 임명되어 한국 최초의 근대 신문인 『한성순보』와 갑신정변 이후 『한성주보』 발간에 관여하였다. 약 4년간 조선과 일본을 오가는 생활을 하면서 그는 언론인으로서 활동만 한 것이 아니라 조선을 시찰·염탐하고 조선의 산업개발에도 관심을 가졌다. 그의 조사 활동은 〈지방산업개발조사〉라는 문서의 형태로 조선통감부에 제출되었다. 즉 가쿠고로는 한일강제병합과 일제의 식민지 지배체제 구축에 나름의 이정표를 제시한 인물이라고 할 수 있다.

한편 1890년 제1회 제국의회 의원으로 선출된 이래 13회나 중의원으로 당선되어 35년간 제국의회에서 활약하였다. 의원이 된 이후에도 가쿠고로는 조선과의 관계를 이어 갔다. 조선의 관개개선 사업, 조선농사개량회사의 설립 등 조선 산업 발전과 관련된 청원안을 일본 정계에 소개하고 법안을 입안하는 것 외에도 조선총독부 산업조사회 위원, 철도주식회사 창립위원을 역임하는 등 조선에서의 직접적인 활동도 이어갔다. 그 과정에서 가쿠고로의 대 조선관이 드러나는데, 일관된 그의 목표는 조선과 일본의 완전한 '내선융화'였다. 그리고 조선·조선인 본위의 산업개발이 이루어져야만 진정한 의미의 '내선융화'를 완성할 수 있을 것이라 생각했다. 가쿠고로는 조선의 '개발', '내선융화'를 위해 분주했다. 그리고 그는 이 모든 활동이 개인적인 '이해관계가 없는' 활동이라고 반복해서 주장했다. 설령 그 활동이 그의 말대로 개인적인 이익을 위한 것이 아니라 할지라도, 그의 행위는 국가주의로 무장한 철두철미한 제국주의자의 모습이었다.

  서두에서 언급했듯이 조선관계대의사들은 제국의 이익을 우선시하면서 결국 조선과 관련된 자신의 이익도 좇는 집단이었다. 그렇기 때문에 일본 정부의 식민지 정책을 비판하거나 대립하기도 했고 때로는 협력을 도모하기도 했다. 이노우에 가쿠고로의 사례를 통해 '조선통'이라 불리던 조선관계대의사들이 '식민지의 로비스트', '제국의 브로커'라는 자신의 역할을 충실히 이행해 나간 것을 한 번 더 확인할 수 있었다.

9장
한말~1910년대 '조선 관계 대의사' 오우치 죠조 大內暢三 의 제국의회 활동과 한국 식민지화

1. 大內暢三의 생애와 정치 입문

1) 大內暢三의 동아동문회 활동과 한국 진출

오우치 죠조(大內暢三, 1874~1944)는 1874년 3월 15일 후쿠오카현(福岡縣) 야메군(八女郡) 시라기촌(白木村)에서 태어났다.[1] 부친은 야나가와번(柳川藩, 메이지유신 이후 후쿠오카현으로 개칭) 번사(藩士)였던 오우치 세이이치로(大內精一郞)로, 규슈진보당(九州進步黨)과 규슈자유당(九州自由黨)에서 활동했으며 후쿠오카현회 초대 의원에 당선되었다. 오우치 세이이치로의 장남으로 태어난 오우치는 어린 시절 초등교육기관이었던 데라코야(寺子屋)와 간이소학교(簡易小學校) 등에서 수학하였고, 야나가와번 번교(藩校)의 후신인 키츠잉학관(橘蔭學館)에 다녔다. 이후 구마모토현(熊本縣)의 영어학교(英語學

오우치 죠조 / 衆議院事務局, 『衆議院要覽(乙) 昭和三年』, 1928.

---

[1] 오우치 죠조의 약력은 동아동문회, 『續對支回顧錄』下, 原書房, 1973, 671~681쪽 ; 加藤紫泉, 『新代議士名鑑』, 2003, 457쪽 ; 吹春茂, 『白城にかかる虹 : 大内暢三伝』, 2000 등 참고.

校)[2]로 옮겼는데, 영어학교 교장인 에비나 단죠(海老名彈正)는 야나가와번의 번사로, 부친 오우치 세이이치로와는 친분이 있는 사이였다.

구마모토 영어학교에서 3년 동안 수학한 오우치는 1891년 18세의 나이로 상경해 도쿄전문학교(東京專門學校, 이후 와세다대학)에 입학, 영문과 및 영어정치과를 다녔다. 졸업을 앞둔 1894년 7월 미국으로 건너가 콜롬비아대학교(Columbia University)에 입학했는데, 졸업도 하지 않은 오우치가 미국으로 유학을 간 것은 당시 '비교헌법학'의 대가였던 바세즈 박사가 정년을 앞두고 있었기 때문이었다고 한다. 여기서 2년 반의 과정을 마치며 학사학위를 받았고, 1897년 귀국하였다. 이후 모교 와세다대학에서 교편을 잡았는데, 그 와중에 도쿄전문대학 선배인 다카다 사나에(高田早苗)의 소개로 귀족원 의원인 고노에 아쓰마로를 만나게 되었다.

고노에 아쓰마로는 학습원(學習院) 원장과 귀족원 의장을 역임한 인물로, 특히 이토 히로부미(伊藤博文) 등을 중심으로 한 번벌정치(藩閥政治)에 비판적인 입장을 취하고 있었다. 대외적으로는 중국과의 제휴나 한국과의 융화를 도모하는 활동을 주로 전개했는데, 1890년 후반 러시아의 남하를 저지하기 위한 일본-러시아 간 주전론(主戰論)을 강하게 주장했던 인물 중 한 사람이었다. 아시아 문제 등에 관한 오우치의 생각을 크게 평가한 고노에는 오우치를 비서로 삼으며 가까이 하였는데, 이후 오우치는 고노에의 활동을 최측근에서 보좌하였다.

고노에가 조직한 단체인 정신사(精神社, 이후 時論社로 개조)의 경영에 참여하였고, 그 기관지인『정신』(이후『명치시론』→『중외평론』→『시론』→『동아시론』으로 개제)의 발간을 주관하였다. 1899년에는 고노에를 수행해 미국과 유럽 등 세계 각국을 시찰했는데, 이 여행은 해외유학 경험이 있는 오우치를 중심으로 준비했다고 한다.[3] 국내 '번벌정치'에 대한 반발로 기획했다는 이 시찰은 약 8개월 동안 이어졌는데, 이 여행을 통해 오우치는 세계 각국의 실정을 접할 수 있었고, 러시아에서는「대러의견서(對露意見書)」를 초안하였다. 귀국 길에 중국에 들러서는 유력 인사들을 만나 '아시아 연합'의 필요성을 역설하기도 하였다.[4] 이 외

---

[2] 1886년 도쿠토미 소호(德富蘇峰)가 경영하던 대강의숙(大江義塾)을 폐교하고 조합교회 유지가 구마모토영어학회(熊本英語學會)라고 칭하는 영어사숙(英語私塾)을 창설, 1887년 구마모토영학교라 개칭하였다(吹春茂, 앞의 책, 2000, 17쪽).

[3] 고노에 일행은 1899년 4월 1일부터 11월 25일까지 약 8개월 동안 서구의 미국, 영국, 프랑스, 독일, 이탈리아, 러시아 등 여러 나라를 비롯해서 중국, 싱가폴, 홍콩 등 아시아 국가들까지 방문하였다. 이 외유는 단순한 여행이 아니라 궁내성과 외무성 등에서 비용을 지원한 시찰단 성격의 행사였는데, 일행은 의회를 비롯해서 명문학교 등 각국의 근대적 시설을 방문하였다. 뿐만 아니라 영국에서는 황실의 여왕을 알현하며 영일동맹 직전 영국과의 관계를 공고히 하였고, 중국에서는 정·재계의 유력 인사들을 만나 '아시아 연대의 필요성'을 공유하기도 하였다(吹春茂, 앞의 책, 2000, 24~33쪽).

[4] 동아동문회, 앞의 책, 1973, 671~672쪽 ; 吹春茂, 앞의 책, 2000, 17~33쪽.

에도 고노에와 함께 동아동문회(1898)와 동양구락부(東洋俱樂部, 1900), 국민동맹회(國民同盟會, 1900) 등의 국권주의적 단체의 조직에 진력하였다.

동아동문회는 1898년 기존의 동아회(東亞會)와 동문회(同文會), 그리고 동방협회(東邦協會)를 기반으로 설립한 일본의 국권주의적 정치단체였다. 동문동종론(同文同種論)에 근거한 지역적 협력을 주창하며 중국, 만주, 타이완 등에 대한 연구활동을 주로 한 연구단체 내지는 교육단체로 알려져 있으나, 실질적으로는 일제의 아시아 침략에 첨병 역할을 수행한 아시아주의 단체이기도 했다. 여기에는 후쿠오카현 번사를 중심으로 결성된 일본 최고의 우익 정치단체인 현양사(玄洋社) 간부나 동방협회의 거물급 정치가 등 일본 정·재계의 유력 인사들이 참여하였다. 뿐만 아니라 사쓰마번(薩摩藩)과 조슈번(長州藩) 출신의 인사를 비롯해서 전국적 규모의 유력 인사를 회원으로 보유하였다. 한국에는 한성과 인천 등지에 지부를 설치하고 파견원을 보내어 활동하도록 했는데, 주로 학교를 설립하거나[5] 잡지(『한성월보』)를 발행하는 등 일본어와 일본문화를 보급하는 데에 집중하였다.[6]

빈에서 近衛篤麿와 함께 / 吹春茂, 『白城にかかる虹』, 2000.

오우치는 이러한 동아동문회의 결성 과정에서 준비위원으로 핵심적인 역할을 담당하였다. 동아회와 동문회의 합동을 중재한 인물 역시 오우치였다고 하는데, 도쿄대와 와세다대 청년 대학생들로 조직된 동아회의 학생들과 고노에 중심으로 대륙낭인들이 결성한 동문회의 합동 과정에서 오우치는 동아회의 학생들을 이끌며 중심적인 역할을 담당하였다. 이후 오우치는 동아동문회 지방조직 확장을 위해 분투하였다. 츄고쿠(中國) 및 규슈(九州) 지방의 정세

---

[5] 동아동문회는 성진에 성진학당, 평양에는 평양일본어학교를 설립하였고, 경성에 경성학당, 강경에 한남학당, 대구에 달성학교, 목포에 목포학교 등을 설립해 일본어를 비롯해서 수신, 산술, 독서, 지리, 역사 등 여러 과목을 교육하였다. 동아동문회의 활동과 관련해서는 채수도, 『일본제국주의의 첨병, 동아동문회』, 경북대학교출판부, 2011 ; 김경일, 「日本 東亞同文會의 對外活動에 對한 批判的 考察 : 多者協力理論을 通한 分析을 中心으로」, 『일본어문학』 77, 2017 참고.

[6] 『황성신문』 1899.7.7, 「同文會支部」; 『독립신문』 1899.11.16, 「동아동문회지부」

를 직접 조사해 고노에에게 보고하였고, 교토지회(京都支會) 창립대회에는 이후 중의원 대의사로 당선되는 오가와 헤이키치(小川平吉)와 함께 본사 대표로 참석하기도 하였다. 한국에서의 활동 역시 이 동아동문회 사업의 전개·확장 과정에서 이루어졌다.

1900년 중국에서 의화단사건(義和團事件)이 일어나자 유럽 열강은 연합군을 구성하는 등 직접 행동에 돌입하였다. 당시 의화단 진압을 위해 출병한 러시아 군대가 압록강을 건너 한반도로 남하할지도 모른다는 소문이 퍼지는 등 러시아의 동북아시아 진출은 노골화되고 있었다. 이 무렵 일본 정계는 신중론과 분할론으로 나뉘어졌다. 고노에는 러시아의 남하를 적극적으로 제지해야 한다는 입장이었는데, 의화단사건은 '중국문제'에 국한된 것이 아니라 '한국문제'이기도 하다는 점을 강조하였다.[7] 이때 나온 것이 한국과의 '국방동맹론'이다. 고노에는 한국과 '국방동맹'을 맺어 아군으로 만들어야지만 아시아 통일정책을 이룰 수 있다고 생각했는데, 이를 위해서는 한국의 내정 개량에 힘을 기울이는 한편으로 식산흥업을 도모해 한국 내에 안정적인 동맹세력을 구축해야 한다고 보았다. 1900년 9월 '국방동맹회'를 조직한 고노에는 오우치를 한국으로 보내어 한국과의 국방동맹을 성사시키도록 하였다.[8]

의화단사건 이후 한국 내 분위기는 독립을 지켜내기 위해 러시아 측의 도움을 받을까, 아니면 일본에 보호를 구할까 양분되어 있었고, 고종조차도 밀사, 혹은 요인(要人)을 수차례 일본으로 보내는 등 다양한 움직임을 보였다. 이러한 상황 속에서 한국에 거주한 일부 일본인들은 한국의 정계 인사들과 유대관계를 맺으며 일본에 우호적인 인사를 양성하는 데 분주하였다. 그 대표적 인물이 기쿠치 겐죠[菊池謙讓]였다. 기쿠치는 구마모토현 출신의 낭인으로, 1894년 일본 외무성의 특수임무를 띠고 조선으로 건너온 것으로 알려져 있다. 이후 궁내부 일에 관여하면서 여러 중요한 활동을 하는데, 을미사변에 직접 참여하였을 뿐만 아니라 이후 『한성신보』 사장의 직을 맡으면서 러시아에 대한 한국인의 반감을 부추기는 기사를 실었다. 1899

---

[7] 1900년 오우치가 저술한 『韓國問題』(丁酉社書店, 1900)라는 책에서는 동아동문회 계열 인사들의 이러한 인식이 잘 드러나 있다. 여기서 '중국문제' 내지는 '한국문제'라고 하면 '중국이나 한국을 일본의 영향 하에 두는 것' 또는 '중국이나 한국을 일본의 식민지로 만드는 것'을 의미한다. 당시 러시아의 침략을 '일본의 외교적 위기'로 바라본 오우치는 본서에서 강화도조약 체결 이후 1900년경까지의 조선의 정세를 러시아와 일본의 관계를 중심으로 서술하는데, 일본은 동양의 평화를 위해 '중국문제' 뿐만 아니라 러시아의 조선침략에 공세적으로 대응할 것을 강조하고 있다.

[8] '국방동맹회'는 1900년 9월 24일 동아동문회 회장인 고노에를 비롯해서 이누카이 츠요시(犬養毅), 도야마 미쓰루(頭山滿) 등 동아동문회 핵심 회원이 중심이 되어 결성되었다. 이에 대해 채수도는 동아동문회가 중국 중심의 정치단체로서, 교육사업을 지향한다는 취지에서 결성된 만큼 도야마 등이 대러 강경운동을 이끌 새로운 단체가 필요하다는 인식 하에 결성한 것이라고 설명하였다(채수도, 앞의 책, 2011, 94~105쪽).

년 7월 동아동문회 경성지부가 설치될 때 평의원으로 선임되었다.[9]

국방동맹회를 결성하기 이전 이미 한국으로 온 오우치는 기쿠치와 함께 한국-일본 간 '국방동맹'을 실현시키기 위한 사전활동을 전개해 나갔다. 고종의 신임을 받고 있던 기쿠치를 통해 러시아의 한반도 침공에 대비한 두 나라의 상호지원이 필요하다는 당위성을 한국 정부에 전달하였고, 일본에 우호적인 조병식(趙秉式)을 일본 주재공사로 추천하기도 하였다. 이후 일본 외무대신인 아오키 슈조(青木周蔵)와 한국 외무대신 박제순(朴齊純) 사이를 왕래하며 국방동맹을 성립시키기 위한 조율을 담당하였다. 당시 한국에서는 망명객 처분 건과 차관을 강력히 요구했는데, 오우치 등은 이에 대한 '교환물'로 국방동맹을 제시하였다.[10]

한국과 국방동맹을 맺으려 하였던 고노에의 구상은 러시아와 프랑스의 방해공작과 제2차 야마가타(山縣) 내각의 붕괴로 무산되었다. 하지만 이 일을 통해 오우치나 기쿠치와 같은 민간의 일본인들이 당시 한일 양국 간의 외교적 사안에 어떻게 관여했는지 확인할 수 있다. 오우치의 경우 1901년 11월 외무대신 박제순이 일본을 방문했을 때 마중을 나가기도 하였고, 한국에서 백동화(白銅貨) 문제가 불거졌을 때는 그것의 해결을 목적으로 파견되기도 하는데, 고노에의 최측근으로서 당시 '한국문제'에 상당히 깊이 관여했던 것으로 짐작된다.

1904년 1월 1일 고노에가 갑자기 사망하였다. 고노에의 사망에 크게 상심한 오우치는 한국으로 건너오게 되는데, 전라남도 목포로 이동해 거처를 마련했다고 한다. 그가 왜 목포를 선택했는지는 정확하지 않다. 다만 그 무렵 동아동문회에서 금강유역 등 전라도 지역을 일본인의 최적의 이주지로 지적하고 있고, 또 목포에 학교를 설치하는 등 호남지역에서의 활동을 활발하게 전개하였던 것과 무관하지 않아 보인다. 이 외에 한동안 목포영사 와카마스 우사부로(若松菟三郎)에 의탁했다는 것으로 보아 그와의 특별한 인연도 있지 않았나 생각된다.[11]

한국으로 건너와 목포에 자리를 잡은 오우치는 한국의 국유 미간지나 공유수면, 임야 등에 대한 개간 및 대부 신청을 하였다. 이주한 직후인 1904년 오우치는 관리비를 납입한다는 조

---

[9] 이때 경성지부 평의원으로 선임된 인물은 기쿠치 겐조 이외에 고쿠분(國分) 통역관, 시노부 준페이(信夫淳平) 영사관보, 니시카와 츠테츠(西河通徹), 야마구치 타베에(山口太兵衛), 시무라 사쿠타로(志村作太郎) 등 7명이었다(『황성신문』 1899.7.13, 「支部評員」).

[10] 「日韓密約에 관한 件」, 『駐韓日本公使館記録』 14, 1900.9.17; 吹春茂, 앞의 책, 2000, 36~56쪽; 우치다 준 지음·한승동 옮김, 『제국의 브로커들』, 도서출판 길, 2020, 88~90쪽.

[11] 『황성신문』 1903.1.12, 「論外國人移殖事件」; 동아동문회, 앞의 책, 1973, 673~674쪽.

건 하에 강화도 관유지에 대한 개간을 허락받는데,[12] 이를 시작으로 해서 특히 전라남도 목포 인근 지역 미개간지에 대한 개간·매축 사업을 주로 하였다. 목포의 경우 당시 대부분이 저습지나 갯펄로, 외국인 거류지를 설정하고 도시로 개발해 가면서 대대적인 매립과 간척을 하게 되는데, 오우치는 이에 대한 이권과 밀접하게 관련되어 있었던 것 같다.[13] 예컨대, 1904년 4월에는 용당진(龍塘津) 창탄(漲灘, Water frontage) 미개간지에 대한 개간을 신청하였고, 5월에는 장항포(獐項浦) 영친왕 소유의 궁장토에 대한 경작권을 요청하기도 하였다. 또 9월에는 궁내부의 특허를 받아 무안 자방포(自防浦)를 개간하였다. 1907년에는 무안 온금동(溫錦洞) 창탄, 1913년에는 영광군 법성면(法聖面) 지역에 대한 매축사업을 신청하였다.[14] 이 외에도 1914년 9월에는 완도군 노화면(蘆花面) 보길도(甫吉島) 국유 임야에 대한 조림사업을 신청해 허가를 받았으며, 그 일대 임산물에 대한 매각허가권까지 획득하였다.[15]

이러한 개간·매축·대부 사업의 허가 과정에서 영사관 내지는 이사청, 통감부 등의 힘을 빌려 외압을 가하기도 했는데, 특히 한국 농민들과의 갈등을 유발해 양국 간의 외교문제로 비화되기도 하였다. 1904년 무안군 장항포의 영친왕 소유 궁장토에서는 자신에게 배정된 토지가 황무지라고 주장하며 한국 농민들이 이미 경작한 곡물을 무단으로 가져가 농민들의 반발을 사기도 하였다. 이때 오우치는 직접 병력을 동원해 이를 강탈하였다.[16]

〈표 1〉 大內暢三의 한국 국유지 개간 및 대부 신청·허가 현황

허가번호	신청·지령일	소재지	면적	내용
	1904	경기도 강화부		·관유지 개간 신청
	1904.4.	전라남도 무안군 용당진		·미개간지 개간 신청

---

[12] 동아동문회, 앞의 책, 1973, 673~674쪽.

[13] 고석규, 「제2장 개항장 목포의 초기 도시화 과정」, 『근대도시 목포의 역사, 공간, 문화』, 서울대학교출판부, 2004, 51~87쪽.

[14] 『務安報牒』 6, 1904.4.23, 「報告書第十七號」 ; 『務安報牒』 8, 1905.1.14, 「訓令第一號」 ; 『대한매일신보』 1905.2.15, 「예무횡침」 ; 1906.10.13, 「到處强奪」 ; 『務安港案』 1, 1907.5.8, 「報告書第二號」 ; 1907.9.23, 「訓令第二十八號」 ; 1907.10.4, 「報告書第一號」.

[15] 『조선총독부관보』 제634호, 1914.9.11, 「국유임야처분사항」 ; 『조선총독부관보』 제636호, 1914.9.14, 「임야산물매각허가」.

[16] 『務安報牒』 6, 1904.4.23, 「報告書第十七號」 ; 『황성신문』 1904.9.19, 「自防讓墾」 ; 『務安報牒』 8, 1905.1.14, 「訓令第一號」 ; 『대한매일신보』 1905.2.15, 「예무횡침」 ; 『고종시대사』 6, 「光武 9年 5月 4日(木)」, 1905.5.4 ; 『대한매일신보』 1906.10.13, 「到處强奪」 ; 『務安港案』 1, 1907.5.8, 「報告書第二號」 ; 『務安港案』 1, 1907.9.23, 「訓令第二十八號」.

	1904.5	전라남도 무안군 장항포 궁장토		·영친왕궁 궁장토에 대한 경작권 신청
	1904.9	전라남도 무안군 일로읍 자방포		·미개간지 개간 신청
	1907	전라남도 무안군 온금동 창탄		·매축사업 인가 신청
調 422	1913.3.29	전라남도 영광군 법성면 법성리 地先	7.955평	·「조선공유수면매립령」에 의거 면허 ·1925.7.14. 神戶 川崎 총본점에 매립권 양도
산 2600	1914.9.2	전라남도 완도군 노화면 보길도	127정	·국유임야처분: 조림
산 2601	1914.9.2	전라남도 완도군 노화면 보길도	1,534.9027정	·임야산물매각허가: 잡목 등 ·1918.5.11. 진남포 中村精七郎에게 양도

출전: 『務安報牒』, 『務安港案』, 『宮內府案』, 『朝鮮總督府官報』 관련 기록.

이 외에 오우치는 목포지역 유력자로서 지역사회에서도 다양한 활동을 전개하였다. 1907년 목포 거류지 내 심상고등소학교 건축비를 기부해 통감부로부터 목배(木杯)를 하사받은 사실이 확인되며,[17] 언론에도 관심이 많아서 1907년 『목포신보』 사장으로 취임하는 한편 1909년에는 전남신문사를 인수해 신문을 간행하기도 하였다. 전남신문사의 경우, 애초 목포의 일본인이 경영하던 신문사로, 부채로 인해 정간될 위기에 처하자 오우치가 인수한 것인데, 1911년경 조선총독부로부터 발행을 금지당하기도 하였다.[18]

2) 제국의회 중의원 총선거 출마

오우치의 정계 진출은 어려서부터 구주진보당을 결성하고 후쿠오카현 초대 의원을 역임하였던 부친을 보고 자란 영향이 강하게 작용했던 것 같다. 이후 동아동문회 활동을 하면서 귀족원 의원인 고노에를 보좌하였던 것이 직접적인 계기가 되었다. 동아동문회에서 간행한 『대지회고록(對支回顧錄)』에 따르면, "오우치는 고노에의 유업(遺業)을 이어 아시아를 '보전'하는 시책을 실현시키려 하였고, 정계에 진출해 정치가로서 활약하는 것으로 그 활로를 찾게 되었다"고 기록하고 있다. 고노에의 최측근으로 보낸 6년 남짓의 기간이 오우치에게는 수행과 연구를 일삼는 시기였고, 그간의 경험이 이후의 삶과 행보에 큰 시사를 준 것으로 보인다. 야나

---

[17] 『통감부공보』 11, 1907.6.22, 「木杯下賜」.
[18] 오우치는 1907년 9월 목포신보사 사장으로 취임했으나 이사관과 갈등을 겪으며 12월 퇴사하였다 하며, 『전남신문』은 어용적 성격의 지역 신문과 경쟁하던 중 조선총독부에 의해 폐간되었다고 한다.(『황성신문』 1909.10.5, 「全南新聞續聞」; 『官報號外』 1912.3.21, 「朝鮮総督府新聞紙規則改正ニ關スル建議案」, 413쪽; 목포지편찬회, 『목포지』, 1914, 240쪽).

가와번에 오랫동안 터를 잡고 살아왔던 집안의 내력과 2년 반 동안 미국 유학을 다녀온 경력, 여기에 동아동문회 회원이자 고노에의 측근이었다는 이력 등은 오우치가 정치가로서 지역사회의 지지를 받는 유리한 조건이 되었다.[19]

고노에가 사망한 직후인 1904년 3월 1일 제9회 제국의회 중의원 총선거가 있었다. 오우치는 그해 선거에 출마할 의사가 있었으나 법률상 피선거인 연령이 되지 못하였으므로 출마를 포기할 수밖에 없었다. 당시 일본의 선거법은 피선거인의 연령을 30세 이상으로 규정하고 있었는데, 1874년 3월 22일생인 오우치는 30세에 11일이 부족했던 것이다. 그 직후 한국으로 건너온 고노에는 2월 러일전쟁이 일어나자 진행 중이던 모든 일을 중단하고 '고노에의 유업'에 매진하기로 결심하였다. 여기서 '고노에의 유업'이라고 한다면 서구 열강의 침탈에 맞서 아시아의 평화를 보전할 목적으로 한국을 일본의 동맹국으로 만드는 일이었다.

> 원래 내가 조선으로 간 것은 고공(故公: 고노에)이 "중국을 아군으로 둠과 동시에 조선을 우리 편으로 두어야만 비로소 아시아 통일정책을 완성할 수 있다"라고 한 견지에서 생전에 조선에 손대는 일에 고심하였고, 이를 위해 나를 조선으로 은밀히 보내어 그곳에 있는 동지와 협의하게 한 것도 10회가량이었다. 이는 고공전(故公傳)에서도 이야기했는데, 고공은 조병식 등과 관계를 맺고 일본 특별대사로 데려온 적도 있었다. 그런데 우리와 조병식의 희망 사이에는 굉장한 차이가 있어, 우리 쪽에서는 조선을 아국으로 할 작정이었지만 그들은 조선을 국외중립(國外中立)으로 내버려 두기를 탄원하였다. 우리 정부 방면에서는 야마자(山座)가, 민간에서는 고공이 같은 목적으로 두 나라를 결합시키기 위해 상당히 노력했는데, 이에 대해 러시아공사가 시종일관 방해하면서 결국 실패로 끝나고 말았다. 이어서 대연습 참관을 명목으로 박제순을 끌어내리고, 야마자가 대화에 최선을 다하여 크게 진전되기도 했으나, 이것 역시 끝내 성공하지 못했다. 결국 인천해전(仁川海戰)에서 일본 세력의 우월함을 보았고, 소위 '사대주의' 조선은 어쩔 수 없다며 일시 일본으로 다가왔는데, 이때까지 고공의 고심은 여간하지 않았다.[20]

---

[19] 吹春茂, 앞의 책, 2000, 63~64쪽.
[20] 동아동문회, 앞의 책, 1973, 674쪽.

오우치는 1898년 오쿠마 시게노부(大隈重信)가 창립한 헌정본당 공인후보로서 중의원 총선거에 출사표를 던졌다. 오우치가 헌정본당에 입당한 동기와 시기는 명확하지 않다. 다만 그간 오우치가 몸담았던 동아동문회와 헌정본당과의 특별한 관계를 통해 미루어 짐작할 수 있다. 삼국간섭 이후 러시아의 남하정책이 본격화된 가운데 이에 대한 대응 과정에서 일본 정계 내 여론은 이토를 중심으로 한 온건파와 가쓰라 타로(桂太郎)를 중심으로 한 강경파로 양분되었다. 이때 가쓰라 측에 동조한 고노에는 이토의 '만한교환론'을 부정하는 대신 '영일동맹'의 체결과 러시아와의 전쟁을 주장하였다. 이 때문인지 동아동문회에는 헌정본당 소속의 당원이나 정치가가 다수 참여했는데, 헌정본당이 당세(黨勢) 확장을 위해 동아동문회를 이용했다는 평가가 있을 정도였다.[21]

이 외에 헌정본당 유력 인사들과의 개인적인 친분도 있었던 것 같다. 헌정본당의 수장이었던 오쿠마는 부친이 몸담았던 진보당을 이끌었을 뿐만 아니라 오우치의 모교인 도쿄전문학교의 설립자로 학연으로 이어져 있었다. 오쿠마의 정치적 막료였던 다카다 사나에는 도쿄전문학교 선배이자 오우치를 고노에에게 소개시켜 준 장본인이었는데, 오우치가 생애 동안 가장 공경한 조력자였다고 한다. 무엇보다도 오쿠마 내각 하에서 문부대신을 역임한 이누카이 쓰요시(犬養毅)와의 관계인데, 이후 오우치의 정치활동에서 이누카이가 미친 영향은 상당했다. 동아회 및 동방협회의 유력회원이었던 이누카이는 동아동문회에서도 평의원으로 활동했는데, 일찍부터 정부의 보조금 획득에 힘을 쓰는 등 고노에를 측면에서 원조하면서 동아동문회 활동을 음으로 양으로 후원하였다. 또한 중국의 혁신그룹인 캉유웨이(康有爲)와 쑨원(孫文) 등과도 밀접한 관계를 가지고 있어 오우치와는 동아동문회 결성 당시부터 면식이 있었던 것으로 보인다. 이누카이가 주장한 번벌정부(藩閥政府)의 타도라든가 의회정치의 확립이라는 정치적 신념, 그리고 러시아에 대한 강경정책과 아시아주의의 실현 등이 오우치의 정치적 신념과 일치하지 않았나 생각된다.[22]

오우치는 1908년 5월 제10회 중의원 총선거에 입후보하였다. 당시 일본의 선거법은 대선거구제를 취하고 있었다. 후쿠오카현에서는 크게 도시부(都市部)와 군부(郡部) 나눈 후 도시

---

[21] 당시 일본 정계는 이토의 '정우회'와 이누카이의 '헌정본당'이 크게 대립하고 있었는데, 헌정본당이 러시아에 대한 강경 대응을 고수한 것은 러시아의 만주 점령에 조직적으로 대응하기 위해서이기도 했지만 이토의 번벌정치에 대항하기 위해서였다고도 한다(채수도, 앞의 책, 2011, 94~105쪽).

[22] 吹春茂, 앞의 책, 2000, 63~65쪽.

부는 후쿠오카시(福岡市), 구루메시(久留米市), 고쿠라시(小倉市), 모지시(門司市)에서 각 1명을 선출하였고, 군부는 현 아래 지역을 모두 모아 1구로 해서 10명의 의원을 선출하였다. 헌정본당으로서는 대적하는 정우회에 맞서 많은 의원을 당선시켜야 했는데, 오우치에게 고향인 야메군[23]은 물론 지쿠시군(筑紫郡), 가즈야군(柏屋郡)을 할당하였고, 이웃한 미즈마군(三潴郡), 야마토군(山門郡)[24]으로도 진출해 활발한 운동을 전개하도록 하였다.

당시 야메군에서는 동향 출신의 정우회 후보 히구치 노리츠네(樋口典常)가 출사표를 던진 상황이었다. 같은 군에서 당적을 달리하는 2명의 후보자가 나온 것인데, 야메군 내 여론은 평원지역과 산간지역으로 나뉘어 평원지역에서는 오우치를, 산간지역에서는 히구치를 지지하고 있었다. 두 사람 간의 격렬한 선거전은 이후 1920년대 중반까지 계속되었다. 선거 결과 오우치는 전체 50,426표 중 4,179표를 획득하였다. 고향인 야메군에서는 히구치에게 밀렸으나, 이 외에 미쓰이군(三井郡), 가즈야군 등에서 열렬한 지지를 받으며 득표하였다. 히구치는 전체 득표 수에서 정원인 10명 내에 들지 못해 낙선하였다. 이렇게 해서 오우치는 35세의 나이로 중의원 의원에 당선되었다.

오우치는 이후 1930년까지 중의원 의원 총선거에 9차례 출마하였고, 그 가운데 5번의 당선과 4번의 낙선이라는 성적표를 받았다. 약 22년이라는 긴 기간 동안 '5선의 비관료파(非官僚派)' 의원으로서 국정에 관여했는데, 그 과정에서 소속 정당은 헌정본당에서 입헌국민당, 혁신구락부, 헌정정우회로 4번 바뀌었다. 모두 오쿠보와 이누카이 계통의 정당으로, 고노에의 정치적 신념을 계승하며 '중국·한국의 우호·친선을 중심으로 동아시아를 보전하는 문제'에 투신한 것으로 평가된다.[25]

〈표 2〉 大內暢三의 제국의회 총선거 입후보 추이

연도	총선거 회차	지역구	정원	소속정당	선거결과
1908년	제10회 총선거	福岡縣 郡部	10명	헌정본당	당선

---

[23] 치쿠고(築後)와 야메시를 포함하는 옛 야메군을 일컫는다.
[24] 2007년 미이케군(三池郡)과 통합되어 미야마시(みやま市)가 되었다.
[25] 1930년 제17회 총선거에서 낙선한 오우치는 정계를 은퇴하였다. 1931년 1월에는 동아동문회가 상하이에 설립하고 있던 동아동문서원의 원장대리로 부임하였고, 그해 12월 원장으로 취임하였다. 1939년 동아동문서원이 대학으로 승격되자 초대 학장으로 취임하였다.

1912년	제11회 총선거	福岡縣 郡部	10명	입헌국민당	당선
1915년	제12회 총선거	福岡縣 郡部	10명	입헌국민당	낙선
1917년	제13회 총선거	福岡縣 郡部	10명	입헌국민당	당선
1920년	제14회 총선거	福岡縣 제14구 八女郡	1명	입헌국민당	낙선
1924년	제15회 총선거	福岡縣 제14구 八女郡	1명	혁신구락부	당선
1928년	제16회 총선거	福岡縣 제3구	5명	혁신구락부	당선
1930년	제17회 총선거	福岡縣 제3구	5명	입헌정우회	낙선

출전: 吹春茂, 『白城にかかる虹: 大内暢三伝』, 2000, 63~00쪽; 選擧ドットコム(https://go2senkyo.com)
제10회~제13회 총선거: 제한선거로, 국세 10엔 이상을 납부하는 25세 이상의 남성에게만 선거권 부여함. 대선거구제 채택/제14회 총선거: 유권자의 납세자격 3엔으로 인하. 소선거구제 채택/제16회 총선거: 보통선거법에 의거한 첫 선거, 중선거구제 채용.

3. '조선 관계 대의사'로서의 의정활동과 한국 식민지화

1) 통감부 시기의 의정활동

    1908년 제10회 총선거를 통해 중의원 의원에 당선된 오우치는 러일전쟁 이후 일제가 한국을 보호국으로 삼은 데에 이어 강제병합을 본격적으로 추진하는 격동의 시기에 의정활동을 시작하였다. 당선 이듬해인 1909년 오우치는 헌정본당 소속의 한국정무조사위원(韓國政務調査委員)으로 임명되어 한국으로 파견되었다. 이후 한국과 일본을 수차례 왕래하면서 한국의 각 지역을 시찰하였고 한국의 정치, 경제, 사회에 관한 제반 상황을 조사해 본국의 당으로 보고하였다. 일본의 한국 보호통치 내지는 식민지 경영과 관련된 당 차원의 정책을 만들어가는 과정에서 이루어진 현장조사 및 자료수집의 성격이 컸던 것으로 보이는데, 조사한 내용은 제국의회안건으로 제출되어 정식 논의에 붙여지기도 하였다.[26]

    1909년 5, 6월경 한국을 방문한 오우치는 군산과 경성 등지를 시찰하면서 다음 의회에 제출할 「일한관세개정안(日韓關稅改正案)」에 관한 사전 조사를 진행하였고, 제25회 의회에 제출되어 실시되고 있던 「민장관선령(民長官選令)」과 관련해서 한국에 거주한 일본인들의 여론을 살피기도 하였다. 또한 거류지 밖 외국인에게 징수하는 술(酒)과 담배(草), 가옥에 대

---

[26] 『황성신문』 1909.8.10, 「進步黨渡韓」; 『조선시보』 1915.3.14, 「朝鮮と代議士」; 『황성신문』 1909.9.26, 「大內歸國期」; 1909.9.28, 「大內歸國」; 『황성신문』 1909.11.23, 「大內氏再入城」; 『대한매일신보』 1909.12.28, 「進步黨渡來」; 『황성신문』 1910.1.5, 「大內退京」.

한 세금, 이른바 '삼세(三稅)'에 대해 과연 일반 외국인들이 잘 따르고 있는가 하는 상황을 조사하였다. 이 삼세 징수 문제와 관련해서는 대구지역 일본인들이 비판의 목소리를 높인 적이 있는데, 이들은 그에 대한 선후책을 오우치를 통해 본국 의회로 전달하기로 결의하기도 하였다.[27] 9월에는 경성, 목포 등지를 방문해 다음 의회에 제출할 의안인 동양척식주식회사 관련 내용을 시찰하였고, 한국에 거주한 일본인 언론인들을 만나 「신문지규칙(新聞紙規則)」 개정을 위한 정보도 확보하였다.[28] 이토 히로부미가 암살당한 직후인 11월에는 이토 암살에 대한 한국 정부와 황실의 입장, 그리고 일반인들의 반응·행동 등을 살피고 돌아갔다.[29] 이렇게 조사한 내용은 본국의 당으로 바로 보고되었는데, 헌정본당에서는 정기적으로 정무조사회를 개최해 정무조사위원의 보고 내용들을 검토했다.

　이러한 한국정무조사위원으로서의 활동은 동아동문회 회원으로서 중국이나 한국에 대한 정보수집 활동에 진력해 왔던 그간의 경험들에 큰 도움을 받았을 것이다. 여기에 더해 한국을 일본의 식민지로 지배하기 위해서는 한국에 대한 철저한 이해가 선행되어야 한다는 자신의 생각도 강하게 반영되었던 것 같다. 1909년 헌정본당 당보(黨報)에 실린 「한국정무(韓國政務)에 관한 사견(私見)」이라는 제목의 논설에는 이러한 그의 인식이 잘 드러나 있다. 논설을 통해 확인되는 그의 기본적인 인식은 이후 제국의회에서의 그의 의정활동을 가늠해 볼 수 있다는 측면에서 굉장히 중요하다. 그 내용의 일부를 인용하면 아래와 같다.

　　우리 제국의 한국에 대한 정책은 청일전쟁 이전부터 러일전쟁 이후 지금까지 시종일관 조금의 변화도 없다. 즉, 국가의 안정을 위해 한국을 우리 주권선(主權線) 내에 포함시키고 이를 보호하려 한다는 것은 중외(中外) 모두 인정하는 바이다. 때문에 한국에 대한 우리의 경영은 중국 혹은 미국에 대한 것과 비교하면 그 자체로 성질을 달리한다. 즉, 미국과 청 등에 대해서는 주로 경제적 이익을 목적으로 하기 때문에 이 목적에 차질이 생기면 바로 임기응변의 방책을 찾아 손해를 방지하면 된다. 하지만 한국에 대해서는 그렇지 않은데, 때로

---

[27] 『統監府文書』 6, 1909.4.10, 「福岡縣 代議士 진보당원 大內暢三의 渡韓 목적 주시 件」; 『統監府文書』 6, 1909.6.7, 「三稅反對運動에 관한 件」; 『統監府文書』 6, 1909.6.9, 「大內代議士ノ來京」; 『황성신문』 1909.9.26, 「大內歸國期」
[28] 『統監府文書』 6, 1909.9.2, 「福岡縣 代議士 大內暢三의 來韓目的 內査 件」; 『統監府文書』 6, 1909.9.25, 「一部新聞記者ノ行動」
[29] 『統監府文書』 6, 1909.11.8, 「日本代議士의 統監政治批難 件」

는 다소간의 경제적 손실을 감내하지 않으면 안된다. 왜냐하면 종주권을 공고히 하기 위해서는 보호국에 대한 눈앞의 작은 이해만 생각하는 그런 여유를 부려서는 안되기 때문이다. 종주권의 기초를 공고히 하고 피보호국민을 권력에 '순종'하도록 하는 것은 보호정책 실행의 근본이다. 반대로 종주권의 기초를 박약하게 하면서 피보호국민 대하기를 주로 '회유'로 한다면 제아무리 제도(典章)를 훌륭하게 만들고 외관을 꾸미는 데에 급급하더라도 이것은 '본질'을 강구하는 것이 못된다. 소득없이 지엽적인 것만 추구하게 되어, 결국에는 피보호국민의 경멸을 초래하거나 내외로 화란(禍亂)을 양성해 도저히 '보호'의 본분을 완수하고 그 열매를 거둘 수 없게 된다.[30]

본 논설에서 오우치는 한국을 경영하는 이유에 대해 경제적 목적이 있는 청과는 달리 일본의 주권선을 보호하기 위해서라는 점을 명확히 밝히고 있다. 일본의 안전을 생각할 때 한국이 '독립국'으로 존재한다면 좋겠지만 한국은 "독립국으로서 존재할 능력이 없으며, 일본과 동등한 문명국으로서 세계의 신지식, 곧 문명을 흡수할 지력(智力)이 없다. 때문에 일본의 보호국이 되어 일본의 지원을 받을 수밖에 없다"고 하였다. 이 생각은 한국을 어떻게 통치할 것인가 하는 것으로 이어졌다. 일본이 한국을 '보호'해야 한다면 과연 어떻게 해야 할 것인가. 한국인은 원래 '복종성'이 풍부한 민족이다. 때문에 한국인을 대할 때는 '회유' 내지는 '위력'으로 할 것이 아니라 한국인 스스로 '보호'가 필요하다는 것을 인정하게 하면 되는데, '순종' 내지의 '동의', '합의'을 이끌어 낼 방법을 강구해야 한다는 것이었다. 이를 위해서는 한국 민족은 어떠한 민족인가 하는 '본질'에 대한 치밀한 '연구'가 필요하다고 보았다.

한국민에 대한 통치는 무엇을 기초로 할 것인가. 종주국의 보호정책사를 곰곰이 살펴보면, 피보호국민의 관습을 이용하는 자는 성공하고 부정하는 자는 결국 그 정책을 그르치고 말았던 것을 알게 된다. 우리가 한국을 지배하려면 선례(先例)의 성공 흔적을 쫓아 관습을 이용한 사례를 근본으로 삼아야 한다. (중략) 무릇 국민 지덕(智德)의 원천은 종교와 교육에 있다. 종교를 관찰하면 그 국민의 풍속·관습을 살필 수 있고, 교육을 연구하면 국민 지덕의 정도를 가늠할 수 있다. 이로써 사회 전반적 상태를 알 수 있다.

---

[30] 「韓國政務に關する私見」, 『憲政本黨黨報』 3-4, 1909, 1~7쪽

한국을 '보호국'으로 잘 다스리고 통제하는 방법으로 오우치는 한국민에 대한 '회유'가 아니라 그 본질에 대한 '이해'가 전제되어야 한다고 주장하였다. 특히 종교라든가 교육 부분에 대한 이해가 중요한데, 이를 토대로 사회 전반에 대한 이해가 가능하며, 그 바탕 위에서 한국을 진정한 '문명개화'의 길로 이끌며 '지도·개발'할 수 있다고 보았다. 일본의 정치 방식을 그대로 이식해 '동화'시키는 것은 노력에 비해 큰 성과는 없을 것이라 하였다.

이는 당시 한국의 '문명개화'를 주장했던 일본인들, 예컨대 계몽적 지식인이나 언론인 등 과거 민권운동에 몸담았던 일본인들이 보편적으로 가지고 있던 인식이었다. 다만 그 구체적인 방법으로 한국에 대한 '이해'가 전제되어야 하며, 이를 위해 일본인들의 한국 이주가 필요하다고 지적한 것은 눈여겨볼 만하다. 오우치는 많은 일본인들이 한국으로 이주해 정치·사회적으로 '세력화'된다면 한국에 대한 '이해'와 '한국민에 대한 적절한 지도·개발'이 용이할 것이라 생각하였다. 이것은 일본의 한국통치 과정에서 한국에 거주한 일본인들의 역할이 중요하다는 것을 강조한 발언이다. 오우치는 개항 이래 조선으로 건너와 생명·재산이 불안한 상황에서도 각종 사업에 매진한 일본인들에 대해 '일본 국권 확장의 선구자이자 공로자'라 평가하였다. 이후 오우치가 일본인의 한국 이주라든가 한국에서의 위상, 곧 그들의 자치권 문제 등을 적극적으로 공론화시켰던 것도 이러한 부분 때문이었던 것 같다.[31]

실제로 오우치는 헌정본당 한국정무조사위원으로서의 임무를 수행하면서 한국에 거주한 일본인들과의 인적 네트워크를 적극적으로 활용하고 있다. 앞에서 살펴본 것처럼 오우치는 이미 동아동문회 활동을 전개하면서 경성의 유력한 일본인이었던 기쿠치 겐죠 등과 협력적인 관계를 유지하고 있었는데, 이는 중의원 의원에 당선된 이후까지 이어졌다. 아래〈표 3〉은 오우치가 한국을 방문했을 당시 접촉하였던 일본인 인사들이다.

〈표 3〉大內暢三와 한국 거주 일본인 간 인적네트워크

날짜	장소	한국 거주 인사		내 용
1900.	경성	菊池謙讓		·한국-일본 간 '국방동맹' 추진
1907.5.	목포	福田有造	목포 거주 유력 일본인	·온금동(溫錦洞) 장탄 매축 인허 요청

---

[31] 『官報號外』1909.2.16,「居留民團法中改正法律案」;『대한매일신보』1909.9.28,「言中有言」;『官報號外』1910.2.2, 「大內暢三君ノ質問演說」

1909.4.		경성 모 일본인		·통감정치 불만에 대한 질의서 준비 중이라는 의사를 전달
1909.5.	군산	군산의 일본인		·제25회 의회 경과보고 및 연설회
1909.5.		戶叶薰雄	『대한일보』 기자	·제25회 의회 경과보고 및 연설회 개최 경성에서의 일정 통보
1909.9		戶叶薰雄 峯岸繁太郎 大村友之丞	『대한일보』 기자 『경성신보』 편집자 전 오사카마이니치신문사 경성특파원	·통감부 정책 및 「신문지규칙」 개정 건에 관한 정보 공유 ·제28회 의회 「신문지규칙」 개정 건의안위원회 위원 선임
1909.9	경성	경성의 일본인		·제25회 의회 성적 보고
1909.11	경성	志村作太郎 野村安之助	오우치 죠조의 건아(健兒) 『대한일보』 기자	·제26회 의회에서 발언할 '통감정치 비난 연설'을 위한 각종 정보 제공 ·제26회 의회 통감정치와 관한 질문주의서 제출
1912.5.	인천	인천상업회의소		·제11회 총선거 후보 추천 및 응원[32]
1912.10	경성 대구	각지의 일본인		·각 지역을 시찰 ·대구에서 장티푸스에 걸림
1915.10	진주	山川朝平		·궤도철도 부설 건으로 진주시찰 동행
1915.10	삼천포	大野育二	삼천포 거주 유력 일본인	·삼천포 방문 환영회

출전: 『황성신문』, 『대한매일신보』, 『부산일보』, 『統監府文書』 등 관련 기록.

〈표 3〉에서 오우치는 한국정무조사위원으로 활동하면서 한국에 거주한 다수의 일본인들과 접촉하고 있다. 특히 제25회 제국의회가 종료된 직후인 1909년 봄부터는 군산과 목포, 경성 등지의 일본인들에게 '한국문제'와 관련해서 제국의회에서 논의한 내용을 직접 보고하고 있다.[33] 이는 그의 의회활동이 이들 일본인과의 긴밀한 교류 속에서 전개되었다는 것을 보여 준다. 당시 일제는 한국의 실정을 확인하기 위해 여러 루트를 동원하면서 다양한 정보를 수집하고 있었다. 하지만 강제병합 직전까지도 제대로 된 자료가 많지 않았다고 하는데, 1904년 재정고문으로 파견되었던 메가다 타네타로(目賀田種太郎) 조차도 한국의 실정을 확인하는 데에 어려움이 많았다고 한다.[34] 때문에 한국에 거주한 일본인들이 제공하는 정보의 가

---

[32] 『조선신문』 1912.5.13, 「衆議院議員選擧は本日」
[33] 『統監府文書』 6, 1909.4.10, 「福岡縣 代議士 진보당원 大內暢三의 渡韓 목적 주시 件」; 『統監府文書』 10, 1909.5.28, 「福岡縣代議士 大內暢三 議政報告 演說 件」; 『統監府文書』 6, 1909.6.9, 「大內代議士ノ來京」; 『統監府文書』 6, 1909.9.2, 「福岡縣 代議士 大內暢三의 來韓目的 內査件」
[34] 김혜정, 「재정고문 메가타 다네타로(目賀田種太郎)의 한국 재정 조사와 인식(1904~1907)」, 『석당논총』 86, 2023, 5~45쪽.

치는 굉장히 컸다. 오우치는 본국에서 논의한 구체적인 경과를 이들에게 보고하였을 뿐만 아니라 의정활동에 필요한 각종 자료들을 이들을 통해 확보하기도 하였다.

한국에 거주한 일본인들 역시 자신들의 정치·사회·경제적 요구를 일본 정부로 전달·대변해 줄 것을 오우치에게 요청하는데, 앞에서 언급한 대구의 삼세 거부 건이 대표적인 사례이다. 1909년 6월에는 〈통감부령 제23호〉(1908.7)로 개정된 「민장관선령」이 한국 거주 일본인들의 자치제를 교란시킨다는 비판의 목소리가 제기되자 직접 현장조사에 나서기도 하였다.[35] 오우치는 이에 앞서 제25회 제국의회에 '거류민단의 민장은 거류민회에서 선거하고 감독장관의 인가를 받는다'는 내용을 골자로 한 「거류민단법」 개정안을 상정하기도 했는데, 이것이 의회를 통과하지 못한 상황에서 6월경 용산 거류민단 민장이 선임되자 이에 대한 반대 여론을 살펴보려 한 것이었다.[36]

한국정무조사위원으로서의 이러한 활동 과정에서 특히 주목되는 것은 언론인들과의 접촉이다. 1909년 9월 경성을 방문했을 당시 오우치는 그동안 통감부의 보호통치에 비판적 입장을 취하며 '반이토(反伊藤) 언론운동'을 이끌었던 도칸호 시게오(戶叶薫雄), 미네기시 시게타로(峯岸繁太郎), 오무라 토모노죠(大村友之丞) 등의 언론인과 정보를 공유하고 있다. 도칸호 등은 통감부의 통치정책에 대한 의견을 오우치에게 전달하였고, 「신문지규칙」 개정을 위한 자료까지 제공해 주었다. 이들의 의견을 수렴한 오우치는 소네 아라스케(曾禰荒助) 신임 통감을 만나 의견을 청취한 후 헌정본당으로 보고하였다.[37] 11월 한국으로 건너와 각종 조사를 진행하는 과정에서는 동아동문회 경성지부 평의원이었던 시무라 사쿠타로(志村作太郎), 『대한일보』 기자인 노무라 야스노스케(野村安之助) 등의 도움을 크게 받았다고 한다.[38]

이러한 활동을 통해 가지게 된 오우치의 한국통치 방침은 1910년 제26회 제국의회에 제출한 「통감정치에 관한 질문서」에 집약되어 있다. 오가와 헤이키치, 아사노 요우키치(淺野陽吉) 등과 함께 제출한 질문서는 조선통감의 한국 보호정책을 비판하는 내용이었다. 질문하는 오우치의 의회 연설에 대해 당시 언론은 "내용이 논리정연하고 목소리가 근엄해 대도(大刀)

---

[35] 『統監府文書』 6, 1909.6.9, 「大內代議士ノ來京」. 거류민단 민장 관선제(官選制) 시행과 관련해서는 전성현 외, 『일본인 이주정책과 재조선 일본인사회』, 동북아역사재단, 2021, 182~192쪽 참고.
[36] 『官報號外』 1909.2.16, 「居留民團法中改正法律案」, 235쪽.
[37] 『統監府文書』 6, 1909.9.25, 「一部新聞記者ノ行動」
[38] 『統監府文書』 6, 1909.11.8, 「日本代議士의 統監政治批難 件」

를 머리 위로 높이 쳐들고 정면에서 베어 내려가는 것 같았다"고 하면서 "처녀연설로는 대연설(大演說)이었다"고 평가하였다.[39] 오우치 질문서의 주요 내용은 다음과 같다.

· 통감정치는 한국인의 생리를 잘 파악하는 한편으로 '문명화'에 저항하는 한국인에게 단호히 대처해야 하나, 지나치게 유약한 회유책으로 일관해 의병 등 저항세력이 발호하고 있다.
· '한국의 왕'과 '부왕(통감)'이 통치하는 이원적 지배체제 하에서 중앙 및 지방의 정부기관이 중복되면서 관리의 권위는 실추되었고, 관리들 간의 충돌도 잦아졌다.
· 일본인 관리가 지나치게 많다. 기술을 필요로 하거나 경찰과 같이 위엄이 필요한 관리가 아니라면 정무적 측면에서나 재정적 측면에서나 한인(韓人) 관리를 임용하는 것이 필요하다.
· 삼악세(三惡稅), 곧 가옥과 술, 연초에 대해 일본인에게 과세하는 것은 일본인으로서는 큰 부담이며, 일본인 '무뢰배'를 대상으로 했다고는 하나 '퇴한령(退韓命)'은 부당하다.
· 본국에 의지하지 않는 재정의 독립이 필요하다.
· 한국 사회를 개발하기 위해서는 민간 일본인의 역할이 중요하다. 일본인의 이민(移民)을 적극적으로 장려해야 한다.[40]

한국에 대한 보호통치의 목적을 '일본 제국의 자위(自衛)와 동양평화의 보존'에 있다고 전제한 오우치는 한국인들이 특유의 오랜 '역사'를 가지기는 했지만 '복종'에 익숙한 민족이라고 파악하였다. 때문에 이들을 안정적으로 통치하기 위해서는 강력한 '힘'으로 억누르는 한편으로 '문명'이라는 수단을 사용해 그들이 스스로 '복종'하도록 이유를 제공하는 것이 무엇보다도 중요하다고 강조하였다.

하지만 서구 열강들을 지나치게 의식한 통감의 보호통치는 '근대화'를 앞세우며 '회유책'으로만 일관하고 있는데, 이는 한국의 발전을 저해할 뿐만 아니라 한국인의 배일사상을 고무시켜 저항의 여지만 주고 있다고 보았다. 특히 외교, 군사, 재정, 통신, 사법, 재정 등 모든 권리

---

[39] 『대한매일신보』 1910.1.23, 「統監政治質問」; 『황성신문』 1910.2.3, 「統監政治와 衆院」; 高橋鉄太郎, 「硬骨勁節の青年政治家大内暢三」, 『当面の人物フースヒー』, フースヒー社』, 1913, 96~98쪽.
[40] 『官報號外』 1910.2.2, 「大內暢三君ノ質問演說」. 오우치 조조의 질문에 대한 정부 측의 답변은 확인되지 않았다.

가 이미 일본에 귀속된 상황에서도 내치(內治)에 중요한 행정을 한국에 귀속시켜 둔 현 보호통치는 이러한 상황을 더욱 악화시킨다고 하였다. '왕과 부왕(통감)'이 통치하는 이원적 지배체제 하에서 정부기관이 중복되므로 일본인 관리의 권위는 실추되고 있으며, '왕'에게 충성하는 '폭도'들만 들끓게 되었다는 것이다. 이에 반해 한국에 거주한 일본인에 대해서는 한국인과 일본인의 공동 '자치'를 실현한다는 명목 하에 지나치게 '억압적'으로 대하는 경향이 있다며 비판하였다. 이들은 개항 이래 자발적으로 이주해 한국을 시찰하고 연구한 식민의 선구자들로, '대한정책을 실현할 방책'을 제안할 수 있는 중요한 존재라 하였다.

 오우치는 보호통치라는 간접통치 하에서 대두한 이상의 문제를 본질적으로 해결할 수 있는 유일한 방법은 한국을 '병합'해 '주권자'를 한 명으로 하는 것이라 생각하였다. 오우치가 생각한 한국 병합의 적기는 1911년 7월 일본이 열강과의 조약을 개정하는 시점이었다.[41]

2) 강제병합 이후 1910년대 의정활동

 1910년 8월 한국을 강제병합한 일본은 한국을 조선이라 바꾼 후, 조선총독부를 설치하고 초대 총독으로 육군 데라우치 마사타케(寺內正毅)를 파견하였다. 한국을 왕래하면서 한국의 실정을 살펴보고, 이를 토대로 본국의 대한정책이 수립되도록 노력한 오우치의 의정활동은 조선총독부 설치 이후에도 이어졌다. 1910년대 중반 중의원 의원 선거에 낙선한 이후에도 진주, 삼천포 일대를 시찰하면서 경편철도 부설을 계획하였고, 1910년대 후반에는 특히 목포 일대를 자주 방문한 것으로 확인된다.[42] 1920년에는 전북, 충청 일대 경편철도 부설을 목적으로 설립한 조선경남철도주식회사(朝鮮慶南鐵道株式會社)에 취체역으로 참여하였다.[43] 강제병합 이전과는 달리 펑텐(奉春), 창춘(長春), 지린(吉林) 등 중국을 방문하는 길에 조선을 경유하는 일정도 잦았는데, 일본의 대륙진출 내지는 제국경영 상에서 조선의 위상에 대해 고민했던 것으로 보인다. 중국 대륙의 혁명에 집중한 반면 조선문제를 등한시하는 세태를 비판하면서 식민지 조선에 대한 통치방식을 보다 적극적으로 고민할 것을 요청하였다.

 통감부 시기 조선통감의 통치방식을 신랄하게 비판했던 오우치는 강제병합 이후에는 조선

---

[41] 『대한매일신보』 1910.1.5, 「大內險口」; 大內暢三, 「朝鮮雜感」, 『朝鮮』 27, 1910.5, 11~15쪽.
[42] 『부산일보』 1915.10.23, 「大內暢三氏來晋」; 1915.10.25, 「大內前代議士去來」; 『조선시보』 1918.8.3, 「大內代議士視察」.
[43] 中村資良, 『朝鮮銀行會社組合要錄』, 1923, 155~156쪽.

총독부가 취한 통치기조, 이른바 '무단통치'에 대해서도 비판을 가하였다. 세계의 역사를 보건대 '실력'으로 발전한 나라는 있어도 '군정'으로 확장을 지속한 나라는 없다면서, 조선통치를 위해 일본이 취해야할 방침은 '군정'이 아닌 '실력'일 것을 강조하였다.[44]

> 우리가 일본 현재의 무인정치, 특히 조선의 무단정치에 대해서 찬의를 표하기 어려운 까닭은 근본적으로 저들이 무인 기질에 따라 모든 정치를 추단한다는 데에 있다. 즉, 피치자 보기를 억눌러 굴복시켜야 할 인민이라는 관념으로, 적국을 상대로 단호히 대하는 것 같은 태도로 일관하고 있는데, 인민 대하기를 명령으로 부하 군병을 통솔하는 것처럼 하면서 자신은 은밀히 즐기려는 풍조가 있는 듯하다. 만약 민의(民意)에 의거한 정치를 한다면 적으로부터 억압되고 지배된다는 관념을 가지고 있는 것 같은데, 일의 시비는 돌아보지 않고 민의에 의거한 정치는 주저하고 있는 것이다. 이처럼 언제, 어디서든 무인 기질을 기억하며 무단적 태도를 버리지 않고 있는데, 이는 본질적으로 여론정치와 군인정치가 서로 수용될 수 없는 이유로, 입헌정치가 발달하지 않는 원인 또한 이러한 군인의 발호에 있다. 현재 우리가 총독정치에 대해 불쾌를 느끼는 이유도 이 때문으로, 이런 경향에 의거한 현상을 구체적으로 열거하면 하나하나 다 열거할 수 없다. 우리는 단지 데라우치 백작만을 이야기하는 것이 아니라, 현재의 무인정치가를 향해 널리 반성을 촉구한다.[45]

위 인용문에서 오우치는 조선총독부가 인민 대하기를 적국과 같이 하면서 억압할 뿐으로, 정치에 민의를 반영하지 않고 있는데, 이는 본국에서 행해지는 입헌정치, 여론정치와는 거리가 먼 것으로, 이주한 일본인조차 피지배민족인 조선인과 똑같이 대하는 것은 큰 문제라고 지적하였다. 이러한 통치방식은 조선인의 반발을 초래할 뿐만 아니라 '척식'을 목적으로 한 일본인의 이주·정착에도 악영향을 미쳐 식민지배의 실효성을 떨어뜨린다고 하였다.

오우치는 식민지 조선을 온전하게 통치하기 위해서는 보다 이성적인 방식으로 조선인의 '동화'와 '순응'을 이끌어내야 하며, 이를 위해서는 조선 식민지화의 '토대'와도 같았던 일본인의 역할이 여전히 중요하다고 생각하였다. 조선인의 '동화'는 조선의 실정을 잘 아는 일본인

---

[44] 大內暢三,「韓國の倂合と吾人の覺悟」,『雜誌にみる近代日本の朝鮮認識』4, 1999, 265쪽.
[45] 「刻下の朝鮮問題」,『大國民』44, 1912.2, 30~33쪽.

의 지도 하에 이루어져야 하는 즉, 일본 정부와 조선총독부는 조선인과 일본인이 함께 거주하면서 발생하는 여러 문제들을 해결할 현실적인 정책을 입안해야 하는데, 그 가장 확실한 방법은 '식민지 개발'이라 생각한 것이다. 여기서 식민지 조선의 발달 단계와 관련해서는 농업 중심의 제1기로 진단했는데, 적절한 농업정책을 강구하는 것이 '척식'을 위해 특히 중요하며, 이를 상공업 방면으로 확대시켜 나가야 한다고 주장하였다.[46]

유래로 조선에서의 식민사업은 저 신개지(新開地)에서의 사업과는 그 취지를 달리한다. 기개간지(旣開墾地)에 기존의 토착민이 존재하고 있는데, 여기에 새로 내지의 이주민을 이식하려고 하는 것으로, 마치 일정량의 용기에 2배 용적의 물건을 투입하는 것과 같다. 때문에 반드시 어떤 수단으로든 기존의 조선인을 구축(다소 어폐가 있지만)하지 않으면 안된다. (중략) 여기서 구축책에 대해 논하려 한다. 첫째, 그 생존경쟁에 따라 구축하는 것, 둘째는 사회의 진보에 의거해 구축하는 것, 2가지 방책이 있다. 무릇 어떠한 경우이든 인지(認知)가 진보한 문명국의 국민이 생존경쟁상 반개(半開)·미개(未開) 민족을 누르고 승리한다는 것은 당연한 논리이다. 하지만 이로 인해 그 구축된 자는 많은 손해를 입게 된다. 이에 반해 사회의 진보에 의거해 구축할 때는 이처럼 다른 이익을 침해하지 않고도 동일한 목적을 달성할 수 있다.[47]

강제병합 전후 일본 정계는 번벌세력과 정우회로 대표되는 정당세력 간의 긴장관계 속에서 유지되고 있었다. 정당세력들은 정파 불문 육군 중심의 조선 통치방식에 대해 비판적인 입장을 취하고 있었는데, 오우치 역시 기본적으로는 이들과 보조를 같이 하고 있었다.[48] 여기에 더해 당시 한국에 거주하거나 왕래하면서 직접 경험한 일들, 그리고 한국에 거주한 일본인들과의 상호관계 등을 토대로 식민지 조선통치에 대한 보다 구체적인 방향성을 가지고 있었다. 이는 통감의 보호통치 시기 이래 지속적으로 고민해 왔던 생각들인데, 오우치는 이러한

---

[46] 오우치는 식민지의 발달 단계를 3단계로 구분했는데, 제1기 권농식산의 시대(생산적 사업의 경영), 제2기 공업시대(농산물을 원료로 해서 가공), 제3기 상업시대(무역업의 발전을 도모)가 그것이다(「朝鮮同化策」, 『東邦協會會報』 215, 1913, 4쪽).

[47] 「朝鮮同化策」, 『東邦協會會報』 215, 1913, 1쪽.

[48] 조선을 강제병합 한 직후 육군 등 군부세력과 정당세력 등 각 정치세력들 간에는 식민지 조선의 통치 방향을 둘러싸고 적지 않은 갈등이 있었는데, 이와 관련해서는 전영욱, 「寺內正毅의 총독정치와 제27회 제국의회의 논의」, 서울시립대 석사학위논문, 2010이 참고된다.

자신의 생각을 제국의회에서의 정치활동을 통해 표출시켰다.

강제병합 이후 오우치의 의정활동은 1928년 제56회 의회까지 약 20년의 장기간 동안 지속되었는데, 상세한 내용은 〈부표〉를 통해서 확인할 수 있다. 오우치는 상임위원회 및 특별위원회 위원으로 선정되어 안건의 심의에 관여하였을 뿐만 아니라 직접 법안을 상정하기도 하였고, 질문주의서 및 건의안을 제출하기도 하였다. 특히 조선의 실정에 대해 잘 아는 대표적인 '조선통' 의원으로서 그 전문성을 인정받으며 조선 관련 안건을 심의하는 특별위원회 위원으로 선임되었는데, "무학문맹(無學文盲)의 백성(百姓) 의원"으로 가득 찼던 당시 제국의회 내에서 비교적 "정치적 식견"을 갖춘 자로 평가되었다.[49]

오우치 의정활동의 전반적 추이를 〈부표〉를 통해서 보면, 전체 의정활동 중 그가 회의 석상에서 직접 '발언'한 사례는 대부분 조선과 관련된 안건이었다. 시기적으로는 당선 직후부터 1910년대 전반기 정도로 한정되었다. 당시 제국의회 중의원 의원의 의정활동에서 '발언' 자체가 가지는 의미는 상당하였다. 이를 감안한다면 이 시기 오우치의 의정활동은 조선문제를 중심으로 이루어졌다는 것을 알 수 있는데, 이는 일제 초기 조선 식민정책 수립 과정에서 조선 관계 대의사의 역할이 무엇이었는지 시사하는 바가 크다.[50] 〈부표〉의 오우치 의정활동 중 조선과 관련된 것만 정리한 것이 아래의 〈표 4〉이다. '국제법'을 전공한 이력 때문인지 법률안 심의와 관련된 안건들이 많았다.

〈표 4〉 1910년 강제병합 이후 大內暢三의 조선 관련 의정활동

제국의회	심의안건	오우치 죠조의 활동	결과
제27회 (1910.12.23 ~1911.3.22)	조선삼림특별회계법안 - 압록강·두만강 삼림 경영에 관한 재정을 조선총독부 특별회계로 관리할 것	정부 제출안에 대한 심의위원회 위원	중의원 조건부 가결 1911.3. 법률 제21호 공포
	간도에서의 영사관 재판에 관한 법률안 - 간도에서 일본영사가 예심한 공판, 재판에 대한 공소나 항소를 조선총독부 지방법원 혹은 고등법원에서 관할하도록 할 것	정부 제출안에 대한 심의위원회 위원	중의원 가결 1911.3. 법률 제51호 공포

---

[49] 高橋鉄太郞, 앞의 글, 1913, 97쪽.
[50] 일본제국의회의 심의방식은 '독회제(讀會制)'이다. 본회의에 안건이 상정되면 제출한 의원이 안건에 대한 설명을 해야 하는데, 이때 법안 전체에 대한 깊은 이해와 표현력 등이 필요했다. 그러한 능력이 없다면 현실적으로 발표가 어려웠는데, 제국의회 발언자 가운데 민권운동 이력이 있는 변호사 등이 많은 것도 이러한 이유 때문이었다(村瀬信一, 『帝國議會』, 講談社, 2015, 46~55쪽).

제27회 (1910.12.23 ~1911.3.22)	조선 곡물 및 곡분 이입세에 관련 건의안 - 조선에서 일본으로 수입하는 곡물에 대한 과세 철폐	건의안 발의	중의원 부결
	조선 곡물 이입세에 관한 질문주의서 - 조선에서 일본으로 수입하는 곡물에 대한 과세 철폐	건의안 관련 질문	
제28회 (1911.12.27 ~1912.3.25)	조선의원 및 제생원 특별회계법안 - 조선의원 및 제생원, 자혜병원 재정을 조선총독부 특별회계로 관리할 것	정부 제출안에 대한 심의위원회 위원	중의원 조건부 가결 1912.0. 법률 제6호 공포
	조선에서 학교직원으로 국고에서 봉급 지급을 받지 않는 문관 판임 이상의 자에 대한 퇴은료 및 귀족부조료에 관한 법률안 - 조선의 문관 판임 이상의 학교직원에 대한 퇴은료 등을 일본에서 시행되고 있는 현 규정과 동일하게 적용할 것	정부 제출안에 대한 심의위원회 위원	중의원 가결 1912.3. 법률 제11호 공포
	조선총독부 신문지규칙 개정에 관한 건의안 - 허가제인 신문지규칙을 신고제로 개정할 것	건의안 발의	중의원 심의 끝에 조건부 부결
제30회 (1912.12.27 ~1913.3.26)	쌀 및 나락 이입세 폐지에 관한 법률안 - 7월 1일부터 조선에서 이입하는 쌀과 나락에 대해 無稅로 하는 법률안	법률안 발의	중의원 가결 1912.7.1부터 시행
제41회 (1918.12.27 ~1919.3.26)	朝鮮輕便鐵道補助法	정부 제출안에 대한 심의의원회 위원	

출처: 일본제국의회 속기록(https://teikokugikai-i.ndl.go.jp/#/) ; 아시아역사자료센터 관련 문서(https://www.jacar.go.jp/)

강제병합 이후 열린 1910년대 전반기 제국의회에서 가장 중점적으로 논의된 것은 식민지 조선을 어떻게 통치할 것인가 하는 부분이었다. 조선총독의 '제령권' 문제를 비롯해서 이로 인해 파생된 여러 문제, 예컨대 조선 거주 일본인의 법적 지위 등의 현안들이 논의되었다. 〈표 4〉에 제시된 안건들 역시 조선의 통치 방향과 관련된 중요한 현안들이었다.

오우치의 의정활동은 크게 두 가지로 나뉘어진다. 정부에서 제출한 각종 법률안을 심의하는 위원회에 참여하거나 직접 건의안을 상정하는 형태였다. 전자의 구체적인 내용은 조선 북부지역 산림 경영과 조선의원 등의 경영에 관한 재정 문제, 간도지역 사법권의 조선총독부 관할 문제, 학교 직원에 대한 교부금, 「조선경편철도보조법」의 시행 등 조선총독부가 발의한 안건을 심의하는 것이었다. 오우치는 조선의 실정에 정통한 '조선통' 의원의 한 사람으로서 심의위원회에 참여했는데, 조선에 대한 자신의 경험과 지식을 토대로 정부에서 제출한 안건이 자신이 생각하는 식민지 조선에 대한 통치 방향과 부합하는지, 혹은 식민지 조선의 현실에 적합한지 여부를 검토하였다.[51] 강제병합 이후 조선총독부가 입안·시행한 여러 식민정책은 이러한 제국의회 내 논의 과정 속에서 수립되었다.

후자는 오우치가 직접 발의한 건의안으로, 조선과 일본 간 무역품에 과세하는 이입세(移入稅) 철폐 건과 조선 내 「신문지규칙」의 개정에 관한 건이 그것이다. 이들 안건은 조선총독부와 제국의회 간에 이견이 있었을 뿐만 아니라 조선과 일본에 거주한 일본인 등 민간 영역에서도 큰 관심을 가진 사안이었다. 오우치는 본 건의안을 통과시키는 데에 특히 적극적이었다. 이들 안건의 심의 과정은 식민지 조선에 대한 조선총독부의 통치체제가 오우치와 같은 제국의회 의원, 그리고 조선 거주 일본인들 등 여러 정치세력의 상호관계 속에서 구축되었다는 것을 잘 보여준다. 여기서는 오우치의 의정활동 중 그가 발의한 건의안에 대한 심의 과정을 살펴보면서 조선 관계 대의사로서의 오우치의 역할을 살펴보고자 한다.

(1) 조선 곡물 이입세 철폐 건

이입세는 조선과 일본, 타이완 및 사할린 사이에 유통되는 물품에 부과되는 관세로, 본 안건은 이들 물품 중 일본으로 이출되는 곡물에 대한 관세를 폐지해 달라는 것이었다. 조선을 식민지로 병합한 조선총독부로서는 본국과의 무역에서 관세를 철폐하는 것은 당연했으나, 대외무역의 급격한 변화를 저지하는 한편 본국의 농업 보호, 재정 수입, 외교상의 마찰 등의 문제를 우려하며 대한제국의 관세를 10년간 유지하도록 하였다.[52] 하지만 일본 정계에서는 조선총독부의 이러한 방침에 반대의 목소리를 높였는데, 강제병합 이후 처음 열린 제27회 제국의회에서 하야미 세이지(早速整爾) 등 33명의 의원은 식민지와 본국 간 무역에 관세를 부과하지 않는 '관세동화정책'를 강력하게 주장하였다. 이는 데라우치 총독 등 육군을 중심으로 한 정치세력이 조선을 자신들의 세력권으로 구축하고자 독자적 관세권을 유지하려 한 것에 대한 제재로, 조선을 일본 영토의 일부로 통치해야 한다는 생각이 저변에 깔려 있었다. 여

---

[51] 예컨대, 압록강·두만강 삼림 경영에 관한 재정과 조선총독부 의원과 제생원 등의 재정을 조선총독부 '특별회계'로 관리하겠다는 조선총독부 측의 입장에 대해 오우치는 조선총독부가 주도하는 '관영사업(官營事業)'의 수익성을 꼼꼼하게 확인하면서 재정 관계상 '민간의 영역'으로 전환할 것을 고려하라고 조언하였다. 간도지역 사법권의 조선총독부 관할 문제를 심의하는 회의에서는 '간도협약'의 체결로 간도는 청의 영토가 되었으나, 그 이전부터 간도지역에 살았던 조선인들의 '기득권'은 인정해 줄 것을 요구하는 것이 정당하며 조선총독부의 적극적인 대응을 촉구하기도 하였다(『第27會帝國議會衆議院速記錄』1911.1.27,「朝鮮森林特別會計法案委員會」(제2호); 1911.2.1,「朝鮮森林特別會計法案委員會」(제3호); 1911.3.6,「間島に於ける領事官の裁判に関する法律案委員会」(제2호);『官報號外』1911.3.12,「간도에서의 영사관 재판에 관한 법률안」, 430~431쪽).

[52] 허영란·조재곤·송규진,『조선총독부의 상업·무역정책』, 2022, 266~272쪽.

기에는 조선과 일본에서 관련 산업에 종사하던 민간인들의 이해도 결부되어 있었다.[53]

　조선총독부가 취한 '특별관세정책'을 둘러싼 논란이 지속되는 가운데 오우치는 조선의 수출품 중에서도 특히 곡물에 대한 관세의 철폐를 요구하는「조선 곡물 및 곡분 이입세에 관한 건의안」을 상정하였다. 구라하라 코레히로(藏原惟郭) 등 36명 의원들의 지원 하에 건의안을 제출한 오우치는 3월 20일 이에 관한 정부의 답변을 요구하는「조선 곡물 및 곡분 이입세에 관한 질문주의서」을 제출하였다. 질문의 요지는 조선 수출품의 중심이 농산물인 만큼 조선 농업의 진전과 조선의 개발을 위해서는 본국으로 수출하는 곡물 등에 대한 관세를 철폐해야 한다는 것으로, 이는 조선 내 구매력을 향상시켜 조선으로 이출하는 본국 내 제조업 발달에도 영향을 줄 것이라며 강조하였다.[54] 이에 대한 중의원 내에서의 논의는 확인되지 않으나, 결국에는 부결되었다. 당시 오우치는 국민당 대의사와 협력해 건의하였고 다수당인 정우회도 그 당위성을 충분히 인정하고 있었지만, 정부 및 정우회가 조선의 사정을 정확히 알지 못했던 탓에 우회적인 선택을 했다며 개탄하였다.[55]

　오우치가 상정한 '조선 곡물 등 이입세 폐지안'이 제27회 제국의회를 통과하지 못하자 이것의 채택을 요구하는 목소리는 다음 의회로 이어졌다. 제28회 제국의회를 앞둔 1911년 하반기 경성과 인천, 군산 등 조선에 거주한 일본인 지주·자본가와 오사카 무역상이 조선 곡물에 대한 조선 수출세와 일본 이입세 등 '이중관세'를 폐지해 달라는 민간 차원에서의 철폐 운동을 시작하였다. 이러한 분위기 속에서 일본 정부 내에서도 이입세 폐지를 위한 움직임을 보이기 시작하였다.[56] 12월 의회가 개회하자 인천과 군산 상업회의소에서는 회두 등을 '곡물이입세 철폐운동위원'으로 선발해 도쿄로 보냈는데, 이들은 제국의회에 참석한 조선총독부 관료 및 각 정당의 간부, 제국의회 의원들과 접촉하는 한편 오사카의 조선무역상동업조합과도 손을 잡고 이를 실현시키기 위한 연합운동을 전개하였다.[57]

---

[53] 『官報號外』1911.2.10,「朝鮮の關稅に關する質問主意書」, 119쪽.
[54] 『官報號外』1911.3.21,「朝鮮穀物移入稅に關する質問主意書」, 571쪽 ;「刻下の朝鮮問題」,『大國民』44, 1912.2, 33쪽.
[55] 大內暢三,「在朝鮮の官民並に內地人に對する希望」,『조선』38, 1911.4, 11쪽.
[56] JACAR, Ref. B12083077300「朝鮮米雜穀稅撤廢ニ関スル請願」; JACAR, Ref. B12083077300「朝鮮米利出入稅撤廢請願書」;『매일신보』1911.10.7,「移入稅廢止問題」.
[57] JACAR, Ref. A03023046600「朝鮮穀物移入稅撤廢ニ関スル請願」;『매일신보』1912.1.16,「會議所臨時總會」; 1912.1.24,「穀類移入稅廢止運動」; 1912.1.30,「穀稅委員의 消息」; 1912.2.1,「撤廢運動員의 소식」; 1912.2.4,「撤廢運動員의 소식」; 1912.2.7,「撤廢運動員의 소식」; 1912.2.25,「穀稅撤廢委員會」; 1912.3.13,「鮮米移入稅廢止案通過」; 1912.3.13,「移入稅引下運動」; 1912.6.1,「穀稅輕減과 廢稅運動」.

1912년 3월 오카자키 구니스케(岡崎邦輔) 등 4명의 의원은 인천의 곡물상 오쿠다 사다지로(奧田直次郎)의 청원을 소개하며 「조선 곡물 이입세 철폐의 건」을 본회의에 상정하였다. 3월 11일 열린 청원위원 분과회의에서는 소개의원 중 한 명인 무토 긴키치(武藤金吉)가 병합 후 관세 철폐의 정당성, 정화의 유출 방지, 조선 농업의 발달, 타이완미 무관세 등을 이유로 이입세 철폐를 주장하였다. 이날 회의에서는 본 건의안을 채택하기로 결정하지만, 3월 15일 열린 청원위원회에서는 보다 심도깊은 조사 후 결정하자는 유보의 의견이 우세하였다.[58] 이에 일본 정부는 주요 상품에 대해 저율 관세를 부과한다는 내용의 「관세정률령」을 제정하였고, 곡물이입세를 폐지하는 대신 그 비율을 경감하는 것으로 결정하였다.[59]

　이듬해인 1912년 12월 제30회 제국의회가 개회하자 곡물 이입세 폐지 운동은 다시 시작되었다. 도쿄상업회의소와 오사카조선무역상동업조합 등이 이입세의 경감이 아닌 이입세의 철폐를 요구하는 상황에서 이시바시 의원은 「조선미 이입세 철폐 건」을 청원하였고, 오우치는 '7월 1일부터 조선으로부터 이입하는 쌀과 나락의 이입세를 폐지할 것에 관한 법률안'을 제출하였다.[60] 3월 10일과 19일 이틀에 걸쳐 열린 법률안위원회에서는 10년 동안 기존의 관세제도를 유지하는 상황에서 미곡 이입세만 철폐하는 것은 문제가 될 수 있다며 연기하자는 반대의견도 있었으나, 이로 인해 발생할 수 있는 여러 문제보다는 조선산 곡물 이입세 철폐의 필요성이 인정되었고, 결국 채택하는 것으로 결정되었다. 이에 따라 그해 7월 1일부터 조선-일본간 무역품 중 조선에서 생산된 곡물에 대한 이입세가 철폐되었다.[61]

(2) 조선총독부 「신문지규칙」 개정에 관한 건의안

　「신문지규칙」은 1908년 4월 3일 〈통감부령 제12호〉로 공포된 법률로, 한국에서 간행하는 일본인 신문의 발매를 금지하거나 차압·폐간하는 등 언론을 단속할 목적으로 제정한 것이었

---

[58] 『第28會帝國議會衆議院速記錄』 1912.3.11, 「請願委員第一分科」(제8호), 57~60쪽; 1912.3.15, 「請願委員會」(제9호), 53~54쪽.
[59] 『官報號外』 1912.3.10, 「明治四十三年勅令第三百三十一號中改正に關する建議案」, 293~294쪽; 『매일신보』 1912.6.1, 「穀稅輕減과 廢稅運動」. 오우치가 제28회 제국의회에서 이입세 건으로 활동한 구체적인 모습은 확인되지 않으나, 비슷한 시기 조선총독부가 '이출세'를 폐지한 결정에 대해 조선의 개발을 위한 적절한 조치라 언급한 것으로 보아 조선-본국 간 관세 문제에 지속적인 관심은 가지고 있었던 것을 알 수 있다(大內暢三, 「刻下の朝鮮問題」, 『大國民』 44, 1912.2, 30~33쪽).
[60] 『매일신보』 1913.1.16, 「輸移入稅廢止請願」; 1913.1.26, 「關稅撤廢問題」; 1913.1.26, 「米稅撤廢問題」; 『官報號外』 1913.3.9, 「米及籾移入稅廢止に關する法律案」, 81~82쪽.
[61] 『매일신보』 1913.3.21, 「議會와 朝鮮問題」; 1913.3.23, 「議會와 朝鮮問題」; 1913.3.25, 「鮮米移入稅廢止」

제28회 제국의회 전경 /『小川平吉關係文書』, みすず書房, 1973.

다. 이는 한국에 거주한 일본인에게 적용한 법률로, 한국인 대상의 「신문지법」보다는 훨씬 완화된 내용이었다. 처음에는 '신고제'로 하다가 곧 '허가제'로 개정해 통감부(이후 조선총독부)의 인가를 받도록 했는데, '허가주의'를 채택함에 따라 '신고주의'를 채택하고 있던 일본 국내의 법보다는 엄격한 법이었다 할 수 있다. 그 결과 한국에서는 일본인이 발간한 신문이라도 통감부의 통치에 대해 비난·공격하거나 통감의 마음에 들지 않는 기사를 쓰면 차압할 수 있었다. 한국에 거주한 일본인들은 이 「신문지규칙」이 공포된 직후부터 그것의 개정을 강력하게 요구했는데, 앞에서 언급한 미네기시 시게타로가 그 대표적 인물이었다. 1907년 창간 이래 통감부에 대해 비판적 기사를 게재했다는 이유로 수차례 정간되기도 했던 『경성신보』의 편집장 미네기시는 이 문제가 제국의회에 회부될 수 있도록 관련 정보를 오우치에게 직접 제공하였다.[62]

통감부 시기부터 이 문제에 관심을 가지고 있던 오우치는 1912년 3월 제28회 제국의회 본회의에 「조선총독부 신문지규칙 개정에 관한 건의안」을 제출하였다. 건의안은 총독의 정치

---

[62] 『統監府文書』 6, 1909.9.25, 「一部新聞記者ノ行動」; 『第28會帝國議會衆議院速記錄』 1912.3.22, 「朝鮮総督府新聞紙規則改正ニ關スル建議案委員会」(제1회), 2쪽.

를 감독해야 할 민간의 언론이 오히려 탄압받고 있는 조선의 상황을 지적하면서, 군벌 권력이 무력으로 독점하고 있는 통치 상황 자체를 비판하였다. 본국과의 소통이 원활하지 않는 식민지에서 최고 통치자가 전제적 권력을 전횡하는 '흑막통치(黑幕統治)'는 실패할 수밖에 없는 즉, 조선에도 신고주의를 채택한 본국의 「신문지법」을 적용해야 한다는 것이었다.

오우치가 제출한 건의안은 3월 22일 열린 건의안위원회에서 심도깊게 논의되었다. 「신문지규칙」 대신 본국과 같은 「신문지법」의 시행을 요구하는 오우치의 의견에 대해 정우회 소속의 미우라 가쿠이치(三浦覺一)와 도미시마 노부오(富島暢夫) 등 중의원 의원들은 반대 의사를 표명하였다. 그 이유는 첫째, 1900년 같은 식민지인 타이완에서 허가주의에 입각한 「신문지조례」가 제정되었지만 지금까지 특별한 문제 없이 시행되고 있다는 점, 둘째는 「신문지규칙」 자체의 문제라기 보다는 그것을 악용하는 총독의 자질 문제로, 총독에게 경고하는 것으로 해결될 일이라는 점, 셋째는 조선과 본국의 실정이 다른 상황에서 규칙을 폐지하는 것은 시기상조라는 것이었다. 요컨대, 언론자유의 확대라는 차원에서는 허가주의 법률인 「신문지규칙」은 폐지되어야 하나, 조선의 실정은 본국과 다르므로 본국과 동일한 법률을 적용할 수는 없다고 한 것이다. 조선을 병합한 지 얼마 되지 않은 시점에서 조선총독부 정치에 비판적인 언론은 식민지 여론에 영향을 미칠 수 있으므로 단속할 필요가 있으며, 이는 언론에 대한 탄압이라 볼 수 없다는 것이었다.

이에 대해 오우치는 타이완에서는 특별한 문제가 없었을지 모르나 현재 조선의 상황은 그렇지 않으므로 조선과 타이완을 분리해서 보아야 한다고 하였다. 또한 조선의 상황이 본국과 다르기는 하나 현재 의원들이 생각하는 것보다 훨씬 더 심각한 상태로, 민간의 언론은 거의 절멸해 언론으로서의 역할을 전혀 할 수 없는 정도라고 설명하였다. 통치상 치안을 목적으로 단속할 필요가 있다는 조선총독부 아라이 겐타로(荒井賢太郎) 탁지부차관의 설명에 대해서는 이를 신고주의로 바꾼다 해서 조선의 치안에 큰 영향을 주지는 않는다고 반박하였다.[63]

논쟁은 3월 26일 건의안위원회의 결과를 보고하는 본회의까지 이어졌다. 이날 회의에서는 민간 언론인 『경성신보』 폐간 문제와 조선총독부 지원 하에 도쿠토미 소호가 조선 전체의 언론을 장악한 것이 크게 거론되었다. 조선의 개발을 위해 동양척식주식회사에 30만엔의 보조금을 지원하는 등 예산을 집행하는 상황에서도 일본 정부가 조선총독부의 언론 통제로 조선

---

[63] 『第28會帝國議會衆議院速記錄』 1912.3.22, 「朝鮮総督府新聞紙規則改正ニ關スル建議案委員会」(제1회), 1~3쪽.

의 상황을 제대로 알 수 없다는 것은 큰 문제라는 지적도 나왔다. 논쟁은 이어졌으나 중의원에서는 조선의 현 상황에서 언론의 자유보다는 통제가 필요하다는 조선총독부 측 의견을 수용하였다. 다만 일본 정부와 대정당(大政黨)인 정우회가 「신문지규칙」을 '악용'하는 조선총독에게 '경고'하는 형태로 조선총독부에 대한 '정부 및 의회의 감독권'을 강화한다는 조건을 달아 건의안을 부결시켰다.[64]

이상에서 오우치가 발의한 2건의 건의안에 대한 중의원에서의 심의 과정을 살펴보았다. 이들 안건은 통감부 시기부터 한국에 거주했던 일본인들이 꾸준하게 요구해 왔던 것으로, 그에 대한 제국의회 내 논의과정은 조선총독부의 통치정책이 여러 정치세력 간의 이해관계 속에서 수립되었다는 것을 보여준다. 당시 오우치는 '여론'의 중요성을 특히 강조하였다. 일본은 입헌정체(立憲政體)이고 일본인은 여론을 가진 국민인 즉, 조선총독부는 조선의 실정에 정통한 일본인의 의견을 수용하며 식민정책을 입안할 것을 요구하였다. 2건의 심의 과정에는 조선총독부 측의 입장이 많이 반영되었지만, 이에 맞섰던 오우치 등은 조선에 정치·경제적 기반을 두고 있던 일본인들의 이해를 적극적으로 대변하였다. 이는 '일본의 안위'와 '동양의 평화'를 위해 획득한 식민지 조선을 근대적으로 '개혁·개발'하는 한편 조선총독 등 육군 군부세력의 독점적·전제적 지배로부터 분리해 일본 제국의 일부로 통치해야 한다는 오우치 죠조의 신념에 근거한 정치활동이기도 했다.

오우치 죠조는 일본 후쿠오카현 출신으로, 조선과는 당시 일본의 대표적인 국권주의 단체 중 하나였던 동아동문회 활동을 전개하는 과정에서 인연을 맺었다. 동아동문회 설립자인 고노에 아쓰마로의 최측근이던 오우치는 강제병합 이전 고노에의 대리인 자격으로 한국으로 건너와 한국 병합을 위한 다양한 활동을 전개하였다. 고노에 사후에는 고노에의 뜻을 정치적으로 실현할 목적으로 제국의회 중의원 선거에 출마하였다. 오우치는 1908년 제10회 중의원 총선거에서 대의사에 당선되었고, 이후 1930년까지 22년 동안 의정활동을 전개

---

[64] 『官報號外』 1913.3.26, 「朝鮮總督府新聞紙規則改正ニ關スル建議案」, 512~517쪽.

하였다. 제국의회 내에서는 한국(조선) 관련 안건을 주로 심의하는 대표적인 '조선통' 의원으로 통했다.

중의원 의원에 당선된 이후 오우치는 헌정본당 소속의 한국정무조사위원으로 한국을 왕래하면서 한국에 거주한 일본인들과 일정한 인적 네트워크를 구축하였다. 이들과의 상호관계 속에서 일본이 한국을 어떻게 보호통치 내지는 식민지배할 것인가 하는 문제를 끊임없이 고민하였고, 이를 바탕으로 본인이 확신하는 한국통치의 방향을 제국의회에 제시하였다. 오우치는 특히 한국에 거주한 '민간 일본인'의 역할이 중요하다고 강조했는데, 그들은 '대한정책을 실현할 방책'을 제안할 수 있는 중요한 존재라 주장하였다.

22년 동안의 의정활동 중 한국(조선)과 관련된 활동은 당선 직후인 1908년부터 1910년대에 한정되어 있다. 이 시기 활동했던 '조선 관계 대의사' 중에는 동아동문회, 현양사 등 여러 정치단체에서 활동하고 있던 인물들이 많았는데, 이노우에 가쿠고로(井上角五郎)와 아다치 겐죠(安達謙藏), 오가와 헤이키치 등이 대표적이다. 이들은 '아시아주의'를 주창하던 여러 국권주의 단체의 일원으로서 한국의 식민지화를 위한 적극적인 행보를 보였던 이들인데, 그 활동은 민간 정치단체의 활동에 그치지 않고 제국의회로까지 이어졌다.

오우치 등은 1910년대 중·후반부터 1920년대에 대의사로 활동했던 마츠야마 츠네지로(松山常次郎)라든가 마키야마 고죠(牧山耕藏), 사카가미 사다노부(阪上貞信)와 같이 인물들과도 구분된다. 마츠야마 등은 강제병합 전후한 시기부터 조선에 거주하면서 일정한 정치의식 가지게 된 인물들로, 자신의 목소리를 일본 정계에 보다 적극적으로 전달하기 위해 대의사가 되었다. 이들은 조선의 개발에 적극적이었는데, 특히 철도의 부설이나 항만의 수축 등을 위한 예산 확보에 집중하는 의정활동을 전개하였다. 조선에 거주하면서 사업체를 경영하고 있었던 만큼 본인의 경제적 이해와도 직접적으로 관련된 활동이었는데, 전형적인 '로비스트(lobbyist)'였다.

반면에 오우치 등과 같이 강제병합 전후 활동했던 대의사들은 통감부 시기 한국 식민지화에 기여했을 뿐만 아니라 강제병합 이후 일제가 식민지 지배정책의 방향성을 설정해 가는 데에 일정한 역할을 하였다. 이들은 정계 내 유력 인사들과 끈끈한 인적 네트워크를 형성하고 있었던 만큼 의회에서의 발언 영향력도 적지 않았다. 중국과 조선 등지에서 직접 수집하거나 현지의 일본인들로부터 획득한 정보를 제국의회에 제공하면서 일제가 조선 식민지 지배체제를 구축할 수 있도록 '로드맵'을 제시한 '브로커(broker)'의 역할을 한 것으로 볼 수 있다. 이는 그의 인적 네트워크, 곧 식민지 조선에 거주한 일본인의 이해, 혹은 오우치 자신이 식민지 조선에 구축하고 있던 정치·경제적 기반과 무관하지 않았으며, 본국 중심의 식민지 경영과 그들이 신봉했던 '아시아주의'를 실현시키는 한 방편이기도 하였다.

〈부표〉大內暢三의 일본제국의회 중의원 의정활동

회차	날짜	회의명	의정활동	비고	
제25회	1908.12/1909.2	청원위원회(제1호, 제3호, 제5호, 제9호, 제10호)	위원으로 선임되어 출석	출석	일본제국
	1909.2.	청원위원회 제1분과(제2호, 제4호, 제5호, 제7호)	위원으로 선임되어 출석	출석	일본제국
	1909.2.	조선장려법 중 개정법률안 외 1건 위원회(제1호~제5호, 제7호)	위원으로 선임되어 출석	출석	일본제국
	1909.2~1909.3.	청원위원회 제4분과(제1호, 제3호, 제4호)	위원으로 선임되어 출석	출석	일본제국
	1909.2.16	본회의 제8호	〈居留民團法中改正法律案〉(大內暢三 외 3명) 안건 상정	안건 상정	조선
	1909.2~1909.3	거류민단법 중 개정법률안 위원회(제1호~제3호)	출석해 안건 제출이유 설명	출석 발언	조선
	1909.3	한국횡관철도부설에 관한 건의안위원회(제1호)	위원으로 선임되어 출석	출석	조선
	1909.3	산업조합법 중 개정법률안 위원회(제1호)	위원으로 선임되어 출석	출석	일본제국
	1909.3.19	'로마'자 보급에 관한 건의안위원회(제1호)	위원으로 선임되어 출석	출석	일본제국
제26회	1910.2.1	본회의 제5호	통감정치에 관한 질의	출석 발언	조선
	1910.2.21	1904~1905년 전쟁으로 인해 손해를 입은 자 구휼에 관한 법률안위원회(제1호)	위원으로 선임되어 출석	출석	일본제국
	1910.2.25	1907년 법률 제44호 중 개정법률안위원회(제1호)	위원으로 선임되어 출석	출석	일본제국
	1910.2~1910.3	제국대학령 개정에 관한 건의안위원회(제1호, 제3호)	위원으로 선임되어 출석	출석	일본제국

제26회	1910.3.8	본회의 제17호	1904~1905년 전쟁 행상에 관한 질문	출석 발언	일본 제국
	1910.3.9	한국 재근 철도원 소속 관리의 은급 및 귀족부조료에 관한 법률안위원회 (제1호)	위원으로 선임되어 출석	출석	조선
	1910.3.	동양척식주식회사법 중 개정 법률안위원회(제1호, 제2호)	위원으로 선임되어 출석	출석	조선
	1910.3.12	한국 재근 철도원 소속 관리의 은급 및 귀족부조료에 관한 법률안위원회 (제2호)	위원으로 참석해 다수의 발언을 함	출석 발언	조선
제27회	1911.1.24	조선삼림특별회계법안위원회(제1호)	위원으로 선임되어 출석	출석	조선
	1911.1 ~1911.3	1910년 칙령 제324호 외 11건 위원회 (제1호~제3호, 제5호)	위원으로 선임되어 출석	출석	일본 제국
	1911.1 ~1911.2	조선삼림특별회계법안위원회(제2호~제3호)	위원으로 참석해 각종 사안에 대해 대해 질의함	출석 발언	조선
	1911.2.	구재판소 명칭 변경에 관한 법률안위원회(제1호~제2호)	위원으로 선임되어 출석	출석	일본 제국
	1911.2 ~1911.3	1907년 법률 제48호 중 개정법률안 외 1건 위원회(제1호~제2호)	위원으로 선임되어 출석	출석	일본 제국
	1911.3.3	간도에서의 영사관 재판에 관한 법률안위원회(제1호)	위원으로 선임되어 출석	출석	조선
	1911.3.6	간도에서의 영사관 재판에 관한 법률안위원회(제2호)	위원으로 참석해 각종 사안에 대해 질의함	출석 발언	조선
	1911.3.8	1907년 법률 제48호 중 개정법률안 외 1건 위원회(제3호)	위원으로 참석해 발언	출석 발언	일본 제국
	1911.3.	본회의(제20호~제23호)	〈조선곡물 및 곡분 이입세에 관한 건의 안〉(大内暢三) 안건 상정	안건 상정	조선
	1911.3.13	귀족원 및 중의원 속기기수 재관연월수에 관한 법률안위원회(제1호)	위원으로 선임되어 출석	출석	일본 제국
	1911.3.20	본회의(제25호)	〈조선 곡물 이입세에 관한 질문 주의서〉(大内暢三 외 1명)	안건 상정	조선

제28회	1911.12 ~1912.2	결산위원회(제1호~제3호)	위원으로 선임되어 출석	출석	일본 제국
	1912.2.	본회의(제6호~제7호)	〈부현제 중 개정법률안〉(大内暢三 외 3명), 〈군제 중 개정법률안〉(大内暢三 외 3명) 안건 상정	안건 상정	일본 제국
	1912.2 ~1912.3	부현제 중 개정 법률안 외 3건 위원회 (제1호~제4호)		출석	일본 제국
	1912.3	관세정률법 중 개정법률안 외 1건 위원회(제1호~제4호)		출석	일본 제국
	1912.3	기선'토로루'어업 단속에 관한 건의안위원회(제1호~제2호, 제5호)	위원으로 선임되어 출석	출석	일본 제국
	1912.3.	조선의원 및 제생원 특별회계법안위원회(제1호, 제3호)	위원으로 선임되어 출석	출석	조선
	1912.3.15	조선의원 및 제생원 특별회계법안위원회(제2호)	위원으로 참석해 자혜의원 등에 관하여 질의	출석 발언	조선
	1912.3.16	조선에서의 학교직원으로 국고에서 봉급 지급을 받는 문관 판임 이상의 자에 대한 퇴은료 및 귀족부조료에 관한 법률안위원회(제1호)	위원으로 선임되어 출석	출석	조선
	1912.3.18	조선에서의 학교직원으로 국고에서 봉급 지급을 받는 문관 판임 이상의 자에 대한 퇴은료 및 귀족부조료에 관한 법률안위원회(제1호)	위원으로 참석해 다수 발언	출석 발언	조선
	1912.3.22	조선총독부 신문지규칙 개정에 관한 건의안위원회(제1호)	위원으로 참석해 다수 발언	출석 발언	조선
제30회	1913.3.8	본회의(제7호)	〈米 및 籾 이입세 폐지에 관한 법률안〉(大内暢三 외 1명) 안건 상정	안건 상정	일본 제국
	1913.3.10	米 및 籾 이입세 폐지에 관한 법률안위원회(제1호)		출석	일본 제국
제30회	1913.3.13	본회의(제9호)	〈府縣制 중 개정 법률안〉(大内暢三 외 2명) 안건 상정	안건 상정	일본 제국
	1913.3.20	본회의(제12호)	〈米 및 籾 이입세 폐지에 관한 법률안〉(大内暢三 외 1명) 안건 상정	안건 상정	일본 제국
	1913.3.22	부현제 중 개정 법률안위원회(제2호)	〈府縣制 중 개정 법률안〉(大内暢三 외 2명) 안건 상정	안건 상정	일본 제국
제35회	1913.12.8	결산위원회(제1호)	위원으로 선임되어 출석	출석	일본 제국
	1913.12.	중의원의원선거법 중 개정 법률안위원회(제1호~제2호)	위원으로 선임되어 출석	출석	일본 제국
제39회	1917.6.	전사화업공채법안 외 1건 위원회(제1호~제2호)	위원으로 선임되어 출석	출석	일본 제국

제40회	1918.2.	삼림법 중 개정법률안위원회(제1호~제2호)	위원으로 선임되어 출석	출석	일본제국
	1918.2~1918.3	잇기(壱岐), 쓰시마(対馬), 본토 간 교통운수 설비에 관한 건의안위원회(제1호, 제3호~제4호)	위원으로 선임되어 출석 (제4호)동료 의원의 발언에 동의함	출석	일본제국
	1918.3.	구루메(久留米)-오이타(大分) 간 철도 건설에 관한 건의안위원회 (제1호~제3호)	위원으로 선임되어 출석	출석	일본제국
제41회	1919.2.	일비철도(日肥鉄道) 건설에 관한 건의안위원회(제1호, 제4호)	위원으로 선임되어 출석	출석	일본제국
	1919.2	이마리(伊万里)-사세보(佐世保) 간 철도건설에 관한 건의안위원회 (제1호, 제3호)	위원으로 선임되어 출석	출석	일본제국
	1919.3.6	연송철도(延松鉄道) 속성에 관한 건의안위원회(제1호)	위원으로 선임되어 출석	출석	일본제국
	1919.3.	두 히젠(肥筑) 관통철도 부선에 관한 건의안위원회(제1호~제2호)	위원으로 선임되어 출석	출석	일본제국
	1919.3.	조선경편철도보조법안위원회(제1호~제2호)	위원으로 선임되어 출석	출석	일본제국
제42회	1919.12.27	결산위원회(제1호)	위원으로 선임되어 출석	출석	일본제국
제42회	1920.2.20	치안경찰법 중 개정법률안 외 1건 위원회(제1호)	위원으로 선임되어 출석	출석	일본제국
제50회	1925.2~1925.3	금치훈장연금령(金鵄勳章年金令) 개정에 관한 건의안(제1호~제2호)	위원으로 선임되어 출석	출석	일본제국
제53회	1927.5.7	본회의(제4호)	위원으로 선임되어 출석	출석	일본제국
제55회	1928.4~1928.5	본회의(제6호~제7호)	〈결의안(내상 처결, 기타에 관한 건)〉, 〈결의안(경제광구의 건)〉 의안 제출	의안 상정	일본제국
	1938.5.	본회의(제8호~제9호)	〈결의안(경제광구의 건)〉 의안 제출	의안 상정	일본제국

	1929.1.25	본회의(제6호)	총리대신 겸 외무대신의 연설을 듣고 중국문제 등에 관하여 질의	출석 발언	일본 제국
제56회	1929.3.25	홋카이도철도주식회사 소속 철도 외 13 철도 등 매수를 위한 공채발행에 관한 법률안 양원 협의위원, 의장, 부의장 호선회(제1호)	위원으로 선임되어 출석	출석	일본 제국
	1929.3.25	홋카이도철도주식회사 소속 철도 외 13 철도 등 매수를 위한 공채발행에 관한 법률안 양원협의회(제1호)	위원으로 선임되어 출석	출석	일본 제국

출전:『帝国議会会議録検索システム』(https://teikokugikai-i.ndl.go.jp/#/)

10장
아다치 겐조 安達謙藏 는 어떻게 '조선 관계 대의사'의 원조가 되었나?
- 조선과의 인연과 제국의회 중의원 의정 활동-

1. '조선낭인 출신 최초의 대신', 조선과의 인연

아다치 겐조(安達謙藏, 1864~1948)는 1864년 구마모토번(熊本藩)의 호타쿠(飽託)(현재 구마모토시)에서 구마모토 번사 安達二平의 장남으로 태어났다.[1] 그의 가문은 구마모토 번주 호소가와(細川) 가문이 고쿠라(小倉)에서 구마모토로 전봉되어 올 때 이를 수종하여 정착하게 되었다. 부친은 궁도에 능한 무인으로, 어린 시절 그 활을 놀이 도구로 썼을 만큼 성장기 아다치에게 많은 영향을 끼쳤을 것으로 보인다. 14세에 세이난전쟁으로 구마모토 시가가 폐허로 변한 것을 목격했고, 15세에는 타마나(玉名) 지역의 한문숙에서 한학을 배웠다. 1883년에는 사사 도모후사(佐佐友房)가 경영하는 濟濟黌으로 전학하였다.

1877년 세이난전쟁에서 구마모토대의 소대장으로 참전했던 이력을 가진 보수적 국가주의자 사사 도모후사는 1879년 同心學舍를 개설하고 후진 양성에 힘썼는데, 1881년부터 조선어와 중국어를 가르치는 등 패전으로 황폐화된 향리의 활로를 국권 확장에서 찾고자 하였다.[2] 1882년 이를 '濟濟黌'으로 개칭하였고, 아다치는 이곳에서 발군의 재주를 인정받아 黌長을 맡으면서 사사를 곁에서 수발드는 등 수제자가 되었다.[3]

---

[1] 아다치 겐조의 생애와 이력은 별도의 언급이 없는 한 다음을 참조하였다. 安達謙藏, 『安達謙藏自叙傳』, 新樹社, 1960.
[2] 배병욱, 「한말·일제하 熊本國權黨의 '조선어학생 파견사업' 연구」, 동아대학교(박사), 2019. 9~13쪽.
[3] 한눈에 사사의 눈에 들어 학비를 면제받고 월급을 받는 등 높은 평가를 받았던 아다치가 국권당 내에서 두각을 나타내기 시작한 계기는 조약개정 반대운동(1889)이었다. 이후 마쓰카타 마사요시(松方正義) 내각의 시나가와 야지로(品川弥二郎) 내무대신에 의한 선거 간섭 지원(1892)에서는 장사를 인솔하고 격투도 벌였으며, 사사의 기대에 부응했다. 아다치가 을미사변의 지휘자 미우라 고로(三浦梧樓)의 면식을 얻은 것도 조약개정 반대운동에서였다고 한다. 김문자 지음, 김승일 옮김, 『명성황후 시해와 일본인』,

    1893년 방곡령 사건이 발발하자, 帝國黨 소속의 대의사가 된 사사 도모후사는 오이시 마사미(大石正已) 조선공사의 초청으로 한성을 방문하였는데, 아다치도 그를 따랐다. 조선과의 첫 대면이었고, 대원군과 위안스카이(袁世凱) 등을 만난 후 1달 만에 귀국하였다.[4] 이듬해인 1894년 동학농민전쟁이 발발하자, 아다치는 사사의 명을 받고 다시 한번 조선으로 향했다.[5] 이후『九州日日新聞』의 경성특파원으로 종군하면서 水原을 시작으로, 振威, 素砂場을 거쳐, 成歡戰鬪 등 주요 전황을 참관하였다.

    청일전쟁의 무대가 중국으로 이동하자, 1894년 겨울 쓰다 세이치(津田靜一)를 비롯하여 국권당 인물 다수가 '조선 경영'을 위해 도항하여 경성에 모였다. 이들은 정치부와 사업부로 나뉘어 각자 식민사업에 착수했는데, 정치부 사업은 신문발행이 그 중심으로, 아다치의 책임 하에『朝鮮時報』(부산, 1894.11.21., 이하 조선시보)와『漢城新報』(한성, 1895.2.16., 이하 한성신보)를 발행하는 성과가 있었다. 특히 한성신보는 외무성 기밀비로 창간하고 매월 보조금을 받는 어용지로, 일본어와 조선어 2개 언어로 지면을 구성한 최초의 신문이다. 창간 과정에서 먼저 출원한 일본인 유지와의 공동경영안을 무시하고 아다치에게 경영권을 몰아준 것은 이노우에 카오루(井上馨) 조선공사였는데, 미우라 고로(三浦梧樓) 신임 공사와 함께 왕후 살해 계획의 중심에 있는 인물이다. 사장 아다치 외 주필 구니토모 시게아키(國友重章), 편집장 고바야가와 히데오(小早川秀雄), 기자 사사키 마사이(佐佐木正), 회계 우시지마 히데오(牛島英雄)를 비롯하여, 객원으로 히라야마 이와히코(平山岩彦)와 마쓰무라 다츠요시(松村辰喜)가 있었고, 직공들도 대개는 이들과 동향이어서 마치 "구마모토 동지의 梁山泊으로 보였다."[6] 사업부는 경성 필동에 자리한 쓰다의 집 '樂天窟'을 중심으로 조선 농공상부 고문 사토 준조(佐藤潤象) 등이 약동하였고, 사사 도모후사의 동생 사사 마사유키(佐佐正之)는 남대문통에 약방을 열어 고향사람을 식객으로 길렀다.[7]

    청일전쟁에서 승리했음에도 삼국간섭으로 결국 요동반도를 반환하게 되자, 고종은 일본

태학사, 2011, 329~330쪽.

[4] 『九州日日新聞』, 1910.08.16, 「韓國と熊本縣人(3) 附, 樂天窟の沿革」

[5] 安達謙蔵, 앞의 책, 35~37쪽.

[6] 安達謙蔵, 앞의 책, 57~58쪽.

[7] 국권당이 왕후 살해를 주도하였음은 재론할 필요가 없을 정도의 상식이다. 이노우에와 아다치, 사사 마사유키의 결탁, 미우라의 암묵적 지시에 의한 한성신보 사원 등 낭인 동원을 주요 증거로 꼽는다. 을미사변에서 구마모토 측 인사들의 동향에 대해서는 다음을 참조할 것. 山室信一, 『アジアびとの風姿』, 人文書院, 2017.

의 권위가 실추된 것으로 보고 내정개혁 요구를 거부하고 러시아에 접근하였다. 그 책략의 중심에 왕후 민씨가 있는 것으로 보고, 일본 정부는 차관과 뇌물로 회유한다는 '궁중 전략'을 꺼내 들었으나, 왕후가 이를 명확히 거절하므로 실력으로 배제할 수밖에 없다는 생각이 부상하게 되었다. 러시아와 조선의 결탁은 일본이 러시아와 국경을 맞대는 결과를 불러올 것이 뻔한데, 이는 국권당 등의 우익 부류가 동아시아연대를 통해 막고자 했던 최악의 상황으로 여겨졌다. 또 조선에의 세력 부식·강화라는 현실적 목표에도 큰 악재였으므로, 국권당은 아다치의 한성신보사와 樂天窟, 그리고 사사 마사유키 일파 등 그동안 구축해 온 모든 입지를 건 도박을 벌였다.

> 청일전쟁의 연전연승으로 강화담판에서 이홍장이 시모노세키로 오고, 비상하듯 일본의 세력이 조선으로 뻗었으며, 일본 장교에 의해 조선 병사로 구성된 훈련대라는 것이 2개 대대나 생겼고, 매우 훌륭한 군대가 만들어졌다. 그런 상황에서 청천벽력 같은 삼국간섭이 일어나 이것으로 일본의 콧대가 꺾였다. 그 반동으로 조선 놈들이 머리를 불쑥 쳐들고 와서 일본을 경멸하였다. 게다가 이노우에 씨는 물러났다. 이노우에 씨가 있으면 썩어도 도미, 돈도 주고 여러 가지로 보살펴 주었기 때문에 명망도 있었지만, 이노우에 씨를 보내고 미우라 공사를 데려왔다. (중략) 미우라 씨가 나에게 계획을 털어놓았다. 나는 신문사에 수십 명이나 되는 자를 데리고 있으니까 나를 통하지 않고서는 장사를 변통하지 못하는 것이다. (중략) 날이 샐 무렵 광화문(서대문)으로 들어갔고, 그러고 나서 빠른 걸음으로 대원군을 메고 궁 안에 들어갔다. 그 소식을 듣고 어떤 연대장이 병사를 이끌고 왔고, 거기서 총질이 시작되었다. 우리는 문 안에 들어가 있었다. 나중에 일본 병사가 왔고, 그 연대장은 일본 장교가 권총으로 사살했지요. (속기중단)[8]

1895년 10월 8일 경복궁에 침입하여 왕후 민씨를 시해하던 순간에 대한 아다치의 회고 중 한 대목이다. 그는 자신만이 할 수 있다고 장담하였던 장사들을 동원하여 대원군을 메고 궁궐로 난입하였고, 총격전 현장을 지휘하였던 사령관이었다.[9] 연대장(홍계훈)을 일본 장교

---

[8] 「安達謙蔵氏談話速記」, 『政治談話速記録 : 憲政史編纂会旧蔵 第1巻』(近代未刊史料叢書1), ゆまに書房, 1998. (김문자, 앞의 책, 321쪽 재인용)
[9] 『京城日報』, 1932.02.13.(3),「足跡をさぐる, 新朝鮮の建設途上表と裏に踊る人人(3), 第一次退韓者四十餘名の壯士は

가 권총으로 사살했다는 말 이후 왕후 시해의 민감한 이야기가 기다리고 있자 속기는 중단되었다.

아다치 겐조. 오른쪽 사진은 을미사변 당시 본국으로 압송당하기 직전 부산에서 촬영한 것이다.
(좌) 国立国会図書館, 「近代日本人の肖像」(https://www.ndl.go.jp/portrait/)
(우) 東京朝日新聞政治部 編, 『その頃を語る』, 東京朝日新聞発行所, 1928, 129쪽.

도박의 결과는 주지하다시피 조선으로부터의 추방이었다. 을미사변으로 재판에 회부된 일본인 총 56명 중 흔히 낭인이라 부르는 민간인 가해자가 37명이고, 그 가운데 21명이 구마모토현 출신자라는 것은 익히 알려진 사실이다.[10] 이들 중 사사 마사유키 등 일부를 제외한 나머지 대부분의 인물들은 향리에 머물면서 다시 조선으로 돌아오지는 않았다. 아다치 역시 한때 러일전쟁과 평양에서의 신문발행에 관여하기도 했지만,[11] 조선에서의 활동은 사실상

斯くして故國へと逐はれた」. "제국의 저자세에 비분의 피를 토한 재경성의 젊은이들 중에는 勇躍하여 다음날 8일 아침 我 경찰관과 훈련대의 응원 하에 광화문통에서 경복궁으로 향하였다. 아다치 씨가 일행의 사령관 격으로 (중구난방인) 청년들을 통솔하였던 것은 이때이다. 한성신보의 초대 사장 아다치 씨는 일이 여기에 이르기까지 이면의 활동에 종사하고 있었던 것은 물론이지만, 여기서 한국 근위병과 아국 테러단의 충돌을 배경으로 일단을 지휘하는 화려한 그의 드문 표면이 드러났다."

[10] 강창일, 『근대 일본의 조선침략과 대아시아주의』, 역사비평사, 2003, 134쪽.

[11] 러일전쟁 중 한국과 만주 일대를 시찰하던 아다치는 평양이 서울에 버금가는 한반도 서북부의 요지임에 주목하여 신문사 설립을 계획했다. 이에 외무성에 창업비 보조를 출원하여 1905년 1월 1,700엔을 받아냈고, 『平壤新報』를 창간하였다. 주간은 자신의 측근인 평양일어학교 교장 신도 요시오(眞藤義雄)에게 맡겼다. 7월 5일 제1호를 발간하였는데, 총 6면에 일본어와 한국어(2면) 혼용이었고, '조선어학생' 2기 宮崎秋汀이 한국어 면을 담당하였다. 격일 간으로 발행하였으나, 1908년 3년 만에 폐간하였다. 鄭鳳輝, 「熊本県人の韓国における言論活動(自1880~至1920)」, 『海外事情研究』 30-2, 熊本学園大学付属海外事情研究所, 2003.

이것이 마지막이었다.[12]

그럼에도 아다치의 이후 일생에 조선은 항상 꼬리표처럼 따라다녔고, 그와 조선과의 인연을 말할 때 을미사변과 한성신보사 설립을 빼놓지 않았다. 다음은 1925년 그가 체신 대신에 임명되었을 때 재조일본인 신문들의 반응이다.

(가)

(아다치) 씨 등의 이 일거(을미사변)가 일본의 국운에 전기를 긋고 금일 동양 맹주의 위치에 서게 한 요인이 되었으며, 침략주의 제정 러시아가 부산 절영도에 해군 근거지를 만드는 계획을 포기하고 뤼순, 다롄까지 후퇴하는 원인이 되었던 것이어서, 씨의 在鮮 공적은 크다. 我社의 부흥에 진력하신 것은 실로 민비사건의 앞이었다. 그리고 조선에서의 한판 승부에 천하가 모두 아다치씨의 偉才를 인정하며…[13]

(나)

아다치 군이 체상이 된 것은 오히려 너무 당연할 정도입니다. … 아다치 군은 조선에도 관계가 깊고 경성일보의 전신인 한성신보의 창립자이며, 또 『철도론』이라는 책자를 발행하여 일찍이 조선철도의 포설을 주장하였던 사람입니다. 아다치씨는 관계에서는 하등 지반을 갖지 못한 제1기 오쿠마 내각시대에 참정관(지금의 정무차관)으로서 입각하여 금회에 3번째 입각했습니다만, 그 외는 항상 민간에서 방가를 위해 진력하고 있습니다. 금번 아다치 군이 민간을 떠나면 금후 헌정회와의 교섭이 어떻게 될 것인가가 일반이 걱정하고 있는 것 같으나, 그것도 아다치 군이기 때문에 그다지 우려할 만한 일은 없을 것 같고, 어쨌든 아다치 군의 입각은 헌정회를 위해서도 조선을 위해서도 기뻐할 만한 일이라고 생각합니다.[14]

위 인용문 (가)는 아다치가 설립한 조선시보의 기사인데, 자사 '부흥'의 공로와 함께 을미사

---

[12] 아다치 스스로도 조선과의 인연에 대해 훗날 다음과 같이 말하였다. 『每日申報』, 1938.05.03.(1), 「實로 隔世의 感」. "閔妃事件 때문에 退限 命令을 受하고 2個年 동안 離鮮 그 후로는 別로 往復하지 안헛다."
[13] 『朝鮮時報』, 1925.06.07.(2), 「我社中興の功勞者, 新遞信大臣安達謙藏氏」
[14] 『京城日報』, 1925.05.31.(1), 「安達新遞相は朝鮮に關係深い, 本社の前身漢城新報の創立者, 竹馬の友の佐佐正之氏語る」

변에서의 전략적 판단을 그 '在鮮 공적'으로 꼽는다. 일본이 한반도에서 러시아 세력을 몰아내고 동양 맹주의 지위를 차지하는데 밑거름이 되었다는 것이다. 을미사변의 결과가 아관파천을 불러왔고, 1897년 8월 러시아의 부산 절영도 조차 요구로 이어졌다. 그러나 독립협회 등 조선 내부의 강력한 저항에 부딪혀 러시아는 이를 철회하였고, 동시에 일본도 절영도의 석탄고 기지를 반환하였다. 아다치가 러시아의 남하를 차단하는 데 직접 역할을 한 것이 아님에도 불구하고 러시아와의 대결 구도를 형성하여 종국에는 러일전쟁까지 나아가는 전기가 되었다는 점을 적극 평가한 것이다.

(나)에서는 '죽마고우' 사사 마사유키가 아다치와 조선의 깊은 인연을 말하며 역시 한성신보를 거론하였다. 그리고 아다치가 1925년 체신 대신이 된 것을 포함하여 3번을 입각하였지만, 여전히 "민간에서 방가를 위해 진력한" 사람으로 평가하고 있다. 본국의 관계에 대해 어디까지나 '민간'일 수밖에 없는 재조일본인들의 복잡다단한 심경이 다음의 만평에서도 행간에 느껴진다.

> 조선낭인에서 대신을 배출한 것은 아다치 씨를 효시로 한다. 금석의 감을 이기지 못하는 분도 심히 많을 것 같다.[15]

> 조선에 연고가 깊어 그 아호까지 '칸조(漢城)'라고 한 아다치 겐조 군의 체신 대신(임명)은 조선으로서는 어쩐지 그리움뿐만은 아니다. 그의 입각으로 가토(加藤) 내각의 관료 냄새를 살짝 상쇄한 것 같아 일단 헌정회의 성공이라고 하지 않을 수 없다.[16]

재조일본인들은 아다치가 '조선 출신'이라는 반가움, 혹은 식민지 현장에서 느끼는 '민간'의 서러움과 함께 과거 을미사변 때와 같은 전략가의 면모를 내각에서도 보여 답답한 관계의 분위기를 일신하기를 바라는 기대감을 드러낸 것으로 생각된다. 이때 '민간'이란 다음 〈표 1〉에

---

[15] 『京城日報』, 1925.05.31.(1), 「對山錄」. '조선낭인'이란 조선에서 활동한 이력을 가진 낭인 집단을 일컫는 것으로, '지나낭인'이나 대륙낭인과 달리 일반적으로 쓰이지는 않았으나, 메이지기 때부터 종종 사용되었다. 강창일은 조선낭인의 활동 양상을 다음의 세 가지로 구분하였다. ① 1894년 天佑俠를 결성하여 동학농민군 지원을 위해 접촉 ② 1895년 을미사변 가담 ③ 1901년 黑龍會를 결성하여 대러전쟁론을 주창하고, 러일전쟁 이후 一進會를 배후 조종하여 '한일합방' 운동 전개. 강창일, 앞의 책, 15쪽.

[16] 『朝鮮新聞』, 1925.06.02, 「閑題目」

서 보듯 한국 강제 병합 이전부터 함께 활약했던 흑룡회 등 조선낭인 동지이거나, 식민 통치에 협조적인 조선인들로 상정된다. 이들은 아다치와 조선을 이어주는 인적 연결고리로, 아다치는 조선에 대한 연고를 강조하며 일제 말까지 그 관계를 이어간다. 사이토 마코토(齋藤實) 총리 등 조선총독부 출신 관료들도 '조선'이라는 공통 분모를 갖고 있었다.

〈표 1〉 아다치 겐조의 조선 관련 활동(1910년 이후)

시기	제목	활동 내용	출처
1927.02.	李周會 유족을 위한 기부금 모집·전달	을미사변의 조선 측 주범인 이주회(전 군부협판)가 사형당한 후 어려움을 겪고 있는 그 유족의 구제를 위해 박영효, 頭山滿, 犬養毅, 安達謙藏, 三浦梧樓 등이 기부금을 모집하여 전달	『中外日報』, 1927.02.02.(2) 『京城日報』, 1927.03.04(2)
1933.04.	조선신궁에 太刀 봉납 願文 작성	국민동맹 栗原彦三郞 대사가 齋藤 수상과 협의하여 일본도(太刀)를 조선신궁에 봉납하였는데, 그 願文을 아다치가, 祝詞를 內田良平가 작성함	『京城日報』, 1933.04.23.(2)
1933.08.	내선부인회 조직·활동	丸山鶴吉·水野鍊太郞·安達謙藏·齋藤實(총리) 등 조선 관계자들의 부인들이 '내선융화'를 위해 조직. 일본에 이주한 가난한 조선인 자녀들을 위한 초등교육과 일본어 및 일본식 생활 습관 교육	『京城日報』, 1933.08.02
1934.11.	'일한합방기념탑' 제막식	頭山滿·內田良平 등 발기로 黑龍會가 明治神宮 앞에 건립. 제막식 참석	『朝鮮新聞』, 1934.11.30(7)
1939.09.	'일한합방' 30주년 기념식	'일한합방' 30주년을 맞아 黑龍會(頭山滿·葛生能久) 주최로 明治神宮 앞 '일한합방기념탑'에서 靈前祭를, 靑山會館에서 '日韓合邦先覺志士慰靈祭'를 개최. 내빈 대표로 인사	『朝鮮時報』, 1939.09.27(5) 『京城日報』, 1939.09.30(2)
1941.08.	安達謙藏송덕비 건립	동아불교협화회 부회장 이원석·박춘금 등 '재내지 반도인 유지' 36명이 부총재 아다치가 불교를 통한 '내선일체'에 진력한 것에 감사를 표하기 위해 요코하마 별저에 건립	『朝鮮新聞』, 1941.08.16.(3)

출전: 대한민국 신문아카이브(https://www.nl.go.kr/newspaper) ; 神戶大學附屬圖書館デジタルアーカイブ 新聞記事文庫(https://da.lib.kobe-u.ac.jp/da/np)
비고: 院外 활동만을 대상으로 한 것으로, 언론과의 인터뷰나 투고(축사, 회고), 정치 집회 등에서 조선을 언급하였더라도, 소략하거나 반복된 내용(을미사변·신문발행)은 배제함.

〈표 1〉은 조선과 일본의 주요 언론에 보도된 아다치의 병합 후 조선 관련 활동을 정리한 것으로, 특히 을미사변의 조선 측 주범인 李周會[17]에 대한 예우와 함께 그 유족을 구제한 활동

---

[17] 을미사변 당일 새벽, 당시 군부협판에서 물러난 직후였던 이주회는 오카모토 류노스케(岡本柳之助)와 함께 마포 공덕리에 가서 흥선대원군을 호위하여 대궐로 들어왔으며, 왕태자가 있던 長安堂까지 범입하였고, 궁궐 도처에서 변란을 일으킨 군사들을 지휘하였다. 이 일로 일본인 고용 출신의 박선, 친위대 副尉 윤석우와 더불어 1895년 11월 13일 교수형을 선고받고 처형되었다. 다른 이들은 재판 과정에서 자신의 죄를 적극 부인한 반면, 이주회는 모든 책임이 자신에게 있다고 주장하였다. 1908년 11월 신원과 복작이 이루어졌고, 1910년 10월 그 후사에게 5천원의 은사공채가 내려졌다.

이 주목된다. 고향인 경기도 광주군에 가매장되어 있던 그의 유골을 수습하여 용산 瑞龍寺 國士臺에 그 처와 합장한 것은 1930년 11월이었다. 같이 처형된 尹錫禹와 朴銑의 비도 그 곁에 세웠다. 이때 도야마 미쓰루(頭山滿), 미우라 마쓰지로(三浦松二郞)(미우라 고로의 후사), 우치다 료헤이(內田良平), 고쿠보 기시치(小久保喜七)를 비롯하여 아다치 등이 발기인이 되어 유지 186명의 찬조를 얻었다.[18] 이후에도 '조선의 의인' 이주회를 비롯하여 다케다 한시(武田範之)[19] 등 '병합 당시의 공로자'들에 대한 법요가 이곳에서 개최되었고, 총독부 관료들은 물론, 구즈 요시히사(葛生能久)등 도쿄에서 흑룡회 인사들이 참석하기도 하였다.[20]

1941년 요코하마에 소재한 아다치의 별저에 '재내지 반도인 유지' 36명이 모여 그의 송덕비를 건립한 일도 있었다. 이를 주도한 것은 李元錫과 朴春琴으로, 이들은 東亞佛敎協和會의 부회장이었고, 아다치는 전 조선총독부 정무총감 미즈노 렌타로(水野練太郞)와 함께 부총재를 맡고 있었다. 동아불교협화회는 '신동아 건설'과 '日滿支(일본·만주·중국) 친선'을 불교 정신에 입각하여 이루고자 하는 종교 분야 일제협력단체였다.[21] 이원석은 아다치가 그동안 불교를 통한 '내선일체'에 "남다른 진력을 하신 일이 감격스럽기 그지없어 우리들의 微衷을 표하기 위해서"라고 그 건립 의도를 밝혔다.[22] 이 무렵 아다치는 별저에 八聖殿(1933)[23]을, 향리 구마모토에는 三賢堂[24]을 건립하고 '국민정신 고취' 운동을 선도하고 있었다.

이상을 통해 보듯 아다치의 조선에서의 적극적 활동은 1893년 스승 사사를 동반하여 사정조사에 나선 것을 포함하여, 1894년부터 1895년에 이르기까지 채 1년에 못 미치는 짧은 시간

---

[18] 黑龍會 편, 『東亞先覺志士記傳』(上卷), 黑龍會出版部, 1933, 544~545쪽.
[19] 다케다 한시(1863~1911)는 청일전쟁 시기 天佑俠에 가담한 이래, 을미사변으로 히로시마감옥에 투옥된 바 있다. 1901년 흑룡회 결성에 참가하였고, 한말에는 일진회를 배후 조종하여 한일병합 청원을 주도하기도 하였다. 이주회와는 여수 금오 인근에서 함께 어로 사업을 벌일 정도로 교류가 있었다. 曹洞宗 서룡사에 책임자로 있었고, 사후 경내에 무덤과 묘비가 조성되었다. 이주회의 묘지로 서룡사가 선택된 것은 다케다와의 인연 때문이다.
[20] 『朝鮮新聞』, 1931.04.27.(2),「國士台의 法要, 頭川翁代理의 葛生氏來城」
[21] 1932년 12월 비상시 사상 국난에 대처하기 위하여 朝鮮佛敎普及會를 개칭하여 설립되었다. 당초에는 '자력갱생'과 '내선융화', '일만 친선 도모'를 내건, 일본 내에 거주하는 조선인 교화를 위한 사상 단체였다.
[22] 『朝鮮新聞』, 1941.08.16.(3),「安達謙藏氏의 頌德碑半島人有志가 建設」
[23] 아다치가 '국민정신 작흥'을 위해 1933년 11월 13일 개원한 대중 수양의 도량. 쇼토쿠(聖德) 태자, 석가모니, 弘法大師, 공자, 親鸞上人, 소크라테스, 日蓮上人, 예수 등 동서양 8성의 등신상을 안치하였다.
[24] 같은 취지로 구마모토의 세 賢人, 즉, 기쿠치 다케토키(菊池武時), 가토 기요마사(加藤淸正), 그리고 호소가와 시게카타(細川重賢)의 좌상을 설치하였다.

漢城先生安達謙藏頌德之碑와 팔성전
(상) 건립 당시와 현재의 아다치 송덕비 모습. (하) 팔성전은 현재 요코하마시 팔성전향토자료관(横浜市八聖殿鄕土資料館)으로 변모하였으나, 내부의 8성상 등 대체로 원형을 유지하고 있다.
상단 좌측은 『朝鮮新聞』, 1941.08.16.(3).

에 불과하였다. 이후에도 병합 전까지 종종 조선을 다녀간 일이 있지만,[25] 거주는 아니었다. 그럼에도 그는 을미사변을 주도하여 일본의 한반도 진출에 전기를 마련한 것으로 평가받았고, 조선에서 큰 정치적 자산을 마련하였다.[26] 그의 '在鮮記'는 본국과 조선의 신문·잡지에서 끊임없이 회자되었고, 재조일본인들에게는 '조선낭인 출신 최초의 대신'이자 '정계의 스타'[27]인 그가 일종의 선망의 대상이었다. 그러나 스스로 조선과의 깊은 인연을 말하였음에도, 조선에 구축해 놓은 정치적·경제적 기반은 빈약하였다. 그의 인적 연결망은 흑룡회 등 과거의 동지들이거나 조선에 재직한 관료들이었고, 내선일체 운동에 순응하는 친일파 무리였

---

[25] 『京城日報』, 1931.12.12.(7), 「其頃から人を集め謀を廻した安達さん ; 日韓風雲急の時代にゐたその當時のプロフィル」. "(아다치의) 경성 거주 생활은 (왕비 살해) 사건 때에 종료되었으나, 1906년 京日과 漢城이 합병하기까지 때때로 渡鮮하였다." 아다치의 동향인으로 함께 을미사변에 가담하였던 기쿠치 겐조(菊池謙讓)의 회고이다. 『漢城新報』는 『大東新報』와 1906년 8월 통합되어, 통감부의 일본어 기관지 『京城日報』가 되었다.

[26] 위의 글. "젊을 때는 꽤 난폭자로 배짱이 있고 열심히 하는 國士였기 때문에 도선 당시의 오토리 게이스케(大鳥圭介) 공사나 이노우에 카오루 공사에게는 무척 사랑받고 신임받았던 사람이다. (중략. 시간을 지켜 확실히 마무리 짓는 세심한 성격) 청년 아다치 씨는 이때부터 다소 음험함을 더한 수수한 그다운 지반을 만들었던 것이다. 그는 당시의 국사 사사 씨를 따랐고, 이노우에 씨에게 인정받아 향리 구마모토로 돌아갔다. 아다치 씨가 정치에 본격적으로 나선 것은 여기서부터였던 것이다."

[27] 『京城日報』, 1932.02.10.(3), 「足跡をさぐる, 新朝鮮の建設途上表と裏に踊る人人(2), '選擧の神樣'策士安達謙藏さんも閔妃事件では投獄の憂目を見た」

다. 을미사변에 희생된 '조선의 의인'과 그 유족을 보살피고, 한국 병합을 기념하며, 국민사상 교화운동에 조선인도 빼놓지 않았다. 그에게서 조선은 분리될 수 없는 존재였다.

2. '선거의 신', 의정 활동과 조선

조선에서의 퇴거 후 구마모토로 돌아온 아다치는 사사 도모후사를 도와 국권당(1889)의 당세 확장에 힘썼고, 1896년 상무위원에 취임하였다. 이윽고 1902년 제7회 총선거에 출마하여 당선되었고, 그 후 마지막 선거가 된 1937년 제20회 총선거까지 35년간 중의원에 14회 연속 당선 되는 대기록을 세웠다. 특히 1915년 제2차 오쿠마(大隈) 내각이 실시한 제12회 총선거에서는 여당인 立憲同志會의 선거장을 역임하면서 대승을 이끌어 도쿠토미 소호(德富蘇峰)로부터 '선거의 신'이라는 별칭을 얻기도 했다.[28] 아다치에게 어떤 정치적 배후와 능력이 있었기에 이러한 결과가 가능했을까?

1902년 초선 당시 그의 회고를 보면, 역시 국권당에서 실무를 맡으며 헌신했던 경력과 함께 소선거구제에서 대선거구제로 개정되면서 지역 유지나 자산가 외에 뛰어난 정치 감각이 점차 대의사의 요건으로 떠오른 시대적 배경도 하나의 요인이 된 것으로 보인다. 그러나 무엇보다 고바야가와 히데오, 히라야마 이와히코[29] 등 을미사변 주역들의 적극적 후원이 있었던 것을 명확히 알 수 있다.

> 나 같은 경우도 1896년 이래 진서관 본부에 있으며 당무에 전신을 경도하였고, 縣下 동지의 신망도 충분히 획득하고 있었지만, 막상 선거에 돌입하자 '아다치군은 아직 일러'라고 일언 하에 정리당하였다. 소선거구이고, 지역별 자산가나 부호 계급에서 보면, 그렇게 볼 수도 있었을 것이다. 그런데 드디어 개정되어 대선거구로 되자 양상은 일변했다. 단지 선거전을 유리하게 싸울 수 있다는 것뿐만 아니라, 왠지 넓은 시야에서 정치가 가능한 인물이라는 것으로 대의사에 대한 규격표준도 자연스럽게 변화되었다. 이러한 기운에 나에게도 무리없이 입후보 시기가 도래하였다. 나뿐 아니라 山田珠一(『九州日日新聞』 주필) 군도

---

[28] 『朝鮮時報』, 1925.06.07.(2), 「我社中興の功勞者, 新遞信大臣安達謙藏氏」.

[29] '선거의 신'에게도 위기의 순간이 있었다. 1915년 제12회 총선거에서 낙선한 것이다. 그러나 같은 당의 당선자 히라야마가 선배인 차점자 아다치에게 양보함으로써 당선증서를 수령할 수 있었다. 『釜山日報』, 1915.04.25.(2), 「安達謙藏氏當選」.

함께 입후보하기로 진력했다.

나의 입후보에 대해서 우리 당의 유지는 각각 그 이름을 열기한 추천장을 『九州日日新聞』의 부록으로 발표했다. 그 문안은 고바야가와 히데오 군이 집필하였던 것이다. 그런데 추천장도 만들었고 입후보 서류도 제출했지만, 나에게는 운동비로써 일전의 저금도 없었기 때문에 히라야마 이와히코 군이 주선하여 가모토군(鹿本郡) 동지 가쿠다(角田) 씨로부터 500엔, 기타 200~300엔은 보통의 대금업자로부터 차입했던 기억이 난다.[30]

국권당은 1890년 제1회 중의원 의원선거에서 구마모토현의 정원 8명 중 6명을 당선시킨 이래 1917년 제13회 총선거까지 절대다수를 점하였다. 국권당은 제국의회 내에서는 국권당이라는 이름을 쓰지 않았는데, 그 소속 회파를 보면, 무소속 - 중앙교섭부 - 국민협회 - 제국당 - 대동구락부 - 중앙구락부 - 입헌동지회 - 헌정회로 이어졌다. 입헌동지회에 이르기까지는 소수파에 소속되어 있었는데, 국권당은 자유민권운동 이래의 자유당·개진당의 民黨系 2대 정당에 대항하는 제3의 대정당 결성을 목표로 하고 있었다.[31]

국권당이 목표로 했던 대정당은 민당에 대항하는 이상 吏黨적 입장에 서지 않을 수 없었다. 이당의 대정당 결성이 국권당의 천하삼분론(3대정당론)의 내용이었다. 이 때문에 국권당은 여러 세력을 부추겨 '一大 이당'의 결성을 도모하였던 것이다. 그 결과가 국민협회(1892, 西鄕從道·品川弥二郎) - 제국당(1899, 사사 도모후사) - 대동구락부(1905, 아다치 겐조) - 중앙구락부(1910)였는데, 모두 제국의회에서는 소수파에 머물렀다. 중앙구락부는 대동구락부의 흐름을 잇는 것으로, 야마가타 아리토모(山縣有朋) 계열 세력의 중의원 별동대에 다름 아니었다. 1906년 사사 도모후사 사후 국권당은 아다치 겐조를 중심으로 운영되었기 때문에 국권당이 야마가타벌에게 접근한 것은 사사의 '일대 이당'이라는 정치적 목표를 계승하는 것이기도 했다.

1913년 가쓰라 타로(桂太郎)가 입헌동지회를 결성하자, 아다치의 국권당은 조직적으로 정식 가입했다. 그러나 국권당을 해산하지 않고, 본부 내에 동지회 구마모토현 지부를 설치하는 식으로 함께 운영하다가, 헌정회를 거쳐, 1927년 입헌민정당이 결성되면서 둘을 통합한

------

[30] 安達謙蔵, 앞의 책, 104~105쪽.
[31] 安達謙蔵, 앞의 책, 114쪽. "이타가키계 자유당 이외에, 또 오쿠마계 개진당 이외, 일대 정당을 조직하려는 이념, 즉, 천하 3분의 계획은 사사 선생뿐만 아니라 구마모토현 동지 다수의 숙망이었다."

것 같다.[32] 헌정회 시절 아다치는 가토 다카아키(加藤高明) 내각에서 체신대신으로 취임하였고, 제1차 와카쓰키 레이지로(若槻禮次郞) 내각에서도 이를 유지하며(이상 1925.5~1927. 4), 와병한 내상 하마구치 오사치(濱口雄幸)를 대행하기도 하였다.

헌정회와 정우본당의 합병으로 성립한 입헌민정당은 전반적으로 관료파가 주도하던 흐름이었는데, 아다치는 이에 대항하는 당인파를 대표하는 존재였고, 총무를 맡는 등 중진으로 역할했다. 1929년 하마구치 내각에서는 내무대신(1929.7~1931.12)에 취임하였다. 그러나 1931년 만주사변이 발발하고 군부 세력이 정치의 전면에 등장하자, 그는 시데하라 외상의 협조외교를 비판하면서 군부와 제휴하여 거국일치 내각으로 난국을 돌파할 것을 구상한다. 이러한 실천운동이 좌절되자 내상을 사퇴하고 민정당을 탈당하였으며, 1932년 나카노 세이고(中野正剛) 등과 함께 国民同盟을 결당하였다. 하지만 극동 먼로주의·통제경제를 주장하였기에 당세 확대에 어려움을 겪었고, 1940년 大政翼贊會에 합류하면서 해당하였다. 1942년 실시된 제21회 중의원 총선거(이른바, '익찬 선거')에는 출마하지 않고 정계를 은퇴하였다. 전후에는 공직추방을 당했고, 1948년 만 83세로 구마모토에서 사망하였다. 이상 아다치의 총선거 당선 이력을 정리해 보면 아래와 같다.

〈표 2〉安達謙藏의 중의원 의원 총선거 이력(1902~1937)

총선거 회차	선거연월일	정당(선거구)	의회 회기	비고
7	1902.08.10	帝國黨	제17회	
8	1903.03.01	帝國黨	제18~19회	
9	1904.03.01	帝國黨	제20~24회	
10	1908.05.15	大同俱樂部	제25~28회	
11	1912.05.15	中央俱樂部	제29~35회	
12	1915.03.25	立憲同志會(군부)	제36~38회	동지회 선거장 동지회 총무 1915.7. 외무성 참정관

---

[32] 水野公寿, 「大正政変期の熊本国権党」, 『大正デモクラシー期の体制変動と対抗』, 熊本近代史研究会, 1996, 53쪽.

13	1917.04.20	憲政會	제39~42회	
14	1920.05.10	憲政會(熊本 4구)	제43~48회	1924.1. 헌정회 총무
15	1924.05.10	憲政會(熊本 4구)	제49~54회	1925.5. 加藤(2차) 체상 1926.1. 若槻(1차) 중임 1927.4. 하야. 민정당최고고문
16	1928.02.20	立憲民政黨(熊本 2구)	제55~57회	1929.7. 濱口 내각 내상
17	1930.02.20	立憲民政黨(熊本 2구)	제58~60회	1931.12. 若槻(2차) 내각 사직으로 하야. 탈당
18	1932.02.20	無所屬(國策研究俱樂部, 熊本 1구)	제61~68회	1932.12. 국민동맹(총재) 1935.5. 내각심의회 위원
19	1936.02.20	國民同盟(熊本 1구)	제69~70회	
20	1937.04.30	國民同盟(熊本 1구)	제71~79회	1942년 정계 은퇴

출전:『衆議院議員略歷』, 衆議院事務局, 1940. ;『衆議院要覽』, 衆議院事務局, 1942. ; 選擧ドットコム(https://go2senkyo.com/)

　　[부표 1]로 첨부한 40년에 이르는 아다치의 중의원 의정 활동을 보면, 주로 병합 전까지 조선에 관한 법률안을 심사하는 위원회에 소속되어 활동하고 있다. 즉, '재한 일본인 이권의 발달에 관한 건의안', '한국에서 제국이 경영하는 철도의 회계에 관한 법률안', '경부철도 매수법에 의해 매수된 철도의 출납 官吏에 관한 법률안', '일한 양국 관세에 관한 건의안', '통감부 및 관동도독부 등 재근 관리의 은급 및 유족 부조금에 관한 법률안', '동양척식주식회사법안' 등이 그것이다. 아래 〈표 3〉은 이들 법률안을 심사하는 위원회 회의 과정에서 아다치가 어떤 발언을 했는지 정리한 것이다. 같은 '조선 관계 대의사'로 분류되는 야마지 조이치(山道襄一) 의원이 제출한 '조선인의 모르핀 주사 단속에 관한 질문주의서'에 다른 의원들과 함께 찬성한 사례도 1건 포함되었다.[33]

---

[33] 「第44回帝国議会 衆議院 本会議」(제36호), 1921.03.26. 질문주의서의 내용은 대략 다음과 같다. 즉, 1919년 이래 전라남도 지역을 중심으로 모르핀 피해가 급증하여 해당 지역의 청년 수양회가 당국에 모르핀 밀매 단속을 요청하였으나, 태만한 대처로 피해를 키우고 있다는 것이다. 가정적·사회적으로는 물론, 인도적 차원에서 결코 간과할 수 없는 문제인데, 정부에서 이를 단속하고 구제하기 위한 대책을 마련할 의지가 있는지 묻는 내용이다.

〈표 3〉 安達謙藏의 조선 관련 주요 의정 활동(중의원)

회차	회의·안건(직책)	의정 활동
21 (1904.11~ 1905.02)	재한 일본인 이권의 발달에 관한 건의안 위원회(위원)	영사재판 위에 고급 재판소를 두자. 한국이 완전히 일본의 세력권이 되었고, 이주 촉진을 위해 퇴한령 불필요. 한국 도량형 정비 시급. 개항지 외에도 일본 상선의 출입이 허용되기 바람. 소학교 보조금 및 교사 급여 인상에 대해 찬성. 중학교 설립은 현지에서 필요성을 못 느낌. 실행 가능한 부분에 대해 수정하여 제출하자는 의견을 냈으나, 사안의 시급성과 재정 상황에 따라 실행 방법을 정부에 일임하기로 결정함.
22 (1905.12~ 1906.03)	예산위원회(이사)	한국 영사관 관련 예산 포함 여부 한국진흥모범소 설치, 한국 국민 교육비 보조 비용에 대한 설명 요구
	경부철도 매수 법안 위원회(위원)	
	한국에서 제국이 경영하는 철도의 회계에 관한 법률안, 철도 국유법 및 경부철도 매수법에 의해 매수된 철도의 출납 官吏에 관한 법률안 위원회(위원)	
23 (1906.12~ 1907.03)	한일 양국 관세에 관한 건의안 위원회(위원)	한국 재정 정리를 위한 방법 문의 무관세 조치가 일본 내 농업과 상공업에 영향을 미치지 않도록 할 방법은?
	통감부 및 관동도독부 등 재근 관리의 연금과 유족 부조금에 관한 법률안 외 2건[통감부·관동도독부 및 樺太 등 재근 순사·간수·여간수의 퇴직금과 유족 부조금에 관한 법률안, 한국에 재근하는 거류민단립 재외 지정학교 직원의 퇴직금과 유족 부조금에 관한 법률안] 위원회(위원)	현재 순사 급여가 조선과 관동도독부 지역에서 균일한가?
24 (1907.12~ 1908.03)	동양척식주식회사법안 위원회(위원)	농업에 목축이나 산림 경영도 포함되는가? 부대사업 중 광업이란 한국의 금산이나 사금, 석탄 사업을 지칭하는가?
44 (1920.12~ 1921.03)	조선인의 모르핀 주사 단속에 관한 질문주의서	山道襄一 제출, 공동 찬성

출전: 帝國議會会議錄檢索システム(https://teikokugikai-i.ndl.go.jp)

〈표 3〉을 보면, 아다치가 모든 조선 관련 법안에 대해 적극적인 태도를 보였다고 할 수는 없으나, 제21회 의회의 '재한 일본인 이권의 발달에 관한 건의안 위원회'와 같은 경우 정부위원

에 대한 질문과 함께 자신의 의견을 적극 피력하는 모습을 볼 수 있다.[34] 건의안을 제출한 모치즈키 고타로(望月小太郎) 의원은 내용 설명에 앞서 한국에 대해 경험이 많은 위원들의 조언을 요청하기도 하였다.[35] 건의안 취지는 "재한 동포들의 이익뿐만 아니라 … 미개한 한국 민족의 모범이 될 수 있도록" 재한 일본인들의 이권 발달을 보장해 달라는 내용이었다. 구체적으로는 한국의 일본인 거주지에 영사재판이 아닌 따로 사법관을 두는 등 본국과 동일한 자치제도를 마련하거나 법인자격을 부여해 달라는 것, 그리고 자녀 교육 및 장려에 관한 지원과 함께 산업에 대한 보호·장려를 촉구하였다.

아다치는 영사재판 위에 고급 재판소를 두자는 제안에 대해 공감하며, 자신의 경험과도 관련된 퇴한령 철회를 요구하였으나, 이시이 기쿠지로(石井菊次郎, 통상국장) 정부위원은 현실적 문제를 들어 둘 다 반대하였다. 특히 퇴한령에 대해서는 향후 한국으로의 이주자가 늘어나면 퇴한령의 필요성이 더욱 커질 것이라며 오히려 강화할 의사를 내비쳤다. 이어서 한국의 도량형 정비 문제의 시급성을 주창하여 공감을 얻었고, 중학교 설립 문제에 대해서는 자산가들이 오히려 자녀들을 본국의 가까운 지역으로 유학 보내기를 원하므로 불필요할 것이라는 현지 사정을 소개하기도 하였다.

이 시기 아다치는 위와 같은 현지 사정을 직접 방문 조사를 통해 파악하기도 하였다. 아래 인용한 기사에서는 대동구락부 소속 대의사인 아다치가 경성과 평양을 열흘 이상 여행하면서 한국 문제에 관해 의회에서 의견을 제출하기 위한 사전 조사를 진행하고 있다고 한다.

> 安達視察 二十二日夜에 入京ᄒ야 不知火旅館에 投宿ᄒ 日本大同俱樂代議士 安達謙藏氏ᄂ 京城에셔 約一週間 平壤方面에셔 數日을 旅行ᄒ야 政治上及其他를 視察後 歸國홀 터이라ᄂᄃᆡ 此ᄂ 日本議會에서 韓國問題에 關ᄒ 大同派의 意見을 提出코ᄌ 必要ᄒ 材料를 求ᄒ랴홈이리더라.[36]

---

[34] 「第21回帝国議会 衆議院 在韓邦人利権の発達に関する建議案委員会」(第2号), 1905.02.10.
[35] 위원 명단은 다음과 같고, 이날 위원회 회의에 9명 전원이 참석하였다. 關野善次郎, 福井三郎, 小山田信藏, 安達謙藏, 江藤哲藏, 松本君平, 山本悌二郎, 望月小太郎, 橫山寅一郎. 이들 중 조선 관련 활동이 검색되는 이는 아다치를 제외하면 위원장 후쿠이 사부로(福井三郎)(계림장업단 단장)뿐이다.
[36] 『皇城新聞』, 1909.09.24.(2), 「安達視察」

제23회 의회에서 논의된 '한일 양국 관세에 관한 건의안' 문제는 아다치의 조선 통치관과도 밀접한 문제이다. 아다치는 무관세 조치를 통해 한국의 쌀 등이 일본으로 밀려오면 본국의 농업과 상공업에 영향을 미치지 않을까 걱정하였다. 그래서 한국의 재정을 건전하게 만들려 하더라도 세관 수입이 아니라, 한국의 군대를 줄이거나[37] 토지조사를 통해 토지대장에 탈루된 전답을 확보하는 것이 우선이라는 주장을 펼쳤다.[38]

한국 강제 병합 직전 아다치는 한 잡지에 투고한 글에서 조선 재정을 20년이면 독립시킬 수 있다고 낙관하며 한국 병합에 대해 재정 문제 때문에 우려하는 여론도 기우에 불과할 것이라고 자신한다. 그 근거는 역시 토지조사와 산업 발달에서 찾았는데, 전자는 앞서 제23회 의회의 발언과 유사하고, 이와 더불어 농사 개량, 연초와 소금 전매, 평양의 석탄 등 광물 자원을 예로 들었다.[39] 그리고 조선인 동화를 위해 고상한 교육에 힘쓰는 것보다, "卑近한 것에 충분히 힘을 쓰기를 희망"한다. 즉, "소학교육, 실업교육에 무게를 두고, 일본어의 보급을 도모"한다면 "동화의 실도 크게 거둘 수 있을 것"이라 전망하였다. 또 조선인에게는 사대사상이 뿌리박혀 있기 때문에 이를 이용하여 신정치(총독정치)가 한인의 생명과 재산을 보장한다는 확신만 준다면 "일본에 병합된 것을 심저에게 기뻐하게 될 것"이라 보았다. 나아가 민심통일과 동화를 방해하는 '배일 재료를 공급하고 있는 기념물', 즉, 임진왜란 등에 왜구를 방어하였거나 격퇴하였다고 하는 산성이나 편액을 모두 제거해야 한다고 하는 등 극단적인 편협함을 드러내었다.

아래는 『新韓民報』에 실린 기사의 일부로, 제26회 의회 개회를 앞둔 1909년 11~12월경 발표된 글을 번역하여 수록한 것으로 짐작되는데, 이토 암살 후 강제 병합의 기운이 고조되고 있던 시기였다. 이 글에서 아다치는 동양적 명분론에 입각한 이노우에와 이토의 유화정책이 실패하였으므로 과감히 폐기할 것을 주장한다. 이제는 강경책으로 일변하여 명분과 실권을 함께 빼앗음으로써 조선과 일본인이 동등한 줄로 착각하거나 일본인에 대해 반항하는 태도

---

[37] 「第23回帝国議会 衆議院 日韓両国の関税に関する建議案委員会」(第3号), 1907.03.04. "특히 궁금한 점은 한국의 군사 비용입니다. 지금 한국에 있는 육군에 대한 것은 잘 기억이 나지 않지만, 대략 150만 명 정도로 추정됩니다. 그 숫자가 정확한지 모르겠지만, 많은 비용이 들어가고 있을 것이라고 생각합니다. 오늘 상황을 놓고 보면, 그 비용이 전혀 필요하지 않다고는 생각하지 않지만, 만약 이를 폐지하면 세수에 부족함이 생기더라도, 지출을 줄여서 보충할 수 있지 않을까 하는 생각이 듭니다."

[38] 위의 글. "만약 토지 측량을 할 수 있다면, 한국에서는 잘못된 명목으로 면세지로 처리된 땅들이나 실제로는 면세지인데 그렇게 처리되지 않은 땅들이 많습니다. 이런 부분을 정리하면 세수를 늘리는 데 도움이 될 것입니다. 또한, 토지 소유권이 안전하게 정리되면, 한국의 국민들에게도 기쁨이 될 것이며, 세금도 증가하지 않고 세입이 늘어날 것입니다."

[39] 安達謙藏(衆議院議員), 「朝鮮財政問題と鮮人同化策」, 『朝鮮』 32, 朝鮮雜誌社, 1910.10, 11~14쪽.

를 고쳐, 다시는 일본을 배반하지 못하도록 기초를 정해 놓아야 하겠다고 강변한다. '조선 출신'의 대명사처럼 인식되었고, 또 자인하였던 아다치였지만, 의회에서의 발언과 마찬가지로 정작 한국에 대한 이해는 매우 일천하다 하지 않을 수 없다.

> 조선인은 네로부터 대국을 섬기는 사상이 만흔 국민인고로 이백성에게 대하야 실권을 빼앗을때에 명분까지 한손에 빼앗드라도 비교적으로 용이할지라. 실권과 같이 명분을 탈취하야 명분상으로든지 사실상으로든지 도저히 일본을 배반할 수 없도록 하야 놓은 후에야 비로소 일한의 기초를 확정하얏다 할지라. 사실이 이러한데 오날까지 독립의 명의를 주고 부드러운 정책을 행하얏음으로 조선인은 근래에 전보다 자못 자라여 조선과 일본이 동등인줄로 생각하는 고로 차차 일본인을 반항하는 태도가 있는지라. 이는 분명히 회유정책의 실패이니 이등은 자기가 이 회유정책에 희생이 되얏도다. 그런고로 금일에는 단연히 방침을 한번 변하야 다시는 일본을 배반할 수 업도록 확호불발의 기초를 정하야 놓지 않을 수 없는데 우리정부도 또한 이와 같은 의견이 있는 줄로 생각하노라 하얏더라.[40]

3. '조선 관계 대의사'로서의 위상

앞서 살펴보았듯이 아다치 겐조는 '조선과의 인연'에 있어서는 누구보다 깊은 인상을 남겨 자타공인 '조선 출신 성공자'로 추앙받았으나, 정작 조선에 관해 정통하지도 못했고, 조선 문제를 유연하게 처리할 만한 사고 방식의 소유자도 아니었다. 또 의회라는 장에서 자신의 조선 경험을 바탕으로 식민 통치에 일조하거나, 조선에 기반한 자신, 혹은 측근의 이해를 대변하지도 않았다. 그렇다면, 아다치는 어떻게 '조선 관계 대의사'로, 나아가 그 핵심으로 거론될 수 있었을까? 우선 당대의 사료와 선행연구에서 '조선 관계 대의사'의 사례를 검토해 보자.

[부표 2]는 당대 사료에서 '조선 관계 대의사'의 사례를 찾아본 것이다. 중의원 총선거가 실시된 시점 전후에 걸쳐 조선과 '관계'가 있는 현직 의원과 신인 도전자의 면면을 소개하는 출마 예상자 보도부터, 개표 진행 중, 혹은 완료 후 발표된 총선 결과, 관련 의원들의 모임까지 다양하다. 따라서 이대로 해당 시기 '조선 관계 대의사'의 전모라고 하기는 어렵고, 당대에는

---

[40] 『新韓民報』, 1910.04.20.(1),「일인의 소위 대한책」.

어떤 이들을 대상자로 보았는지 그 범주를 살펴보기에 적합하다.

신문과 잡지는 이들에 대해 "수십 년, 또는 최근까지 조선에 관계 깊은 이"라고 하면서,[41] 보다 구체적으로는 '관계', 혹은 '연고'를 "거주자, 또는 사업 관계"로 보았고, 거주자는 '現住者'와 '예전 주거자'로 세분하였다.[42] 즉, 당시 조선 재주자와 과거 재주자, 그리고 사업 관계자로 분류한 후, 기타 신인이나 낙선자를 덧붙이는 식이다. 이들의 이력을 보면, 한말부터 일제 말까지 조선과의 연고가 뚜렷하지만, 현재 시점에서는 관련 정보를 상세히 알 수 없거나, 미즈노 렌타로(水野錬太郞) 정무총감의 내무대신 시절 비서관 가토 구메시로(加藤久米四郞)와 같이 선뜻 '조선 관계자'로 보기 어려운 인물도 더러 있다. 이들 중에는 조선과의 연고가 그리 깊지 않은 인물도 있고, 조선 재주 시절 호평보다는 악평을 얻은 인물도 있다.[43] 조선에 대한 이해가 깊고 대변할 대의사가 많은 것은 조선에도 좋은 일이므로,[44] 조선과의 연고를 과장한 측면도 있다고 생각된다. 따라서, 당시 조선 재주자이거나 과거의 인연이라도 오랜 재주 경험, 재직 시절의 성과, 지역사회와의 밀착도 등에 따라 최소한만을 선정하였을 것으로 추측되는『조선급만주』정도의 명단이 당대인이 느끼는 현실적인 '조선 관계 대의사'의 범주가 아닐까 생각해 본다.[45]

한편, 선행연구에서는 1910년대와 1920년대의 '조선 관계 대의사'를 제시하였는데,[46] 1930년대는 논외로 하였기 때문에 이 시기 사료 속 인물들은 연구를 통해 검증되지 않은 새로운 이들이 많다. 그러나 이들을 제외하더라도 당대 사료에 비해 훨씬 그 수가 적다. 사료가 조선과의 인연을 공통 분모로 하여 최대한 확장한 결과라면, 선행연구는 한 단계 더 나아가 조선 경험에서 비롯된 전문적 지식으로 제국의회에서 조선 문제를 적극 제기하여 조선 통치에

---

[41] 『每日申報』, 1928.02.24.(1),「朝鮮關係者 幸運과 悲運의 人」

[42] 「鮮滿關係者當落, 今回의 總選擧에 於는」,『朝鮮公論』8-6, 1920.06, 62쪽.

[43] 『朝鮮時報』, 1936.02.27.(1),「朝鮮關係で榮冠を得た人人, 新人舊人十八名錚錚たる人物も居る, 落選は十四名」. "고치현(高知縣) 제3구에서 석패한 요리미쓰 요시아키(依光好秋)(정우회·전의원) 군은 야마나시(山梨) 총독의 비서관이었는데, 종종 문제를 일으켜 그 시대를 시끄럽게 한 사람이다. (중략) 미야테 게이지(宮手敬治)(중립·신인)는 아키즈키 사쓰오(秋月左都夫) 사장 시대(1921.06~1924.08)에 경성일보 정치부장을 했으나, 그 在鮮은 짧았다."

[44] 「朝鮮在住又は朝鮮關係の新代議士」,『朝鮮及滿洲』156, 1920.06, 54쪽. "인물의 대소와 인격의 여하는 차치하더라도 조선에 재주하는 사람, 또는 조선에 관계 있는 인물이 연연 국회 의석을 점하는 것이 많아지는 것은 조선을 위해 기뻐할 만한 일이다."

[45] 기자는 인물평을 곁들여 소개한 이들 정도가 '조선 관계자'라 할 수 있고, 굳이 더하자면 명단만 제시한 이들을 덧붙일 수 있다고 생각하는 것 같다. 그는 낙선자에 대해서도 품평하고자 했으나 그다지 칭찬할 만한 인물을 찾아볼 수 없다는 이유로 단념하였음을 고백한다. 위의 기사, 52~54쪽.

[46] 이형식,「1910년대 일본제국의회 중의원과 조선통치」,『史叢』82, 고려대학교 역사연구소, 2014.

직간접적으로 관여한 이들을 연구의 대상으로 한 까닭이다.[47] [부표 2]에서는 '조선 관계 대의사'로 통칭하였지만, 이형식은 사료에서 거론한 수준의 '조선 관련'과 구분하여 이들을 '조선통'이라고 불렀다.[48] 즉, 포괄적 범주의 '조선 관계 대의사' 내에 다수의 '조선 관련'과 소수의 '조선통' 의원이 각각 존재한다고 상정할 수 있다.[49]

'조선 관계 대의사'의 존재는 1910년대 초 조선총독부의 조선독립재정5개년계획 실시에 따른 지조증징 문제로 표면화되기 시작하였다. 본국으로부터의 독립재정을 조선 내에서 지조증징을 통해 이루겠다는 방침은 재조일본인사회에 큰 반발을 불렀다. 마침 1914년 거류민단 폐지로 자치가 제한되자 이들은 자신들의 이해를 대변할 세력화를 모색하였고, 이것이 곧 중의원 출마로 이어진 것이다. 같은 해 재조일본인들의 안전 문제와 직결된 2개 사단 증설 문제가 부결된 것은 이러한 상황을 더욱 부채질하였다.

〈부표 2〉의 '조선 관계 대의사' 범주에 아다치의 이름이 처음 보이는 것은 이로부터 약 10년 뒤인 1924년이다. 이후 기록 간 차이는 있지만, 1928년과 1936년에도 빠짐없이 등장하고 있다. 이 시점은 초기 재조일본인사회의 여론을 대표하던 이들뿐만 아니라 야심가 정치지망생도 가세하였고, 제국의회에서 더 많은 우군을 확보하기 위해 작은 인연도 강조하며 '조선 관계 대의사'의 세를 불리고자 하던 때였다. 1910년대나 1930년대에 비해 '조선 관계 대의사'의

---

[47] 이 같은 관점의 '조선 관계 대의사' 연구는 최근 집단연구를 통해 다음과 같이 양적 성장세를 보이고 있다. 배병욱, 「밀양의 대지주 유아사 본페이의 제국의회 중의원 의정 활동」, 『석당논총』89, 동아대학교 석당학술원, 2024; 이가연, 「多木久米次郞의 조선 관계 사업과 제국의회에서의 의정 활동」, 『동북아문화연구』75, 동북아시아문화학회, 2023; 이동훈, 「마키야마 고조(牧山耕藏)의 '다이쇼(大正) 데모크라시'」, 『석당논총』82, 동아대학교 석당학술원, 2022; 이동훈, 「나카노 세이고(中野正剛)의 조선 통치관과 제국의회 활동」, 『日本學』61, 동국대학교 일본학연구소, 2023; 이동훈, 「사철(私鐵)과 금강산 개발을 통해 본 식민지 지배—구메 다미노스케(久米民之助)와 금강산전기철도」, 『한일민족문제연구』47, 한일민족문제학회, 2024; 전성현, 「식민자와 조선-일제시기 大池忠助의 지역성과 '식민자'로서의 위상」, 『한국민족문화』49, 2013; 전성현, 「'조선관계대의사' 사토 준조(佐藤潤象)와 식민지 조선의 개발사업」, 『한국근현대사연구』101, 한국근현대사학회, 2022; 전성현, 「서일본 및 조선 관계 대의사 秋田寅之介의 식민지 경제 침탈과 제국의회 활동」, 『역사와경계』127, 부산경남사학회, 2023; 이승엽, 「재조일본인 중의원 의원 오이케 주스케」, 『일제의 식민지배와 재조일본인 엘리트』, 어문학사, 2018; 하지영, 「1920년대 전반기 군산의 일본인 阪上貞信의 제국의회 진출과 활동」, 『석당논총』81, 동아대학교 석당학술원, 2021; 하지영, 「한말~1910년대 '조선 관계 대의사' 오우치 쵸조(大內暢三)의 제국의회 활동과 한국 식민지화」, 『지역과역사』53, 부경역사연구소, 2023; 하지영, 「한말~일제초기 '조선문제'와 오가와 헤이키치(小川平吉)의 의정활동」, 『석당논총』90, 동아대학교 석당학술원, 2024.

[48] 이형식은 '조선 관계 대의사'와 유사한 '조선관계의원'이라는 표현을 쓰면서, 특히 조선에 대한 깊은 이해관계를 가지고 있는 이들을 따로 '朝鮮通'이라 하였다. 그리고 "조선과 관련을 맺은 의원 모두가 '조선통'으로 불리는 것은 아니"라고 하였는데, 필자는 일반적 '조선 관련' 의원과 '조선통'을 구별할 필요성에 공감한다. 이형식, 앞의 논문, 238쪽.

[49] 그동안은 '조선통' 의원과 '조선 관계 대의사'라는 용어가 구별 없이 혼용되어 왔다. (전성현, 앞의 논문, 2022. 76쪽) 그러나 전성현도 지적하였듯, '조선 관계 대의사'라는 용어가 관계성을 드러내기에 더 적합한 용어라면, 이들과 조선의 깊고 얕은 '관계'를 포괄하는 광의의 개념으로 활용해도 좋을 것이다. 반면, 본국과 식민지를 매개하는 역할의 희소한 대상을 '조선통'으로 지칭하기로 한다.

수와 면면을 점검하는 내용의 보도도 많아졌다. 바야흐로 정당정치와 보통선거로 상징되는 '다이쇼데모크라시'의 시대였다.

> 조선 관계의 전 대의사를 조사해 보면 … 오래전 사람으로는 헌정회의 총무 아다치 겐조(安達謙藏) 씨와 '蟹甲將軍' 이노우에 가쿠고로(井上角五郎)씨가 이름이 높고, 아다치씨는 조선시보 및 한성신보의 창립자, 해갑장군은 朝鮮國 統理交涉通商事務衙門 고문 겸 박문국주재라는 긴 견장으로 위세를 날리고 있었다.[50]

> 구마모토현 1구의 아다치 겐조(국민동맹, 전 의원) 군은 아마도 잘 알려진 사람으로, 거물이다. 한국 정부시대, 곧 그 장년기에 한성신보 사장을 하였던 적이 있다."[51]

각각 1924년과 1936년 '조선 관계 대의사'를 소개하는 이상의 인용문은 비록 "오래전 사람"이기는 하지만, "잘 알려져 있고", "이름이 높은" 사람으로 아다치를 거론한다. 을미사변을 언급하지는 않았지만, 조선시보·한성신보 발행을 들먹이는 것도 이제는 익숙하다. 1920년 제14회 총선거에서는 3종의 매체 모두 '조선 관계자'로 꼽지 않았던 아다치의 가치가 불과 4년 뒤 제15회 총선거에서 재발견되었다면 과장일까? '정계의 스타' 아다치는 통리아문 고문 이노우에 가쿠고로와 함께 이렇게 '조선 관계 대의사'의 '원조'로 호출되었다.

1910년대, 1920년대 초 '조선 관계 대의사'가 되어 '조선통'으로 활약한 마키야마 고조(牧山耕藏), 유아사 본페이(湯淺凡平), 사카가미 사다노부(阪上貞信) 등은 모두 지역과 조선의 현안 등 재조일본인들의 목소리를 제국의회에 전달하여 그들의 이해가 식민정책에 반영될 수 있도록 대변한 '제국의 로비스트'였다. 더불어 자신의 조선 재주 경험을 바탕으로 조선의 실정에 근거한 식민정책이 수립될 수 있도록 방향을 제시한 '제국의 브로커'이기도 하였다.

그러나 '조선 관계 대의사'의 범주 확장 과정에서 '원조'로 호출된 아다치나, 당대 언론에서는 '조선 관계 대의사'로도 쉽게 떠올리지 못한 오가와 헤이키치(小川平吉)는 이미 1900년대부터 활동한 정계의 중견으로, 조선 관련 의정 활동 또한 한말과 강제병합 초기에 그쳤다. 이

---

[50] 『京城日報』, 1924.02.02(2), 「解散風を喰つた朝鮮關係の'前代議士', ザツと數へただけで十六名」
[51] 『朝鮮時報』, 1936.02.27(1), 「朝鮮關係で榮冠を得た人人, 新人舊人十八名錚錚たる人物も居る」

들은 본국 중심의 식민지 경영과 자신들이 신봉하였던 '아시아주의' 실현을 위해 '조선 관련' 경험을 바탕으로 식민정책을 찬조한 '브로커' 유형에 가깝다. 비슷한 시기에 유사한 활동을 한 오우치 죠조(大內暢三) 또한 마찬가지다. 따라서 '조선 관계 대의사' 범주 확장에 따라 1900년대와 1910년대 초반, 1910년대 후반부터 1920년대, 1930년대 이후 각 시기에 활동한 이들의 의정 활동 패턴에 대한 분석이 뒤따라야 할 것으로 보인다.[52]

그렇다면, 주로 한말에 조선 관련 의정 활동을 하였고, 을미사변에 주도적으로 참여하여 강한 인상을 남긴 결과 '조선 관계 대의사'의 원조가 된 아다치 겐조는 '조선 관련' 의원인가, '조선통'인가? 그 의정 활동만 놓고 보자면, 필자는 선행연구와는 달리 '조선 관련' 의원에 가깝다고 답할 수 있겠다. 그러나 아래 아다치가 전현직 조선 총독과 주고받은 서신을 보면, "의회에서 떠들 수 없는" 자신의 방식대로 조선 통치에 깊이 관여하였음을 알 수 있다.[53] 아다치는 사이토와 우가키 가즈시게(宇垣一成), 미나미 지로(南次郎) 총독을 상대로 각각 측근의 취업 청탁을 하여 1건은 성공하고, 1건은 미상, 나머지 1건은 성공하지 못하였다. 특히 미나미 총독을 상대로 한 청탁이 여의치 않자, 척무대신이 된 우가키와도 접촉했으나, 결과를 바꾸지는 못했다.

〈표 4〉 安達謙藏가 전현직 조선 총독과 주고 받은 서신

성명	安達謙藏의 발신		수신자의 답신	
	일자	내용	일자	내용
齋藤實	연도미상 06.12.	40년간 조선에서 재직 후 퇴관하여 생활고를 겪는 渡邊鷹治郎에 대한 배려 부탁		
宇垣一成	1931.08.09.	경성일보 사장에 北海道長官 池田秀雄 추천	同 08.23.	반도 통치에 도움을 주심에 감사 (청탁 성공)
	1938.09.23.	江界水力電氣會社 사장에 전 경시총감 高橋守雄을 추천		

---

[52] 하지영, 앞의 논문, 2024, 191쪽.

[53] 조선 병합에 대해 오가와가 했다는 다음 발언은 아다치의 정치 스타일에도 적합한 말이다. "조선을 '강제병합'하는 문제는 의회에서 '입'으로 논의할 사안이 아니라 '손'으로 실행할 문제로, 의회에서 갑론을박 논의하면 조선 사람이 일본의 '병합' 진의를 의심하게 될 것" 하지영, 위의 논문, 180쪽.

| 南次郎 | 1938.02.01. | 신설 江界水力電氣會社 사장에 적임자가 없어 동척 사장 安川雄之助에게 겸임하게 한다는데, 내무대신 시절 경시총감이었던 高橋守雄을 후보로 추천함 | 同 02.08. | 安川의 취임 경위는 알지 못하며. 사장 인선에 대해서는 大野 정무총감 및 穗積 식산국장에게 위임하였음 |

출전:「安達謙蔵関係文書(所蔵)」(国立国会図書館憲政資料室);國立國會圖書館專門資料部,『齋藤實關係文書目錄 書翰の部1』, 國立國會圖書館, 1998.;金慶南·廣瀨順晧 편역,『조선총독의 편지 – 총독 미나미가 오노 총감에게 보낸 비밀 기록』,선인, 2015, 185~189쪽.;宇垣一成文書研究會,『宇垣一成關係文書』,芙蓉書房, 1995, 60·521쪽.

    이상과 같이 '조선 관계 대의사'의 역할을 반드시 의회에서의 의정 활동으로만 국한하지 않는다면, [54] '흑막의 인물' 아다치 겐조도 언젠가 그 흑막이 걷히는 날 '조선통'으로 재조명될 수 있지 않을까? 이 때문에 '조선 관계 대의사'의 범주 내 최대한 많은 '조선 관련' 의원들의 사례를 축적할 필요가 있다.

    한말 을미사변의 주역으로 기억되는 아다치 겐조는 한국사에서 그 명성에 비해 알려진 바가 많지 않다. 그는 근대 일본의 대표적 우익계 정당 구마모토국권당의 당수 사사 도모후사의 수제자로, 일찍부터 조선에 건너와 조선시보와 한성신보 등 일본어신문을 발행하고, 자신이 사장으로 있던 한성신보사의 낭인들을 동원하여 왕후를 살해하는 데 앞장섰다. 이와 같은 조선에서의 적극적 활동 기간은 1893년부터 1895년까지 햇수로는 3년이지만, 실제 1년에 못 미치는 짧은 시간에 불과하였다. 이후에도 병합 전까지 종종 조선을 다녀간 일이 있지만, 거주는 아니었다. 그럼에도 그는 을미사변을 주도하여 일본의 한반도 진출에 전기를 마련한 것으로 평가받았고, 조선에서 큰 정치적 자산을 마련하였다. 그의 '在鮮記'는 본국과 조선의 신문·잡지에서 끊임없이 회자되었고, 재조일본인들에게는 '조선낭인 출신 최초의 대신'이자 '정계의 스타'인 그가 일종의 선망의 대상이었다. 그러나 스스로 조선과

---

[54] 사이토 마코토(齋藤實) 총독의 비서과장 모리야 에이후(守屋榮夫)가 그 좋은 예시가 될 수 있다. 1924년 내무성으로 이직하며 조선을 떠난 후에도 모리야는 내무성·동북지역 인맥으로 조선에 영향력 행사하였다. 1928년 1월 내무성을 사직하면서 중의원 의원(6회)이 되었다. 그러나 그는 "대의사는 직업이 아니다. 뭔가 수입을 얻을 수 있는 길을 도모하지 않으면 안 된다"는 생각에 변호사 사무실을 열었다. 그 후 조선인맥을 이용하여 조선산업사건, 조선토목담합사건, 나진토지수용문제 등 굵직한 사건을 수임하면서 재조일본인과 조선 유력자들의 식민지 로비 창구 역할을 하였다. 이 연구는 모리야의 의정 활동을 분석하지는 않았지만, 그를 '조선통'으로 보기에 어렵지 않다. 이형식,「정우회 국회의원 모리야 에이후(守屋榮夫)와 조선사회」,『인문논총』79-4, 서울대학교 인문학연구원, 2022.

의 깊은 인연을 말하였음에도, 조선에 구축해 놓은 정치적 기반은 빈약했다. 그의 인적 연결망은 흑룡회 등 과거의 동지들이거나 조선에 재직한 관료들이었고, 내선일체 운동에 순응하는 친일파 무리였다. 을미사변에 희생된 '조선의 의인'과 그 유족을 보살피고, 한국병합을 기념하며, 국민사상 교화운동에 조선인도 빼놓지 않았다. 그에게서 조선은 분리될 수 없는 존재였다.

그는 '선거의 신'이라는 화려한 수식어에 걸맞게 35년간 14회 연속 중의원 의원에 당선되었지만, 조선과의 강한 연고에도 불구하고 조선의 이해를 대변하거나, 의정 활동을 통해 조선에 기반한 자신이나 측근의 이익을 추구하려 한 측면은 찾아보기 어렵다. 조선 관련 법안을 다루는 '조선 관계 대의사'의 면모는 강제 병합 이전의 정계 활동 초기에 찾아볼 수 있지만, 대단히 편협한 사고로 인해 조선의 실정에 대한 파악이나 식민 통치에의 도움 측면에서 얼마나 효과적이었을지 의문이다. 식민지 경영상의 현실적 문제보다 대륙낭인 특유의 국수주의적 해법만을 고집한 것이다.

그럼에도 불구하고 당대의 사료와 선행 연구에서는 그를 '조선 관계 대의사'의 주요 인물로 거론한다. 이는 그가 '제국의 로비스트'나 '브로커'의 역할을 수행했다기 보다, '조선 관계 대의사'의 범주 확장 과정에서 높은 명성으로 인해 원조 격의 인물로 호출된 결과이다. '조선 관계 대의사'의 넓은 범주 안에는 단순한 '조선 관련' 의원도 있고, 적극적으로 조선과 본국을 매개하였던 '조선통' 의원도 있었다. 아다치의 조선 관련 의정 활동을 보자면, 그는 선행 연구의 인식과는 달리 '조선 관련' 의원에 해당하지만, 향후 연구의 진전을 위해 이들에 관한 정보를 구축해 가는 일도 중요하다.

〈부표 1〉 安達謙藏의 제국의회 중의원 의정 활동 일람(1902~1942)

회차	회기	의정 활동(비고)
17	1902.12.09. ~ 1902.12.28.	地租 조례 중 개정 법률안 외 1건[府縣制·市制 및 町村制 중 개정 법률안] 위원회(위원)
18	1903.05.12. ~ 1903.06.04.	지조 조례 중 개정 법률안 외 1건[부현제·시제 및 정촌제 중 개정 법률안] 위원회(위원)
21	1904.11.30. ~ 1905.02.27.	결의안 위원회(위원) **재한 일본인 이권의 발달에 관한 건의안 위원회(위원)** 철도 저당 법안 위원회(위원)

22	1905.12.28. ~ 1906.03.27.	예산위원회(이사) 철도 국유 법안 외 1건[경부철도 매수 법안] 위원회(위원) 제국철도 회계법안 외 3건[관설 철도 용품 자금 회계법 중 개정 법률안, **한국에서 제국이 경영하는 철도의 회계에 관한 법률안, 철도 국유법 및 경부철도 매수법에 의해 매수된 철도의 출납 官吏에 관한 법률안**] 위원회(위원) 市町村長에 대한 行賞에 관한 건의안(공동 제출)
23	1906.12.28. ~ 1907.03.27.	제국대학 특별회계법안 외 1건[학교 및 도서관 특별회계법안] 위원회(이사) **한일 양국 관세에 관한 건의안 위원회(위원)** 이민보호법 중 개정 법률안 위원회(위원) 통감부 및 관동도독부 등 재근 관리의 연금과 유족 부조금에 관한 법률안 외 2건[통감부·관동도독부 및 樺太 등 재근 순사·간수·여간수의 퇴직금과 유족 부조금에 관한 법률안, 한국에 재근하는 거류민단립 재외 지정학교 직원의 퇴직금과 유족 부조금에 관한 법률안] 위원회(위원) 재해지방 전답 지조 면제에 관한 법률안(공동 제출) 연초전매법 중 개정 법률안(공동 제출) 제2 고등농림학교 위치 선정에 관한 건의안(공동 제출) 北海道 函館 외 4항 수축에 관한 건의안(공동 제출)
24	1907.12.28. ~ 1908.03.26.	학교 및 도서관 소속 토지 매각 대금을 일반회계에 이월하는 건에 관한 법률안 위원회(위원) 東京都制案 외 3건[千代田縣 설치에 관한 법률안, 東京都 千代田縣 조합법안, 東京市制案] 위원회(위원) **동양척식주식회사법안 위원회(위원)** 구 白川縣 物産部 步入會社 오납금 환부의 청원(熊本縣 太田黑一貫 제출, 공동 소개)
25	1908.12.25. ~ 1909.03.24.	造船 장려법 중 개정 법률안 외 1건[원양항로 보조법안] 위원회(위원) 지조 경감에 관한 건의안(공동 제출)
26	1909.12.24. ~ 1910.03.23.	제국대학령 개정에 관한 건의안 위원회(위원)
27	1910.12.23. ~ 1911.03.22.	교원 우대에 관한 건의안(공동 제출)
28	1911.12.27. ~ 1912.03.25.	중의원 의원 선거법 중 개정 법률안 위원회(위원)
29	1912.08.23. ~ 1912.08.25.	개원식 勅語 奉答文 기초의 건 위원회(위원)
36	1915.05.20. ~ 1915.06.09.	예산위원회(위원 → 사임)
37	1915.12.01. ~ 1916.02.28.	개원식 칙어 봉답문 기초의 건 위원회(위원) 간이생명보험법안 兩院[귀족원·중의원] 협의회(중의원 협의위원)
39	1915.12.01. ~ 1916.02.28.	결의안(내용 미상, 공동 제출)
40	1917.12.27. ~ 1918.03.26.	중의원 의원 선거법 중 개정 법률안 위원회(위원) 결의안(내용 미상, 공동 제출)

42	1919.12.26. ~ 1920.02.26.	중의원 의원 선거법 중 개정 법률안 외 2건[동명의 법률안] 위원회(위원) 중의원 의원 선거법 중 개정 법률안(공동 제출)
43	1920.07.01. ~ 1920.07.28.	제국철도전력주식회사법안 위원회(위원) 중의원 의원 선거법 중 개정 법률안(공동 제출) 부현제 중 개정 법률안(공동 제출) 郡制 중 개정 법률안(공동 제출) 시제 중 개정 법률안(공동 제출) 정촌제 중 개정 법률안(공동 제출) 北海道會法 중 개정 법률안(공동 제출)
44	1920.12.27. ~ 1921.03.26.	**조선인의 모르핀 주사 단속에 관한 질문주의서(山道襄一 제출, 공동 찬성)** 의무교육비 국고 부담액 증가 청원(熊本縣 栗原卯一 외 제출, 대표 소개)
45	1921.12.26. ~ 1922.03.25.	육군의 정리 축소에 관한 건의안 외 1건[육군 축소에 관한 결의안] 위원회(위원) 직업소개법 중 개정 법률안(대표 제출) 실업보험법안(대표 제출) 질병보험법안(대표 제출) 질병보험 특별회계법안(대표 제출) 중의원 의원 선거법 중 개정 법률안(대표 제출) 공장법 중 개정 법률안(대표 제출) 광업법 중 개정 법률안(대표 제출) 노동조합법안(대표 제출) 시제 중 개정 법률안(대표 제출) 정촌제 중 개정 법률안(대표 제출) 부현제 중 개정 법률안(공동 제출) 해군 축소에 따른 잉여금 처분에 관한 결의안(대표 제출) 중의원 의장 불신임 결의안(대표 제출) 내각 불신임 결의안(대표 제출) 實塚 우편국장 印紙 횡령 사건 및 그 이면에 잠복한 정치적 醜怪事에 관한 질문주의서(用中萬逸 제출, 대표 찬성)
46	1922.12.27. ~ 1923.03.26.	개원식 칙어 봉답문 기초의 건 위원회(위원) 지조 조례 중 개정 법률안(대표 제출) 영업세법 폐지 법률안(대표 제출) 醬油稅法 폐지 법률안(대표 제출) 자가용 장유세법 폐지 법률안(대표 제출) 직물소비세법 중 개정 법률안(대표 제출) 직업소개법 중 개정 법률안(대표 제출) 실업보험법안(대표 제출) 노동조합법안(대표 제출) 중의원 의원 선거법 중 개정 법률안(대표 제출) 농촌진흥에 관한 건의안(대표 제출) 육군 군비 정리 축소에 관한 결의안(대표 제출) 내각 불신임 결의안(대표 제출) 자치 쇄신에 관한 결의안(대표 제출) 군함 天城 건조에 관한 결의안(대표 제출) 군함 天城 관련 의옥 사건에 대한 긴급 질문주의서(대표 제출)

50	1924.12.26. ~ 1925.03.30.	중의원 의원 선거법 개정 법률안 양원 협의회(의장) 제국의회 의사당 건축공사 속성에 관한 건의안(대표 제출) 沖繩縣 구제에 관한 건의안(대표 제출) 러일 국교 회복에 관한 결의안(대표 제출) 薩哈嗹州(북사할린) 파견 육해군에 대한 감사 결의안(대표 제출) 津輕鐵道[青森縣 浪岡驛-大鰐驛 간] 부설 청원(소개)
51	1925.12.26. ~ 1926.03.25.	체신 대신
52	1926.12.26. ~ 1927.03.25.	체신 대신(내무 대신 대리)
53	1927.05.04. ~ 1927.05.08.	樞密院 탄핵 결의안(대표 제출)
58	1930.04.23. ~ 1939.05.13.	내무 대신
59	1930.12.26. ~ 1931.03.27.	내무 대신
63	1932.08.23. ~ 1932.09.04.	지조 면제에 관한 법률안(대표 제출) 間接國稅 범칙자 처분법 중 개정 법률안(대표 제출) 민법 중 개정 법률안(대표 제출) 상법 중 개정 법률안(대표 제출) 상법시행법 중 개정 법률안(대표 제출) 이자 제한법 중 개정 법률안(대표 제출) 조정 신청 사건의 수속비용 구조에 관한 법률안(대표 제출) 町村役場費 임시국고보조법안(대표 제출) 지방금융통제를 위한 은행 설립 결의안(대표 제출)
64	1932.12.26. ~ 1933.03.25.	지조 면제에 관한 법률안(대표 제출) 간접국세 범칙자 처분법 중 개정 법률안(대표 제출) 민법 중 개정 법률안(대표 제출) 상법 중 개정 법률안(대표 제출) 상법시행법 중 개정 법률안(대표 제출) 이자 제한법 중 개정 법률안(대표 제출) 조정 신청 사건의 수속비용 구조에 관한 법률안(대표 제출) 정촌역장비 임시국고보조법안(대표 제출)
65	1933.12.26. ~ 1934.03.25.	내각 불신임 결의안(대표 제출)
68	1935.12.26. ~ 1936.01.26.	해산 주청에 관한 결의안(제출)
70	1936.12.26. ~ 1937.03.31.	官幣大社 阿蘇神社 조영에 국비 지출 건의안(대표 제출)

73	1937.12.26. ~ 1939.03.26.	南京 공략 축하에 관한 상주안(공동 제출) 鹿兒島本線 植木-上熊本 兩驛 간 정차장 설치 청원(熊本縣 田村長雄 외 제출, 대표 소개)
74	1938.12.26. ~ 1939.03.25.	육해군에 대한 감사 결의안(공동 제출) 전사자에 대한 敬弔 결의안(공동 제출) 대소련 권익 확보에 관한 결의안(공동 제출) 농림어업의 생산증진에 관한 결의안(공동 제출)
76	1940.12.26. ~ 1941.03.25.	육해군에 대한 감사 결의안(대표 제출) 전사자에 대한 경조 결의안(대표 제출) 중요물자 및 식량 증산 확보 결의안(대표 제출) 해외 객사 동포 위령전 건립 조성에 관한 건의안(대표 제출) 전시체제 강화에 관한 결의안(대표 제출) 植木-上熊本 양 역 간 정차장 설치 청원(熊本縣 田村長雄 외 제출, 대표 소개)
77	1941.11.16. ~ 1941.11.20.	육해군에 대한 감사 결의안(대표 제출) 전사자에 대한 경조 결의안(대표 제출) 국책 완수에 관한 결의안(대표 제출)
78	1941.12.16. ~ 1941.12.17.	개원식 칙어 봉답문 기초의 건 위원회(위원) 육해군에 대한 감사 및 전사자에 대한 경조 결의안(대표 제출) 대동아전쟁 목적 관철에 관한 결의안(대표 제출)
79	1941.12.26. ~ 1942.03.25.	육해군에 대한 감사 및 전사자에 대한 경조 결의안(대표 제출) 육해군 장병 훈련 중 순직자 우대에 관한 건의안(대표 제출) 중소상공업 대책에 관한 건의안(대표 제출) 대동아교육체제 확립에 관한 건의안(대표 제출) 군인 이외 종군자에 대한 감사 결의안(대표 제출) 싱가포르 함락에 대한 축하 및 감사 결의안(대표 제출) 蘭印 점령 및 蘭貢 공략에 대한 축하 감사 결의안(대표 제출) 농업단체 통합에 관한 건의안(대표 제출)

비고: 굵은 글씨로 강조한 것은 조선에 관한 사안임
출전: 帝国議会会議録検索システム(https://teikokugikai-i.ndl.go.jp)

〈부표 2〉 '조선 관계 대의사'의 사례

총선거 회차 (연월)	사료명	구분	당대 사료 성명	비고	선행연구
13 (1917. 04)	조선공론	중의원 의원 중 '조선회' 멤버	**伊東知也**(대만총독부 촉탁), 井上角五郎(박문국 고문), 陳軍吉(통감부 경무부장), 奧田龜造(강원도에 角輪組 설립), 頭本元貞(서울프레스 사장), 秋田寅之介(秋田商會木材 사장), 山口恒太郎(조선연초흥업 감사), 牧山耕藏(조선공론사 사장), 福井三郎(계림장업단 활동), 古谷久綱(통감 비서관), **江蔵哲蔵**(동아동문회 간사), 山根正次(총독부 촉탁), 赤間嘉之吉(동아연초 이사), 櫻井庄平(万盆北越農場 경영), 三土忠造(한국 학부 참여관), 鈴木錠蔵(한국 정부 촉탁)	1918.02. 귀족원·중의원 '조선회' 간친회 개최	野田卯太郎, 牧山耕藏, 井上角五郎, **岡田榮**(한국 법무 보좌관), 陳軍吉, 奧田龜造, 頭本元貞, 秋田寅之介, 山口恒太郎, 福井三郎, 古谷久綱, 山根正次, 三土忠造, 鈴木錠蔵, 多木久米次, 湯淺凡平, 赤間嘉之吉, **小川平吉**(동양척식회사 설립위원), 山道襄一, **櫻井兵五郎**(일본타이프라이터), 大内暢三, 安達謙蔵, **戸叶薫雄**(경성상업회의소 서기장), 川崎克, 櫻井庄平, **上村耕作**(한국 정부 재무관), **木尾寅之助**(경성 변호사), **尾崎敬義**(동척 이사)
14 (1920. 05)	매일신보	출마자	**守屋此助**(조선개척회사 발기인), **林田龜太郎**, 松山常次郎(黃海社 사장), 牧山耕藏, **萩谷籌夫**(인천상업회의소 회두), **佐佐木志賀二**(경기도 제2부장), **馬越恭平**(평양전흥회사 사장), **岩田仙宗**(변호사), 山道襄一(대한일보 사장), 湯淺凡平(밀양 대지주), 井上角五郎, **阪上貞信**(군산거류민단 민장), 山崎猛(경성일보 이사), **荻田悅造**(총독부 총무국장), **井上孝哉**(동양척식회사 이사), **俵孫一**(조선임시토지조사국 총재), 蓮井藤吉(여수수산회사 경영), 野田卯太郎(동양척식회사 부총재), 大内暢三(동아동문서원 이사), **井上雅二**(한국 궁내부 서기관), 陳軍吉, **佐佐木正蔵**(경상남도 사무관), **栅瀬軍之佐**(조선방직회사 이사), 福井三郎, **吉植庄一郎**, 香阪駒太郎(통감부 법무부장)	총 26명 중 당선 확실 23명	野田卯太郎, 山崎猛, 松山常次郎, 多木久米次郎, 湯淺凡平, 三土忠造, 竹内友治郎, 牧山耕藏, 山道襄一, 安達謙蔵, 中野正剛, 杉浦武雄, 武内作平, 中野寅吉, 俵孫一, 佐藤潤象
		당선자 중 현 재주자	牧山耕藏, 松山常次郎, 阪上貞信, 佐佐木志賀二, **國重政亮**(조선권업회사 사장)		
	조선공론	同 과거 재주자, 또는 사업 관계자	井上孝哉, 萩谷悅造, 山道襄一, **高山長幸**(조선제당회사 중역), **加藤久米四郎**(水野錬太郎 내무대신의 비서관), 山崎猛, **西村正則**(北陸土木會社 상담역), 中野正剛(大阪朝日新聞 조선 특파원), **山本條太郎**(조선방직회사 중역), 湯淺凡平, 井上角五郎, 野田卯太郎, 陳軍吉, 鈴木錠蔵, 福井三郎, **山本悌二郎**(서선식산철도회사 사장)	총 34명 중 21명 당선	
		낙선자	奧田龜造, 萩谷籌夫, 大内暢三, 馬越恭平, **山本唯三郎**(松昌洋行 대표), 岩田仙宗, **澤井元美**(수원 광업가), 俵孫一, 井上雅二, **池田龍一**(日清生命保險會社 사장), **清水銀蔵**(애국생명보험회사 경성지점장), **長山乙介**(통감부 촉탁), 守屋此助		

293

14 (1920.05)	조선급만주	당선자 중 현재주자	牧山耕藏, 松山常次郎, 阪上貞信, 佐佐木志賀二	인물평
		동 조선 관계자	阪上貞信, 荻田悅造, 井上孝哉, 山道襄一, 山崎猛, 中野正剛	인물평
		동 기타 조선 관계자	萩谷籌夫, 岩田仙宗, 井上雅二	명단만 제시
15 (1924.05)	경성일보	출마 예상되는 직전의 원중 현재 주자	牧山耕藏, 松山常次郎	
		동 과거재 주자	野田卯太郎, 井上孝哉, 荻田悅造, 佐佐木志賀二, 阪上貞信, 山崎猛, 中野正剛, 山道襄一, 川崎克(원산거류민단 민장), 中野寅吉, 安達謙藏(한성신보 설립), 井上角五郎	최근과 오래전 거주자를 구분함
		사업 관계자	蓮井藤吉, 湯淺凡平	
	조선시보	당선자	多木久米次郎(多木農場 경영), 山本悌二郎, **濱田國松(조선권업신탁회사 감사)**, 湯淺凡平, 杉浦武雄(경성복심법원 판사), **岩崎勳**, 竹內友治郎(총독부 체신국장), 井上孝哉, 中野寅吉(총독부 경시), 山本條太郎, 俵孫一, 山道襄一, 松山常次郎, 秋田寅之介, 中野正剛, 大內暢三, 佐藤潤象(조선중앙철도 사장), 牧山耕藏, 野田卯太郎	
	조선공론	차기 출마 예상자	野田卯太郎, 山崎猛, 松山常次郎, 牧山耕藏, 山道襄一, 安達謙藏, 杉浦武雄, 中野寅吉, 佐藤潤象, 武內作平(조선권업신탁회사 사장), 竹內友治郎, 俵孫一, 多木久米次郎, 湯淺凡平, **下岡忠治(총독부 정무총감)**	1925.09. 현직, 신인 도전자 예측
16 1928) (02.	부산일보	출마 예상되는 직전의 원중 현재 주자	牧山耕藏, 松山常次郎	
		同 연고자	安達謙藏, 多木久米次郎, 竹內友治郎, 井上孝哉, 中野正剛, **杉宜陳(조선은행 총재 勝田主計의 비서)**, 柵瀨軍之佐, 俵孫一, 三土忠造, 山道襄一, 中野寅吉, 杉浦武雄, **戶澤民十郎(圖們鐵道 이사)**, 佐藤潤象	
		同 사업관계자	秋田寅之介, 川崎克, 荻田悅造	
		신인	**守屋榮夫(齋藤實 총독의 비서관)**, 丸山鶴吉, **遠藤柳作(山縣伊三郎 정무총감의 비서관)**	

16 (1928) (02.	매일 신보	당선	山本條太郞, 三土忠造, 山本悌二郞, 竹內友治郞, 井上孝哉, 山崎猛, 山道襄一, 杉浦武雄, **深水淸**(경성상업회의소 부회두), 中野正剛, 牧山耕藏, 守屋榮夫		
		낙선	松山常次郞		
		불출마	多木久米次郞		
19 (1936. 02)	조선 시보	당선	中野正剛, 安達謙藏, 牧山耕藏, **池田秀雄**(총독부 식산국장, 경성일보 사장), 山道襄一, **森田政義**(조선에서 경부 역임), **川崎末五郞**(함경남도 경찰부장), 松山常次郞, 杉浦武雄, 山崎猛, 守屋榮夫, **田尻生五**(총독부 사무관), 俵孫一, 三土忠造, 川崎克, **砂田重政**(일본고주파공업 회장)	조선인 (朴春琴·李善洪) 포함 총 14명	
		낙선	竹內友治郞, 湯淺凡平, **上原平太郞**(용산 제20사단장), 加瀨和三郞(조선신문 사원), **佐藤巖**(경성일보 도쿄지국장), 馬野精一(경성부윤·전남지사), 小林旁之動(총독부 촉탁), 依光好秋(山梨半造 총독 비서관), 內海安吉(일본전보통신 경성지국장), 中野正剛, **宮手敬治**(경성일보 정치부장)		

비고: 1. 조선인 대의사는 제외하고, 소속 정당과 출마한 선거구, 選數 정보도 생략함.
2. 기존 연구는 1910년대와 1920년대의 대표적 '조선 관계 대의사'를 각각 열거함.
3. 동일인에 대한 여러 표기 방식은 가장 일반적인 것으로 통일하고, 인물 이력은 당대 사료 위주로 초출에만 기입함.
4. 기존 연구에서 언급하지 않은 당대 사료 속 인물, 반대로 당대 사료에서 언급되지 않음에도 기존 연구에서 지목한 인물은 각각 굵은 글씨로 강조함.
출전: 『每日申報』(1920.05.09, 1928.02.24.), 『朝鮮公論』6-5(1918.05)·8-6(1920.06)·13-9(1925.09), 『朝鮮及滿洲』156(1920.06), 『京城日報』(1924.02.02), 『朝鮮時報』(1924.05.15, 1936.02.27), 『釜山日報』(1928.01.25) ; 이형식(2014)

제3부

식민지 조선과 이해관계가 있는 일본 제국의회 '조선관계대의사'

직접 조선에 거주한 경험은 없지만 조선의 식민지화와 식민지 경영에 참여한 경험이 있는 일본인들은 제국의회의 진출과 함께 의원으로써 식민지와 관련된 사항에 대해 직·간접적으로 법안을 발의하거나 식민지로부터의 청원을 제국의회는 물론 내각 등 제국 정계에 소개하는 등 식민지 조선의 지배와 경영에 깊숙이 개입했다. 특히 조선의 식민지화에 공론을 형성하는 언론활동에 종사하거나 조선의 경제적 침탈을 위한 각종 사업과 함께 식민지 개발 사업에 식민지 거주 일본인들과 함께 참여함으로써 자신의 이익은 물론 식민지 거주 일본인들의 이익을 대변한 자들이 여기에 속했다.

강제 병합 이전 조선 침략의 선봉에 선 인물을 비롯해 조선 침략과 식민지 개발을 통해 이익을 얻은 인물들이 대표적이었다. 오가와 헤이기치(小川平吉), 아키오 가기이치(秋岡義一), 가이노 고죠(改野耕三) 등은 강제 병합 전부터 제국의회 의원에 당선되어 모두 조선의 병합이나 조선의 침탈에 적극 나섰던 인물들이었다. 또한 아키타 도라노스케(秋田寅之介),[1] 오시가와 마사요시(押川方義), 가와무라 스이로(川村數郞),[2] 구메 다미노스케(久米民之助),[3] 하야시 헤이시로(林平四郞) 등은 강제 병합 이전부터 각종 경제적 침탈의 선봉에 섰던 인물들로 특히 청일전쟁과 러일전쟁을 기회로 경제적 측면에서 조선을 식민지화 하는 데에 그 창구 역할을 한 인물이었다. 한편, 강제 병합 이후 활동한 인물은 〈표〉와 같이 대부분 식민지 관료 출신으로 조선의 개발 사업에 참여하거나 식민지 국책회사에 관여하거나 아니면 처음부터 조선 개발 사업에 적극적으로 참여한 인물들이었다.

〈표〉 식민지 조선과 이해관계가 있는 제국의회 의원

	이름	지역구	조선과의 관계
1	秋田寅之介	야마구치현	조선광산 사장, 秋田商會木材 사장
2	山口恒太郎	후쿠오카현	조선연초흥업 감사, 조선경남철도 상담역
3	奧田龜造	돗토리현	平安漁業 주주, 조선 연안 어업
4	赤間嘉之吉	후쿠오카현	동아연초이사

---

[1] 中西僚太郎,「近代下関の発展と地方企業家の活動:秋田寅之介に注目して」,『일본지리학회연차회의』, 일본지리학회, 2014

[2] 『조선인사흥신록』, 114쪽.

[3] 『조선공로자명감』, 627쪽.

5	小川平吉	나가노현	동양척식 설립위원
6	櫻井庄平	니가타현	전북에 있는 万益北越農場 경영
7	上村耕作	나라현	韓國政府財務官 겸 농공은행관리관, 동양척식회사 참사
8	尾崎敬義	에히메현	동양척식이사, 조선철도감사
9	武内作平	오사카부	조선권업신탁회사 사장
10	秋岡義一	오사카부	조선면업, 경판전기철도 감사역
11	一松定吉	오이타현	조선신문사 감사역
12	山本条太郎	후쿠이현	조선방직 이사, 조선生絲 이사
13	押川方義	에히메현	일한동지조합 대표자
14	改野耕三	효고현	면화재배협회 평의원, 남만주철도회사 이사
15	川村數郎	기후현	직물업, 조선연초흥업 이사, 동광상사 이사
16	久米民之助	군마현	금강산전기철도 취체역
17	工藤十三雄	아오모리현	동양척식 촉탁
18	國光五郎	야마구치현	남조선전기, 남조선수력전기 감사역
19	松野鶴平	구마모토현	조선방직 이사
20	近藤慶一	야마구치현	조선농사 대표, 대한근농 감사역
21	八木元八	시즈오카현	압록강제재 대표, 무한제재 이사
22	林平四郎	야마구치현	대한근농 감사역
23	三浦覚一	오이타현	조선 근해 어업

제3부에서는 이들 중 식민지 조선과 이해관계가 있는 일본 제국의회 '조선관계대의사'로 조선광산 사장 아키타 도라노스케(秋田寅之介), 금강산전기철도 취체역 구메 다미노스케(久米民之助), 조선방직 이사 야마모토 조타로(山本条太郎), 동양척식 창립위원 오가와 헤이기치(小川平吉)를 살펴본다.

11장
아키타 도라노스케 秋田寅之介 의
조선 및 대륙 경제적 침탈과
제국의회 활동

1. 아키타의 경제적 기반 구축과 일본제국주의

　아키타 도라노스케는 1875년 4월 1일 야마구치현 후지야마(山口縣 厚狹郡 藤山村)에서 아키토미(秋富傳五郎)의 2남으로 태어났다. 1885년 숙부가 경영하는 사누키(佐貫)상점에 견습으로 들어가 1892년 이쿠타(生田)상점의 견습으로 옮겼지만 얼마 지나지 않아 다시 사누키상점으로 복귀했다.[1] 상업에 뜻을 두고 상점 등을 전전했으나 그 기반은 다른 곳으로부터 구축되었다.

　1874년 시모노세키에서 회조업을 시작으로 그 확장을 꾀하던 아키타 마쓰지로(秋田松次郎)는 일본의 대만, 조선 등 제국주의 침탈에 부응하며 1892년 위탁물품문옥을 개시해 중국, 한국, 대만('淸韓臺灣')의 각 요지로 향했다.[2] 이즈음 그는 아키타가(秋田家)의 서양자(壻養子)로 들어가 상속인이 되었고, 가업인 회조업 및 여관겸위탁물품문옥(柏屋, 해운업 및 무역업)에 종사하게 되었다.[3] 즉, 일본의 제국주의 침략에 발맞춰 시모노세키라는 지역적, 경제적 기반을 토대로 '제국적' 경제 성장을 도모할 수 있었던 것이다.

　이제 본격적으로 시모노세키 등 일본 지역에서 경제적 기반을 심화시키는 동시에, 일본제국주의의 침략 지역을 그 영업망에 넣기 시작했다. 아키타는 청일전쟁이 일어나자 식량과 잡화 등을 조선, 만주 방면에 수송하는 한편, 일본이 대만을 통치하게 되는 1895년 이후 1899년

---

[1] 東洋新報社 編, 『大正人名事典』(3판)(東洋新報社, 1917), 202쪽.
[2] 『日本現今人名辞典』(訂正3版)(日本現今人名辞典発行所, 1903), あ의 36.
[3] 人士興信所, 『人士興信錄』(5版)(1918), あ78.

대만에 목재와 식량을 판매하며 큰 이익을 얻었다.[4] 1901년에는 시모노세키 재목업 발전을 위해 히코시마(彦島)해안에 창고를 신축해 동업자들의 창고 이용에 편의를 제공하는 등 지역사회에서 신망도 구축하기 시작했다.[5]

더 큰 기회가 찾아왔다. 아키타는 러일전쟁이 발발하자, 곧바로 사세보와 고쿠라에 군수품을 납품하는 한편,[6] 일본군의 대륙 침략과 함께 주둔 지역인 조선의 인천 및 용산 등 각지에 출장소를 설치했다. 또한 잉커우(營口)가 일본에 점령되자 즉각 신구 양시가에 지점을 설치했다. 러일전쟁의 기회는 사업 독립도 추동했다. 1905년 종래의 가업과는 별도로 일본의 침략 지역에 목재와 식량 판매를 주로 하는 아키타상회(秋田상회, 1913년 합자회사 전환)를 설립했다. 그리고 다롄(大連)지점을 미노마치(美濃町) 71호지에 설치했다. 다음 해인 1906년 뤼순(旅順)지점을 노기마치(乃木町)에 신설하고 점차 확장했다.[7] 조선에서는 인천과 용산을 중심으로 목재, 잡화류, 신탄, 식량 등을 매각했는데, 1907년 말부터 사업이 감퇴하여 철

합자회사 秋田상회 본점 / 西村百合蔵 編, 『関門錦苑』(西村写真館, 1923).

---

[4] 中西僚太郎, 「近代下関の発展と地方企業家の活動」 『日本地理学会発表要旨集』(2014), 180쪽.
[5] 나아가 1907년 간몬(關門)재목조합 창립 발기인이 되어 1914년 조합장이 되었다.
[6] 民天時報社編輯局 編, 『海外邦人の事業及人物』(第1輯)(民天時報社, 1917), 201쪽.
[7] 동양신보사 편, 『大正人名事典』(3판), 202쪽; 日支共同通信社調査部 編, 『日支貿易綜攬』(日支共同通信社, 1919), 306~309쪽.

회했다.[8]

　이처럼 아키타는 시모노세키를 중심으로 장인이며 양부인 마쓰지로의 가업인 회조업이라는 해운업과 위탁물품판매라는 무역업을 토대로 청일전쟁, 대만 통치 등의 일본제국주의 확장을 기회 삼아 경제적 기반을 공고히 했다. 다른 한편, 러일전쟁을 기회로 자신의 독립사업인 아키타상회를 창립하고 일본제국주의의 대륙 침략에 따라 조선, 중국, 만주를 그 영업망에 넣으며 더욱더 확장을 추구했다. 아키타의 지역적, 경제적 성장은 일본의 군사적 침략과 발맞춰 기반이 구축되었고 계속되는 대륙 침략과 식민지 지배를 통해 더욱 심화되었다고 할 수 있다.

　경제적 기반의 심화는 영업망의 제국적 확장뿐만 아니라 영업면의 확대와 다양화에서도 확인된다. 1907년 아키타는 기선 니호시마마루(仁保島丸), 1908년 모리마루(盛丸), 다이산타츠마루(第三辰丸)를 구입하여[9] 오로지 중국, 조선, 대만 각지 간의 무역에 종사했다. 특히 1912년에는 다시 신코마루(神幸丸), 부산마루(釜山丸), 후쿠오카마루(福岡丸)를 구입하여 해운계에 두각을 나타냈다. 그 결과 모지(門司)기선주식회사를 창립하고 취체역이 되었다.

　이와 같은 영업망의 확장은 조선의 강제 병합과 동시에 부산마루를 구입 운영하고 있는 것을 통해서도 확인된다. 나아가 1차세계대전에 따라 중국에서 이해관계가 상충하고 있던 독일과 국교 단절을 기회로 아키타는 곧바로 중국 산둥성 룽커우(龍口)에 점원을 파견하고 1915년 칭다오에 출장소를 설치했다. 이듬해인 1916년에는 자본금 50만원의 칭다오제분주식회사를 창립하여 사장으로 취임하고 역으로 시모노세키와 톈진(天津), 다롄 등에 출장소를 설치했다. 또한 1914년 중국 톈진 일본조계에 자본금 20만원의 톈진창고주식회사를 창립하는 등 조선, 중국, 만주로 자신의 영업망 확대는 물론 일본 자본의 대륙 진출을 돕기 위한 회사 등을 설립하는 등 이 방면에 두각을 드러냈다.[10]

　한편, 1913년부터 트롤 어선 다이료마루(大漁丸)를 구입하여 트롤 어업을 개시했다. 트롤어업은 일본의 연근해 어업을 넘어서는 것으로 아키타의 트롤 어선은 이 시기 총 6척까지 확대되었다. 그런데 트롤 어선의 면허 사실이 조선총독부관보를 통해 지속적으로 소개되었다.

---

[8] 御大礼記念出版刊行会 編, 『現代実業家大観』(御大礼記念出版刊行会, 1928), ア부 2쪽.
[9] 逓信省管船局 編, 『日本船名録 附録明治40-43年』(帝国海事協会, 1887~ 1912), 78~79, 259쪽.
[10] 民天時報社編輯局 編, 『海外邦人の事業及人物』(제1輯), 9, 108쪽.

면허는 일본의 농상무성이 인허한 것임에도 불구하고 이들 면허 사항이 조선총독부관보에 지속적으로 게재된 것은 어업 지역이 조선 해역까지 포함했기 때문이었다. 이는 아키타의 사업이 단순히 어업으로 확장된 것만을 의미하는 것이 아니라 그의 성장 기반이 일본제국주의, 그리고 식민지 지배와 명백히 관련된다는 점이다. 즉, 아키타의 트롤 어업은 일본의 식민지 지배에 따른 조선 어장과 긴밀한 관계였다는 점을 확인할 수 있다.[11] 이 때문에 1914년 아키타는 모지(門司)수산주식회사 취체역 사장에 추대되었다.

아키타의 제국적 경영은 다시 시모노세키 지역의 기반을 더욱 공고히 했다. 1914년 간몬재목상조합장을 비롯해, 1916년 모지수산과 시모노세키빌브로커(bill broker)가 합병한 주식회사 간몬빌브로커(bill broker)의 취체역사장이 되었다. 같은 해 자본금 65만원을 투자하여 간몬상사주식회사를 창립하고 사장이 되었다.[12] 또한 본가 계열의 주식회사 사누키상점과 아키토미상사주식회사의 설립에 참여해 취체역이 되었으며,[13] 1890년 창간된 시모노세키마이니치신문(馬關每日新聞)도 1917년부터 경영하며 언론계에도 그 사업망을 확장했다.

이처럼 아키타는 시모노세키라는 지역적, 경제적 기반을 토대로 '간몬 실업계의 거인'으로 성장했다. 주지하다시피 일본제국주의의 대륙 침략이라는 정치적 사건이 없었다는 그 경제적 기반 구축과 확대는 불가능했다. 아키타가에 들어가면서 가업인 해운업과 무역업을 토대로 청일전쟁, 대만 통치, 러일전쟁, 강제 병합, 그리고 제1차세계대전과 관동주 등 만주 지배라는 일본제국주의의 침략 과정에서 철저히 기회를 이용해 성장했다. 이와 같은 영업망의 확대는 다시 시모노세키의 경제적 기반을 더욱 공고화하는 한편, 정치적 기반도 축적하도록 했다.

1909년부터 시모노세키상업회의소 의원으로 선출된 이래 상의원과 특별의원을 역임했다. 1910년부터는 시모노세키시의회 의원으로 선출되었으며, 야마구치현회 의원으로도 활

---

[11] "彙報, 漁業(一般), 汽船「トロ-ル」漁業"『조선총독부관보』제399호(1913. 11. 27), 9면(269쪽); "彙報, 漁業(一般), 汽船「トロ-ル」漁業"『조선총독부관보』제469호(1914. 2. 24), 6면(262쪽); "彙報, 漁業(一般), 汽船「トロ-ル」漁業"『조선총독부관보』제601호(1914. 8. 3), 18면(34쪽); "彙報, 漁業(一般), 汽船「トロ-ル」漁業"『조선총독부관보』제727호(1915. 1. 8), 13면(55쪽); "彙報, 漁業(一般), 汽船「トロ-ル」漁業"『조선총독부관보』제869호(1915. 6. 26), 8면(308쪽); 1차세계대전 시기 선박이 부족한 이탈리아와 프랑스정부의 간청에 의해 트롤 어선을 매각해 많은 이익을 거두기도 했다("彙報, 漁業(一般), 汽船「トロール」漁業"『조선총독부관보』제1290호(1916. 11. 21), 10면(296쪽); 동양신보사편,『大正人名事典』(3판), 203쪽; 全日本業界人物大成刊行会,『全日本業界人物大成』乾卷(1932), 195쪽).

[12] 동양신보사 편,『大正人名事典』(3판), 202~203쪽.

[13] 実業之世界社編纂局 編,『大日本実業家名鑑』(下卷)(実業之世界社, 1919), 地方之部 34쪽.

동했고, 1923년에는 시모노세키시의회 의장을 역임했다. 더불어 1917년 쓰시마를 지역구로 중의원 의원에 선출되었고 이후 1927년까지 시모노세키시 선출 중의원 의원으로 정치적 활동을 전개했다.[14] 이와 같은 지역과 중앙의 정치적 활동으로 경제적 활동이 뜸했던 것은 아니었다. 오히려 정치적 활동의 전개와 더불어 제국적 경제 기반은 더욱 확대되었다.

러일전쟁 시기 합명회사로 설립된 아키타상회는 시모노세키에 본점을 두고 뤼순, 다롄에 지점을 설치하여 제재사업을 경영하였는데, 1913년에는 합자회사로 전환했다. 한편, 1920년 아키타상회 창립 15주년을 기념해 일본 이외 지역의 조직 개편을 추진했다. 아키타는 자본금 3백만원으로 아키타상회목재주식회사를 설립했고 본점을 펑톈(奉天)에 두는 한편, 지점을 다롄, 칭다오, 뤼순, 경성에, 출장소를 도쿄, 오사카의 각지에 개설했다.[15] 1920년 시모노세키에 본점을 두고 있던 합자회사 아키타상점과 달리 펑톈에 본점을 둔 아키타상회목재주식회사는 말 그대로 제국 경영을 위한 기업이었다고 할 수 있다. 이후 아키타는 식민지 경영에 이 회사 등을 토대로 임업은 물론이고 광업까지 확대하며 1945년 패전 때까지 식민지 경제 침탈에 앞장섰다. 그 가운데 식민지 조선도 포함되어 있었다.

2. 식민지 지배와 아키타의 경제 침탈

아키타는 1892년 즈음부터 청일전쟁을 이용해 중국, 조선 등과 무역업을 전개하는 한편, 1895년 대만 통치 이후 1899년 대만에도 직접 가서 목재와 식량 등의 판매를 주도하며 성장해 갔다. 특히 러일전쟁은 아키타에게 가장 큰 기회였다. 전쟁 발발과 동시에 판매를 위한 목재를 독점하고 일본 군항과 군부대에 군수품을 납부했다. 나아가 일본군을 따라 인천과 용산에 출장소를 설치하며 경제적 기반을 확대해 갔다. 러일전쟁에 따른 조선 진출은 1907년 말 일본군이 일부 퇴한하면서 영업 성적이 감소하여 출장소 철회로 끝났다. 하지만 이후에도 여전히 중국, 만주, 조선, 대만과 연결되어 있었으며, 그 영업망이 지속적으로 확대되었.

특히 1907년부터 시작한 기선 구입과 규슈 및 조선과의 항로 개설은 기존의 무역을 위한 비정기적 항로와는 달랐다. 우선 1907년 시모노세키와 고쿠라 간 정기항로를 개설하고, 다음

---

[14] 海峽社 編, 『下関名鑑』(海峽社, 1925), 37~42, 115~116, 127~130, 130~131쪽.
[15] 南満洲鉄道株式会社興業部商工課 編, 『満洲商工要覧』(満蒙文化協会, 1922), 49~50, 200~201쪽; 大來修治, 『記念誌: 大連開業二十年聯合祝賀會』(遼東新報社, 1924), 70쪽.

해 대형기선 2척을 더 구입해 중국, 조선, 대만 각지 간 교통과 무역을 개시했다. 이때 조선 진해 및 대만 지룽(基隆)의 각지에서 토지 가옥을 구입해 지점을 설치했다.[16] 조선의 경우, 진해만 조차지 투자와 지점 설치는 강제 병합 당시에 이루어졌다. 아키타는 진해에 출장소를 설치하고 조차지에 가옥을 건축하는 한편, 목재를 판매했다.[17] 이로부터 식민지 조선에 대한 경제 침탈과 함께 식민지 경영에 적극적으로 참여하기 시작했다.

먼저, 시모노세키로부터 식민지 조선에 이르는 조일항로를 안정화시켰다. 아키타는 1912년 신코마루, 부산마루, 후쿠오카마루를 매입하여 '업객(業客)'을 점차 확대하고 해외 각 지점과 연결했다.[18] 특히 1915년 쓰시마와 본토 간의 교통과 무역을 원활히 하기 위해 기선 도요카와마루(豊川丸)로 시모노세키와 쓰시마 간 정기항해를 개설했다. 이 노선과 연결하여 아이세마루(相生丸)로 쓰시마 연안을 순항했다. 나아가 기선 1척을 증가하여 그 항로를 확장했다. 즉, '시모노세키-하카다-잇키-쓰시마-부산'에 이르는 순회 항로를 연장해 일본 규슈와 식민지 조선의 교통 및 무역의 발전을 도모했다. 강제 병합에 따른 규슈, 시모노세키, 그리고 쓰시마와 식민지 조선(부산)을 연결하여 식민지 경제 침탈과 경영에 일조하는 항로의 개설이었다.[19] 아키타의 영업 중 서일본과 식민지를 연결하는 해운업과 무역업이 그 기초일 뿐만 아니라 가장 중심이었기 때문에 두 지역에 대한 관심은 경제적 차원을 넘어 정치적 차원으로 확대될 수 밖에 없었다.

〈표 1〉 식민지 조선에서의 임업 경영

지령번호	지령연월일	장소	면적	비고
산920	1916.01.26	경기도 남양군 은평면	14町8200	
산974	1916.04.11	경기도 고양군 연희면	甲 0町6300 乙 7町4500 丙 1町8500	
산1398	1916.06.05	경상북도 영일군 대송면	갑 633町4722 을 567町1900	

출전: "彙報, 林業(國有林野處分事項), 賣却許可"『조선총독부관보』제1045호(1916. 1. 31), 6면(408쪽);
"彙報, 林業(國有林野處分事項), 賣却許可"『조선총독부관보』제1106호(1916. 4. 14), 12면(206쪽); "彙報, 林業(國有林野處分事項), 貸付許可"『조선총독부관보』제1154호(1916. 6. 9), 11면(135쪽).

---

[16] 実業之世界社編纂局 編,『大日本実業家名鑑』(下巻), 地方之部 34쪽.
[17] 全日本業界人物大成刊行会,『全日本業界人物大成』乾巻, 195쪽.
[18] 全日本業界人物大成刊行会, 위의 책, 195쪽.
[19] 実業之世界社編纂局 編,『大日本実業家名鑑』(下巻), 地方之部 34쪽.

해운업과 무역업이 시모노세키를 중핵으로 식민지를 연결하며 확대한 사업이었다면, 직접 식민지 조선의 경제 침탈과 경영을 주도한 사업이 식림 및 광업이었다. 그의 경제적 기반 구축의 토대 중 하나가 목재 판매였음은 앞에서도 확인했다. 더군다나 대만과의 무역과 러일전쟁에 따른 경제적 이익이 목재 판매와 연결되어 있었기 때문에 식림업은 아키타의 관심 대상일 수밖에 없었다. 강제 병합 이후 1912년 아키타는 야마구치현의 산림을 매입해 소나무 벌채와 개간을 하는 동시에 조선의 삼림에 관심을 기울였다. 특히 1911년 조선총독부의 삼림령은 아키타에게 좋은 기회였다. 이른바 국유림에 대한 조림대부제도는 식민지 경제를 토대로 한 제국적 기반 확대에 중요한 수단일 수 있기 때문이었다.

아키타는 곧바로 경기도 남양군과 고양군의 삼림 일부와 함께 경주 인근의 경상북도 영일군 대송면과 오천면 일대의 운제산 내 약 1,200정보라는 대단위의 땅을 14년 기한으로 대부받았다. 이를 토대로 조림을 통해 목재를 판매하고자 했던 것이다. 그런데 이 토지 바로 옆에는 조선귀족 임업조합 보식단(普植團) 단장 박영효가 15년 대부기한으로 약 989정보의 토지를 함께 대부받았다.[20] 일본인 또는 조선귀족임업조합의 삼림 대부는 1911년 공포된 삼림령의 조림대부제도에 의한 것이었다.

조선총독부의 입장에서 기본적으로 조림대부제도는 수종 개량과 식림 장려, 그리고 치수사업을 통해 조림의 비용을 민간에 전가하는 것이었다. 이는 대체로 연고자가 있는 2종 불요존림이며 주로 조선인들이 대부받았다. 그에 반해 일본인과 '조선 귀족'은 불요존림 중 연고자가 없고 경제적 가치가 높은 1종에 속한 것이었다. 이들 삼림의 대부는 식민지 경영에 일본인을 끌어들이는 것이었으며 따라서 이들의 이익을 보장해 주기 위한 것이었다.[21] 아키타도 수천 정보의 삼림을 대부받아 식림에 들어갔는데, 곧바로 터진 3.1운동과 조선에서의 조림대부제도가 벌채와 직접 연결되지 못하는 측면을 고려해서인지 조선귀족임업조합의 당시 단장인 이완용의 요청에 의해 1919년 모두 양도하며 다른 부를 축적했다.[22] 식민지 조선의 식림 사업을 통해 얻은 이익은 곧바로 펑톈에 본점, 다롄, 칭다오, 뤼순, 경성에 지점, 오사카에

---

[20] 「彙報, 林業(國有林野處分事項), 借地權讓渡許可」『조선총독부관보』제2022호(1919. 5. 9), 8면(120쪽).
[21] 최병택, 「일제하 임야조사사업의 시행목적과 성격」, 『한국문화』 37(2006), 201~209쪽.
[22] 全日本業界人物大成刊行会, 『全日本業界人物大成』 乾巻, 195쪽.

출장소를 둔 자본금 3백만원의 아키타상점목재주식회사 창립에 사용되었을 것이다. 식민지 조선에서의 직접 식림은 중단되었지만 목재 판매는 이 회사를 토대로 만주와 조선에서 계속 진행했다. 이 때문에 제국의회 활동 중 영림창의 목재 불하를 지속적으로 요구했던 것이다.

한편, 아키타가 식민지 조선에서 가장 중요하게 생각하며 1945년 패전까지 놓지 않은 사업은 광업이었다. 일본에서도 광산 개발은 있었다. 하지만 그 시작은 조선에서 먼저였으며 주력이었다. 일본의 경우 자신의 고향인 야마구치현 후지야마의 석탄에 한정되었다.[23] 식민지-제국 판도 내에서 광업은 오로지 조선에서만 이루어진 것이다. 그만큼 아키타의 광업 진출은 식민지 조선의 경제 침탈과 경영에 긴밀한 사안이었다고 해도 과언은 아니었다.

〈표 2〉 식민지 조선에서의 광업권 획득과 경영

허가/등록번호	연월	광구소재지	광종	비고
1335	1913.08.06	평안남도 순천군 내남면	금광	대리인 新富直吉(1915.07.27)-〉太田宇三郎(1924.06.14) 면적 120,209평(1915.12.08.)
1387	1913.10.02	평안남도 초산군 판하면	흑연광	광업권양도 원권리자 秋田貞吉외 1명 대리인 新富直吉(1915.07.27)
1386	1913.10.28	평안남도 초산군 판하면	철광	대리인 秋田貞吉-〉新富直吉 (1915.07.27)
908	1915.07.15	충청북도 옥천군 청남면, 청서면	흑연	면적 9만4,583평 대리인 新富直吉(1915.07.27)-〉太田宇三郎(1924.06.14)
-	1916.04.01	충청북도 청주군 부용면	텅스텐	광업원출원, 수정도면 불제출로 각하 (1920.08.12)
1257	1916.09.30	충청남도 서산군 원북면, 소원면	철광	광업권이전
3087	1917.02.06	충청남도 서산군 지곡면	철광	광업권설정, 면적 24만5,028평
1577	1917.02.20	충청남도 청양군 사양면	금광	광업권이전
2763	1919.09.01	충청남도 천안군 성환면		광업권이전
2727	1916.08.26	충청남도 서산군 이북면	철광	면적 73만0,800평 대리인 太田宇三郎(1924.06.14)-〉伊東豊治(1933.07.18)

[23] 福岡鑛務署 編, 『福岡鑛務署管內鑛区一覽』(1918), 53쪽.

2792	1916.09.28	충청남도 서산군 원북면, 소원면	철광	면적 64만3,785평 대리인 太田宇三郎(1924.06.14)-)伊東豊治(1933.07.18)
7846	1928.09.07	황해도 평산군 안성면	형석	면적 1만0,400평
11045	1934.11.29	경상남도 남해군 남면, 이동면	금은광	광업권설정 면적 98만6,870평
9680	1935.12.28	전라남도 순천군 쌍암면		광업권자 秋富상사주식회사, 대리인 秋田상회 여수출장소 秋田寅之介 광업권이전(조선광산주식회사, 1936.12.31)
10229	1936.12.01	충청북도 청주군 강외면		광업권이전 대리인 二影平篤介(1938,11.17)-)木村圭助(1941.03.09)
-	1940.08.29	충청남도 천안군 성환면, 아산군 응봉면	금은광	광업원출원, 수정도 불완비로 각하

출전: 조선총독부관보 각 연도.
비고: 연월일은 이전, 설정, 출원이 아닐 경우 허가 또는 등록된 날짜가 아니라 주소, 대리인 등 수정 신고 날짜이기 때문에 허가 또는 등록일은 그 이전임.

〈표 2〉는 아키타의 광업 침탈과 관련한 사실을 조선총독부관보를 토대로 정리한 것이다. 이 표를 통해 보면, 아키타의 식민지 조선에서 광업 침탈과 경영은 세 가지 차원으로 구분할 수 있다. 첫 번째가 법령을 기준으로 구분할 수 있다. 두 번째는 관리주체와 관련해 구분할 수 있다. 세 번째는 광구소재지를 통해 구분할 수 있다. 물론 광상의 종류별로 구분할 수도 있겠지만 금은광, 철광, 흑연광이 중심이며 앞의 세 차원은 모두 서로 연동해서 크게 두 시기에 맞물려 있는 특징이 있다.

먼저, 법령에 의한 구분으로 조선총독부는 1915년 12월 24일 조선광업법을 제정하여 1916년 4월 1일부터 시행했다. 조선광업령 이전은 통감부에 의해 공포된 1906의 법률 제3호 광업법과 법률 제4호 사광채취법에 따랐다. 아키타의 광업 침탈은 1916년 시행되는 조선광업령을 기준으로 그 이전에 허가받은 것과 이후 등록된 것으로 나누어진다.[24] 통감부에 의해 공포된 1906년의 광업법은 국유 광산의 장악과 함께 일본인들의 광업권 허가를 위한 법률로 아키타는 평안남도 순천군과 초산군의 금광, 흑연광, 철광, 충청북도 옥천의 흑연광에 대한

---

[24] "制令 朝鮮鑛業令"『조선총독부관보』제1018호(1915. 12. 24), 1면; 1916-02-29, 제1069호, 001면, 府令 朝鮮鑛業令.

광업권을 허가받았다.[25]

　1916년 4월 1일부터 시행되는 조선광업령 하에서는 광업권의 등록제도에 따라 더욱 수월하게 광업권을 설정하거나 이전받을 수 있었다. 그런데 아키타는 이 시기부터 광산을 조선 남부로 이전해 충청남도의 광업권을 주로 획득했다. 세 번째 구분인 광구소재지 구분은 이처럼 법령 구분과 동시에 이루어졌다. 1916년과 1917년, 그리고 1930년대 중반에 집중된 광산은 출원 각하와 황해도를 제외하고 모두 충청남북도와 경상남도, 전라남도의 철광, 금은광 광업권의 이전 또는 설정을 통한 것이었다.

　한편, 관리주체의 측면에서 광업권자가 모두 아키타임에도 불구하고 아키타는 조선에 잠시 머물거나 거주한 식민자는 아니었다. 앞에서 살펴본 것처럼, 그는 시모노세키에서 떠나지 않고 시모노세키를 중심으로 중국, 만주, 조선, 대만이라는 일본의 식민지를 토대로 경제적 기반을 확대했다. 특히 아키타는 1910년대부터 1920년대까지 경제적 기반을 토대로 시모노세키시의회, 야마구치현의회, 제국의회 등 정치적 활동을 시모노세키와 도쿄에서 전개하고 있었다. 따라서 식민지 경영은 시모노세키에 본점을 둔 합자회사 아키타상회와 1920년 창립하여 펑톈에 본점을 둔 아키타상회목재주식회사의 조선 측 지점과 출장소를 통해 전개할 수밖에 없었다. 이와 같은 상황은 아키타의 광업 침탈과 경영에 한계로도 작용했다. 다만 이러한 한계가 식민지 개발에 참여한 식민자에 대한 관심 촉구와 그에 따른 이해를 강력하게 주장하는 동인이기도 했다.

　1910년대 초기 광업권의 주체였던 아키타상회 조선 출장소 등은 광업권을 허가받거나 관업 대리인이 되었다. 하지만 1915년 시점에서 완전히 철수한 것으로 보이기 때문에 조선에서 광업을 운영하는 다른 일본인을 대리인으로 내세울 수밖에 없었다.[26] 물론 1916년부터는 조선광업령에 의해 허가가 아닌 등록제도로 변경되었기 때문에 광업권 획득이 수월할 수 있었다. 충청도 지역의 기존 광업권을 다수 이전받기도 했다.

---

[25] 〈표 2〉의 연월일은 허가받은 날이 아니라 주소 또는 대리인 변경 등의 신고가 있던 연월일이기 때문에 그 이전에 허가받았다고 할 수 있다["彙報, 鑛業(鑛業事項), 假住所屆"『조선총독부관보』제310호(1913. 8. 12), 7면(115쪽); "彙報, 鑛業(鑛業事項), 讓渡"『조선총독부관보』제360호(1913. 10. 10), 7면(107쪽); "彙報, 鑛業(鑛業事項), 代理人屆"『조선총독부관보』제381호(1913. 11. 6), 6면(54쪽); "彙報, 鑛業(鑛業事項), 鑛業代理人解任屆"『조선총독부관보』제895호(1915. 7. 27.), 4면(344쪽)].

[26] 러일전쟁과 함께 인천과 용산에 설치한 아키타상회의 출장소는 1907년 말 철수했고, 강제 병합 당시인 1910년 진해 개발을 위해 설치된 출장소도 1915년 시점에서 대리인이 조선에서 광업을 경영하는 다른 일본인으로 변경되는 것을 보면, 이 시기 완전히 철수한 것으로 볼 수 있다["彙報, 鑛業(鑛業事項), 鑛業代理人解任屆"『조선총독부관보』제895호(1915. 7. 27), 4면(344쪽)].

다만 새로운 광구 출원은 대리인으로 어려운 점이 많았던 것 같다. 실제로 조선광업령이 시행되는 1916년 4월 1일, 충청북도 청주군 부흥면의 텅스텐광 광업원을 출원했는데 이에 대한 대응이 제대로 이루어지지 않았다. 조선총독부는 도면의 수정을 요구했고 수정된 도면이 지정한 기한까지 제출되지 않자, 각하하기도 했다.[27] 또한 광구세 등의 납부가 제대로 되지 않아 최고서, 독촉장이 날아오는 한편, 공매 처분의 위기를 맞기도 했다.[28] 대체로 소재 불명 때문이었다.

아키타는 다시 1920년부터 영업을 시작한 아키타상회목재주식회사 경성지점을 이용했다.[29] 즉, 경성지점장을 아키타의 광산 관리인으로 설정한 것이다.[30] 하지만 경성지점은 서류상에만 존재했는지 경성지점장이 관리인이 된 시기는 1924년이었다. 여전히 기존 광산의 광구세 체납과 소재 불명에 따른 독촉장과 공매 처분이 쇄도했다.[31] 물론 공매 처분 전에 광구세 체납액과 독촉수수료를 완납하면 공매는 취소될 수 있었고 공매에 붙여진 사례가 없는 것으로 봐서 완납이 이루어진 것으로 볼 수 있다. 하지만 여전히 광업 침탈과 경영에 어려움이 많았다.

결국 아키타는 조선에서의 광산 개발과 경영을 위한 주체로서 조선광산주식회사를 1936년 9월 26일 창립했다.[32] 1930년대 새로운 광업권 설정을 위한 회사가 필요했고 마침 1934년부터 새롭게 경남 남해와 전남 순천의 광업권을 설정하고 있었다. 이후 기존의 광업의 이전과 새로운 광업권 획득은 설립 당시 여수에서 진행했다.[33] 1939년부터는 충북 청주에 본점을 둔 이 회사를 통해 금은광 기타 각종 광산의 시굴 채굴과 광업물의 매매 및 관련 업무, 각종 광구의 시채굴 출원 및 매매 금융 기타 관련 업무, 광업 관리 및 경영 광업에 관한 조사 설

---

[27] "廣告, 鑛業權, 鑛業出願却下"『조선총독부관보』제2441호(1920. 9. 29), 10면(368쪽).
[28] "廣告, 告示·公示·命令, 催告書"『조선총독부관보』제3132호(1923. 1. 23), 10면(180쪽); "廣告, 稅務, 督促狀"『조선총독부관보』제3132호(1923. 1. 23), 10면(180쪽); "廣告, 鑛業權, 鑛業權公賣"『조선총독부관보』제3504호(1924. 4. 22), 9면(201쪽).
[29] "朝鮮銀行會社要錄』(東亞經濟時報社, 1921~1935).
[30] "彙報, 鑛業(鑛業事項), 鑛業代理人選任"『조선총독부관보』제3626호(1924. 9. 12), 8면(120쪽).
[31] "廣告, 鑛業權, 鑛業權公賣"『조선총독부관보』제4063호(1926. 3. 9), 10면(96쪽); "廣告, 鑛業權, 鑛業權公賣"『조선총독부관보』제4064호(1926. 3. 10), 9면(107쪽); "廣告, 鑛業權, 鑛業權公賣"『조선총독부관보』제4092호(1926. 4. 13), 10면(152쪽); "廣告, 稅務, 督促狀"『조선총독부관보』제0025호(1927. 1. 29), 11면(273~274쪽); "廣告, 鑛業權, 鑛業權公賣"『조선총독부관보』제0059호(1927. 3. 14), 11면(159쪽); "廣告, 鑛業權, 鑛業權公賣"『조선총독부관보』제64호(1927. 3. 19), 12면(220~221쪽).
[32] "朝鮮銀行會社組合要錄』(東亞經濟時報社, 1937~1942).
[33] "鑛業, 鑛業事項, 鑛業權移轉"『조선총독부관보』제2017호(1937. 2. 6), 3면(55쪽).

계 제기계류 재료의 매매와 대차 중개, 산림 재목의 매매 및 토목 청부업 운송업 타회사의 주식소유 기타 관련 업무가 이루어졌다.[34] 물론 충남 천안군 성환면과 아산군 음봉면 금은광 광업원의 제출에 따른 조선총독부의 수정도면 명령에 대해 적절히 조치하지 못해 출원이 각하되기도 했지만,[35] 조선광산주식회사는 1945년 패전까지 식민지 조선에서 아키타의 광산 경영을 책임진 회사였다.[36]

 이상과 같이 아키타는 시모노세키에서 그 경제적 기반을 중국, 만주, 조선, 대만이라는 일본제국주의의 침략과 식민지화를 토대로 구축하고 확대해 갔다. 그 과정에서 조선은 시모노세키, 쓰시마 등 규슈지역과 인적 물적 연결 관계를 토대로 아키타는 물론 이들 규슈지역의 이익을 위해 활용되었다. 가장 중요한 것은 해운업과 무역업이었으며, 나아가 조선의 식림과 광업 침탈은 아키타의 영업망 속에서도 독특한 것이었다. 이처럼 아키타의 경제적 기반 구축과 확대는 일본제국주의의 침략과 식민지 조선의 지배가 없으면 불가능한 것이었다.

 한편, 아키타는 이와 같은 경제적 기반의 제국적 확장을 토대로 다시 시모노세키의 지역적 기반을 공고히 하는 한편, 이를 뒷받침하는 정치적 활동도 전개했다. 시모노세키와 야마구치의 지역정치는 물론 제국의회라는 중앙 정치를 통한 활동은 자신의 경제적 이익을 위한 것일 뿐만 아니라 시모노세키와 쓰시마라는 자신의 존재 기반인 지역의 이익을 위한 것이었다. 이는 곧 일본제국주의의 침략과 식민지 지배와 관련된 것이었다. 따라서 그의 정치적 활동 또한 이와 같은 맥락에서 살펴볼 필요가 있다.

3. 서일본 및 일본 대의사로서 제국의회 활동

 아키타는 1892년 아키타가에서 가업을 잇는 한편, 일본제국주의의 침략에 따른 '청한대만'과의 무역을 통해 지역 기반을 구축했다. 특히 중요한 계기는 청일전쟁, 대만 통치, 러일전쟁

---

[34] "彙報, 鑛業(鑛業事項), 鑛業權移轉"『조선총독부관보』제2982호(1936. 12. 21), 4면(184쪽); "彙報, 鑛業(鑛業事項), 鑛業代理人屆"『조선총독부관보』제3657호(1939. 3. 31), 4면(300쪽); "廣告, 登記, 商業及法人登記"『조선총독부관보』제3946호(1940. 3. 18), 7면(195쪽); "彙報, 鑛業(鑛業事項), 鑛業代理人屆"『조선총독부관보』제4267호(1941. 4. 16), 4면(176쪽).

[35] "廣告, 鑛業權, 鑛業出願圖面修正命令"『조선총독부관보』제4146호(1940. 11. 6), 12면(108쪽); "廣告, 鑛業權, 鑛業出願 却下"『조선총독부관보』제4288호(1941. 5. 13), 5면(93쪽).

[36] "廣告, 登記, 商業登記"『조선총독부관보』제5148호(1944. 4. 5), 7면(30쪽).

이었다. 이 과정에서 설립한 독립 사업체인 아키타상회는 지역 기반을 넘어 제국 판도로 그 세력을 확장하는 토대였으며 동시에 지역 기반을 더욱 공고히 하는 방편이기도 했다. 따라서 이 시점부터 아키타는 지역 사회에서도 두각을 나타내기 시작했다.

1909년 시모노세키상업회의소 의원에 보결로 당선된 아키타는 이후 1911년, 1913년, 1915년 연속으로 의원에 선출되었다. 제국의회 의원이 되는 1917년부터는 상의원을 거쳐 1920년대는 원로로서 특별의원이 되었다. 또한 1910년부터 시모노세키시의회 의원으로 선출되어 1913, 1917년, 1921년, 1925년까지 의원으로 활약하며 1923년에는 시의회 의장으로 활동했다.[37]

이뿐만 아니라 아키타는 지역 정치를 넘어 식민지 지배를 아우르는 중앙 정치에도 2차례 진출했다. 특이한 점은 아키타의 지역구가 첫 번째는 쓰시마였고, 두 번째는 시모노세키였다는 점이다. 두 번째 출마지인 시모노세키가 자신의 존재 기반이라지만, 쓰시마는 다소 이례적이었다. 그런데 이는 아키타의 지역적 경제 기반이 일본제국주의의 조선, 대만, 대륙 침략과 결부되었다고 할 때, 쓰시마는 그 침략의 교두보와 같은 지역이었고 더군다나 쓰시마 출신의 일본인들이 식민자로 가장 많이 조선에 진출하고 있었다는 점을 고려하면 일면 이해된다.

이 장에서는 아키타의 지역 정치가 아니라 식민지 지배를 아우르는 두 차례 제국의회 활동을 토대로 그의 정치적 활동이 자신의 존재 기반이 되는 지역과 그 경제적 토대인 식민지와 어떤 관계 속에 있었는지를 확인하고 그 상관관계에 대해 언급하고자 한다.

아키타는 쓰시마를 지역구로 제13회 중의원의원 총선거에 정우회 후보자로 출마했다. 상대는 헌정회의 우라세 사이시(浦瀨濟之)였다. 쓰시마 출신으로 오래전부터 대의사였다. 1915년 대표적 식민자인 부산의 오이케에게 패했지만 오이케의 군납업 유지로 당선 무효가 되자 다시 대의사로 활동했던 인물이었다.[38] 하지만 아키타는 353대191이라는 압도적 표차로 당선되었다.[39] 이로써 아키타는 제39회 제국의회부터 제42회 제국의회까지 쓰시마 선출 대의사로 활동했다. 아키타는 첫 회기인 1917년 6월 25일 제39회 제국의회 중의원 예산위원회 출석을 시작으로 재판소의 설립에 관한 법률안 외 1건 위원회와 예산위원 체신성 소관 및

---

[37] 海峽社 編,『下關名鑑』, 37~42, 115~116, 127~130쪽.
[38] 전성현,「식민자와 조선-일제시기 大池忠助의 지역성과 '식민자'로서의 위상」(2013).
[39] 衆議院事務局 編,『衆議院議員總選擧一覽 第13回』(衆議院事務局, 1918~1926), 85쪽.

철도원의 제6분과에 소속되어 활동했다.[40]

그런데, 아키타는 어떤 이유에서인지 제14회 중의원의원에 출마하지 않았다.[41] 대신 1921년부터 다시 시모노세키시의회 의원에 당선되어 1923년 시의회 의장으로 활동했다. 아마도 이전 지역구인 쓰시마가 자신의 영업망 속에 있긴 하지만 주 활동지가 아니었기 때문에 여러모로 한계가 있었다고 판단했던 것 같다. 4년 뒤 제15회 중의원의원 총선거에서는 시모노세키를 지역구로 전회 중의원의원이며 헌정회 소속의 공인후보인 후지이 게이치(藤井啓一)와 맞붙었다. 시모노세키의 대자본가이며 상업회의소와 시의회의 중진이었기 때문에 재선의원인 후지이와 대결에서도 힘들긴 했지만 1,929대 1,821의 108표 차로 신승했다.[42]

아키타는 제15회 중의원의 첫 회기인 1924년 6월 말에 열린 제49회부터 1927년 5월에 열린 제52회까지 처음 무소속과 달리 '불편부당', '엄정중립'을 표방하는 대의사들과 결성한 '중정구락부' 소속으로 활동했다. 이 중정구락부에는 철도를 중심으로 하는 또 다른 식민지 조선의 개발과 밀접한 관계를 가진 '조선 관계 대의사' 사토 준조가 소속되어 있었다.[43] 이 시기 아키타의 제국의회 활동과 관련해서는 가장 핵심적인 활동은 첫 회기인 49회에 제기한 질문에서 비롯되어 50회에 제기한 질문과 제출한 건의안으로 귀결될 수 있다.

이처럼 아키타는 1917~1920년 제13회와 1924~1927년 제15회 두 차례의 제국의회 중의원 의원으로 활동했다. 제국의회 중의원 의원으로서 활동이 법안의 독회제를 비롯해 질문, 청원, 건의 등을 위한 체계적 준비 없이 이루어질 수 없는 점을 고려할 때 이미 시모노세키시의원 및 야마구치현의원 등의 활동이 곧바로 제국의회에서 적극적으로 활동할 수 있는 토대가 되었다. 나아가 자신의 경제적 기반과 토대가 일본제국주의의 대만, 조선, 중국 침략과 식민지 지배를 추수한 것이었기 때문에 식민지와 관련된다면 더 적극적으로 개입할 수 있는 장이기도 했다. 따라서 그의 제국의회 활동의 중심은 크게 두 부분으로 구분할 수 있다. 즉, 자신이 거주하는 지역구인 서일본을 대변하는 대의사로서 활동하는 한편, 그 경제적 토대가 되고 영

---

[40] 第39回帝国議会 衆議院, 「予算委員会 第1号」(大正6年6月25日); 第39回帝国議会 衆議院, 「裁判所의 設立에 関한 法律案外一件委員会 第1号」(大正6年6月27日); 第39回帝国議会 衆議院, 「予算委員第六分科(逓信省所管及鉄道院) 第1号」(大正6年7月2日); 第39回帝国議会 衆議院, 「本会議 第8号」(大正6年7月10日).

[41] 衆議院事務局 編, 『衆議院議員総選挙一覧 第14回』(衆議院事務局, 1918~1926), 7, 24~25쪽.

[42] 衆議院事務局 編, 『衆議院議員総選挙一覧 第15回』(衆議院事務局, 1918~1926), 26쪽.

[43] 전성현, 「'조선관계대의사' 사토 준조와 식민지 조선의 개발사업」(2022).

업망이 구축된 식민지의 지배와 개발을 대변하는 대의사로서 활동했다.

통상적으로 제국의회 중의원 의원도 지역구 선거를 통해 선출되었기 때문에 지역구를 대변하는 대의사로 활동하는 것이 일반적이었다. 아키타도 서일본 특히, 쓰시마와 시모노세키에서 선출된 대의사였다. 당연히 각각 지역 현안 문제를 해결하기 위한 활동에 적극적이었다. 먼저, 1917년 39회 회기부터 1920년 42회 회기까지 쓰시마를 지역구로 하는 대의사로서 쓰시마를 중심으로 한 서일본과 관련된 현안 문제의 해결을 위해 노력했다.

39회 본회의에서 아키타는 체신대신에게 쓰시마의 통신 취급 현상과 내무, 대장, 농상무, 각 정부위원에게 쓰시마 개발에 대해 질문하는 한편,[44] 재판소의 설립에 관한 법률안 심의에서 나가사키현에 속해 있는 섬들의 재판 활동이 어려움을 강조하며 잇기재판소 부활 등을 주장했다.[45] 또한 〈쓰시마 자치제 시행에 관한 질문〉을 제출했다.[46] 쓰시마는 이십여 년 전부터 다른 지역이 지방자치의 시정촌제로 바뀌었음에도 여전히 자치가 허용되지 않는 도서 정촌제였다. 이로 말미암아 지역의 발전이 더디었기에 이전부터 시정촌제로의 전환을 주장하는 요구가 있었다. 아키타도 제국의회 진출의 일성으로 이 시정촌제의 시행을 요구하는 질문으로 포문을 열었다. 물론 쓰시마의 시정촌제 시행은 지역 자치에 따른 발전에 필요한 것이었다. 그뿐만 아니라 아키타의 주장에 의하면 역사적으로 쓰시마의 위치와 결부된 제국 판도 내 육군 및 해군의 중요 지점으로 국방상 무시할 수 없는 지역임을 강조했다.[47] 이 또한 충분히 일본제국주의와 식민지 간의 관계를 염두에 둔 것이었다.

또한 40회 회기에서 아키타는 6개의 중요한 법안 또는 건의안 위원이었으며,[48] 마스다 시모노세키(益田下關)간 철도 부설의 건과 쓰시마에 교통 운수 개시의 건 소개의원으로 활동했다. 후자는 모두 자신의 거주지역과 선출 지역의 관련 안건으로 마스다 시모노세키간 철도 부설은 시마네현 마스다(益田町)로부터 야마구치현 하기(萩町)를 거쳐 시모노세키까지 연결하는 선로로 지역을 위한 철도였다. 그런데 이 선로는 단순히 지역만을 위한 철도는 아니었

---

[44] 第39回帝国議会 衆議院, 「予算委員会 第4号」(大正6年6月29日).
[45] 第39回帝国議会 衆議院, 「裁判所の設立に関する法律案外一件委員会 第2号」(大正6年6月28日); 第39回帝国議会 衆議院, 「裁判所の設立に関する法律案外一件委員会 第3号」(大正6年7月3日).
[46] 第39回帝国議会 衆議院, 「本会議 第8号」(大正6年7月10日).
[47] 衆議院事務局 編, 『帝国議会衆議院議事摘要 第39回』(衆議院事務局, 1917), 683~687쪽.
[48] 衆議院事務局 編, 『帝国議会衆議院報告 第40回』(衆議院事務局, 1918), 45, 48~49, 54, 57, 73, 75~76쪽.

다. 즉, 국방상 중요한 선로였기 때문에 일본 당국도 그 부설의 필요성을 인정하고 법령과 예산을 설정하고 있던 선로였다.[49] 또한 쓰시마에 교통 운수 개시의 건은 쓰시마의 종합적인 개발과 관련된 청원안이었다. 이 건은 또 다른 건의안인 잇기쓰시마본토간 교통 운수의 설비에 관한 건의안과 동일한 것이었다.[50]

특히 잇기 쓰시마 본토간 교통 운수의 설비에 관한 건의안위원회에서 아키타는 이사로 선임되었고 위원장 결석으로 이를 대리해 안건 채택에 중요한 역할을 했다. 이 건의안은 나가사키 선출 대의사이며 대표적인 '조선 관계 대의사'인 마키야마 고조(牧山耕藏)가 대표 건의한 것으로 표면적으로 일본의 한 지역 간의 교통 운수처럼 보이지만 아키타의 항로 개설처럼 식민지 조선과 관련성을 지닌 것이기도 했다.[51]

한편, 시모노세키를 지역구로 출마해 제15회 중의원 의원으로 선출된 아키타는 1924년 49회부터 1927년 53회까지 시모노세키를 중심으로 하는 서일본과 관련된 현안문제의 해결을 위해 노력했다. 아키타는 제15회 중의원 첫 회기인 49회 본회의에서 '어항시설 및 수산 보호 장려에 관한 질문'을 제출했다.[52] 그런데 이 주장 직전에도 이와 유사한 의견을 피력하기도 했다. 즉, 청원위원회에서 활동하며 특별히 청원안 제9 하기(萩)항 개항의 건에 대해서 발언권을 얻어 찬성은 물론 채택을 희망한 것이다. 그 이유는 야마구치현 하기시의 하기코 개항이 '조선 및 중국 대륙의 선박 및 대만 기타 식민지에 대한 수출입품'과 긴밀한 관계를 지니고 있기 때문에 개항되어야 한다는 강조였다.[53] 이른바 서일본 특히 야마구치 지역의 어항시설과 수산업 보호 장려가 제국 일본의 식민지 지배와 경영에도 도움이 된다는 것을 강조한 것이다. 더군다나 아키타는 49회 회기 중 시모노세키시장을 비롯한 5천여 명의 청원서인 '시모노세키어항에 관한 건'을 다른 정우회 및 헌정회 대의사와 함께 소개자로 청원했고 찬성을 얻어 채택되기도 했다.[54]

---

[49] 第40回帝国議会 衆議院, 「請願委員第四分科 第2号」(大正7年2月6日).
[50] 第40回帝国議会 衆議院, 「請願委員第三分科 第5号」(大正7年2月27日).
[51] 第40回帝国議会 衆議院, 「壱岐対馬本土間交通運輸の設備に関する建議案委員会 第2号」(大正7年2月25日); 第40回帝国議会 衆議院, 「壱岐対馬本土間交通運輸の設備に関する建議案委員会 第3号」(大正7年2月26日); 第40回帝国議会 衆議院, 「壱岐対馬本土間交通運輸の設備に関する建議案委員会 第4号」(大正7年3月1日).
[52] 第49回帝国議会 衆議院, 「本会議 第11号」(大正13年7月15日).
[53] 第49回帝国議会 衆議院, 「請願委員第一分科(内閣, 大蔵省所管及他の分科に属せさるもの) 第1号」(大正13年7月7日).
[54] 第50回帝国議会 衆議院, 「下関漁港速成に関する建議案(秋田寅之介君外一名提出)委員会 第1号」(大正14年3月22日).

이 주장은 50회 회기에서도 다시 등장했다. 예산위원회 회의에서 정부를 상태로 질문권을 행사했는데, 크게 다섯 가지 분야였다.[55] 그 가운데 식량정책이 앞의 질문과 연결되었다. 즉, 식량정책에서 가장 중요한 농업 다음의 수산업 보호 장려에 관해 어항의 시설 개선을 강조한 것이다. 이때 제시한 것이 동양 제일이며 세계 제일로 칭해지는 시모노세키의 어항 설치였고, 이는 일본만이 아니라 또 다른 의미를 지니고 있었다. 어항 설치의 근거로 아키타는 이것이 시모노세키나 야마구치현만을 위한 것이 아니라 '조선과의 관계상 지대한 관계를 지닌다'고 강조했다. 일본의 식민지 지배와 경영을 자신의 지역적·경제적 기반 및 이해관계와 지속적으로 연결시키고 있었던 것이다. 그 최종 주장이 50회 본회의에서 본인이 스스로 제안한 '시모노세키어항 속성에 관한 건의안'이었다.[56]

면이 바다로 둘러싸인 우리나라에서 이같은 수산물의 대부분을 탄도하는 시모노세키는 전국 아니 세계 제일로 칭해지는 집산고를 가지고 있음에도 불구하고 어떠한 어항으로서의 시설이 없기 때문에 국가와 민인이 받는 손해는 셀 수 없을 정도이다. 정부는 마땅히 시모노세키에 어항을 속성하여 국가의 복리와 국민 생활상에 경행(慶幸)을 가져올 것을 바란다. 이를 건의한다.[57]

아키타는 건의안의 제안 설명을 통해 시모노세키 어항시설은 지난 49회 귀중 양원에 청원해 모두 채택되었다. 정부도 이미 알고 있어 실지조사가 끝났다. 그런데 도쿄 대지진으로 자료가 소실되어 다시 1925년 예산에 편성되었다. 하지만 긴축재정으로 삭제되는 운명에 빠졌기 때문에 재차 건의하는 것이라고 했다. 나아가 시모노세키 어항의 수산물 이출입액이 현재 6천만 원 이상이며 시모노세키를 경유하지 않고 조선, 대만의 근해 등에서 직접 일본의 각 방면으로 수입되는 액이 3천 수백만 원에 달한다. 이를 합치면 1개년 1억 원에 달하는 일본 제일 아니 세계 제일의 어항이 될 수 있다고 강조했다.

시모노세키 어항의 수산물 이출입은 일본의 식량문제 해결을 위한 조선과 대만 등 식민지

---

[55] 第50回帝国議会 衆議院,「予算委員会 第7号」(大正14年2月2日).
[56] 第50回帝国議会 衆議院,「本会議 第30号」(大正14年3月19日).
[57] 第50回帝国議会 衆議院,「本会議 第30号」(大正14年3月19日).

지배와 긴밀하게 연결된 것이었다. 또한 이 어항시설이 완비되지 못해 오사카 등 다른 지역으로 유출되는 식민지 수산물을 모두 서일본의 시모노세키로 유입하고자 하는 서일본의 경제적 성장을 주장한 것이다. 이 주장은 '시모노세키어항속성에 관한 건의안위원회'에서 스스로 위원장이 되어 또다시 적극적으로 개진되었다.[58]

그런데 이때 시모노세키 어항시설이 단순히 앞에서 언급한 일본의 식량 및 서일본의 수산업만이 아니라 식민지 조선의 개발과도 긴밀한 관계가 있음을 강조했다. 즉, 시모노세키와 '일위대수(一葦帶水) 이해관계'로 특별히 밀접한 조선총독부, 조선수산업계 및 부산상업회의소 등도 이에 크게 공명해 지난 1923년과 1924년 총리대신 및 농상무대신, 대장대신에 품신서를 제출하고 실제 실현의 촉진에 노력하고 있다는 것이다.

결국 아키타의 제국의회 활동에서 이 건의안 제출은 자신이 포함된 시모노세키 일본인들의 청원서와 특히 부산상업회의소 중심의 조선수산업계 일본인들의 품신서를 함께 대변하는 건의안이었던 것이다. 그런 의미에서 시모노세키 어항시설의 설치는 제국의 식량난을 식민지로부터 확보하는데 특히 중요할 뿐만 아니라 식민지 조선의 지배와 개발에 아주 중요한 시설이라는 것이다. 나아가 이를 통해 식민지 조선의 일본인 수산업 종사자들과 서일본의 일본인 수산업 종사자들에게 이익이 되는 것이라고 할 수 있다. 이는 결국 자신의 이익도 포함되는 사안이었다. 이 건의안은 중의원에서 채택되었다.

그런데 정부에서도 예산을 편성해 각의에 제출하려고 했지만 예산 긴축의 결과 결국 제안하지 못했다. 따라서 아키타는 다시 51회 회기에서도 이를 거듭 주장했다. 1926년 2월 19일, 51회 예산위원회 제6분과 농림성 및 상공성 소관 회의에서 거듭 이 어항의 조속한 시행을 요청했다.[59] 또한 대장성이 각의에서 삭제하지 않도록 농림성이 제안해줄 것을 강력하게 요청했다.[60] 청원위원회에서도 '시모노세키어항속성의 건'을 소개하고 채택될 수 있도록 했다.[61] 더불어 본회의에서 '시모노세키어항속성에 관한 질문'과 '수산 및 해산업 보호를 위한 특수은

---

[58] 第50回帝国議会 衆議院, 「下関漁港速成に関する建議案(秋田寅之介君外一名提出)委員会 第1号」(大正14年3月22日).
[59] 第51回帝国議会 衆議院, 「予算委員第六分科(農林省及商工省所管) 第4号」(大正15年2月19日).
[60] 第51回帝国議会 衆議院, 「予算委員会 第14号」(大正15年3月5日).
[61] 第51回帝国議会 衆議院, 「請願委員会 第7号」(大正15年3月17日).

행설치에 관한 질문'을 제출했다.[62] 결국 이 건의안은 1927년 결실을 맺어 시모노세키는 '제국적 어항' 설비를 구축하게 되었다.

이외에도 서일본 또는 일본과 관련되는 소득세법, 원양어업, 조림 및 지방 철도, 사상 선도 특수기관 설치, 공익 질옥에 대해 질문했다.[63] 또한 간몬해협 정리 문제 촉구와 구마모토체신국 해사부 시모노세키출장소 존치에 관한 청원 소개의원으로 채택을 요청해 채택되도록 했다.[64] 더불어 '국고보조와 소방조원우대에 관한 건의안'과 '대일본연합청년단국고보조에 관한 건의안'을 제출했다.[65] 끝으로 아키타는 1927년 5월 4일부터 열린 15회 중의원의 마지막 회기인 제53회에서 결산위원회, 개원식칙어봉답문기초의건위원회, 일본은행특별융자및손실보상법안 외1건 위원회에 참여하는 것으로 제국의회 활동을 마무리했다.[66]

이상과 같이 아키타는 자신의 선출 지역 및 거주지역에 관한 사안, 특히 현안문제에 집중했다. 그런데 이들 지역과 사안은 자신의 경제적 기반과 관련있는 것이었고 나아가 자신의 경제적 토대이기도 한 식민지, 그중에서도 조선과도 긴밀한 관계를 지닌 것이었다. 그 대표적인 사안이 쓰시마의 시정촌제 및 교통 운수와 시모노세키의 어항 설비 및 교통 운수라고 할 수 있다. 이 또한 모두 지정학적 관점에서 식민지와 긴밀한 관계를 염두에 둔 사안으로 아키타는 이를 적극적으로 요청했고 부분적으로 실행되었던 것이다.

---

[62] 第51回帝国議会 衆議院,「本会議 第37号」(大正15年3月25日).

[63] 衆議院事務局 編,『帝国議会衆議院報告 第42회』(衆議院事務局, 1920), 36, 51쪽; 第42回帝国議会 衆議院,「明治四十年法律第二十一号中改正法律案委員会 第1号」(大正9年2月13日); 衆議院事務局 編, 위의 책, 650~652쪽; 第42回帝国議会 衆議院,「請願委員第三分科 第2号」(大正9年2月18日); 第42回帝国議会 衆議院,「請願委員会 第6号」(大正9年2月20日); 第42回帝国議会 衆議院,「請願委員第三分科 第3号」(大正9年2月25日); 第50回帝国議会 衆議院,「遠洋漁業奨励法中改正法律案(政府提出)委員会 第1号」(大正14年2月13日); 第50回帝国議会 衆議院,「遠洋漁業奨励法中改正法律案(政府提出)委員会 第2号」(大正14年2月14日); 第50回帝国議会 衆議院,「所得税法中改正法律案(村山喜一郎君提出)外二件委員会 第5号」(大正14年2月26日); 第50回帝国議会 衆議院,「鉄道敷設法中改正法律案(橋本喜造君外五名提出)委員会 第5号」(大正14年3月10日); 第50回帝国議会 衆議院,「鉄道敷設法中改正法律案(橋本喜造君外五名提出)委員会 第6号」(大正14年3月11日); 第50回帝国議会 衆議院,「本会議 第30号」(大正14年3月19日); 第52回帝国議会 衆議院,「公益質屋法案委員会 第5号」(昭和2年3月2日).

[64] 第51回帝国議会 衆議院,「予算委員会 第14号」(大正15年3月5日); 第52回帝国議会 衆議院,「請願委員第三分科(陸軍省, 海軍省及通信省所管) 第3号」(昭和2年3月2日); 第52回帝国議会 衆議院,「堺郵便局昇格に関する建議案外三十一件委員会 第1号」(昭和2年3月24日).

[65] 第52回帝国議会 衆議院,「本会議 第30号」(昭和2年3月23日); 第52回帝国議会 衆議院,「広島県に於ける三部制廃止に関する建議案外二件委員会 第3号」(昭和2年3月24日).

[66] 第53回帝国議会 衆議院,「決算委員会 第1号」(昭和2年5月4日); 第53回帝国議会 衆議院,「開院式勅語奉答文起草の件委員会 第1号」(昭和2年5月4日); 第53回帝国議会 衆議院,「日本銀行特別融通及損失補償法案外一件委員会第1~3号」(昭和2年5月6~8日).

4. 식민지 및 조선 관계 대의사로서 제국의회 활동

아키타는 자신의 지역구인 서일본의 개발과 직결된 현안문제를 제기하고 요청할 때도 식민지, 그중에서도 조선과 관련성을 적극적으로 피력했다. 어쩌면 아키타의 제국의회 활동은 이처럼 식민지, 특히 조선에 집중되었다고 할 수 있다. 식민지와 관련은 제국 일본의 식민지 지배 및 통치와 긴밀히 연결되어 있었다는 사실도 부인할 수 없다. 그런데 아키타는 이를 항상 자신의 경제적 토대인 영업망과 연결시켰다. 즉, 식민지 개발과 관련해 언제나 식민지에 거주하는 일본인 또는 식민지에 영업망을 구축하고 있던 자신을 대변하는 역할에 충실했던 것이다. 이는 주로 자신의 시모노세키 주력 사업인 무역업, 수산 및 어업, 해운업은 물론 식민지에서 직접 경영한 식림업, 광산업에 집중되어 있다고 해도 과언이 아니었다.

대의사로서 첫 회기인 39회 예산위원회에서 아키타는 농상공부대신에게 질의한 내용이 특히 식민지 조선과 긴밀한 관계를 드러내는 것이었다. 즉, 일본의 제철소 확장과 관련해 그 원료의 매입에 대해 식민지 조선에도 광산이 많은데, 그에 대한 조사가 이루어지고 있는지를 질문했다. 또한 러일전쟁 때 빼앗은 선박에 대한 임대에 대해서 질문했다. 그리고 대림구서의 관할인 제재소의 경영에 대해 질문했다. 이와 관련해 이런 것은 식민지 특별회계에 속하는 것인지를 질문했는데, 이들 질문의 대부분은 자신의 경제 기반인 광업, 해운업, 식림업이며 식민지 조선과 긴밀한 관계에 있는 것이었다.[67] 예산위원 제6분과에서도 조선(造船)장려와 선박 제조에 필요한 철강, 해운보조, 그리고 조선과 시모노세키 간 선차 연락과 관련해 질문했다.[68] 이를 통해 볼 때 제국의회 첫 발성이 자신의 경제 기반 및 식민지 경영과 연동해 제국의회 활동을 전개하고 있었음을 알 수 있다.

다시 아키타는 북선과 이일본 연락항로 연장에 관한 건의안위원, 해군채탄소의 석탄 매입에 관한 법률안위원, 삼림법중개정법률안위원, 전시선박관리령위원으로 선임되어 활동했다. 제국의회 분과위원회의 위원 선정은 원해서 되는 것이 아니라 의장 또는 위원장의 추천에 의한 것으로 이 분야의 전문가 아니면 불가능했다. 그만큼 아키타는 식민지와 관련된 분야의

---

[67] 第39回帝国議会 衆議院,「予算委員会 第4号」(大正6年6月29日).
[68] 第39回帝国議会 衆議院,「予算委員第六分科(逓信省所管及鉄道院) 第1号」(大正6年7月2日); 第39回帝国議会 衆議院,「予算委員第六分科(逓信省所管及鉄道院) 第2号」(大正6年7月3日).

전문가였다. 전시선박관리령은 신정회를 대표해 찬성의 의견을 가지고 법령 자체의 자문 문제, 운임 하락 문제, 노후 선박 문제, 근해 항로 문제 등 자신의 해운업 경영에 토대를 두고 질문했다.[69] 북선과 이일본 연락항로 연장에 관한 건의안에 대한 연장 질문도 대체로 자신의 경제 기반 및 식민지와 연결되는 것으로[70] 모두 유사한 법률 또는 건의안이었다.

　41회 회기에서 아카타는 먼저, 작업회계법중계정법률안외6건위원회에 속하며 주로 임시 국고증권법중개정법률안과 조선사업공채법중개정법률안에 의견을 피력했다. 특히 조선사업공채법중개정법률안 중 부산 축항과 관련된 부분에서 해륙 연락을 위해 부산 축항은 중요한 것으로 방파제 등의 조성과 관련해 관련 전문가(항해업자) 또는 지역 원로 등의 의견을 참조해 축조할 것을 주문했다.[71] 결산위원회에서는 제3분과 위원장으로 회의를 주재했다. 결의사항을 보고하는 한편, 예산 중 임시부 제5관의 보조비 중 제2항의 항로보조 조선과의 근해항로 보조와 관련해 조선총독부에 조선에서의 선박 검사와 조선과 대장성 간의 관세 문제를 질의했다.[72] 이는 모두 자신의 해운업과 관련된 것이었다.

　한편, 개간조성법안위원회에서는 이사로 선임되었다.[73] 본회의에서 정부의 개간조성법이 식량문제를 위한 법안이기에 동감하면서도 이 법안이 북해도에만 시행하는 것은 문제라고 지적하며 조선과 대만에서도 시행될 필요가 있음을 강조했다.[74] 끝으로 조선경편철도보조법안위원회에서는 경편철도 계획 중 경성과 원산 간의 경편철도 계획이 없는 것을 질문했고 조선총독부로부터 경원선 철도 계획이 있다는 답변을 들었다.[75] 41회 회기부터 아키라는 자신의 거주 또는 선출 지역과 관련된 주장보다는 식민지 조선과 관련된 사안에 적극 개입해 의견을 피력하거나 주장하는 전형적인 '조선 관계 대의사'의 면모를 보였다.

---

[69] 第40回帝国議会 衆議院, 「戦時船舶管理令(承諾を求むる件)委員会 第2号」(大正7年1月28日); 第40回帝国議会 衆議院, 「戦時船舶管理令(承諾を求むる件)委員会 第7号」(大正7年2月9日).

[70] 第40回帝国議会 衆議院, 「北鮮,裏日本連絡航路延長に関する建議案委員会 第2号」(大正7年3月23日).

[71] 第41回帝国議会 衆議院, 「作業会計法中改正法律案外六件委員会 第3号」(大正8年1月31日).

[72] 第41回帝国議会 衆議院, 「決算委員第三分科(陸軍省, 海軍省所管及鉄道院) 第1号」(大正8年3月5日); 第41回帝国議会 衆議院, 「決算委員第三分科(陸軍省, 海軍省所管及鉄道院) 第2号」(大正8年3月8日); 第41回帝国議会 衆議院, 「決算委員会 第5号」(大正8年3月9日); 第41回帝国議会 衆議院, 「決算委員第三分科(陸軍省, 海軍省所管及鉄道院) 第3号」(大正8年3月11日).

[73] 衆議院事務局 編,『帝国議会衆議院報告 第41回』(衆議院事務局, 1919), 55쪽, 부록 26쪽.

[74] 衆議院事務局 編, 위의 책, 420~423쪽; 第41回帝国議会 衆議院, 「本会議 第9号」(大正8年2月1日).

[75] 第41回帝国議会 衆議院, 「朝鮮軽便鉄道補助法案委員会 第1号」(大正8年3月21日).

다시 제15회 중의원의원이 된 50회 회기에서 아키타는 정부를 상태로 질문권을 행사했다. 이를 정리하면 크게 다섯 가지 분야로 첫째 만몽 정책, 둘째 조선 통치, 셋째 행정 및 재정 정리에 관한 건, 넷째 식량정책, 다섯째 외교였다.

이 가운데 식량정책은 어항 설치와 관련된 것이고, 행정 및 재정 정리에 관한 건은 취인세 등 세제와 행·재정 정리로 일본 본국 및 정부와 관련된 것이었다. 나머지 세 분야는 큰 틀에서 제국 일본과 관련된 것이지만 대체로 식민지, 특히 조선과 직접적으로 관련된 것이었다.[76]

만몽 정책과 외교는 서로 연관된 것으로 아키타는 먼저, 만몽의 실질적 지배를 위해서는 일본 관헌의 대표기관을 정리 통일하고 만몽을 효율적으로 경영할 영구적 국책을 수립할 필요가 있음을 강조했다. 그뿐만 아니라 만몽에 거주하는 일본인의 발전상 필요한 시설인 토지상조권 실행, 행정 수속의 간소화, 치안 방비 강화, 그리고 길회선 속성을 언급하며 재만 조선인에 대한 문제도 제기했다. 특히 재만 조선인 문제는 외교와도 관련되었다. 중국인과의 충돌을 적극적으로 활용하기 위해서는 이들을 일본인으로서 대우해야 한다는 점을 강조했다. 즉, 중국인과의 충돌로 벌어진 조선인의 신고를 일본 영사관이 수리해야 한다는 주장이었다. 나아가 길회선 속성을 통해 북선과 재만 조선인 노동자의 활용 또한 강조했다. 식민지 거주 일본인의 관점에서 만몽의 식민지 지배와 식민정책의 추진을 강조했던 것이다.

이어서 조선 통치에 대한 질문과 함께 자신의 견해도 강하게 피력했다. 조선인의 일본 이주와 관련해 자유 도항은 일본의 주택문제, 식량문제 등을 야기하기 때문에 정책적인 통제가 필요하다. 역으로 일본인의 조선 진출을 적극적으로 권장하는 식민정책이 필요함을 강조했다. 이를 위해서는 다양한 투자와 개간, 치수 등 조선의 개발이 필요하다는 점도 빠트리지 않았다. 또한 식량문제를 해결하기 위해서도 조선의 개발은 필수적이며 이것이 추진된다면 조선인의 일본 이주는 막을 수 있다고 주장했다. 나아가 국경의 '불령선인'으로 인해 국경에 거주하는 일본인 200만 명의 생명이 위험하고 주거가 불안하며 교통이 장해를 입어 산업이 부진하고 쇠퇴를 초래하고 있다. 이에 대한 적절한 방침을 취해줄 것을 제시했다. 전체적으로 아키타의 조선에 대한 질문과 주장은 일본의 식민지 지배와 경영, 그리고 식민지 일본인을 위한 식민정책의 추진을 강력하게 요청하는 식민자들을 대변한 것이라고 할 수 있다.

아키타는 다시 육군성 및 해군성 소관의 예산위원회 제4분과에서 해군의 연료로 사용하는

---

[76]　第50回帝国議会 衆議院,「予算委員会 第7号」(大正14年2月2日).

석유, 석탄, 무연탄에 대한 질문을 했다.[77] 특히 대장성 소관의 예산위원회 제3분과에서 시모오카 정무총감과 질의를 통해 조선 문제로 영림창 문제, 평원철도 문제, 그리고 양잠업 문제를 제기했다.[78] 식민지 조선의 평원선과 양잠업은 일본과의 교통 및 수출무역과 군사적인 측면에서 필요함을 강조했다. 영림창 문제는 일본에 목재 공급이라는 중요성을 언급했다. 그런데 그 이면에는 자신이 식민지 조선에서 경영하는 식림업과 관계되어 있었다. 즉, 자신이 조선 및 중국 시찰 도중 영림창을 방문했을 때 감독자와의 대화를 통해 제대로 운영되지 못하고 있다고 확인한 사실을 전제했다. 이를 토대로 조선의 임업은 일본의 목재 공급에 가장 중대한 것이기에 조선총독부가 향후 영림창 사업을 계속 유지할 것인지를 물었다. 또한 민간에 불허한다는 소문이 있는데 사실인지를 질문하며 영림창이 좋은 성적을 유지하기 위해서는 정부가 조림하고 민간에 원목을 불하하는 것이 필요하다고 강조했다. 식민지 조선에서 식림업을 했다가 팔 수밖에 없었던 경험을 토대로 식민지와 일본 간의 목재 수이출업을 효과적으로 경영하기 위한 새로운 방안으로 스스로에게 아주 중요한 사안이었다.

51회 회기에도 아키타는 예산위원회에서 다시 조선 문제를 거론했다.[79] 먼저, 조선은 바다와 접해 있어 해산물이 가장 중요한 산업이기 때문에 일본 각처에서 어구의 출원을 하고 있음에도 불구하고 제대로 진행되지 못하고 있음을 지적했다. 이어서 조선의 항로 보조와 관련해 선령(船齡) 혹은 속력, 항해의 도수(度數) 등 조선총독부와 약속을 지키지 않는 배도 있다고 생각하는데 이는 교통운수상 또는 인명재산상 보호해야 하며 취체가 필요하다고 주장했다. 끝으로 현재 조선총독부가 산미증식과 견사, 그리고 치산치수에는 관심을 두고 있지만 광물과 광업에 대해서 비교적 경시하고 있으니 이를 다른 사업과 같이 보호 장려해줄 것을 요청했다. 이미 살펴본 것처럼 수산업, 해운업, 광업 등은 모두 아키타의 영업 종목이었으며 이를 위해 식민지 대만, 조선, 그리고 중국에 회사와 지점 또는 출장소를 설치해 운영하고 있었다는 점에서 곧 식민지의 개발 이익을 적극적으로 향유하고자 하는 식민자의 입장이라고 할 수 있다.

특히 제국의회 51회와 52회는 식민지 개발과 관련해 가장 중요한 법안이 정부 측 또는 의원

---

[77] 第50回帝国議会 衆議院,「予算委員第四分科(陸軍省及海軍省所管) 第4号」(大正14年2月6日).
[78] 第50回帝国議会 衆議院,「予算委員第三分科(大蔵省所管) 第5号」(大正14年2月7日).
[79] 第51回帝国議会 衆議院,「予算委員会 第14号」(大正15年3月5日).

측에서 제시된 중요한 회기였다. 더구나 52회 회기는 식민지 개발과 관련한 중요한 정부 측 법안이 다수 제시되어 있어 식민자들의 관심이 의회로 집중되었다. 여기서 아키타는 식민지 조선의 개발과 관련해 당시 식민자 일본인들이 가장 중요하게 실현을 위해 노력하고 있던 조선철도12년계획이 포함된 '조선사업공채법개정법율안'를 논의하는 특별위원회 위원에 소속되었다.[80] 특별위원회는 특히 이 법률안의 제정을 위해 식민지 조선의 일본인과 긴밀히 협의하는 한편, 내각과 제국의회에서 적극적으로 활동한 대표적인 '조선 관계 대의사' 마키야마(牧山耕藏)를 위원장으로, 마츠야마(松山常次郎), 사토(佐藤潤象) 등이 대거 포함된 중요한 분과였다.[81] 이들의 주도로 이 법안은 무사 통과되었다.

아키타는 이 위원회에서 향후 철도 부설시 광궤로의 통일을 주장했다. 나아가 기존의 평원선과 같이 비상히 유리한 선로를 먼저 완성한 후 사설철도의 매수 등을 고려하고 또한 사설철도 매수도 좀 더 신중할 필요가 있음을 역설했다. 조선 철도와 관련해서는 대체로 찬성했다. 한편, 아키타는 철도 이외에도 산미증식계획 등 조선의 다른 개발에도 관심이 컸다. 이전에도 언급한 만주 지역의 상조와 관련해 조선인 및 기타 이민, 일본인(동아흥업회사 등)을 보호할 필요가 있음을 거듭 주장했다. 조선인의 경우는 만주 지배와 일본의 식량문제 해결에 적극적으로 활용하는 차원에서 일본인과 같이 보호할 것을 주장한 것이다.

더불어 계속해서 재차 영림창 경영, 조선의 어업, 특히 일본의 조선 출어어업에 대해 집중했다. 일본의 조선 출어어업과 관련해서는 실제 어업을 경영하는 일본인의 허가는 적체되어 있으나, 의사, 교육가, 관리에게 허가권을 주어 조선인의 사상을 악화시키고 있는 점을 지적하고 이들에 대한 어업권은 주지 말 것을 주장했다. 또한 평양의 보류 탄전은 물론 그와 관련된 철도수송의 톤수, 광맥, 탄층 등에 대해 질문했다. 대체적인 주장과 요구는 모두 자신의 경제적 기반과 관련한 식민지 조선의 개발에 관한 것들이었다.[82]

아키타의 식민지에 대한 관심은 조선에만 국한되지 않았다. 주지하다시피 중국 특히 만주와 대만과도 긴밀했다. 이와 연관된 요청과 주장도 적지 않았다. 51회 회기에서 아키타는 중국의 칭다오와 지난(濟南)을 연결하는 자오지(膠濟)철도 문제와 관련한 재류민의 궁상과 만

---

[80] 第52回帝国議会 衆議院,「朝鮮事業公債法改正法律案外二件委員会 第4号」(昭和2年2月15日).
[81] 第52回帝国議会 衆議院,「朝鮮事業公債法改正法律案外二件委員会 第4号」(昭和2年2月15日).
[82] 第52回帝国議会 衆議院,「朝鮮事業公債法改正法律案外二件委員会 第6号」(昭和2年2月18日); 第52回帝国議会 衆議院,「朝鮮事業公債法改正法律案外二件委員会 第7号」(昭和2年2月21日).

주지역의 상조권 문제를 질문했다. 원래 자오지철도는 독일이 부설한 철도였지만, 1차세계대전의 승리로 일본이 점령했다. 1922년 중국이 다시 수복하자, 이 지역 일본인들의 철도 이용이 상당히 어려워졌다. 그 어려움을 아키타가 자신의 경험을 토대로 문제 제기하고 그 이용의 편리를 위해 힘써줄 것을 외무성에 요청한 것이다.[83] 그런데 당시 아키타는 칭다오에 아키타목재주식회사를 설립하고 식민지 경영에 나서고 있었다. 또한 만주 지역의 상조권 문제도 만주 진출의 일본인을 위한 것이었다. 따라서 칭다오와 지난 등 산둥성의 일본인과 만주 지역의 일본인 등 식민자들을 위한 대변자로서 나선 것이며 자오지철도의 경우 결국 자신의 이해관계와도 밀접한 관계를 지닌 것으로 볼 수 있다.

또한 아키타는 대만과 관련해서도 적극적으로 의사를 개진했다.[84] 대만 철도 개발과 관련한 특별위원회에서지만 단순히 철도만이 아니라 다방면에 걸쳐 있었다. 먼저, 대만 철도의 완비와 관련해서는 일본 및 중국과의 해륙 연락을 위한 항만 및 어항 설비에 따른 해산물 수송 및 어업 장려와 이민 정책을 강조했다. 덧붙여 철도의 목재 수송까지 질문했다. 나아가 철도의 연료인 석탄과 관련해 대만총독부가 회사 또는 개인이 채탄하는 것을 적극적으로 매수하도록 요청했다. 한편, 대만에서 대만인의 보호로 오히려 소홀하고 있는 일본인에 대한 보호와 보조를 요청했다. 그리고 대만인의 일본 유학이 아니라 대만 내의 교육기관을 갖춰 동양의 공업지로서 남양, 인도방면으로 그 발전의 구역을 확장하는 것이 일본과 대만에 유익할 것이라고 했다. 특히 사상 악화와 관련해 이와 같은 정책이 좋은 대안이라고 제시했다. 대만과 관련해서도 식민지와 서일본에 경제적 기반을 두고 있는 자신의 이해관계를 고려한 질문과 요청이라고 할 수 있다.

이상과 같이 아키타의 제국의회 활동은 한편으로는 일본의 서일본 지역을 지역구로 하여 그 지역의 개발과 발전을 위한 현안 문제에 집중하는 활동이었다. 그런데 이들 사안은 단순히 서일본 지역과 연결된 것만은 아니었다. 스스로 강조한 것처럼 서일본 지역의 현안은 언제나 식민지와 긴밀한 관계에 있었다. 서일본이 식민지와의 지리적 밀접성 때문이기도 하지만 일본의 식민지 침략과 침탈의 핵심이었으며 또한 이를 토대로 경제적으로도 밀접한 관계였기 때문이었다. 아키타 자신도 이에 편승해 경제적 기반을 구축했기 때문에, 서일본과 식

---

[83] 第51回帝国議会 衆議院, 「予算委員会 第14号」(大正15年3月5日).
[84] 第52回帝国議会 衆議院, 「朝鮮事業公債法改正法律案外二件委員会 第9号」(昭和2年2月24日).

민지의 동시 개발이라는 긴밀한 관계가 자신의 이해관계와도 밀접하게 연관되어 있었다. 따라서 아키타는 서일본 지역만이 아니라 식민지, 그 가운데서도 조선 문제에 깊이 관여하고자 했던 것이다.

    연구는 일본 내 자신의 지역적 경제 기반을 구축하기 위해 일본제국주의의 대만, 조선, 중국(만주) 침략에 적극적으로 편승해 이를 활용했으며, 이후 식민지 지배 과정에서 대만, 중국, 조선에서의 경제 침탈과 경영을 통해 지역적 경제 기반을 더욱더 심화시킨 아키타 도라노스케의 제국의회 활동에 관한 연구이다. 아키타는 시모노세키를 중심으로 대만, 중국, 조선에 직접 회사와 지점 또는 출장소를 설치해 식민지까지 영업망을 확장해 식민지 경영에 적극적으로 뛰어들었다. 그 대표적인 지역과 영업망이 '만몽'과 조선이며, 특히 조선에서는 임업과 광산업을 패전에 이르기까지 경영했다. 이 과정에서 아키타는 시모노세키를 중심으로 하는 지역 정치는 물론 제국 일본의 중앙 정치에도 진출했다. 이와 같은 정치 활동은 다시 식민지 개발과 자신의 경제적 기반을 더욱 결착시키는 과정이기도 했다.

  즉, 아키타는 식민지에 거주하지 않으면서도 식민지 경제 침탈과 경영에 참여하는 한편, 제국의회 의원으로서 자신의 거주 지역인 시모노세키를 중심으로 한 후쿠오카와 야마구치 그리고 그와 밀접한 관계를 맺었던 식민지 조선을 모두 대변하고자 했던 인물이기도 했다. 아키타는 먼저, 자신의 선출 지역 및 거주지역에 관한 사안, 특히 현안문제에 집중했다. 그 대표적인 사안이 쓰시마의 시정촌제 및 교통 운수와 시모노세키의 어항 설비 및 교통 운수라고 할 수 있다. 이 또한 모두 지정학적 관점에서 식민지와 긴밀한 관계를 염두에 둔 사안으로 아키타는 이를 적극적으로 피력했던 것이다.

  아키타의 제국의회 활동은 또한 식민지, 특히 조선과 관련된 문제에 집중했다고 할 수 있다. 식민지와 관련된 문제는 제국 일본의 식민지 지배 및 통치와 긴밀히 연결되어 있었다. 그런데 아키타는 이를 항상 자신의 경제적 토대인 서일본은 물론 자신의 영업망과 연결시켰다. 즉, 식민지 개발과 관련해 언제나 식민지에 거주하는 일본인 또는 식민지에 영업망을 구축하고 있는 자신을 대변하는 역할에 충실했던 것이다. 이는 주로 자신의 시모노세키 주력 사업인 무역업, 수산 및 어업, 운수업은 물론 식민지 주력 사업인 임업, 광산업에 집중되어 있다고 해도 과언이 아니었다.

 결과적으로 아키타는 서일본의 후쿠오카 및 야마구치 지역, 특히 쓰시마와 시모노세키를 대변하는 '서일본 관계 대의사'일 뿐만 아니라, 지역과의 관계에서도 그렇고 자신과의 관계에서 식민지 조선은 그 경제적 토대이기 때문에 대변할 수밖에 없는 또 다른 방면의 '조선 관계 대의사'였다고 할 수 있다. 또한 아키타의 제국의회 활동은 식민지 지배와 통치를 위한 정책과 개발을 보다 입체적으로 이해하기 위해서는 일본과 일본인을 넘어 조선총독부와 일본 본국은 물론 일본 지역과의 관계도 고려할 필요가 있는 한 범례가 아닐까 한다. 앞으로 이에 대한 연구도 축적될 필요가 있다.

12장
중의원 출신 실업가
구메 다미노스케 久米民之助 와
금강산전기철도

1. 사철(私鐵) 금강산전기철도

　식민지 조선에 거주하거나 체류한 경험을 배경으로 정치·경제적 혹은 사회적 이해관계에 따라 식민지 문제를 제국의회에 제기하고 본국 정부에 알리고 현안 해결을 꾀한 조선관계대의사들이 있다. 식민지 문제가 본국 정부에 전달되고 있지 못하는 상황에 문제의식을 느꼈으며, 일반적으로 자신의 고향을 근거지로 삼아 제국의회에 진출하여 이를 관철시키고자 했다. 하지만 일반적인 조선관계대의사와는 다른 경로를 통해 식민지 조선에 관여한 제국의회 출신도 있다. 이 글에서 다루는 구메 다미노스케(久米民之助)는 중의원 의원으로 활동한 이력과 실업가로서 축적한 자본을 기반으로 식민지 조선에서 철도회사를 설립하고 경영했다. 정치인으로 나서기 이전 구메의 이력은 토목공학 학자나 기술자에 가까운 인물이었다. 메이지 시기 일본 젊은이들의 이상향이었던 입신출세에 성공한 인물로 명성을 얻은 구메는 고향 선거구에서 당선되었고 중의원 의원으로 활동했다. 이후 구메는 정치인보다는 실업가로서의 길을 지향했으며 특히 식민지에서 활동영역을 모색했다. 중의원 의원을 거쳐 식민지 조선에서 회사를 설립·경영한 이력은 일반적인 조선관계대의사들과는 다른 스펙트럼을 보여준다.

　식민지 대만을 시찰하고 회사를 설립하기도 했던 구메가 또 다른 식민지 조선에서 투자처로 삼은 것은 금강산이었다. 금강산전기철도라는 사철(私鐵)회사를 설립한 것이다. 국가가 운영하는 국철(國鐵)과 달리 사설철도(私設鐵道)는 민간 자본에 의해 건설된 철도이다. 일본에서는 산업혁명을 거치면서 여러 사철회사가 등장했지만 1906년에 시행된 '철도국유법'으로 대부분의 주요 철도는 국유화되었다. 철도국유법과 같은 제도가 식민지 조선에서 시행된 적은 없지만[1], 도시를 잇는 주요 간선은 총독부가 운영하고 지역의 지선을 사철이 담당하는 형태는 유사했다.[2] 식민도시의 철도부설 사업에는 총독부와 지역 관청 그리고 지역민과 자본가 집단의 이해관계가 얽히면서 중층적인 형태로 나타난다.[3] 이와는 달리 도시가 아닌 인구밀도가 낮은 지역에 건설된 금강산전기철도의 경우는 '내지(內地)'[4] 자본의 투자를 유도하려는 총독부와 자본가의 이해관계가 여실히 드러나는 사례라고 할 수 있다. 이러한 점에 주목하면서 이 글에서는 구메가 중의원 의원이라는 정치 이력과 실업가로서의 네트워크를 배경으로 식민지 조선에서 사철 회사를 설립·운영하는 과정, 금강산을 관광지로 개발하는 과정을 총독부와의 관계를 중심으로 살펴보고 한다.

지금까지 금강산전기철도와 관련해서는 회사 경영이라는 경제사적 측면과 식민지 투어리즘이라는 사회문화사적 관점에서 연구가 이루어졌다. 회사 경영과 관련해서는 철도 여객 및 화물보다는 전력 사업에서 이윤을 내는 구조였다는 점과 잉여전기에 대해 사회적으로 수요를 창출하는 문제가 대두되었던 점이 검토되었다.[5] 아울러 관광산 철도이자 발전 수력을 겸했던 경영 양태가 실증적으로 분석되었고, 지역 사회 및 총독부 사이의 경제적 의존관계가 논의되었다.[6] 또한 기존의 국철 중심의 연구에서 발전하여 최근에는 사철 관련 연구도 축적이 되고 있어 향후 포괄적이고 종합적인 관점의 연구성과가 기대된다.[7]

식민지 투어리즘 연구에서는 금강산이 관광상품으로 개발되는 과정과 식민지 시기 금강산

---

[1] 조선총독부는 1917~1925년 조선철도 경영을 남만주철도주식회사에 일시적으로 위탁한 바 있었다. 하지만 해당시기에도 철도 노선과 관련한 부설 계획 및 시행은 총독부에 의해 입안·시행되었다. 정재정, 『일제침략과 한국철도』, 서울대출판부, 1999. 정재정, 『철도와 근대 서울』국학자료원, 2018.

[2] 한반도에 건설된 최초의 사철은 1909년 부산진 동래온천장 사이에 건설된 부산궤도(軌道)주식회사가 그 시초이다. 궤도는 일반적인 철도와는 다른 노면전차 형태를 말한다.

[3] 전성현, 『식민지 도시와 철도 : 식민도시 부산의 철도와 식민성, 근대성, 그리고 지역성』, 선인, 2021.

[4] 당시 일본 제국 내의 판도 내에서 일본 본국은 '내지(內地)'로, 그 외 식민지는 '외지(外地)'로 지칭되었다. 일본 제국주의의 지역적 구분과 차별을 내포하는 역사적 용어로서 '내지(內地)'를 사용하고 있다.

[5] 林essentials, 「金剛山電鉄における電力・鉄道兼業体制の成立とその経営成果」, 『東京経大学会誌』297, 2018.

[6] 정안기, 「일정기 「금강산전기철도(주)」의 경영사 연구」, 『경영사연구』제102호, 2022.

[7] 도로로기 히로시, 「일제강점기 사설철도망의 형성과 유형」, 『한국 철도의 역사와 발전2』, BG북갤러리, 2014. 정안기, 「식민지기 조선사설철도보조법의 연구 : 성립, 개정, 운용, 성과를 중심으로」, 『경제사학』41-1, 2017. 조성운, 「일제하 사설철도회사의 관광개발」, 『한국민족운동사연구』제113호, 2022.

의 이미지 형성이 분석되었다.[8] 관광지로서 금강산 개발은 1915년 시정오년조선물산공진회 개최를 계기로 본격화되었으며, 지역 주둔의 헌병대와 지역 개발을 원하는 지역 주민의 협력 속에 이루어졌다.[9] 1920년대 금강산전기철도가 개통되면서 금강산 관광의 대중화가 가속화되었고 특히 1929년 조선박람회 개최를 계기로 금강산은 대내외적으로 홍보되었다. 이 과정에서 '일만이천봉'이라는 금강산을 상징하는 수식어는 총독부와 금강산전기철도에 의해 차용되었고 대중적으로 널리 소비되었다. 관광지 금강산에 대한 부가가치가 재인식되면서 이해관계의 주체인 총독부, 강원도, 금강산전기철도 사이에도 서로간의 입장 차이와 온도차가 드러나기도 했다.[10]

이 글에서는 금강산전기철도가 설립되는 1910년대 후반부터 관광지로서 금강산 개발이 본격화되는 1930년대 중반까지를 중심으로, 특히 '내지' 자본가의 식민지 투자와 회사 경영 그리고 총독부와의 관계라는 관점에서 구메라는 인물과 그 주변을 살펴보고자 한다. 식민지 조선에서 사철회사 경영은 총독부의 인허가를 비롯하여 제도적인 뒷받침과 재정 지원 없이는 수행하기 어려운 사업이었다. 식민지 지배 시스템도 결국 사람에 의해 운용되었기에, 사철 금강산전기철도를 경영한 구메와 주변 인물 그리고 총독부와의 관계는 식민지의 지배 시스템이 실체적으로 어떻게 작동했는지를 보여준다. 이는 궁극적으로 사철 운영과 관광지 개발을 통해 일본 제국의 식민지 지배의 특질과 한계를 밝히는 작업이 될 것이다.

2. 입신출세의 실업가 구메 다미노스케

1861년 현재의 군마현 누마다시(群馬県沼田市)에서 출생한 구메는 1876년 도쿄로 상경하여 게이오기주쿠(慶應義塾)에 입학했다. 어릴 적 어머니가 사망한 후 12살의 나이에 아버지도 사망하면서 집안 형편이 좋지 않지만, 담임교사는 두뇌가 명석한 구메에게 진학을 권했

---

[8] 신성희, 「'자연'의 생산과 근대적 '관광'의 형성 : 일제시대 금강산, 전기철도, 온천」, 『문화역사지리』제59호, 2016. 김지영, 「일제시기 철도여행안내서와 일본인 여행기 속 금강산 관광 공간 형성 과정」, 『대한지리학회지』제190호, 2019. 김지영, 「식민지 관광공간 금강산의 사회적 구성: '일제'의 국립공원 지정 논의를 중심으로」한국학중앙연구원 박사논문, 2021. 김백영, 「금강산의 식민지 근대 : 1930년대 금강산 탐승 경로와 장소성 변화」, 『역사비평』제131호, 2020.

[9] 조성운, 「1910년대 조선총독부의 금강산 관광개발」, 『한일민족문제연구』30, 2016. 조성운, 『한국근대관광의 탄생과 변용』, 선인, 2024.

[10] 손용석, 「일제강점기 금강산 관리와 개발의 역학: 1930년 금강산 보승에 관한 타합회를 중심으로」, 『사학연구』제153호, 2024.

구메 다미노스케 / 金剛山電気鉄道株式会社, 『金剛山電気鉄道株式会社二十年史』, 1939.

고 주위의 도움을 받으면서 학업을 계속할 수 있었다.[11] 이후 구메가 입학한 고부대학교(工部大学校)는 메이지 신정부가 서양의 과학 기술 도입을 위해 설립한 관영학교로 현재의 도쿄대학 공학부의 전신이다. 1881년 대학교를 졸업한 구메는 궁내성에 들어가 황거조영사무국(皇居造営事務局)에서 근무하게 되었고 도쿄 황거(皇居)의 상징인 니주바시(二重橋)의 설계 및 조영을 맡았다.

1886년 당시 구메는 궁내성과 고부대학교 조교수를 겸하고 있었으나, 이를 그만두고 오쿠라 기하치로(大倉喜八郎)가 경영하는 오쿠라구미상회(大倉組商会)에 입사했다. 토목기술자로 사세보(佐世保) 군항 공사에 참여했으며, 1887년부터 1889년 사이에는 조선과 중국을 비롯 미국과 유럽 각국을 방문하여 견문을 넓히기도 했다. 해외 시찰을 통해 철도의 중요성을 확인한 구메는 귀국 후 1890년 구메공업사무소를 설립한다. 이후 구메는 일본 본토를 비롯 조선과 대만의 철도공사에 참여했는데 그가 참여한 철도부설 사업으로는 산요본선(山陽本線), 산인본선(山陰本線), 경의선, 호남선, 대만의 서부간선(西部幹線) 철도 등이 있다. 당초 경의선은 임시군용철도감부를 중심으로 일본 군부가 직접 건설에 투입되었으나 목표대로 진행되지 않자 청부공사체제로 전환되어 일본 토건회사들에게 하청이 주어졌다.[12] 구메의 회사는 30여개 하청업체 중 하나였고 호남선도 마찬가지로 하청 형태로 참여했다.

또한 구메는 청일전쟁의 결과 일본이 영유하게 된 대만을 현지 시찰하고 식민지에서 활동의 폭을 넓혔다. 실제로 대만에서 제빙회사를 설립·경영하기도 했다.[13] 또한 애연가였던 구

---

[11] 구메의 성장과정에 대해서는 岸大洞 외, 『群馬人国記 : 利根・沼田・吾妻の巻』, 1979, 91~94쪽.
[12] 정재정, 『철도와 근대 서울』, 161-163쪽. 朝鮮鉄道史編纂委員会編, 『朝鮮鉄道史』 第1巻, 朝鮮総督府鉄道局, 1937, 379쪽.
[13] 國鏡社, 『編立身致富信用公録』 第6編, 1902, 12쪽.

메는 1900년에 요요기상회(代々木商会)를 설립하고 시거 전문 생산 공장을 설립했다. 일본 국내에서 생산되는 조악한 품질에 만족하지 못하고 필리핀 마닐라에서 기술자를 초빙하여 직접 생산에 나선 것이다.[14] 1904년 연초전매법이 시행되어 연초산업이 국영화된 이후에도 약 2년간 대장성 전매국의 위탁을 받아 제조를 계속했다. 대장성에서 전매법을 개시했지만 담배에 대한 기술과 경험이 턱없이 부족했기 때문이다.

그 외에도 생명보험회사를 경영하는 등 사업수완을 발휘하던 구메는 1898년 제3회 중의원 총선거에서 고향인 군마현에 출마해 당선하게 된다. 이후 1903년 제8회 중의원 총선거까지 연속 당선하여 정치인으로 활동했다. 그의 제국의회 활동을 살펴보면 전문분야인 토목건축, 철도 부설, 식민지 대만과 관련한 활동이 확인된다. 첫 당선이었던 제13회 제국의회에서는 국회의사당 신축과 관련한 조사위원회 설치를 건의한 바 있었으며, 선거구인 군마현 지역 주민의 여론을 대변하여 도네가와(利根川)강의 개축을 건의하거나, 대만 관련 위원회에서 활동을 하기도 했다.[15] 하지만 정치보다 기업 경영에 뜻을 두었던 구메는 1904년 제9회 중의원총선거에서 라이벌이 입후보하자 출마를 단념했다. 6년간의 정치 인생이었다. 이후에도 고향의 지인들이 출마를 권유하였으나 구메는 실업가의 길을 걸었다.

여러 회사 경영과 중의원 의원을 거치면서 부를 축적한 구메의 자산은 1916년 당시 100만 엔 정도였다.[16] 당시 자산 천 만엔을 넘는 인물로는 미쓰비시, 미쓰이, 스미토모 재벌가 외에 모리(毛利), 마에다(前田), 시마즈(島津) 등 전 다이묘 가문 정도였다. 구메는 요요기우에하라(代々木上原)에 위치한 4만평 규모의 서양식 저택에 거주했는데 부지 내에서 오리사냥을 즐길 정도였다고 한다.[17] 식민지 대만의 아리산에서 가져온 삼나무로 된 문기둥을 지나 꽤 긴 자갈길을 걸어 들어가면 현관으로 이어지는, 호화로운 저택이었다. 또한 음악당과 구메의 취미였던 노(能, 가면을 쓰고 하는 일본의 전통 연극) 무대가 갖춰진 저택은 요요기궁전(代々木

---

[14] 久米権九郎追憶誌編集委員会編, 『久米権九郎追憶誌』, 久米建築事務所, 1966, 10쪽. https://www.jti.co.jp/tobacco/knowledge/variety/cigar/chronicle/2011/10/03.html(최종검색일 : 2024년 11월 1일).

[15] 『官報』號外, 1899년 2월 11일, 제13회 제국의회 중의원의사속기록 제27호. 제13회 제국의회 중의원 대만총독부 법원 판결에 대한 대심원(大審院)의 재판권에 관한 법률안심사특별위원회 제1호, 1899년 2월 3일. 제15회 제국의회 중의원 도네가와(利根川) 개축에 관한 건의안위원회 제1회, 1901년 3월 20일.

[16] 1916년 지지신보사(時事新報社)에서 시행한 자산 50만엔이상의 인물에 대한 조사이다. 時事新報社編, 『全国五十万円以上資産家表 : 時事新報社第三回調査』, 1916.

[17] 구메의 차남으로 전후 구메설계(久米設計)와 구메사무소(久米事務所)를 경영한 곤쿠로(権九郎)가 남긴 회상 기록이다. 久米権九郎追憶誌編集委員会編, 『久米権九郎追憶誌』, 久米建築事務所, 1966, 11-13쪽.

御殿)으로 불리며 사람들 입에 오르내렸다.

이렇듯 실업가로 성공한 구메는 1918년 금강산을 시찰하고 수력발전 및 전기철도 사업을 구상하게 된다. 당시에도 금강산은 알려진 명승지였지만 교통이 불편하여 실제 방문자 수는 많지 않았다. 사업의 실현 가능성이 있으며 유망하다는 결론에 이르자 구메는 1919년 금강산전기철도를 설립하고 스스로 사장에 취임했다. 금강산전기철도회사는 설립 당시 도쿄에 본사를 두었으나, 1922년 5월에 강원도 철원읍으로 이전했으며 도쿄와 경성에 출장소를 두었다.[18] 상무와 전무 이사[19] 등의 핵심 임원진을 제외하고 대부분은 '내지'에 생활 기반을 두었다. 구메 사장의 경우도 1년 만에 조선을 방문했다는 기사를 찾아볼 수 있는데, 매년 가을 정기적으로 조선을 방문했던 것으로 보인다.[20] 구메 사장은 도쿄에 본거지를 두고 조선을 방문·시찰하는 방식의 원격(遠隔) 경영 형태로 회사를 운영한 것이다.

이렇게 인생을 정리할 시점인 환갑이 가까운 나이에 금강산전기철도를 설립한 구메는 스스로를 금강도인(金剛道人)으로 부를 정도로 금강산에 대한 남다른 애정과 야망을 드러냈다.[21] 제1차세계대전 후의 경기 불황과 관동대지진의 영향으로 회사가 자금난을 겪게 되자 요요기우에하라의 저택을 기슈 도쿠가와(紀州德川) 후작 가문에 매도하였고 이를 회사 운영 자금에 충당하기도 했다.[22] 또한 관청의 예산이 투입되어야 할 금강산의 도로 정비에 사비를 투입하는 등 관광지 개발에 강한 집념을 보였지만, 금강산전기철도의 전선(全線) 개통을 보지 못한 채 그는 1931년에 사망했다.

이렇듯 구메의 인생 여정을 살펴보면 토목공학자로 시작해 중의원 의원을 거쳐 실업가로 자수성가한 인물인 점을 알 수 있다. 어려운 가정 형편 속에서 학업을 지속했던 구메는 메이지(明治)라는 변혁의 시대에 입신출세(立身出世)와 당시 유행했던 석세스 스토리에 걸맞는 인물이었다. 고향에서 그의 성공담과 명성이 알려지게 되면서 중의원 의원으로 당선되었지만, 그만둔 이후에는 오로지 실업가의 길을 걸었다. 구메는 회사 경영과 투자를 축으로 하는 실업

---

[18] 본사 주소는 강원도 철원읍 외촌리(外村里)였다. 金剛山電氣鐵道株式會社,『金剛山電氣鐵道株式會社二十年史』, 1939, 49쪽.
[19] 원 자료에는 취체역(取締役)으로 표기되어 있으나 이 글에서는 현재의 주식회사 용어에 비추어 이사로 통일하여 표기했다.
[20]『京城日報』1929년 10월 10일,「金剛山への時間著しく短縮」.
[21]『朝鮮新聞』1927년 1월 7일,「金剛道人」.
[22] 요요기저택을 매각한 후 구메는 메구로에 3천평의 부지를 마련하고 엘리베이터가 설치된 콘크리트 주택을 신축했다. 久米權九郎追憶誌編集委員會編,『久米權九郎追憶誌』, 久米建築事務所, 1966, 8-14쪽.

가로서 자아 인식을 지닌 인물이었으며, 남다른 수완과 안목을 발휘하여 부를 축적한 구메가 인생의 마지막 투자처로 삼은 것이 금강산이었다. 그는 명승지 금강산이 지닌 경제적 가치와 개발을 통한 이익 창출을 확신하면서 조선에서 사철 경영과 관광지 개발을 구상했다. 구메의 사망 이후에도 금강산전기철도는 꾸준한 성장세를 보였으며 관광지 개발은 이어졌다. 3주기를 맞은 1934년 5월에는 지역 관민(官民)들의 발의에 의해 구메의 업적을 기리는 송덕비가 건립되었다.[23] 금강산 개발의 업적을 인정받아 훈장을 수여받으며, 그의 기일에는 금강산역 앞에 세워진 송덕비에서 추도회가 열리기도 했다. 이처럼 '금강산 개척의 은인'으로 칭송받고 기억되던 구메는 어떻게 금강산전기철도를 설립하고 경영하게 되었을까.

3. 금강산전기철도의 설립·운영과 조선총독부

해당 지역에서 수력발전을 구상한 것은 구메가 처음은 아니었다. 1913년 태백산맥의 동쪽에 위치한 강원도 통천군에 거주하던 일본인들은 터널 뚫어 화천강의 물을 동해안 쪽으로 보내 농업 용수로 활용하려고 했다. 이를 통해 통천 평야의 밭을 논으로 개간하는 계획을 세우고 '내지'회사에 투자를 타진했다.[24] 이 계획은 시바우라제작소 사장 오타구로 주고로(大田黑重五郎)에게 전달되었고 애초의 개간사업은 전기발전사업으로 발전한다.[25] 태백산맥을 중심으로 서쪽은 완만하지만 동쪽은 급한 경사를 이루고 있는 지형을 이용하여 북한강 상류의 강물을 터널을 통해 동쪽으로 보내고 이를 수력발전에 이용한다는 사업계획이었다. 동서 간 낙차를 이용해 2만kw의 전기를 얻는다는 유역변경식(流域變更式) 발전사업은 한반도에는 처음 도입되는 획기적인 구상이었다. 오타구로가 중심이 되어 조선수력전기주식회사 창립준비조합이 조직되었고 1914년 6월 수리사용에 관한 신청서가 조선총독부에 제출되었다. 3년 가까이 지난 1917년 3월에 어렵게 허가가 내려졌는데, 당시 조선총독부 통신국 전기과장이었던 오카모토 게이지로(岡本桂次郎)는 데라우치 마사타케(寺内正毅) 총독에게 사업

---

[23] 『朝鮮新聞』1934년 5월 22일, 「金剛山紹介의 恩人 久米博士記念碑」, 『京城日報』1934년 5월 27일, 「九米博士記念碑除幕式」.

[24] 통천군에 거주하던 西島正恭 외 23명이었다. 회사 설립 초기에 대해서는 20주년 기념으로 발간된 연혁지 및 설립 초기부터 감사로 참여하여 전무 및 상무 이사를 거쳤던 야마우치 이헤이(山内伊平)의 회고를 참조. 金剛山電氣鐵道株式會社, 『金剛山電氣鐵道株式會社二十年史』, 1-11쪽·143-144쪽. 朝鮮新聞社編, 『朝鮮統治의 回顧와 批判』, 1936, 246-248쪽.

[25] 시바우라제작소는 당시 일본에서 규슈(九州)와 시코쿠(四国) 등에서 수력발전사업을 행하던 회사로 도시바의 전신이다.

철원역에 정차한 금강산전기철도의 객차 / 金剛山電氣鉄道株式会社, 『金剛山電氣鉄道株式会社二十年史』, 1939.

내용을 상세히 설명하여 허가가 내려질 수 있도록 지원했다.[26] 이후 오타구로를 포함하여 와다 도요지(和田豊治), 오하시 신타로(大橋新太郎), 나카이 기타로(中井喜太郎) 등이 발기인으로 참여했으며 1918년 3월 공사 착수와 4월 발기인 대회가 예정되었다.[27] 하지만 현지 조사를 통해 강수량이 부족하여 계획된 발전량을 얻기 힘들다는 조사 결과가 나오자 계획은 중단상태에 이르게 된다.

이러던 차에 1918년 4월 구메는 금강산 주변 지역을 시찰했다. 그가 금강산에 주목한 배경에는 1910년대에 총독부 토목국장과 체신국장을 지낸 모치지 로쿠사부로(持地六三郎)의 권유가 있었던 것으로 보인다.[28] 전 철도성 기사(技師) 오가와 도고(小川東吾)에게 의뢰하여 사업 가능성을 타진한 구메는 수력발전 사업과 이를 통해 생산된 전기를 활용한 전기철도 사업을 구상하게 된다. 사업의 타당성을 확인한 구메는 당시 하세가와 요시미치(長谷川好道) 총독과의 협의를 거쳐, 앞서 언급한 조선수력전기주식회사 창립조합으로부터 수리사용권 매수에 대한 계약을 체결하게 된다.[29] 조선총독부가 회사 설립을 허가한다는 조건으로, 회사 설립시 2만원을 지급하고 수리권 일체를 양도받는다는 계약이었다.[30] 1919년 6월 조선총독부에 전기사업 허가 신청을 했으며, 수리권과 관련해서는 강원도 도지사에게 하천 사용 허가 신청서를 제출했다.[31]

이 과정을 거쳐 1919년 12월 자본금 500만원의 금강산전기철도주식회사가 설립되었다.

---

[26] 오카모토는 1928년부터 1938년까지 금강산전기철도 감사역 및 이사로 근무한다. 阿部薫編, 『岡本桂次郎伝』, 岡本桂次郎伝記刊行会, 1941, 114-116쪽.
[27] 『釜山日報』1918년 1월 23일, 「朝鮮水力電氣現狀況」.
[28] 賀田直治·高橋漢太郎, 『朝鮮大觀 : 現時의 朝鮮』, 朝鮮公論社, 1934, 78쪽. 砂本文彦, 「近代朝鮮半島における「国際リゾート地」開発」, 『日本建築學會計画係論文集』第76卷·제669號, 2011, 2221쪽.
[29] 朝鮮新聞社編, 『朝鮮統治의 回顧와 批判』, 246쪽.
[30] 계약 내용은 金剛山電氣鉄道株式会社, 『金剛山電氣鉄道株式会社二十年史』, 10-11쪽.
[31] 金剛山電氣鉄道株式会社, 『金剛山電氣鉄道株式会社二十年史』, 6-27쪽.

제1차세계대전 후의 경기호황 속에서 주식 2만주 모집에 응모자가 쇄도하였고 주가수의 약 350배에 달하는 신청이 있었다.[32] 1919년 12월 도쿄 마루노우치 철도협회에서 창립총회가 개최되었고 구메는 사장에 취임했다. 미쓰이물산 이사 출신이자 대일본맥주 사장이었던 마고시 교헤이(馬越恭平), 제국대학 공과대학 학장과 토목학회 초대 회장을 역임하는 등 토목 분야에서 최고의 권위를 자랑한 후루이치 고이(古市公威), 사사고(笹子)터널 설계자이자 철도원 부총재를 역임한 후루카와 사카지로(古川阪次郎) 등이 임원진으로 참여했다(〈표1〉참조). 이 외에도 철도·전기 관련 전문가가 참여했다. 이들 임원진을 두고 "일본 전기사업 계통의 권위자"라는 평과 함께 "영리 중심이 아닌 학술 연구" 차원에서 회사가 설립되었다는 평을 받기도 했다.[33]

하지만 영리적 목적이 주된 목적이 아닐 것이라는 평과는 달리, 구메가 장기간의 투자를 염두에 두었다는 점은 1,435mm의 국제 표준궤를 채택한 점에서 엿볼 수 있다. 발기인이자 철도업계 전문가인 후루카와 사카지로(古川阪次郎)는 당초 계획했던 1,067mm의 협궤 부설을 수정할 것을 권고하였고 이는 회사의 방침으로 채택·수정되었다. 1920년대 홋카이도 개척을 위해 부설되었던 762mm의 이른바 '식민(植民)궤도'의 사례를 비롯 협궤가 지닌 한계점이 고려된 결과였다. 또한 향후 총독부가 운영하는 국철 경원선과의 연결을 고려하여 표준궤도의 도입이 결정되었다. 그 결과 '내지'에서 특히 간사이(關西) 지역에서 볼 수 있었던 국철과 사철의 연결 문제는 발생하지 않았다.[34] 회사 초기부터 임원진으로 참여한 야마우치 이헤이(山內伊平) 회고처럼 '내지'의 시행착오를 반면교사로 삼아 조선에서는 수정된 형태로 적용된 것이다.[35]

구메가 장기간 투자를 요하는 사업임에도 사업적 타당성이 있다고 본 배경에는 보조금에 대한 기대감이 있었다. 표면적으로 회사 설립의 취지는 '국가적 사업'이란 점에서 찾았지만, "전후(戰後) 실로 유일하게 안전한 투자사업"이라는 구절에서 엿볼 수 있듯이 제1차세계대전 후에 불어닥친 불경기 속에서 최소한의 안전망이 보장된 투자처라는 점이 강조되었다.[36] 이

---

[32] 金剛山電気鉄道株式会社, 『金剛山電気鉄道株式会社二十年史』, 26쪽.
[33] 朝鮮功労者銘鑑刊行会編, 『朝鮮功労者銘鑑』, 民衆時論社, 1936, 499쪽.
[34] 原武史, 『「民都」大阪対「帝都」東京 : 思想としての関西私鉄』, 講談社, 2020, 53-55쪽.
[35] 朝鮮新聞社編, 『朝鮮統治の回顧と批判』, 247쪽.
[36] 金剛山電気鉄道株式会社, 『金剛山電気鉄道株式会社二十年史』, 24-25쪽.

러한 점은 총독부의 이해관계와도 부합했다. 총독부는 주요 간선은 국철 형태로 운영하지만, 간선이 아닌 이른바 '지방 철도'의 경우 민간 자본의 유입이 필수적이라고 보았다. 보조금은 총독부 명령의 형식을 통해 지급되었으며, 근거가 되는 법령은 1912년에 제령 제25호로 공포된 「조선경편철도령(朝鮮輕便鐵道令)」과 총독부령 제117호 「조선경편철도령시행규칙」이었다.[37] 이는 '내지'의 「경편철도법(輕便鐵道法)」(1910년)과 「경편철도보조법(輕便鐵道補助法)」(1911년)을 상당 부분 준용한 것으로 총독부 철도국에서 국내외 철도 현황에 대한 조사를 거쳐 제정된 것이었다. '내지'와 마찬가지로 지방에서의 철도 부설과 산업개발을 목적으로 하였으며 조선의 '특수한 사정'도 고려되었다.[38] 여기서 식민지 조선의 '특수한 사정'이 의미하는 바는 총독부의 포괄적인 권한과 사철의 독립적 경영을 저해하는 다수의 조항에서 짐작할 수 있다. 제2조에는 경편철도의 허가제가 규정되었는데, 이는 '내지'의 「경편철도법」에 규정된 면허제보다 주무관청의 통제권이 높았다. 제7조에는 '국가 혹은 공공단체에서 공익을 위해 사설 경편철도 및 그 영업상 필요한 물건의 전부 혹은 일부를 매수할 경우 경편철도는 이를 거부하지 못한다'는 강제 규정이 마련되었다. 또한 제5조에는 '행정관청 혹은 행정관청의 허가를 받은 자가 경편철도를 횡단하거나 이에 접속하여 도로, 교량, 철도 등을 설치할 경우 경편철도는 이를 거부하지 못한다'는 의무 조항이 더해졌다. 그 외에도 '공익(公益)'이란 명분 아래 인허가와 관련하여 총독부의 권한이 폭넓게 적용되도록 규정되었다. 제도적으로 식민지 조선의 사철회사는 독립적인 경영권을 침해받을 가능성을 다분히 안고 있었던 것이다.

〈표 1〉 금강산전기철도주식회사 주요 임원진(1919년~1930년대 중반)

성명	이력
오카다 다케고로 (岡田竹五郎)	도쿄 출신으로 제국대학 토목공학과 졸업(후루이치 고이의 제자) 후 1890년 내무성에 입성하여, 도쿄부 기사. 체신성 철도기사를 거쳐 철도원 기사. 1915년 공학박사. 퇴직 후 금강산전기철도 전무 이사로 재임하다 1926년 사임.
가토다 쓰네키요 (河東田経清)	미야기현 출신으로 법률학교와 미국유학을 거쳐 니혼유센(日本郵船)에 입사. 홋카이도척식은행 이사와 후지제지주식회사 임원을 거쳐 아키타(秋田)철도와 만주(万壽)생명보험회사를 창업. 금강산전기철도 설립시 상무이사로 있다가 1925년 사임.

---

[37] 『朝鮮總督府官報』제540호, 1912년 6월 15일.
[38] 朝鮮総督府鉄道局編, 『朝鮮鉄道史』제1권, 1929, 719쪽.

마고시 교헤이 (馬越恭平)	오카야마현 출신으로 미쓰이물산을 거쳐 맥주회사와 철도회사를 중심으로 다수의 회사 경영에 관여한 실업가. 1906년 3개 맥주회사가 합병되면서 설립된 대일본맥주회사에 사장으로 재임하면서 '일본의 맥주왕'으로 불렸던 인물. 중의원 및 귀족원 의원. 조선에서는 조선방적주식회사 사장, 서선(西鮮)합동전기주식회사 회장 및 이사, 조선신탁주식회사 감사역, 금강산전기철도 이사로 재임. 1931년 구메 사망 후 제2대 금강산전기철도 사장에 취임하였으나 1933년 재임중에 사망.
후루이치 고이 (古市公威)	효고현 출신으로 문부성 최초 유학생으로 프랑스에 유학. 일본 최초의 공학박사. 제국대학 공과대학 초대 학장을 거쳐 초대 토목학회 회장. 귀족원 의원, 체신국 차관, 철도작업국 장관, 경부철도 총재, 도쿄지하철도 사장 등을 역임. 금강산전기철도 설립시부터 이사로 재임하다가 1924년 추밀원 고문에 취임하면서 사임.
후루카와 사카지로 (古川阪次郎)	가가와현 출신으로 고부(工部)대학교 졸업 후 공부성(工部省)에 들어가 야마노테선(山手線) 등의 철도공사에 종사. 철도국 근무 중 경부선과 경인선 선로 선정 작업에 관여했으며 철도원 부총재와 남만주철도 관리관으로 재직. 퇴직 후 금강산전기철도 설립시부터 이사로 재임하다가 1933년 마고시 사장 사망 후 회장에 취임.
마키야먀 고조 (牧山耕藏)	나가사키현 출신으로 와세다대학 졸업 후 경성일보사 창간에 관여. 경성거류민단 및 학교조합 의원. 1913년 잡지『조선공론』을 창간하였으며 1920년 인천 발행의 조선신문사를 인수하는 등 언론인으로 활동. 1917년 고향인 나가사키현에서 중의원 의원으로 당선된 이후 8회에 걸쳐 당선되며 조선 관계 대의사로 활동. 금강산전기철도 설립시 감사역으로 있다가 1930년대 초반까지 임원직에 재임.
야마우치 이헤이 (山內伊平)	도쿄 출신으로 미국에서 대학 졸업 후 도쿠시마수력발전, 시코쿠수력전기 등에서 근무. 1919년 금강산전기철도 감사역 취임 이후 1926년 전무 이사와 상무 이사를 거쳐 1929년 사임.
구라치 데쓰키치 (倉知鐵吉)	이시카와현 출신으로 도쿄제대 졸업 후 외무성 참사관 및 한국통감부 서기관 근무를 거쳐 외무차관으로 승진. 퇴직 후 1913년 귀족원 칙선의원으로 임명. 홋카이도탄광기선회사 등 각종 회사의 이사로 재임. 서선(西鮮)합동전기주식회사 이사. 금강산전기철도 설립시 감사역을 거쳐 1921년 이사, 1940년대 초 사장에 취임.
야마모토 조타로 (山本条太郎)	후쿠이현 출신. 미쓰이(三井)물산 상무 이사에 올랐으나 지멘스 사건에 연루되면서 사직. 1920년 중의원 의원 당선 후 총 5회에 걸쳐 연임. 1923년 금강산전기철도 이사. 1927년 만철 사장에 취임하면서 금강산전기철도 이사직을 사임.
한상룡(韓相龍)	관립 영어학교 졸업 후 일본 유학. 한성은행 전무 이사. 동양척식주식회사 고문, 조선식산은행의 창립위원을 거쳐 조선실업구락부 이사장. 금강산전기철도 설립 시부터 1940년대까지 감사역에 재임.
송진헌(宋鎭憲)	금강산전기철도 설립시 이사. 조선농업주식회사 이사, 경성상업여자학교 설립.

출전: 임원진 명부는 金剛山電氣鐵道株式會社,『金剛山電氣鐵道株式會社二十年史』, 1939, 27쪽·124-128쪽·145쪽. 이력에 대해서는 아래 문헌 참조. 朝鮮人事興信錄編纂部編,『朝鮮人事興信錄』昭和10年版, 1935. 朝鮮功勞者銘鑑刊行會編,『朝鮮功勞者銘鑑』, 民衆時論社, 1936. 人事興信所編,『人事興信錄』제4판·제8판, 1915·1928. 御大礼記念出版刊行會編,『現代実業家大観』, 1928. 大塚栄三編,『馬越恭平翁伝』, 馬越恭平翁伝記編纂会, 1935, 225-226쪽. 阿部薫編,『岡本桂次郎伝』, 岡本桂次郎伝記刊行会, 1941.『京城日報』1929년 11월 27일, 「金剛電の後任事務決定」.

기초 법령을 마련한 총독부는 철도국 직원을 각지에 파견하고 장래에 부설이 필요한 경편철도 49개 노선을 검토했다. 그 결과물로 1913년 9월 총독부 토목회의에서는 부설이 필요한 제1기 14개 노선과 제2기 26개 노선이 선정되었다.[39] 지방 철도에 대해서 "가능한 민간 사업

---

[39] 제2기 노선에는 금강산전기철도의 노선이 된 철원 김화 간 노선이 포함되어 있다. 朝鮮総督府,『朝鮮施政ノ方針及実績』, 1915, 431-433쪽. 朝鮮総督府鉄道局編,『朝鮮鉄道史』제1권, 1929, 716-718쪽.

가로 하여금 부설·경영하도록"하는 방침을 정한 총독부는 1914년부터 보조금 예산을 편성했다.[40] 앞서 언급한 조선경편철도 관련 법령에는 보조금 제도가 명문화되지 않았지만 「조선경편철도령」 제9조에서 경편철도의 설비 및 운수(運輸)·보수(保線) 방법과 관련해 조선총독은 공익상 필요한 명령을 행할 수 있다는 조항에 의거하여, 예산 범위 내에서 불입 자본금의 6%를 보조금으로 지급했다.[41] 영업을 개시하기 이전의 사철회사에도 자본금에 대해 최소한의 배당을 보장한 제도였다. 전주와 이리 간을 운행한 전북경편철도주식회사가 첫 수혜자가 되었으며 이후 보조금은 '내지' 자본의 투자를 촉진하는 요인이 되었다.[42]

　금강산전기철도도 회사 설립 후 3개월 후인 1920년 3월에 보조금 지급에 관한 명령을 받게 된다. 당시 '내지'의 보조금은 철도 영업 개시 이후에 받는 형태였지만 조선에서는 회사 설립 시부터 보조금을 받을 수 있었다. '내지'에서 보조금 지급 기간은 영업 개시 후 10년이었고, 조선에서는 최초 자본금 납입 후 10년이었다. 철도 개통하기 이전부터 지원을 받을 수 있으며 건설비에 충당할 회사채와 대출금도 자본금으로 간주되었기 때문에 '내지'보다 나은 조건이었다.[43] 하지만 당시 제국의회에서 '내지'와 동일하게 자본금이 아닌 건설비에 대해 보조금을 지급하는 형태가 될 것이라는 소식을 접하자, 금강산전기철도는 감사역인 마키야마 고조(牧山耕藏)와 구라치 데쓰키치(倉知鐵吉)의 정치적 역량을 활용하여 제국의회에 영향력을 행사한다. '내지'에서도 이미 시행된 보조금 제도이지만 조선의 현실을 고려해달라는 주장으로, 철도 부설의 특성상 장기간 투자를 요하는 사업이며, 영업 개시 이전에 자본금에 대한 보조가 필요하다는 내용이었다. 구메 사장과 오카다 전무도 청원에 나섰고 이러한 의견은 사이토 마코토(齋藤實) 총독과 하라 다카시(原敬) 총리에게도 전달되었다.[44]

---

[40]　총독부의 보조금은 1914년에 약 83,600원의 예산이 계상되었으며 이후 점차 증가했다. 朝鮮総督府鉄道局編, 『朝鮮鉄道史』 第1巻, 1929, 718쪽. 『朝鮮』1922년 10월호, 391쪽, 「朝鮮鐵道施設要綱」.

[41]　보조금은 초기 6%로 정해졌으나 1918년에 7%, 1919년에 8%로 증가했다가 1930년대에 다시 6%로 변경된다. 예를 들어 1926년 11월 금강산전기철도회사는 보조금 256,765원 18전을 철도국에 신청한다는 계획을 세웠다. 해당 기간 회사의 영업이익은 82,000원 정도였다. 『朝鮮新聞』1926년 11월 16일, 「金剛山鐵道補助金申請」.

[42]　당시 전북경편철도는 자본금 30만원의 사철회사였다. 朝鮮総督府鉄道局編, 『朝鮮鉄道史』第1巻, 1929, 727쪽.

[43]　'내지'와 조선의 보조금 제도 차이에 대해서는 철도국 직원인 사와자키 오사무(澤崎修)가 작성한 글을 참조. 朝鮮総督府, 『朝鮮彙報』1919년 9월호, 「朝鮮に於ける輕便鐵道の現狀」. 아울러 『大阪朝日新聞』1919년 10월 16일, 「朝鮮の輕鉄勃興」(고베대학 디지털판 신문기사문고).

[44]　金剛山電気鉄道株式会社, 『金剛山電気鉄道株式会社二十年史』, 30쪽. 참고로 『原敬日記』에는 관련 기술을 찾아볼 수 없었다.

이러한 과정을 거쳐 제정된 것이 1920년 6월 공포된 「조선사설철도령」(제령 제8호) 및 시행규칙과 1921년 3월의 「조선사철철도보조법」(법률 제34호)이다. 「조선사설철도령」은 기존의 「조선경편철도령」을 대체한 법령으로 종래 법규에 "불비(不備)한 점이 많아 운용상 지장이 적지 않다"는 점이 제정에 이르게 된 이유였다.[45] 조문의 상당 부분은 '내지'에서 기존의 법령을 대체하면서 1919년에 공포·시행된 「지방철도법」(법률 제52호)이 준용되었다. 여기에서 지방철도가 '공공의 용도'를 위해 부설되는 철도라는 점은 식민지 조선의 사철과 동일하지만 제정된 배경은 상이했다.[46] '내지'의 「지방철도법」은 기존의 「사설철도법」과 「경편철도법」에 규정된 정부의 감독 통제권을 약화시키고 사철회사의 자주적 독립성을 보장하는 방향으로 제정된 법령이었지만, 「조선사설철도령」은 그렇다고 보기 힘들었으며 오히려 반대의 방향성을 지녔다.

한편 「조선사철철도보조법」에서는 기존에 명령으로 지급되던 보조금 제도가 명문화되었다. 제1조에서는 '이익금이 철도 경영에 필요한 불입자본금의 8%에 미치지 못할 경우 총독부는 설립 등기일부터 10년간 그 부족액을 지급'한다고 규정되었다.[47] 처음 보조금의 총액은 250만원으로 정해졌으며(제5조), 이후 개정을 통해 증액되었다. 1923년 개정을 통해 지급 기간은 10년에서 15년으로 연장되었으며 금액은 300만원으로 증액되었다.[48] 아울러 사철회사가 법령에 위반되는 행위를 하거나, 공익을 저해하는 행위를 한 경우에는 총독부가 보조금 지급을 정지할 수 있도록 제재 조항 또한 마련되었다(제7조). 그 후 1934년에는 보조금 지급기준이 '설립 등기일'이 아닌 '영업 개시일'로 개정되는 등 비교적 큰 폭으로 개정된다.[49]

그렇다면 금강산전기철도가 부설되던 시기 총독부에서는 어떠한 기조로 사철을 관리·감독했을까. 1920년대 초 총독관방 철도부장[50]으로 근무했던 유게 고타로(弓削幸太郎)는 "조선 개발을 위해서는 철도 보급이 최대의 급무"이며 "관민(官民) 일치의 노력"이 필요한 사

---

[45] JACAR(아시아역사자료센터) Ref.A01200191100, 「朝鮮私設鉄道令制令案」(일본국립공문서관).
[46] 원문에서는 '公衆の用'로 표기되어 있다.
[47] 『朝鮮總督府官報』호외, 1921년 4월 1일. JACAR(아시아역사자료센터) Ref.A03021299400, 「朝鮮私設鉄道補助法」(일본국립공문서관).
[48] JACAR(아시아역사자료센터) Ref.A03021425900, 「朝鮮私設鉄道補助法中改正」(일본국립공문서관).
[49] JACAR(아시아역사자료센터) Ref.A03021925000, 「朝鮮私設鉄道補助法中改正」(일본국립공문서관).
[50] 1917년 조선총독부가 관리하던 철도를 남만주철도주식회사에 위탁한 이후 이에 대한 지휘 감독을 포함하여 사철·궤도(軌道) 관련 업무를 담당한 부서이다. 유게는 1921년부터 약 4년간 철도부장으로 있었다.

업이라고 보았다.[51] 총독부는 '공익적 성격'을 지닌 철도 사업 중 특히 지방에서는 민간 자본의 유입이 필수적이라고 보았으며, 사철이 "지방 자원을 개척하고 산업을 진흥"해줄 것으로 기대했다.[52] 이러한 인식에 기반한 총독부의 지원책은 국유지 대여와 철도 연선의 토지 수용 과정에 잘 나타나 있다. 총독부는 금강산전기철도의 부설 및 발전소 건설과 관련해 국유지를 대여하는 등 편의를 제공했다. 하나의 사례로 금강산전기철도는 설립 초기 강원도 통천군 벽양면 중대리 추지령 내의 국유림에서 전화선 설치(30년간)와 송전용 전봇대 설치(10년간)를 허가받았다.[53]

아울러 토지 수용 제도는 총독부의 강력한 지원책으로 활용되었다. 1921년 토지 수용 고시를 보면 당시 전무 이사인 오카다 다케고로가 「토지수용령」에 근거하여 신청한 수용 건을 확인할 수 있다.[54] 특히 9월 고시에는 상세 내역이 확인되는데, 수용 대상의 대부분은 철원군의 논밭으로 토지 소유자 전원은 조선인이었다.[55] 1911년 제령 제3호로 공포된 '토지수용령' 제9조에는 토지 수용과 관련하여 기업가와 토지 소유자 사이에 협의가 이루어지지 않거나 협의가 불가능할 경우 기업가는 지방장관의 재결(裁決)을 요청할 수 있다고 규정되어 있었는데,[56] 금강산전기철도는 이 조항에 근거하여 조선인 16명 소유의 9,346평 토지에 대해 강제 수용을 단행한 것이다. 해당 고시는 9월 20일에 이루어졌으며 토지 수용은 11월 5일부로 시행되었다. 이러한 반강제적 수용에 대해 조선인 소유주들이 구체적으로 어떻게 반발했는지는 사료에서 찾아보기 힘들지만, 토지수용령 고지 자체가 기업과 토지 소유주 사이의 갈등을 간접적으로 보여주는 자료임에는 분명하다. 이처럼 총독부는 식민지에서 사회 인프라를 구축한다는 명분 아래 반강제적 토지 수용을 제도적으로 지원했으며, 금강산전기철도는 식민지 권력이 구축한 시스템 안에서 사업 계획을 원활하게 실행할 수 있었다.[57]

---

[51] 『동아일보』1921년 12월 31일, 「私鐵普及의 急務, 弓削鐵道部長談」.『朝鮮』1923년 10월호, 51쪽, 「私設鐵道六會社合倂의 經過」.『朝鮮』1922년 10월호, 389쪽, 「鐵道及航運朝鮮鐵道施設要綱」.
[52] 『朝鮮』1922년 10월호, 306쪽, 「鐵道及航運朝鮮鐵道施設要綱」.
[53] 『朝鮮總督府官報』제2758호, 1921년 10월 21일.『朝鮮總督府官報』제2765호, 1921년 10월 29일.『朝鮮總督府官報』제3016호, 1922년 8월 30일.
[54] 『朝鮮總督府官報』제2712호, 1921년 8월 24일 토지수용 고시.『朝鮮總督府官報』제2740호, 1921년 9월 28일, 조선총독부 강원도 고시 제89호.
[55] 대부분이 논밭이었고 일부 대지(垈地)도 포함되어 있었다.
[56] 『朝鮮總督府官報』제186호, 1911년 4월 17일.
[57] 토지수용령에 관해서는 이명학, 「일제시기 토지수용제도의 특징과 적용 추이」,『한국독립운동사연구』제82호, 2023. 이명학,

〈표 2〉 1920년대 사철(私鐵) 합병 전후의 조선 내 주요 사철 현황

1923년 3월			1924년 말		
회사명	개통 (km)	미개통 (km)	회사명	개통 (km)	자본총액 (천원)
조선중앙철도	170.9	134.1	조선철도	407.3	54,500
조선경남(京南)철도	40.6	118.0	조선경남(京南)철도	75.3	10,000
금강산전기철도	-	101.4	금강산전기철도	28.8	5,000
도문(圖們)철도	56.8	-	도문(圖們)철도	58.1	3,300
전북(全北)철도	24.9	-	전북(全北)철도	24.9	600
서선식산(西鮮殖産)철도	50.2	205.8	개천(价川)경편철도	37.0	793
남조선철도	36.5	296.7	조선와사(瓦斯)전기	9.3	-
조선산업철도	-	241.4	북선(北鮮)철도	-	-
조선삼림(森林)철도	-	440.8	경춘(京春)전기철도	-	-
양강척림(兩江拓林)철도	-	329.9	북선흥업(北鮮興業)철도	-	-
			조선경동(京東)철도	-	-

출전: 朝鮮銀行調査部, 『朝鮮事情』1923년 5월 上半, 31쪽. 朝鮮總督府, 『朝鮮總督府統計年報』1924년도판.
* 조선총독부 통계연보에서 사철과 궤도는 구분되었으며, 원 자료의 마일 단위는 km로 변환했다.

이처럼 총독부의 제도적 보호와 재정적 지원 아래 금강산전기철도는 설립·운영되었지만 제1차세계대전 후의 불경기 영향으로 투자금 확보의 어려움을 겪었다. 당시 조선은행 및 조선총독부 자료에 의하면 10개 내외의 사철회사가 확인되는데(〈표 2〉 참조), 대다수는 제1차세계대전의 호경기 속에 설립된 사철이었다. 특히 1919년 한 해에만 10개의 사철 부설(선로 길이는 1,776km)이 인허가를 받았다.[58] 하지만 전후의 경기 침체와 불경기로 회사 대부분은 자본금 불입의 어려움을 겪었다. 몇몇 회사의 경우는 부설 공사를 시작도 하지 못한 채 회사의 해산까지 고려하게 되지만 총독부는 이를 허용하지 않았다.[59] 그 대안으로 제시된 것이 철도회사 합병을 통해 자본을 통합하고 경제적인 노선을 선택적으로 운영하는 안이었다. 협의

「공익이라는 폭력 : 일제시기 경성공립농업학교의 이전과 토지 수용」, 『역사문제연구』제54권, 2024.

[58] 朝鮮總督府鐵道局編, 『朝鮮鐵道四十年略史』, 1940, 587쪽. 이와는 다소 상이한 수치이지만 1919년에 2개, 1920년에 6개의 철도회사가 설립되었다는 유게 고타로(弓削幸太郎)의 기록도 있다. 『朝鮮』1922년 10월호, 390-391쪽, 「朝鮮鐵道施設要綱」.

[59] 총독관방 철도부장이었던 유게 고타로가 합병과정에 대해 기술한 내용이다. 『朝鮮』1923년 10월호, 51-66쪽, 「私設鐵道六會社合併의 經過」.

를 거쳐 결과적으로 〈표 2〉의 왼편에 보이는 조선중앙철도, 서선식산(西鮮殖産)철도, 남조선철도, 조선산업철도, 조선삼림철도, 양강척림((兩江拓林)철도 등 6개 사철 회사의 합병이 이루어졌다. 이때 자본 합동의 일임 각서를 총독부에 제출하고 1923년 9월에 설립된 것이 〈표 2〉의 오른편 첫 번째의 조선철도주식회사이다. 자본금 5,450만원으로 시작한 이 회사는 이후 조선 최대의 사철로 성장하게 된다. 이 때 금강산전기철도는 합병에 참여하지 않았는데, 그 배경에는 타 회사와는 달리 송전사업을 겸하고 있다는 점이 컸다. 자본금 규모 면에서도 조선 내 3번째 정도의 사철회사였으며 철도 외에도 전기 송전사업을 통해 수익을 낼 수 있다는 전망이 있기에 독자적 경영이 가능했다.

합병 과정에서도 알 수 있듯이 사철회사의 운영은 총독부의 포괄적인 권한 아래에서 좌지우지되었다. 이러한 식민지 특유의 상황 속에서 구메 사장이 경영상 주의를 기울인 것은 조선총독부와의 네트워크 구축이었다. 이를 여실히 보여주는 것이 유력 정치인과 실업가를 비롯하여 총독부 퇴직 관료와 유력 조선인으로 구성된 임원진이다. 회사 설립시 이사였던 마고시와 후루이치는 사이토 마코토(齋藤實) 총독과 친분이 있는 인물이었으며, 특히 가토다는 사이토 총독에게 동양척식주식회사 이사로 이시즈카 에이조(石塚英蔵)를 추천할 정도로 친분이 있는 관계였다.[60] 이러한 점은 영입된 조선인 임원진도 마찬가지였는데, 특히 한상룡은 한성은행경영에서 사이토 총독과의 친분을 적극 활용한 인물이었다.[61]

이후의 임원진 기용에도 일본 정부 및 총독부와의 인적 네트워크가 고려되었다.[62] 1923년에는 유명 실업가이자 중의원 의원인 야마모토 조타로(山本条太郎)가 이사직에 취임했다. 야마모토는 입헌정우회 소속으로 1920년 후쿠이현 선거구에서 당선되어 5회 연임했으며, 1927년에 만철 사장에 취임했던 정재계의 거물이었다. 또한 귀족원 의원인 센슈 스에타카(千秋季隆)도 감사역으로 영입되었다. 1927년에는 기무라 유지(木村雄次)가 임원으로 영입되었다. 기무라는 도쿄제대 출신으로 일본에서 은행 간부로 근무하다 1909년경 한국은행으로 옮긴 인물이었다. 조선은행 영업국장 및 이사로 재임하다가 1922년 퇴직 후 도쿄로 돌아간 그는 도요(東洋)생명보험회사 사장 및 후지흥업(不二興業) 이사직을 거쳤다. 기무라는

---

[60] 国立国会図書館専門資料部編,『斎藤実関係文書目録 書翰の部1』, 1999, 116쪽. 国立国会図書館専門資料部編,『斎藤実関係文書目録 書翰の部2』, 1999, 57쪽·87-88쪽.

[61] 国立国会図書館専門資料部編,『斎藤実関係文書目録 書翰の部2』, 1999, 214-215쪽.

[62] 임원진 변동은 金剛山電気鉄道株式会社,『金剛山電気鉄道株式会社二十年史』, 124-128쪽.

대출과 관련하여 조선은행과의 인맥이 고려된 영입으로 보인다.

1928년에는 오카모토 게이지로(岡本桂次郎)가 감사역으로 영입되었다. 제국대학 전기공학과를 졸업한 오카모토는 1905년 조선으로 건너와 1906년 통감부 기사(技師)를 거쳐 조선총독부 체신국 공무(工務)과장과 전기과장을 겸직하다가 퇴직한 인물이었다.[63] 앞서 언급한 바 있듯이 오카모토는 유역변경식 수력발전에 대한 허가가 내려질 수 있도록 지원한 인물이었다. 이후 오카모토는 감사역에 이어 전무 이사에 기용되었고, 1935년에는 조선전기협회 회장직을 맡기도 했다. 조선상공회의소 회두 가다 나오지(賀田直治)에 의하면 오카모토는 '반도(半島) 기술계의 장로'로 평가될 정도로 영향력이 상당한 인물이었으며,[64] 총독부 체신국에 근무했던 경력을 살려 총독부와의 창구 역할을 담당했던 것으로 보인다. 보조금 제도 변경을 검토중이던 철도국장이 오카모토와 같은 사철인 조선철도주식회사 전무를 사전에 불러 이를 통지한 점을 통해서도 그 관계를 엿볼 수 있다.[65]

1929년에는 경리과장 야마자키 가쓰지(山崎勝治)가 신임 이사직으로 임명되었으며[66], 야마우치 이헤이의 후임으로 안도 마타사부로(安藤又三郎)가 전무 이사로 임명되었다[67]. 안도는 도쿄제국대학 법과 졸업 후 고등문관시험에 합격하여 철도사무관으로 근무한 인물이다. 통감부 철도관리국 사무관을 거쳐 조선총독부 철도관리국, 남만주철도 경성관리국 과장 및 이사를 거쳤다.[68] 1931년에는 조선은행 경성본점 영업국장과 동양척식주식회사 이사를 지낸 다카세 우메기치(高瀬梅吉)와 구메의 아들인 헤이하치로(平八郎)가 이사직에 취임했다. 총독부 및 조선은행 퇴임 관료가 임원진으로 영입되면서 총독부와의 인적 네트워크는 강화되었다.

이처럼 회사의 설립·경영 과정, 임원진의 구성을 살펴보면 금강산전기철도는 총독부 및 관계기관과의 밀접한 인적 네트워크를 구축하고자 한 것을 알 수 있다. 하지만 사철 관련 법령과 인적 네트워크는 금강산전기철도가 총독부에 종속적인 위치에 놓이는 배경으로 작용하기도

---

[63] 朝鮮人事興信録編纂部編, 『朝鮮人事興信録』昭和10年版, 1935년, 93-94쪽. 朝鮮功労者銘鑑刊行会編, 『朝鮮功労者銘鑑』, 民衆時論社, 1936, 643쪽.
[64] 阿部薫編, 『岡本桂次郎伝』, 3쪽.
[65] 阿部薫編, 『岡本桂次郎伝』, 121-123쪽.
[66] 『朝鮮新聞』1929년 5월 26일, 「金剛山電鐵取締役改選」.
[67] 『京城日報』1929년 11월 27일, 「金剛電の後任専務決定」.
[68] 朝鮮功労者銘鑑刊行会編, 『朝鮮功労者銘鑑』, 民衆時論社, 1936, 49쪽.

했으며, 이는 결국 식민지 조선의 사철이 지닌 특질이면서 모순과 한계이기도 했다. 조선의 사철이 지닌 종속적 특성은 1932년 제국철도협회 내에 조직된 조선철도촉진기성회가 작성한 「조선사철철도의 특이성과 대책」이라는 자료를 통해서도 확인된다. 이 자료에서 기성회 회원인 도조 마사히라(東條正平)는 조선 사철의 특징을 두 가지로 정리했다. 하나는 "기업 형태가 민영이면서도 마치 국영(國營)을 대행하는 성질"이 있다는 점이며, 다른 하나는 기업의 역할과 기능에서 "국책(國策)에 순응"하는 성격이 강하다는 점이다.[69] 그는 이러한 점을 들어 비영리적인 형태로 지방 개발을 담당하는 역할이 부여되었다는 점에서 '내지'의 지방 사철과는 분명히 다르다고 선을 그었다. 지역에 기반을 둔 실업가가 아닌 '내지' 자본가가 아무런 연고 없는 식민지에서 추진하는 사업이기에, 태생적으로 총독부의 지원정책에 의존할 수 밖에 없는 구조라는 지적이었다. 식민지의 사철 금강산전기철도가 지닌 국책(國策) 기업과도 같은 특성은 이후 철도 부설 및 관광지 개발과 관련한 동향 속에서 드러난다.

4. 전체 노선의 개통과 관광지 개발

회사 설립 후인 1920년 수력발전을 위한 수로터널 공사가 시작되었고 1921년에는 발전소 건설과 철도 부설이 시작되었다. 북한강 상류인 화천천에 제방길이 207m, 제방 높이 27m에 1,115만㎥ 저수량을 지닌 저수지댐이 건설되었다. 태백산맥의 추지령(楸地嶺)에 1.457m에 달하는 터널을 뚫고 저수지의 물을 동해안 쪽으로 흘려보내 234m의 유효낙차를 이용한 수력발전소가 건설되었다. 3,200kw의 발전 능력을 가진 발전소는 강원도 통천군 벽양면 중대리(通川郡碧養面中臺里)에 건설되었고 1923년 12월에 발전을 개시했다. 이후 중대리발전소에서 방출된 물을 이용하여 하류에 제2·제3발전소가 건설되었다.[70] 이와 함께 1920년 9월 남만주철도주식회사의 경성관리국과 전력에 관한 각서를 교환했으며, 노선 주변과 경성 지역에 전등 및 전력을 공급하는 사업을 추진했다. 1921년 11월 총독부로부터 전기사업 경영에 대

---

[69] JACAR(아시아역사자료센터) Ref.A09050534300, 昭和財政史資料第6號第61冊, 「朝鮮私設鉄道の特異性と其対策」(일본국립공문서관).

[70] 저수지 아래에 위치한 판유리발전소(1927년)를 비롯하여 중대리발전소 하류에 향천리발전소(1928년)와 신일리발전소(1936년)가 차례차례로 건설되었다.

한 인가를 받았으며, 1924년 2월에는 경성전기주식회사에 대한 송전을 개시했다.[71]

철도 부설의 경우 우선적으로 철원-김화(金化) 간 제1단계 구간의 공사를 완료하고 1923년 1월부터 영업을 개시할 예정이었다. 하지만 자금 문제로 인해 개통이 9월로 연기되었다가, 호우로 인해 철도 선로가 피해를 입자 또다시 11월로 연기되었다. 설상가상으로 같은 해 9월 관동대지진이 발생하면서 시바우라(芝浦)제작소에 제작 의뢰했던 전차운전용 전동발전기가 화재로 전소되는 사고가 발생했다. 운행 연기가 불가피한 상황이었으나 지역 주민들의 요청도 있어 개통을 무한정 연기하기도 힘든 상황이었다. 결국 회사는 총독부의 알선 및 지원으로 남만주철도주식회사로부터 증기기관차 및 객차를 임대하여 1923년 8월 1일 철원-김화 간(28.8km) 임시운행을 개시했다.[72] 이후 전동발전기가 납품됨에 따라 1924년 10월 전동기 열차의 운전이 개시되었다.[73]

내금강으로 이어지는 철도 선로의 연장 공사는 단계적으로 진행되었다. 경영난이 지속되어 임원진들이 개인 명의에 연대채무를 지는 형태로 조선은행과 조선식산은행에 대출을 받았다.[74] 1920년대와 1930년대에 강원도 지역에서 빈번하게 발생한 수해도 경영난을 악화시키는 요인이었다.[75] 이러한 영향으로 1930년대 말까지 보조금을 제외하면 이익을 내지 못하는 상황이었고, 철도 사업보다는 전기사업으로 얻는 수익이 오히려 컸다. 생산되는 발전량에 비해 전기 수요가 뒤따르지 못하는 상황이었지만 점차 개선되었다.[76] 경성전기주식회사와 공급 계약을 맺고 경성 및 인천으로 송전하는 전기사업에서 수익이 발생했다.[77] 구메 사장은 경제불황에도 불구하고 향후 조선에서 전기 수요가 증가하게 되면 성장 가능성이 크다

---

[71] 金剛山電気鉄道株式会社, 『金剛山電気鉄道株式会社二十年史』, 34-40쪽.
[72] 『朝鮮總督府官報』 제3591호, 1924년 8월 2일.
[73] 金剛山電気鉄道株式会社, 『金剛山電気鉄道株式会社二十年史』, 34-35쪽. 『京城日報』 1924년 11월 4일, 「地方開発に努力する金剛山電気鉄道株式会社」. 『朝鮮新聞』 1924년 12월 5일, 「開発の先鞭 金剛山電鉄の発展」.
[74] 金剛山電気鉄道株式会社, 『金剛山電気鉄道株式会社二十年史』, 45-49쪽.
[75] 1925년, 1929년, 1930년, 1933년, 1936년, 1939년 강원도 지역에 수해 피해가 발생했다. 특히 1933년과 1936년의 피해 규모가 컸다. 金剛山電気鉄道株式会社, 『金剛山電気鉄道株式会社二十年史』, 1939, 118-121쪽. 阿部薫編, 『岡本桂次郎伝』, 119-121쪽.
[76] 당시 발전소의 총 발전량은 7,000kw였지만 수요는 5,000kw에 그쳤다. 『京城日報』 1925년 10월 3일, 「金剛電鐵拂込徵收」.
[77] 『京城日報』 1932년 7월 3일, 「大量需用京城へ送電」.

고 보았으며,[78] 자본금을 3배로 늘리는 등 적극적인 투자에 나섰다.[79]

　금강산전기철도는 관광지 인프라 개발 및 홍보에도 적극적으로 나섰다. 철도 부설 이전 금강산에 이르는 이동 경로는 크게 세 가지 루트가 있었다. 첫 번째는 원산항에서 동해를 통해 장전항으로 접근하는 바닷길이었고, 두 번째는 경원선 안변역에서 자동차로 남하하는 길, 세 번째는 철원에서 단발령을 넘어 장안사를 거쳐 내금강에 이르는 육로였다.[80] 철도 부설 이전 금강산 관광에는 주로 첫 번째와 두 번째 루트가 이용되었으며 외금강 일대를 중심으로 이루어졌다. 철도가 부설되면서 경원선 철원역에서 금강산전기철도를 이용하는 세 번째 루트가 주로 이용되었으며 금강산 관광도 내금강 중심으로 변화했다.

　관광지 개발과 홍보를 위해서 금강산전기철도는 조선총독부 철도국과 강원도청 그리고 조선철도의 운영을 위탁받았던 남만주철도주식회사와 긴밀히 협조했다. 1925년에는 총독부 철도국, 강원자동차상회, 조선우선(朝鮮郵船)주식회사와 연계하여 금강산 탐승 연계 승차권(金剛山探勝連帯乗車券)을 발매했다.[81] 철도국에서는 일본의 유명 등산가를 초청하여 금강산 홍보에 나섰으며, 정부의 국립공원 계획과 연계하여 금강산을 국립공원으로 지정하는 계획안을 구상했다.[82] 이 활동의 결과 1927년 3월 제52회 제국의회 본회의에는 '금강산국립공원 설치에 관한 건의안'이 제출되었다.[83] 금강산전기철도 설립 시부터 임원진으로 참여했으며, 제국의회에서 '식민지 문제의 일인자'로 불렸던 마키야마 고조가 제출자였다. 내외적으로 관광객이 매년 급증하고 있는 시기이니만큼 시설 인프라를 구축하고 경승지를 보존한다는 구절에서 알 수 있듯이 지금의 국립공원 제도가 지향하는 자연보호라는 측면보다는 관광지 정비 및 개발이 우선시되었다. 또한 이는 하마구치 오사치(濱口雄幸) 수상을 회장으로 한 국제대차(貸借)심의회에서 국채 상환을 염두에 두고 국립공원 제도를 제정하여 외국인 관

---

[78] 『朝鮮時報』1926년 10월 1일,「朝鮮水電は發達は今後に大いに望みがある」.
[79] 『朝鮮新聞』1926년 10월 1일,「積極主義に金剛山電鉄経営方針を改む」.
[80] 김백영,「금강산의 식민지 근대 : 1930년대 금강산 탐승 경로와 장소성 변화」, 404쪽.
[81] 『朝鮮總督府官報』제3835호, 1925년 5월 30일 고시.
[82] 『京城日報』1927년 8월 4일,「金剛山の紹介に鐵道局大童」.『京城日報』1930년 2월 16일,「金剛山の國立公園計畫」.
[83] 『官報』호외, 1927년 3월 18일, 제52회 제국의회 중의원의사속기록 제27호. JACAR(아시아역사자료센터) Ref.A14080302800, 議院回付建議書類原議(七),「朝鮮金剛山国立公園設定ニ関スル件」(일본국립공문서관).『大阪朝日新聞』朝鮮版, 1927년 3월 19일.

광객 유치를 꾀한 것과 궤를 같이 한다.[84] 이에 따라 "동양의 큰 낙원"을 만든다는 문구처럼 금강산국립공원 계획은 외국인 관광객의 방문에 대비한 환경 및 시설 정비에 초점이 놓였다. 개발 준비사업의 일환으로 구메 사장은 내금강과 외금강을 잇는 도로 정비를 철도국과 협의했다.[85] 내금강에서 외금강으로 이동하려면 상당한 거리를 우회해야 했는데, 결국 구메 사장이 사비를 내는 형태로 도로 개통이 이루어졌다.[86]

금강산전기철도와 철도국이 주도한 금강산 관광시설 정비와 홍보가 효과를 거두면서 방문객은 매년 증가추세를 보였다. 금강산 관광을 위한 단체여행객 모집이 있었으며,[87] 특히 1929년에는 조선박람회가 개최되면서 많은 관광객이 금강산을 방문했다. 1929년 9월 말 금강산 초입의 단발령 터널이 개통되었으며[88], 광차(鑛車)와 자동차로 연결하면 경성에서 금강산까지 걸리는 시간은 약 7시간으로 단축되었다. 같은 해 10월 조선을 방문한 구메 사장은 10만평 부지에 공원을 조성하고 3천 그루의 벚나무를 심어 단풍으로 유명한 금강산이지만 벚꽃으로도 유명한 곳으로 만들겠다는 포부를 밝히기도 했다.[89]

이후 국립공원 계획은 1930년에 이르러 총독부 산림부(山林部)를 중심으로 하여 철도국, 내무국, 학무국 등이 참여하는 가운데 구체화되었다. 이러한 협의를 거쳐 총독부는 내외금강 사이의 도로를 정비하고 1910년대에 철도국이 건설한 온정리호텔과 장안사호텔 증축에 예산을 투입하기로 결정했다.[90] 아울러 총독부는 내무성 국립공원조사회 이사이며 임학(林學) 박사인 다무라 쓰요시(田村剛)에게 국립공원의 설계를 의뢰했으며 일행은 1930년 8월 초 금강산을 현지 조사했다.[91] 다무라는 금강산이 육지와 바다 둘 다 관광지인 점과 교통이 편

---

[84] 『釜山日報』1929년 8월 21일, 「愈よ白熱化する國立公園設置運動」.
[85] 『朝鮮新聞』1928년 10월 17일, 「金剛山最高峯, 毘盧峰に大ホテル」.
[86] 『京城日報』1929년 6월 27일, 「金剛の最高峰から外金剛への拔け道」.
[87] 『朝鮮時報』1929년 7월 7일, 「靈山, 金剛山探勝」.
[88] 미완공 상태의 터널 속을 걸어 통과한 후 승합차로 한 시간을 달려 금강산 기슭의 장안사까지 이동했다는 기행문을 찾아볼 수 있다. 금강산을 여러 번 여행한 화가 가와시마 리이치로(川島理一郎)는 "겨우 사람이 지나갈 수 있는 터널을 걷게 해서 기분이 썩 좋지 않았다. 멀리 저편에 불빛이 보일 때까지 정말이지 생사를 오가는 느낌이었다"고 당시를 회상하고 있다. 川島理一郎, 『旅人の眼』, 龍星閣, 1937, 67-68쪽.
[89] 『京城日報』1929년 10월 10일, 「金剛山への時間著しく短縮」, 『朝鮮新聞』1929년 10월 9일, 「春の金剛山を世界に紹介」.
[90] 『京城日報』1930년 1월 15일, 「名實ともに世界的公園」, 『京城日報』1930년 2월 16일, 「金剛山の國立公園計畫」.
[91] 『釜山日報』1930년 7월 31일, 「世界にもあまり類の少ない金剛山」, 『朝鮮新聞』1930년 8월 3일, 「金剛山は世界一流だ」, 『京城日報』1930년 8월 17일, 「國立公園として金剛山は斷然右翼」.

리한 점을 장점으로 꼽았으며, 사계절에 걸쳐 관광객이 방문할 관광지로 개발하는 것이 중요하다고 언급했다. 현재로선 겨울에 스키가 가능해지면 더할 나위 없을 것이라는 의견을 제시했으며 탐승 도로, 숙박시설, 테니스·골프의 스포츠 시설을 선결 문제로 들었다. 총독부와 협조 아래 국립공원을 포함한 금강산 개발이 진행되었지만, 개발을 둘러싼 총독부와 금강산전기철도 간의 온도차도 엿보인다. 1930년 10월 부산항에 도착한 구메 사장은 채권 발행을 허가하지 않는 당국에 아쉬움을 드러내면서, 해외 관광객을 유치하기 위해서는 다양한 설비가 필요하며 총독부나 정부가 적극적으로 나서 '국가적 사업'으로 행할 필요성을 피력하기도 했다.[92] 금강산전기철도 설립시부터 임원에 참여했으며 귀족원 의원이기도 한 구라치 데쓰키치(倉知鐵吉)는 일본 정부와 총독부를 오가며 국립공원 선정을 지원했다.[93] 그는 국립공원 계획 준비는 주체에 따라 다른 방향에서 이뤄진다고 했는데, 우선 정부가 간선도로 부설 및 전신전화 가설을 하고, 총독부가 관민(官民) 협동으로 금강산국립공원보승(保勝)회를 조직하고 골프장, 캠핑시설, 별장지를 정비하고 이를 홍보하며, 직접적으로 이해관계를 지닌 금강산전기철도가 관광객 유인책을 강구하는 방안을 들었다.

철도 선로의 연장 공사는 이어져 1930년 5월에 금강산 입구인 말휘리역까지 개통되었고 1931년 7월 1일에는 철원역부터 내금강역까지 116.6km에 이르는 모든 선로가 개통되었다.[94] 1919년 설립 당시 계획했던 내금강까지의 모든 선로가 이로써 완공한 것이다. 평균 시속은 30km 정도였으며 철원역에서 내금강역까지 3시간 53분 소요되었다. 오량역과 단발령역 사이 경사가 심한 지역에는 스위치백이 2개 설치되어 운행되었다. 보통 철원-김화 간 1일 4회 왕복 운행되었으며 시즌에 따라 열차편은 증설되거나 감축되었다. 5월부터 10월까지 관광 시즌에는 철도국의 야간열차(침대칸)가 금강산철도로 직통 연결되어 경성역에서 밤 11시에 탑승하면 이른 아침에 금강산에 도착했다.[95] 광궤·협궤의 차이로 인한 문제 없이, 경성에서

---

[92] 『釜山日報』 1930년 10월 23일, 「金剛山は日本が世界に誇る國立公園の代表」.
[93] 『釜山日報』 1930년 12월 11일, 「グロテスクな名山, 金剛山の国立公園実現準備は着々進む」.
[94] 1924년 8월 철원-김화 개통 이후 1931년 7월 전선 개통까지 건설 구간은 다음과 같다. 1924년 12월 20일 김화-금성 간 16.6km 개통, 1926년 9월 15일: 금성-탄감 8.6km 개통, 1927년 9월 1일 탄감-창도 간 8.2km 개통, 1929년 4월 15일 창도-현리 간 15.1km 개통, 1929년 9월 25일 현리-화계 간 12.0km 개통, 1930년 5월 15일 화계~말휘리 간 13.3km 개통.
[95] 『京城日報』 1932년 7월 3일, 「京城から七時間, 行け金剛の絶景へ」. 『京城日報』 1932년 6월 19일, 「金剛山直通」. 『京城日報』 1934년 6월 1일, 「金剛探勝に新コース, 休祭日には直通列車を運轉」. 이경순, 『금강산가는 길: 조선총독부 철도국 발간 금강산 관광 안내 지도 연구』, 대한민국역사박물관, 2020에 수록된 리플릿 참조.

철원까지 이동한 증기기관차가 금강산전기철도의 전동차에 연결되어 금강산까지 운행하게 된 것이다. 1932년에는 경원선의 안변역에서 동해안을 따라 남하하는 동해북부선이 개통되었다. 장전(長箭)항에 이어 외금강역과 고성(高城)까지 개통되면서 금강산으로의 접근성은 한층 더 개선되었다.[96]

이후 금강산은 등산과 캠핑을 비롯하여 여름철에는 피서지로 겨울철에는 온천과 스키장으로 각광을 받았다.[97] '내지'의 철도역에서 선박편과 철도를 통합한 할인권이 발매되어 '내지'에서 찾아오는 단체 관광객도 적지 않았다.[98] 관광객의 증가와 인근 지역의 광산업 발달로 금강산전기철도는 순조로운 성장세를 보였다. 1924년 여객수 68,001명, 화물량 12,393톤이었던 것이 1934년에는 여객 287,246명, 화물 99,558톤으로 여객은 4배 화물은 8배 증가했다.[99] 발전소도 순차적으로 추가 건설되어 1934년 11월 당시 총 발전량은 10,970kw에 달했다.[100] 철도 노선 주변 지역과 경성전기주식회사에 전기를 공급했으며, 1939년에는 총독부 보조금을 제외하더라도 영업이익이 나는 회사로 거듭나게 된다.

한편 국립공원 계획과 관련해서는 1931년 10월에 '국립공원법'이 시행되었다. 이 영향으로

구메 다미노스케의 공적을 기념하는 송덕비 / 金剛山電気鉄道株式會社, 『金剛山電気鉄道株式會社二十年史』, 1939.

---

[96] 『朝鮮新聞』1932년 8월 12일, 「咸鏡南道, 東海北部線元山長箭間開通」, 『京城日報』1932년 9월 14일, 「長箭外金剛間竣工」, 『京城日報』1932년 11월 17일, 「見事に出來上つたモダーン外金剛驛」.
[97] 『京城日報』1933년 12월 17일, 「來いスキーの客鐵道サービス」, 『京城日報』1933년 9월 17일, 「すばらしい溫泉」, 『京城日報』1934년 6월 13일, 「さあ來い」.
[98] 1934년 신문기사에 의하면 단체관광객으로는 미쓰비시상사 50명, 재판소 70명, 오타(大田)철도사무소 100명 등의 예약이 있었다. 『京城日報』1934년 8월 30일, 「初秋の金剛山, 押し寄せる見物の客」.
[99] 해당 통계의 마지막 연도인 1938년에는 여객 570,007명과 화물 210,267톤으로 증가했다. 金剛山電気鉄道株式會社, 『金剛山電気鉄道株式會社二十年史』, 66쪽.
[100] 『朝鮮時報』1934년 11월 20일, 「金剛山探勝を初め地方開發に獻貢」.

1932년 1월 총독부 산림부 및 철도국 국장, 오카다 전무가 참석한 가운데 협회 조직이 본격적으로 논의되었고,[101] 1932년 4월에 국립공원 개설을 목표로 한 금강산협회가 설립되었는데[102], 이는 총독부와 강원도청을 비롯하여 유명 실업가가 참여하는 관민(官民)합동 단체였다. 총독부 정무총감인 이마이다 기요노리(今井田清徳)가 초대 회장을 맡았으며 아루가 미쓰토요(有賀光豊) 식산은행 은행장과 박영효가 부회장을 맡았다. 사이토 마코토 전 총독이 천엔을 기부했으며 고문으로 위촉되었다. 당시까지 적립된 3만원을 토대로 하여 재단법인이 설립되었으며 이후 국립공원 계획은 금강산협회를 중심으로 추진되었다.

하지만 금강산은 국립공원위원회가 선정하는 지정지 12곳에 들지 못했으며[103], 검토 과정을 거쳐 1934년 3월 처음으로 세토내해(瀬戸内海), 나가사키현의 운젠(雲仙), 가고시마현의 기리시마(霧島) 3곳이 정식으로 국립공원으로 지정되었다. 이러한 결과를 지켜본 강원도 도회(道會)에서는 금강산의 국립공원 지정을 촉구하는 건의안이 만장일치로 채택되었다.[104] "세계적 명승지"로 인정받아야 할 금강산이 국립공원으로 지정받지 못하는 것은 매우 유감이라는 것이었다. 관광업 종사자들이 대부분인 금강산 지역의 일본인들은 금강산협회의 활동에 협조하면서 매년 봄 4월 초 관광객의 성황을 기원하는 마쓰리를 개최했다.[105] 이후 국립공원 수는 증가했으며 1937년에는 대만의 대둔산(大屯山)과 아리산(阿里山) 등 3곳이 국립공원으로 지정되었다. 1930년대 중반 이후 조선에서는 금강산과 지리산이 유력 후보로 거론되고 국립공원 지정을 위한 활동이 보다 활성화되었다. 하지만 금강산의 국립공원 지정은 중일전쟁의 발발과 태평양전쟁의 영향으로 실현되지 못했다.[106]

이후 전시기를 거쳐 사철 금강산전기철도는 역사의 뒤안길로 사라지게 된다. 태평양전쟁 발발 직후인 1942년 금강산전기철도는 총독부의 전력사업 통합정책에 따라 경성전기주식회

---

[101] 1920년대 후반부터 금강산협회 조직의 움직임이 있었다.『京城日報』1932년 1월 20일, 「金剛山を國立公園に」.
[102] 『京城日報』1932년 4월 20일, 「愈よ出來上つた金剛山協會」.『東亞日報』1932년 4월 21일, 「金剛山協會組織으로天下에名勝紹介」등.
[103] 지정지는 일본 '내지'로 한정되었으며 대만도 지정되지 않았다.『釜山日報』1932년 10월 8일, 「指定十二ヶ所より五国立公園を選定」.
[104] 『釜山日報』1934년 3월 21일, 「金剛山國立公園, 指定促進議建案, 道會満場一致可決」.
[105] 『京城日報』1933년 4월 5일, 「金剛山山開き」.
[106] 김지영,『식민지 관광공간 금강산의 사회적 구성: '일제'의 국립공원 지정 논의를 중심으로』한국학중앙연구원 박사논문, 2021.『釜山日報』1938년 11월 18일, 「朝鮮の國立公園 將來數箇所設立」.

사에 합병되었고, 1944년에는 전쟁 수행을 위한 자재 확보 명목으로 창도-내금강 간 선로가 철거되기도 했다. 해방 이후 금강산전기철도의 선로는 북한 철도성 관할이 되었고 한국전쟁 직전까지 열차 운행이 이루어진 것으로 보인다. 하지만 한국전쟁을 거치면서 철로는 파괴되었고 군사경계선에 의해 분단되는 상황을 맞이하게 된다.

    메이지 시기 실업가로서 입신출세에 성공한 구메 다미노스케는 식민지에서도 활동영역을 모색했다. 조선총독부의 보조금 지원책을 안전망으로 삼아 제1차세계대전 후의 경기침체 속에서 수력발전을 겸한 철도회사 설립을 구상했다. 구메는 관광지로서 금강산이 지닌 잠재적 가치와 개발을 통한 이익 창출을 확신하였고 식민지 조선에서 사철 철도 부설과 관광지 개발에 나서게 된다. 이 시기 조선총독부에서는 '조선 개발'과 지역 철도 부설을 위해서는 민간 자본의 유입이 필수적이라고 보았다. 주요 간선 철도는 총독부에 의해 국철 형태로 운영되지만 그 밖의 지역 철도에 대해서는 '내지' 자본의 유입을 꾀했다. 총독부는 사철 회사에 보조금 지급을 보장하고 국유지 대여, 토지 수용 등을 통해 재정과 제도적인 측면에서 편의를 제공했다. 또한 국철과의 연계, 관광지 시설 정비, 국립공원 계획 등을 통해 관광지 금강산의 개발을 지원했다.

    구메의 금강산전기철도 설립·운영 과정을 살펴보면 '원격 경영'과 '인맥 경영'을 그 특성으로 정리할 수 있다. 구메는 1931년 사망 시까지 사장으로 재임했지만 조선에 거주한 적은 없었으며 조선을 방문·시찰하는 형태로 경영했다. 그 대신 토목·철도 전문가를 임원진으로 영입하여 현장에서 주요한 역할을 대행하도록 했다. 유명 실업가를 비롯 철도 기술자와 총독부 퇴직자를 임원진으로 기용하고 회사 경영의 발판으로 활용했다. 구메는 자신과 임원진의 인적 네트워크와 정치적 역량을 최대한 동원해 일본 정부 및 총독부에 건의했으며 이를 통해 제도 개선과 안정적 지원책을 이끌어냈다.

    구메의 계획대로 금강산전기철도는 총독부의 지원정책 아래 성장했지만 총독부와의 관계에서는 다분히 종속적인 위치에 놓이게 되었다. '내지'의 지방 사철과는 달리 금강산전기철도는 태생적으로 국책(國策) 기업에 가까운 특성을 지닐 수밖에 없었다. 제도 및 재정 지원 속에서 잉태된 종속적 관계성은 결국 전시체제기 기업의 합병과 소멸로 귀결되었다고 할 수 있다. 조선의 사철회사는 식민지 권력의 비호 아래 설립되었지만 동일한 이유로 소멸할 수밖에 없는 운명을 지녔던 것이다. 식민지 조선에서 사철 회사가 국책 기업과 유사해진 점은 일본 제국의 식민지 지배가 지닌 일면을 보여준다.

  아울러 언급하고 싶은 점은 구메의 의식 속에서 식민지 관념을 비롯 조선·조선인에 대한 인식은 전무라고 할 정도로 찾아보기 힘들다는 점이다. 결국 실업가 구메에게 금강산은 높은 경제적 가치와 사업성을 지닌 투자처였을 뿐 그 이상 그 이하도 아니었던 것은 아닐까. 조선에서 회사를 경영하면서도 조선·조선인에 대한 관념이 부재했으며, 선로 부설 과정에서 조선인 소유의 토지가 반강제적으로 수용되고 그들의 목소리가 매몰된 점은 금강산전기철도의 태생적 한계를 보여준다. 이와는 대조적으로 실업가 구메의 금강산 투자는 업적이 되어 송덕비에 새겨졌으며 '금강산 개척의 은인'으로 기억되고 소환되었다. 이러한 관점에서 실업가 구메 다미노스케의 금강산전기철도와 관광지 개발은 일본 제국의 조선 지배가 지닌 실체적 모순을 보여주는 사례라고 할 수 있을 것이다.

13장
야마모토 조타로 山本条太郎 의 식민지 조선 개발 사업과 '정치의 경제화'

1. 글로벌 '상사맨'

야마모토 조타로는 1867년 11월 6일 에치젠(越前) 후쿠이(福井)(현 후쿠이현 후쿠이시)에서 번사(藩士) 조에츠(山本条悅)의 장남으로 태어났다. 메이지유신으로 인해 폐번치현이 단행되자 1872년 야마모토 일가는 도쿄로 이주하였다. 1880년 레키센(礫川)소학교를 졸업한 후 대학 예비학교 성격의 교리츠(共立)학교에 진학하였다. 그러나 집안 형편이 좋지 못해 대학까지 진학할 정도의 여유는 없었던 것으로 보인다. 게다가 1881년 늑막염에 걸려 중퇴하고 말았다. 그 직후 숙부 요시다 겐조(吉田健三)의 소개로 미쓰이물산(三井物產) 요코하마지점 말단 점원으로 입사하였다. 요시다는 당시 요코하마에서 양조업, 전등 사업을 비롯하여 각종 사업을 하고 있었고, 학교 신설, 주택지 개발, 종교시설의 창건 등 요코하마 개발에 선구적 역할을 한 인물이었다. 요시다는 미쓰비시 요코하마 지점장인 마코시 쿄헤이(馬越恭平)와 친분이 있었기에 조타로를 소개해 주었을 것으로 생각된다.[1]

야마모토 조타로(1867~1936)

---

[1] 山本条太郎傳記編纂會, 『山本条太郎傳記』, 東京: 1942, 32쪽.

초기 미쓰이물산은 어용상인이었다. 이노우에 가오루(井上馨)가 1873년 설립한 오카다구미(岡田組)의 어용회사 센슈회사(先收會社)를 1876년에 미쓰이 가문이 인수받아 정식으로 미쓰이물산회사(社盟)를 설립하였기 때문에 창업 후 한동안은 어용 거래의 비중이 컸다. 즉 미곡 매매와 광산의 매수 경영, 구리 수출, 군용 모포의 수입 등 정부 어용 거래가 대부분이었다. 미쓰이는 1877년 상해에 최초의 해외지점을 설치했고 이어서 홍콩, 천진에 지점을 설치하여 석탄을 수출하였다. 1893년에 자본금 1천만 엔의 합명회사로 전환한 후 미쓰이물산은 근대기업으로서, 즉 종합상사로서 정착하게 되었다. 그리고 청일전쟁과 러일전쟁을 거치면서 대 성장을 이루게 되었다. 당시 미쓰이물산은 면사방적기계나 면화의 수입 및 생사·면사·면포의 수출을 주로 하였는데, 일본 면포 수출의 절반을 점하고 있었다.[2]

조타로는 입사하자마자 지점장 마코시 쿄헤이와 사장 마쓰다 타카시(益田孝)의 신임을 받았다. 이때 평생 비즈니스 동반자인 마코시와 인연을 맺게 된 것이다. 능력을 인정받은 그는 입사한 이듬해에 바로 본점으로 전근을 하게 된다. 이렇게 출세가도를 달릴 것만 같았던 조타로는 회사가 금지한 환 투기에 손을 대면서 1886년 화물선 근무로 좌천되었다. 그러나 오히려 이 경험이 그의 장래에 결정적 도움을 주었다. 조타로가 탔던 뇌조환(賴朝丸)은 규슈의 나가사키에서 석탄을 싣고 상해, 복주, 기타 중국의 항구를 항행하던 상선이었다. 이 배의 승조원으로 1년 정도 근무를 하면서 상거래에 필요한 영어와 중국어를 습득했고, 중국 내륙을 돌면서 지하자원을 조사하거나 목재 수입의 가능성을 타진하는 등 견문을 넓혔다.[3]

1888년 정식으로 상해지점에 근무하게 되면서 미쓰이물산의 중국 및 동아시아의 상권 확대에 적극적으로 나섰다. 석탄의 대중국 판로확장은 물론 일본 방직업 발전에 따른 인도면의 수입과 그것으로 만든 면사의 중국 수출로 중국시장에서 인도산 면사 시장을 구축하였다. 더불어 인도시장까지 적극적으로 개척하는 등 탁월한 영업 수완을 발휘하였다. 그 공로를 인정받아 1901년에는 상해지점 부지점장으로 취임하였다.[4] 그때부터 투자 사업에도 본격적으로 진출하였다. 조타로가 관심을 가진 사업은 역시 방직업이었다. 1902년 興泰紗廠을 매수해서 상해방직주식회사를 설립하고 직접 중역에 취임하였다. 이후 강도 높은 구조개혁을 진두

---

[2] 栂井義雄,「総合商社としての三井物産会社の定着」『経営史学』3-1, 1968, 72~90쪽.
[3] 山本条太郎傳記編纂會,『山本条太郎傳記』, 東京: 1942, 63쪽.
[4] 정안기,「식민지기 조선인 자본의 근대성 연구-경성방직(주)과 조선방직(주)과의 비교 시점에서」『지역과 역사』25, 2009, 55쪽.

지휘하여 상해방직회사를 단기간에 성장궤도에 올려놓는 등 일본 방직업의 대중국 투자의 선구적 역할을 하였다. 원래 상사 업무인 대외무역 거래에서도 수완을 발휘해 일본, 상해, 홍콩, 동남아시아로 이어지는 동아시아 비즈니스 모델을 개발하였다. 이는 1904년 러일전쟁이 발발했을 때 일본의 승리에 크게 공헌하게 된다. 조타로는 자신이 구축한 동아시아 무역 네트워크를 이용해 러시아 발틱함대의 군사정보를 미리 수집하고, 이를 해군에 통보했던 것이다.[5] 염탐 활동은 전쟁 당시 대부분의 무역회사에서 앞 다투어 실시했는데, 전쟁이 끝난 후 정부로부터 그 공로를 인정받아 경제적으로 혜택을 받을 수 있었음은 물론이다.

위의 일들은 조타로가 국가적 견지에서 국가의 권익을 대륙에 부식시키기 위해 끊임없이 연구와 노력을 했음을 보여주는 것이다. 국가의 권익 성장은 당연히 회사의 이익 더 나아가 조타로의 사적 이익으로 이어지는 것이었다. 당시 조타로에게 있어서 개인적 권익이 우선이었는지 국익이 우선이었는지 알 수 없으며, 중요하지 않은 것 같다. 다만 이 시기 중국 시장을 개척한 미쓰이물산은 국제적인 종합무역상사로 크게 성장했고, 그 중심에 있었던 조타로는 일본은 물론 중국 재계에까지 널리 회자되는 경제인으로 급부상하였다.

이렇게 승승장구할 것만 같았던 조타로는 1914년 지멘스(Simens) 사건, 이른바 독일의 지멘스회사가 해군수뇌부에게 뇌물을 증여한 사건에 연루되면서 징역 1년 집행유예 4년을 선고받고 결국 미쓰이물산을 퇴사하였다. 이후 조타로는 개인 사업가로서 재출발하였는데, 자연인이 된 조타로가 가장 먼저 관심을 가진 사업은 화약제조업이었다. 1차 세계대전의 붐을 타고 일본 산업계에서는 화약류의 수요가 급증했지만, 화약의 대부분을 영국이나 독일에서 수입해왔던 터라 공급이 부족한 상황이었다. 이에 조타로는 일본화약제조주식회사 및 중외(中外)광업 등 회사를 설립하여 사장과 임원을 역임했다. 이때 조타로의 경영 이데올로기는 '국가산업발전을 위한' '국부 증진을 위한' 것이었다. 구체적인 경영 방침은 다음과 같다.[6]

① 우리 특유의 물자와 기능을 활용하여 해외로 수출할 것 - 방적, 생사 등
② 수입을 막아내고 국제 대차(貸借)의 개선에 투자할 것 - 화약, 염료, 약품 등
③ 천연자원을 개발하여 국부의 증진에 투자할 것 - 산업의 원동력인 수력전기, 각종 광산

---

[5] 山本条太郎傳記編纂會, 『山本条太郎傳記』, 東京: 1942, 71쪽.
[6] 山本条太郎傳記編纂會, 『山本条太郎傳記』, 東京: 1942, 324~325쪽.

업 등
④ 국민 생활의 향상 안정에 투자할 것- 식량, 방직에 관한 여러 사업
⑤ 금일 이른바 '동아공영권' 내의 각지에 자원을 개발하고, 이로써 아국의 경제발전에 기여할 것- 중국, 조선, 대만에서의 여러 사업

조타로가 정상(政商)으로 정계에 진출한 뒤 산업입국주의, 산업국책 등을 내세웠던 것도 일찍부터 형성된 이러한 경영 이데올로기에 기반한 것이라고 할 수 있다.

2. 조선방직주식회사의 설립과 운영

조타로는 일찍이 미쓰이 상사맨으로서 상해에 있을 때부터 방직업에 뛰어들어 괄목할만한 성장을 이끌어 냈다. 이러한 경험을 바탕으로 방직회사를 설립하려고 했지만 이미 일본 국내는 대규모 방직업이 조성되어 있는 상황이었기 때문에 성공 여부를 확신할 수 없었다. 그렇게 회사 설립을 고민하던 중 조선에 방직회사를 설립할 기회가 찾아왔다. 그 동기는 다음과 같다. 1916년 초, 동양척식회사 부총재였던 노다 우타로(野田卯太郞)가 사임을 하고 조선을 떠나게 되었는데, 마지막 인사를 하기 위해 데라우치(寺內) 조선총독을 찾아갔다. 그 자리에서 데라우치는 조선을 대표할 산업을 추천해 달라고 제안했고, 노다는 그 답으로 '방직업'을 이야기했다고 한다. 그리고 도쿄로 돌아간 노다는 조타로와 조선 방직업의 전도에 관해 논의하였다. 그 직후인 1916년 4월, 조타로가 경성을 방문했을 때 직접 데라우치 총독으로부터 조선에서 사업을 일으킬 것을 의뢰받았기에 노다와 공동으로 창립에 착수했다고 전해지고 있다.[7]

노다와 조타로가 조선에 방직회사의 설립을 결정하게 된 것은 ①조선의 풍토가 면화의 재배에 적당하고 매년 생산액이 증가하는 점 ②조선에서 면제품의 수요가 많지만, 모두 일본으로부터의 공급에만 기대고 있다는 점 ③조선에는 무직 유민들이 많아 노동력이 풍부하다는 점에 착안한 것이다. 그는 조선 내 방직공장을 세워 조선산 면화와 풍부한 노동력을 이용하여 면제품을 제조한다면 조선의 개발상 꽤 유의미한 일이 될 것이라 생각하였다. 구체적인 계획을 수립한 그들은 마코시 쿄헤이, 히비야 헤이자에몬(日比谷平左衛門), 와다 도요지(

---

[7] 山本条太郞傳記編纂會, 『山本条太郞傳記』, 東京: 1942, 368쪽.

和田豊治) 등과 논의하였고 또 야마모토 데이지로(山本悌二郎), 사쿠라이 군노스케[柵瀨軍之佐], 마쓰가타 마쓰구마(松方正熊) 등을 합류시켜 자본금 500만 엔의 조선방직주식회사를 설립하기에 이르렀다.[8]

1917년 1월 10일 도쿄제국호텔에서 열린 창립총회에서 마코시 쿄헤이가 사장으로 취임하였고, 상무취체역에 렌다 테루오(連田輝雄), 취체역에는 사쿠라이(

조선방직주식회사 신축 현장 / 부산근현대역사관

柵賴軍之左), 야마모토 조타로, 야마모토 데이지로(山本悌二郞), 아베 코베에(安部幸兵衛), 노다 우타로(野田卯太郞), 상담역에는 히비야 헤이자에몬(日比谷平左衛門), 와다 토요지(和田豊治), 한상룡이 각각 취임하였다. 조타로는 1933년 마코시가 사망한 후 뒤를 이어 사장이 되었다. 공장은 1917년 11월 10일 부산부 범일정 700번지(현 부산 동구 범일동)에 세워졌다. 조선방직은 '면화의 재배 및 매매 면사·면포의 방직 판매 및 이와 관련한 면업과 동일사업에 대한 투자를 목적'으로 설립된 조선 최초의 기계제면방적회사였다.[9] 1923년 12월 화재로 공장의 대부분이 불타는 사건이 발생하기도 했지만[10] 1925년 7월 가동을 재개한 이래 순조롭게 발전하였다.[11] 1934년에는 봉천의 동흥방직(東興紡織) 및 영구방사(營口紡絲) 두 회사를 합병하여 영구방직주식회사로 하고, 약 477만 엔을 투자하여 조선방직의 자회사로서 경영을 시도하였다.[12] 조선방직의 성적이 양호하자, 일본의 방직회사도 속속 조선으로 진출을 도모하였다. '조선은 면화의 생육에 적합하여 해마다 증산의 경향이 현저하다. 회사는 반드시 이 매수권을 획득해야만 한다. 왼손에 원료를 들고, 오른손에 기계를 쥐고 방적업을 경영한다면 천하에 이를 이길만한 공장은 없을 것이다'라고 조타로는 조선에서의 방직사업

---

[8] 『釜山日報』, 1917.2.23, 「朝鮮紡織會社設立」.
[9] 朝鮮紡織株式會社, 「朝鮮紡織株式會社定款」, 1917.
[10] 『동아일보』, 1923.12.21, 「朝鮮紡織全燒」.
[11] 『조선일보』, 1925.3.13, 「朝鮮紡織復活」.
[12] 『동아일보』, 1934.7.26, 「朝鮮紡織會社 滿洲에 進出」.

의 성공을 장담하였다. 중일전쟁 후 외국 면화의 수입이 억제되고 일본의 면업계가 미증유의 원료난으로 고초를 겪을 때 조선방직은 조선면을 매수함으로써 독보적인 지위를 점할수있었다.[13]

3. 조선생사주식회사의 설립

조타로가 조선에서 착목하여 계획한 또 다른 사업은 제사업(製絲業)이었다. 조타로가 보기에 조선의 풍토, 기후는 양잠에 적당한데, 사육 기술이 일본에 비해 열세했기 때문에 기술만 보급된다면 장래 발전의 가능성이 컸다. 한편 미간지도 적지 않았기 때문에 저임금의 조선인을 고용하여 뽕나무밭을 개발하도록 하고 양잠과 제사(製絲)도 조선인을 고용하여 일하도록 하면, 생산 원가는 일본보다 훨씬 저렴하여 이익이 많을 터였다. 그는 이 사업이 자신의 이익뿐만 아니라 식민지 조선 개발에도 일조할 수 있을 것이라고 보았다. 1918년 1차 세계대전이 끝날 무렵 생사의 가격이 계속 오르는 것을 본 조타로는 일본 나가노현의 유명한 제사업자 오자와(尾澤琢郎), 요코하마의 생사 상인 하라 토미타로(原富太郎), 모기 소베에(茂木惣兵衛), 야마구치현에서 제사공장을 경영하는 가다 긴자부로(賀田金三郎) 및 생사 수출의 선두주자 미쓰이물산의 중역 등과 협의하고 동의를 얻었다. 그리고 각자 5만 엔씩 출자하여 합계 30만 엔으로 공장 부지 매입 및 건축, 기계 설비, 기사의 고용 등 제반 준비 작업을 마쳤다. 그 사이에도 생사 가격은 계속 급등하여 천정부지로 치솟았다. 이에 하라다 긴노스케(原田金之祐)와 오카노 테이지(岡野悌二)가 추가로 참여하여 자본금 100만 엔의 회사를 설립하기로 하고 1919년 5월 30일 창립총회를 열어 조선생사주식회사의 탄생을 알렸다.[14] 대표는 오자와 후쿠타로(尾澤琢郎), 이사진은 야마모토 조타로, 가다 긴자부로, 오카노 테이지, 하라다 긴노스케, 감사역으로는 모기 소베에, 다카노 쇼죠(高野省三)가 선임되었다.[15] 설립 목적은 1. 생견의 매매 2. 생사의 제조 판매 3. 제1항 제2항에 관계한 업무였다.[16] 본사는 최초 경성부 황금정에 두고 공장은 대구에 설립했지만, 얼마 지나지 않아 공장과 본사 모두 대구부 동운정

---

[13]　山本条太郎傳記編纂會,『山本条太郎傳記』, 東京: 1942, 367~369쪽.
[14]　山本条太郎傳記編纂會,『山本条太郎傳記』, 東京: 1942, 370쪽.
[15]　『朝鮮銀行會社要錄』, 1921年版.
[16]　『朝鮮總督府官報』第2060號, 1919.6.23.

(현 대구광역시 동인동)으로 이전하였다.

당시의 대주주는 야마모토 조타로, 오자와 후쿠타로, 하라 토미타로, 가다 긴자부로, 미쓰이 요우노스케(三井養之助)(3천주 이상)였다. 영업이익과 관련하여, 1919년 5~12월 반년 간 25만 엔 불입에 대해 13만여 엔의 수익을 거두었는데, 이듬해 1920년에는 전후 대공황으로 인해 생사 가격이 폭락하여 판로가 끊기고 심대한 손실을 입었기 때문에 이후 3~4년간은 무배당으로 운영되었다. 그러나 그 후 과감한 구조조정을 단행하여 매 회기 마다 8분 내지 1할의 배당을 할 수 있게 되었다. 한편 이 회사는 누에의 질이 회사 경영과 밀접한 관계가 있었기 때문에 전남 광주 및 경기도에 잠종제조소를 설치하여 관리하였다.[17]

조선방직, 조선생사 모두 식민지 조선에 세워진 대규모 회사였다. 그러나 조타로는 회사의 규모 확대보다는 조선의 자원을 개발하고 조선인에게 일할 기회를 부여함으로써 '반도개발에 기여'했다는 명분을 중요하게 생각했다. 이른바 일본 제국의 식민지 조선 개발에의 협력과 제국팽창에 기여하는 산업보국의 이데올로기 및 자신의 이해관계를 적절히 절충하여 충실히 실천한 것이 바로 조선방직과 조선생사의 설립이라고 할 수 있다. 아래는 조타로가 관여한 방직 관련 회사 목록이다. 거의 대부분 제1차 세계대전 전후 설립되었으며, 전쟁 특수로 빠르게 성장한 회사들이었다.

〈표 1〉 야마모토 조타로가 관여한 섬유공업

구분	회사명	설립연월	최초 자본금	위치	임원
1	조선방직주식회사	.1917.11 (창립총회 1월)	5백만엔	부산부 범일정	馬越恭平(사장), 田連輝雄, 柵頼軍之左, 山本条太郎, 山本悌二郎, 安部幸兵衛, 野田卯太郎 등
2	조선생사주식회사	.1919.5	1백만엔	대구부 동운정	尾澤琢郎(사장), 山本条太, 郎賀田金三郎, 岡野悌二, 原田金之祐 등
3	日支紡織주식회사	.1919.12	1천만엔	상해	山本条太郎(사장), 馬越恭平, 志方勢七, 江原吉之助 등
4	滿洲製麻주식회사	1917.5.22 (창립총회 3월)	1백만엔	봉천	野田卯太郎(사장), 山本条太郎, 守屋此助, 神成季吉, 井上輝夫
5	關東紡績주식회사	1918.10	50만엔	요코하마	堀內明三郎(사장)
6	日本針布주식회사	1931.2	50만엔	도쿄	原安三郎(사장)

출처: 山本条太郎傳記編纂會, 『山本条太郎傳記』, 東京: 1942, 367~379쪽 ; 『滿州日日新聞』, 1917.3.24, 「滿洲製麻創立」.

---

[17] 山本条太郎傳記編纂會, 『山本条太郎傳記』, 東京: 1942, 371쪽.

4. '국민 생활개선'을 위한 활동

앞서 살펴본 것처럼 조타로는 미쓰이물산을 퇴직한 후 일본 국내뿐만 아니라 조선과 만주에서의 기업경영에 적극적으로 관여하였다. 특히 1차 세계대전으로 수요가 증가한 분야, 이른바 전력(북해도수전회사), 수송(공중우편비행회사), 방적(방직) 사업에 관계하였고 '만주에서의 수전(水田)개발을 목적으로 하여 재만 조선인의 구제에 힘쓰기' 위해 중일근업회사(中日勸業會社)의 경영에도 관여하였다. 당시 조타로의 기업경영은 그 범위가 매우 넓었다. 그 과정에서 막대한 사적 이익을 얻을 수 있었음은 짐작하기 어렵지 않다.[18] 그리고 평소 자신의 지론이었던 '산업보국', '산업제일주의', '국책=국민경제의 안정' 등을 원활하게 관철시키기 위해 정계로 진출하였다.

조타로는 하라(原敬) 내각 하에서 실시된 1920년 5월 제14회 총선거에서 첫 당선된 이래 1935년까지 총 5회 제국의회 중의원 의원을 역임했다.[19] 원래 조타로는 정치활동에 대한 의욕이 높았다고 한다. 그가 보기에 당시 정당은 정권의 쟁탈에만 몰두해 있었고, 1차 세계대전 후 호경기가 극에 달했음에도 국책은 등한시하는 상태였다. 다시없을 이 호경기를 놓칠 수 없다고 생각한 조타로는 스스로 의회에 나가 정당의 혁신과 국책 수립에 힘써야 한다고 생각했다. 정우회 총재 하라 다카시가 경제에 밝은 실전 경제 전문가를 필요로 하여 조타로에게 정계 입문을 직접 권유했다는 이야기도 있다. 실제로 '평민재상'이라 일컬어지는 하라 내각이 성립하고 정당 정치가 본격적으로 시작되자 실업가 출신들이 대거 정계로 진출하였다. 제1차 세계대전을 계기로 경제 문제가 중요한 정치 쟁점이 되었고 이에 따라 실업가의 지위가 상승한 것이 조타로의 출마로 이어졌다고 해야 할 것이다. 1920년 제14회 총선거에서 조타로는 입헌정우회에 입당하고 고향 후쿠시에서 출마하여 기존 지역구 의원 마쓰이 분타로(松井文太郎)를 단 4표 차로 누르고 당선되었다. 1920년 총선거에서 정우회는 281석(헌정회 108석, 국민당 29석, 무소속 기타 49명)이라는 절대 다수를 차지하였다.[20]

1920년 7월 소집된 제43회 제국의회와 12월 소집된 제44회 제국의회에서 조타로는 예산

---

[18] 久保田 裕, 「滿蒙政策と政友會-大正期における野田卯太郎と山本条太郎」『日本史硏究』, 2018, 142쪽.

[19] 병 중임에도 불구하고 1935년 12월 귀족원의원으로 임명되었으나 1936년 3월 25일 사망했으므로 귀족원의원으로서의 활동은 거의 없었다. 중의원으로 활동할 당시 조타로가 제출한 주요 의안들은 〈부표〉를 참고하길 바란다.

[20] 山本条太郎傳記編纂會, 『山本条太郎傳記』, 東京: 1942, 450~452쪽.

위원이 되었고,[21] 1920년 법률 제10호 중 개정법률안(학교직원, 순사, 간수의 퇴직금 증액) 및 헌병보조의 은급에 관한 법률안(조선인 헌병보조에게 군인 은급법에 따른 은급 지급)의 특별위원장이 되었다.[22] 또 조타로 외 4명의 명의로 '식료품공급시설에 관한 건의안'을 제출하였다.[23]

 다음으로 정계 입문 전후 조타로의 정책론을 살펴보자. 조타로는 인구증가라는 사회경제 상황을 강하게 의식하면서 산업의 발전, 취업 기회의 확대를 통해 국민 생활의 안정을 도모하고, 구미 제국에 대해서는 경제적인 부분을 따라잡아야 한다고 주장했다. 여기서 조타로가 구체적으로 제안한 것은 생활개선 조사였다. 조타로는 대의사가 되고 1년 만에 정우회 정무조사회의 세제특별위원장으로 취임했고, 정무조사회 내에 설치된 생활개선에 관한 특별위원으로도 이름을 올렸다. 그리고 1921년 7월 정우회 영수회의에서 생활개선 문제가 의제가 된 적도 있었다.[24] 생활개선의 방법으로 조타로가 주장했던 내용의 핵심은 하루빨리 국가가 의·식·주의 새로운 시설을 마련해야 한다는 것이었다. 이 가운데 '식'과 관련하여 제44회 제국의회에 제출한 '식료품공급시설에 관한 건의안'을 살펴보자. 당시 세계대전은 이미 종결되었지만, 전후 대 공황 이래 모든 물가가 점차 하락함에도 불구하고 국민 생활상 필수적인 부식이 여전히 비싼 것은 사회경제 정책 상 간과할 수 없는 것이었다. 이에 그는 의회에 '식료품공급시설에 관한 건의안'을 제출하고, 1921년 3월 24일 본회의에 등단하여 제안의 이유를 설명했다. 요지는 식료품이 고가인 것은 배급 기관에 결함이 있기 때문인데, 운송을 원활하기 위한 대책으로 정부는 철도성으로 하여금 중요 집산지에 냉장기관을 건설하도록 하고, 냉장 설비를 가진 기선, 공설시장 또는 민간 영업자에게 상당한 보호 또는 보조를 해야 한다는 것이었다.[25] 이 건의안은 가결되었고, 의회 폐회 후 설치된 임시정무조사회에 생활개선조사 특별위원회를 설치하고 조타로를 포함하여 9명을 위원으로 지명했다. 이들은 생활개선에 관한 긴급 대책안을 정하여 정부에 건의하였다. 그 내용은 위에서 언급한 생물의 공급 시설로 냉장시설 확충, 미간지 개척을 위한 개간 공채 발행 계획, 원활한 비료 공급 등에 관한 것이었

---

[21] 第43回帝国議会 衆議院 本会議 第2号 大正9年 7月 2日. 第44回帝国議会 衆議院 本会議 第2号 大正9年 12月 28日.
[22] 第44回帝国議会 衆議院 大正九年法律第十号中改正法律案外一件委員會 第1号 大正10年 3月 9日.
[23] 第44回帝国議会 衆議院 本会議 第34号 大正10年 3月 24日.
[24] 山本条太郎傳記編纂會, 『山本条太郎傳記』, 東京: 1942, 464쪽.
[25] 第44回帝国議会 衆議院 本会議 第34号 大正10年 3月 24日.

다.[26] 그러나 그가 생각하기에 국민의 생활을 안정시키기 위해 전제되어야 하는 것은 국민 각자가 경제 중심적 사고방식을 확립하는 것이었다. '사상이 악화하는 것도 생활이 곤란하기 때문이다'라고 생각한 조타로에게 '사상의 악화는 경제의 개선에 의해 극복'할 수 있는 것이었다. 이러한 조타로의 생활 개선에 관한 정책은 정우회 내에서 일정한 지지를 얻게 되었다.[27]

또한 조타로는 배타적 정책의 확대라는 국제적 상황 하에서 자원의 확보와 국내 생산품의 시장 확대에 관심을 두었고 이를 위해 조선과 대만에서의 개간을 장려하였다. 구체적으로는 조선에서 개간사업을 진행하고 일본에 쌀을 원활하게 공급하도록 하는 것, 즉 일본의 식량조절을 위해 조선미를 이출하는 것이었고, 그것이 국민 생활의 안정으로 이어진다고 생각하였다. 실제 조선총독이었던 사이토 마코토에게 조선미의 일본으로의 이출을 직접 요청하기도 했다.[28]

1921년 11월, 하라가 암살된 후 정우회 내에는 정권 구상과 정책론을 둘러싸고 관료파와 총재파가 대립을 거듭하여 결국 분열하고 만다. 그러한 상황에서 1924년 제15회 총선거에서 조타로는 재선에 성공하고, 곧바로 정우회의 정무조사회 내에 설치된 국민경제혁신문제위원장으로 취임하였다.[29] 이 위원회가 정무조사회 내에서 어떠한 위치에 있고 어떠한 활동을 했는지 상세히 알 수는 없지만, 조타로는 정우회 내에서 '국민경제'를 논의하는 위원회의 '장'으로서 식민지 경제정책을 구상하고 있었던 것이다.

5. 이·식민 정책의 수립

1925년 정우회 총재가 다나카 기이치(田中義一)로 바뀌었다. 조타로는 정우회 총무로 취임하는 동시에 '대중국, 대러시아 경제정책 및 경제국책 수립에 관한 특별위원'으로 취임하는 등 정우회 내에서 지위를 상승시켜갔다. 이 위원회는 위원장인 야마모토는 물론, 실업가 출신의 의원이 대부분이었다. 위원회에서는 특히 관세정책, 산업자금, 금리 인하, 국민 생활에 대한 경제 및 사회적 시설, 제철사업의 통일, 전력동력의 보급, 식민정책이 중요한 조사사항

---

[26] 山本条太郎傳記編纂會, 『山本条太郎傳記』, 東京: 1942, 465~467쪽.
[27] 久保田 裕, 「滿蒙政策と政友會-大正期における野田卯太郎と山本条太郎」 『日本史研究』, 2018, 142쪽.
[28] 久保田 裕, 「滿蒙政策と政友會-大正期における野田卯太郎と山本条太郎」 『日本史研究』, 2018, 143쪽.
[29] 山本条太郎傳記編纂會, 『山本条太郎傳記』, 東京: 1942, 478쪽.

으로서 거론되었다.[30]

특히 국민 생활 향상과 자급자족이라는 목표를 달성하기 위해 인구정책에 관심을 가졌다. 그 계기는 제1차 세계대전의 후폭풍인 경제 공황이었고, 이 무렵부터 이·식민(移·植民) 정책에 소극적이었던 조타로의 정책론에 변화가 보이기 시작한다. 그는 인구문제의 해결이 경제문제의 해결로 이어진다고 이해하고 지금까지 이상으로 인구문제에 주목하였다. 더 나아가 1925년 1월, 일본과 소련의 기본조약 체결로 국교가 수립되자 적극적인 이민정책론을 전개하였다. 인구문제에 관한 조타로의 정책 제안의 큰 갈래는 이·식민 정책과 인구 조절안이었다. 그는 제국의 세력권에는 대만, 조선, 가라후토, 관동 조차지, 남양위임통치 지역이 있는데, 이 방면으로 일본인 이·식민이 원활히 이루어져야 한다고 했다. 당시 일본인의 조선 이주는 1920년 346,496명 1927년 444,881명으로 98,385명이 증가했지만, 전력을 다해 척식을 장려한 것치고는 만족스러운 결과는 아니었다. 영유한 지 30여 년이 지난 대만은 겨우 20만여명. 가라후토도 역시 24년이나 지났지만 약 22만 정도의 이주자가 있을 뿐이었다. 이민 실적이 미미한 원인으로 조타로는 정책, 제도, 각종 조건 등이 결핍되어 있기 때문이라 판단했다. 이를 해결하기 위한 방책으로 우선 일본 국내에서의 인구 이동, 즉 인구 밀도가 현저하게 낮고 미간지가 많은 홋카이도와 가라후토 등지로 이주를 추진해야 한다고 했다. 이어 그가 주목한 곳은 만몽 및 시베리아, 남양의 개발이었다. 그는 북미로의 이민에는 부정적이었지만, 만주, 만몽, 시베리아, 중앙아시아로의 이·식민은 의의가 있다고 하며 그 중요성을 강조하였다. 그런데 '생활 정도가 높은 국민으로서 자국보다도 민도가 낮은 지역에 이주하여 성공하는 것은 어려울 것'이므로 우선 '비교적 생활 정도가 낮은' 조선인을 선봉으로 내세워 그곳으로 보내 개발을 하도록 하는 것이 효율적이라는 논리를 펼쳤다. 이를테면 조선인의 만주 이민을 실시하고, 인구가 감소한 조선에 일본인을 이주시키는 것이 가장 자연스럽고 효율적이라는 것이었다.[31] 조타로에게 있어 이·식민은 일본 내 인구 증가로 인한 여러 문제점을 일소하는 것뿐만 아니라, 산업개발, 수출증진, 문화발전, 일본제국의 확장 등을 위해서도 중대한 의의를 가지는 사업이었다.

---

[30] 久保田 裕, 「滿蒙政策と政友會-大正期における野田卯太郎と山本条太郎」『日本史硏究』, 2018, 146~147쪽.
[31] 山本条太郎, 『經濟國策の提唱』, 東京: 日本評論社, 1930, 31~37쪽.

6. 산업입국주의와 정치의 경제화

조타로는 정계 입문하면서부터 시종일관 '산업입국주의(産業立國主義)'를 주장하였다. 1930년에 간행한 저서 『경제국책의 제창』에서 '1차 세계대전 후 유럽 각국은 재빨리 산업 부흥을 국가 갱생의 방침으로 정하여 실천하고 있는 반면, 일본은 산업국책의 확립이 결핍되어 있고 글로벌 경제전에 대응할 준비를 등한시하였기 때문에 전시(戰時) 약진을 보였던 것과 정반대로 국민 생활이 곤란해지는 지경에 이르렀다'고 하였다. 또 외교, 국방, 교육, 재정, 세제 등 사회 정치 경제 모든 분야에 있어서 그 정책과 운영에 개조·갱신의 여지가 많다고 하면서, 모든 정치 기구 및 위정자들은 국민경제에 입각하고 산업발전을 기조로 하여 국책을 철저하게 하지 않으면 안 된다고 주장하였다. 그는 이러한 국책 방침을 '정치의 경제화'로 표명하였다.[32] '정치의 경제화'에 의하면, 인류 생활의 모든 것이 경제화의 대상이었다. 국민 생활의 안정과 향상을 목적으로 하는 국가의 정책은 필연적으로 '정치의 경제화'를 요구하는 것이고, 이는 '산업입국주의'로 연결되었다.

그렇다면 조타로가 말하는 산업입국주의는 어떠한 것이었을까. 앞서 말했듯이 그의 정책론의 기조는 변함없이 국가·국민 경제를 가장 중시하는 것이었다. 여기서 국가와 국민은 일본국과 일본국민을 지칭하는 것으로, 식민지·식민지민에게는 해당사항이 없었다. 조타로는 국가 존립의 기초가 경제에 있다고 인식하였기에, 예컨대 무역의 입초가 경기의 회복과 실업 문제 해결로까지 이어진다고 하였다. 또 생산 경제의 발달과 소비 경제의 정리 개선, 보호관세 등을 시행하는가 하면, 가능한 한 수입을 방지하고, 자원 개발 등의 대책을 강구해야 한다고 하였다. 이러한 조타로의 주장은 자급자족을 보다 체계화한 것이라 할 수 있다. 산업부흥에 주력하고 수출을 증가시키며, 기업의 통제·제품의 단순화·과학적 관리법 등 산업합리화를 이루어내기 위해서는 긴축, 절약, 비모채 등의 소극주의적 정책으로는 불가능한 것이었다. 그렇기에 조타로는 적극주의에 입각하여 산업국책의 확립과 운용을 해야 한다고 주장했다.[33] 그가 말하는 적극정책은 생산과 소비를 조정하기 위해 국가 전체의 경제구조를 재구축해야 한다는 것으로, 이는 '국민경제'를 강하게 의식하고 있다고 할 수 있다. 조타로의 산업입국론

---

[32] 山本条太郎, 『經濟國策の提唱』, 東京: 日本評論社, 1930, 自序, 1~3쪽.
[33] 山本条太郎, 『經濟國策の提唱』, 東京: 日本評論社, 1930, 13~16쪽.

에서 식민지는 식량과 자원의 조달처로서만이 아니라 일본 국내에서 생산한 제품 시장으로서도 기대되는 곳이었다. 제국주의의 원형을 조타로의 산업입국론에서 찾아볼 수 있다.

고등교육을 받지 못한 조타로는 뛰어난 지식이나 이론으로 경제를 말하는 인물은 아니었지만, 실업가 출신이라는 자신의 커리어로 사회에서 실제로 발생하고 있는 경제문제에 정통한 인물로서 평가되고 있었다. 그런 점에서 제1차 세계대전 후에 발생한 경제문제에 유효한 정책론을 제시할 수 있었던 정치가 조타로에게 기대가 모아졌던 것이다.[34] 이러한 조타로에게 있어 조선은 만주경영, 만몽정책과 더불어 '일본 국민 생활 개선'을 위해 존재하는 것이었다. 조타로는 '국민 생활'과 조선·만주경영·만몽정책과의 결합을 주장하며 독자적인 산업입국론을 구축했다. 이른바 위에서 설명한 '국민경제'를 제국 규모로 재편하려고 한 것이다. 다나카 기이치 내각 때 야마모토는 남만주철도사장으로 취임하였다. 만철을 중심으로 한 만몽개발이 중일 양국의 '공존공영'으로 이어진다고 주장한 그는 '만철 중흥의 시조'라는 별명을 얻었을 정도로 만철의 강력한 개혁을 이끌어냈다. 일본, 조선을 넘어 만몽 경영을 주도한 야마모토 조타로는 진정한 의미의 '제국의 식민자'였다.

지금까지 정상(政商) 야마모토 조타로의 여러 사업과 정치활동에 대해 살펴보았다. 후쿠이현 출신의 조타로는 5세가 되던 해 도쿄로 이주했으나 넉넉하지 않은 형편으로 고등교육을 받지 못했다. 10대 중반인 1881년 숙부의 소개로 미쓰이물산 요코하마 지점 말단 점원으로 입사했다. 당시 어용회사였던 미쓰이물산은 미곡 매매와 광산의 매수 경영, 구리 수출, 군용 모포의 수입 등의 거래를 하고 있었다. 1886부터 1년간 미쓰이물산 화물선 승조원으로 근무하면서 상거래에 필요한 언어를 습득했고, 중국 내륙을 돌면서 견문을 넓혀갔다. 1888년 정식으로 상해지점에 근무하면서 중국 및 동아시아 상권 확대에 적극 나선 그는 석탄은 물론 일본 방직업 발달에 따른 면사의 대중국 시장을 개척했다. 청일·러일 전쟁 때는 자신이 구축한 동아시아 무역 네트워크를 이용해 일본 해군을 도왔으며, 그 공적을 인정받아 개인적인 경제 성장의 발판을 마련할 수 있었다. 그러나 1914년 해군수뇌부 뇌물 증여

---

[34] 久保田 裕, 「滿蒙政策と政友會-大正期における野田卯太郎と山本条太郎」『日本史研究』, 2018, 148쪽.

사건에 연루되면서 미쓰이물산을 퇴사하고 개인 사업가로 나섰다. 조타로는 개인 사업이라고 해도 결국 그것이 '국가산업발전'과 '국부증진'을 위한 사업으로 이어져야 한다는 생각을 가지고 있었다.

조타로가 조선에서 실행한 대표적인 사업은 조선방직주식회사와 조선생사주식회사 설립이었다. 그는 조선의 자원을 개발하고 조선인에게 일할 기회를 부여함으로써 반도개발에 기여한다는 명분을 중요하게 생각했다. 이른바 제국일본의 식민지 조선 개발에의 협력과 제국 팽창에 기여하는 산업보국의 이데올로기 및 자신의 이해관계를 적절히 절충하여 충실히 실천한 대표적 사례가 바로 조선방직과 조선생사의 설립이라고 할 수 있다.

한편 1920년 제14회 총선에서 당선된 이래 1935년까지 5선 의원을 지낸 조타로의 정책론의 대강은 다음과 같다. 그는 산업의 발전, 취업 기회의 확대를 통해 국민 생활의 안정을 도모하고, 경제적으로 구미 제국을 따라잡아야 한다고 했다. 그리고 배타적 정책의 확대라는 국제적 상황 하에서 자원의 확보와 국내 생산품의 시장 확대에 관심을 두었고, 이를 위해 조선과 대만에서의 개간을 장려하기도 했다. 예컨대 조선에서 개간사업을 진행하고 일본에 쌀을 원활하게 공급하도록 하는 것이 국민 생활의 안정으로 이어진다고 생각했다. 또한 일본 내 인구증가로 인해 발생하는 식량부족, 실업문제 등을 극복하기 위해 적극적인 이·식민 정책론을 전개하기도 했다. 여기서 조타로가 주목한 곳이 만주, 만몽, 시베리아, 중앙아시아 등지였는데, 이런 곳에 바로 정착하기란 쉽지 않다. 그래서 우선 '비교적 생활 정도가 낮은' 조선인을 그곳으로 보내 개발을 하도록 하고, 인구가 감소한 조선에 일본인을 이주시키는 것이 가장 자연스럽고 효율적이라고 하였다. 이러한 조타로의 정치·경제적 활동은 '산업입국주의'와 '정치의 경제화'라는 말로 수렴할 수 있다. 제국의 발전, 국민 생활의 안정과 향상을 위해서는 국가의 모든 부분에서 부의 창출과 경제적 안정이 필수적이었다. 이것을 목적으로 하는 국가의 정책은 필연적으로 '정치의 경제화'를 요구하는 것일 수밖에 없었고 이는 '산업입국주의'로 연결되었다. 물론 조타로가 말하는 국가와 국민은, 제국일본과 일본인이었다.

조선관계대의사들은 제국의 확장을 통해 본국의 이익은 물론 식민지와 관련된 자신의 이익도 추구하는 집단이다. 그렇기 때문에 때로는 일본정부의 식민정책을 비판하기도 하고 때로는 협력을 도모하며, 적극적으로 정책을 입안하고 그것을 관철시키려 분주했다. 머리말에서 야마모토 조타로는 조선에 거주하지는 않았지만 조선에 이해관계를 가지고 있는 대의사라고 하였다. 거기서 더 나아가 본문을 통해 본 그는 조선을 넘어 만주, 만몽 등 일본 제국 전체를 시야에 넣고 식민지 경제정책을 고안한 진정한 의미의 '제국의 식민자'였다.

〈부표〉 야마모토 조타로가 제국의회에 제출한 주요 안건(1920~1935)

회기	내용	비고
44	식료품공급시설에 관한 건의안	
45	대중국 문화사업 시설에 관한 건의안	
	실업노동자의 선후에 관한 건의안	
	三國港(후쿠이현) 축항에 관한 건의안	
	식표품 배급 설비에 관한 건의안	
46	대 어선 장려에 관한 건의안	
	행정 및 세제의 정리에 관한 건의안	
	三國港(후쿠이현) 수축에 관한 건의안	
	도시계획 촉진에 관한 건의안	
	대외 무역법 제정에 관한 건의안	
49	사치품 등의 수입세에 관한 법률안 건의의 건	결의안
	산업조합에 대한 연초 소매 지정 반대의 건 소개	소개
50	국민 교육의 근본적 개혁에 관한 건의안	
	鯖大철도 건설 속성에 관한 건의안	
51	중의원의원선거법 중 개정 법률안 제출	
	교토시 국립음악학교설치에 관한 건의안	
	관세정률법 중 개정 법률안에 관한 수정안	
	조선에 있어서 철도의 보급 촉진에 관한 건의안	
	소방조 경비 국고보조 및 소방조원 우대에 관한 건의안	
	제국군대의 위신 유지에 관한 건	
52	明治節 제정에 관한 건의안	
	내각의 처결에 관한 건	결의안
	片岡 大藏대신의 처결에 관한 건	결의안
56	자동차 제조공업에 대한 국고보조에 관한 건의안	
58	경제정책에 관한 건	결의안

64	小濱港(후쿠이현) 수축에 관한 건의안	
65	국책 확립에 관한 건	결의안
	의원법 중 개정법률안	
	小濱港(후쿠이현) 개수에 관한 건의안	
67	곡류 도정·제분 취체법 제정의 건 소개	소개
	제국의회 도서관 및 의원사무실 완비에 관한 건의안	
	국체에 관한 건의안	
	곡류 도정·제분 취체법 제정의 청원 소개	소개

14장
한말~일제초기 조선문제와
오가와 헤이키치 小川平吉 의 정치활동

1. 小川平吉의 생애와 정치 입문

오가와 헤이키치(小川平吉, 1870~1942)는 1870년 1월 2일 시나노쿠미(信濃国) 스와군(諏訪郡) 미사야마(御射山) 고베무라(神戸村)에서 태어났다. 지금의 나가노현(長野縣) 스와군 후지미마치(富士見町)이다. 부친 오가와 킨죠(小川金藏)는 제62대 무라카미천황(村上天皇)의 황자를 조상으로 한 무라카미 겐지(村上源氏)의 일족으로, 사성황족(賜姓皇族)[2]의 후예였다. 지역에서는 명문가로 알려져 있으며, 부친이 오복점(吳服店)을 경영한 탓에 대학을 졸업할 때까지 경제적으로 큰 어려움은 없었다고 한다. 1880년 소학교를 졸업한 오가와는 바로 소학교 조교가 되었는데, 이때 형들로

오가와 헤이키치 /『小川平吉關係文書』, みすず書房, 1973.[1]

---

[1] 『小川平吉關係文書』(みすず書房, 1973)는 오가와 헤이키치가 소장하고 있던 문건을 모은 것으로, 오가와가 수신한 서간을비롯해서 조선병합, 조선통치, 중국문제, 만몽문제, 일본 국내정치 등에 관한 다양한 문서들을 포함하고 있다. 일본 국립국회도서관 헌정자료실에 소장되어 있다.

[2] 천황의 성을 하사받은 천황의 일가라는 뜻으로, 황족의 신분을 벗어나 일반인 신분이 되면서 성씨를 하사받은 인물, 또는 그 후손을 일컫는다.

부터 한학을 배웠다. 1883년 9월 도쿄(東京)로 상경해 메이지법률학교(明治法律學校) 및 도쿄대학 문학부 고전강습과에 입학했으나 중퇴하였고, 1889년 제국대학 법과대 불법과(佛法科, 지금의 도쿄대학 법학부)에 입학해 1892년 졸업했다.[3]

 대학을 졸업한 직후에는 변호사를 개업했다. 당시는 변호사 시험이 없던 시절로, 판·검사와 주임관(奏任官) 시보(試補)에 채용되는 것만으로도 변호사가 될 수 있었다. 변호사 수 자체가 적다 보니 상당한 우대를 받았다고 한다. 이후 차례로 설립된 도쿄변호사회(1893), 일본변호사협회(1897)에 가입해 사법제도의 혁신을 위한 활동을 하는데, 변호사로서의 오가와의 명성은 꽤 높았던 것 같다. 메이지 말기에는 에도막부 시절 사츠마번(薩摩藩)의 번주였던 시마즈(島津) 가문의 고문을 맡았는데, 1910년 시마즈 가문의 산림불하(山林拂下) 소송을 맡아 승소로 이끌며 10만엔의 보수를 받기도 했다. 이러한 그의 명성은 중국과 조선에까지 알려졌다. 특히 조선에서는 조선 황실의 의뢰를 받아 변론하는 등 여러 개의 굵직한 사건도 수임하였고, 1912년에는 경성에 일본변호사협회 조선지부를 설치하는 등 왕성한 활동을 전개하였다.[4]

 오가와 헤이키치의 정치활동은 1898년 강호구락부(江湖俱樂部)라는 단체를 조직한 것에서부터 출발한다.[5] 이후 메이지 시기 일본 '대외강경파'의 핵심적인 인물로, '중국문제'에 큰 관심을 가지고 활동한 고노에 아쓰마로(近衛篤麿)와 인연을 맺으며 본격화하였다. 오가와는 대학에 재학 중이던 시절부터 '중국문제'[6]에 큰 관심을 가지고 있었다. 대륙 경영에 착수한다는 명분 하에 친구들과 모여 토론하기를 즐겼고, 친구 아라이 토난(荒井圖南)을 중국으로 보내 시찰하도록 했을 정도였는데, 중국에 대한 이러한 그의 관심이 고노에와의 만남을 주선한 것으로 보인다.[7] 이후에는 고노에가 '중국문제'를 연구하거나 러시아와의 개전을 주장할

---

[3] 人事興信所, 『人事興信錄』, 1925, (を)4~5쪽 ; 鵜澤總明, 「小川平吉氏を懷ふ」, 『月刊大東文化』 97, 1942a, 21~23쪽 ; 鵜澤總明, 「小川平吉氏を懷ふ」, 『月刊大東文化』 98, 1942b, 24~26쪽 ; 射山小川平吉翁をしのぶ会, 『射山小川平吉翁をしのぶ』, 1992 ; 石川德幸, 앞의 논문, 2013.

[4] 『매일신보』 1912.9.29, 「辯護士會發會式」 ; 1912.10.8, 「辯護士會發會」 ; 1912.10.9, 「總督辯護士招待」 ; 鵜澤總明, 앞의 글, 1942a, 23쪽 ; 鵜澤總明, 앞의 글, 1942b, 26쪽 ; 伊藤隆, 『落ち穗拾い:昭和47年(下)-昭和49年(上)』, 2016, 131~133쪽.

[5] 강호구락부는 스스로를 '新進有爲の士'를 결집한 '순수한 혁신주의자의 일단'으로 규정하는데, 유신 이후 출생한 청년들이 그 이전 세대를 대신한다는 취지로 결성된 단체이다. 『江湖』라는 잡지를 발간하며 당시의 대·내외적 정세에 대한 문제의식을 공유하였다. 오가와가 정우회에 입당했을 때 구락부 멤버와 함께였다고 한다(伊藤隆, 앞의 책, 2016, 388~389쪽).

[6] 여기서 '중국문제' 내지는 '조선문제'라고 하면 '중국이나 조선을 일본의 영향 하에 두는 것' 또는 '중국이나 조선을 일본의 식민지로 만드는 것'을 의미한다.

[7] 鵜澤總明, 앞의 글, 1942b, 26쪽.

목적으로 조직한 일련의 단체에 이름을 올리고 있다. 동문회(同文會)와 동아회(東亞會)를 합병해 조직한 동아동문회(1898)를 비롯해서 동양구락부(東洋俱樂部, 1900.7), 국민동맹회(國民同盟會, 1900.9) 등이 그것이다. 이들 단체에는 개항 이래 중국을 왕래하며 활동하였던 낭인들뿐만 아니라 저널리스트나 이누카이 쓰요시(犬養毅), 도야마 미쓰루(頭山滿) 등과 같은 일본 정계의 유력한 인사들도 참여하고 있었다. 이 단체들을 매개로 고노에와 함께 한 활동들은 오가와가 정치적 인맥을 형성하게 되는 중요한 기회가 되었다.

정치인으로서의 오가와의 활동은 일본제국의회 중의원 의원에 당선되면서 더욱더 확대되었다. 오가와는 1900년 입헌정우회(立憲政友會) 결성에 참여하면서 일본 정계에 발을 들여놓았다.[8] 입헌정우회는 이토 히로부미(伊藤博文)가 중심이 되어 결성한 정당으로, '국민의 사익'보다는 '국가의 이익'이라든가 '국가와의 일체감'을 강조하는 활동을 전개하는 것이 목표였다. 오가와는 1902년 나가노현 군부(郡部)에서 정우회 공인후보로 출마해 근소한 차이로 낙선하기는 했으나, 1903년 제8회 총선거에서 당선되어 제국의회에 입성했다. 그의 나이 33살이었다. 그해 정우회 내부에서는 당을 개혁하려는 '혁신운동'이 일어났다. 대러시아 정책과 지조증징안(地租增徵案)을 둘러싸고 정우회 집행부가 정부와 타협하자, 이에 반발하면서 당을 쇄신하고 개혁해야 한다는 움직임이 확산된 것이다. 이 움직임의 중심에 있던 오가와는 이토 총재와 갈등을 빚으며 정우회를 탈퇴하였다.[9]

이후 고노에와 손을 잡고 정계의 쇄신을 도모하는 새로운 정당조직을 만들려고 시도하였다. 1903년 중의원과 귀족원 의원을 비롯해서 학계, 언론계, 실업계 등 각 분야의 인사들과 손을 잡고 결성한 사쿠라다구락부(櫻田俱樂部)는 이를 목적으로 한 조직이었다. 사쿠라다구락부를 중심으로 한 정치 세력화는 그 중심인물인 고노에가 사망하면서 좌절되었지만, 구락부의 조직 과정은 오가와가 새로운 정치적 네트워크를 구축하는 중요한 계기가 되었다.[10] 오가와 중심으로 전개되었던 이러한 혁신운동은 1906년 유코카이(猶興會)의 결성으로 이어

---

[8] 오가와는 동향 출신의 와타나베 구니다케(渡邊國武)와의 관계로 입헌정우회에 참가했다고 한다. 와타나베는 입헌정우회 창립위원이었으며, 이토 내각에서 대장대신을 역임하였다.

[9] 伊藤隆, 앞의 책, 2016, 388~389쪽.

[10] 사쿠라다구락부는 러일전쟁을 앞둔 상황에서 대외강경파의 정신적 지주였던 고노에 아쓰마로를 중심으로 정계, 학계, 실업계, 의학계, 언론계 등 각 분야의 인사들이 결집하는 중요한 계기가 되었다. 이와 관련해서는 石川德幸, 「對外硬派と櫻田俱樂部」, 『法政論叢』 49(2), 2013 참고.

졌다.[11]

오가와가 고노에와 손을 잡고 함께 했던 활동 중 두드러진 것은 러일전쟁의 개전을 촉구하는 활동이었다. 의화단사건(義和團事件)을 진압한 이후 러시아가 동청철도(東淸鐵道)를 보호한다는 명분으로 러시아군의 철병을 보류하자 일본 내에서는 이에 대한 반대의 목소리가 고조되었다. 오가와는 제국의회에서 러시아군 철병 건을 강조하는 한편 1903년 8월에는 고노에와 함께 대러동지회(對露同志會)를 조직하는 등 러시아와의 일전을 주장하였다.[12] 1904년 1월 고노에가 사망한 이후에도 러시아에 대한 오가와의 강경 기조는 이어졌다. 1905년 9월 미국 포츠머스(Portsmouth)에서 루즈벨트(Theodore Roosevelt) 대통령 중재 하에 일본과 러시아 간 강화조약이 체결되었다. 하지만 교섭 과정에서 일본이 강력하게 요구했던 '배상금' 문제가 러시아의 반대로 누락되었고, 일본 내부에서는 이에 대한 불만의 목소리가 높아졌다.[13] 일본 정부는 이미 사용한 전비(戰費)를 세금을 통해 해결할 수밖에 없었는데, 오가와는 "싸워 이겼음에도 불구하고 굴욕적인 강화를 해야 하는 것은 무슨 일인가"라며 이를 비난하였다. 오가와의 이 발언은 러시아와의 굴욕적 강화에 반대하며 일어난 '히비야방화사건(日比谷燒打事件)'의 발단이 되었다. 오가와를 비롯해서 고노 히로나카(河野廣中), 오다케 칸이치(大竹貫一) 등의 중의원 의원들이 이 사건의 배후로 지목되며 체포되었으나, 이듬해 증거 불충분으로 무죄 판결을 받고 모두 석방되었다.[14]

1910년 정우회 혁신운동을 둘러싸고 갈등을 빚던 이토 히로부미가 하얼빈(Harbin)에서 조선인 안중근(安重根)에게 암살당하자 오가와는 정우회로 복당하였다.[15] 이후 오가와는 정우회 내에서도 상당한 무게를 가지는 영수(領袖)의 한 사람이 되었다. 하라 다카시(原敬)가 총재로서 정우회를 이끌고 있던 1915년에는 정우회 간사장의 자리에 오르는 등 당 내에서

---

[11] 유코카이는 1906년 정교구락부(政交俱楽部)를 중심으로 한 기성정당에 불만을 가진 36명의 대의사가 결성한 정당이다. 오가와를 비롯해서 기쿠치 다케노리(菊池武徳), 야마구치 쿠마노(山口熊野), 고노 히로나카(河野廣中), 오다케 칸이치(大竹貫一), 시마다 사부로(島田三郎) 등이 참가하였다. 대내적으로는 러일전쟁 후 정부의 팽창예산과 그에 수반된 증세방침에 강하게 반발하였던 반면, 대외적으로는 헤이그밀사 사건 이후 일본 정부나 통감부의 대응을 강하게 비판하였다.

[12] 『官報號外』1903.6.5,「衆議院議事速記錄」(제11호), 201~204쪽.

[13] 小島英俊,「帝國議會誕生」,『帝国議会と日本人』, 祥伝社, 2016, 64~71쪽.

[14] 村瀬信一,「對峙する政堂」,『帝國議會』, 講談社, 2015, 63~64쪽.

[15] 淺沼薰奈,「大東文化學院創設者たちの教育思想」,『人文科學』17, 2012, 113~114쪽.

상당한 영향력을 행사했던 것으로 보인다.[16]

〈표 1〉 小川平吉의 제국의회 중의원 총선거 입후보 추이

연도	총선거 회차	지역구	소속정당	선거결과
1902년	제7회 총선거	長野	입헌정우회	낙선
1903년	제8회 총선거	長野	입헌정우회	당선
1904년	제9회 총선거	長野	입헌정우회	당선
1908년	제10회 총선거	長野	입헌정우회	당선
1912년	제11회 총선거	長野	입헌정우회	당선
1915년	제12회 총선거	長野	입헌정우회	당선
1917년	제13회 총선거	長野	입헌정우회	당선
1920년	제14회 총선거	長野	입헌정우회	당선
1924년	제15회 총선거	長野	입헌정우회	당선
1928년	제16회 총선거	長野 3區	입헌정우회	당선
1932년	제18회 총선거	長野 3區	입헌정우회	당선

출전: 日外アソシエーツ, 『政治家人名事典』, 1990, 117쪽 ; 選擧ドットコム(https://go2senkyo.com)

2. 조선에서의 경험과 활동

청일전쟁을 승리로 이끌며 중국과 만주 진출에 대한 자신감을 가지게 된 오가와 등의 대륙 침략론자들에게 조선은 반드시 정복해야 할 대상이었다. 이들의 이러한 '조선관'은 청일전쟁 이후 본격화되는 일본의 대조선 외교정책에 큰 영향을 미쳤다. 오가와가 조선과 직접적으로 접촉하게 되는 것은 1900년경으로, 삼국간섭 이후 러시아와의 갈등 속에서 조선을 일본의 식민지로 병합해야 한다는 이른바 '조선문제'가 중요한 과제로 대두되던 때였다. 1902년 오우치 죠조(大內暢三), 구니토모 시게아키(國友重章) 등과 함께 조선협회(朝鮮協會)를 조직한 오가와는 '조선문제'를 일본의 아시아 전체 전략 속에서 고민하기 시작하였다. 1903년 제국 의회 중의원 선거에 당선된 후에는 대의사 신분으로 조선을 자주 왕래하게 되는데, 조선의 정부 기관 등을 직접 방문하며 정황을 살피는가 하면 조선에서 활동하는 일본인들과 교류하면서 조선에 대한 정보를 축적해 갔다. 1904년 경부철도 속성공사가 칙령으로 발표되었을 때는

---

[16] 『부산일보』 1915.12.26, 「小川平吉君」

중의원 의원인 우에노 야스타로(上埜安太郎)와 함께 토목청부업자 아라이 하츠타로(荒井初太郎)를 보내어 경부철도 속성공사에 참여하도록 하였다.[17]

1906년 이후로는 이토 히로부미 조선통감이나 데라우치 마사타케(寺內正毅) 조선총독을 비롯해서 하세가와 요시미치(長谷川好道), 아카시 모토지로(明石元三郎) 등 조선에서 근무하고 있던 군부측 인사들을 만나며 조선의 통치와 개혁, 병합문제 등에도 관여하였다.[18] 이와 동시에 조선의 토지에 투자하는 등 경제활동도 병행하게 된다. 오가와는 1904년 러일전쟁을 '기념'하는 의미로 조선의 토지를 매수했으며, 미간지를 대여해 간척하려 했던 사실을 훗날 회고하였다.[19] 1909년에는 전라남도 해남군 일대의 국유 미간지를 농경지로 개간할 목적으로 대여하였고, 강제병합 이후에는 해남군 황원면(黃原面) 옥동촌(玉洞村) 일대의 간석지를 대여해 농경지로 활용하고자 하였다. 뿐만 아니라 경상남도 동래군, 전라남도 해남군 일대의 국유 임야를 양여·대부받기도 했다.[20] 이 외에 1910년에는 일본인 우마코시 지로(馬越次郎), 이와시타 키요치카(岩下清周) 등, 조선인 이봉래(李鳳來), 백완혁(白完爀), 조병택(趙秉澤) 등과 함께 조선제당주식회사(朝鮮製糖株式會社)를 설립해 황해도와 평안도 내 사탕무(甛菜)를 원료로 해서 당을 생산하는 사업에 참여하기도 하였다.[21] 한편 1912년에는 경성에서 일본변호사협회 조선지부를 창립하는 등 변호사로서의 활동도 왕성하게 전개하였다.[22]

---

[17] 김명수, 「재조일본인(在朝日本人) 토목청부업자 아라이 하츠타로(荒井初太郎)의 한국진출과 기업활동」, 『경제사학』 59, 2001.

[18] 『황성신문』 1904.8.3., 「議員遊覽」 ; 『매일신보』 1911.1.5., 「小川代議士招待會」 ; 1911.5.24., 「總督兩氏招待」 ; 1912.7.5, 「明石의 오찬회」

[19] 「朝鮮滿洲への移住を妨ぐる勿れ」, 『朝鮮及滿洲』 58, 1912.9, 6쪽.

[20] 한말~일제강점기 오가와 헤이키치의 국유지·임야 대여·양여 현황은 아래 [표]와 같다.

허가번호	지령일	소재지	면적	내용
전남 제4호	1909.8.18	전라남도 해남군 문내면 삼거리 執同坪	초생지 63정 2반 9무 20보	·국유 미간지 대여 ·1918년 12월까지 대여
	1911.1.17	전라남도 해남군 황원면 옥동촌	간석지 99정 2반 1무 9보	·간석지 대부 ·1920년 12월까지 대부
산 2574호	1914.6.24	경상남도 동래군 서면 감만동	2.8105정	·국유 임야 양여
산 2251호	1915.11.1	전라남도 해남군 송지·북평면 달마산	1809.08정	·국유 임야 대부 ·조림용 ·1931년까지 16년간 대부
임무 27호	1929.1.24	전라남도 해남군 북평·송지면 일대	1774.94정	·국유 임야 양여

출전: 『관보』, 『조선총독부관보』, 「仁川港外設備に関する件(1)」 (JACAR, Ref. C07090247700) 등.

[21] 『매일신보』 1910.11.9, 「製糖會社設立計劃」 ; 1912.7.7, 「製糖會社朝鮮側發起」 ; 1912.7.19, 「製糖會社設立協議」

[22] 『매일신보』 1912.9.29, 「辯護士會發會式」 ; 1912.10.8, 「辯護士會發會」 ; 1912.10.9, 「總督辯護士招待」

1) 伊藤博文의 통치방침 비판

러일전쟁에서 승리한 일본은 1906년 조선에 통감부를 설치하면서 조선을 일제의 보호국으로 만들었다. 초대 통감에는 이토 히로부미가 부임하였다. 조선황제 직속의 권력을 장악한 이토는 정무, 국방, 재정, 경제 등 정부 내 모든 요직에 일본인 고문들을 배치하며 간접적인 통치체제를 수립했다. 이토가 구상한 조선통치의 방침은 일본이 조선을 병합할 때를 대비하는 사전단계로, '조선의 자치력을 양성'한다는 데에 맞추어져 있었다. 아무런 준비가 되어 있지 않은 조선을 서둘러 병합하게 되면 일본으로서는 경제적으로 여러 가지 부담을 질 수밖에 없으며, 이에 반드시 뒤따르게 될 저항도 감당해야 할 것으로 본 것이다. 행정·사법기관을 설치하고 교육시설을 확충하는 등의 근대적 개혁을 완료한 후 진행하여도 늦지 않다는 생각으로, 일본으로서는 전혀 서두를 필요가 없으며, 조선의 근대적 개혁을 통해 상당히 신뢰할 만한 수준의 정치적 동맹국으로 만드는 것이 우선이라고 생각하였다.

하지만 이러한 이토의 조선통치 방침에 대해 일본과 조선 내외에서는 불만의 목소리가 들끓었다. 아시아 대륙을 겨냥하며 강력한 군사정책을 부르짖던 군부를 비롯해서 본국 의회 내에서도 상당한 비판이 일어났다. 조선의 일본인들 역시 불만이 컸다. 이들은 이토의 근대적 개혁과 자치육성 정책이 오히려 일본인의 '자치'를 제한한다며 '이토 반대운동'까지 전개하였다.[23] 오가와 역시 이들 비판세력 중의 한 사람이었다. 그는 정우회 설립 과정에서 뜻을 같이하며 이토를 보조했던 이로, 정우회 혁신운동으로 갈등을 빚기는 했으나 조선통치에 관한 여러 의견을 교환할 정도의 관계는 유지하고 있었는데, 이토의 조선통치 방침 전반에 대한 비판을 가한 것이다. 곧 "본인의 기량으로 조선의 시정을 개선하겠다"는 이토의 생각은 매우 위험하며, 현실적으로 가능하지도 않다고 하였다.[24]

> 그 무렵 공의 대체적인 의견을 말하면 점진주의(漸進主義)로, 살리면서 죽이는 주의(生殺主義)였다. 물론 공도 일한을 합병해야 한다는 것은 생각하고 있었지만, 바로 결행해야 한다는 나의 의견에는 절대로 동의하지 않았다. 회유주의(懷柔主義)를 취한 공은, 가능하면 평화롭게 일을 진척시킨다는 것이 공의 의견이었다. (중략) 일본-한국의 합병도 일시에 서

---

[23] 우치다 준 지음·한승동 옮김, 『제국의 브로커들』, 도서출판 길, 2020, 150~156쪽.
[24] 『황성신문』 1904.8.3, 「議員遊覽」; 小川平吉, 「韓國皇帝退, 保護條約締結顚末」, 『小川平吉文書』, 1973.

둘러 한다면 세상이 상당히 시끄러워지기는 하겠지만, 점진주의로써 살리면서 죽인다 하면 양국을 위해 이익될 것이 없다. 일본인은 적지(敵地)에 들어가는 것처럼 느끼게 되고, 한국인은 아직 무언가 해야 할 여지가 있는 것처럼 생각하게 된다. 쌍방 모두에게 참기 어려운 고통이자 손해라는 것을 이야기하였다. 살리려면 살리고 죽이려면 죽이는 식으로 단행하지 않는다면 화가 하루하루 자라날 것이고, 그 사이에 필요한 비용도 늘어나게 될 것이다. 그 결과는 어떻게 될지 알 수가 없으나 손해는 급격한 변동에 소요되는 것보다도 도리어 늘어 날 것이라고 (이토에게) 주장하였다.[25]

오가와는 자신이 예상했던 것처럼 이토의 '점진주의' 정책의 결과는 좋지 않았다고 생각하였다. 이토는 조선 각 방면에 대한 근대화 정책을 실시하며 조선인들을 권위로써 복종시키려 했으나 그것은 의병처럼 조선의 병합을 방해하는 저항운동만 양산한 결과로 되어, 이토의 정치는 지나치게 유연하다며 비판하였다.

정권이 두 갈래에서 나와 시정이 곤란하다든가, 교육의 방침이 어떻다든가 하는 식의 겉으로 드러난 사건은 모두 인지하고 있으니 지금 다시 말할 것도 없다. 의외의 것은 현재 한국의 은밀한 방면에서 만연해 있다. 나는 내무성(內務省) 쪽에서 압수한 서류도 대충 보았는데, 저들은 점진주의가 여지를 주었고, 또 한편으로는 외국 선교사들이 선동해 저 대한 혼(大韓魂)을 발휘하네, 독립운동을 하네, 안중근을 신으로 모시네, 하는 식의 사상이 한국 내지에 넘쳐난다고 하면 매우 과장되었다 할지도 모르겠으나 어떻든 매우 강하게 퍼져있다.[26]

통감정치에 대한 오가와의 생각은 보호통치의 한계를 극복하기 위해서라도 일본의 조선병합이 신속하게 이루어져야 한다는 것이었다. 1907년 고종의 헤이그 밀사 사건이 드러났을 때 일제의 조선병합을 보다 적극적으로 건의한 것도 이러한 이유 때문이었다.

---

[25] 小川平吉,「故伊藤公の合併論と予の合併論」,『朝鮮』 27, 1910, 9~10쪽.
[26] 小川平吉,「故伊藤公の合併論と予の合併論」,『朝鮮』 27, 1910, 10쪽.

2) 헤이그 밀사 사건과 고종황제의 퇴위 압박

1907년 5월 조선에는 이완용(李完用)을 참정대신으로 한 새 내각이 들어섰다. 그 얼마 뒤인 7월 2일 고종의 헤이그 밀사 사건(Hague密使事件)이 알려졌다. 당시 오가와는 고종황제의 폐위를 단행할 절호의 기회라 생각하였고, 이를 실행에 옮겼다. 그 즉시 "이번 기회에 '조선문제'를 근본적으로 해결하라"는 내용의 편지를 써 이토 통감에게 보내는 한편, 중의원 의원들의 모임인 유코카이를 열어 조선에 새로운 내각이 조직되었다는 사실, 고종황제가 그동안 계속해서 음모를 꾸며왔다는 사실, 그리고 이토 통감의 생각이 이전과는 크게 달라졌다는 사실 등을 상세히 설명하였다. 유코카이는 이 상황을 총리대신과 외무대신 등에게도 설명할 필요가 있으며, 오가와가 직접 조선으로 가 이에 관한 일을 진행하는 것이 좋을 것 같다는 결론을 내렸다.

당시 오가와는, '조선문제'는 내각에서 어떠한 방침을 정하든지 간에 통감인 이토의 생각이 중요하다고 판단하였다. 이토의 생각을 움직이는 것이 가장 필요하다 생각했는데, 이미 유코카이의 권유도 있어 직접 조선으로 건너가 이토를 만나기로 결심하였다. 출발하기에 앞서 그는 고노 히로나카, 오다케 칸이치, 구니토모 시게아키, 오오키 료죠(五百木良三), 도야마 미쓰루 등과 함께 이 문제를 해결하기 위한 구체적인 방안을 만들었다. 내용은 '일본과 한국 양국을 병합한다'는 것과 '현 황제를 폐위시키는 동시에 통치권 전체를 일본에게 위임한다'는 두 가지 방안을 제시하는 것이었다.[27] 이를 하야시 곤스케(林權助) 외무대신과 사이온지 긴모치(西園寺公望) 내각총리대신을 만나 전달했는데, 조선 황실과 조선인의 저항운동을 자세히 설명하면서 지금 결단하지 않으면 '조선문제'는 러일전쟁 이전으로 돌아갈 수 있다고 하였다. 훗날 오가와는 정부 쪽에서도 이미 조선의 내정을 장악한다는 결정을 내린 상태이기는 했으나, 그 방법을 어떻게 하면 좋을까 고민하던 차에 자신들의 의견이 들어간 것으로 회상하였다.[28]

7월 19일 부산에 도착한 오가와는 부산항에서 고종황제의 퇴위 소식을 들었다. 한성에 도착해서는 모치즈키 류타로(望月龍太郎), 미나미 데츠오(江南哲夫), 사세 구마테츠(佐瀨熊鐵), 송병준(宋秉畯) 등의 환영을 받았는데, 모치즈키 류타로 등은 모두 양국의 병합을 목적

---

[27] 小川平吉,「日韓併合建議」,『小川平吉文書』, 1973, 1~3면.
[28] 小川平吉,「韓國皇帝退, 保護條約締結顚末」,『小川平吉文書』, 1973, 5~13면.

으로 조선에서 활동하던 인물들로, 송병준과 박영효(朴泳孝) 등과도 친밀했던 이들이었다. 특히 일진회(一進會)가 해산될 때까지 고문으로 취임하거나 막후에서 조종한 것으로 알려져 있는데, 오가와는 이들을 매개로 송병준, 이용구(李龍九) 등 일진회 인사들과 교류한 것으로 보인다.

이튿날 오가와는 통감부로 가 이토와 독대하였다. 그는 앞서 외무대신 등에게 전달한 결의문을 건네며 지금이 바로 '조선문제'를 매듭지을 절호의 기회라 하였다. 고종황제는 이미 폐위되었지만 여기에서 멈추어서는 안되며, 어떻게든 조선에 대한 통치권을 가져와 '조선문제'를 근본적으로 해결해야 한다고 한 것이다. 오가와가 제시한 이유는 4가지였다. 첫째 일본에 우호적인 대외정세, 둘째 조선 역사상 가장 친일적인 성향의 내각 구성, 셋째 내외에 명성이 높은 이토의 통감 재임, 넷째 헤이그 밀사 사건이라는 절호의 기회가 왔다는 것으로, 이토 통감이 직접 '조선문제'를 마무리 짓는 것이 좋을 것이라 권유하였다.[29]

장시간에 걸친 대화를 통해서도 '조선문제'에 대한 이토의 확실한 답변을 듣지 못한 오가와는 이토를 설득하기 위한 시도를 이어갔다. 통감부를 나온 오가와는 그날 한성 파성관(巴城館)에서 열린 신문기자대회에 참석했다. 조선의 시국 상황에 대한 일장 연설을 마친 후 신문기자 3명을 총대로 뽑아 '조선문제'에 관한 여론을 조장하도록 하였고, 이를 이토 통감에게 진언하도록 종용하였다. 그 이튿날부터는 조선 정부 내에서 영향력이 컸던 송병준을 비롯해 통감부의 쓰루하라 사다키치(鶴原定吉) 총무장관, 그리고 통감부 촉탁이지만 사실상 이토의 참모 역할을 하던 우치다 요헤이(內田良平) 등을 차례로 만나 '조선문제'가 근본적으로 해결되도록 통감을 설득할 것을 요청하였다. 우치다 역시 이미 송병준, 이용구 등과 모의하여 이토 통감을 설득하고 있던 터였으므로 오가와는 얘기가 잘 되었다.[30]

때마침 한성에는 중의원 의원들이 방문해 있었다. 입헌정우회의 오오카 이쿠조(大岡有造)와 모리 하지메(森肇), 대동구락부(大同俱樂部)의 요코다 토라히코(橫田虎彦) 등이었는데, 오가와는 이들과 함께 통감을 설득할 계획을 세우는 등 여러 인맥을 동원하였다. 며칠 뒤인 7월 24일 7개 항목의 「한일신협약」이 공포되었다. 이로써 행정과 사법 등의 사무는 통감부 감독 아래 놓여졌고, 조선은 사실상 일본의 식민지가 되었다. 오가와 등의 대의사들이 함께 이

---

[29] 小川平吉, 「韓國皇帝退, 保護條約締結顚末」, 『小川平吉文書』, 1973, 18~26면.
[30] 조항래, 「良平의 韓國倂呑行蹟」, 『국사관논총』 3, 1989, 158~161쪽.

토 통감을 방문해 그를 설득하려 계획했던 자리는 그 며칠 뒤 이토 통감, 하야시 외무대신, 대의사들이 함께하는 「한일신협약」체결 축하 파티로 대체되었다.[31]

3) 일진회의 '한일합방운동' 종용과 '합병책' 제시

1909년 10월 이토 통감이 만주 하얼빈에서 안중근에서 암살되자 일본 내 강경파와 조선 내 일본인들 사이에서는 조선을 '즉각' 병합해야 한다는 요구가 고조되었다. 오가와는 고노 히로나카, 오다케 칸이치 등과 함께 '병합'의 당위성을 강조하는 국민대회를 개최하면서 조선병합에 대한 강경 여론을 주도하는 한편, 우치다 요헤이 등의 흑룡회(黑龍會)와 모의해 일진회가 '한일합방' 운동을 일으키도록 배후에서 종용하였다. 일진회가 고종 등에게 「합방청원서」를 제출한 직후에는 이용구 앞으로 전보를 보내며 일진회의 움직임을 응원·격려하기도 하였다.[32]

이처럼 양국 합병의 분위기가 무르익자 오가와는 조선을 병합하거나 그 직후 취해야 할 조치들을 연구하기 시작하였고, 우치다 등과 함께 그 구체적 방안을 정부 당국의 실권자에게 제시하기도 하였다. 당시 가쓰라 타로(桂太郞) 내각총리대신과 데라우치 마사타케 통감 등에게 보낸 문서들을 보면, 예컨대 조선 황족에 대한 대우, 조선총독부의 설치, 지방제도 개편, 한국의 관습 조사 등에 관한 의견을 제시하고 있다.[33] 뿐만 아니라 「일한합병책」이라는 문건에서는 "일한 병합을 민활하고도 원만하게 실행하기 위해서는 조약을 개정한 후 가능한 빨리 병합을 제창해, 천황의 즉위 50주년을 봉축하는 세계박람회를 개설할 때까지 병합의 결실을 맺을 수 있도록 준비를 해야 한다"라고 하면서, 박람회에 출품될 최우등품(最優等品)은 특정 상품이 아닌 바로 '병합된 조선'이라 언급하기도 하였다. 나아가 이를 실현시키기 위한 구체적인 정략(政略)으로 정부 조직에서부터 관리임용, 지방제도, 사법기관, 교육제도, 무역액 등을 분야별로 상세하게 언급하고 있다.[34]

---

[31] 小川平吉, 「韓國皇帝退, 保護條約締結顚末」, 『小川平吉文書』, 1973, 65~82면.
[32] 『통감부문서』 8, 1909.12.14, 「代議士 小川平吉이 一進會長 李容九에게 보낸 合倂 격려 전보 件」; 1909.12.18, 「警秘 內田良平의 언동」
[33] 小川平吉 외, 「日韓倂合建議」·「韓國合倂ニ關セル施設槪要」, 『小川平吉文書』, 1973.
[34] 小川平吉 외, 「日韓合倂策」, 『小川平吉文書』, 1973.

4) '105인 사건'에 대한 변론

오가와는 대의사가 된 이후에도 변호사로서의 활동을 상당히 활발하게 전개하였다. 조선에서도 다양한 사건을 수임했는데, 1911년 경성 전차부설권 문제로 조선이 미국인 콜브란(Colbrandt)과 소송을 벌일 때 이왕가(李王家)의 고문으로서 사건을 맡아 변호하였다.[35] 가장 주목할 만한 것은 윤치호(尹致昊) 등 신민회(新民會)와 조선 서북

105인 사건 변론을 맡은 오가와 헤이키치 / 『매일신보』 1912. 8.27, 「重大事件公判」

지역 인사들이 데라우치 조선총독을 암살하려 했다는 누명을 씌워 탄압한 이른바 '105인 사건'의 변호인으로 참여한 일이다. 오가와는 이 사건에서 윤치호의 변호를 맡았다.[36]

1910년 평안·황해도 일대에서 '안악사건(安岳事件)'[37]을 일으킨 조선총독부는 그 배후로 신민회 회원과 평안도 주재 개신교 신자들을 지목하며 600여 명을 검거하였다. 여기에는 신민회 간부인 윤치호, 양기탁(梁起鐸), 이동휘(李東輝), 이승훈(李昇薰) 등을 비롯해서 백범 김구(金九)가 포함되었다. 조선총독부는 이들 중 123명을 기소하였고, 105명이 유죄로 투옥되었다. 1912년 6월 경성지방법원에서 시작된 재판은 대구복심법원-고등법원-경성복심법원-고등법원까지 5차에 걸쳐 진행되었는데, 일본인과 조선인으로 구성된 변호인단은 당시 일본과 조선에서 변호 능력으로 상당한 명성을 얻고 있던 이들이었다.

이 사건이 일제에 의해 조작된 사건이라는 것은 그간의 연구를 통해 잘 알려져 있다. 재판 당시 변호인단은 이 사건 자체가 완전 날조된 허구의 사건이라는 점까지는 거론하지 않았지만, 본 사건에 적용한 법률의 부당성, 절차상의 오류 등을 강하게 지적하였다.[38] 오가와 역시

---

[35] 『매일신보』1911.7.13, 「德壽宮의 起訴」; 1911.9.8, 「德壽宮對骨佛安事件」; 1911.9.15, 「德壽宮對骨佛安訴訟, 今十五日 第一回審問」; 鵜澤總明, 앞의 글, 1942a, 23쪽; 鵜澤總明, 앞의 글, 1942b, 26쪽.

[36] 『매일신보』1912.6.13, 「重大事件의 辯護士」; 1912.6.23, 「陰謀公判辯士」; 1913.8.2, 「尹致昊의 변호인」; 1913.9.30, 「음모사건의 공판」

[37] 1910년 11월 안중근의 사촌 동생 안명근(安明根)이 서간도에 무관학교를 세울 목적으로 황해도 안악에서 자금을 모집하다 관련인사 160여 명과 함께 검거된 사건으로, '안명근 사건'이라고도 한다.

[38] '105인 사건' 피의자들의 법정 진술 및 변호인단의 변론 내용과 관련해서는 윤경로, 『105인사건 공판 참관기』, 한국기독교역사연구소, 2001; 윤경로, 「105인사건 피의자들의 법정투쟁과 사건의 허구성」, 『한성사학』 21, 2006 참고.

윤치호의 무죄를 적극적으로 주장하였다. 1912년 8월 26일 경성지방법원에서 열린 공판에서는 재판부에 대한 강한 불신을 드러내면서, 조선총독부가 조선왕조 때의 형법을 현행 법률에 부가해 적용한다는 내용을 '특별조치'로 선포한 것의 의미에 대해 문제제기하였다. 구 형법의 법률조항에 따라 '실행하지 않은 살인'까지 '살인미수'로 처벌하는 것은 현재의 문명화된 형법 기준에 맞지 않다는 것이었다.[39] 1913년 9월 29일 고등법원에서 열린 재판에서는 윤치호가 실행범(實行犯)이 아닌 교사범(敎唆犯)이라는 점을 거론하면서, "교사범은 피교사자가 교사에 기초하여 범죄를 실행한 후에야 교사죄를 적용할 수 있는데, 본 사건은 피교사자가 범죄를 실행하지 않아 전부 무죄가 되었으므로 교사자였던 윤치호 또한 무죄"라고 변론하였다.[40]

오가와는 강제병합 이전 의병 등이 일제의 조선 식민화에 저항한 것에 대해, 비슷한 환경의 전 세계 다른 국가에서도 흔히 일어나는 자연적인 현상이자 당연한 분노라고 생각하였다. 이러한 전제 하에 이들 저항세력을 제거하는 유일한 방법은 일본이 조선의 주권을 완전히 장악하는 '병합' 뿐이라 주장하면서, 이토의 '평화적 정치'가 아닌 야마가타(山縣)의 '무단적 행동'도 필요하다고 강조하였다. 하지만 조선총독부가 설치된 후에는 '번벌(藩閥)' 내지는 '군부' 중심의 무단적 통치를 견제하는 행보를 보이는데, 이는 다이쇼 원년에 즈음하여 본국에서 전개되고 있던 '번벌 비판'과 '의회 중심의 입헌정치 옹호' 흐름과도 관련된다(제1차 호헌운동). 조선총독부에 의해 조작된 '105인 사건'을 변론하는 과정에서 오가와는 조선총독부의 무단통치에 대한 비판적 인식을 더욱 강하게 가졌으리라 추측된다. 그는 강제병합 직후 발생한 이러한 '자발적 분노'는 당연한 것이며, 무력 탄압이 아니라 '서쪽으로 향하는 태양의 진로를 바꾸려는 것은 무모한 일이다'라는 식의 인식을 심어주는 것이 무엇보다 중요하다고 생각하였다.[41]

3. '조선 관계 대의사'로서의 의정활동

1903년 의정활동을 시작한 오가와는 제18회 제국의회에서부터 여러 회의에 참석하며 다양한 안건을 심의하였다. 전반적으로는 예·결산위원회나 회계법, 호적법, 형법, 감옥법 등 법

---

[39] 윤경로, 앞의 책, 2001, 256~260쪽.
[40] 「3. 대구복심법원편: 상고관계서류」, 『105인사건 공판 시말서』 2(https://db.history.go.kr/) ; 『매일신보』 1913.9.30, 「陰謀事件의 公判」.
[41] 『신한민보』 1909.9.11, 「日人의 所謂對韓策」 ; 윤경로, 앞의 책, 2001, 253~255쪽.

률안 위원회 위원으로 선임된 경우가 많은데, 법대 졸업 후 변호사의 직을 가진 이력 때문이었을 것이다. 이는 마츠야마 츠네지로(松山常次郎)나 마키야마 고죠(牧山耕藏)와 같이 1910년대 중반 이후 1920년대에 주로 활동했던 조선 관계 대의사가 조선 거주 일본인들의 의견이나 요구를 받아 '청원'하거나 본인이 직접 관련 안건을 상정하는 '건의'를 제출하는 형태의 의정활동을 주로 전개했던 것과는 다소 대조적인 모습이다.

내용적으로는 이 시기가 러일전쟁에 이어 조선의 식민화가 본격적으로 진행되는 시기였던 만큼 대러시아 정책을 비롯해서 중국이나 타이완 등 아시아 여러 나라들에 관한 다양한 안건을 심의하였다. 오가와는 전형적인 '아시아주의자'로, 서구 열강에 맞서 일본 중심의 아시아 연대를 주장했는데[42], 구체적으로는 의화단사건 이후 만주에 남아 있던 러시아군의 철병 문제라든가 중국 내 일본인 거류지 문제, 러일전쟁 당시 스파이 혐의가 있는 의원에 대한 징계 문제, 제국 영토 내에서의 사법권 범위 문제, 조선을 비롯해서 타이완, 사할린, 만주 등의 신영토 4곳을 묶은 1개의 분과를 추가하는 문제 등이었다. 동시에 '조선문제' 역시 이러한 아시아 문제의 일환으로 다루어야 한다는 점을 강조하였다.

오가와가 조선 식민화 과정에서 상당히 비중있는 활동을 한 것에 비해 의회에서 발언한 내용은 상대적으로 적다. 이에 대해 오가와는 "조선을 '강제병합'하는 문제는 의회에서 '입'으로 논의할 사안이 아니라 '손'으로 실행할 문제로, 의회에서 갑론을박 논의하면 조선사람이 일본의 '병합' 진의를 의심하게 될 것"이라고 언급하였다.[43] '조선문제'는 사안이 사안인 만큼 여러 변수에 따라 급속하게 진행되었던 측면도 있겠으나 '의회'라는 공개적인 자리에서 공론화시킬 수 없었던 부분도 있었으리라 추측된다.

그렇다 하더라도 통감부 시기 이래 식민지에 적용할 여러 법안을 심의하는 회의에서 이에 대한 다양한 의견을 제시하고 있다. 이는 그간 조선을 병합할 목적으로 여러 '공작'을 수행해 온 오랜 경험과 조선 거주 인사들과의 인적 네트워크 속에서 나온 매우 구체적이고 현실적인 내용들이었다. 특히 '대륙낭인' 등 팽창주의적 인사들과의 광범위한 교류를 통해 중국, 혹은 이미 일본의 식민지가 된 타이완의 상황들까지 염두에 둔 포괄적인 의견을 제시하였다. 당시 의회 내에서는 '강제병합'이라는 성과는 오가와 등의 제언을 당국에서 적극적으로 채용한 결

---

[42] 伊藤隆, 앞의 책, 2016, 396~397쪽.
[43] 『신한민보』 1909.9.11, 「日人의 所謂對韓策」

과라는 평가도 있었다.[44] 이들 조선에 관한 여러 사안들 중 오가와가 특히 관심을 가졌던 것은 '일본인의 조선 이주' 문제였다. 그는 일제의 조선 식민지 경영에서 가장 중요한 사안이 '일본인의 조선 이주'라고 지적하는데, 동양척식주식회사(東洋拓殖株式會社, 이하 동척) 설립위원 중 한 사람으로, 회사의 설립에 적극적이었던 것도 이 때문이었다. 그의 조선 관련 의정활동을 주요 발언을 중심으로 살펴보면 다음과 같다.[45]

1) 통감부 시기 대조선 정책 비판

1906년 2월 통감부가 설치되면서 조선에 대한 일제의 제국주의적 침탈이 본격화되었다. 당시 일본 정부의 대조선 정책이나 이토 통감의 조선 지배정책에 대해서는 오가와 뿐만 아니라 여러 사람들이 비판적이었다. 이는 군부를 주축으로 한 번벌 중심의 조선 지배에 대한 비판이었을 뿐만 아니라 개항 이래 조선에 정착한 일본인들의 목소리를 대변한 것이기도 하였다. 이와 관련해서 오가와는 동료 의원이 제출한 '질문주의서'에 찬성자로 이름을 올리며 상정된 안건의 취지에 동의하였다. '질문'의 경우, 제국의회 의원 30인 이상의 찬성을 얻어 국무대신 책임에 속하는 사항에 대해 질문하는 제도로, 다수 의원의 '찬성' 하에 상정되는 만큼 내각에 대한 감시 수단으로 활용되었는데, 일본 정부 역시 이를 간단하게 무시하지 못했다.[46] 오가와는 이러한 질문을 통해 통감부 시기 일본 정부의 대조선 정책을 비판하는 한편, 일본과 조선의 '즉각적인' 병합을 통해 조선 보호통치의 한계를 극복할 것을 촉구하였다.

1906년 제23회 제국의회에는 정우회 소속의 의원 하나이 타쿠죠(花井卓蔵)[47]의 「대한정책에 관한 질문주의서」가 제출되는데, 이 질문에는 오가와 등 43명의 중의원 의원이 찬성하였다.[48] 하나이의 질문 내용은 다음과 같다.

1. 관세동맹(關稅同盟)은 보호관계에서 당연한 귀결로, 국제법상 선례가 이를 증명한다. 정부

---

[44] 『官報號外』 1911.3.8, 「明治四十三年勅令第三百二十六號(承諾を求むる件)外十一件」, 370쪽.
[45] 오가와의 한말~1910년대 조선 관련 의정활동의 구체적인 내용은 첨부한 [부표] 참고.
[46] 이형식, 앞의 논문, 2014, 231~234쪽.
[47] 하나이 타쿠죠는 변호사이자, 1898년 결성된 강호구락부의 주요 멤버였다.
[48] 제국의회 중의원 속기록에는 '32명'으로 기록하고 있으나, 아시아역사자료센터에서 제공하는 「對韓政策ニ關スル質問主意書」 원문에는 '42명'으로 기재되어 있다.

는 왜 일한 양국의 관세를 철폐할 수 없는가.

2. 관세동맹은 대한(大韓)의 경영에 반드시 필요한 요무(要務)로, 보호정책에서 가장 중요한 것이다. 정부는 왜 일한 양국의 관세 철폐를 단행하지 않는가.

3. 제국이 한국에서 가진 정치상, 군사상 및 경제상 탁절(卓絶)한 이익과 제국이 그 이익을 옹호·증진하는 데 필요한 지도·감리 및 보호의 권리가 있다는 것은 일영협약(日英協約)으로 승인된 바이다. 정부는 왜 관세동맹을 단행하여 이들 이익·권리의 공고함을 보장하지 않는가.

4. 양국을 결합하는 이익공통주의를 공고히 하는 것은 일한협약(日韓協約)의 근본의(根本義)이다. 정부는 왜 경제공통의 장벽인 관세를 철폐하고, 이익공통주의를 일관하지 않는가.

5. 정부는 걸핏하면 기회균등주의를 운위하며 스스로 한국에 대한 제국의 탁월권을 무시하려는 것 같다. 정부는 왜 탁월권을 사양하는 태도를 취하는가. 또 왜 국제법상, 조약상의 보호관계를 부정하는가.[49]

질문의 요지는 일본은 조선 보호국화를 통해 그에 대한 우월한 지위를 점하였음에도 불구하고 왜 양국 간의 관세는 철폐하지 않는 것인가였다. 당시 조선-일본 간 관세 문제는 조선의 대외무역에서 일본이 우위를 점할 수 있는 중요한 문제로, 양국 간 무역에 종사하는 상인들 사이에서는 무역 확대를 위한 중요한 현안이었다.[50] 이는 강제병합 이후까지 이어졌는데, 조선총독부가 대외무역의 급격한 변화 저지 및 본국 농업의 보호, 재정 수입, 외교상의 마찰 등을 이유로 대한제국의 관세를 10년간 유지한다는 방침을 취하자 제국의회에서는 조선총독부에 대한 즉각적인 반대의 목소리를 높였다.[51]

하나이의 「질문주의서」 역시 일본 정부의 '관세유지' 기조에 대한 반대 의견이었다. 중의원에서는 이를 내각으로 송부하였고, 내각에서는 관계 부처인 외무성과 대장성의 의견을 토대로 답변을 제출했는데, "일본 정부는 한국에 대한 우월한 지위를 점하고 있는 만큼 양국 간의 관세 철폐는 당연하다 생각하나, 관세동맹의 설치 문제는 양국의 경제관계 및 외국과의 무역,

---

[49] 『官報號外』 1906.3.24, 「衆議院議事速記錄」(제20호), 332~333쪽.
[50] 『황성신문』 1906.2.28., 「關稅同盟」; 『만세보』 1906.10.20., 「日韓關稅問題」
[51] 『官報號外』 1911.2.10, 「朝鮮의 關稅에 關하는 質問主意書」, 119쪽 ; 1911.3.21, 「朝鮮穀物移入稅에 關하는 質問主意書」, 571쪽.

기타 제반 관계 등에 비추어 신중한 심의가 필요하다"는 원론적인 내용이었다.[52] 오가와 등 40여 명의 의원 동의를 받아 제출한 하나이의 '질문'은 비록 바로 정책화되지는 않았지만 일본 정부를 향해 조선-일본 간 관세장벽을 철폐함으로써 경제적 이익을 확대할 것을 촉구한 것으로, 이후 일본 정부가 양국 간의 관세를 단계적으로 철폐해 가는 데 일정한 영향을 미쳤다.

1909년에는 통감부의 조선통치 방침을 전반적으로 비판하는「통감정치에 관한 질문주의서」를 제출하였다. 이는 헌정본당 소속의 한국정무조사위원이었던 오우치 죠조 등 소위 '조선통 대의사'로 불리던 중의원 의원들과 함께 상정한 것으로, 그동안 이토 통감의 지배정책에 비판적 입장을 취하며 조선에서 '반이토(反伊藤) 언론운동'을 이끌었던 도칸호 시게오(戶叶薰雄), 미네기시 시게타로(峯岸繁太郞), 오무라 토모노죠(大村友之丞) 등 조선 거주 언론인들과 정보를 공유하며 준비하였다.「질문주의서」의 요점은 다음과 같다.

- 통감정치는 한국인의 생리를 잘 파악하는 한편으로 '문명화'에 저항하는 한국인에게 단호히 대처해야 하나, 지나치게 유약한 회유책으로 일관해 의병 등 저항세력이 발호하고 있다.
- '한국의 왕'과 '부왕(통감)'이 통치하는 이원적 지배체제 하에서 중앙 및 지방의 정부기관이 중복되면서 관리의 권위는 실추되었고, 관리들 간의 충돌도 잦아졌다.
- 일본인 관리가 지나치게 많다. 기술을 필요로 하거나 경찰과 같이 위엄이 필요한 관리가 아니라면 정무적 측면에서나 재정적 측면에서나 한인(韓人) 관리를 임용하는 것이 필요하다.
- 삼악세(三惡稅), 곧 가옥과 술, 연초에 대해 일본인에게 과세하는 것은 일본인으로서는 큰 부담이며, 일본인 '무뢰배'를 대상으로 했다고는 하나 '퇴한령(退韓令)'은 부당하다.
- 본국에 의지하지 않는 재정의 독립이 필요하다.
- 한국 사회를 개발하기 위해서는 민간 일본인의 역할이 중요하다. 일본인의 이민(移民)을 적극적으로 장려해야 한다.[53]

---

[52] JACAR, Ref. B03041426600「衆議院議員花井卓蔵提出対韓政策ニ関スル質問及答弁」
[53]『官報號外』1910.2.2,「大內暢三君ノ質問演說」; 하지영,「한말~1910년대 '조선 관계 대의사' 오우치 죠조(大內暢三)의 제국의회 활동과 한국 식민지화」,『지역과 역사』53, 2003, 222쪽.

「질문주의서」는 서구 열강들을 지나치게 의식한 나머지 '근대화'라는 명목 하에 '회유책'으로만 일관하고 있는 통감정치를 비판하면서, 조선인의 배일사상을 고무시켜 저항의 여지만 주고 있다고 보았다. 특히 외교, 군사, 재정, 통신, 사법, 재정 등 모든 권리가 이미 일본에 귀속된 상황에서도 내치(內治)에 중요한 행정을 조선에 귀속시켜 둔 현 보호통치는 이러한 상황을 더욱 악화시키고 있는데, '왕과 부왕(통감)'이 통치하는 이원적 지배체제 하에서 '왕'에게 충성하는 '폭도'들만 들끓게 되었다고 본 것이다. 이에 반해 조선에 거주한 일본인에 대해서는 조선인과 일본인의 공동 '자치'를 실현한다는 명목 하에 지나치게 '억압적'으로 대하는 경향이 있다며 비판하였다. 이들은 개항 이래 자발적으로 이주해 조선을 시찰하고 연구한 식민의 선구자들로, '대한정책을 실현할 방책'을 제안할 수 있는 중요한 존재라 하였다.

　이는 앞서 오가와가 이토 통감과 대면했을 때 직접 언급했던 내용과 유사한데, 특히 일본인의 조선 이주와 그 역할의 중요성은 오가와가 '조선문제'와 관련해서 가장 강조했던 부분이기도 하다. 오가와는 이러한 「질문주의서」를 통해 조선의 현 실정을 제대로 읽지 못하는 통감정치의 실정(失政)과 한계를 지적하는 한편 '대업'의 조속한 실현 필요성을 정당화하였고, 일본인의 조선 이주를 적극적으로 장려하도록 의회에서 힘쓸 것을 요청한 것이다. 일본 정부를 상대로 한 중의원 대의사들의 이러한 '질문'은 이토 통감의 조선 통치에 부담으로 작용하였다.

2) 일본인의 조선 이주 장려와 '동양척식주식회사' 설립

　일제가 조선을 강제병합하기 직전 작성된 「일한병합책」이라는 문건에는 일본인 100만명의 조선 이민이 제시되어 있다.[54] 곧, 메이지 천황 즉위 50주년 봉축 세계박람회를 개최하는 1917년까지 병합을 완수하되, 병합을 위한 중요한 방안 중 하나로 100만명의 일본인을 이주시켜야 한다고 주장한 것이다. 보다 구체적으로는 농업이민 100만명, 광업이민 10만명, 수산이민 10만명을 이주시켜 조선의 각 산업을 일본인 중심으로 개발해야 한다는 내용이었는데, 100만 일본인을 조선으로 이주시키는 이 한 건의 성공만으로도 이미 병합의 열매를 거두었다 하기에 충분하다고 덧붙였다.

　당시 '만한이민집중론(滿韓移民集中論)'으로 요약되는 일본 정부의 이민정책은 조선으로

---

[54] 小川平吉 외, 「日韓合併策」(未定稿), 『小川平吉文書』, 1973.

의 농업이민을 적극 장려하는 것이었다.[55] 오가와 역시 일본의 조선 식민정책의 '근본의(根本義)'는 이익을 목적으로 한 서구 열강의 식민정책과는 달리 대륙 침략을 위한 기초를 세우는 것이므로, '일본민족의 조선 이주'가 그 무엇보다 중요하다 하였다. 때문에 일본 정부는 일본인의 조선 이주를 정책적으로 장려할 뿐만 아니라 이주민을 위한 보호정책도 적극적으로 실행해야 한다고 요구하였다. 곧, 조선 철도의 부설은 물론 조선-일본 간 직통항로의 개설, 일본 금융기관의 설치 등 당시 일제가 추진하고 있던 대조선 정책의 일차적 목표는 어디까지나 일본 이민자에게 편리를 제공하기 위함이며, 이를 통해 조선의 개발과 조선인에 대한 교육, 더 나아가서는 동화정책까지 가능할 것으로 보았다.

일한병합은 물론, 일청전쟁도, 일러전쟁도 모두 그 근본의(根本義)에 따라 행해졌다. 즉, 한 마디로 말하면 일본민족의 팽창 기초를 대륙에 세우기 위한 것이었음에 틀림없다. 때문에 조선의 정치 방침도 여기에 근본문제를 두지 않으면 안된다. 곧, 조선에 일본민족을 이주시키는 것이 무엇보다도 급무로, 그곳에 일본민족의 발전 기초를 만드는 것이 그 임무인 것이다. 조선 인민을 문명으로 이끌고, 그 민족을 일본화하여 일본의 민족으로 만드는 것도 물론 중요한 문제이다. 하지만 그보다도 일본민족의 이주라는 것은 이것 이상의 중요한 문제이다. 즉, 일본인의 조선 이주에 대해서는 많은 편의를 주어, 조금이라도 많은 일본민족이 기꺼이 이주하도록 하지 않으면 안된다. 이것은 조선에 대한 일본의 오래 전부터의 방침으로, 합병 전후 처음 정해진 것이 아닌데, 병합과 동시에 이들 일본민족 이주자에게 더욱 많은 편리를 줄 수 있는 권리를 획득했으므로 이번에 충분한 효과를 보일 필요가 크다고 생각한다.[56]

이러한 인식 하에 오가와는 제국의회에서 조선 거주 일본인과 관련된 여러 사안을 안건으로 상정하거나 심의하였다. 예컨대, 중의원에 입성한 첫해인 1903년 제18회 의회에서는 질의를 통해, 1895년 조선 강원도 죽변(竹邊)에서 어업에 종사하던 나가사키현(長崎縣) 출신의 인사 15명이 살해된 사건, 조선인들이 우마키(馬木)라는 일본인의 창원군 용담광산(龍潭鑛

---

[55] '만한이민집중론'과 관련해서는 전성현 외, 『일본인 이주정책과 재조선 일본인사회』, 동북아역사재단, 2021 참고.
[56] 小川平吉, 「其根本義を誤る勿れ」, 『朝鮮』 37, 1911, 5~7쪽.

山)을 파괴한 사건 등에 대해 일본 정부가 적극적인 보호책을 내지 않은 것을 항의조로 질의하였다. 이는 명성황후 살해 사건의 여파로 조선인들이 일본인을 배척하는 분위기 속에서 일어난 사건으로, 제국 일본의 '선발대'와도 같은 일본인의 안위에 일본 정부가 소극적으로 대응한다면 이후 일본인들의 이주 추이에 악영향을 미칠 것이라 한 것이다. 이 질문에 대해 일본 정부는 대한제국 정부와의 교섭에 힘쓸 것이라 답변하였다.[57]

1904년 제21회 의회에서는 조선의 일본인 교육기관에서 근무하는 교원을 대상으로 한「재외 지정학교 직원 은퇴료 및 유족 부조금 법안」심의 위원회, 1906년 제23회 의회에서는 일본인의 조선으로의 이민 절차를 용이하게 하는「이민보호법」중 개정 법률안 위원회의 위원으로 선임되는 등 조선으로 이주하거나 혹은 거주하는 일본인들의 편의와 보호를 목적으로 한 심의 위원회에서 적극적으로 발언하였다. 1909년 제26회 의회에서는 그해 6월〈통감부령 제23호〉로 개정된 '민장관선령(民長官撰令)'에 대해 불만을 토로하며 통감부가 조선 거주 일본인의 자치권을 제약하는 문제에 대해 지적하기도 하였다.[58] 그는 일본인의 조선 이민을 적극적으로 끌어내기 위해서는 조선에서의 안정적인 삶이 보장되어야 한다는 점을 강조했는데, 동척의 설립 문제에 특히 적극적이었던 것도 같은 맥락에서 이해 가능할 것이다.

동척은 일본인의 이민을 목적으로 설립된 국책회사였다. 1907년 식민단체인 동양협회(東洋協會)의 '작성안'을 토대로 이에 수정을 가한 '대장성안(大藏省案)'이 만들어졌고, 조선에서의 출자와 조선인 임원 등용 등을 골자로 한 이토 통감의 '의견서'가 제출되었다. 1908년 2월 설치된 '동척창립조사위원회'는 '대장성안'과 이토 통감의 '의견서'를 조정한 '보고서'를 제출하는데, 이를 토대로 3월 제24회 제국의회에「동양척식주식회사법안」(이하「법안」)이 제출되었다. 이때 중의원에서 법안을 심의한 27명의 특별위원 중 한 사람으로 선임되는데,[59] 3차례에 걸쳐 열린 '동양척식주식회사법안위원회'에서는 중의원 의원과 정부위원 간에 여러 질의가 오고 갔으며, 위원회는 '원안'에 수정을 가한 '수정안'으로 최종 가결하였다.

---

[57] 『官報號外』1903.6.5,「衆議院議事速記錄」(제11호), 201~204쪽 ; JACAR, Ref. B03041425500「衆議院議員小川平吉提出ニ係ル露國兵撤兵並ニ満洲開放ニ関スル質問并ニ答弁」

[58] 『統監府文書』6, 1909.2.19,「일본 衆議員議員 小川平吉 등의 統監政治 불만에 대한 질의서 준비 件」.

[59] '동양척식주식회사법안위원회'는 법안을 심의하던 중 제24회 의회의 회기 임박을 이유로 7명의 위원을 별도로 선임해 법안에 대한 '특별조사'를 진행하도록 한다. 이때 특별조사 위원으로 선임된 인사는 오가와 노다 우타라우(野田卯太郎, 동척 설립위원/감사), 가토 마사노스케(加藤政之助), 아다치 겐죠(安達謙藏), 요시우에 쇼이치로(吉植庄一郎), 가와마타 도쿠사부로(川眞田德三郎), 사사키 쇼조(佐佐木正藏) 등 7명이었다.

3월 24일 위원회의 심의 결과가 본회의에 보고되었다. 이날 시마다 사부로(島田三郎) 의원은 위원회의 가결 결정에 반대의견을 제시하였다. 그 주요한 내용은 ①조선에서의 '백년의 대계'를 책임질 중요한 회사의 설립 법안을 이미 회기가 임박한 의회에 상정해 '긴급동의'로 가결하는 것에 대한 문제제기, ②농업뿐만 아니라 금융, 유통, 수산업, 광업, 이민 등 동척에 주어진 권한이 지나치게 광대해 사업을 농단할 우려가 있다는 점, ③동척에 대한 정부 보조금과 사채발행특권 부여 등 일본 정부의 보조정책이 과하다는 점 등이었다. 이에 대해 오가와는 조목조목 반박하며 현재 조선의 실정에서「법안」은 서둘러 가결되어야 한다는 당위성을 논변하였다. 곧 ①조선의 척식을 위해서는 꼭 필요한 회사로, 충분한 심의를 위해 다음 의회까지 연기하면 조선의 척식은 1년이 지체될 것, ②동척은 일본인 이민자를 보호해 조선의 농업을 개발하는 것이 주요한 목적인 회사로, 조선의 현 실태에서 일본인 이민자가 조선에서 농업을 경영하기 위해서는 동척과 같은 회사의 다양한 역할이 필요하다는 점, ③정부 지원 보조금에 대한 세밀한 규정을 살펴보면 이익금에 대한 정부반환 규정 등이 있어 일본 정부의 보조정책이 과하다는 시마다의 지적은 기우라 하면서「법안」의 통과에 힘을 실었다.[60]

이렇게 해서 의회를 통과한「동양척식주식회사법」(이하「회사법」)은 8월 27일 법률 제63호로 공포되었다.「회사법」을 심의하는 과정에서 오가와는 '정부안'을 조선의 실상에 맞도록 적절히 수정하였고, 이후 동척 일본 측 설립위원으로 선임되어 동척이「회사법」에서 규정한 대로 설립될 수 있도록 제반 사항을 결정하였다.[61] 뿐만 아니라 1909년 제26회 의회에서「회사법」개정 법률안위원회가 열렸을 때도 위원으로 선임되었는데, 이때도 동척이 금융 등 다른 사업보다는 본연의 이주사업에 충실할 것을 강하게 주장하였다.[62]

3) '조선관계대의사'로서 일본인 소송대리업자의 '기득권' 인정 요구

강제병합 이후 오가와의 의정활동을 살펴보면, 강제병합 이전 시기와는 달리 조선 관련 안건에 대한 발언이 두드러지게 축소된다. 이는 아다치 겐죠(安達謙藏), 오우치 죠조, 이노우에 가쿠고로(井上角五郎) 등 조선 식민화 과정에서 적극적인 활동을 전개했던 조선 관계 대의

---

[60]『官報號外』1908.3.25,「衆議院議事速記錄」(제18호), 377~381쪽 ;『대한매일신보』1908.3.26,「拓殖會社案可決」
[61] 동양척식주식회사,『東洋拓殖株式會社三十年誌』, 1939, 2~9쪽.
[62]「東洋拓殖株式会社法中改正法律案外三件委員會」(제3회), 1910.3.14., 17~18쪽.

사들에게서 유사하게 확인되는 패턴으로, 1910년대 중후반 이후 1920년대에 주로 활동하였던 조선 관계 대의사와는 다른 모습이다. 다만, 주요 발언들 가운데서는 조선총독부의 지배정책을 비판·견제하는 발언이 종종 확인된다. 예컨대, 제31회 제국의회 예산위원회에서 오가와는 '조선문제'와 관련해서 조선의 상황을 잘 아는 책임자가 정부위원으로 위촉되어 답변할 것을 요구하는데, 이는 '예산'을 매개로 조선총독부에 대한 의회의 영향력을 행사한 일례로 볼 수 있다.[63] 조선 소송대리업자의 청원안을 소개한 것 역시 유사한 사례이다. 이는 당시 '변호인'으로 왕성하게 활동하고 있던 본인의 관심 분야이기도 했지만, 조선의 실상을 전혀 고려하지 않은 조선총독부의 원론적·획일적 정책에 이의를 제기한 것으로도 볼 수 있다.

변호사는 근대법 체계를 운용하는 법조인 중의 한 사람으로, 조선에는 1905년 「변호사법」이 공포되면서 '변호사제도'가 처음 도입되었다. 1895년 「민형소송규정」이 제정되면서 대인(代人)에 의한 소송위탁이 법으로 명시되기는 했으나, 변호사가 부족한 상황이었으므로 '소송대리업자'라는 별도의 직업군이 등장하는데, 이들은 영사 내지는 이사관의 허가 하에 변호사와 같이 소를 취급할 수 있었다. 1909년 통감부령 제9호로 공포된 「변호사규칙」은 이러한 소송대리업자의 권한을 인정했으나, 강제병합 직후인 1910년 12월 「변호사규칙」이 새로 공포되면서 변호사 자격이 없는 소송대리업자는 더이상 소를 취급할 수 없게 되었다.[64] 오가와는 그해 열린 제27회 제국의회에서 소송대리업자의 변호업무 유지를 요구하는 청원서를 마쓰다 겐지(松田源治) 등과 함께 제출하였다. 청원인은 조선에 거주한 소송대리업자들이었다.[65]

오가와 등이 소개한 청원서의 내용은 대략 다음과 같다. 첫째, 조선으로 건너와 10년 이상 소송업무에 종사하면서 조선 사법계의 발달에 공헌한 점이 다대함에도 불구하고, 갑작스럽게 그 자격을 박탈하는 것은 청원인들의 생계를 위협하는 일이다. 둘째, 소송대리업자의 변호사 업무 유지는 보통의 의미에서 기득권일 수도 있으나, 새로운 규칙을 정할 때 이러한 기득

---

[63] 오가와는 '의회제도'를 부정하는 1935년 고노에(近衛)의 '신체제 운동'에 강하게 저항했던 인물로, '관료지배'가 강화되는 것을 크게 비판한 반면 국민에 의해 선출된 대의사=중의원의 중요성을 강조하였다. 강제병합 직후 조선의 상황에 대해서도 관료가 여러 폐해를 양산한다고 지적하였을 뿐만 아니라 헌병과 순사를 배치해 '사벨(sabel)'을 앞세운 '무단통치'도 비판·견제하는 입장으로, 의회의 영향 하에 조선 민중(특히 조선 거주 일본인)의 실정에 기초한 '情味' 있는 식민정책이 수립되기를 원했다(伊藤隆, 앞의 책, 2016, 398~399쪽 ; 小川平吉, 「其根本義を誤る勿れ」, 『朝鮮』 37, 1911, 5~7쪽.).

[64] 『경남일보』 1910.12.19, 「訴訟代理人廢止」.

[65] 『매일신보』 1911.1.26, 「特許訴訟代理請願」.

권을 존중하는 것이 관례이다. 셋째, 타이완의 경우, 타이완 내로 한정해서 변호사와 동등하게 소송을 대리하도록 한 선례가 있다.[66] 넷째, 조선인 소송대리업자의 경우, 조선인을 상대로 한 소송대리 업무는 가능하도록 편의를 주었다. 때문에 일본인 소송대리업자의 활동 범위를 조선으로 한정하더라도, 소송대리 업무를 계속할 수 있도록 해 달라는 것이었다. 이에 대해 정부위원으로 출석한 고다마 히데오(兒玉秀雄) 조선총독부 회계국장은, 치외법권 철폐와 함께 사법제도의 쇄신, 재판상의 조직 완비를 도모할 목적으로 공포한 「변호사규칙」에 근거한 조치로, 변호사 자격이 없는 소송대리업자의 변호 업무는 인정할 수 없다고 답변하였다.[67]

오가와 등의 청원 건은 제27회 제국의회에서 채택되어 정부로 송부되었고, 그해 6월 조선총독부 제령 제8호 「소송대리업자에 관한 건」으로 입법화되었다. 곧, '당분간'이라는 단서가 붙기는 했지만 과거 이사청 관할 지방재판소 관내에서는 소송대리업을 지속할 수 있게 된 것이다.[68] 이는 오랜 기간 조선에서 소송업에 종사했음에도 불구하고 강제병합 이후 사법제도가 정비되는 과정에서 배제되었던 일본인 소송업자들의 목소리를 대변한 것인데, 근대적 제도 정비 이전 조선에서 편법적으로 인정하였던 이들의 '기득권'을 본국과 같은 잣대로 더이상 인정하지 않는다는 것은 과도기 조선의 특수한 사정을 고려하지 않은 정책이라며 비판한 것이다. 다시 말해 조선에 정착한 일본인들의 이해를 크게 고려하지 않는 조선총독부의 획일적 지배정책에 대한 비판이었던 것이다. 본인이 법조계 일원이었던 만큼 그들과의 인적 네트워크 속에서 더욱 관심을 둔 사안이기도 한 듯한데, 그가 변호사협회를 조직해 변호사들의 이해를 대변하는 활동을 지속적으로 전개한 것도 같은 맥락에서 이해할 수 있겠다.

'당분간' 지방재판소 관내로 제한되었던 이들의 소송대리 업무는 1919년 5월 제령 제13호의 공포로 '변호사'로 전환되면서 조선 전체로 확대되었다.[69] 다만 이때의 변호사 전환은 일본인 소송대리업자에 한정되었는데, 조선인 소송대리업자의 변호사 전환을 요구하는 청원·건의안은 마키야마 고조, 다나카 만이츠(田中萬逸) 등 조선 관계 대의사들에 의해 1930년대 초반까지 중의원으로 반복적으로 제출되었다.

---

[66] 오가와는 제24회, 제25회 제국의회에 상정된 '본국-타이완 간 재판 효력에 관한 법률안'을 심의하는 과정에서 타이완에서의 변호인 자격 인정 문제에 대해서도 적극적으로 찬성하는 입장이었다.
[67] 「第27回帝国議会　衆議院 請願委員第一分科會議録」(제4회), 1911.2.27, 19~21쪽.
[68] JACAR, Ref. A15113841000 「訴訟代理業者ニ関スル件ヲ定ム」
[69] JACAR, Ref. A13100398300 「訴訟代理業者ニ弁護士タルノ資格附与ニ関スル制令案」

'조선 관계 대의사'는 제국의회에서 조선 문제에 적극적으로 관여하며 식민지 조선 지배 정책의 수립과 집행에 일정한 영향을 미친 정치 일단이다. 이들은 조선에 거주 중이거나 활동한 이력이 있는 인사들로, 조선 거주 인사들과의 인적 네트워크 속에서 조선에 대한 비교적 정확한 정보를 가질 수 있었다. 이들은 특히 당시 조선으로 이주해 정착한 일본인들의 목소리를 대변하는 경우가 많았는데, 조선 관계 대의사는 '청원안' 혹은 '건의안'을 중의원으로 제출함으로써 본국 정부 혹은 조선총독부의 식민정책이 이들의 이해에 유리한 방향으로 수립·집행되도록 하였다. 이는 그들의 정치·경제적 이해와 부합하기도 했는데, 그 과정에서 조선총독부의 정책을 지지하는가 하면 신랄하게 비판하기도 하였다.

　본 논문은 조선 관계 대의사의 한 그룹으로, 한말~일제초기 활동했던 인물 중 한 사람인 오가와 헤이키치의 의정활동이 조선 식민화와 일제초기 식민정책 수립에 미친 영향에 대해 살펴보았다. 오가와는 1903년 제8회 중의원 총선거를 통해 의회에 입성했으며, 일찍부터 '중국문제'에 관심을 가지고 동아동문회, 국민동맹회, 대러동지회 등의 단체에서 활동하였다. 통감부 설치 이후에는 고종의 퇴위나 강제병합을 적극적으로 주장하였을 뿐만 아니라 일진회의 합방운동을 종용하는 등 조선 식민화에 기여했다. 이 과정에서 다양한 경험을 축적한 그는 대표적인 '조선통' 의원으로, 중의원에서 조선 관련 안건의 심의에 적극 참여하였다. 특히, 식민자로서의 조선 거주 일본인에 큰 관심을 가졌는데, 그들의 조선 이주와 안정적 정착에 필요한 여러 법안들을 상정·심의하였고, 그에 필요한 구체적이고 현실적인 방안들을 제시했다. 그의 경험과 지식은 곧 '조선 거주 일본인의 현실'과 '일본제국의회'를 '매개'한 것으로, 강제병합 전후 일본인들의 조선 이주와 안정적 정착에 크게 기여하였다.

　오가와와 같은 시기 활동하였던 대의사로는 널리 알려진 아다치 겐조를 비롯해서 오우치 죠조, 이노우에 가쿠고로 등인데, 모두 조선의 식민화에 적극적으로 가담했던 인물들이다. 이들은 마키야마 고조, 마츠야마 츠네지로, 사카가미 사다노부 등 1910년대 중반 이후 1920년대 전반기 활동했던 조선 관계 대의사의 의정활동과는 다른 모습을 보였다. 후자는 조선에 거주한 가운데 대의사에 당선된 자들로, 다이쇼 데모크라시라는 시대적 배경 하에 식민지 조선의 개발을 위한 다양한 사안들을 '청원' 혹은 '건의'의 형태로 제출한 이들인데, 본인 혹은 조선 거주 일본인들의 이해를 대변하는 '로비스트(lobbyist)'적 성격의 대의사였다.

반면, 오가와 등은 통감부 설치 이후 통감정치의 한계를 지적하는 한편 대조선 지배정책을 구축하는 데 필요한 법률이나 예산의 심의를 중심으로 의정활동을 전개하면서 번벌 혹은 군부 중심의 조선 지배를 견제하는 모습을 보여주었다. 이들의 의정활동은 조선의 식민화를 추동하는 한편 일제초기 식민지 지배체제 구축에 기여한 '브로커(broker)'로서의 성격을 보다 강하게 드러냈다. 오가와 등의 조선 관계 대의사는, 조선에 정치·경제적 기반을 두고 있던 대의사 마키야마 마츠야마 등이 1920년대 '조선의 개발'을 의정활동의 과제로 삼았던 것과는 달리, 강제병합 전후 '조선 식민화'와 '의회 중심의 안정적 식민지배체제 구축'이라는 시대적 과제 해결을 그들의 정치적 기반으로 삼고 있었다.

〈부표〉 한말~1910년대 小川平吉의 조선 관련 의정활동

회차	회의명	주요 의정활동	결과
제18회 (1903.5.12 ~1903.6.4)	본회의	·조선 거주 일본인 피해 배상금에 관한 질문주의서 제출	·정부로 송부 ·외무성의 답변
제21회 (1904.11.30 ~1905.2.27)	재외 지정학교 직원 은퇴료 및 유족 부조료 법안위원회	·정부제출 법안위원회 위원으로 선임 ·법안의 적용 범위를 '조선' 이외로 확장하고, 조선에서의 일본인 수가 계속 늘어날 것이므로 지정학교 수를 제한하는 규정은 삭제하자는 의견 제시	·수정안으로 가결
제22회 (1905.12.28 ~1906.3.27)	내국 관헌의 관장에 속하는 사항에 대해 통감의 직권에 관한 법률안위원회	·정부제출 법률안위원회 위원으로 선임 ·조선에 관한 사항 중 외무대신, 농상무대신, 문부대신 등 본국 관헌의 관할 사항을 통감의 직권으로 하는 것에 관한 심의 ·통감의 직권 범위에 대한 수정안 제시	·원안대로 가결
	징병령 중 개정 법률안위원회	·정부제출 법률안위원회 위원으로 선임 ·조선 외 조차지인 만주 등 외국 거주 일본인의 징병유예를 폐지할 것에 관한 심의 ·중국에서의 징병유예 폐지는 일본인의 이주에 악영향을 미칠 것이라는 등의 반대 의견/ 수정안 제시했으나 채택되지 않음	·원안대로 가결
제23회 (1906.12.28 ~1907.3.27)	이민보호법 중 개정 법률안위원회	·정부 제출 법률안위원회 위원으로 선임 ·이민 취급 업무의 범위를 확장하고 이민 보호를 두텁게 하는 방향으로 법률안 개정을 심의하면서 정부 정책의 효과를 논의	·수정안으로 가결
	본회의	·대한정책에 관한 질문주의서 제출(찬성자)	·정부로 송부 ·정부의 답변

회기	위원회	주요 내용	결과
제24회 (1907.12.28 ~1908.3.26)	본회의	·간도문제에 관한 질문주의서 제출	·정부로 송부 ·외무성의 답변
	제국 영토 내 재판의 효력에 관한 법률안위원회	·법률안 제출 ·제국 영토 내 각 재판소의 판결은 제국 영토 어디서든 효력을 가진다는 내용 ·민사에 한정하기로 수정	·수정안으로 가결
	동양척식주식회사법안 위원회	·정부 제출 법률안위원회 위원으로 선임 ·동척 설립의 필요성은 인정하되, 조선의 실정에 맞추어 법안의 문구 수정에 대해 심의	·수정안으로 가결
	본회의	·동척의 설립을 서둘러서는 안된다는 가결 반대 의견에 대해 반론을 제시. 이번 회기 내에 처리하지 않으면 조선에 대한 척식이 1년 지체된다고 주장	·정부로 송부 ·법률 제63호 「동양척식주식회사법」 공포
제25회 (1908.12.25 ~1909.3.24)	내지 및 타이완 사법 공통에 관한 법률안위원회	·법률안위원회 위원으로 선임 ·내지와 타이완 간 사법 효력을 공통으로 인정하는 것에 관한 심의 ·조선으로 확장시키자는 수정안 심의	·수정안으로 가결
제26회 (1909.12.24 ~1910.3.23)	본회의	·통감정치에 관한 질문주의서 제출(찬성자)	·정부로 송부 ·외무·대장성 답변
	동양척식주식회사법 중 개정법률안 외 3건 위원회	·정부 제출 법률안위원회 위원으로 선임 ·동척의 금융기관으로서의 기능을 강화하는 방향으로 법률안 개정 ·동척의 부진한 성적을 지적하면서 회사 본위의 사업에 치중함을 비판. 정부와 의회의 감독 강화와 동척 본래의 이주사업에 충실할 것을 요구	·원안대로 가결
제27회 (1910.12.23 ~1911.3.22)	조선은행법안위원회	·정부 제출 법률안위원회 위원으로 선임 ·명칭과 태환권 보증준비액 증액 심의 ·조선은행에 대한 감독자는 '조선총독'이 아닌 '정부'여야 한다는 수정의견 등 심의했으나 채택되지 않음	·수정안으로 가결
	예산위원회	·조선, 대만, 사할린, 만주 등 新嶺土 4곳을 묶어 1개 분과 추가	
	청원안위원회	·〈조선소송대리업자에 관한 청원〉 제출 ·「조선총독부변호사규칙」 발표와 동시에 폐지된 특허 소송사무업자의 기득권을 유지해 줄 것을 청원	·정부로 송부 ·제령 제8호 「소송대리업자에 관한 건」 발령
제31회 (1913.12.26 ~1914.3.25)	예산위원회	·위원장 대리로서 동척의 사채 모집에 관한 안건 심의	
	예산위원 제2분과	·조선 관련 예산 심의 중, 조선총독부 측 정부위원으로 출석한 탁지부장관의 답변만으로는 만족할 수 없다고 이의제기 ·철도, 경찰, 삼림 등 조선의 상황에 대해 상당한 설명이 가능한 책임자를 정부위원으로 위촉할 것을 요구	

출선: 『帝国議会会議録検索システム』(https://tcikokugikai-i.ndl.go.jp/#/)

[참고문헌]

제1부
식민지 조선 거주 일본 제국의회 '조선관계대의사'

1장
식민지와 조선
– 오이케 츄스케(大池忠助)의 지역성과 식민자로서의 위상

〈자료〉
『公文編案』,『東萊監理各面署報告書』,『奎17746 起案』
『釜山日報』,『朝鮮時報』
『半島時論』,『三千里』
長谷川喜一郎,『改正衆議員議員選擧提要』全, 大久保翠琴堂, 1902.
高橋刀川,『在韓成功之九州人』, 虎餘號書店, 1907.
帝國議員衆議員事務局,『제36·37회 帝國議會會議錄』, 1916.
吉用正廣,『釜山開港五十年記念號』, 釜山府, 1926.
朝鮮總督府 總督官房總務課,『光榮錄』, 1928.
柄澤四郞,『朝鮮人間記』, 大陸硏究社, 1928.
葛生能久,『東亞先覺志士記傳』下卷, 黑龍會, 1933.
德富猪一郎,『陸軍大將 川上操六』, 第一公論社, 1942.
吉田敬市,『朝鮮水産開發史』, 朝水會, 1955.

〈논저〉
남영우,『일제의 한반도 측량침략사』, 범문사, 2011.
다카시 후지타니 지음, 한석정 옮김,『화려한 군주』, 이산, 2003.
식민지 일본어문학·문화연구회,『제국의 이동과 식민지 조선의 일본인들』, 도서출판 문, 2010.
이규수,『식민지 조선과 일본, 일본인』, 다홀미디어, 2007.
한우근,『한국개항기의 상업연구』, 일지사, 1970
홍순권,『근대도시와 지방권력』, 선인, 2010.
村松武司,『朝鮮植民者』, 三省堂, 1972.
木村健二,『在朝日本人の社會史』, 미래사, 1989.
梶村秀樹,『朝鮮史と日本人』, 明石書店, 1992.
柳澤遊,『日本人の植民地經驗-大連日本人商工業者の歷史』, 靑木書店, 1999.
高崎宗司,『植民地朝鮮の日本人』, 岩波書店, 2000.
蘭信三 편저,『日本帝國をめぐる人口移動の國際社會學』, 不二出版, 2008.
內田じゅん, "Brokers of Empire", Settler colonialism in the twentieth century: projects, practices, legacies, edited by Caroline Elkins, Susan Pedersen, 2005.

朴憲哲, 「開港期 釜山港을 中心으로 본 日本人의 商業活動」, 부산대 석사학위논문, 1985.
김동철, 「부산의 유력자본가 香椎源太郎의 자본축적과정과 사회활동」, 『역사학보』186, 2005.
배석만, 「일제시기 부산의 대자본가 香椎源太郎의 자본축적 활동」, 『지역과 역사』25, 2009.
최원규, 「19세기후반·20세기초 경남지역 일본인 지주의 형성과정과 투자사례」, 『한국민족문화』14, 1999
─── , 「일제초기 일본인의 사회적 존재형태와 토지소유관계」, 『한국민족문화』28, 2006.
─── , 「일제의 토지조사사업에서 경남 창원지역의 토지소유권 분쟁 - 自如驛 倉屯 사례」, 『지역과 역사』21, 2007.
전성현, 「일제시기 동래선 건설과 근대 식민도시 부산의 형성」, 『지방사와 지방문화』12권 2호, 2009.
차철욱·양흥숙, 「개항기 부산항의 조선인과 일본인의 관계 형성」, 『한국학연구』26, 2012.
하지영, 「개항기 조선상인과 일본상인 간의 자금거래와 곡물유통 - 부산·경상지역 '兩民交涉債案'의 분석을 중심으로」, 『지역과 역사』20, 2007.

2장
식민지 언론인 마키야마 고조(牧山耕藏)의 제국의회 활동과 다이쇼 데모크라시

〈자료〉

『朝鮮公論』
『朝鮮新聞』
『每日申報』
『釜山日報』
角屋謹一, 『普選議會の重なる人々─政界人物評伝 野党の巻』, 文王社, 1928.
柄沢四郎, 『朝鮮人間記』, 大陸研究社, 1928.
橋川佐一郎編, 『壹岐政情史』, 1932.

〈논저〉

井上寿一, 『政友会と民政党─戦前の二大政党制に何を学ぶか』, 中央公論新社, 2012.
今井清一, 『日本の歴史23─大正デモクラシー』, 中央公論新社, 2006.(초판은 1974년)
岩波新書編集部, 서민교 역, 『일본 근현대사를 어떻게 볼 것인가』, 어문학사, 2013.
成田龍一, 이규수 역, 『다이쇼 데모크라시 - 데모크라시가 제국 일본을 동요시켰다』, 어문학사, 2012.
松尾尊兊, 오석철 역, 『다이쇼 데모크라시』, 소명, 2012.
村瀬信一, 『帝国議会─〈戦前民主主義〉の五七年』, 講談社, 2015.
김종식, 「1910년대 재조일본인 정치가의 정체성 형성과정 -마키야마 고조(牧山耕藏)를 중심으로-」, 『사림』, 56, 수선사학회, 2016.
박양신, 「사학 와세다 인맥을 통해 본 일본·식민지 조선에서의 식민정책론」, 『아시아문화연구』, 39, 가천대학교 아시아문화연구소, 2015.
이형식, 「1920년대 일본제국의회 중의원과 조선통치」, 『史叢』, 82, 2014.
전성현, 「식민자와 조선 - 일제시기 大池忠助의 지역성과 '식민자'로서의 위상」, 『한국민족문화』49호, 2013.

3장
다키 구메지로(多木久米次郎)의
조선 관계 사업과 제국의회에서의 의정활동

〈자료〉

『동아일보』

『조선일보』

『釜山日報』

『매일신보』

『朝鮮總督府官報』

帝国議会会議録検索システム(https://teikokugikai-i.ndl.go.jp/#/) / 검색어 : 多木久米次郎

국사편찬위원회 한국사데이터베이스(http://db.history.go.kr/)

〈논저〉

多木久米次郎傳記編纂會, 『多木久米次郎』, 細川活版所, 1958.

金玄, 「植民地朝鮮と多木久米次郎 : 朝鮮における事業基盤と參政權問題」, 『海港都市研究』 4, 2009.

村瀬信一, 『帝国議会〈戦前民主主義〉の五七年』, 講談社, 2015.

우치다 준·한승동 역, 『제국의 브로커들』, 도서출판 길, 2020.

이규수, 「다키 구메지로(多木久米次郎)의 조선 진출과 농장경영」, 『일제의 식민지배와 재조일본인 엘리트』, 어문학사, 2018.

이동훈, 「마키야마 고조(牧山耕藏)의 '다이쇼(大正) 데모크라시' - 제국의회 중의원과 식민지 언론인의 활동 -」, 『석당논총』 82, 동아대 석당학술원, 2022.

이형식, 「1910년대 일본제국의회 중의원과 조선통치」, 『사총』 82, 고려대 역사연구소, 2014.

전성현, 「'조선관계대의사' 사토 준조(佐藤潤象)와 식민지 조선의 개발사업」, 『한국근현대사연구』 101, 한국근현대사연구, 2022.

전성현 외, 『일본인 이주정책과 재조선 일본인 사회』, 동북아역사재단, 2021.

하지영, 「1920년대 전반기 군산의 일본인 阪上貞信의 제국의회 진출과 활동」, 『석당논총』 81, 동아대 석당학술원, 2021.

4장
1920년대 전반기 군산의 일본인
사카가미 사다노부(坂上貞信)의 제국의회 진출과 활동

〈자료〉

『매일신보』

『동아일보』

『조선신문』

『부산일보』

『조선시보』

三輪規, 松岡塚磨 共編, 『富之群山』, 群山新報社, 1907.
群山南韓鐵道期成同盟會, 『湖南鐵道と群山』, 1910.
坂田富藏, 『(最近)江景事情』, 1911.
仙波正太郎, 『群山ノ交通機關ノ變遷』, 조선은행, 1913.
尾西要太郎, 『鮮南發展史』, 朝鮮新報社, 1913.
군산일보편집국, 『全北忠南之主腦地』, 1913.
군산부, 『群山府勢要覽』, 1917.
保高正記編, 『群山開港史』, 1925.
伊藤光三郎, 『群山案內』, 1926.
釜山日報群山支社 編, 『(開港三十周年記念)群山』, 1928.
朝鮮總督府內務局土木課, 『群山港修築工事寫眞帖』, 1934.
群山府, 『群山府史』, 1935.
竹中康雄, 『群山開港前史』, 1935.
群山商業會議所, 『統計年報』, 1937.
群山商業會議所, 『群山商工會議所統計年報』, 1939.

〈논저〉
김두헌, 「1928년 해항도시 군산의 특징과 사회구조」, 『해항도시문화교섭학』 14, 2016.
김종식, 「1910년대 재조일본인 정치가의 정체성 형성과정」, 『사림』 56, 2016.
김희중, 「일제지배하의 호남선 철도에 관한 고찰」, 호남대 학술논문집 23-1, 2002.
박양신, 「1920년대 일본 식민정책학의 식민정책론: 식민지 본위주의와 자치주의」, 『일본비평』 11, 2019.
이승엽, 「재조일본인 중의원 의원 오이케 주스케(大池忠助)」, 『일제의 식민지배와 재조일본인 엘리트』, 어문학사, 2018.
이용상 외, 「일제강점기 사설철도 경남철도주식회사의 특징에 관한 연구」, 『한국철도학회논문집』 21-2, 2018.
이준식, 「일제강점기 군산에서의 유력자집단의 추이와 활동」, 『동방학지』 131, 2005.
이형식, 「1910년대 일본제국의회 중의원과 조선통치」, 『사총』 82, 2014.
전성현, 「식민자와 조선-일제시기 大池忠助의 지역성과 '식민자'로서의 위상」, 『한국민족문화』 49, 2013.

5장
밀양의 대지주 유아사 본페이(湯淺凡平)의 제국의회 중의원 의정 활동

〈자료〉
『京城日報』
『官報』(日本國·朝鮮總督府)
『大韓每日申報』
『大阪每日新聞』
『東亞日報』
『每日申報』

『釜山日報』
『朝鮮公論』
『朝鮮時報』
『朝日新聞』
『中國新聞』
『皇城新聞』

加藤紫泉,『新代議士名鑑』, 国民教育会, 1924.
慶尙南道,「50町步以上地主調」, 1938.
內尾直二,『人事興信錄 第5版』, 人事興信所, 1918.
大橋淸三郞 편,『朝鮮產業指針』, 開發社, 1915.
山口精,『朝鮮産業誌』, 寶文館, 1910.
善生永助,『朝鮮の聚落』(中篇), 朝鮮總督府, 1933.
細井肇,『現代日本の政治家』, 國光社, 1916.
朝鮮總督府慶尙南道,『慶尙南道道勢要覽(大正二年)』, 1914.
衆議院事務局,『衆議院要覽 下卷』, 1915, 1917.
衆議院事務局,『衆議院議員總選擧一覽』, 1926.
衆議院·参議院,『議会制度七十年史 衆議院議員名鑑』, 大蔵省印刷局, 1962.
靑戶藤吉,『韓國中央農會報』2-4, 韓國中央農會, 1908.
국사편찬위원회 한국사데이터베이스(https://db.history.go.kr)
미요시시 공식 홈페이지(https://www.city.miyoshi.hiroshima.jp)
アジア歷史資料センター(JACAR, https://www.jacar.go.jp)
帝国議会会議録検索システム(https://teikokugikai-i.ndl.go.jp)

〈논저〉

広島朝鮮史セミナー事務局,『梶山季之を偲んで』(梶山季之記念講座報告書), 2007.
広島県,『広島県史 近代2 - 通史Ⅵ』, 1981.
岸田裕之,『広島県の歴史』, 山川出版社, 2013(2판 2쇄).
이형식,「1910년대 일본제국의회 중의원과 조선통치」,『史叢』82, 고려대학교 역사연구소, 2014.
전성현 외,『일본인 이주정책과 재조선 일본인사회』, 동북아역사재단, 2021.
전성현,「서일본 및 조선 관계 대의사 秋田寅之介의 식민지 경제 침탈과 제국의회 활동」,
『역사와 경계』127, 부산경남사학회, 2023.
최원규,『일제시기 한국의 일본인 사회』, 혜안, 2021.
村瀨信一,『帝国議会』, 講談社, 2015.

제2부
식민지 조선 거주 경험이 있는 일본 제국의회 '조선관계대의사'

6장
〈조선관계대의사〉 사토 준조(佐藤潤象)와
식민지 조선의 개발사업

〈자료〉

『每日申報』

『京城日報』

『朝鮮新聞』

『朝鮮時報』

『大阪時事新報』

『大阪朝日新聞』

『中外商業新報』

『各司謄錄』

『舊韓國外交文書』

『韓國近代史資料集成』

『駐韓日本公使館記錄』

『統監府文書』

『渋沢栄一伝記資料』

衆議院, 『第四十九回帝国議会衆議院議員名簿』, 1924.

衆議院事務局, 『衆議院要覽』 大正13年12月編乙, 1924.

帝国鉄道協会, 『朝鮮に於ける鉄道普及促進に付建議 附 朝鮮と其の富源』, 1926.

「JACAR(アジア歴史資料センター)Ref.B12080995000、22.帝国鉄道協会定款及役員表送付ノ件 同九月(B-3-6-8-5_003_001)(外務省外交史料館)」

「JACAR(アジア歴史資料センター)Ref.A14080808000、朝鮮産業振興ノ請願(国立公文書館)」

「JACAR(アジア歴史資料センター)Ref.B12081111400、20.朝鮮ニ於ケル鉄道普及促進ニ付建議(B-3-6-8-26)(外務省外交史料館)」

「第49回帝国議会 衆議院 衆議院本会議(議院成立に関する集会) 大正13年6月25日」

「第49回帝国議会 衆議院本会議(議院成立に関する集会) 大正13年6月27日」

「第49回帝国議会 衆議院本会議 第2号 大正13年6月30日」

「第50回帝国議会 衆議院本会議(議院成立に関する集会) 大正13年12月24日」

「第50回帝国議会 衆議院本会議 第2号 大正13年12月27日」

「第51回帝国議会 衆議院本会議 第36号 大正15年3月24日」

「第51回帝国議会 衆議院本会議 第37号 大正15年3月25日」

「第52回帝国議会 本会議 第9号 昭和2年1月29日」
「第52回帝国議会 衆議院 朝鮮事業公債法改正法律案外二件委員会 第1~11号 昭和2年1月31日~昭和2年3月10日」
「第52回帝国議会 衆議院 朝鮮事業公債法改正法律案外二件委員会 第1号 昭和2年1月31日」
「第52回帝国議会 衆議院 朝鮮事業公債法改正法律案外二件委員会 第4号 昭和2年2月15日」
「第52回帝国議会 衆議院 朝鮮事業公債法改正法律案外二件委員會議錄(速記) 第4号 昭和2年2月15日」
「第52回帝国議会 衆議院 朝鮮事業公債法改正法律案外二件委員会 第7号 昭和2年2月21日」
「第52回帝国議会 衆議院 朝鮮事業公債法改正法律案外二件委員会 第8号 昭和2年2月23日」
「第52回帝国議会 衆議院 朝鮮事業公債法改正法律案外二件委員会 第11号 昭和2年3月10日」
佐藤潤象,『第五十二・第五十三回帝国議会報告書』, 1927.
大平鐵畊,『朝鮮鐵道十二年計畫』, 鮮滿鐵道新聞社, 1927.
帝国鉄道協会,『帝国鉄道年鑑』昭和3年版, 1928.
『朝鮮統治の回顧と批判』, 朝鮮新聞社, 1936.
衆議院事務局,『衆議院要覧』昭和12年11月(丙), 1937.

7장
'아시아주의자' 나카노 세이고(中野正剛)의 조선 체류 경험과 식민 통치관

〈사료〉
『朝鮮公論』
中野正剛,『八面鋒:朝野の政治家』, 博文館, 1911.
中野正剛,『明治民權史論』, 有備堂, 1913.
中野正剛,『我が観たる満鮮』, 政教社, 1915.
中野正剛,『世界政策と極東政策』, 至誠堂書店, 1917.
中野正剛,『講和会議を目撃して』, 東方時論社, 1919.
中野正剛,『満鮮の鏡に映して』, 東方時論社, 1921.

〈문헌〉
강동진,『日本言論界와 朝鮮』, 지식산업사, 1987.
다가사키 소지, 최혜주 역,『일본 망언의 계보』, 한울, 2010.
마쓰모토 겐이치,「아시아주의자의 원상(原像): 나카노 세이고(中野正剛)의 경우」,『일본비평』10호, 서울대 일본연구소, 2014.
박양신,「사학 와세다 인맥을 통해 본 일본・식민지 조선에서의 식민정책론」,『아시아문화연구』, 39, 가천대학교 아시아문화연구소, 2015.
이가연,「多木久米次郎의 조선 관계 사업과 제국의회에서의 의정활동」,『동북아문화연구』, 75, 동북아시아문화학회, 2023.
이동훈,「마키야마 고조(牧山耕藏)의 '다이쇼(大正)데모크라시': 제국의회 중의원과 식민지 언론인의 활동」,『석당논총』, 82, 동아대학교 석당학술원, 2022.
이형식,「1910년대 일본제국의회 중의원과 조선통치」,『史叢』, 82, 고려대학교 역사연구소, 2014.

전성현, 「식민자와 조선 – 일제시기 大池忠助의 지역성과 '식민자'로서의 위상」, 『한국민족문화』 49호, 부산대학교 한국민족문화연구소, 2013.
전성현, 「'조선관계대의사' 사토 준조(佐藤潤象)와 식민지 조선의 개발사업」, 『한국근현대사』, 101, 한국근현대사학회, 2022.
하지영, 「1920년대 전반기 군산의 일본인 阪上貞信의 제국의회 진출과 활동」 『석당논총』, 81, 동아대학교 석당학술원, 2021.
猪俣敬太郎, 『中野正剛の生涯』, 黎明書房, 1964.
今井清一, 『日本の歴史23―大正デモクラシー』, 中央公論新社, 2006.(초판은 1974년)
岩波新書編集部, 서민교 역, 『일본 근현대사를 어떻게 볼 것인가』, 어문학사, 2013.
緒方竹虎, 『人間中野正剛』, 中央公論社, 1988.
正剛会編, 『中野正剛は生きている』, あけぼの社, 1954.
中野泰雄, 『政治家中野正剛』, 新光閣書店, 1971.
中野泰雄, 『アジア主義者中野正剛』, 亜紀書房, 1988.
成田龍一, 이규수 역, 『다이쇼 데모크라시 – 데모크라시가 제국 일본을 동요시켰다』, 어문학사, 2012.
日下藤吾, 『獅子の道中野正剛』, 叢文社, 1986.
松尾尊兌, 오석철 역, 『다이쇼 데모크라시』, 소명, 2012.
村瀬信一, 『帝国議会―「戦前民主主義」の五七年』, 講談社, 2015.

....

8장
이노우에 가쿠고로(井上角五郎)의 『한성순보』 발간과 '조선통' 대의사로서의 의정 활동

〈자료〉

『매일신보』

『京城日報』

『동아일보』

『조선일보』

『読売新聞』

『大阪朝日新聞』

井上角五郎君功労表彰会 編, 『井上角五郎君略伝』, 井上角五郎君功労表彰会, 1919.
井上角五郎先生伝記編纂会 編, 『井上角五郎先生伝』, 井上角五郎先生伝記編纂会, 1943.
小山昌省 編, 『井上角五郎君帝国議会演説筆記』, 小山昌省, 1891.2.
井上角五郎, 『漢城廼残夢』, 1891.10.
井上角五郎, 『予算意見』, 楢崎平太郎, 1891.12.
井上角五郎 述, 秋田荘次郎 記, 『議会解散意見』, 忠愛社, 1892.1.
井上角五郎, 『帝国議会議政之方針』, 小坂幸吉, 1894.7.
井上角五郎, 『第四十六帝国議会ト農村問題』, 東京築地活版製造所, 1923.
井上角五郎, 『福沢先生の朝鮮御経営と現代朝鮮の文化とに就いて』, 1934.
井上角五郎, 「金玉均君に就て」, 中央朝鮮協会, 1937.
帝國議會議録(https://teikokugikai-i.ndl.go.jp)

〈논저〉

김종학, 「이노우에 가쿠고로(井上角五郎)와 갑신정변(甲申政變)- 미간사료『井上角五郎自記年譜』에 기초하여」, 『한국동양정치사상사연구』13-1, 한국동양정치사상사학회, 2014.3.

배병욱, 「밀양의 대지주 유아사 본페이(湯淺凡平)의 제국의회 중의원 의정 활동」, 『석당논총』89, 동아대 석당학술원, 2024.

이가연, 「多木久米次郎의 조선 관계 사업과 제국의회에서의 의정활동」, 『동북아문화연구』75, 동북아시아문화학회, 2023.

이광린, 「漢城旬報와 漢城周報에 對한 一考察」, 『역사학보』38, 역사학회, 1968.8.

이동훈, 「牧山耕藏의 초기 중의원 활동」, 『석당논총』82,동아대 석당학술원, 2022.

전성현, 「'조선관계대의사' 사토 준조(佐藤潤象)와 식민지 조선의 개발사업」, 『한국근현대사연구』101, 한국근현대사연구회, 2022.

전성현, 「서일본 및 조선 관계 대의사 秋田寅之介의 식민지 경제 침탈과 제국의회 활동」, 『역사와경계』127, 부산경남사학회, 2023.

정진석, 「漢城旬報 周報에 관한 研究」, 『신문연구』36, 관훈클럽, 1983.12.

李鍊, 「韓国の新聞成立に果たした井上角五郎の役割」, 『新聞学評論』37, 1988.4.

최낙진, 「한성순보와 한성주보 관련 이노우에 가쿠고로(井上角五郎)의 저작물에 대한 비판적 접근」, 『커뮤니케이션학 연구』32-3, 2024.

하지영, 「1920년대 전반기 군산의 일본인 阪上貞信의 제국의회 진출과 활동」, 『석당논총』81, 2021.

하지영, 「한말~1910년대 '조선 관계 대의사' 오우치 쵸조(大內暢三)의 제국의회 활동과 한국 식민지화」, 『지역과역사』53, 부경역사연구소, 2023.

新聞集成明治編年史編纂会編,『新聞集成明治編年史第7卷』, 林泉社, 1936.

慶應義塾編,『福澤諭吉全集』第20卷東京: 岩波書店, 1958.

雀部晶,「官営八幡製鉄所の設立と初期高炉操業の失敗について」,『国立科学博物館研究報告 E類』第3卷, 1980.

野村英一,『三田の政官界人列伝』, 慶應義塾大学出版会, 2006.

小田原市,「第4章 アメリカへ」,『移民の先駆者 星﨑定五郎』, 2011.4.

原田環,「井上角五郎の朝鮮情報に関する基礎的調査」,『近代日本研究』35, 2018.

9장
1910년대 '조선 관계 대의사' 오우치 쵸조(大內暢三)의 제국의회 활동과 한국 식민지화

〈자료〉

『황성신문』

『대한매일신보』

『매일신보』

『부산일보』

『조선신문』

『조선시보』

『統監府文書』

『駐韓日本公使館記錄』

『제국의회 중의원 의사 속기록』(https://teikokugikai-i.ndl.go.jp/#/)

高橋鉄太郎,『当面の人物フースヒー』, フースヒー社, 1913.
東亞同文會 編,『對支回顧錄』(상), 對支功勞者傳記編纂會, 1936.
東亞同文會 編,『(續)對支回顧錄』(하), 原書房, 1973.
星野良吉·大內暢三·內田良平,『政略纂論, 韓國問題, 先輩並に知友各位に訴ふ』, 龍溪書舍, 1996.
吹春茂,『白城にかかる虹 : 大内暢三伝』, 2000.

〈논저〉

김경일,「日本 東亞同文會의 對外活動에 對한 批判的 考察 : 多者協力理論을 通한 分析을 中心으로」,『일본어문학』77, 2017.
김종식,「1910년대 재조일본인 정치가의 정체성 형성과정」,『사림』56, 2016.
우치다 쥰 지음·한승동 올김,『제국의 브로커들』, 도서출판 길, 2020.
이동훈,「제국의회 중의원 의원과 식민지 언론인 사이에서 : 牧山耕藏의 다이쇼 데모크라시」,『석당논총』, 82, 2022.
이승엽,「재조일본인 중의원 의원 오이케 주스케(大池忠助)」,『일제의 식민지배와 재조일본인 엘리트』, 어문학사, 2018.
이형식,「1910년대 일본제국의회 중의원과 조선통치」,『사총』82, 2014.
전성현,「식민자와 조선-일제시기 大池忠助의 지역성과 '식민자'로서의 위상」,『한국민족문화』49, 2013.
전성현 외,『일본인 이주정책과 재조선 일본인사회』, 동북아역사재단, 2021.
채수도,『일본제국주의의 첨병, 동아동문회』, 경북대학교출판부, 2011.
하지연,『기쿠치 겐죠, 한국사를 유린하다』, 서해문집, 2015.
하지영,「1920년대 전반기 군산의 일본인 阪上貞信의 제국의회 진출과 활동」,『석당논총』81, 2021.
한상일,『아시아 연대와 일본제국주의』, 도서출판 오름, 2002.
村瀨信一,『帝國議會』, 講談社, 2015.

10장
아다치 겐조(安達謙藏)는 어떻게 '조선 관계 대의사'의 원조가 되었나?
- 조선과의 인연과 제국의회 중의원 의정 활동 -

〈자료〉

『京城日報』
『九州日日新聞』
『國民新聞』
『每日申報』
『釜山日報』
『朝鮮公論』
『朝鮮及滿洲』
『朝鮮時報』
『皇城新聞』
『安達謙藏関係文書(所藏)』(国立国会図書館憲政資料室)
安達謙藏,『安達謙藏自敍傳』, 新樹社, 1960.

衆議院事務局 編,『第一回乃至第二十回總選擧 衆議院議員略歷』, 1940.
『衆議院要覽』, 衆議院事務局, 1942.
黑龍會 편,『東亞先覺志士記傳』(上卷), 黑龍會出版部, 1933.
國立國會圖書館專門資料部,『齋藤實關係文書目錄 書翰の部1』, 國立國會圖書館, 1998.
山室信一,『アジアびとの風姿』, 人文書院, 2017.
宇垣一成文書硏究會,『宇垣一成關係文書』, 芙蓉書房, 1995.
熊本近代史硏究会 編,『大正デモクラシー期の体制変動と対抗』, 熊本近代史研究会, 1996.
鄭鳳輝,「熊本県人の韓国における言論活動(自1880~至1920)」,
『海外事情研究』30-2, 熊本学園大学付属海外事情研究所, 2003
국사편찬위원회 한국사데이터베이스(https://db.history.go.kr)
대한민국 신문아카이브(https://www.nl.go.kr/newspaper)
国立国会図書館,「近代日本人の肖像」(https://www.ndl.go.jp/portrait/)
選挙ドットコム(https://go2senkyo.com/)
神戸大学附属図書館デジタルアーカイブ 新聞記事文庫
(https://da.lib.kobe-u.ac.jp/da/np)
帝国議会会議録検索システム(https://teikokugikai-i.ndl.go.jp)

〈논저〉

강창일,『근대 일본의 조선침략과 대아시아주의』, 역사비평사, 2003.
金慶南·廣瀨順晧 편역,『조선총독의 편지 – 총독 미나미가 오노 총감에게 보낸 비밀 기록』, 선인, 2015.
김문자 지음, 김승일 옮김,『명성황후 시해와 일본인』, 태학사, 2011.
배병욱,「한말·일제하 熊本 國權黨의 '조선어학생 파견사업' 연구」, 동아대학교(박사), 2019.
배병욱,「밀양의 대지주 유아사 본페이의 제국의회 중의원 의정 활동」,『석당논총』89, 동아대학교 석당학술원, 2024.
이형식,「1910년대 일본제국의회 중의원과 조선통치」,『史叢』82, 고려대학교 역사연구소, 2014.
이형식,「정우회 국회의원 모리야 에이후(守屋榮夫)와 조선사회」,『인문논총』79-4, 서울대학교 인문학연구원, 2022.
전성현,「'조선관계대의사' 사토 준조(佐藤潤象)와 식민지 조선의 개발사업」,『한국근현대사연구』101, 한국근현대사학회, 2022.
하지영,「한말~일제초기 '조선문제'와 오가와 헤이키치(小川平吉)의 의정활동」,『석당논총』90, 동아대학교 석당학술원, 2024.

제3부
식민지 조선과 이해관계가 있는 일본 제국의회 '조선관계대의사'

11장
서일본 및 조선 관계 대의사 아키타 도라노스케(秋田寅之介)의 식민지 경제 침탈과 제국의회 활동

〈자료〉
『帝国議会会議録』
『朝鮮總督府官報』
『朝鮮銀行會社要錄』
『朝鮮銀行會社組合要錄』
南満洲鉄道株式会社興業部商工課 編,『満洲商工要覽』, 満蒙文化協会, 1922.
大來修治,『記念誌:大連開業二十年聯合祝賀會』, 遼東新報社, 1924.
東洋新報社 編,『大正人名事典』(3版), 東洋新報社, 1917.
里見謹吾 著,『帝国議会の内面暴露』, 丁巳文庫, 1917.
民天時報社編輯局 編,『海外邦人の事業及人物』(第1輯), 民天時報社, 1917.
福岡鉱務署 編,『福岡鉱務署管内鉱区一覽』, 1918.
西村百合蔵 編,『関門錦苑』, 西村写真館, 1923.
実業之世界社編纂局 編,『大日本実業家名鑑』(下卷), 実業之世界社, 1919.
御大礼記念出版刊行会 編,『現代実業家大観』, 御大礼記念出版刊行会, 1928.
人士興信所,『人士興信錄』(5版), 1918.
日支共同通信社調査部編,『日支貿易綜攬』, 日支共同通信社, 1919.
衆議院,『衆議院議事録』第40巻 第1-30, 1917-1918.
衆議院,『衆議院議事録』第50巻 第1-39, 1924-1925.
衆議院,『衆議院議事録』第51巻 第1-38, 1925-1926.
衆議院,『衆議院議事録』第52巻 第1-33, 1926-1927.
衆議院,『衆議院議事録』第53巻 第1-第55巻 第12, 1927-1928.
衆議院事務局 編,『衆議院議員総選挙一覧』第13回, 衆議院事務局, 1918~1926.
衆議院事務局 編,『衆議院議員総選挙一覧』第14回, 衆議院事務局, 1918~1926.
衆議院事務局 編,『衆議院議員総選挙一覧』第15回, 衆議院事務局, 1918~1926.
衆議院事務局 編,『帝国議会衆議院報告』第39回, 衆議院事務局, 1917.
衆議院事務局 編,『帝国議会衆議院議事摘要』第39回, 衆議院事務局, 1917.
衆議院事務局 編,『帝国議会衆議院報告』第40回, 衆議院事務局, 1918.
衆議院事務局 編,『帝国議会衆議院議事摘要』第40回, 衆議院事務局, 1918.
衆議院事務局 編,『帝国議会衆議院報告』第41回, 衆議院事務局, 1919.

衆議院事務局 編,『帝国議会衆議院議事摘要』第41回, 衆議院事務局, 1919.
衆議院事務局 編,『帝国議会衆議院報告』第42回, 衆議院事務局, 1920.
衆議院事務局 編,『帝国議会衆議院議事摘要』第42回, 衆議院事務局, 1920.
衆議院事務局 編,『帝国議会衆議院報告』第49回, 衆議院事務局, 1924.
衆議院事務局 編,『帝国議会衆議院議事摘要』第49回, 衆議院事務局, 1924.
衆議院事務局 編,『帝国議会衆議院報告』第50回, 衆議院事務局, 1925.
衆議院事務局 編,『帝国議会衆議院議事摘要』第50回 下巻, 衆議院事務局, 1925.
衆議院事務局 編,『帝国議会衆議院報告』第51回, 衆議院事務局, 1926.
衆議院事務局 編,『帝国議会衆議院議事摘要』第51回 上巻, 衆議院事務局, 1926.
衆議院事務局 編,『帝国議会衆議院議事摘要』第51回 下巻, 衆議院事務局, 1926.
衆議院事務局 編,『帝国議会衆議院報告』第52回, 衆議院事務局, 1927.
衆議院事務局 編,『帝国議会衆議院議事摘要』第52回 上巻, 衆議院事務局, 1927.
衆議院事務局 編,『帝国議会衆議院議事摘要』第52回 下巻, 衆議院事務局, 1927.
衆議院事務局 編,『帝国議会衆議院報告』第53回, 衆議院事務局, 1927.
衆議院事務局 編,『帝国議会衆議院議事摘要』第53回, 衆議院事務局, 1927.
衆議院事務局 編,『帝国議会衆議院報告』第54回, 衆議院事務局, 1928.
逓信省管船局 編,『日本船名録 附録明治40-43年』, 帝国海事協会, 1887~1912.
海峡社編,『下関名鑑』, 海峡社, 1925.
『日本現今人名辞典』(訂正3版), 日本現今人名辞典発行所, 1903.

12장
중의원 출신 실업가 구메 다미노스케(久米民之助)와
금강산전기철도

〈자료〉
『大阪朝日新聞』
『京城日報』
『朝鮮新聞』
『朝鮮時報』
『毎日申報』
『釜山日報』
『朝鮮』
『朝鮮彙報』
『朝鮮公論』
『朝鮮總督府官報』
阿部薫編,『岡本桂次郎伝』, 岡本桂次郎伝記刊行会, 1941.
大塚栄三編,『馬越恭平翁伝』, 馬越恭平翁伝記編纂会, 1935.
金剛山電気鉄道株式会社,『金剛山電気鉄道株式会社二十年史』, 1939.

久米権九郎追憶誌編集委員会編,『久米権九郎追憶誌』, 久米建築事務所, 1966.
久米民之助先生遺徳顕彰会伝記部会,『久米民之助先生』, 1968.
朝鮮總督府鉄道局,『金剛山探勝案内』, 1928.
朝鮮総督府鉄道局,『朝鮮鉄道四十年略史』, 1940.
朝鮮総督府鉄道局編,『朝鮮鉄道史』第1巻, 1929.
朝鮮新聞社編,『朝鮮統治の回顧と批判』, 1936.
朝鮮鉄道史編纂委員会編,『朝鮮鉄道史』第1巻, 朝鮮総督府鉄道局, 1937.
南満洲鉄道株式会社総務部調査課編,『朝鮮の私設鉄道』第25巻, 1925.

〈논저〉
김백영,「금강산의 식민지 근대: 1930년대 금강산 탐승 경로와 장소성 변화」,『역사비평』제131호, 2020.
김지영,「일제시기 철도여행안내서와 일본인 여행기 속 금강산 관광 공간 형성 과정」,『대한지리학회지』190, 2019.
김지영,『식민지 관광공간 금강산의 사회적 구성: '일제'의 국립공원 지정 논의를 중심으로』한국학중앙연구원 박사논문, 2021.
도로로기 히로시,「일제강점기 사설철도망의 형성과 유형」,『한국 철도의 역사와 발전2』, BG북갤러리, 2014.
손용석,「일제강점기 금강산 관리와 개발의 역학: 1930년 금강산 보승에 관한 타합회를 중심으로」,『사학연구』제153호, 2024.
신성희,「〈자연〉의 생산과 근대적〈관광〉의 형성 : 일제시대 금강산, 전기철도, 온천」,『문화역사지리』59, 2016.
이경순,「금강산가는 길: 조선총독부 철도국 발간 금강산 관광 안내 지도 연구」, 대한민국역사박물관, 2020.
이명학,「일제시기 토지수용제도의 특징과 적용 추이」,『한국독립운동사연구』제82호, 2023.
전성현,『식민지 도시와 철도 : 식민도시 부산의 철도와 식민성, 근대성, 그리고 지역성』, 선인, 2021.
정안기,「식민지기 조선사철보조법의 연구」,『경제사학』41-1, 2017.
정안기,「일정기「금강산전기철도(주)」의 경영사 연구」,『경영사연구』102, 2022.
정재정,『일제침략과 한국철도』, 서울대출판부, 1999.
정재정,『철도와 근대 서울』, 국학자료원, 2018.
조성운,「1930년대 식민지 조선의 근대관광」,『한국독립운동사연구』36, 2010.
조성운,「1910년대 조선총독부의 금강산 관광개발」,『한일민족문제연구』30, 2016.
砂本文彦,「近代朝鮮半島における「国際リゾート地」開発」,『日本建築学会計画係論文集』第76卷・제669號, 2011
原武史,「民都」大阪対「帝都」東京 : 思想としての関西私鉄』, 講談社, 2020.
林采成,「金剛山電鉄における電力・鉄道兼業体制の成立とその経営成果」,『東京経大学会誌』297, 2018.
矢島桂,「朝鮮殖産銀行による産業金融の展開と山一証券 : 不二興業・金剛山電鉄・朝鮮京南鉄道の
資金調達を中心に」,『社会経済史学』86(4), 2021.

....

13장
야마모토 조타로(山本条太郎)의 식민지 조선
개발 사업과 '정치의 경제화'

〈자료〉
『釜山日報』
『동아일보』

『조선일보』

『滿州日日新聞』

朝鮮紡織株式會社, 「朝鮮紡織株式會社定款」, 1917.

山本条太郎, 『經濟國策の提唱』, 日本評論社, 1930.

山本条太郎傳記編纂會, 『山本条太郎 : 論策』, 1939.

山本条太郎傳記編纂會, 『山本条太郎傳記』, 1942.

帝国議会会議録検索システム(https://teikokugikai-i.ndl.go.jp)

〈논저〉

季武嘉也, 『大正期の政治構造』, 吉川弘文館, 1999.

久保田 裕, 「滿蒙政策と政友會-大正期における野田卯太郎と山本条太郎」 『日本史研究』, 2018.

栂井義雄, 「総合商社としての三井物産会社の定着」 『経営史学』 3-1, 1968.

배병욱, 「밀양의 대지주 유아사 본페이(湯淺凡平)의 제국의회 중의원 의정 활동」 『석당논총』 89, 2024.

이가연, 「多木久米次郎의 조선 관계 사업과 제국의회에서의 의정활동」 『동북아문화연구』 75, 2023.

이동훈, 「牧山耕藏의 초기 중의원 활동」 『석당논총』 82, 2022.

이동훈, 「나카노 세이고(中野正剛)의 조선 통치관과 제국의회 활동-'다이쇼 데모크라시' 시기 '아시아주의'의 일면」 『일본학』 61, 2023.

이동훈, 「사철(私鐵)과 금강산 개발을 통해 본 식민지 지배-구메 다미노스케(久米民之助)와 금강산전기철도」 『한일민족문제연구』 47, 2024.

전성현, 「'조선관계대의사' 사토 준조(佐藤潤象)와 식민지 조선의 개발사업」 『한국근현대사연구』 101, 2022.

전성현, 「서일본 및 조선 관계 대의사 秋田寅之介의 식민지 경제 침탈과 제국의회 활동」 『역사와경계』 127, 2023.

정안기, 「식민지기 조선인 자본의 근대성 연구-경성방직(주)과 조선방직(주)과의 비교 시점에서」 『지역과 역사』 25, 2009.

하지영, 「1920년대 전반기 군산의 일본인 阪上貞信의 제국의회 진출과 활동」 『석당논총』 81, 2021.

하지영, 「한말~1910년대 '조선 관계 대의사' 오우치 쵸조(大內暢三)의 제국의회 활동과 한국 식민지화」 『지역과 역사』 53, 2023.

하지영, 「한말~일제초기 '조선문제'와 오가와 헤이키치(小川平吉)의 의정활동」 『석당논총』 90, 2024.

……………………………………………………………………………

14장

한말~일제초기 조선문제와 오가와 헤이키치(小川平吉)의 정치활동

〈자료〉

『황성신문』

『대한매일신보』

『매일신보』

『부산일보』

『조선총독부 관보』

『帝国議会会議録検索システム』(https://teikokugikai-i.ndl.go.jp/#/)

小川平吉, 「故伊藤公の合併論と予の合併論」, 『朝鮮』 27, 1910.
人事興信所, 『人事興信錄』, 1925.
鵜澤總明, 「小川平吉氏を懷ふ」, 『月刊大東文化』 97, 1942a.
鵜澤總明, 「小川平吉氏を懷ふ」, 『月刊大東文化』 98, 1942b.
小川平吉文書研究會 편, 『小川平吉關係文書』, みすず書房, 1973.
射山小川平吉翁をしのぶ会, 『射山小川平吉翁をしのぶ』, 1992

〈논저〉

김경일, 「日本 東亞同文會의 對外活動에 對한 批判的 考察: 多者協力理論을 通한 分析을 中心으로」, 『일본어문학』 77, 2017.
김명수, 「재조일본인(在朝日本人) 토목청부업자 아라이 하츠타로(荒井初太郎)의 한국진출과 기업활동」, 『경제사학』 59, 2001.
김종식, 「1910년대 재조일본인 정치가의 정체성 형성과정」, 『사림』 56, 2016.
우치다 쥰 지음·한승동 옮김, 『제국의 브로커들』, 도서출판 길, 2020.
이동훈, 「제국의회 중의원 의원과 식민지 언론인 사이에서: 牧山耕藏의 다이쇼 데모크라시」, 『석당논총』, 82, 2022.
이승엽, 「재조일본인 중의원 의원 오이케 주스케(大池忠助)」, 『일제의 식민지배와 재조일본인 엘리트』, 어문학사, 2018.
이형식, 「1910년대 일본제국의회 중의원과 조선통치」, 『사총』 82, 2014.
전성현, 「식민자와 조선-일제시기 大池忠助의 지역성과 '식민자'로서의 위상」, 『한국민족문화』 49, 2013.
조항래, 「良平의 韓國併呑行蹟」, 『국사관논총』 3, 1989, 158~161쪽.
채수도, 『일본제국주의의 첨병, 동아동문회』, 경북대학교출판부, 2011.
하지영, 「1920년대 전반기 군산의 일본인 阪上貞信의 제국의회 진출과 활동」, 『석당논총』 81, 2021.
한상일, 『아시아 연대와 일본제국주의』, 도서출판 오름, 2002.
石川德幸, 「對外硬派と櫻田俱樂部」, 『法政論叢』 49(2), 2013.
淺沼薰奈, 「大東文化學院創設者たちの敎育思想」, 『人文科學』 17, 2012.

[출처]

1장
전성현, 「식민자와 조선-일제시기 大池忠助의 지역성과 '식민자'로서의 위상」,
『한국민족문화』 49, 2013.

2장
이동훈, 「마키야마 고조(牧山耕藏)의 '다이쇼(大正) 데모크라시'-제국의회 중의원과 식민지 언론인의 활동」
『석당논총』 82, 2022.

3장
이가연, 「多木久米次郎의 조선 관계 사업과 제국의회에서의 의정활동」
『동북아문화연구』 75, 2023.

4장
하지영, 「1920년대 전반기 군산의 일본인 阪上貞信의 제국의회 진출과 활동」
『석당논총』 81, 2021.

5장
배병욱, 「밀양의 대지주 유아사 본페이(湯淺凡平)의 제국의회 중의원 의정 활동」
『석당논총』 89, 2024.

6장
전성현, 「조선관계대의사 사토 준조(佐藤潤象)와 식민지 조선의 개발사업」
『한국근현대사연구』 101, 2022.

7장
이동훈, 「나카노 세이고(中野正剛)의 조선 통치관과 제국의회 활동-'다이쇼 데모크라시' 시기 '아시아주의'의 일면」
『일본학』 61, 2023.

8장
이가연, 「이노우에 가쿠고로(井上角五郎)의 『한성순보』 발간과 '조선통' 대의사로서의 의정 활동」, 『지역과 역사』 34, 2025.

9장
하지영, 「한말~1910년대 '조선 관계 대의사' 오우치 죠조(大內暢三)의 제국의회 활동과 한국 식민지화」, 『지역과 역사』 53, 2023.

10장
배병욱, 「아다치 겐조(安達謙藏)는 어떻게 '조선 관계 대의사'의 원조가 되었나? -조선과의 인연과 제국의회 중의원 의정 활동-」, 『석당논총』 91, 2025.

11장
전성현, 「서일본 및 조선 관계 대의사 秋田寅之介의 식민지 경제 침탈과 제국의회 활동」 『역사와 경계』 127, 2023.

12장
이동훈, 「사철(私鐵)과 금강산 개발을 통해 본 식민지 지배-구메 다미노스케(久米民之助)와 금강산전기철도」 『한일민족문제연구』 47, 2024.

13장
이가연, 「야마모토 조타로(山本条太郎)의 식민지 조선 개발 사업과 '정치의 경제화'」, 『역사와 경계』 122, 2025.

14장
하지영, 「한말~일제초기 '조선문제'와 오가와 헤이키치(小川平吉)의 의정활동」 『석당논총』 90, 2024.

[저자 소개]

전성현

동아대학교 사학과(겸) 석당학술원 교수. 삶의 터전인 지역에 토대를 두고 '방법으로서 지역'을 통해 근현대 부산, 한국, 그리고 동아시아의 역사와 문화에 관심을 기울이며 연구하고 소통하고 있다. 또한 지역민과 함께 지역의 역사를 실천하는 공공역사의 장(역사의 재현)인 구술, 전시, 기록, 유산, 문화콘텐츠 등의 영역에도 적극적으로 참여하고 있다. 지금까지 『동아시아 관문도시 읽기』(공저), 『동아시아 관문도시와 서발터니티 연구』(공저), 『일본인 이주정책과 재조선 일본인 사회』(공저), 『식민지 도시와 철도』(저서), 『일본의 대련 식민통치 40년사』 1~3권(공역)과 「관문 도시 부산과 '서발턴' 역사 연구의 필요성과 한계」, 「초기 지방자치제 하 시의회와 지역 정치」, 「'개발'을 위한 '보호'? - 낙동강하류 철새도래지에 대한 천연기념물 지정 과정과 의미」, 「일제강점기 인구 이동의 추이와 식민 권력의 '이동통치'」, 「자동차 교통의 시작과 근대적 신체 감각 및 제도의 내면화 과정」 등 다수의 저서와 논문이 있다.

이동훈

경북대학교 인문학술원 학술연구교수. 일본근대사와 한국근대사의 틀을 넘어 일반 민중을 중심으로 한 역사 쓰기에 관심이 있으며, 일본과 한반도의 지역사에 대해서도 공부하고 있다. 주요 논문으로는 「시정오년기념조선물산공진회와 1910년대 식민지 조선-공진회 개최 과정과 일본인사회의 협찬활동-」, 「재조일본인 사회의 '발전사' 간행과 일본의 향토 연구」, 「일본인 식민자 사회가 바라본 3.1운동: '재조일본인'의 '조선소요'(朝鮮騷擾) 인식」, 「재조일본인 건립 신사(神社)에 관한 기초적 연구-'한국병합' 전후 변화 양상을 중심으로-」, 「'재조일본인' 사회의 형성에 관한 고찰: 인구 통계 분석과 시기 구분을 통해」, 「1910년대 인천항 축항 사업과 식민자 사회-'동양유일' 이중갑문식 독의 준공-」 등이 있다. 저서로는 일본에서 간행한 『在朝日本人社会の形成-植民地空間の変容と意識構造-』가 있다.

이가연

경성대학교 인문문화학부 역사문화학전공 조교수. 일제시기 재조선 일본인사회 연구와 부산 지역사에 관심이 있다. 주요 논문으로 「개항장 부산 일본 거류지의 소비공간과 소비문화」, 「일제강점기 '풀뿌리 식민자'의 조선 이주-구포 '향도(向島)' 지역 이주 일본인의 생애를 중심으로」, 「한국공해문제연구소 부산지부의 조직과 활동-1980년대 초 부산지역 민주화운동 세력의 재결집과 관련하여」, 「1980년대 초중반 낙동강 하구둑 개발 사업과 반대운동-시민사회단체의 건설 반대 논리와 주민들의 보상투쟁을 중심으로」 등이 있다. 공저로 『일본인 이주정책과 재조선 일본인사회』(동북아역사재단, 2021), 『바다를 건넌 사람들1』(산지니, 2021), 『바다를 건넌 물건들1』(산지니, 2022) 등이 있다.

하지영

동아대학교 사학과 강사. 개항기와 일제강점기 조선에 거주했던 일본인들의 활동에 관심을 가지고 있으며, 부산지역 연구자로서 지역에 관한 다양한 연구도 진행하고 있다. 주요 논문으로 「일제시기 조선우선주식회사의 阪神航路 경영」, 「일제시기 조선우선주식회사의 경영 분석」, 「1910년대 조선우선주식회사의 연안항로 경영과 지역」, 「1930년 동해횡단항로와 조선총독부 해운정책」, 「일제강점기 낙동교(洛東橋) 건설과 낙동강 하류부 교통로의 변화」 등이 있다. 저서로는 공저로 『부산의 도시 형성과 일본인들』(선인, 2008), 『부산·울산·경남지역 항일운동과 기억의 현장』(선인, 2011), 『일제시기 일본인과 '부산일보' 경영』(세종출판사, 2013), 『부산민주운동사』(부산민주항쟁기념재단, 2021), 『동해포구사』(민속원, 2021), 『일본인 이주정책과 재조선 일본인사회』(동북아역사재단, 2021), 『부산시사』(부산광역시, 2024) 등이 있다.

배병욱

동아대학교 역사문화학부 강사. 일제시기 재조일본인과 미디어에 대한 관심으로 연구를 시작하였으며, 한일 지역사와 일본인 경찰 관료 등으로 영역을 확장해 갈 생각이다. 식민지 지역사회운동과 민주화운동도 관심사이다. 주요 논문으로 「'낙천굴(樂天窟) 어학생' 아이바 기요시[相場淸]의 경찰·외무 관료 활동」, 「김해군 장유면 3·1운동과 지역민들의 '만세후'」, 「부마민주항쟁의 서막, 1979년 9·17 부산공업전문대학 시위의 진상」 등이 있다.

⟨朝鮮關係代議士⟩연구서

식민지 로비스트, 조선관계대의사

펴낸날   2025년 9월15일 초판 1쇄

지은이   **전성현**

펴낸이   **김철진**

펴낸곳   **비온후** www.beonwhobook.com
            등록 2000년 4월 28일 (제2018-000013호)

ISBN 979-11-993459-2-8   93910

책값 : 24,000원

이 저서는 2020년 대한민국 교육부와 한국연구재단의 일반공동연구지원사업의 지원을 받아 수행된 연구임(NRF-2020S1A5A2A03046017)